拉扎德秘史

THE LAST TYCOONS

THE SECRET HISTORY OF LAZARD FRÈRES & CO.

[美] 威廉·D·科汉 著

周挺 孙世选 译

上海三联书店

目录

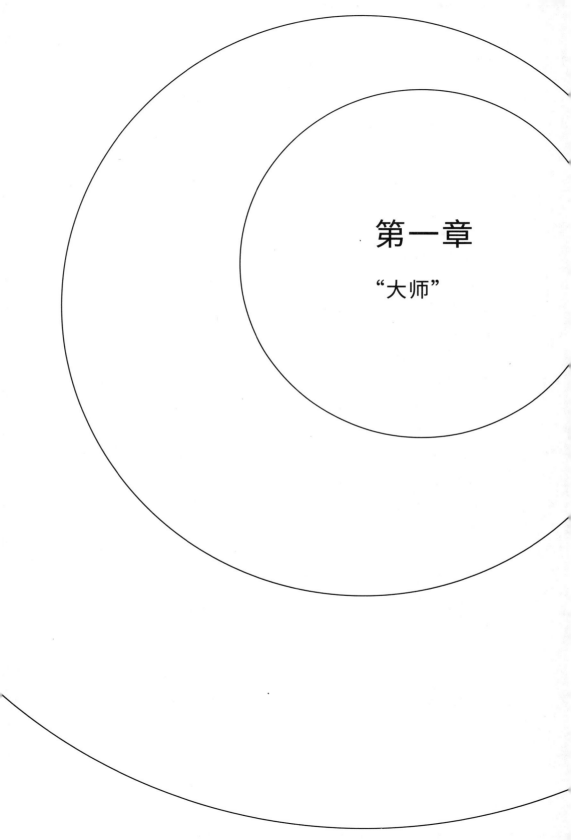

第一章

"大师"

即使身为华尔街投资银行中的一员，比肩高盛（Goldman Sachs）、摩根士丹利（Morgan Stanley）和美林（Merrill Lynch），拉扎德投资银行（Lazard Frères & Co.）仍是与众不同，并公然自得于自己与竞争对手的不同，自认比它们更加优秀。100多年来，拉扎德的业绩始终优秀拔群。与其他华尔街银行不同，它竞争的手段不是金融资本，而是人才，并遵循着来之不易的传统——保障隐私、坚持独立。其战略简单地说，是为客户提供"大师"（Great Men）的智慧。这些"大师"是顶级的投资银行家，经验丰富。他们不用资本冒险，只提供有竞争力的理念。理念与达到目标所需的洞见和策略越好，拉扎德作为一家有价值、值得信赖的公司被人接受的程度就越高；同时，各位"大师"从投资银行分到的钱也就越多，腰包也就越发鼓胀。这些华尔街之巅的极少数幸运的男性——没错，永远都是男性——人们对他们的描述总是雄心勃勃、才华横溢，同时寡廉鲜耻、冷酷无情。拉扎德投资银行的历史是一个谜，在外人看来，这家神秘投资银行的传统智慧像无数个深奥复杂的谜团。毫无疑问，本书中提及的"大师"们都聚敛了巨额财富，但除了在内心深处回味，他们不会诉说在追求财富过程中经历的残酷斗争。讽刺的是，他们会淡淡地说起自己是佛罗伦萨俱乐部（Florentine Guild）的一分子，也会谈论自己向国家元首及巨型企业的高管提出的种种建议，但对拉扎德的神秘理念却绝口不提。他们还渴求公众接受这样一个让人难以理解的妄想：无论其他人如何，他们都高尚、清白。

但从20世纪80年代中期开始，拉扎德的"大师"策略开始变得不合时宜了，尤其与资本更雄厚、更强大也更灵敏的对手们相比，更是如此。拉扎德内部，类似菲利克斯·罗哈廷（Felix Rohatyn）这样炙手可热的老一代投资银行家与以史蒂夫·拉特纳（Steve Rattner）为代表的新一代纽约上流社会的中流砥柱之间的争斗日益加剧，战略性失误又连连发生，使得一切愈演愈烈。法国亿万富翁、拉扎德投资银行的控制人米歇尔·大卫-威尔（Michel David-Weill）挑起内斗后，却又觉得苦闷、孤苦无依，行为也愈发古怪。一切发展至不可收拾时，大投机分子布鲁斯·瓦瑟斯坦（Bruce Wasserstein）来偷米歇尔的钱了。数十年的内部动荡和家长式管理，最终导致意想不到的事情发生了：拉扎德不再由创始人控制，股权和其他上市公司一样可公开买卖，运营缺陷和肮脏的赢利手段全都暴露——崇高的声望永远不再。

拉扎德的起伏讲述了企业内斗导致毁灭，后又复兴的故事。这个故事充分地证明了奥地利经济学家约瑟夫·熊彼特（Joseph Schumpeter）著名的"创造性破坏"的力量仍然存在，并深刻地影响着美国的资本主义。

菲利克斯·罗哈廷是拉扎德"大师"中的大师，无人可及。许多人都认为他是世界顶级的投资银行家。菲利克斯是位大人物，在20世纪70年代初拯救了华尔街，又使纽约摆脱了财政危机。他未经正式任命却主管了拉扎德约30年，直至20世纪末。在此期间，他促使拉扎德转变为华尔街最负盛名、最神秘莫测的合伙制投资银行。1997年夏天，美国首都华盛顿闷热难耐，菲利克斯在拉扎德的任期即将结束。退休前，他有一场听证会，他要在美国国会参议院的专门委员会面前证明自己有能力担任一个他向来认为配不上他身份的职位。

"诸位阁下，今天我十分荣幸，能当面请求各位同意克林顿总统提名我担任下一任美国驻法国大使。"69岁的菲利克斯向参议院外交委员会的欧洲事务小组委员会表示，"我也对此次任职十分激动，原因有很多……正如各位所知，我是难民，1942年从被纳粹占领的欧洲来到了这个国家。回望那些非常黑暗的日子，成为美国人是当时的我的梦想。我有幸实现了这个梦想，美国满足了我所有的期望，还给予我更多。如今，成为这个养育了我的国家的代表、她的大使，将是我职业生涯的巅峰；我曾在法国度过一小段童年时光，于公于私，我的一生都与之紧密相连。现在，总统提名我担任驻法国大使，这是我从未想过的事情。"

事实上，为了得到更多、更多的更多，浓眉利齿的菲利克斯·罗哈廷已经不懈地参加竞选20多年了。他很清楚，自己可以担任更好的职位，而不是被他称为"管家"的大使一职。菲利克斯是拉扎德的"大师"，还是20世纪下半叶发起并购交易的先锋派，也是最棒的财富创造者。他为自己和合伙人赚了数亿美元，同事和下属都被他的胡萝卜和大棒牢牢地控制着。

最终，谁敢不服从菲利克斯呢？ 他让合伙人个个都赚得盆满钵满，而自己所得却远远低于应得。因此，只要他进入位于洛克菲勒中心一号楼的拉扎德办公区，所有合伙人都会迅速起立，放下手头的一切事务，听从他的指示。他的交易才能非常强大，不论过了多少年，都没有丝毫衰减。他还主动贡献出宝贵的时间和无与伦比的洞见，解决了20世纪下半叶美国最重大的两次金融危机。

第一次是20世纪70年代初的"后台危机"（back-office crisis）。当时，菲利克斯夜以继日地工作，收集解决方案，为华尔街上那些备受"后台危机"折磨的老牌大型经纪公司止血。他勇敢地实施一系列艰难的兼并，防止了大部分证券机构垮掉。第二次是1975年的纽约财政危机，他独立制定财政救援计划，拯救了破产危机中的纽约，还声讨拒绝援助的杰拉尔德·福特（Gerald Ford）[1]总统。圆满解决这些麻烦之后，他的声望愈隆，但在罗纳德·里根（Ronald Reagan）[2]总统和乔治·H. W.布什（George H. W. Bush）[3]总统执政期间，他却成了流亡的哈姆雷特、孤独发声的民主党人。

---

[1] 1913—2006年，美国第38任总统（1974—1977）。

[2] 1911—2004年，美国第40任美国总统（1981—1989）。

[3] 1924—2018年，美国第41任美国总统（1989—1993）。

他定期在《纽约书评》(*The New York Review of Books*)的豪华页面上发表聊胜于无的"罗哈廷宣言"——呼吁民主党要履行自身的职责。他在位于第五大道的家中举办高级沙龙,在南安普敦的庄园里举行一年一度的寻找复活节彩蛋的活动。当时的智识大家和权贵都与他结交。投资银行家们都喜欢这么做,而菲利克斯正是这类"大师"中的典范。

比尔·克林顿(Bill Clinton)[1] 在1992年当选总统时,菲利克斯急切地想要担任财政部长,他也相信这个职位已是他的囊中之物。也许,早有人承诺过这个职位就是他的。一些人认为,早在吉米·卡特(Jimmy Carter)[2] 政府时期,菲利克斯就想要这个职位了。如果卡特当初能够连任,而菲利克斯在文章、演讲和访谈中对卡特的批评不那么严厉,或许早有机会。但在1980年的竞选中,卡特的劣势无可挽回,败给了里根。菲利克斯在里根的两届任期和老布什总统的任期中蛰伏,等候民主党人重返白宫。1992年11月,克林顿当选总统,菲利克斯的机会终于来了。为担任财政部长,他四处游说,通过早已设立的秘密渠道向上流社会鼓吹。他还用上了自己驾轻就熟的本事:他既是企业领袖又是纽约社交界明星,还是新闻人物,他随时可化身为其中之一为自己摇旗呐喊,这种本事令投资银行家和公司律师们既嫉妒又羡慕。

然而,菲利克斯的努力却没有多大作用。这个结局说明,这位在美国极有权势的人物,内心深处有许多微妙和矛盾之处。1992年选举期间,克林顿前往拉扎德拜访菲利克斯。在那间小小的、挂满照片的办公室里,菲利克斯严肃而冷淡地接待了克林顿,他显然低估了克林顿的强大实力。菲利克斯看好第三方候选人H. 罗斯·佩罗(H. Ross Perot)——得克萨斯州亿万富翁、电子资讯系统公司(Electronic Data Systems Corporation,简称EDS)的创始人,他也是菲利克斯的客户。

---

[1] 1946年至今,美国第42任美国总统(1993—2001)。

[2] 1924年至今,美国第39任美国总统(1977—1981)。

在理查德·尼克松（Richard Nixon）[1]的第一位司法部长约翰·米切尔（John Mitchell）的撮合下，菲利克斯在20世纪70年代初就认识了佩罗。当时米切尔认为，佩罗能帮助菲利克斯解决纽约证券交易所的危机。第一次见面后，菲利克斯作为中间人，代表佩罗向一家摇摇欲坠的老牌经纪公司杜邦–格劳公司（F. I. DuPont, Glore Forgan & Co.）投资，投资额最终接近一亿美元。佩罗的投资，是当时个人对华尔街商号的投资中数额最大的一笔。杜邦–格劳公司最终还是倒闭了，佩罗损失惨重，但他与菲利克斯的友谊之花却盛开了。菲利克斯在EDS的董事会里任职，并建议佩罗将EDS出售给通用汽车。1992年的总统竞选中，菲利克斯为回报佩罗，一直支持他。但佩罗没有成功。因而，在克林顿当选后，菲利克斯也没能成为财政部长。

尽管许多具有影响力的重要人物认为菲利克斯够格当财政部长，但是他傲慢，缺少运气，而且误判了形势，最终没能当上。克林顿先是邀请参议员劳埃德·本森（Lloyd Bentsen）担任财政部长，后由高盛前联合首席执行官罗伯特·鲁宾（Robert Rubin）接任。鲁宾比菲利克斯晚9年入行，成就与声望当然都不及菲利克斯，但他一直在做菲利克斯不愿意做的事——为克林顿和民主党筹集了数以百万美元计的资金。这当然是有回报的。

从鲁宾的回忆录《在不确定的世界》（*In an Uncertain World*）来看，他不认为自己与菲利克斯竞争过财政部长这个职位，但他在提到菲利克斯的"大师"地位和身为银行家的优秀业绩时，透露出了些许挫败感。在回忆录中，鲁宾写下了他参加客户公司史蒂倍克–沃辛顿（Studebaker-Worthington）在某个周六召开的董事会会议的过程。在那次会议上，鲁宾和高盛要扮演董事会成员与投资银行家的双重角色。在会议召开前，鲁宾背部受了伤，但他还是应首席执行官德拉尔德·鲁滕贝格（Derald Ruttenberg）的要求，平躺着出席了，因为那次会议要考虑是否出售公司。

---

[1] 1913—1994年，美国第34任副总统（1953—1961）及第37任总统（1969—1974）。

"我想，"鲁宾回忆说，"如果我不去，鲁滕贝格就会聘用菲利克斯·罗哈廷——他可是拉扎德的著名投资银行家，鲁滕贝格也提起过。当时我走路困难，甚至没法坐着，但我还是去了鲁滕贝格的办公室，躺在靠窗的椅子上。所以我们成交了。尽管如此，我还是很沮丧，因为鲁滕贝格把部分酬金给了菲利克斯。即使已经过去25年，我还是记得那笔钱的数目。鲁滕贝格说，鉴于菲利克斯对业界的重要性，他希望菲利克斯能满意。"

鉴于菲利克斯对业界的重要性。身为投资银行家，鲁宾这位后起之秀也是说漂亮话的好手，他不讳言菲利克斯是并购顾问精英团体中的权威，但这个团体的影响力就像一只稀有孔雀，人人都知道它羽毛光鲜亮丽，却一年比一年黯淡。

然而，几十年过去了，菲利克斯仍是并购顾问排行榜的头牌。即使他如今已78岁高龄，外交生涯也已结束，但他还在为有权势的企业老总们最重要的交易提供建议，并收取数以百万美元计的酬金。

菲利克斯将拉扎德这种独特而成功的经营策略做成了招牌。这一战略是，聘用聪明且经验丰富的投资银行家，让他们向那些雄心勃勃的企业老总提供漂亮的交易策略。通过这一战略，拉扎德不需要贷款，也不需要发行债券或股票（至少几乎没有）；不进行公开的实验，也不使用有争议的表外融资"工具"；只有"大师"为商界领袖们提供咨询。当然，这个传奇被神话化了。其实和其他群体一样，二八定律也适用于拉扎德——这家公司的百分之二十的合伙人创造了百分之八十的收入，菲利克斯就是其中一员。

菲利克斯认为，为客户提供咨询是令人愉快的，但管理责任却让人厌恶，这恰恰与他的导师、专横的传奇人物安德烈·梅耶（André Meyer）态度相反。菲利克斯常说，拉扎德只是"一群重要的人，给重要的客户建议"。作为一名投资顾问，他很是骄傲，因为全世界的人都想得到他的智慧；进行并购交易的每一个人，都想要他那些极有说服力又有深刻洞见的建议——既不会多，也不会少。他不会因为没能成为垃圾债券（他对这种债券颇多抱怨）或股票发行的顶级承销商而有丝毫遗憾，也不因不是私募股权的投资者而沮丧。1986年，拉尔夫·纳德（Ralph Nader）和威廉·泰勒（William Taylor）在他们撰写的《大男孩们》（The Big Boys）一书中称菲利克斯为"多面手"，因为他能平衡大量各种各样的事务。书中，纳德和泰勒引用了许多人对菲利克斯的谈论，其中之一是拉扎德的前合伙人雷蒙德·特鲁布（Raymond Troub）。

"菲利克斯正在占领世界，"特鲁布说，"他有点像金融界的亨利·基辛格（Henry Kissinger）[1]。就像基辛格涉足金融业一样，他也正要踏入政坛……但是我不认为他'踏入政坛'是久有存心的。他从来没有说过'我要当政治明星'。他想成为杰出的投资银行家，纽约和华盛顿的各界要人正因此注意到了他，他靠的还是自己的能力……我把他等同于基辛格，是因为我认为基辛格是一个典范，是才华、力量和必胜意志的结合体。我把菲利克斯归为那一类人，他也确实是。"接受纳德的采访时，菲利克斯拒绝和基辛格比较，却露出了一点隐藏着的不安。"哦，因为我们都是在外国出生的，"菲利克斯说，"因为我们是谈判代表。我们还是朋友。不过，亨利已经挥舞过权力的大棒，而我还远着呢。"在与纳德的对谈中，菲利克斯轻松地带过了重要的一点，不论是过去还是现在，他与基辛格都无甚区别的一个共同特点：想要控制所有写到他们的文字。因此，纳德称菲利克斯是"扳不倒的银行家"。他能力超强，做了大量的正面宣传，即使有人质疑他，也被忽略了。

多年来，菲利克斯更愿意把自己比作他崇拜的让·莫内（Jean Monnet）。让·莫内是一位无甚名气的法国经济学家，却是欧洲共同市场创建的重要人物。莫内从未在法国政府中任职，"但他取得了极大的成就"。1981年，菲利克斯对《纽约时报》（The New York Times）的威廉·塞林（William Serrin）说道："我不是自夸，但我可以和让·莫内相提

---

[1] 1923年生于德国的美国犹太裔政治家，曾担任外交官、美国国家安全顾问、国务卿，与越南政治家黎德寿共同获得1973年诺贝尔和平奖。

并论。我相信，只要你有一个合适的平台，思想本身会有巨大的力量。"

菲利克斯在20世纪80年代常把自己比作莫内，表示无需担任显要公职，就能将重要的理念传递给大众。1982年，他在母校明德学院（Middlebury College）的毕业典礼上演讲，主题正是莫内。菲利克斯对毕业生们说："莫内扮演了谈判代表、鼓动者、宣传家、战术家以及战略家，这些角色都是在民主社会里实现根本政治变革所需要的。"4年后，纳德问菲利克斯，他在1982年对莫内的描述是否同样适用于自己。"当然，绝对的，"菲利克斯回答，"这是我唯一可以扮演的角色。这也是一个普通公民能扮演的唯一角色，只要有一定的平台。莫内一直是我的榜样，他从来不是政府的成员，从来没有担任过内阁职务，也从来没有参加过竞选。"

在今天看来，把投资银行家比作在政治和经济领域都取得巨大成就的人物，是十分怪异且难以想象的（也许，罗伯特·鲁宾算个荒谬的例外）。菲利克斯当时却乐此不疲。但泡沫破灭的股市和层出不穷的公司丑闻让大众认为，银行家贪婪又自私自利，根本不是独立的谏言者。一位著名的私募股权投资者更是为此加上了注解："这帮投资银行家都是欧内斯特·海明威（Ernest Hemingways）[1]那样编故事的天才。"从前，为企业老总提供战略智慧是极少数精英的专长，菲利克斯更是个中翘楚；现在，从事这一行的人越来越多，但他更加鲜逢敌手。

在被批准担任驻法国大使前夕的演讲中，菲利克斯的声音十分诚挚，但最了解他的那些人深知这一刻有多可笑。站在参议员们面前的是一位真正的大人物，他由三种东西所造就：20世纪中期欧洲历史中那种翻云覆雨般的魔力；为了逃离纳粹，一路狂奔，跨越欧洲、南美和北美的经历（这段经历也是那段欧洲历史的结局）；再加上美国梦。他就像20世纪的一个犹太人——在金融、政治和社会领域里有巨大影响力的 J. P. 摩

---

[1] 1899—1961年，美国记者、作家，被认为是20世纪最著名的小说家之一，代表作《老人与海》。

根（J. P. Morgan），不过菲利克斯是以更低调的方式获得了类似的成功。

摩根似乎很满足于自己有庞大的财富和巨大的权力，菲利克斯却不同，他更追求在世界舞台上的政治影响。但他已有巨大的成就，因此公开声称不会追求权力。"我认为权力是无法追求的。"他告诉纳德和泰勒。话虽如此，但他参政后，只能如此安慰自己：虽然跟着托马斯·杰斐逊（Thomas Jefferson）[1] 的脚步走到华盛顿担任财政部长是完全无望了，但跟随他的脚步走在巴黎的圣奥诺雷郊区街上也不错。无法实现自己的政治抱负，是菲利克斯辉煌一生中极少的失败之一。但也可以说，菲利克斯让自己成了他的偶像让·莫内。

菲利克斯在投资银行的成就当然是非凡的。他可以骄傲地宣称，在过去50年间，他独立地为不同行业的企业高管就转型交易提供了咨询。人们可以说，是菲利克斯让投资银行家有了值得信赖的企业并购顾问这一人设。20世纪60年代，菲利克斯将向企业高管提供独立并购建议的业务变成了一个神话，而声名狼藉的迈克尔·米尔肯（Michael Milken）则在20世纪80年代搞出了高收益垃圾债券市场这一传奇。两人如出一辙，但菲利克斯可能会觉得这样相提并论太过恶俗，要知道，他是很憎恶垃圾债券的。1969年1月的一周很有代表性，那周的一天，菲利克斯要参加许多会议，除法国航空公司豪梅特（Howmet，他在该公司董事会任职）的会议之外，他还要和国际电话电报公司（ITT）的首席执行官哈罗德·吉宁（Harold Geneen）、德威公司（Dillon Read）的银行家尼古拉斯·布雷迪（Nicholas Brady，后担任美国财政部长），以及美国国立现金出纳机公司（National Cash Register）的总裁会谈。另一天他则要与赫布·艾伦（Herb Allen）和皮特·彼得森（Pete Peterson）开会。赫布·艾伦是亿万富翁，是媒体业投资银行艾伦公司（Allen & Co.）的创始人；皮特·彼得森是尼克松政府的商务部长，当时担任贝灵巧公司（Bell & Howell）

---

[1] 曾任美国驻法国大使，后来当选为美国第3任总统。圣奥诺雷郊区街是巴黎最重要的街道，法国总统府和美国大使官邸都在这条路上。

的首席执行官,他也是菲利克斯的客户。第二天,参加两次内部会议后,菲利克斯又与通用信号公司(General Signal Corporation)董事长、大陆保险公司(Continental Insurance Companies)董事长以及ITT的高管们会面。最后,还要与通用信号公司董事长和马丁–玛丽埃塔公司(Martin Marietta)首席执行官见面。他的当周日程里还有一项记录,儿子尼古拉斯(Nicholas)做了扁桃体摘除手术。

菲利克斯的经历是难民眼中理想化的美国梦的一个印证。他的故乡在乌克兰的罗哈廷镇(Rohatyn)。几个世纪以来,那片土地多次被外界占领。第二次世界大战前,很多犹太人在罗哈廷聚居,尤其在1867年以后,因为奥匈帝国给了犹太人公民权。该镇1900年的人口普查结果显示,总人口7201人中有3217人是犹太人。到1939年,罗哈廷镇仍有2233名犹太人。如今,这座小镇上犹太公墓的破旧遗迹尚存,人口也已增至10000人,却已经没有一个犹太人了。纽约和以色列的许多组织都在抢救罗哈廷镇的犹太家族史并加以保存。根据菲利克斯的说法,他的曾祖父不仅是"这个地区的大拉比(犹太学者)","也是一位非常能干的资本家,据说曾把马厩租给波兰骑兵"。

20世纪初,菲利克斯的祖父搬到了维也纳(罗哈廷这个姓氏也许就源自他们出生的地方)。在维也纳,他的祖父成了维也纳股票交易所的成员,还有了一家名叫罗哈廷公司(Rohatyn & Company)的小银行。此外,还拥有好几家啤酒厂。菲利克斯的父亲亚历山大(Alexander)在啤酒厂工作,后来替父亲管理啤酒厂。1927年,亚历山大与才华横溢的钢琴演奏家、"出身于富裕的维也纳商人家庭"的伊迪丝·诺尔(Edith Knoll)结婚。菲利克斯是他们唯一的孩子,于1928年5月29日在维也纳出生。出于时局原因,菲利克斯无法长居维也纳,但这座城市无处不在的音乐却渗入了他的血脉。他没有任何音乐方面的技能,但喜欢古典音乐。在位于第五大道的家中写作或读书时,他都会听上好几个小时。他最喜欢的作曲家是贝多芬、舒曼和勃拉姆斯。"如果只能带一首曲子去荒岛，我会选择莫扎特的C小调弥撒。这首曲子是我的避难所……不管我在做什么，一听到它我就会放松，有如在家中，"他说，"我觉得它非常感人，令人难以忘怀。"

好景不长，在维也纳没过多久，罗哈廷一家就被经济问题压垮了。菲利克斯的祖父做了点投机生意，结果当20世纪30年代美国经济大萧条的余波席卷欧洲时，他"很快失去了所有的钱"，导致银行倒闭。这个小家庭在东欧开始了类似游牧的生活，亚历山大在他父亲剩下的几家酿酒厂之间辗转。第一站是罗马尼亚——这里有菲利克斯的父亲管理的第一家啤酒厂——全家曾在他出生后不久搬去居住过。1935年，菲利克斯和家人返回维也纳，短暂停留之后又再度搬家。当时奥地利纳粹党成员在1934年7月暗杀了奥地利总理恩格尔伯特·陶尔斐斯（Engelbert Dollfuss），维也纳的反犹太主义呼声愈来愈高。70年后，菲利克斯说道："我是说，有些奥地利人本身就是纳粹。"这个家族迅速地再度离开维也纳，搬到了法国的奥尔良——一座位于巴黎南面、卢瓦尔河畔的城市。亚历山大成为他父亲的另一家啤酒厂的经理。

一到法国，菲利克斯的父母就离婚了。菲利克斯接受《纽约客》（The New Yorker）采访时说："这件事对我伤害很深。"菲利克斯8岁时，母亲把他送进瑞士的一所法语寄宿学校。他说："当时我很胖，行动困难，蹲下去系鞋带都做不到。""早上穿衣服也麻烦，要花很长时间。后来为了节省时间，我就不脱衣服了，直接套上睡衣上床。这可不是什么光彩的事儿。"在菲利克斯寄宿期间，他的母亲与亨利·普赖斯纳（Henry Plessner）结了婚。普赖斯纳出身于一个富有的波兰犹太家族，这个家族做贵金属交易的生意。普赖斯纳家族搬到巴黎后，亨利接手了家族生意。他是一位热忱的犹太复国主义者，与巴黎的拉扎德投资银行（Lazard Frères et Cie）以及一家于1813年在巴塞尔成立的小型瑞士银行德雷福斯之子银行（Les Fils Dreyfus）都建立了重要的业务关系。菲利克斯起初与他的继父相处得并不愉快，但继父的人脉关系对他来说却很有价值。

菲利克斯逃离纳粹的经过紧张而刺激，多少可以说明他的世界观的形成，尤其在剥离他多年来给自己加上的重重伪装之后。1938年，菲利克斯离开瑞士的寄宿学校，返回巴黎。他还记得，德国入侵波兰，法国和英国相继对德宣战之后，巴黎街头的空袭警报响个不停。他戴着防毒面具去上学。巴黎到处都贴着宣称法国人将击败德国人的大幅海报。1940年5月，德军逼近巴黎郊区，菲利克斯还以为自家豪华公寓外的火炮声是雷声。他和他的母亲、继祖母（普赖斯纳的母亲）以及长年为这个家族做饭的波兰厨师一起逃离巴黎，开车南下。他们把垫子绑在车顶上防弹，还带走了所有能找到的汽油券。现在流传的、不知真伪的一个故事里说，菲利克斯的母亲让他挤空好几管牙膏，然后把继父收集来的金币从末端装进牙膏管里。而当时，菲利克斯的继父普赖斯纳因为是波兰犹太难民，被关进了布列塔尼的一个犹太人集中营。他公开的犹太复国主义言论让他上了盖世太保的黑名单。自那时起，菲利克斯开始了遍及三大洲的逃亡之旅，历时两年。他和家人先后抵达比亚里茨、戛纳、马赛、奥兰、卡萨布兰卡、里斯本、里约热内卢，最后，他们到了纽约——"经典的逃亡路线，加上无数伪造的文件，就是完美的逃亡全套了"。1975年的《华尔街日报》（*Wall Street Journal*）对菲利克斯的专访中，记载了他所说的这句话。他逃离被战争蹂躏得千疮百孔的欧洲的悲惨遭遇，与后来他就职的拉扎德公司的合伙人安德烈·梅耶和皮埃尔·大卫－威尔（Pierre David-Weill）的逃亡没什么大差别，悲惨程度与皮埃尔的独子米歇尔·大卫－威尔在法国农村东躲西藏不相上下。

一开始，菲利克斯的母亲认为到了西班牙全家就安全了，因此想赶在法国被德国占领前越过边界到西班牙去。"我们驾车向南，一路上还有无数的小车、卡车、自行车和行人，"60多年后，菲利克斯回忆道，"路上非常拥堵，德国飞机不时飞来扫射。我们一直朝南（西班牙）走，为了买到汽油配给券，不得不贿赂加油站的人。"德国人横扫法国的时候，菲利克斯只有11岁。他们一家千方百计地到达了比亚里茨，一个大西洋边上的美丽法国城市，毗邻西班牙。虽然没有西班牙签证，但在德国人占领比亚里茨之前，他们全家去了离比亚里茨最近的边境城镇圣让德卢兹，一个风景如画的渔港，据说那里的导游会帮助难民过境。不过，普赖斯纳的母亲年老体衰，无法徒步翻越比利牛斯山脉，只得作罢。接着，德国军队来了，那些写满必胜的法国海报还在街头，比亚里茨却被占领了——"我永远不会忘记。"菲利克斯说。他们一家只能再度动身，这次的目的地是地中海的戛纳。

　　1940年6月《停战协议》签署，法国被分成两半：占领区和自由区。但对于一个来自维也纳的犹太家族来说，这两个都不是什么好选择。比亚里茨在占领区，戛纳则在自由区。"我们觉得都不好，但在自由区总比在占领区强吧，"菲利克斯说，"于是我们决定先驾车向南到自由区，再继续向南试试能不能弄到签证去别的国家。我们根本没有通行证，但我母亲不知是在一家旅馆还是在别的什么地方打听到了一条可能没设德军哨卡的小路。那还是在德军占领的早期，我们顺利地从乡村公路离开比亚里茨，绕了好些道出了森林，却发现前面是一条长长的车队，再前面是德国哨卡。那时我还不太懂事，但也知道不妙了。可当时我们已经无法掉头，只能排队，缓缓向前，离哨卡越来越近。我知道那名年轻的德国士兵在查什么。我们到了哨卡，他打算点一支烟，就挥手示意我们前面的车通过，我母亲趁机拿起她的驾照，向他挥了挥，他也打手势让我们通过了。我不记得他截住的是我们后面的一辆车还是第二辆，当时真是危险，非常危险。"菲利克斯告诉《纽约客》的记者，自从经历了这个生死关头，"我一直心存感激。"2005年，菲利克斯也对《纽约时报》专栏作家鲍勃·赫伯特（Bob Herbert）说起过这段经历"这是一个奇迹"。他母亲后来联系上了他继父，那时继父已经和其他三人一起逃离了集中营。"德国人在集中营的一边时，他们就从另一边逃跑了。四人偷到了一辆车，也向南开，"菲利克斯说，"他们总是走在德军大部队的前面，距离只有几英里[1]，结果所有人都以为他们是德国人，还给汽油和其他补给。"菲利克斯和母亲、继祖母一直向南行驶，到达地中海，停在了戛纳和马赛之间的一个家庭旅馆门口。普赖斯纳最终在这里找到了他们。全家在这儿住了将近一年。

罗哈廷家族的下一个目标是弄到签证以离开法国，去一个更安全的国家，最好是美国。对菲利克斯来说，美国代表自由和机会。"我们无论到了哪里，都能听到秘密电台广播——没有人认为你会收听海外广播——但是我设法听到了富兰克林·罗斯福和温斯顿·丘吉尔的讲话，尽管当时我还不是很会说英文。"菲利克斯说。罗斯福鼓舞着他。但犹太人要获得美国签证，虽然不是不可能，却也非常困难。前往南美洲的签证数量略多，但有很多明确的限制，签证持有者并不能因此实际进入一些指定的国家。赫伯特在《时代周刊》（Times）上写道："弄签证的过程，既困难又危险，令人痛苦。"而让菲利克斯的父母更加担忧的是，1941年4月，法国维希政府[2]与德国签署了协议，该协议批准把所有的外籍犹太人集体驱逐到集中营。在维希政府的协助下，法国总计驱逐了约7.6万名外籍犹太人，后来只有约2500人返回。情况至此，罗哈廷一家人必须迅速离开。菲利克斯的父母想拿巴西签证，但发现他们在名单的很后面——确切地说，排在第447位——逃离的前景更加黯淡。

此时，又一个奇迹出现了。菲利克斯直到最近才幸运地知道了其中的细节。一切都源自一位默默无闻的巴西外交官路易斯·马丁斯·德·索萨·丹塔斯（Luiz Martins de Souza Dantas），他勇敢地帮助了犹太人。二战时期，他是巴西驻法国大使，帮助至少800名犹太人逃离纳粹魔掌，

---

[1] 1英里≈1.61千米。——编者注

[2] 第二次世界大战期间纳粹德国控制下的法国政府。1940年6月德国占领巴黎后，以亨利·菲利普·贝当为首的法国政府向德国投降；7月，政府所在地迁至法国中部的维希，因此得名。维希政府在被德国国防军占领的法国北部领土（即占领区）还保有一些权力；但它主要统治包括维希在内的非占领区，也就是自由区，约占法国本土领土面积的40%。其于1944年6月盟军诺曼底登陆解放法国后覆灭。

后来被称为"巴西的辛德勒"。索萨·丹塔斯于1954年去世,《黑暗中的吉诃德》(*Quixote in the Darkness*)讲述的就是他的生平。索萨·丹塔斯与凯瑟琳·格雷厄姆(Katharine Graham)[1]是姻亲,而凯瑟琳·格雷厄姆又与安德烈·梅耶以及乔治·布卢门塔尔(George Blumenthal)两位拉扎德早期的"大师"都是亲戚。索萨·丹塔斯帮助菲利克斯一家得到了巴西外交签证。菲利克斯说,那些证件"真是美极了"。

巴西签证似乎是菲利克斯一家人的安全网,但他们仍然没有放弃安全地去往美国的梦想。这个家族一面追求梦想,一面购买了从马赛前往阿尔及利亚西北部繁华的港口城市奥兰的船票。他们打算绕道北非去往还可能弄到美国签证的里斯本。但是,前往奥兰的旅程并不顺利。菲利克斯说:"最后一步,必须去见意大利军官,因为意大利人已经接管了法国的这一部分。但他们看我们的证件不顺眼,把我们带下了船。我们不知道往后还会有什么事情发生。"两个星期后,罗哈廷一家再次上船,这一次他们没被带下船。

他们赶在德军入侵阿尔及利亚前抵达了奥兰,又匆忙乘火车去往摩洛哥的卡萨布兰卡。菲利克斯看过很多遍电影《卡萨布兰卡》(*Casablanca*),将自己在这座城市的经历与亨弗莱·鲍嘉(Bogart)的表演完全混淆了,甚至难以区分事实与虚构。不过,他仍记得自己常常去卡萨布兰卡码头,想知道何时才能乘船去里斯本。他也记得自己在奥兰与利奥·卡斯泰利(Leo Castelli)的相识和交往,卡斯泰利后来成了纽约顶级的当代艺术品经纪人。当然,卡斯泰利也是持巴西签证安全离开的。罗哈廷一家等了好几个月才得到机会去里斯本。菲利克斯说:"当时去里斯本的船很少,而且很难上去。"大约在1941年初,罗哈廷一家终于登上了开往里斯本的船。在他们眼里,里斯本好比天堂,当地电力供应充足,

---

[1] 1917—2001年,曾任《华盛顿邮报》的社论版记者、《华盛顿邮报》前发行人,被誉为全世界最有影响力的女人、美国最重要的报人之一。她以"活在当下,瞻望未来"的人生态度而知名,所著自传《个人历史》荣获1998年普利策奖自传奖。

夜里也灯火通明。菲利克斯这样描述自己抵达里斯本时的心情:"那一刻非常美妙,我真的觉得我们已经从世界的一边到了另一边。"菲利克斯在里斯本上了一家讲法语和葡萄牙语的双语学校。但几个月后,德国人似乎将要攻破西班牙,入侵葡萄牙,进入地中海的通道就这样被切断了。

要离开欧洲的时候终于到了。他们仍希望去美国,"因此我们去了美国领事馆,排队等待签证配额,"菲利克斯告诉《纽约客》,"这一幕就像吉安·卡洛·梅诺蒂(Gian Carlo Menotti)[1]的歌剧《领事》(*The Consul*),至少等上87年才会轮到我们。"菲利克斯认为,原因之一是"有些美国官员……他们不希望再有犹太难民进入美国。因此我们很难得到签证,(需要)等很久很久"。

时间越来越少了,罗哈廷一家决定使用他们那个不常见的巴西外交签证,乘船前往里约热内卢。1941年3月17日,横跨大西洋的旅程开始了,耗时约两个半星期。可他们不知道,抵达里约热内卢后,是否会像那些原本以为能安全抵达巴拿马、古巴甚至美国的犹太人一样,被遣返回欧洲。但里约热内卢打开双臂接纳了这个家庭。"他们认为我们的签证非常了不起,还铺了红地毯迎接我们。"菲利克斯说。这是另一个奇迹。

他们在里约热内卢又开始试图获得去美国的签证。这次是为期15个月的等待。在此期间,菲利克斯入学,踢英式足球,还喜欢上了骑马和桑巴舞。"我爱上了桑巴舞,爱上了这种音乐、这种文化、这种节奏。"在社交方面是保守主义者的菲利克斯能这么说,实在让人不可思议,"我怀念巴西的一切,这个国家庇护了我们这些难民。"萨克斯手斯坦·格茨(Stan Getz)和巴西歌手若昂·吉尔伯托(João Gilberto)合作的《来自依帕内玛的女孩》(*The Girl from Ipanema*)一直是菲利克斯最喜欢的一首歌。1942年6月,菲利克斯和他的家人终于获得了美国签证,登上了一架从里约热内卢前往迈阿密的DC-3飞机。菲利克斯记得,出于"军事原因"

---

[1] 1911—2007年,意大利裔美国作曲家、歌剧台本作家,被认为是20世纪最重要的歌剧作曲家之一。

或类似的缘故，飞机意外地停在了加勒比海的特立尼达岛上。"当时我们想：'天哪！我们是会被困在这里还是会被遣送回去呢？'"在特立尼达岛待了几星期后，他们坐上了另一架飞往迈阿密的飞机。他们成功了。

菲利克斯的逃亡生涯，始于1935年的维也纳，终于1942年的纽约。为逃亡孤注一掷，在他不可动摇的世界观中留下了深深的烙印。他对凡事的结局都异常悲观，财务方面极尽保守，远不像他富有的同行们那样爱出风头。1976年，他接受《纽约时报》的采访时说："我最早的金钱观念可以追溯至1941年，那时我和家人在法国，靠比纳粹快一步，偷偷越过西班牙边境。"前尘往事中，有一个故事是他最喜欢的："小旅馆里的最后一夜，我待在房间里，整晚都在往牙膏管里装金币。我们家曾经非常富有，但当时那些金币就是我们带走的全部财产。从那时候起，我就知道了，能永远拥有的财富只有装在自己脑子里的东西。"1983年《纽约客》杂志介绍他时，这个信条被简化为："那段经历带给我的是财富观，一个难民的财富观。究其本质，重要的只有能放进牙膏管或者装进脑子里的东西。"这样漫长复杂的旅程，对于那些富有的欧洲犹太家庭而言并不是绝无仅有的，但更典型的是通往纳粹集中营的死亡之路。

1942年6月底，菲利克斯抵达纽约。在成千上万个来到这个地方的移民中，他奋力拼搏，迅速地找到了自己的位置。他的继父设法将一些钱转出法国，存进了纽约一家银行，还拿出其中一部分买了一套小公寓。菲利克斯争分夺秒地补课，恢复中断的学业。他进了当时位于西63街的麦克伯尼学校（McBurney School），因为该校是曼哈顿不多的能上暑期课程的中学之一。他还说服母亲，让他用一种方式更快地学习英语，这种方式就是看电影。菲利克斯的语言天分一直令人羡慕。"因为电影里有合唱，嗯，就是跟着字幕上的那个跳跳球唱，它跳到哪个词上面，就唱哪个词[1]。"他如此说道。菲利克斯在麦克伯尼学校表现出色，两年后，他16岁，毕业了。

---

[1] 原文为 Follow the Bouncing Ball，译文有所补充。

他在数学、科学和网球方面都极有天分，最后一学年还加入了网球校队。一名升学顾问建议菲利克斯去一所小型学院上大学，因为他比同时毕业的孩子更小。他母亲也是同样的看法。但菲利克斯进行一番调查后发现，佛蒙特州的明德学院与麻省理工学院有一个联合教育计划，按这个计划，他可以先在明德学院待三年，攻读物理和工程，再去麻省理工学院读两年。加上他喜欢滑雪（佛蒙特州是美国东部有名的滑雪胜地），于是他申请了明德学院，并收到了录取通知。

菲利克斯是当时明德学院里唯一的犹太学生。大二时，他加入了阿尔法－西格玛－斐兄弟会（Alpha Sigma Phi）[1]的明德分会。这个社团由3名耶鲁大学（Yale University）新生于1845年成立，章程规定不准吸纳犹太人和黑人。一天，社团派来一位成员，是某个企业的高管，菲利克斯觉得他是美国电话电报公司（AT&T）的副总裁。"他要我们不与犹太人和黑人碰杯，不能做这种讨厌的事。"菲利克斯参加了这次会议，直至结束。为了安抚兄弟会的成员，这人还带来了两箱啤酒。菲利克斯说："这人不断地说，'我最好的朋友里也有好几个都是犹太人，请别误会我'。但我们把啤酒还给了他，把他送到火车站。"就这样，明德分会被踢出了阿尔法－西格玛－斐全国兄弟会，原因便是批准一位犹太人和一位黑人加入。

菲利克斯非常努力地学习物理，但不久之后，他及他最喜欢的教授本杰明·维斯勒（Benjamin Wissler）都清楚了，他在物理方面的发展有限。本杰明·维斯勒教授是明德学院物理系的主任，不仅建议菲利克斯放弃麻省理工学院的课程，还建议他休学一个学期。

自1941年以来，菲利克斯就再没见过生父。1947年夏天，他决定去法国看望父亲。菲利克斯乘船横渡大西洋，抵达法国港口城市勒阿弗尔，父亲在那儿接到了他。父亲已经再婚，仍在管理啤酒厂，还把啤酒厂搬到了巴黎附近。他们在法国南部度过了整个夏天，然后父亲要菲利克斯

---

[1] 大学男生之间的秘密社交同好会，在美国历史最悠久的兄弟会中排名第10，目前有180个分会。

去啤酒厂工作一年。于是菲利克斯去了卡尔谢（Karcher）啤酒厂清洗酒桶。他迅速地瘦了下来，为的是可以爬进酒桶刷洗内壁。除此之外，他还协助装瓶。每天从早上6点开始工作，要干12个小时。"我全身都臭烘烘的。"他说。"那段时间还非常惊险。我是说，我是美国人了，但我待的这个地方被共产主义占领着，啤酒厂的工人参加的工会都是共产主义的。唔，还有很多阿尔及利亚人。酒桶曾有两次差点砸到我。"说到此处，菲利克斯自顾自地咯咯笑了，当时他是被阿尔及利亚共产党包围的美国犹太人，"到底要做什么？我不知道。但我在回公寓的路上，或是地铁上，人们总会因为我身上的酸臭味瞪我两眼。我很快就明白了，这种生活不适合我。"

1948年下学期，菲利克斯回到明德学院，完成物理学课程，拿到了学位。1949年，他大学毕业，认为自己可能想去田纳西州橡树岭的核实验室工作。

但在母亲和继父的帮助下，菲利克斯早就幸运地走进了华尔街。1945年暑假，菲利克斯在一家小型经纪公司杰克·科公司（Jack Coe & Co.）任收银员；1946年暑假，他是该公司的股票过户登记员。1945年8月15日，日本宣布无条件投降（VJ Day）时，他就是在这家公司里庆祝的。当时他的周薪约为20美元，偶尔会得到奖励———一张在155街马球场里举行的棒球赛门票。但对于菲利克斯来说，这只不过是赚取零花钱，与他之前在杂货店工作和做漂亮的巴黎女歌手伊迪丝·琵雅芙（Édith Piaf）的英语老师等暑期工没有什么不同。他从明德学院毕业后，继父又一次帮了他，给他在纽约拉扎德投资银行找了一份工作。二战结束后，普赖斯纳与菲利克斯的母亲回到了巴黎。在巴黎，普赖斯纳通过撮合巴塞尔的德雷福斯之子银行和巴黎拉扎德投资银行的一次外汇与金条交易而认识了安德烈·梅耶。

但安德烈·梅耶的外孙帕特里克·杰尔斯凯尔（Patrick Gerschel）认为，菲利克斯之所以能得到拉扎德这个令人垂涎的职位，是因为当时安德烈与菲利克斯的母亲有染。"这是金钱和性的交易，"杰尔斯凯尔说，"任何时候都一样。"

第二章

"明天，拉扎德伦敦分行将会倒闭"

1906年4月18日凌晨，一场地震及随之而来的大火摧毁了旧金山，整个城市陷入了可怕的寂静。两天后，一位不知名的银行职员穿过瓦砾堆，走进西联国际汇款公司（Western Union）的一间办公室，向位于3000英里之外的纽约兄弟公司发出了一封电报。电文断断续续，尽是绝望。他是拉扎德投资银行旧金山分行的职员，该投资银行在英国伦敦、法国巴黎和美国纽约都设有分行。电报内容如下："所有业务都完了。灾难极其严重。银行差不多全毁了。办公室全毁了。金库看来没事。档案和证券都在金库里，很安全。人都没事。我会再发来……"电文戛然而止，叫人干着急。在接下来的几天里，纽约、巴黎和伦敦的拉扎德分行也都收到了类似的求助电报，但一致以冷酷的沉默回应。而当初，这三家分行的启动资金还是一直运营良好的旧金山分行提供的。

灾难发生一周后，4月25日，纽约、巴黎和伦敦的拉扎德分行又收到了一封更有说服力的电报："不用明说，你们也该知道，这是伦敦、巴黎和美国拉扎德公司展示自身实力的大好时机。"最终，拉扎德纽约分行做出了回应，汇给旧金山分行50万美元，另拨150万美元贷款助其起死回生。靠着这笔援助，旧金山分行在一位合伙人家中的地下室里继续运营，好不容易活了下来。而这绝非拉扎德第一次濒临崩溃，也不会是最后一次。

1906年大地震之前，拉扎德已经存在了58年，据说，它出身低微，1848年成立之时只是新奥尔良（New Orleans）一家卖纺织品的小店。这个故事后来被人添油加醋，真实性已无从考据。从名字上看，创始人至少有两位，25 岁的亚历山大·拉扎德（Alexander Lazard）和刚年满 18 岁的西蒙·拉扎德（Simon Lazard）。他们是兄弟，来美国的原因可能是不想入伍，也可能是犹太人在这里会有更好的发展机会。19 世纪 40 年代早期，他们投奔了在"快活城"（the Big Easy）[1]"做生意"的叔叔。一稳定下来，两兄弟就去找大哥拉扎尔·拉扎德（Lazare Lazard）。很快，拉扎尔也加入了创业队伍。1848 年 7 月 12 日，三兄弟的拉扎德兄弟公司开张了，是一间专卖法国精品服装的零售商店。

　　三兄弟是从弗劳恩贝格（Frauenberg）移民来的。弗劳恩贝格在法国的阿尔萨斯－洛林（Alsace-Lorraine）地区，距离萨尔格米纳（Sarrauemines）3 英里。1792 年，他们的祖父亚伯拉罕（Abraham）可能是从布拉格（Prague）取道德国，来到法国，希望在此寻求更多的政治自由。与周边国家相比，当时法国犹太人的待遇更好。那时，法国全境约有 4 万名犹太人，其中 2.5 万人集中在阿尔萨斯－洛林地区（但巴黎只有500 人）。亚伯拉罕是个农民，儿子艾里·拉扎德（Élie Lazard）出生在弗劳恩贝格。1820 年，艾里娶艾斯特·阿伦（Esther Aron）为妻，她是一位银行家的女儿，成婚时从娘家带来了丰厚的嫁妆。夫妻俩一共生了 7 个孩子，五子两女，包括拉扎德兄弟公司的创始人拉扎尔、亚历山大和西蒙。艾斯特去世后，艾斯特又嫁给了莫伊斯·卡恩（Moïse Cahn），生了 4 个子女，包括朱莉·卡恩（Julie Cahn）。朱莉·卡恩后来嫁给了拉扎德兄弟的表弟亚历山大·威尔[Alexander Weill——米歇尔·大卫－威尔的曾祖父]。

　　1848 年，欧洲革命横扫法国并波及欧洲其他地区时，拉扎德三兄弟在新奥尔良开的服装店立即火了。兄弟三人将一部分利润汇到法国，这也开创了拉扎德的一项传统，将公司的利润汇至全球。

---

[1] 新奥尔良的昵称。一说源于新奥尔良丰富的音乐遗产。新奥尔良一直都是爵士和蓝调音乐家磨练技艺的避难所，一位优秀的音乐家在新奥尔良有各种途径谋生。另一说源于新奥尔良对酒类消费的宽容态度，甚至在 1920—1933 年美国禁酒时期依然如此。

不幸的是，新奥尔良发生大灾难如同家常便饭。1788 年和 1794 年，这座城市接连两次大面积毁于火灾。1849 年，新奥尔良再次发生火灾，拉扎德三兄弟的店面也毁于一旦，此时开业才一年。虽然一家人抢救出了大部分库存，但为避免更多意外，三兄弟将生意全部转移到了旧金山，在西大荒（Wild West）[1] 开了一家新店，销售进口商品。去加州的旅途艰苦异常，他们在路上花了好几个月，拉扎尔和西蒙因为营养不良，差点死在途中，但好在最后都活着到了旧金山。然而，到了旧金山，他们发现这个繁华的边陲城市多多少少有些让人失望，人口剧增，土地、住房和食品的价格也随之暴涨。不过，他们很快发现做新移民的生意有利可图。1848 年，内华达山脉（Sierra Nevada）边缘发现了可持续开采的脉状金矿，一波淘金者和投机者随即来到旧金山。拉扎德兄弟的加州公司（此时与父亲同名的第 4 个兄弟艾里也加入了他们）成了太平洋沿岸主要的服装批发公司之一，同时也是日益重要的黄金出口商。

到 1855 年，"生意太好了"，拉扎德兄弟又从法国请来 22 岁的表弟亚历山大·威尔担任会计一职，威尔由此成为公司的第 5 位员工。"渐渐地，公司业务开始涉及金融交易，首先是对零售客户，继而扩展到其他客户。"1998 年，拉扎德自费出版传记，详述了公司 150 年的发展史。这本限量印刷 750 本的传记中记载："大多数交易涉及黄金销售，以及当时流通的不同货币间的套利，一种以黄金为基础，另一种以白银为基础。威尔将公司一步步推进了金融领域。"

由于法国人是拉扎德的首要贸易伙伴，1858 年 7 月 20 日，或在这个日子前后，生意兴隆的拉扎德在巴黎开设了一家办事处，将其命名为拉扎德兄弟公司巴黎分行，办公地址在圣塞西莉亚街 10 号（10 Rue Sainte-Cécile）。随着巴黎办事处的成立，拉扎德兄弟重回法国。亚历山大·威尔

---

[1] 指美国早期历史上无法纪时代的西部，是拓荒者西进运动中形成的一系列边陲区域的最后一片土地；边疆拓荒于 1890 年正式宣布结束。——编者注

仍留在旧金山负责美国据点。12年后，在1870—1871年的普法战争[1]中期，法国政府免除了国内企业的所有外债。为了继续做进出口金条生意，拉扎德家族在伦敦开了第三家办事处，即拉扎德兄弟公司伦敦分行（Lazard Brothers & Co.），并将其作为巴黎公司的分支机构，继续偿还外债。当时，其他金融公司纷纷拖欠债务，伦敦公司的做法极大提高了整个公司的声誉。

到1874年，公司一直运营良好。当时，有一篇文章介绍了旧金山新一代价值过百万的公司，拉扎德公司位列其中。

1876年，合伙人做出"重大"决定，拍卖服装存货，将业务完全聚焦到银行业务上。1876年7月27日，拉扎德四兄弟、亚历山大·威尔和拉扎德兄弟同母异父的弟弟大卫·卡恩（David Cahn）共同签订了一份为期14年的新合伙协议，创建了拉扎德兄弟银行（Banking House of Lazard Frères），巴黎分行和旧金山分行被包括在内。（此时，伦敦公司仍为巴黎分行的分支机构。）

1880年，亚历山大·威尔离开旧金山，打算去纽约开一家办事处，将其打造成向欧洲出口黄金的领头羊。为此，他在纽约待了4年。1881年，拉扎德兄弟公司成为苏特罗隧道公司（Sutro Tunnel Company）的司库[2]。苏特罗隧道公司是加州的一家黄金开采公司，掌控着康斯塔克矿（Comstock Lode）、布伦瑞克矿（Brunswick Lode）和一条进入戴维森山（Mount Davidson）的隧道。不久之后，拉扎德向欧洲出口的黄金量剧增，仅1884年3月，拉扎德就出口了50万美元的黄金，包括金条和双鹰币[3]。当时，只有备受尊崇的老牌投资银行基德与皮博迪银行（Kidder

---

[1] 普鲁士王国为实现德意志统一和扩张领土而有意挑起的战争，而企图保持欧洲霸权地位的法兰西第二帝国面对普鲁士的挑衅，迫不及待地向其宣战。战争结果是普鲁士大获全胜，建立了德意志帝国，而法兰西第二帝国垮台，法兰西第三共和国建立。

[2] 即会计，负责企业的资金管理。

[3] 美国在1849—1933年铸造的一种面额20美元的硬币，1933年起不再流通。

Peabody）的黄金出口量超过它，达到100万美元。

1888年8月30日，拉扎德兄弟公司入驻纽约证券交易所（New York Stock Exchange），当时公司有7名合伙人。其时开始有非拉扎德家族成员作为"合伙人"加入公司，但是公司的所有权仍掌控在创始人家族手中。

纽约、巴黎和伦敦的3家拉扎德银行主要靠成功的外汇兑换和贸易继续发展壮大。19世纪末20世纪初，拉扎德独树一帜，在世界三大最重要的金融中心都建立了当地机构。当时任何一家刚起步的合资银行都不会在祖国之外开设分行，强大的J. P. 摩根公司（J. P. Morgan & Co.）可能是个例外，它当时正忙于扩张在欧洲大陆和英国的影响力。不过，拉扎德还拥有连全能的J. P. 摩根公司也无法匹敌的优势：拉扎德在美国就是一家美国本土公司，在法国就是一家法国本土公司，而在英国就是一家英国本土公司。"拉扎德的精神是，我们如何影响世界，"米歇尔·大卫－威尔在拉扎德150周年庆时说道，"具备了从不同角度看世界的优势，我们又将如何理解世界呢？"

拉扎德保持上述本土特色的关键方式之一，是秉承长子继承制（primogeniture），虽非明文规定，也未严格执行，但父亲基本上将众人梦寐以求的合伙人席位传给了儿子，所有分行无一例外。此外，拉扎德家族还偏好包办婚姻和联姻，至少在法国的家族成员是如此。已故作家阿诺·查范尼恩（Arnaud Chaffanjon）曾写道："这个家族的强大之处在于，同族表亲联姻。威尔、拉扎德、卡恩和阿伦（Aron）均与表姐或表妹结了婚。这是把钱留在家族内最好的办法。"拉扎德家族靠这种方式积聚了越来越多的财富。西蒙·拉扎德去世时，其子安德烈·拉扎德（André Lazard）和侄子米歇尔·拉扎德（Michel Lazard）"已在巴黎分行学习银行业务"。亚历山大·威尔的儿子大卫·威尔（David Weill）生于旧金山，长于巴黎，也随父进入公司，并于1900年成为合伙人。20世纪20年代末，大卫·威尔将家族姓氏正式改为大卫－威尔（David-Weill），他的姓名因此变成了大卫·大卫－威尔（David David-Weill）。此种做法助其家族成功确立了在法国贵族中的地位，当时法国社会等级森严，对犹太移民来说，这并非易事。后来，皮埃尔·大卫-威尔接替其父担任高级合伙人，之后其子米歇尔·大卫-威尔又接替了他的职位。

伦敦分行受英格兰银行（Bank of England）监管，处于混日子的状态，更像是一家普通银行或者说是"票据办事处"（bill office），收益不甚理想。伦敦分行虽然接受存款，但大部分存款来自其他移民银行，如罗斯柴尔德银行（Rothschild）和巴林银行（Baring）。1905年，伦敦分行希望公司发展更多商业和企业业务，而非仅作为一家银行对接其他银行的业务，为此，亚历山大·威尔在去世的前一年，一直想找一位声誉良好的英国人进入公司；最后，他聘罗伯特·金德斯利（Robert Kindersley）为拉扎德伦敦分行的合伙人。当时，伦敦分行的合伙人全都是巴黎分行的合伙人，金德斯利成了该分行唯一不是法国人的合伙人。罗伯特·金德斯利是伦敦金融城的一名股票经纪人，事业非常成功，本人也相当有名。伦敦的金融城相当于纽约的华尔街。1905年加入拉扎德后，金德斯利便使之一举成名。他是拉扎德第一位专注为企业提供咨询服务的合伙人，咨询内容涉及外汇交易、商业贷款，以及当时鲜为人知的兼并和收购。

当时伦敦分行迫切需要新鲜血液，金德斯利为之招募了众多人才。伦敦分行的声誉大幅提升，到1914年第一次世界大战爆发时，已成为英格兰承兑银行（accepting houses）[1]之一，还加入了承兑银行委员会，成为17家获此殊荣的金融机构之一。伦敦分行的起点很低，最初只是法国分行的小据点，但走到这一步着实不容易。在当时的伦敦金融圈中，这是一件了不起的事。

威特曼·培生（Weetman Pearson）是英国一位重要的国际金融家兼实业家，金德斯利与他的交情可不止短暂的业务往来。在1910年到第一次世界大战爆发之间的某一天，金德斯利介绍培生与大卫·威尔认识，之后

---

[1] 英国的金融机构，专注于承兑和担保汇票，以使借款更为便利。

培生便在拉扎德伦敦分行做了一小笔投资。第一次世界大战结束后，英格兰银行制定了严格的新规定，限制英国银行体系内的外资所有权。培生[现为考德雷勋爵（Cowdray Lord）]与培生父子建筑公司（S. Pearson & Son Ltd.）将其持有的拉扎德伦敦分行的股份增至50%，另一半则由拉扎德巴黎分行持有。培生的持股对拉扎德三家银行产生了多年的影响，且大约90年后，培生成了伦敦分行最大的股东。

在淘金热（gold rush）时期，查尔斯·阿特休尔（Charles Altschul）从英国伦敦移居美国旧金山，成为拉扎德第一批非家族成员合伙人之一。仿佛命中注定，其子弗兰克·阿特休尔（Frank Altschul）从耶鲁大学毕业后也加入了纽约分行，并于1916年7月1日成为合伙人。这一天，也是查尔斯退休的日子。除亚历山大·威尔的后代及某个时期拉扎德家族的部分成员之外，公司合伙人的继承人只能继承职位，不能继承股权。

尽管如此，拉扎德合伙人的收益也相当可观，不管是否持有公司股权，他们都跻身于本国最富有的人物之列。进入拉扎德之后，弗兰克·阿特休尔也变得极其富裕。在长达94年的一生中，他向亲爱的母校耶鲁大学捐赠了数百万美元。1913年，他娶了雷曼兄弟公司（Lehman Brothers）的海伦·雷曼·古德哈特（Helen Lehman Goodhart），从而巩固了自己在纽约犹太人金融圈的上层地位；而他的妹妹则嫁给了雷曼兄弟公司前合伙人赫伯特·雷曼（Herbert Lehman），赫伯特后来成为纽约州州长和美国参议员。此外，阿特休尔还向威廉姆斯学院（William College）[1] 捐赠了50万美元，向西奈山医院（Mount Sinai Hospital）捐赠了100万美元。他还为菲利克斯·法兰克福特（Felix Frankfurter）主导辩护的"萨科－万

---

[1] 创立于1793年，是美国知名的顶级文理学院，位于马萨诸塞州。

泽蒂事件"（Sacco and Vanzetti）[1] 提供了数十万美元的爰助。菲利克斯·
法兰克福特当时是哈佛大学的法律教授，后来成为美国最高法院的大
法官。一天，法兰克福特来到拉扎德阿特休尔的办公室，想"看看华尔
街有什么人能给萨科和万泽蒂送钱"。此后，两人的友谊持续了一生。
阿特休尔住在派克大街550号与东62街相交的西南角上。在康涅狄格州
斯坦福的郊外，他还有一处占地450英亩[2]的庄园，叫欧文布鲁克农场
（Overbrook Farm）。1934年，在庄园闲置的猪圈里，他创办了欧文布鲁
克出版社（Overbrook Press），该社出版物的装帧精致典雅。

早在1917年10月，阿特休尔刚成为拉扎德合伙人后不久，他就面临
着一个严峻的问题：法国家族打算清算和关闭拉扎德伦敦分行或纽约分
行，且可能性越来越大。这也是这家刚起步的公司所遭遇的另一次生死
攸关的危机。1918年10月，阿特休尔去巴黎待了几周（这也算是他在美
国陆军服的部分兵役），与法国家族"详细"讨论了一番，给法国家族的
人留下了他十分精通业务的印象。随后，他给纽约分行的高级合伙人乔治·
布卢门塔尔写了一封长达3页的信，此信段落紧凑，言辞欢快。信中说，
法国的合伙人现在对三家分行的前景更加看好："他们非常希望伦敦分行
和纽约分行继续经营，且坚定地相信三家分行形势良好，名声、彼此的
联系和总体布局都很不错，一定会在战后的国家发展中扮演越来越重要

---

[1] 美国在20世纪20年代镇压工人运动中制造的一桩假案。1919年开始的经济危机使美国
　　国内阶级矛盾激化，罢工浪潮席卷全国。1920年5月5日，警察指控积极参加工人运动
　　的意大利移民、制鞋工人N.萨科和卖鱼小贩B.万泽蒂为波士顿地区一桩抢劫杀人案主犯
　　而加以逮捕。虽然他们提出了足以证明自己无罪的充分证据，但仍被判处死刑，因而在
　　全世界范围内引起巨大的抗议浪潮。萨科和万泽蒂的辩护律师在判决后，一再要求复审，
　　并6次提出新的人证物证，均为法庭所拒绝。1927年8月22日，在国际抗议声中，萨科
　　和万泽蒂被处决。此后，人们不断要求为萨科和万泽蒂昭雪。半个世纪后，由马萨诸塞
　　州州长M. S.杜卡基斯组织法学专家，对该案进行全面复审，1977年7月17日宣布萨科
　　和万泽蒂无罪，并为之恢复名誉。

[2] 1英亩 ≈ 4046.86平方米。——编者注

的角色。"他继续写道:"就像他们说的,公司的名声在战前就是一流的,战时又进一步提升,我们应该好好利用公司的名声和信誉。"拉扎德的危机就这样解除了。

战后,阿特休尔回到纽约,开始一步步接替布卢门塔尔管理公司的日常运营。但他的权力也仅限于此,在诸如合伙人年度分红、惩戒懒惰或表现不佳的合伙人,以及三家分行的成本核算等问题上,他通常还是听从权力更大的布卢门塔尔的指示。如同他的父亲,阿特休尔对拉扎德之外的众多事务大有兴趣,其中之一便是国际事务。1920年,在他的帮助下,外交关系委员会(Council on Foreign Relations)在纽约成立。打一开始,阿特休尔就希望该委员会能影响美国的外交政策,而这也是该组织的目标之一。

1923年,拉扎德和阿特休尔显现出了自身在世界金融市场中的重要性。当时,法国占领了鲁尔(Ruhr),阿道夫·希特勒(Adolf Hitler)发动的啤酒馆暴动(Beer Hall Putsch)[1]以失败告终,国际形势的不确定性引发了金融市场大动荡。法国全面陷入金融危机,法郎贬值一半。1924年1月,法国财政部邀请阿特休尔到巴黎,想听听他的解决之道。阿特休尔做足准备,于1月24日在巴黎发表演讲,呼吁法国政府采用他设计的"实验"方案,稳定暴跌的法郎。他告诉法国人,"法国政府需要从美国或英国借一大笔钱,而纽约有条件成立一个银行集团,以合理的条件在适当的担保下为法国政府提供必要的便利。纽约货币市场目前利率低,且出于对法国的友谊和信心,这是有可能实现的"。他主张与媒体合作,先不提政治可行性,"实验应该能成功"。阿特休尔坚定地认为拉扎德兄弟公司绝不能见诸报端。"我们不想宣传自己,希望贵国政府谅解。贵国政府接下来做的任何事,或在任何情况下,请都不要提及我们。"他说,"如

---

[1] 又称"希特勒暴动"。1923年11月,希特勒和鲁登道夫等人在慕尼黑发动的法西斯政变,以失败告终。

贵国民众有疑虑，可声称是一家有影响力的国外银行为贵国政府提供了建议。贵国政府还可以表明，在巴黎采取这些措施后，人们将对法国恢复信心，也有助于保护法国的汇率，形势完全在贵国政府掌控中。"

法国政府迅速采纳了阿特休尔的计划，并对看空法郎的投机者上演了经典的"轧空"（short squeeze）[1] 桥段。由于"法国政府很敏感"，阿特休尔将执行工作交给了巴黎分行的合伙人。《经济学财富百科全书》（*Fortune Encyclopedia of Economics*）对拉扎德在1924年法郎危机中扮演的角色做了如下叙述："运用从 J. P. 摩根处借得的1亿美元贷款，（法国政府）收购法郎，在几个星期内就将美元兑法郎的汇率从124降到了61。卖空法郎的投机者们因此损失惨重。"阿特休尔演讲结束后不到一个月，拉扎德设计的干预方案就大获成功，巴黎分行的合伙人、创始人兄弟之一的儿子克里斯蒂安·拉扎德（Christian Lazard）写信给他说："巴黎的形势已有改善，但投机者们肯定会再次卖空法郎。不过我认为，真相大白之后，情况变化很大，大家都愿意纳税了，包括农民。"

1924年3月，阿特休尔给克里斯蒂安·拉扎德的回信中带着点儿胜利的意味。"我对实验的成功表示衷心的祝贺，对此我从未怀疑过。"他写道，"危机的处理方式妙极了。"在信后附言中，阿特休尔痛心地表示，此次援助计划的头等功劳本应属于拉扎德，却被摩根抢走了。"计划是拉扎德提出的，但在计划执行者一栏中，拉扎德的名字却无法与摩根并列，我感到非常惋惜。"他写道，他在打印出来的信上用笔划掉了"我"这个字，手写插入了"我们"。"但我们坚信，我们将通过联名账户或其他方式，就经由第2号贷款账户提供的便利和所提供的诸多服务获得一些适当的补偿。"他还说，鉴于此次危机处理的成果非常好，法国政府应该授予某

---

[1] 指证券市场上的某一操纵集团将证券市场上流通的股票吸纳集中，致使证券交易市场上的卖空者除此集团之外没有其他来源补回股票，轧空集团就能乘机操纵证券价格。

些人法国荣誉军团勋章（French Legion of Honor）[1]；而就在两年后，阿特休尔和布卢门塔尔获得了此项荣誉。合伙人获得法国荣誉军团勋章从此成了拉扎德的一项传统。

最终，法郎危机如何解决的真相大白于天下，媒体和法国政府均赞颂了拉扎德巴黎分行做出的重大贡献。"您可以想象我们有多激动，"克里斯蒂安·拉扎德给阿特休尔的信中写道，"巴黎分行从没有过这样的时期。"但他意识到，应该把掌声献给远在纽约的阿特休尔。"真希望您能在场。我还记得和您的所有对话，我们一起去了里沃利街（Rue de Rivoli）。我非常遗憾纽约分行没能得到应有的荣誉，毕竟整个计划最初是由您提出的。"他还向阿特休尔坦白了"一个秘密"，1924年6月，法国著名报纸《高卢人》（Le Gaulois）的犹太老板阿瑟·梅耶（Arthor Meyer）将拍卖自己的艺术藏品，其中包括他于1909年委托克劳德·莫奈（Claude Monet）[2]画的一幅壮观的干草堆油画。为此，克里斯蒂安出售了部分股票，购入大量法郎，准备竞拍梅耶的藏品。"我希望您不要阻止我。"他写道。

几天后，克里斯蒂安又亲笔写了一封信表达谢意，赞扬兄弟公司勇气可嘉，"与我们并肩作战"。信中，他还回应了阿特休尔的附言，认为拉扎德纽约分行最终会因在战时的表现而获得补偿："我们将所有的人力、智力都交由法兰西银行（Bank of France）调配，不收取分文报酬……从战斗的第一天起，我们所有的业务就几乎都暂停了，相信您定能理解我们的立场。我们认为，在公共利益受到威胁的情况下，不收取报酬既是爱国之举，也是明智之举。我们坚信，公司迟早会因此而获得回报。伦敦分行也已经主动向法兰西银行表态，将退还之前从英国银行收取的报酬。"

在巴黎时，阿特休尔除了在法郎危机中大展拳脚外，也抓住机会向

---

[1] 1802年由时任第一执政的拿破仑设立，以取代旧封建王朝的封爵制度，是法国政府颁发的最高荣誉，也是世界上最为著名的勋章之一。以后法国各届政府都以此表彰在各个领域做出突出贡献的优秀人士，是法兰西军人和平民荣誉的象征。

[2] 1840—1926年，法国画家，印象派代表人物和创始人之一。

法国合伙人介绍他的想法——在拉扎德纽约分行开展一项新业务，即封闭式投资基金（closed-end investment fund）。一开始，大卫·大卫-威尔同意拿出100万美元"投资该信托基金"，而其他法国合伙人则更为谨慎，想了解乔治·布卢门塔尔对这个风险很高的项目有何看法，以及阿特休尔打算如何分配巴黎分行和纽约分行的利润。在利润分配这个问题上，阿特休尔和克里斯蒂安·拉扎德显然达成了某些共识，但阿特休尔认为克里斯蒂安在巴黎分行推行新基金的动作太大太快了。

　　1925年12月底，众人敬畏的、担任了21年高级合伙人的乔治·布卢门塔尔从拉扎德退休，投身于慈善事业和艺术品收藏。这条新闻还上了《纽约时报》。两年前，布卢门塔尔在"13票赞成，无人反对"的情况下，将纽约证券交易所的席位让给了36岁的弗兰克·阿特休尔。

　　布卢门塔尔的离开，恰好处在拉扎德混乱历史中的两个重大转折点上，或许，也正是他的离开促成了这两个重大转折：一是阿特休尔放手推动投资信托基金的创立，二是大卫·大卫-威尔将外汇交易员安德烈·梅耶（André Meyer）招入麾下。梅耶身材矮小、体格健壮、精力旺盛，后来被人称为"银行界的毕加索"（Picasso of banking）。梅耶在巴黎的犹太老区玛莱区（Marais）长大，父母是从紧挨德国边境的阿尔萨斯（Alsatian）省会斯特拉斯堡（Strasbourg）迁来的。据说，安德烈的父亲朱尔斯·梅耶（Jules Meyer）可能是个"印刷推销员"或"小商人"。

　　在巴黎念书时，安德烈·梅耶学业平庸，于1913年7月从罗林学院（Collège Rollin）肄业。安德烈的父亲没有固定工作，平时只打点零工，其余时间都花在了赌博上，因此安德烈要挣钱贴补家用。他一直想进巴黎证券交易所（Paris Bourse），据说，他记住了交易所内所有股票的价格。他很快在巴黎证券交易所找到了一份信差的工作，之后又很快进入一家法国小银行——博尔父子银行（Baur & Sons）就职。因心脏问题和需要养家糊口，他在一战期间免服兵役。

在博尔父子银行，安德烈很快就学会了货币交易以及政府和企业债券的业务。"这需要灵活的头脑，这孩子显然具备了。"梅耶的传记作者卡里·莱西（Cary Reich）在《金融家：安德烈·梅耶传》（*Financier*）中写道，"还要能冷静地评估业务的价值，他正在快速学习这点；以及无穷的精力，这个神经紧张、坐立不安的男孩已然具备了这个先决条件。他每天早上4点起床，研究报纸上的财务报表，规划当天的时间安排。在狭小的公寓中与家人吃饭时，他便把电话放在餐桌上，边吃饭边与人讨论市场行情。"

与当时其他的交易员一样，每个工作日的下午1点到3点15分，安德烈会尽职地向巴黎证券交易所汇报博尔父子银行的交易情况。《纽约时报》曾如此报道过巴黎证券交易所的交易员："凭借清晰的头脑、迅速的动作和高度的警惕性，巴黎的外汇交易员操纵着来自伦敦和美国的区区几百万法郎，就能让法郎下跌几个点。他们可以在短短的几轮交易中，将货币点数迅速拉高到最终赢利点。"在1924年法郎危机中及之后一段时间，作为巴黎证券交易所的一名交易员，安德烈的表现非常出色，引起了大卫·大卫-威尔的注意。1925年，大卫·大卫-威尔请安德烈到位于皮列-威尔街（Rue Pillet-Will）的拉扎德巴黎分行面试。"他让大家都输得精光。"安德烈的外孙帕特里克·杰尔斯凯尔如此评价安德烈的交易才能。当时安德烈27岁，他艰难地与对入职条件要求苛刻的大卫-威尔讨价还价，想知道自己何时能成为拉扎德的合伙人。但大卫-威尔不愿做出时间上的承诺，于是他又回到了博尔父子银行。（还有另一种说法是，大卫-威尔"拒绝了"安德烈。）

又过了一年，大卫-威尔再次试图招揽安德烈。这次他成功了。他向安德烈承诺，如果安德烈表现出色，达到大卫-威尔家族的预期，就能成为法国分行的合伙人。于是，1926年，安德烈作为准合伙人加入了拉扎德。而他之所以同意加入，部分原因是，拉扎德在法郎危机时大胆买入交易仓位给他留下了极深的印象。不到一年，大卫-威尔就信守承诺，将安德烈提拔为拉扎德法国分行的合伙人，同时成为合伙人的还有他的儿子皮埃尔·大卫-威尔。在接下来的50年里，凭借金融天赋与强势的个性，安德烈统治了拉扎德巴黎分行。

1927年初，阿特休尔将注意力全都放在了建立美国第一支封闭式共同基金（closed-end mutual fund）——全美投资者综合基金（General American Investors Company）上。5月，这支基金正式开始"购买、持有、销售和承销国内外股票"，拉扎德兄弟和雷曼兄弟是基金的主要投资者和所有者。1928年10月15日，另一支基金"全美投资者第二综合基金"（Second General American Investors Company）成立。1929年9月5日，也就是1929年大崩盘的前一个月，两支基金合并了，到年底，总资产已达3300万美元。在阿特休尔的剩余职业生涯中，全美投资者综合基金一直是他的寄托，但这也导致了他与安德烈·梅耶的决裂。

从阿特休尔与新合伙人阿尔伯特·福施（Albert Forsch）的通信中可以清楚地看出，1929年股市崩盘前的夏季，忧虑在拉扎德纽约分行里与日俱增。"在我看来，市场的发展不太正常，除了氛围有些小变化外，我没发现市场有任何好转的迹象。"福施在给阿特休尔（当时他身在巴黎）的信中写道，"建筑行业的数据无疑是最差的，汽车行业也越来越糟，物价持续上升，失业率居高不下，且仍在增长。我觉得今年冬天我们会遭遇多年来最大的危机。"

福施确实具有先见之明。股市从1929年9月开始下滑，直到1932年7月才结束，道琼斯指数整整下跌了89.2%，相当惊人，大部分工业国家陷入了长达近10年的经济大萧条中。在此期间，拉扎德的三间分行勉强活了下来，但讽刺的是，公司差点倒闭并不是由严重的宏观经济问题造成的，而是因为内部管理出了重大问题。

从1931年3月开始，拉扎德发生了一连串意外，差点垮掉。首先是安德烈·拉扎德突然去世，他是创始人西蒙的儿子、克里斯蒂安的兄弟，

3年前才在表兄米歇尔去世后接替其成为高级合伙人。安德烈在尼斯发病，很快就去世了，终年62岁。多年来，在外界的印象中，他是最后一位进入公司的拉扎德家族成员。因为在他死后，拉扎德家族便没有子嗣了。从某种程度上来说，这种说法是正确的。因为艾里·拉扎德的后代中虽然有几位男性，但不知道他们是否进入了拉扎德。很有可能在安德烈·拉扎德和米歇尔·拉扎德去世后，大卫－威尔家族趁势巩固了在公司的统治地位。

另一件事是，1931年春末夏初，拉扎德兄弟布鲁塞尔办事处的一位捷克交易员的欺诈行为，差点导致大卫－威尔家族再次失去他们80年来悉心建立起的一切。1931年，金融危机已经在欧洲酝酿了一段时期，原因众多，如美国和德国经济大萧条、英国长期财政赤字、贸易逆差，以及英镑兑美元的汇率被高估，这些都导致了伦敦分行的负债远超英格兰银行持有的黄金和外汇储备。5月11日，奥地利最大的私人银行奥地利信贷银行（Creditanstalt）倒闭，部分原因是法国政府拒绝继续向其提供短期贷款。金融恐慌开始在欧洲蔓延。当时，奥地利信贷银行由强大的罗斯柴尔德银行奥地利分行掌管，这次事件说明了罗斯柴尔德家族对该银行的管理相当糟糕。"这次事件立即导致了伦敦分行的债权被冻结，首先是在维也纳的债权，接着是柏林的。"R. S. 萨耶斯（R. S. Sayers）在他所著的最权威的英格兰银行史中写道。拉扎德伦敦分行是奥地利信贷银行的债权人之一。伦敦分行的债权估值约4万英镑，相当于今天的1000万英镑左右，这笔钱虽然不算太多，但伦敦分行的总资本也不过才刚超过300万英镑，因此这笔损失并非无足轻重。

拉扎德伦敦分行派出最资深的合伙人之一、阿特休尔的密友罗伯特·布兰德（Robert Brand）前往维也纳谈判，把钱要回来，一同前往的还有奥地利信贷银行的其他债权人，约100人。谈判持续了数天，之后布兰德从维也纳乘火车取道布鲁塞尔回到伦敦，打算将情况告知伦敦的合伙人。站在车站月台上，透过弥漫在车站玻璃棚顶上的蒸汽与烟雾，布兰德远远看到了初级合伙人乔·麦卡特尼－菲尔盖特（Joe Macartney-Filgate）

的身影。麦卡特尼-菲尔盖特看到布兰德后，带着布兰德尚不知晓的惊人消息冲了过来。但布兰德先开了口。"接下来会很艰难，"他告诉麦卡特尼-菲尔盖特，"钱拿不回来了。我们要损失4万英镑。"接着，初级合伙人也脱口而出："好吧，我也有事要说，我们破产了。我们损失了400万英镑。"损失超过了拉扎德伦敦分行的总资产，严格来说，公司破产了。两位合伙人坐上了前往伦敦的最后一班夜间火车，在火车上，麦卡特尼-菲尔盖特向布兰德讲述了拉扎德伦敦分行一夜倒闭的骇人故事。其间，两人喝掉了整整一瓶苏格兰威士忌。

一战结束后，拉扎德伦敦分行得到了培生的现金支持，于是罗伯特·金德斯利决定在比利时港口城市安特卫普设立一家拉扎德办事处，经营外汇交易业务。这家办事处经营得相当成功，但公司觉得，比利时首都没有办事处始终是个缺陷，于是随即在布鲁塞尔设立了一家更小的办事处，并将它交由一个捷克人负责。据说，此人姓维赛克（Vithek），也有说姓维尔赛克（Wilcek）或赛里克（Cireak）。布鲁塞尔办事处在外汇交易业务方面"生意做得很大"。1931年7月，麦卡特尼-菲尔盖特在前往伦敦的夜间火车上告诉布兰德，当天，他去布鲁塞尔办事处调查，发现那个捷克负责人错误地看空法郎，输了一大笔钱，之后，他又以拉扎德伦敦分行的名义在欧洲发行无担保本票，企图掩盖自己犯下的错误。而麦卡特尼-菲尔盖特之所以发现了这件令人震惊的事情，是因为本票的若干持有者要求拉扎德伦敦分行偿付，以及随之引发了一系列事件。当麦卡特尼-菲尔盖特质问那个捷克负责人关于其渎职的传言时，捷克人承认了自己的错误。

当天深夜，调查人员弄清楚损失数额后开始全面调查，结果捷克负责人开枪自杀了，被人发现时，他倒在办公桌下的一滩血泊中。在捷克负责人自杀的前几个月，金德斯利已经越来越怀疑他的行为，因为他得到一些零零散散的消息，说布鲁塞尔办事处一直在欧洲大陆以高于市场的利率借钱。而这，就是财务危机的征兆。调查发现，捷克负责人动用公司资本参与了一系列无人监督的豪赌，结果一败涂地。但还不清楚他是只做了外汇风险交易，还是在布鲁塞尔股市也做了许多时机不当的重大投资。之后，英格兰银行秘密调查发现，"导致这种状况的不规范行为已持续了数年，而布鲁塞尔办事处的审计公司惠尼史密斯和惠尼（Whinney, Smith & Whinney）毫无察觉的原因在于：一、所有高级职员都牵连在内；二、除了向审计公司提供的普通账簿外，会计还有一套秘密账簿；三、该办事处能在不提供抵押的情况下用公司信用借到大笔资金……公司现在必须考虑是暂停业务，清算资产，还是在能获得资金的前提下，重建公司并继续经营"。那个捷克负责人的行为是典型的欺诈，他赌输大笔钱之后，做假账骗过了审计公司。他自杀后，"另一位职员"坦白，损失约有585万英镑，比麦卡特尼－菲尔盖特估计的还多了大约50%，几乎达到了拉扎德伦敦分行设定资本的两倍。据说，那个捷克负责人在自杀前给巴黎的大卫－威尔家族送出了一则消息："明天，拉扎德伦敦分行将会倒闭。"

公司爆发了生死存亡的危机，甚至比25年前大地震造成的影响更加严重。大卫·大卫－威尔立即被人从巴黎请到伦敦。他的儿子皮埃尔也回来了，当时他正和未婚妻在埃及旅行。1931年7月14日晚，金德斯利密会英格兰银行行长蒙塔古·科莱特·"阿奇"·诺曼（Montagu Collet "Archie" Norman）。他告诉诺曼，拉扎德伦敦分行遭受了巨大损失，急需500万英镑（相当于现在的2.5亿英镑，或4.5亿美元）"摆平事情"，否则公司将会破产。先是奥地利信贷银行的倒闭，紧接着是德国和奥地利的银行宣布债务延期偿付，如今拉扎德伦敦分行又发生了这样的灾难，对英格兰银行来说，这是重大的考验，考验它在拯救一家重要的承兑银行中能发挥多大的作用。

起初，金德斯利告诉诺曼，他需要从英格兰银行借300万英镑，培生和拉扎德巴黎分行会平摊剩下的200万英镑。7月17日，星期五，由英格兰银行最资深高管组成的财政委员会召开特别会议，认为英格兰银行不能坐视拉扎德伦敦分行这样一家"有名望的承兑银行"倒闭，因为这"也许会在金融城中引发恐慌，并给其他重要的银行造成大麻烦"，故委员会同意尽力救助拉扎德伦敦分行。"拟救助计划如下：英格兰银行向持有拉扎德伦敦分行50%股份的培生父子建筑公司提供300万英镑的抵押贷款，培生父子建筑公司将这笔钱用于振兴拉扎德。英国税务局［相当于美国国税局（IRS）］退还拉扎德伦敦分行过去几年所缴税款100万英镑。"英格兰银行副行长"有理由相信"，拉扎德巴黎分行和纽约分行会提供剩下的100万英镑。委员会还进一步达成共识："此事应当保密，绝不能向任何人透露，不得向常务委员会报备该笔预支款项，也不得将其列入年度审计的预支款项清单中。"

7月18日，星期六，财政委员会又召开了一次特别会议。会议上，英格兰银行副行长说，"前一天深夜"，他与培生董事长克莱夫·培生（Clive Pearson）会面，对方表示，拉扎德巴黎分行与纽约分行拿不出100万英镑，因为这"会大大削弱他们的实力"，他们只能拿出50万英镑。因此，对方请求英格兰银行将贷款提高到350万英镑，并表示如果没有这笔钱，伦敦分行下周一早上将无法开门营业。培生还请求英格兰银行降低贷款利率。"培生先生担心，如果英格兰银行不接受这些条件，董事会将决定不再继续推进此事，而是接受现有损失，那么，拉扎德伦敦分行将在周一宣告破产。"副行长向委员会做了如上汇报。

但英格兰银行没有妥协。谈判持续了周六一整天，当晚，双方在金德斯利家中达成了拯救拉扎德的秘密协议。按照最初提议，英格兰银行贷款给培生父子建筑公司300万英镑，而培生父子建筑公司再将这笔钱转给拉扎德，培生以全部资产做担保。也就是说，培生抵押了整个公司来救拉扎德。这笔贷款须在7年内还清，英格兰银行对此收取"惩罚性利率"，若超时未还将提高利率。拉扎德巴黎分行和纽约分行共同向伦敦分行投资100万英镑。巴黎分行的所有者自掏腰包出了这笔钱，包括大卫－威尔家族、安德烈·梅耶，以及最近去世的拉扎德家族男性成员的几位继承人。"在很长一段时间里,"米歇尔·大卫-威尔后来说,"安德烈·梅耶和我父亲的资本都为负数。这种情况至少持续到了1938年。"最后的100万英镑,由英格兰银行行长诺曼请求英国税务局退还拉扎德过去5年间所缴纳的税款。在那个生死存亡的周末,英国税务局设法向拉扎德退了约100万英镑的税。

关于此次援助,拉扎德在其他方面也付出了很大的代价:第一,拉扎德其他分行的合伙人不再是伦敦分行的所有者,也不再从伦敦分行拿分红;第二,伦敦分行的合伙人变为公司雇员,且未获得太多赔偿。此外,英格兰银行认为,是拉扎德伦敦分行管理不善才导致了近期的灾难,因此迫使其关闭了布鲁塞尔、安特卫普和马德里的办事处。而之所以关闭马德里办事处,是因为那里的一位欺诈交易员也同样在外汇投机中一败涂地。

救助融资完成后,培生在拉扎德兄弟伦敦分行的持股增加到了80%,其余20%仍由巴黎分行持有。但在接下来的8个月里,事情又发生了变化。拉扎德又有了新麻烦,巴黎分行首当其冲。英格兰银行财政委员会4月末开了一次会,会议快结束时,诺曼请其中3位成员先行离开,"然后告诉了委员会其他成员一些事情,这些事情本不该让常务委员会或法院知道,因为事关英格兰银行为维护金融城的信用而提供的某些贷款"。一个月后,事情明朗了,拉扎德伦敦分行告诉英格兰银行,巴黎分行现在也遭遇了财务危机,急需200万英镑。英格兰银行财政委员会得到秘密消息:"巴黎分行目前陷入困境,需要200万英镑才能继续经营,但他们目前无法在不影响自身信用的情况下在巴黎借到钱。"英格兰银行再度介入,拿出100万英镑"支持巴黎分行"。国民地方银行(National Provincial Bank)审查了巴黎分行的"资产负债表和股东名单"后,提供了剩下的100万英镑。如此,巴黎分行筹到了急需的200万英镑。

媒体和竞争对手都不知道拉扎德差点再次破产。当时没有关于这场危机的报道,这也恰恰是英格兰银行为防引发大规模金融恐慌而采取的严谨策略。罗伯特·金德斯利的孙子雨果·金德斯利(Hugo Kindersley)也是拉扎德的长期合伙人，他表示自己也非常震惊于这个消息竟然从未泄露，而这正是他祖父所希望的。"整件事中，最厉害的是没有新闻报道，也没有关于拉扎德伦敦分行出问题的任何传言。"他解释道，"祖父坚持让合伙人保持以前的生活方式，雇仆人、住大房子，不要露出任何不对头的迹象。我不知道他们是怎么做到的，因为大家都没钱了。"

1933年10月5日，威特曼·培生的儿子考德雷子爵（Viscount Cowdray）二世，即威特曼·哈拉尔德·米勒·培生（Weetman Harold Miller Pearson）意外去世，享年51岁。他的遗产执行人委托拉扎德伦敦分行的审计机构德勤会计师事务所（Deloittes）对公司进行估值。值得注意的是，这份长达14页的文件清楚地显示，在考德雷子爵二世身故时，培生父子建筑公司持有拉扎德伦敦分行当时发行和流通的所有股票，即337500股，而非80%。可以这样理解：为解决1932年5月的危机，巴黎分行定然抛售了伦敦分行20%的股份。此外，会计账目还显示，拉扎德伦敦分行在奥地利信贷银行的债权实际上高达20万英镑，而非区区4万英镑，他们合理地预期只能收回这笔欠款的20%。

该文件还揭示出，当时拉扎德伦敦分行的估值非常低。德勤将培生父子建筑公司持有的拉扎德伦敦分行所有流通股的"遗嘱认证合理估值"定为931250英镑。结论很明显：前两年的事件让巴黎分行和伦敦分行的其他合伙人彻底失去了伦敦分行的股份。但到了20世纪30年代中期，拉扎德伦敦分行逐渐站稳了脚跟，这很大程度上得益于公司债券承销业务规模缓慢而持续的增长，以及欧洲总体经济的缓慢改善。随着时间推移，它逐步还清了英格兰银行的债务。

很难说拉扎德纽约分行在救助伦敦分行中扮演了什么角色。除了英格兰银行的"秘密"会议纪要中提议纽约分行应出力凑够100万英镑外，没有任何公开资料提及纽约分行参与其中。米歇尔·大卫-威尔说，他相信弗兰克·阿特休尔和纽约合伙人也参与了救助，但当时经济环境不好，他们出的力不多。"纽约的合伙人肯定很生气,"他解释说,"好不容易在大萧条中活了下来,现在又要让他们汇款到欧洲,还没有任何解释。巴黎分行和纽约分行之间搞得不太愉快。"阿特休尔的许多信件都避而不谈1931年的伦敦和1932年的巴黎发生了什么。事实上,从1931年3月30日到1934年4月13日,阿特休尔和巴黎及伦敦的合伙人之间没有任何通信。

但在1931年8月10日,伦敦分行给身在纽约的阿特休尔发了一封非常神秘的电报,似乎与伦敦分行的危机有关。电报原文使用了密码,由10个字母组成一个无实义的单词。英格兰银行救助伦敦分行的几周后,这封电报被破译了,言辞绝望:"事态每况愈下,我们将要做的事是我们此时必须做的,而我们之所以这么做绝不仅仅是为了保全声誉。我们的境况虽然不佳,却也还算过得去,我们担心此时改变现状,可能会犯下严重错误。此外,在我们看来,如果巴黎分行一开始在环境较好的时候就从法兰西银行借得所需金额,情况会好得多,但当初他们只借了那么一点点钱,现在肯定就得顶着重重压力东填西补。这样做,可能会给大家留下不好的印象。"

此时,阿特休尔似乎更专注于研究刚刚通过的《1933年银行法》(*Banking Act of 1933*)会给拉扎德带来什么影响。《1933年银行法》也叫《格拉斯-斯蒂格尔法案》(*Glass-Steagall Act*),以国会主要提案人的名字命名。大萧条中,大量银行倒闭催生了该法案,目的是将吸收存款的商业银行与承销证券的投资银行分开。华尔街的各大银行有1年的时间来决定今后的业务方向,对于阿特休尔和拉扎德来说,做决定轻而易举,虽然拉扎德一开始在旧金山做的是商业银行业务,但如今早已不做了。

1934年9月底,专注于投资银行业务的拉扎德纽约分行(Lazard Frères & Co. Inc.)在拿骚街15号(15 Nassau Street)开业,初始资本为500万美元,承销和分销企业及市政证券。阿特休尔担任新公司董事长,并从花旗公司(National City Company)[今花旗集团(Citigroup)]挖来斯坦利·罗素（Stanley Russell）担任总裁。"我们希望拉扎德纽约分行能在发展投资银行的业务中发挥自己的作用。"罗素说。当时，《新闻周刊》（*Newsweek*）对拉扎德纽约分行大加赞赏，却完全没有提及它差点倒闭的事："当投资银行家们抱怨《1933年证券法》（*Securities Act of 1933*）扼杀了他们的业务时，拉扎德勇敢地组建了纽约分行，承销与分销企业和市政债券。在金融界中，尽管它与J. P. 摩根公司、库恩勒布公司（Kuhn Loeb & Co.）和德威公司（Dillon Read & Co.）相比，规模要小一些，却毫不逊色。无疑，巴黎分行和伦敦分行也提高了它的声望。"

当伦敦分行发生灾难性事件时，纽约分行正专注于应付《格拉斯－斯蒂格尔法案》。而安德烈·梅耶则在巴黎忙着转型，他打算将自己从外汇交易员转变为更有声望也更受人尊敬的投资银行家，并向政府和企业客户提供咨询服务。在与法国汽车制造商雪铁龙（Citroën）的合作中，他得到了第一个机会，展示了自己的金融才能。拉扎德曾购入雪铁龙的大量股份，部分原因是安德烈·雪铁龙（André Citroën）是皮埃尔·大卫－威尔的妹妹安托瓦内特（Antoinette）的公公。[安德烈·雪铁龙第一次见到皮埃尔的父亲大卫·大卫－威尔，是在大卫－威尔位于巴黎市郊富人区纳伊（Neuilly）的家中。当天，大卫－威尔先是向安德烈·雪铁龙炫耀一番他那些令人印象深刻的艺术藏品，然后告诉这位实业家，他要重组公司，从而提高公司的赚钱能力。]后来，安德烈·梅耶也与雪铁龙结交了，并说服雪铁龙把他的汽车销售信用公司（Société pour la Vente à Crédit d'Automobile，缩写为SOVAC）或SOVAC的金融子公司卖给拉扎德。安德烈·梅耶的想法是，将SOVAC变成一家囊括所有业务的金融公司。在合作伙伴——J. P. 摩根公司和商业投资信托公司（Commercial Investment Trust，现以CIT著称）的帮助下，拉扎德买下了SOVAC，并将它打造成了一家金融巨头。多年后，它被卖给了通用电气公司（GE）的金融子公司通用金融（GE Capital），拉扎德因此大赚了一笔。安德烈·梅耶的下一个惊人之举是，将雪铁龙公司从大萧条的破产危机中拯救出来。当时，雪铁龙公司的形势非常严峻，安德烈·雪铁龙向皮埃尔·大卫－威尔求助，皮埃尔又将这个任务交给了安德烈·梅耶。安德烈·梅耶立即通过公司董事会，与雪铁龙最大的债权人轮胎制造商米其林谈判，最终谈成了这样一个交易：米其林将所持有的债权转为雪铁龙的公司股权。在此之前，大家从未见过这种复杂的交易，因此安德烈·梅耶在法国一夜成名，整个实业界的公司高层竞相向他寻求帮助。

尽管安德烈·梅耶的声望大涨，但20世纪30年代中期，三家拉扎德分行仍面临危机。伦敦分行和巴黎分行还在努力偿还债务，避免公司破产。纽约分行则在大萧条中苟延残喘，虽发展了承销业务，但竞争太激烈，也赚不到什么钱。公司的大部分利润来自对阿特休尔的"全美投资者综合基金"的投资。1936年7月，皮埃尔·大卫－威尔给阿特休尔去信，表露出法国合伙人对纽约分行糟糕的财务状况的担忧，尤其是纽约分行多年来一直未偿付投资资本4%的分红。这是一件令人头疼的事情，他的儿子米歇尔·大卫－威尔于70年后在布鲁斯·瓦瑟斯坦那儿也遇到了同样的问题。皮埃尔在信中写道："您还记得吧，1935年的分红一分未付。不仅如此，从1931年开始就一分未付。既然纽约分行现在赚到钱了，那就没有任何理由推迟付款。希望您能过问此事，告诉我们您的看法。我们还注意到，有一段时间纽约分行的'合伙人撤资'一项的数字大增，我想您应能提供财务方面的解释。针对外国人的新税法条例出台，我们值得花时间重新考虑一下纽约分行的整体财务问题。"9天后，阿特休尔回信告诉皮埃尔，自己正在寻找答案，但不愿把答案写在信中，因为"有些问题性质特殊，最好还是别通过信件解决"。

阿特休尔请合伙人阿尔伯特·福施研究皮埃尔信中提到的问题。福施反馈，投资资本每年4%的分红被分成了2.5%和1.5%两部分。"之所以这样分是出于财务上的考量，且分红来自先期赚到的利润。"阿特休尔写道，并进一步阐述了自己对合同的理解，投资资本的2.5%的分红"应在合同终止时支付，且只有在公司赚取足够利润的前提下才会支付"。

毫无疑问，纽约分行不会立即付款的消息使大卫－威尔家族感到不悦，也使他们本就相当窘迫的财务状况更加恶化了。1898年，大卫－威尔娶了弗洛拉·拉斐尔（Flora Raphael）为妻，她是伦敦一位银行家的女儿，继承了一笔可观的遗产。婚后，夫妇二人在纳伊建了一座豪宅定居，豪宅配有独立的佣人区、马厩、网球场和规则式园林。少年时期的大卫－威尔在穿越大西洋前往巴黎的途中萌发了对艺术的兴趣，这个兴趣伴随了他的一生。18岁时，他买了人生中的第一幅画——雅德蕾德·拉比尔-吉德（Adélaïde Labille-Guiard）[1]画的法国剧作家马里耶－约瑟夫·舍尼（Marie-Joseph Chénier）[2]的肖像。大卫－威尔的孙子米歇尔·大卫－威尔曾说，除了战时岁月，大卫的一生，每天都会为自己或某个博物馆买入或卖出一件艺术品。他每天做的第一件事就是去画廊散步，或者在办公室里见某位艺术商人。等到商人离开后，他才开始一天的工作。大卫－威尔最初只钟爱18世纪的绘画，后来他的品味越来越多元，延伸到了中世纪雕塑、珐琅、亚洲艺术品、古董、纺织品、挂毯、法国博物学家的超大本鸟类书籍和白银。他曾一度收藏了900件世界一流的艺术作品。1923年，凭借巨额财富和高度的艺术敏感度，尚未改名的大卫·威尔成了巴黎卢浮宫的主要赞助人，当时他52岁。现在，人们仍能在卢浮宫的大理石墙上看到以金箔雕刻的"大卫·威尔"这个名字。

1926年，大卫·威尔被任命为卢浮宫理事会（Council of National Museums）主席，并宣布他去世后将向卢浮宫捐赠大量艺术品。1927年，在大卫·威尔的资金支持下，法国图书馆协会（French Library Association）的负责人加布里埃尔·亨利特（Gabriel Henriot）将大卫·威尔的艺术收藏品做成了收藏目录画册，共两卷，相当豪华。画册收录了大卫·威尔

---

[1] 1749—1803年，法国细密画和肖像画家，倡导女性应与男性享有成为伟大艺术家的同等机会。

[2] 1764—1811年，法国诗人、剧作家、政治家。

收藏的155幅油画、水彩画、粉蜡笔画以及水粉画的黑白照片，其中包括18世纪的弗朗索瓦·布歇（Francois Boucher）[1]、夏尔丹（Chardin）[2]、大卫（David）[3]、德·拉图尔（de La Tour）[4]、弗拉戈纳尔（Fragonard）[5]、戈雅（Goya）[6]、安格尔（Ingres）[7]、普律东（Prud'hon）[8]、乔舒亚·雷诺兹（Sir Joshua Reynolds）[9]和让·安东尼·华托（Jean-Antoine Watteau）[10]的作品，现代画家柯罗（Corot）[11]、奥诺雷·杜米埃（Honoré Daumier）[12]、埃德加·德加（Edgar Degas）[13]、欧仁·德拉克洛瓦（Eugène Delacroix）[14]、莫奈和雷诺阿（Renoir）[15]的作品，亨利特还为每一件藏品加了描述。

这算得上是世界最顶级的私人艺术收藏。收藏目录画册里，还收录了大卫·威尔的豪宅照片。从照片上看，这个豪宅本身就像一座博物馆，墙上挂满了以精美画框装裱的昂贵艺术品。画家爱德华·维亚尔（Édouard

---

[1] 1703—1770年，法国画家、版画家和设计师，将洛可可风格发挥到了极致。

[2] 1699—1779年，法国画家。18世纪法国孕育出的最伟大的画家之一，西洋美术史上的静物画巨匠。

[3] 此处应指18世纪的苏格兰画家大卫·威尔基。

[4] 此处应指18世纪法国洛可可派男肖像画画家莫里斯·康坦·德·拉图尔。

[5] 1732—1806年，法国洛可可风格画家，全名让·奥诺雷·弗拉戈纳尔。

[6] 全名弗朗西斯科·何塞·德·戈雅-卢西恩特斯，1746—1828年，西班牙浪漫主义派画家，对后世的现实主义画派、浪漫主义画派和印象派都有很大影响。

[7] 全名让·奥古斯特·多米尼克·安格尔，1780—1867年，新古典主义画家、美学理论家和教育家。

[8] 全名皮埃尔－保罗·普律东，1758—1823年，法国浪漫主义画家、制图师。

[9] 1723—1792年，英国肖像画家、艺术评论家，英国皇家美术学院的创办人。

[10]1684—1721年，法国洛可可时期最重要、最有影响力的画家。

[11]1796—1875年，法国写实主义风景画和肖像画画家。

[12]1808—1879年，法国著名画家、讽刺漫画家、雕塑家和版画家，当时最多产的艺术家，法国19世纪最伟大的讽刺画大师。

[13]1834—1917年，法国印象派重要画家。

[14]1798—1863年，法国著名画家，浪漫主义画派的典型代表人物。

[15]全名皮埃尔·奥古斯特·雷诺阿，1841—1919年，印象派重要画家。

Vuillard）[1]是大卫－威尔家族的朋友，曾为大卫·大卫－威尔画过一幅十分罕见的肖像画：这位衣着光鲜的银行家站在豪宅的一个房间中，周围全是绘画、雕塑和烛台。这个昂贵的收藏目录画册印量不多，可能不到100份，大卫·威尔将它们送给了朋友和几家公共图书馆，其中第61份送给了他最爱的艺术商人之一——知名艺术品交易家族威尔顿斯坦（Wildenstein）家族的族长内森·威尔顿斯坦（Nathan Wildenstein），并在画册上题了字：纪念我们愉快友善的关系——1927年7月7日。20世纪30年代，尽管伦敦分行和巴黎分行都差点破产，但大卫－威尔仍然继续收购艺术品，他的收藏品管理人玛赛尔·米内特（Marcelle Minet）则成了全职员工。"用美国人的说法，大卫－威尔是有强迫症的买家，确实如此。"威尔顿斯坦家族的后裔盖伊·威尔顿斯坦（Guy Wildenstein）曾如此说道。

20世纪30年代初的公司生死危机，加上纽约分行多年来未支付分红，导致大卫·大卫－威尔的财务状况越来越糟。1936年，他将自己一半"著名的"微型画和珐琅收藏品卖给了内森·威尔顿斯坦，另一半则捐给了卢浮宫。在此之前，一个专家委员会已经将这些当时被誉为"或许是现存最好的、最完整的"收藏品分成了等值的两部分。1937年2月，在毫无预兆的情况下，大卫－威尔又做出了一项惊人之举，他宣布将"大部分""著名的"油画、素描和雕塑收藏品以500万美元出售给威尔顿斯坦。在当时，这称得上是艺术界有史以来最大的一笔交易之一，相当于现在的7000万美元左右。当然，这也物有所值，因为此次出售的收藏品被公认为世界顶级的18世纪艺术品，包括60幅油画、150幅素描、50件雕塑以及若干幅蜡笔画，被誉为"法国18世纪艺术品中最重要的私人收藏之一"。《纽约时报》报道了此事，但没有解释大卫·大卫－威尔出售藏品的原因；而丹尼尔·威尔顿斯坦（Daniel Wildenstein）在家族回忆录中给出了这样的说法：大卫·大卫－威尔之所以出售这些收藏品，是因为家中放不下这么多东西，而当时他想开始收藏更多的现代作品。"他把墙空了出

---

[1] 1868—1940年，法国纳比派代表画家。

来，"威尔顿斯坦写道，"然后又开始收藏了。"

但根据米歇尔·大卫-威尔的说法，真相远没有那么浪漫。1937年，欧洲的拉扎德分行的财务状况再次变得非常糟糕，大卫-威尔家族失去了伦敦分行最后的20%股份，这些股份落到了培生手中。为了买回这20%的股份，大卫-威尔需要500万美元，也就是他从威尔顿斯坦那里得到的那笔钱。尽管当时大卫-威尔牺牲巨大，但此番对伦敦分行的投资至关重要，正是有了这一举措，他的孙子米歇尔·大卫-威尔才得以在1984年重获3家分行的控制权，并在2000年将其合并，创造了今天全球化的拉扎德。而且，当时回购的拉扎德伦敦分行的股票本身也非常有价值。

1938年1月1日，拉扎德纽约分行宣布合并刚成立3年的证券承销子公司，成立一家新型合伙公司。新公司仍叫拉扎德纽约分行。据说，此次合并是"一次合乎逻辑的发展，能更有效地满足现在证券业务所需的各项条件"。公司将办公室集中到百老汇街120号公平大厦（Equitable Building）二楼，并在芝加哥、波士顿和费城设立了3家分支机构。公司共有7位合伙人，以阿特休尔为首。据说，阿特休尔坐在一张大红木办公桌后面，"桌上摆着4部电话"，他吸着烟斗，室内烟雾缭绕，"墙上挂着珍贵的原版画"。但皮埃尔·大卫-威尔对由阿特休尔领导的纽约分行的表现仍充满担忧。1938年6月，皮埃尔乘船到纽约，与阿特休尔讨论了公司的业绩问题。"我们一致认为合伙人太多了，必须做些事情以减轻公司的负担。"皮埃尔这样记述此次会面，"您和我都认为必须巩固团队实力，我觉得斯坦利·罗素也这么想。我们考虑得越多，越确信，这对新公司的成功是至关重要的。"同年11月10日，皮埃尔又致信阿特休尔，说他将在11月26日乘坐"玛丽皇后"（Queen Mary）号再度前往纽约。"我此行的目的是要当面分析我们对这些问题的看法，做出决定。"他写道，"我认为，斯坦利、您和我的想法是一致的，自从6月份我离开后，业绩或其他方面看上去都毫无变化，所以暂缓对这些问题的处理是明智之举。"

第三章

原罪

　　1938年，欧洲笼罩在德国军事侵略的阴云下。3月13日，希特勒宣布德奥合并（Anschluss），即德意志帝国吞并奥地利。11月9日，合并后的德国和奥地利发动了首次针对犹太人的有组织的大规模袭击，史称"水晶之夜"（Kristallnacht），犹太人的商店和企业被洗劫一空，超过200座犹太教堂被人纵火烧毁，约有91名犹太人遭到谋杀，另有30000人被送往达豪（Dachau）和布亨瓦尔德（Buchenwald）的集中营。希特勒及其手下的纳粹分子正狂热地开展"除犹运动"（Judenfrei），他们的最初目标是清除生活在德国境内的约50000名波兰犹太人。德国人将波兰犹太人集中起来，运送到与德国接壤的波兰波森省（Posen，今波兹南）附近。但波兰不愿收留这些难民，因此很多人死于饥饿和严寒。

　　到1938年圣诞节前后，欧洲局势越来越紧张，战争似乎已不可避免，大卫－威尔家族和安德烈·梅耶借机重新订立了纽约分行的合伙协议，确立了安德烈·梅耶的合伙人身份，因此梅耶家族在公司的所有权份额必须重新调整。根据米歇尔的说法，所有权变更的表面理由是为了避免德国人控制巴黎分行（最终成了事实），从而进一步控制纽约分行（德国人没有做到），因此有必要在法律上将巴黎分行与纽约分行分开；但主要原因是借机创建一个高度集权的管理和治理架构，如新协议第4.1条所述，赋予一个人在公司中的绝对权力，他可以单方面聘用和解聘合伙人及其他雇员，也可以单方面设定年度薪酬。与其他大部分行业一样，在投资银行业中，一个人若能决定员工的薪酬及他们能否保住饭碗，就拥有最大的权力。

　　签订于1938年12月31日的合伙协议成了公司的罗塞塔石碑[1]（Rosetta stone），"第4.1条定义的合伙人"则成了拉扎德的独裁君主。第二年，安德烈·梅耶不仅是拉扎德"第4.1条定义的合伙人"的概念创造者，还成了纽约分行的"独裁君主"。"他想得到纽约分行的绝对权力。"米歇尔这样评价才能杰出、为人精明又难缠的安德烈·梅耶。

　　对于远在纽约的弗兰克·阿特休尔来说，修改合伙协议并不是一件好事，但他只能尽力忽略这对自己的影响。在第二次世界大战的紧张时期，基于合伙人的身份，阿特休尔为安德烈及其家人、皮埃尔·大卫-威尔及其家人提供了无私的帮助，但换来的却是他们的背叛。暂且撇开阿特休尔日后提供的帮助不提，新签订的合伙协议显然使安德烈与阿特休尔之间的关系紧张了起来。

　　"我想你应该意识到了，今天早上你在电话中的语气非常不友善。"1939年8月的一天，阿特休尔在给安德烈的信中如此写道。同一日早上，他们打电话讨论了安德烈涉及门德尔松银行（Mendelssohn & Company）破产的事。门德尔松银行是一家声誉良好的小型投资银行，总部在柏林。安德烈的朋友弗里茨·曼海默（Fritz Mannheimer）博士是当时首屈一指的金融家和艺术品收藏家，也是一名反纳粹的犹太人，出于政治原因逃离了德国斯图加特（Stuttgart），在阿姆斯特丹重建了门德尔松银行，管理着阿姆斯特丹分行。1939年6月1日，曼海默在巴黎城外的别墅里迎娶了简·平托·瑞斯（Jane Pinto Reiss），而简也是安德烈的朋友。

　　但婚礼当天，重达250磅（约113.4公斤）的曼海默突发心脏病。8个星期后的8月9日，他发现自己的银行资不抵债后心脏病再次发作，死在了别墅里（有人怀疑他是开枪自杀）。破产的原因最终真相大白，原来是因为曼海默从自己的银行中大量贷款购买珍贵的艺术品，其中包

---

[1] 也译作罗塞达碑，制作于公元前196年，石碑上用希腊文字、古埃及文字和当时的通俗体文字刻了古埃及国王托勒密五世登基的诏书，是今天研究古埃及历史的重要里程碑。此处取其里程碑的象征含义。

括维米尔（Vermeer）[1]、伦勃朗（Rembrandt）[2]和弗拉戈纳尔的作品。他死后，贷款无人偿还，门德尔松银行因此倒闭。

曼海默去世一个星期后，阿特休尔想弄清楚安德烈个人在这位德国银行家的财务危机中涉入的程度有多深。"我很不喜欢从报纸和其他人那里听到你手上还有100万美元的无担保贷款。我还搞不清楚你的担保债务是250万美元、250万法郎，还是250万荷兰盾。另外，我也不清楚门德尔松银行是不是还欠你其他钱，"他写道，"很显然，从你告诉我的内容来看，不论这笔金额有多高，你都不关心。我也不关心，我只是基于和你们一样是合伙人这一点，对此事感兴趣而已。另外，我再次强烈抗议你今天早上在电话中说话的语气。"我们不清楚这样的不愉快持续了多久。不过，安德烈后来帮阿特休尔联系上了曼海默的地产托管人，并询问曼海默在法国的蒙特克里斯安别墅的价格。这幢别墅位于巴黎以西7公里的沃克雷松，当时阿特休尔正考虑要不要买下它。"我在想能否以低价买下它？"阿特休尔写信给安德烈，"如果可以的话，我会考虑入手，因为我确信法国的好日子不久就会到来，届时能在巴黎附近拥有这样一个小地方就太棒了。"

1939年9月1日，在毫无预兆的情况下，德国入侵波兰。两天后，英法对德宣战。没过多久，这些恶性事件就影响到了巴黎分行，拉扎德再次面临新的致命危机。9月13日，大卫·大卫-威尔从巴黎写信给阿特休尔，感谢他在"战争爆发前夕"发出的"友好电报"。大卫·大卫-威尔在信中说，儿子皮埃尔在战争之初就已应征加入法国军队，离开巴黎已有"较长时间"，但好在"远离危险区"。他还说自己的另一个

---

[1] 全名约翰内斯·维米尔，1632—1675年，风俗画画家，荷兰最伟大的画家之一，与哈尔斯、伦勃朗并称为荷兰三大画家，代表作《戴珍珠耳环的少女》。

[2] 全名伦勃朗·哈尔曼松·凡·莱因，1606—1669年，欧洲17世纪最伟大的画家之一，荷兰历史上最伟大的画家，擅长肖像画、风景画、风俗画、宗教画、历史画等领域。

儿子让（Jean）在第一次世界大战中获得了法国军功十字勋章（Croix de Guerre）[1]，正在等战争"动员令"，而两个女婿已被动员入伍。他还谈到巴黎分行的"职员"已经"大为减少"，但"幸运的是，安德烈在这里，但他的任务很艰巨。正是在这样的艰难时期，我才意识到岁月不饶人，我年纪大了，已无法再为公司贡献更多的力量"。

大卫-威尔以下面的一番话深深打动了阿特休尔：

因此，在我无能为力的情况下，我请求年轻人贡献出自己的力量。在这场世界浩劫面前，纽约分行是三家分行中受影响最小的，我视你为该分行的领导人。你自你的父辈传承了本公司的高贵传统，你也忠实地遵循此道，我坚信你会始终尽己所能，保全拉扎德兄弟纽约、巴黎和伦敦三家分行的声誉。战争结束后，三家分行将继续发挥强大的金融媒介作用，并在全世界再次确立我们长期以来享有的无与伦比的地位。在目前的情况下，我最大的欣慰是，如有需要，我仍可依靠你的忠诚合作。

12天后，大卫-威尔又给阿特休尔写了一封信，作为对上一封信的补充。这封信措辞模糊，略显神秘。"作为对9月13日信件的补充……我想告诉你，我们都指望你了，我本人也是如此，希望你能全面关注我们在美国的利益，"他写道，"如果你愿意，请密切关注周围发生的与我们有关的一切，然后基于你的判断和我们的友谊，视情况采取措施，做出改变。"他还在信末附言道："安德烈向你致以诚挚的问候。"两天后，阿特休尔直接写信给安德烈，请他写清"所有共同关心的问题"，因为"你无法想象我们感到多么疏远和孤立，我们完全不了解你们的想法。"他在信的最后写道："我们有很多事情需要面谈，因此我非常希望你能派莫泽（Moser）或其他值得信任的人来纽约一趟。"

---

[1] 法国的一种军事勋章，初设于1915年，用于表彰两次世界大战中个人或团体的勇敢事迹。

可以理解的是，对巴黎分行的合伙人和与之有关的所有人而言，欧洲战争的爆发是最值得关注的问题。"水晶之夜"事件已经充分证明了希特勒想尽快清除欧洲犹太人的决心。拉扎德是欧洲最知名的犹太银行之一，大卫-威尔家族和安德烈·梅耶则是欧洲最知名的银行家，必然在清除名单之列。面对纳粹发动的战争，拉扎德的合伙人不仅关注自身的生存问题，也关注大西洋两岸公司的存亡。德国入侵法国的3天后，阿特休尔写信给大卫·大卫-威尔，表达了对皮埃尔人身安全的担忧。"过去几天发生的事情让我们无比担心，希望您仍能像三个星期前（4月23日）那样，持续告诉我皮埃尔的情况，也希望他现在仍是安全的，"他写道，"我们时刻牵挂着你们。"1939年9月，德国入侵波兰后，安德烈·梅耶将妻子贝拉·雷曼（Bella Lehman）和两个孩子——菲利普（Philippe）和弗朗辛（Francine）送到了法国西部的波尔多（Bordeaux），他本人则仍留在巴黎分行。但他知道自己势必也将放弃巴黎，和家人一起逃离法国。这只是时间问题。"对自己的处境，梅耶不抱有任何幻想。"安德烈·梅耶的传记作者卡里·莱西写道，"他是一位杰出的犹太银行家，为一家杰出的犹太银行工作。"安德烈曾公开帮助德国的犹太人逃离德国，还资助过一个刺杀希特勒的秘密计划。

1940年5月的最后一个星期，安德烈拿定主意，决定离开"光之城"[1]。他锁上位于阿尔伯特大街1号（Cours Albert Premier）的公寓，雇了一辆小汽车和一位司机送他去波尔多。几天后，他带着家人一起前往西班牙边境。在离开波尔多之前，安德烈弄到了当时极其昂贵而且很难到手的西班牙出入境签证。安德烈的儿子菲利普清晰地记得这场"浩劫"中的一幕：在西班牙边境，来自法国的难民排着似乎看不见尽头的长队打算入境，却经常有人被拒，梅耶一家就从这些平民百姓身边疾驰而过，进入了西班牙。接着，他们先是乘火车前往西班牙北部港口桑坦德

---

[1] 指巴黎。

（Santander），几天后又转移到了相对安全的葡萄牙里斯本。在里斯本，安德烈·梅耶又想尽各种办法，搞到了令人更加垂涎的美国入境签证。

1940年6月底，巴黎落入德国人手中，法德签署停战协议。之后不到一个星期，拉扎德就将法国的业务从巴黎搬到了里昂（Lyon），虽然当时法国的业务已不太景气。在1940年6月27日给安德烈的信中，阿特休尔附上了一封安德烈要的授权书，以及一份"国务卿哈灵顿（Haarrington）先生"[1]批复安德烈·梅耶签证申请的函件复本，内文如下："据了解，安德烈·梅耶是拉扎德巴黎分行的活跃成员，美国迫切需要他的到来。请尽快处理此事。"

7月2日，阿特休尔再次写信给安德烈。"听闻您、贝拉和孩子们都安全地离开了法国，我太高兴了，我将在纽约欢迎你们所有人的到来。"他写道，"今天早上我收到了您的讯息，得知你们已经通过了美国国务院的审查。"他告诉安德烈，他正设法让他们一家搭上从里斯本到纽约的飞机，如果这条路失败，他就想办法给他们搞到4张美国出口航运公司（American Export Lines）的船票。在信的末尾，他还提及，大卫·大卫-威尔"只字不提皮埃尔""太可怕了"。7月底，安德烈和家人坐上了泛美航空公司的一种大型水上飞机——泛美快船（Pan Am Clipper），从里斯本直飞纽约[经停亚速尔群岛（the Azores）加油]。事后想来，安德烈一家逃离饱受战争蹂躏的欧洲以通向自由的道路还是相对平稳的，直到今天，仍有人对安德烈一家逃离得如此容易而心存愤懑。菲利克斯·罗哈廷说："我在巴黎见过安德烈的一些亲戚，他们说永远都不会原谅安德烈弃他们而去。安德烈一家能通过西班牙，但其他人就没那么幸运了。"

与菲利克斯·罗哈廷家族一样，大卫-威尔家族远不如安德烈一家那么幸运。1939年，德国人继续横扫欧洲，看似势不可挡。当时，大卫-威尔吩咐他的收藏品管理人米内特开始打包艺术藏品。米内特细心盘点

---

[1] 可能是指美国国务卿科尔特尔·赫尔（Cordell Hull）或他的助理。——作者注

后，将艺术品装入大约130个箱子中，每个箱子上都标上了大卫－威尔名字的首字母缩写"DW"，然后将这些箱子运到了桑切斯（Sourches）的一幢大别墅中，卢浮宫的大量藏品也被运到了这里。另外还有22个装着地毯、罕见的日本版画和一些油画的箱子被运到了法国北部梅尔－居荣（Mareil-le-Guyon）的另一幢别墅中。而大卫－威尔收藏的柯罗、雷诺阿和戈雅的画作则被运到了美国，剩余的家具、雕塑和一些油画就留在了纳伊的家中。

巴黎保卫战爆发时，大卫·大卫－威尔先是去了法国阿尔卑斯山区的依云小镇（Évian），在那里弄到了一家人移民瑞士的签证。但他没去瑞士，而是试着取道葡萄牙去美国。6月19日夜间，他带着护照和以亨利·菲利普·贝当（Henri Philippe Pétain）[1]为首的维希政府发放的签证，离开法国前往西班牙，然后辗转到了葡萄牙。7月9日，德国人洗劫了他在纳伊的家，抢走了大部分极其昂贵的艺术藏品和古董，不过，他们也意识到了这些藏品的价值，将大部分藏品都保存得非常完好；他们还决定将这座豪宅当作在当地的指挥中心。幸而，大卫－威尔早已离开。

7月17日，大卫－威尔在皮埃尔的要求下返回法国，因为他从皮埃尔处得知，停战协议签署后，法国出现了一个"自由区"。皮埃尔当时39岁，曾是一名法国军官，退役后，他很担心拉扎德的未来。一个星期后，维希政府颁布了一项法令，规定所有在5月10日至6月30日期间，也就是在战争一触即发之时逃离法国的所有法国人将被立即剥夺法国国籍。后来，米歇尔美化了祖父大卫－威尔的葡萄牙之行。"我的家族是非常爱国的，我们是法国人，"他如此说道，"祖父年纪大了。他回来后说：'我老了，我想死在自己的祖国。'"

与此同时，纳粹蜂拥而至大卫－威尔桑切斯的别墅，早先他将很多极其贵重的艺术藏品送到了那里。纳粹对这些艺术品所藏地点了如指掌。"当你控制了这个国家后，"艺术品交易商盖伊·威尔顿斯坦解释道，

---

[1] 1856—1951年，法国陆军元帅、政治家，维希政府元首。

"显然就会有人来向你告密。大家都急于挣钱，随时准备好当叛徒。" 1941年4月11日，希特勒的艺术品查抄组织（Einsatzstab Reichsleiter Rosenberg，简称ERR）把目标瞄向了法国犹太人的收藏品，而这一行动以窃取大卫-威尔的收藏品为开端。

回到法国后，大卫·大卫-威尔住进了维希西南约30英里的沙泰勒吉永镇（Châtel-Guyon）的温泉宾馆。当时，巴黎所有的银行都遵照指令迁到了维希。8月14日，他去维希城区看望皮埃尔和儿媳，当天还见了另一位拉扎德合伙人。尽管自己的国家、公司和家族都遭受了相当大的破坏，但与皮埃尔会合后，大卫-威尔仍抽时间与阿特休尔通信。当时，安德烈抵达纽约不到一个月，阿特休尔越来越担心他的到来会影响到自己在纽约分行的领导地位，因为安德烈实际上对拉扎德具有绝对的控制权。信中，大卫-威尔尽力宽慰持有这种想法的阿特休尔，而关于自己与那位拉扎德合伙人在维希的会面，则写得有点儿含糊其辞，但言辞间透露出一种不祥之兆：

遗憾的是我没有时间和他商量你所担心的这些问题，但我很高兴能借此机会让你知道我的看法，说明你我与公司的关系，这对公司的未来至关重要。我深信，无论是你、我，还是我们的父辈，过去为了公司的利益做出了许多贡献，而我们在精神上和物质上也受到了公司的恩惠，在公司绝佳的声望下，我们才有了今天个人的名望和财富。我相信，在这些问题上，你和我观点一致，我也相信你将竭尽全力帮助我们继续发展纽约分行。

9月8日，大卫·大卫-威尔在法语广播中听到自己失去了法国公民身份，他的所有财产已被充公。1940年10月底，维希政府公布了23名被剥夺法国公民身份的知名人士，这项命令是由维希政府的新任外交部长保罗·博杜安（Paul Baudoin）签发的，他是安德烈·梅耶的老朋友。被博杜安剥夺了法国公民身份的人里，既有安德烈·梅耶，也有大卫·大卫－威尔，这显然是一种折磨人的公开羞辱。虽然大卫－威尔在战后重新获得了法国公民身份，但他当时还是被这个消息打垮了。

1941年2月22日，维希政府的财政部按照德国人的指示，将29家犹太银行交由"雅利安人"（Aryan）[1]管理，而在这几天之前，犹太人的小商店和百货店已全部被充公。实际上，纳粹早在8个月前就开始着手控制拉扎德巴黎分行。巴黎分行刚搬到里昂时，就被控制在了"临时经理人"手中，因为它属于"犹太人所有或部分为犹太人所有的企业"范畴。

到1941年，拉扎德巴黎分行作为法国最大的银行之一被纳粹接管，实际上就是关门了，合伙人和员工四散逃生，位于皮列－威尔街5号（5 Rue Pillet-Will）的办公楼被卖给了一家法国保险公司。大卫·大卫－威尔和妻子时刻生活在被德国人围捕的恐惧中。他们逃离里昂，在法国西南部康孔（Cancon）的洛克高迪亚城堡里躲藏了一段时间。这座城堡是一位法国抵抗运动（French Resistance）[2]领袖的家。但到了1942年底，这个地方也变得非常危险，于是他们只好逃到了塔恩省（Tarn）的阿让（Agen），化名为瓦尼耶（Warnier）待在一位朋友家中。他们最终熬过了战争。1952年7月，大卫·大卫－威尔实现了死在法国的愿望，在纳伊的家中去世了。

1941年10月，在帮助安德烈·梅耶离开里斯本后，阿特休尔开始集中精力，运用自己显著的政治影响力帮助皮埃尔·大卫－威尔及其家人离开法国。当时，即使是普通的犹太人，在法国的处境都非常危险，更何况皮埃尔还是一个庞大的银行家族中的重要人物。与年事已高且在拉扎德没有日常职责的大卫·大卫－威尔不同，在经营巴黎分行方面，皮埃尔至关重要。为帮助皮埃尔逃离法国，阿特休尔开始不断地给华盛顿的政

[1] 德国纳粹党认为的非犹太民族的白种人。

[2] 第二次世界大战期间法国人民为抵抗纳粹德国对法国的占领和维希政权的统治而组织起来的抵抗运动。

府高官写信。"当您忙于国家大事时，我非常不愿意用私人事务来打扰您，"他写信给当时的战略情报局（OSS，CIA 的前身）的特殊信息服务部主管华莱士·B.菲利普斯（Wallace B. Phillips），"不过，为了我们几天前谈到的皮埃尔·大卫-威尔的事情，我不得不冒昧地给您写信，因为我全副心思都在这件事上。"在这几天之前，皮埃尔的美国旅游签证被拒，阿特休尔希望能得到菲利普斯的帮助。"我想不出这次拒签的原因是什么。"他继续写道，"我认识皮埃尔大半辈子了，与他和他杰出的父亲大卫·大卫-威尔关系都很好。皮埃尔具有优秀的品质、极高的智慧和巨大的勇气，在第一次世界大战中，他就因英勇的行为获得了两次嘉奖。"阿特休尔还告诉菲利普斯："皮埃尔来纽约仅仅是为了洽谈业务，之后他就会回法国。"在信的最后，他恳求道："如果您能明了这些事实，我将感激不尽；如果您发现有任何不公正之处，希望您能纠正，我会不胜感激。"

两个星期后，阿特休尔写信给新罕布什尔州（New Hampshire）前任州长亨利·斯泰尔斯·布里奇斯（Henry Styles Bridges），当时，他是代表新罕布什尔州的共和党参议员，处在第一届任期。阿特休尔希望能得到他的帮助，斩断阻挠皮埃尔进入美国的"戈尔迪之结"（Gordian knot）[1]。阿特休尔在信中解释，自战争开始以来，他就没有和皮埃尔交谈过，沟通的缺乏已经影响到了拉扎德纽约分行的运转。"应当允许他来美国，这不仅关乎他的个人利益，也关乎我和整个公司的利益。"他写道。阿特休尔还继续解释，"皮埃尔的父亲是家父的合伙人"，当皮埃尔还是"他父亲公司里的一个孩子"时，自己就认识他。阿特休尔还提及了美国政府官员实际上真正担忧却没有明说的问题，即在某个阶段，皮埃尔可能与当时通敌卖国的维希政权的法国掌权人有来往。"皮埃尔一直在巴黎的上流社会活动。毫无疑问，如今的巴黎上流社会里充斥着法西斯领导层和维希政府要人。"他写道。

---

[1] 西方传说中的物品，按照神谕，谁能解开这个结就会成为亚细亚之王，后此结被亚历山大大帝解开。比喻难办之事、棘手的问题。

阿特休尔曾建议皮埃尔在任何情况下都不要表达自己的政治观点。他继续写道："我愿意在任何人面前极力担保他的人格和他在美国期间的忠诚行为。"为解决皮埃尔遭到拒签这种"极不公平"的事情，他愿意去见华盛顿的任何一位"人物"。他还进一步解释，纳粹关闭了拉扎德巴黎分行，"他的一生和他父亲的一生都倾注在了拉扎德上，而拉扎德在美国已有100年的光荣历史。要让人相信皮埃尔的追求也是我们的追求，我能说出很多理由，但我相信仅这一个原因应该就足以说明问题。"

同一天，阿特休尔还给助理国务卿小阿道夫·A.贝勒（Adolph A. Berle Jr.）写了一封信，再次盛赞了皮埃尔及其父亲的成就。他又补充道，皮埃尔因在战争期间的英勇行为被授予法国军功十字勋章。阿特休尔还向贝勒提及，有谣言说，美国国务院"可能不喜欢他那些法国上流社会的朋友"，因为法国上流社会中"有很多法西斯分子、绥靖主义者[1]和贝当政府[2]人士"。但此事的症结在于，战争使得拉扎德合伙人无法见面探讨公司不断变动的经营需求。"为此，他希望短暂访美。我和我的合伙人也非常希望他能来美国，"他在信的结尾写道，"我不知道这种事情该找谁帮忙，我想知道，您是否能在不必大费周章的情况下弄清这件事，并告诉我如何才能清除他来美国的障碍？"

最后，"戈尔迪之结"终于解开了。4天后，贝勒的一名助理回信给阿特休尔，说根据美国国务院的记录，1941年9月10日，也就是一个多月前，美国驻马赛领事曾发来电报反馈，已经向"皮埃尔·威尔"（Pierre Weil）（"我相信他就是你信中提到的那个人。"美国国务院的函件中写道）发放了签证。但其实并不是同一个人。当天，阿特休尔再次写信给美国国务院的签证部门，重申他的请求，希望他们向里昂的皮埃尔而非马赛的皮埃尔发放签证。最终，11月1日，签证部门负责人给阿特休尔

---

[1] 以绥（安抚）的手段促使靖（局势安定），又称为姑息主义。绥靖政策是一种通过在某些可能导致战争的事务上做出让步来避免战争的外交政策。

[2] 即维希政府，以贝当为首，因此又称之为贝当政府。

回了信，"经慎重考虑"，国务院已批准里昂的美国签证官向皮埃尔发放"非移民签证"。阿特休尔迅速向华盛顿写了一封短信，为"他的好朋友皮埃尔·大卫－威尔"获得签证而深表感激。唉，虽然获得了令人梦寐以求的签证，但这只是皮埃尔最终到达纽约的艰难过程中的第一步。最重要的是，当时仍没有他的音信。

最终，皮埃尔在重重阴影中现身了。1942年4月6日，他设法从里昂到达里斯本。当天晚上11点半，他在拉扎德办公室给阿特休尔发了封电报，电文中夹杂着错别字，全文如下："等待您的消息。期待很快见到您。向大家问好。皮埃尔·大卫－威尔。"但是几个星期过去了，皮埃尔始终无法坐上从里斯本到纽约的泛美快船。里斯本的泛美公司高管告诉他，他们可以为"紧急商务旅行"的乘客提供"优先权"。皮埃尔请求阿特休尔让他在华盛顿的朋友们帮忙弄个座位，因为"每批乘客名单都是在华盛顿列好的"。但是优先权名单不断增加，皮埃尔屡次被挤掉。阿特休尔给下榻于里斯本阿维兹酒店（Hotel Aviz）的皮埃尔发电报，建议他直接联系机场的代理，以获得更高的优先权。"我让这些延误搅得心烦意乱。"皮埃尔写道。

在里斯本待了差不多两个月后，皮埃尔最终拿着短期旅游签证在5月17日抵达纽约。皮埃尔到达后，阿特休尔又立即着手为他和他43岁的妻子贝尔特·哈尔特（Berthe Haardt）、两个孩子——10岁的米歇尔和7岁的伊莱恩（Éliane），以及贝尔特71岁的母亲加斯顿·哈尔特夫人（Madame Gaston Haardt）试图弄到永久移民签证。在纽约期间，皮埃尔住在派克大街和57街交界处的里兹大酒店（Ritz Tower）里，而他的家人还在法国。

当时，美国移民签证是众人梦寐以求的，为了帮皮埃尔及其家人弄到，阿特休尔向多方寻求帮助，其中一人是杜威－巴兰坦（Dewey Ballantine）律师事务所的创始人之一的阿瑟·巴兰坦（Arthur Ballantine），另一人是他的妹夫赫伯特·雷曼——时任纽约州州长，正处在任期第9年。阿特休尔请雷曼致信美国国务院移民签证部门的负责人布雷肯里奇·朗（Breckinridge Long），请他帮助皮埃尔。后来，许多人批判朗阻碍了犹太人移民美国。这封信的目的是"仅试图引起他的兴趣，让他把这个案子从普通渠道中挑出来加速处理"。阿特休尔在给雷曼的信中如此写道。在此之前，他已向雷曼表达了皮埃尔的谢意。

然而，即便有了雷曼的帮忙也没能起到多大作用。1942年8月22日，美国国务院签证部门负责人给皮埃尔和阿特休尔发了信函，通知他们，对于皮埃尔移民签证的"初步审查结果不太理想"，并已经将此事上报给了部门间签证审查委员会（Interdepartmental Visa Review Committee），等待进一步审核。9月18日，皮埃尔接到邀请，如果他愿意，可以与该委员会面谈。在阿特休尔和巴兰坦的陪同下，皮埃尔与委员会的当面会谈大获成功。10月10日，美国国务院签证部门负责人给阿特休尔发去了美国国务院的官方文件：已批准皮埃尔一家的移民申请，美国在尼斯和蒙特利尔的相关官员也接到了此通知。阿特休尔将不可能变成了可能，皮埃尔可以自由地留在美国了，他的妻子和孩子们也可以移民了。

然而，4天后，皮埃尔的妻子和孩子们又遇到了问题。贝尔特·大卫-威尔给丈夫发电报称，法国当局阻止他们离开尼斯。但真实原因是，贝尔特有意错过了离开法国的最后期限，因为她想帮助自己的另一个儿子让·盖拉德（Jean Gaillard），他是米歇尔·大卫-威尔同母异父的兄弟，尽管不是犹太人，但由于参加了法国抵抗运动而被纳粹抓获。阿特休尔赶紧向美国国务院发函，询问能否让法国当局撤销阻止皮埃尔的家人离开法国的禁令。但根本无济于事。虽然皮埃尔拥有大量财富，还获得了美国移民签证，但他的妻子和孩子们已没有任何退路，在余下的战争岁月里，不得不东躲西藏。在被禁止离开法国的几个月后，贝尔特和两个孩子"愤然"离开了戛纳。据米歇尔解释，这是因为他的外祖母是比利时人，名字被"列在待捕的外国犹太人名单"上。米歇尔和家庭女教师一起乘火车离开戛纳。火车上，他静静地坐着，听着其他乘客的反犹言论。"我并不是傻瓜。"米歇尔说。尼斯的一些富有同情心的人为他们提供了伪造的证件，一家人化名为瓦特尔（Wattel）[首字母和威尔（Weill）

相同］，用伪造的证件搬到了法国中央高原（Massif Central）小镇阿维龙（Aveyron）的朋友维利（Villy）伯爵夫人家中。他们在伯爵夫人家住了几个月，然后伯爵夫人为他们找到了一幢待租的房子——贝尔堡庄园（Château de Béduer）。这座庄园虽然非常舒适，但没有自来水。从1943年的复活节到1945年的复活节，他们一直在那里住了两年。当时，米歇尔的官方证件上叫"米歇尔·瓦特尔"（Michel Wattel），出生于亚眠（Amiens）（而非巴黎），年龄也与实际年龄相差一岁。

　　尽管过着东躲西藏的日子，但他们家仍保有女仆和管家。战争时期，米歇尔几乎不上学了。"那真是棒极了，"多年以后，他如此说道，"我们当时过得很开心。就像在度假一样，我还读了很多书。"他当时读的书包括福楼拜（Flaubert）[1]、司汤达（Stendhal）[2]和纪德（Gide）[3]的著作，显然，这是小孩子渴望驱除恐惧的一种方法。当时他们时刻面临危险，他的父亲远在纽约，母亲则一直担心如果别人发现他们的犹太血统，他们就会像其他家庭成员所遭遇的那样，走投无路。米歇尔永远不会忘记他在离开戛纳的火车上听到的那些窃窃私语。为了避免被认出是犹太人，米歇尔和妹妹在半夜受了洗礼，从此成为法国天主教徒。米歇尔回忆道："我父亲告诉我，'看，你是法国人，成为天主教徒更实际。法国是个天主教国家，我要让你受洗'。"（皮埃尔·大卫－威尔于1965年皈依天主教）。米歇尔说，这次信仰转变对他来说意义并不大，因为他的家人都不是虔诚的宗教徒。"这很平常，"他说，"坦白说，我从没意识到自己是犹太人，战争才让我意识到。"（直到现在，米歇尔仍向全世界的天主教和犹太教慈善机构提供财力支持。）在此期间，拉扎德合伙人休伯特·海尔布隆（Hubert Heilbronn）认识了米歇尔，他认为，正是在战争中东躲西藏的经历，让米歇尔形成了传闻中对人"冷漠"的性格。

[1] 全名为居斯塔夫·福楼拜，1821—1880年，法国著名作家，代表作《包法利夫人》。

[2] 1783—1842年，法国批判现实主义作家，代表作《红与黑》。

[3] 全名为安德烈·纪德，1869—1951年，法国著名作家，1947年获诺贝尔文学奖。

不过，米歇尔同母异父的兄弟让·盖拉德，即贝尔特与前夫所生的儿子，则没那么幸运了。他因参加法国抵抗运动被纳粹逮捕，先是被送到多拉（Dora）集中营，后又被送到拉文斯布吕克（Ravensbrück）集中营，最后死在了那里。此后，贝尔特再也没从失去儿子的伤痛中恢复过来。

正当阿特休尔全力帮助皮埃尔及其家人时，安德烈正在阿特休尔位于百老汇街120号的拉扎德纽约分行慢慢制造麻烦。刚开始，安德烈和家人忙着努力适应新世界。抵达纽约后，他们一家人住在第五大道的斯坦霍普酒店（Stanhope Hotel）里，接着搬到了派克大街上的戴尔莫尼科酒店（Delmonico），然后又换了几家，最终在麦迪逊大道上超级豪华的凯雷酒店（Carlyle Hotel）安顿了下来，住在33楼的一套两居室套房里。在上东区的这一番折腾说明，安德烈离开自己在巴黎创下的天地后内心非常不快。此时的他，被误诊患有癌症，不会说英语，没有客户，更糟糕的是，没人知道他是谁，也没人知道他在拉扎德巴黎分行取得的成就。他显得无足轻重。"这对他来说打击很大：纳粹、战争，还有法国的失败。"他的儿子菲利普解释道，"对他个人来说，他一度极其成功，突然间一切崩塌了，他不得不重新开始。他不知道自己是否有能力和勇气从头再来。"

直到1941年5月1日前后，安德烈才从萎靡不振中恢复过来，重返"战场"。他聘请了一名新助理，叫西蒙·罗森（Simone Rosen），比利时人。面试当天，罗森带着母亲在中央公园南面的罕布什尔楼酒店（Hampshire House hotel）里接受安德烈的面试。她接受聘任后，又和母亲一起在百老汇街120号设立了安德烈的办公室，但不在2楼的拉扎德纽约分行办公室里，而是在32楼。在安德烈的余生中，罗森一直是他的助手，随着业务的增多，他后来又聘用了一名助理阿尼克·珀西瓦尔（Annik Percival），是他的瑞士籍会计的女儿。

为了东山再起，安德烈使出了惯用手段——瞄准最大的客户：他开始争取让美国无线电公司（RCA）董事长、备受敬仰的戴维·萨诺夫

（David Sarnoff）成为自己的客户。安德烈一上来就向萨诺夫最青睐的慈善机构之一犹太联合募捐协会（United Jewish Appeal）捐赠了10万美元。这笔捐赠数额空前巨大，萨诺夫被这个从未听闻、素未谋面的人的慷慨给镇住了。正如安德烈所希望的那样，萨诺夫找到了他，与当初菲利克斯·法兰克福特寻找弗兰克·阿特休尔的方式如出一辙。他们一拍即合，两人的交往还被传为佳话，美国无线电公司几十年来也一直都是拉扎德的客户。"当时获得美国无线电公司这样的客户相当于今天获得微软这种级别的客户。"安德烈的外孙帕特里克·杰尔斯凯尔解释道。

日本轰炸珍珠港[1]的两天后，安德烈开始煽动2楼的纽约合伙人。虽然他当时不是纽约分行的五位合伙人之一，但鉴于修改后的合伙协议中的第4.1条，他仍有权力独行其是。他用带有百老汇街120号信头的信纸给拉扎德纽约分行的合伙人发出了一封极具挑衅意味的便函，摊牌的时候到了。这就是典型的安德烈：既沉着专断，又有一点儿阿谀逢迎。

"亲爱的朋友们，"他写道，英文熟练得惊人：

在我们即将签署新合同前，我想说，作为拉扎德巴黎分行的代表，看到2楼的合伙人之间关系如此和谐，我感到非常满意。我毫不怀疑，他们和我一样，对所有问题都很清楚。我想补充一点，我对他们有信心，并希望我能与他们尽量合作。基于我肩负的各种利益及物质与道德责任，我将尽可能出席2楼的日常会议，讨论公司的经营问题。在我认为有必要的情况下，我将在会议中自由发表意见，并提出对公司有利的建议。在目前的情况下，我相信每个人都会同意努力节省管理费用，鉴于此，我们应认真考虑辛格（Singer）根据阿特休尔和罗素的要求做出的研究。请大家放心，公司管理的最终决策权及相关责任始终都在纽约分行的合伙人手中，这一点不会改变。

---

[1] 1941年12月7日清晨，日本联合舰队突袭美国海军基地珍珠港，标志着太平洋战争的爆发。

　　尽管安德烈的措辞有些隐晦，但已经相当清楚地表示出：作为拉扎德纽约分行和巴黎分行所有权权益在纽约的唯一代表，根据新的合伙协议，他有权自由决定纽约分行的管理和运营。安德烈做出这一决定无疑是出于下列原因：一、英国伦敦分行已被培生控制；二、巴黎分行实际上已不复存在；三、他现在身处纽约。他别无选择，在成功的欲望驱使下，只能在纽约分行的基础上复兴整个公司。

　　如果说安德烈12月9日写下的便函仅是他意图的流露，那么一个月后他就明确向阿特休尔施压了。他用法语给阿特休尔写了一封信，长达3页，内容紧凑。信中，安德烈明确地告诉阿特休尔，是时候清算他一手创办的全美投资者综合基金了。安德烈还提醒阿特休尔，"一年多以来"，自己一直试图说服他必须解散该基金。"不幸的是，事实证明我没说错。"他写道。他还提到，1941年9月"全美"的董事会会议上，他本来希望阿特休尔会主动宣布清算该基金。"纯粹是出于安抚之心和我们之间的友谊，那天我才没有进一步坚持，这是我的错。"他继续说道，"从去年10月底开始，我们开始讨论此事，但一直以来并没有做出任何明确的决定。"安德烈写道，战争的爆发给了他更多的理由在此时"立即清算"该基金。"我希望聪明的你能主动清算该基金，因为你是公司的主导人，"他写道，"我真诚地希望能说服你，让你相信采取这项行动是必要的，就像我过去尝试做的那样。我们要正视事实，不要抱有徒劳且不切实际的期待。这样做永远不会有任何坏处。1942年，我们不会再拿公司的钱去冒不必要的风险。在我看来，没有人会因此失去威信。恰恰相反，这是富有常识和能力的表现。"安德烈在信中解释，做出这个决定前他已经思考了"很长时间"，他正是出于"朋友"的忠诚和"巴黎合伙人"的"责任"，才分享了自己的观点。

　　为了确保阿特休尔能明白自己的意图，安德烈又在信的末尾稍加提醒。"希望这一次我能成功说服你按照我的意思去做。"他总结道，"出于个人义务，我将我的观点白纸黑字地写下来，我相信你现在应该了解了。说实话，时刻肩负公司的责任让我耗尽心力，而且我已目睹过公司太多的困难和危机。"

这封信直接使阿特休尔大权旁落，高尚的阿特休尔别无选择，只能吞下安德烈给他的这枚苦果。是的，他曾帮助安德烈来到美国，帮助他安定下来。他还曾邀请安德烈到欧文布鲁克农场过周末。正是在那里，安德烈遇到了玛丽埃塔·特里（Marietta Tree）这样的社交名流，她是美国驻联合国的首位女大使。阿特休尔还帮助安德烈的儿子菲利普进入迪尔菲尔德学院（Deerfield Academy）和哈佛大学。他还曾在1943年1月写信给美国国务院，试图帮助安德烈当时身陷西班牙监狱的外甥米歇尔·威尔（Michel Weill）获得美国紧急签证。

尽管阿特休尔为安德烈提供了如此多的帮助，但到1942年初，在工作方面，他还是陷入了四面楚歌的境地。安德烈在32楼不断地向他发难。如今只有皮埃尔能对安德烈造成潜在的制衡了，但阿特休尔此时仍然没有皮埃尔的音信。1942年2月，犹如晴天霹雳，阿特休尔还意外受到了他的朋友、拉扎德的合伙人之一罗伯特·金德斯利爵士的尖锐指责。在此之前，出于礼貌，他向金德斯利报告了纽约分行合伙人的年终人事变动情况。出于某些原因，金德斯利觉得自己受到了冒犯，他写信给阿特休尔称，自己宁可收到纽约合伙人的"私人信件"，也不愿"被当作一个无关紧要的普通大众那样对待"。为了让事情平息下来，阿特休尔6个星期后才回信。他诚挚地说自己很感谢"鲍勃"（Bob）"恰如其分的批评"，还说："我们之所以没有及时通知您纽约分行的合伙人发生了人事变动，是因为我们觉得，在战火纷飞的年代，您肯定有很多重大问题要处理，而合伙人变动这种小事暂时可能没那么重要。此外，与公司的业务缩减相比，人事变动的重要性只能退居其次。这也说明，我们将来还有许多重大问题要处理，而这些问题目前还无法得到令人满意的处理结果。"他告诉金德斯利，"皮埃尔不久后"将来纽约，希望自己"能有机会与他商议"，使公司的前景更为明朗。

　　然而，皮埃尔1942年5月到达纽约后，并没有缓和安德烈对阿特休尔的攻击。虽然皮埃尔·大卫－威尔和阿特休尔的关系是友好的——他们都温文尔雅，有贵族气派，和理性好斗的安德烈完全不同——但玛丽埃塔·特里曾这样说过："提及安德烈时，皮埃尔总是非常得体，尽管我感觉他钦佩、信任、依赖安德烈，但我不确定他是否喜欢安德烈。"无论如何，皮埃尔还是和安德烈以所有者的身份联合了起来，在他们眼里，阿特休尔只不过是一个拿着高薪的员工。就安德烈而言，在他尽力融入纽约上流社会（他会穿着三件套西服去拜访欧文布鲁克农场）的同时，也开始向其他从欧洲移民过来的朋友们透露："在一年之内，我将成为老板。"

　　事实也的确如此。阿特休尔勤勤恳恳地为公司奉献了近35年，他在1919年纽约分行和伦敦分行面临清算时无私地提供了帮助，默默无闻地带领公司渡过了1924年的法郎危机，在1931年和1932年公司濒临破产时仍苦苦坚守，在投资银行和商业银行的岔路口带领公司做出正确的抉择，在纳粹关闭拉扎德巴黎分行后依然不屈不挠。他动用大量的家族和政治关系帮助两位强大的高级合伙人皮埃尔·大卫－威尔和安德烈·梅耶从受战争蹂躏的法国安全到达美国。他的奉献已远远超出忠诚的定义。他甚至做成了不可能实现的事情，为皮埃尔的家人拿到了移民签证。尽管如此，皮埃尔和安德烈还是一起在阿特休尔的背后捅了一刀。

　　1943年12月16日，也就是皮埃尔抵达纽约一年多后，拉扎德投资银行宣布阿特休尔将于12月31日正式"退休"。公告还宣称，皮埃尔和安德烈将成为纽约分行的个人合伙人，巴黎分行仍是纽约分行的合伙人。作为退休的嘉奖，阿特休尔仍担任他所钟爱的全美投资者综合基金的董事长。阿特休尔离开公司后，安德烈正式声明，拉扎德抛售"全美"的所有股份。正式分道扬镳之后，阿特休尔将办公室搬到了华尔街40号，把大量时间投入外交关系委员会中，试图改变世界。拉扎德则搬到了华尔街44号。

　　拉扎德此次内部变动的原因不难推测，但很难得出确切的结论，因为当事人都已去世。拉扎德前合伙人、安德烈的外孙帕特里克·杰尔斯凯尔表示，合伙人们曾就安德烈和皮埃尔取代阿特休尔一事进行投票，尽管只有一位合伙人投票反对阿特休尔，但他还是被踢出局了。1998年，即公司成立150周年之际，拉扎德出版的官方简史中对这一事件无情地一笔带过。书中这样描述：当安德烈和皮埃尔抵达纽约时，他们发现纽约分行"简言之，乏善可陈。在短短几年中，这两位法国合伙人已经开始重建公司，他们吸收新的合伙人，并在华尔街和业务上寻找新的合作伙伴"。

阿特休尔已故的儿子阿瑟·阿特休尔（Arthur Altschul）是高盛的长期合伙人，他曾不止一次地公开谈起过父亲的实际遭遇。"我从不认为我父亲有过任何控制权，"他说，"我相信控制权一直牢牢掌握在法国合伙人手中。任何时候，只要法国人想要控制局面，他们就有能力这样做。"私底下，阿瑟·阿特休尔也对安德烈和皮埃尔对待自己父亲的方式感到相当愤怒。20世纪80年代，阿瑟在意大利一座豪华庄园度假时偶遇了即将离开高盛成为拉扎德合伙人的罗伯特·阿戈斯蒂内利（Robert Agostinelli）。阿戈斯蒂内利一直记得这次偶遇：

> 他看着我说："你居然敢去那个鬼地方工作？你不知道他们对我全家做了什么吗？"他接着说："我父亲当初在那里工作，他对那些家伙非常忠诚，我们全家都是，我们非常体谅他们。战争开始后，我们完全没有任何法律义务把他们弄过来。他们相当粗鲁。他们把自己的公司丢给代理人管理。我们把他们弄过来，因为我们是正派人。但接下来我知道的事情就是他们给了我父亲一些文件，之后他就失业了。我们当时是纽约的婆罗门犹太（Brahmin Jewish）名门，并以此感到自豪。我们提高了他们的名望，这样那些家伙才进得来。皮埃尔·大卫-威尔是安德烈的傀儡，而安德烈就是个狡猾卑鄙的坏蛋。你是高盛的人，怎么能去为这些人干活？"——我之前一点儿也不知道这些事情。

显然，弗兰克·阿特休尔也认为自己遭到了合伙人的背叛，但他在公开场合仍能保持沉着冷静。在正式宣布离职的4天后，他给远在伦敦的罗伯特·金德斯利发了封电报："非常感谢您通过皮埃尔转致的问候。我相信这些新安排是纽约分行在多年里做出的最正确和最有前景的决定。向您的合伙人和家人致以节日问候。"1944年1月，阿特休尔推荐皮埃尔加入华尔街高档社交俱乐部瑞瑟斯俱乐部（the Recess），它位于百老汇60号21层，在俱乐部的餐厅可以俯瞰纽约港。1945年3月，他又推荐安德烈加入了这家俱乐部。1944年10月，他给70多岁的大卫·大卫－威尔写了一封信，信里只有四段话。他向这位公司元老表示祝福，告诉他自己在战争期间经常想念他。他还谈到自己从公司离职了，并把这件难堪的事情尽量描述得轻松一点。"毫无疑问，您肯定已经知道我与公司的长期合伙关系终止了，"他写道，"如您所知，早在7年前我就有了这个想法，现在这个愿望实现了。我唯一的遗憾是，误解给我所珍视的友谊蒙上了阴影，但我认为这也无法避免。"但他一直没有收到大卫的回信。

1945年5月，阿特休尔去了巴黎。在那里，他用法语给安德烈写了一封两页的信，内容令人心碎。他了解到了米歇尔同母异父的兄弟让·盖拉德在死前的几个星期中所发生的事情，事实非常可怕：纳粹在1943年逮捕了盖拉德，将他送到多拉集中营。一到那里，他就被迫做苦力，挖掘地下隧道，每天工作12到18个小时，挖了7个月还不能到地面上来。纳粹警卫对他很残忍，强迫他在隧道内睡觉。1944年5月左右，包括让在内的许多囚犯数月以来首次被允许到地面上来。但很快让就得了心脏病，身体变得虚弱。接着，他被分配去做电力工作。在做这份工作时，他偶尔有机会和同伴下下棋、解解数学题，他们中许多人和让一样是教授和知识分子。1945年4月6日，让被带上火车，从多拉前往柏林东北部的拉文斯布吕克集中营。途中，他患上了痢疾。阿特休尔写道："旅途条件恶劣，火车的每节车厢中都塞了130个人，他们像动物一样挤在一起，没有食物，被迫站了整整9天。很少有人活着到达目的地。我无需描述火车上的暴行，单看这点就可见一斑。约80%的乘客在抵达拉文斯布吕克集中营之前就死了。"让在鬼门关走了一遭后奇迹般地活了下来，被纳粹扔在拉文斯布吕克医务室的台阶上。据说，他在4月15日，也许是16日，死在了医务室。一个从拉文斯布吕克逃出来的俘虏回到了巴黎，把这些可怕的事情详细地告诉了皮埃尔·大卫-威尔[1]，但此消息尚未得到官方证实。无论如何，还有"非常渺茫的希望"，或许让用什么方法从拉文斯布吕克逃到了苏军控制区的某个医院。

这个悲惨的消息打垮了皮埃尔和贝尔特。虽然阿特休尔请求安德烈不要向皮埃尔或贝尔特或他们身边的人暗示让可能已经死了，因为他们仍然抱有一线渺茫的希望，认为让安全地待在医院里。但最终，1945年6月末的某天，皮埃尔和贝尔特还是得到了确切的消息，证实让·盖拉德已经在拉文斯布吕克集中营身亡。阿特休尔向皮埃尔发去电报表达了自己和妻子的慰问："听闻您已证实这一令人心碎的消息，我们深表同情。"皮埃尔从巴黎德鲁奥街5号的拉扎德临时办公室给他回电报："贝尔特被海伦（Helens）和您的慰问深深感动了。您亲爱的朋友，皮埃尔·大卫-威尔。"

显然，战争年代发生的事情严重影响了阿特休尔和大卫-威尔家族之间以及阿特休尔和安德烈之间的关系，尽管可能很难从他们的通信中发现端倪，但阿特休尔与其他人的通信却清楚地显露出了他们之间的裂痕。即使离开拉扎德多年，他仍然经常给居住在纳伊的安德烈·拉扎德的遗孀吉内特·拉扎德（Ginette Lazard）写信。1952年7月，大卫·大卫-威尔去世10天后，阿特休尔给吉内特写了一封信，吐露了安德烈和大卫-威尔家族给他造成的终身创伤。"距离我上次收到您的信已经过了很长时间，我常常想起您。"他写道，"那天听到大卫·大卫-威尔去世的消息，我感到非常难过，我从孩提时代起就认识他，跟他的关系一直非常要好，直到皮埃尔把我们最近闹得不愉快的事添油加醋地告诉了他，还向他灌输了一些对我不利的想法。我本来还想慰问一下弗洛拉（大卫·大卫-威

---

[1] 结合上下文，应为阿特休尔。此处保留了原文。

尔54岁的遗孀），但现在觉得这样做只会打扰到她。我真的受够了！"

安德烈自然不会考虑阿特休尔的感受。首先，安德烈这样的人根本不懂受伤是种怎样的感受；其次，他也没有时间停留在过去。战争结束后，安德烈预见到美国和欧洲都急需振兴严重受损的经济和基础设施，他迫切希望拉扎德能够帮助美国政府和企业未来的领导人实现这些目标。为此，他迅速抛弃了阿特休尔领导的所有老合伙人，组建了新团队，成员包括：来自阿特休尔的"全美"的阿尔伯特·黑廷格（Albert Hettinger）；李希金森公司（Lee, Higginson & Company）的前顶级合伙人及做市商乔治·玛内恩（George Murnane），他当时与法国金融家让·莫内（Jean Monnet）一起成立了莫内与玛内恩公司（Monnet & Murnane）；以及埃德温·赫尔佐克（Edwin Herzog），他曾是一名军官，还在小型经纪公司希尔兹公司（Shields & Company）工作过。"一开始，安德烈·梅耶就想着给拉扎德大换血，以及重建公司。"卡里·莱西在《金融家：安德烈·梅耶传》中写道，"拉扎德业务复杂，这也是与之规模类似的大公司的普遍情况。安德烈认为，拉扎德的业务就是一堆没有系统性、无利可图的大杂烩，拉扎德大部分合伙人和员工也都是一群懒惰的平庸之辈。因此，他立即强力推行这两方面的重大变革。"抛弃了阿特休尔领导的老合伙人之后，他关闭了波士顿、芝加哥和费城的三家地方性经纪人事务所。纽约，更确切地说，位于华尔街44号的简陋房间就是拉扎德在美国的唯一机构。成本费用也大幅缩减，符合安德烈的难民心态。公司将不再把宝贵的时间和金钱花在零售客户身上。

在前100年历史里，拉扎德遭遇了多次金融灾难，每次都勉强活了下来，安德烈最终完全执掌大权后，希望改变这种不幸的模式。他想将拉扎德转变为一家专注于帮助全世界范围内的企业重组和发展的公司。"他想让拉扎德成为这类业务的领头企业，不是在企业规模上，而是在业务品质上领先。"1946年，拉扎德的合伙人弗雷德·威尔逊（Fred Wilson）回忆道，"他曾说过许多次。这就是他在拉扎德的抱负。"

第四章

"你是在与贪婪和权力做交易"

安德烈·梅耶最终将弗兰克·阿特休尔踢出了拉扎德。二战结束后，他叼着雪茄开始在拉扎德推行"大师"战略。他喜欢到处走动，因此选择住在凯雷酒店一套优雅的套房里。"他希望不管哪天，只要下楼退个房就能离开，只需要关上门，归还钥匙，拿起机票，就能走人。"菲利克斯·罗哈廷描述道。安德烈对上东区豪华酒店的青睐似乎感染了其他合伙人，奇怪的事发生了，许多合伙人也住到了酒店里：20世纪70年代初，约有5年时间，菲利克斯住在阿尔瑞（Alrae）酒店，西蒙·阿尔德维尔（Simon Alderweld）住在斯坦霍普酒店，恩格尔伯特·格罗默斯（Engelbert Grommers）住在海德公园（Hyde Park），阿尔伯特·黑廷格在韦斯特伯（Westbury）有一间套房，而霍华德·尼芬（Howard Kniffin）则在伯克希尔（Berkshire）有一间套房。此外，拉扎德公司也在华尔道夫（Waldorf）酒店租了一间套房。与合伙人大卫-威尔家族一样，艺术品收藏也是梅耶的少数嗜好之一，他所住的凯雷酒店的房间里挂满了珍贵的油画。

安德烈有一座能俯瞰塞纳河（Seine）的公寓，位于巴黎阿尔伯特大街一号，他也开始为公寓收集适量的艺术品。"安德烈当时不算富人，但他身处的环境很好。"安德烈的朋友弗朗西斯·法布尔（Francis Fabre）如此说道。在战争期间，法布尔曾帮助拉扎德团结一致。在二战前，安德烈收集了一批"数量可观的藏品"，德国入侵前，他逃离巴黎的时候没能保护好，被德国人抢走了。被抢走的东西找不回来了，但安德烈没有气馁，他在凯雷酒店的套房里重新开始收集艺术品，且热情更加高涨。但这不表示他更加热爱艺术了，而是出于这样的想法：像他这样身居高位的人（拉扎德纽约分行的领导人）应该拥有世界级的艺术藏品。安德烈充分认识到一点，乔治·布卢门塔尔因热爱艺术品而在纽约赢得了赞美、地位和尊重，成了大都会艺术博物馆（Metropolitan Museum of Art）董事会的第一位犹太成员。他对大都会的资金和艺术品捐赠都是有史以来最多的，甚至在他去世后，还向大都会捐赠了一座16世纪西班牙城堡上的两层封闭式华丽阳台（现仍藏于大都会）。他从海外将这两层阳台运回来，并在自己派克大街的豪宅中重新组装。安德烈友善的对手博比·雷曼（Bobbie Lehman）[1]也拥有世界级的艺术藏品，他后来还取代了布卢门塔尔的位置，成了大都会董事会中第二位犹太成员。大卫-威尔家族当然也是如此。一位前雷曼合伙人曾这样说道："博比·雷曼和安德烈之间的区别在于，博比是真的对艺术感兴趣，而对于安德烈来说，收藏艺术品就像猎人把鹿角挂在墙上一样是种炫耀。"不过，当博比·雷曼到凯雷酒店拜访安德烈时，他还是会对安德烈的藏品表示赞赏。博比·雷曼会说："安德烈，你的藏品真是太漂亮了。"安德烈会恭维回去："这没什么。和你的相比这算不了什么。"实际上，根据许多每天都会被召到安德烈套房去的拉扎德合伙人的描述，安德烈的艺术藏品相当值得一看，有马奈（Manet）[2]的《穿皮大衣的女人》（*Woman in a Fur Coat*）、伦勃朗的《佩特耐拉·拜斯画像》（*Portrait of Petronella Bugs*），以及毕加索[3]的《白色衣领的男孩》（*Boy with a White Collar*）；还有雷诺阿、塞尚

---

[1] 即罗伯特·雷曼，1892—1969年，雷曼兄弟的联合创始人之一。

[2] 全名爱德华·马奈，1832—1883年，法国画家，印象主义奠基人之一。

[3] 全名巴勃罗·毕加索，1881—1973年，西班牙画家、雕塑家，现代艺术的创始人，西方现代派绘画的主要代表人物，当代西方最有创造性和影响最深远的艺术家。

（Cézanne）[1]、德加、博纳尔（Bonnard）[2]和梵高（van Gogh）[3]等人的珍贵作品。他曾豪掷6.2万美元购买毕沙罗（Pissarro）[4]的一幅风景画，是当时毕沙罗作品的最高价。

他还收藏了亨利·摩尔（Henry Moore）[5]、毕加索和罗丹（Rodin）[6]的雕塑。他的藏品中还有古希腊罗马时代的青铜器、中国古代的酒器和六座青铜佛像。那间套房里不计其数的家具似乎都是路易十五和路易十六时代的珍品，他展示出来的各种小东西也是同一时期的。

像大卫·大卫-威尔一样，安德烈也经常逛画廊和拍卖会，寻找新的购买目标，但他没有大卫-威尔那种对艺术品永不餍足的渴望，更喜欢讨价还价。尽管如此，他仍时刻留意自己的姿态，因为他认为购买珍贵艺术品是一种重要的宣传手段。他偶尔也鼓励合伙人为各自的住宅购买艺术品（但绝不是为办公室购买）。

安德烈在凯雷酒店居住的那间满是艺术品的套房与拉扎德的信条完全一致，即合伙人日益增长的财富都应保留在自己的私人住宅里，绝不能暴露在办公室。办公室最好是破破烂烂的。"用一个词来形容拉扎德的办公室就是：毫无个性。"《泰晤士报》（The Times）在1976年评论道："会议室、大厅和其他大部分房间都被漆成了米色，就连地毯、壁纸和皮椅（也许是塑料的？）也都是米色的。除了安德烈·梅耶的办公室，其他墙上既没有好的艺术品，也没有二流的艺术品。说白了，就是根本没有艺术品，只是大片米色。菲利克斯·罗哈廷的办公室是其中最大的

---

[1] 全名保罗·塞尚，1839—1906年，法国著名画家，后期印象派的代表人物。

[2] 全名皮埃尔·博纳尔，1867—1947年，法国著名画家、插画家、版画家，作品带有鲜明的风格化装饰特点，用色大胆。

[3] 全名文森特·梵高，1853—1890年，荷兰后印象派画家。

[4] 全名卡米耶·毕沙罗，1830—1903年，法国印象派大师。

[5] 全名亨利·斯宾塞·摩尔，1898—1986年，英国雕塑家，20世纪全世界著名的雕塑大师之一。

[6] 全名奥古斯都·罗丹，1840—1917年，法国雕塑家，被认为是19世纪和20世纪最伟大的现实主义雕塑艺术家。

一间，宽12英尺[1]，长15英尺。"

安德烈·梅耶成了一些国王、总统，还有已故的杰奎琳·肯尼迪·奥纳西斯（Jackie Kennedy Onassis）的密友。据《纽约时报》报道，"在一些社交小圈子里"，杰奎琳·肯尼迪与船王亚里士多德·奥纳西斯（Aristotle Onassis）的婚姻被"风趣地"称为"拉扎德婚姻"，因为据传是安德烈·梅耶促成了两人的婚姻，尽管安德烈本人否认，但其他人大都认为这是真的。"在很多方面，他是我们整个时代投资银行领域内最具创造力的金融天才。"安德烈的老朋友戴维·洛克菲勒（David Rockefeller）[2]评价道，"他真的非常杰出，为人正直，拥有极强的荣誉感，并对自己公司的名望感到非常自豪。"洛克菲勒经常聘用安德烈为自己和大通曼哈顿（Chase Manhatten）银行的一些潜在交易提供建议。安德烈则会邀请洛克菲勒参与他的风险投资交易。

拉尔夫·沃尔多·艾默生（Ralph Waldo Emerson）[3]曾说"一家机构是一个人延长的影子"。艾默生的洞见尤其适用于安德烈·梅耶和拉扎德的关系。"他对拉扎德有种疯狂的激情，"安德烈的姻亲、于1958年应邀加入巴黎分行的弗朗索瓦·沃斯（François Voss）回忆道，"拉扎德是他的上帝，是他膜拜的雕像。拉扎德的名字对他来说比任何东西都重要。对他而言，拉扎德就是一切、全部、所有。"但安德烈性格复杂：他怀有身为难民的焦虑，而在时机合适的时候，他也有周旋于世界舞台上的外交技巧。"他在洛克菲勒广场顶层工作，是个消瘦、棕色皮肤的怪人。"英国作家安东尼·桑普森（Anthony Sampson）曾这样评价安德烈，"他紧抿的嘴唇会突然咧出笑容；他会从沉默中突然爆发出能量，在房间里大踏步走动或接起一部电话，像握着一支枪一样紧握话筒，嘟囔着说'是'

[1] 1英尺＝30.48厘米。

[2] 1915—2017年，洛克菲勒家族的第三代。曾任世界十大银行排名第六位的曼哈顿银行的执行委员会主席兼总经理，使该银行从资金20亿美元上升到资产净值达34亿美元。

[3] 1803—1882年，美国思想家、文学家、诗人，超验主义代表人物，代表作《论自然》。

或'不是'，然后再用力搁下电话。他用电话来发号施令。他早上5点起床，在到达办公室前就已经开始与欧洲做生意；银行家们抱怨他的电话早上五点半似乎就占线了。"但像许多成功的投资银行家一样，他会在合伙人和下属面前收起对客户和有权势的人所展现的魅力，在追寻"最终目标"的过程中，他经常称他们为"职员"。菲利克斯·罗哈廷认为，安德烈反复无常的行为是他缺乏安全感的表现。"在他严厉冷酷、有时还有点做作的外表下，隐藏着一颗渴望关爱的心。"菲利克斯曾这样说。多年以后，他补充道："安德烈是一个具有法国贵族面孔的犹太难民。"

安德烈还是一个控制狂，他掌控拉扎德的方方面面。例如，每个圣诞节，他都会订购大量相同规格的布克兄弟牌（Brooks Brothers）[1]衬衫作为礼物送给公司员工，却从不管员工所需的尺码。公司的长期总顾问梅尔·海涅曼（Mel Heineman）负责在每年圣诞节前列出所有给安德烈写了感谢信的员工名单，而不写感谢信的员工有可能会被解雇。安德烈无法容忍不努力工作。他讨厌别人休假，自己也很少休假。20世纪60年代后期，在拉扎德工作了60多年的合伙人乔治·艾姆斯（George Ames）与家人去加州和夏威夷度假，因拒绝缩短假期时间，差点在电话里被安德烈·梅耶解雇了。艾姆斯回到纽约后，继续在拉扎德工作。"安德烈以一些莫须有的理由严厉地责备我，"艾姆斯回忆，"但他没有解雇我，我也没有在意这件事。"从这次经历中，艾姆斯得出结论，在拉扎德保持成功的唯一途径是"飞行高度比雷达屏幕低半英寸[2]"，意即不要让安德烈抓住把柄。无独有偶，拉扎德前合伙人弗兰克·扎布（Frank Zarb）回忆，自己曾受邀与安德烈和国际金融家西格蒙德·沃伯格（Siegmund Warburg）共进午餐，因为安德烈曾利用他在华盛顿的关系（他曾是福特总统的能源特使）将拉扎德巴黎分行的合伙人安东尼·伯

---

[1] 美国知名男式服装品牌，创立于1818年，主要售卖男士商务装，历来受到不少政界人士的喜爱。

[2] 1英寸 = 2.54厘米。

恩海姆（Antoine Bernheim）的儿子从尼加拉瓜解救到美国（小伯恩海姆没有美国签证），而此次的午餐邀请可能是对扎布的奖励。扎布只是坐在那里听着他们谈话。"我根本不敢开口说话，他妈的一句话也不敢说。"他说。而那两位银行家勇士则在哀叹年轻合伙人的职业过失。据说，安德烈经常在凯雷酒店的套房里和沃伯格闲坐着，互相奉承。"安德烈，你是华尔街最杰出的人。"沃伯格这样称赞道。安德烈则回应："西格蒙德，你毫无疑问是伦敦最杰出的人。"据说，安德烈·梅耶是西格蒙德·沃伯格唯一敬畏的人。

安德烈独自决定何人何时能成为拉扎德的合伙人。他很清楚，大家梦寐以求的合伙人身份能给人带来声望和巨大的财富。安德烈没有明确的选拔标准，不过传说他似乎偏好知名实业家与年轻交易员的组合。

从长期合伙人戴维·苏普诺（David Supino）的经历中我们似乎能对安德烈特殊的选拔方式窥知一二。担任7年准合伙人后，苏普诺认为勇气是自己被提拔为拉扎德合伙人的关键。从哈佛法学院毕业后，他曾在华尔街的谢尔曼和斯特林律师事务所（Shearman & Sterling）工作了数年，日复一日吃力地处理乏味的贷款合同。法务专员的沉闷生活令他难以忍受。

1968年6月的一天，苏普诺与拉扎德合伙人E.彼得·科克兰（E. Peter Corcoran）共进午餐。结束后，科克兰邀请他加入拉扎德。苏普诺对拉扎德了解甚少，但是作为一名华尔街律师，他隐约觉得"到那里工作很危险"，所以苏普诺告诉科克兰自己不感兴趣。"另外，"苏普诺说，"我还告诉科克兰，我听说菲利克斯·罗哈廷是狗屎。这是我的原话。所以，'谢谢你，'我告诉彼得，'我不去了，谢谢。'"科克兰回到办公室向安德烈报告了两人的对话内容，也包括苏普诺对菲利克斯的描述。安德烈说："你必须聘用他。"

一个月后，苏普诺同意去拉扎德，薪酬是他做律师时的3倍。他把华尔街44号描述为一个"非常严肃的地方"，也"非常沉闷，光秃秃的墙壁单调乏味"，在这里工作的第一天，他就问自己，"现在该怎么办？我要做什么？"他很快就想清楚了，"你必须创造你要做的事情"。他最初的任务之一是写一篇白皮书，分析为什么协同效应对美国企业有好处。这实际上是为拉扎德正在促进和主导的兼并活动做有力辩护。

几年后，安德烈让苏普诺去帮忙整顿位于纽约州成功湖（Lake Success）的共和国联运公司（Republic Intermodal Corporation），拉扎德在该公司做了投资。苏普诺被"借调"到共和国联运公司两年，使该公司的情况好转，并将其成功出售。在出售交易完成前，苏普诺被安德烈叫到了凯雷酒店。

"我去了凯雷酒店，上楼进了安德烈的套房。"苏普诺回忆道，"我走进书房，看到了合伙人弗兰克·皮扎托拉（Frank Pizzitola）、汤姆·穆拉凯（Tom Mullarkey）、彼得·科克兰和安德烈。所有人都面对着我。安德烈发话了：'大卫，既然我们要卖掉共和国联运，那么你告诉我，接下来你打算做什么呢？'我回答道：'梅耶先生，我还没想过这些。我现在只是在尽量做完这笔交易。''好吧，'他说，'你为什么不回拉扎德？我们会付你几万美元外加奖金。'我说：'梅耶先生，我不能这样做。我很抱歉。我在拉扎德已经待了6年，如果您到现在还不清楚我是不是块合伙人的材料，那恐怕您永远都不会知道了。'而且我还告诉他：'谁知道呢？这笔交易可能做不成，所以我可能还得留在共和国联运。'他勃然大怒，在大家面前冲我大吼：'你这个傲慢无礼的小子！'然后他说：'听着，你去跟我的合伙人说去。这不是我能做决定的，是我的合伙人做的决定。'"

苏普诺记得，大约一个星期后，安德烈·梅耶打电话给他，让他第二天上午10点到凯雷酒店。"大家在见他之前总是非常恐惧。"苏普诺说，但他还是按时去见了安德烈。"我再次来到凯雷酒店，这次没有其他人在场，只有安德烈。"苏普诺回忆道。

"很高兴见到你，大卫，"安德烈说，"你好吗？"

"我很好，梅耶先生。"苏普诺回应。

"大卫，我决定让你以合伙人的身份重回拉扎德。"安德烈说。

"啊，梅耶先生，"苏迪诺回忆道，"我太荣幸了，梅耶先生。我太荣幸了。"

"是的，我愿意给你1%的利润。"安德烈继续说。

"我说，梅耶先生，现在无论您说什么我都能接受，"苏普诺回忆道，"您可以给我1%利润的1/4。能成为拉扎德的合伙人是我莫大的荣幸。"就这样，苏普诺获得了1%的利润分成。

毫无疑问，菲利克斯是安德烈·梅耶的门徒。20世纪70年代，随着安德烈的健康状况持续恶化，菲利克斯在承担起安德烈的职责时越来越自如，获得的利益也越来越多。他们两人用法语交谈，即便在纽约也是如此。两人的关系非常亲密，拉扎德的任何人和安德烈的关系都未曾达到这种亲密程度，而且那些尝试拉近和安德烈关系的人很快就会后悔自己做出的努力。"从某种意义上说，菲利克斯简直就是安德烈的亲儿子，"一位合伙人这样解释，"他们的关系非常亲密和坦诚。"安德烈的讣告里提到菲利克斯是他唯一的继承人。菲利克斯作为顾问所取得的成就严格来说应归功于安德烈。据说，安德烈只喜欢三样东西：绝色女人、珍贵的艺术品和复杂的交易。当被问及这个问题时，安德烈这样告诉记者："前两者本质上是一样的，第三样则不能一概而论。"安德烈向客户提供的服务与菲利克斯所提供的不同，他更多地把自己视为委托人，而不仅仅是顾问。事实也的确如此，他是大卫·洛克菲勒、威廉·佩利（William Paley）[1]、戴维·萨诺夫和杰奎琳·肯尼迪等人的密友，他将这些人视为伙伴，而这些人则觉得他迷人、活跃，有异国情调。

---

[1] 1901—1990年，俗称比尔·佩利，乌克兰犹太移民。哥伦比亚广播公司（CBS）的董事长和奠基人、大企业家。CBS在他手中崛起并成长为美国著名的电视网之一，因而他也被称为"CBS之父"。

巴黎的室内设计师斯特凡纳·布丹（Stéphane Boudin）将梅耶引荐给了第一夫人杰奎琳·肯尼迪。布丹身材矮小，是詹森室内设计公司（Maison Jansen）的负责人，与他们两人都共事。"他是一个风流的人。"布丹的纽约代理人保罗·曼诺（Paul Manno）这样评价安德烈。"布丹和我去见他，说：'你想见见杰奎琳·肯尼迪吗？'他瞪大了双眼。我接着说：'这要花5万美元。'他问：'用来干吗？'我说："买地毯。"在曼诺的推荐下，梅耶为白宫的会客厅"蓝厅"（Blue Room）买了一张19世纪的萨伏内里地毯（Savonnerie）。安德烈见到了杰奎琳，之后成了她的财务顾问和密友。1967年，他陪同前第一夫人参加了威尔顿斯坦画廊（Wildenstein gallery）举办的一场盛会，为修复在佛罗伦萨洪灾中受损的意大利艺术品筹款。狗仔队蜂拥而至，他们就这样手挽手步入了画廊。

众所周知，安德烈很有女人缘，尽管他始终维持着与贝拉·雷曼的婚姻。"是的，安德烈的眼睛不安分，"他的一位朋友说道，"甚至在妻子面前也从不隐瞒。她们几乎成了这个家庭的一分子。这是理所当然的。如果这些女人想这样，他也想这样，而贝拉又不反对，谁又会小题大做呢？"二战期间，刚到纽约不久，安德烈就与法国外交官贺夫·阿尔法德（Hervé Alphand）的妻子克劳德·阿尔法德（Claude Alphand）展开了一段长期恋情。当法国落入纳粹手中时，贺夫正在美国担任法国驻华盛顿大使，他听闻此消息后立即前往伦敦加入了"自由法国"（Free French）[1]运动，而克劳德则留在了纽约，开始在蓝天使等夜总会里当歌女。据说，她长得很像女明星玛琳·黛德丽（Marlene Dietrich）。一位纽约社会名流回忆说，他们的风流韵事在当时"众所周知"。战后，阿尔法德夫妇回到了法国，然后离婚了。后来，贺夫又担任肯尼迪政府时期的法国驻华盛顿大使，但他从未指责过安德烈。离婚后，克劳德又回到纽约，一直住在凯雷酒店里。"她可以为所欲为，就因为安德烈宠爱她。"

---

[1] 第二次世界大战期间由戴高乐领导的法国抵抗组织，反对纳粹德国的侵略。

安德烈的外孙女玛丽安·杰尔斯凯尔（Marianne Gerschel）解释道，"他非常宠她。她放荡不羁，这种新鲜感很吸引他。他喜欢这种女人。"

安德烈还与法国移民莫里斯·布洛赫（Maurice Bloch）的妻子亨利特·布洛赫（Henriette Bloch）有过一段长期恋情。像贺夫一样，莫里斯也接受了自己妻子与安德烈的风流韵事。"我认为，外祖父是她一生中真正的男人。"玛丽安·杰尔斯凯尔说，"在她看来，他做的任何事都是对的。"亨利特还成了贝拉最亲密的朋友之一。根据安德烈的外孙帕特里克·杰尔斯凯尔的说法，安德烈与菲利克斯的母亲有染，这可能也部分解释了安德烈是如何认识菲利克斯的。"这是非常有可能的，因为安德烈·梅耶是一个相当能调情的人，这是极有可能的，"米歇尔解释道，"但也很可能不是真的。"

然后，当然就是杰奎琳·肯尼迪了。在肯尼迪总统去世后以及在嫁给亚里士多德·奥纳西斯前的几年里，杰奎琳和安德烈经常在一起。"杰基[1]打开了他生命中的另一种可能，"詹尼·阿格内利（Gianni Agnelli）曾这样说，"她过着安德烈完全不了解的生活。他非常喜欢与这么一位重要的人物在一起。"有段时间里，杰奎琳似乎也被他迷住了。"她在谈话时经常提到他的名字，"杰基的一位朋友说，"她总是说'我要和安德烈谈谈这个，看看安德烈有什么看法'。虽然她从未真正谈过他们之间的关系，但你就是能稍微知道有那么回事。"据说，安德烈建议杰基花20万美元购入第五大道1040号的顶层公寓。杰基经常在凯若琳（Caroline）和约翰的陪同下，拜访安德烈在凯雷酒店的套房。（当肯尼迪夫妇从白宫来到纽约时，他们也住在凯雷酒店，就在安德烈的楼上。）肯尼迪家族的人也非常喜欢安德烈，由于萨金特·施莱佛（Sargent Shriver）[2]的关系，安德烈还成了肯尼迪家族巨额财富的托管人

---

[1] 杰奎琳·肯尼迪的昵称。

[2] 1915—2011年，美国外交家、政治家、社会活动家。娶了美国前总统约翰·肯尼迪的胞妹尤尼斯·肯尼迪后，他成为肯尼迪家族一员。

之一。安德烈不仅和萨金特·施莱佛关系要好，还与鲍比·肯尼迪（Bobby Kennedy）[1]和泰德·肯尼迪（Ted Kennedy）[2]保持着亲密的关系。安德烈曾这样告诉朋友戴维·利林塔尔（David Lilienthal）："要为这些肯尼迪家的人办事不是那么容易的。鲍比精力充沛，经常四处走动。一天晚上，我们在第三大道的一家小餐馆共进晚餐。他中途退了三次席，参加了三场晚宴。"

让安德烈失望的是，杰基后来嫁给了奥纳西斯，不过他最终还是帮她拟定了他们之间的财务协议。"我想，他这么伤心可能是因为杰基一直在扮演小女孩的角色，对吧？"玛丽安·杰尔斯凯尔是这样认为的，"要知道，没有哪个男人愿意看到自己的小女孩出嫁，就是那种感觉。如果你要扮演小女孩的话，你就得一直是小女孩，不能结婚。这是不被允许的。另外他们还会有这种感觉，'如果她要结婚，为什么不能嫁给我呢？'我的意思是，这完全是说不通的，但这就是父亲们的行事方式。"尽管杰基嫁给了奥纳西斯，但安德烈仍与她关系亲密，经常参加她在第五大道1040号家中举办的宴会。但他似乎从未与杰基有过绯闻。1979年10月，杰基出席了在第五大道以马内利会堂（Temple Emanu-El）举行的安德烈的追悼会。然后，她沿着第五大道走回了家。"她很伤心，"肯尼迪的长期助手、同时也是杰基的朋友罗斯韦尔·吉尔帕特里克（Roswell Gilpatric）回忆道，"她觉得没人能取代安德烈·梅耶在自己生命中的位置。"

安德烈还喜欢与房地产开发商威廉·泽肯多夫（William Zeckendorf）这样的人混在一起，每当泽肯多夫缺钱时，安德烈都会提供资金。泽肯多夫购入了曼哈顿的克莱斯勒大厦（Chrysler Building）和格雷巴大厦（Graybar Building），随后迅速脱手，在这笔交易中，梅耶和拉扎德为泽

---

[1] 即罗伯特·肯尼迪，1925—1968年，美国第35任总统约翰·肯尼迪的弟弟。

[2] 即爱德华·摩尔·肯尼迪，1932—2009年，美国政治家，担任了47年的马萨诸塞州参议员，肯尼迪政治家族成员。

肯多夫提供了资金并从中大赚了一笔。泽肯多夫和拉扎德在1953年的时候以5200万美元收购了这两栋大楼75%的权益，1957年，他们又以6600万美元卖出了这些权益，创下了当时纽约房地产史上的最高交易价格。

安德烈还是拉扎德史上最大交易之一的幕后推手。1950年，他迷上了斗牛士牧场（Martador Ranch）这桩复杂的交易，希望从中大发一笔横财。斗牛士牧场占地约80万英亩，位于沃斯堡（Fort Worth）和阿马里洛（Amarilo）之间的德州大草原区（Texas Panhandle），放牧着约4.7万头牛。该牧场自1882年以来一直为一家苏格兰上市公司所拥有。安德烈决定拿下整个牧场的经营权，以控制在这里找到并开采石油和天然气的可能性。当时，斗牛士牧场在伦敦证券交易所的股价为每股6美元，而拉扎德向斗牛士牧场的股东开出了每股23.70美元的天价，即牧场股票总价接近1900万美元，此次溢价称得上是个天文数字。巨大的斗牛士牧场横贯约56英里，面积仅次于95万英亩的国王牧场（King Ranch）。安德烈决定将牧场分成15家独立的"牛和牧场"公司，并在未来9年内将它们单独出售。20世纪50年代中期爆发了3年干旱，牧场中几乎所有的牛都死了，但拉扎德熬了过来。最终，经过一些巧妙的税务安排，加上安德烈的坚持己见，拉扎德及其投资集团在原始投资额的基础上赚了1000万—1500万美元。乔治·艾姆斯回忆道："这可真是个庞然大物。它从爱丁堡起步，在纽约持续增长，最后止步于阿马里洛。"

1948年，拉扎德迎来了公司成立100周年的纪念日，但安德烈尽量不庆祝。他拒绝报纸摄影师的摆拍请求，回避所有的新闻报道。他一直忙于交易，没空操心周年纪念日的事。1948年10月23日，安德烈安排纽约分行以15.33万美元直接从创始人德雷福斯家族手中收购了德雷福斯之子银行20%的股权。菲利克斯的继父亨利·普赖斯纳当时在德雷福斯之子银行工作。1949年夏初，普赖斯纳在巴黎见到了安德烈，对他说："我有个继子，他不算聪明，正在找一份暑期工作，如果你能帮他一下，就算是帮了我。"

于是安德烈为菲利克斯提供了一份处理经纪确认函的工作，周薪37.50美元。菲利克斯回忆道："我对自己说，'当然要去，为什么不去呢？这样我就有机会好好思考自己以后想做什么了。'"整个夏天，菲利克斯都在华尔街44号昏暗的办公室里工作。安德烈并不在那里，每个夏天，他都花大量时间在位于瑞士克莱恩西耶尔（Crans-sur-Sierre）境内的阿尔卑斯山上的小木屋里工作。拉扎德的合伙人们非常赏识菲利克斯的工作能力，把他的薪酬提高到每周50美元，还让他开始负责每月为公司的富有客户账户进行估值。劳工节（Labor Day）[1]之后，安德烈从瑞士回到纽约，菲利克斯终于见到了他。但在其他人的建议下，菲利克斯没有提到薪酬上涨的事儿。"安德烈把我一把拉进他的办公室说：'我知道你的薪水涨了，我还以为你会懂礼貌地感谢我。'我回答道：'梅耶先生，因为他们跟我说别把这件事告诉任何人。'我当时心想：'我的职业生涯还没开始就要结束了。'"

菲利克斯向《纽约客》讲述了自己与安德烈之间发生的这件事：

他明明白白地告诉我，在公司里做任何事，不论多小，都必须经他批准，而且他期待得到认可和感谢。不管怎样，他是一个杰出的人，精力旺盛，拥有惊人的能量、能力和意志。安德烈能让人为他做事。他发起脾气来激烈得像火山爆发。他是个很复杂的人，有很多心理情结。他想要被爱。他对人和事都有很强的买卖观念。他是我见过的最冷酷无情的人性分析家，他能剥开人的外壳，找到他们的优缺点。他批评起马虎的工作来毫不留情。20年来，我每天和他斗争。我不得不这样。如果我不和他斗，我就完了。我相信这是我们相处融洽的唯一原因。他毁了很多人。但他同时也非常慷慨。他成就了很多人的财富和职业生涯，他成

---

[1] 美国劳工节，时间为每年9月的第一个星期一。

就的人与他摧毁的人一样多，有时他们甚至是同一群人。总的来说，我非常感激他，虽然我也伤痕累累。

多年以后，菲利克斯这样描述他的导师："安德烈看拉扎德就像戴高乐看法国一样。戴高乐曾说过，'我对法国有一个独特的想法'，而安德烈对拉扎德也有一个独特的想法，那就是使拉扎德成为一家具有独特品质的独一无二的企业。即使这些品质并非总与他的想法一致，也无法一直符合他的期待，但创造这样的形象对拉扎德来说肯定是件好事。"

1949年与安德烈初次见面后，菲利克斯说自己当时并不那么在乎安德烈的想法，因为他正考虑离开拉扎德，去橡树岭国家实验室（Oak Ridge）[1]或某些技术天堂寻找一份梦寐以求的工作。他认为在拉扎德工作只是暂时的。菲利克斯又说了之后发生的事情："安德烈对我说：'你也知道自己做得很好，为什么不考虑这个行业呢？'我回答：'梅耶先生，您是知道的，我对这个行业一无所知。'他说：'那么，我们先送你去巴黎，接着去伦敦，再去巴塞尔（Basel），到时候你再看看自己喜不喜欢这个行业。'于是我心想：'能免费去欧洲旅行，这么好的事，为什么不去呢？'"

1950年，通过安德烈和继父的关系，菲利克斯开始了在西欧的免费旅行。在伦敦，他被分配到塞缪尔·蒙塔古公司（Samuel Montagu）做日常货币市场操作，这家公司专门提供和回收短期贷款。菲利克斯的工作就是四处看看谁需要钱或谁的钱太多。他记得每个人都戴黑色汉堡帽（homburg）[2]，而他一顶帽子也没有。"那时是夏天，我只有一套香草冰淇淋颜色的西装，"他回忆道，"我就出去买了一顶黑帽子。它看起来非常可笑。"他见到了当时蒙塔古的负责人、著名的国际银行家路易斯·弗

---

[1] 美国能源部所属的最大的科学和能源研究实验室，成立于1943年，原为曼哈顿工程的一部分。

[2] 绅士戴的呢帽，帽边狭窄卷曲。

兰克（Louis Frank）。菲利克斯确定，伦敦的工作不适合他，于是去了刚刚重建起来的拉扎德巴黎分行，见到了皮埃尔·大卫-威尔和合伙人让·居约（Jean Guyot）。但他在那里的感觉也不好。他发现巴黎分行完全是上流社会的氛围，并不适合他这样的波兰犹太难民。"当时在那里，社会地位非常重要，"菲利克斯解释道，"巴黎分行更像是一个俱乐部。"就在安德烈买下德雷福斯之子银行少量股权的几个月后，菲利克斯前往巴塞尔，到德雷福斯之子银行的外汇和贵金属交易业务部门工作。

1949年，菲利克斯实现了他的终身梦想（对于当时的他来说），成了一名美国公民。1951年冬天，菲利克斯第一次行使的美国公民的权利便是应征入伍，他被派驻在德国斯图加特附近的哥廷根（Göppingen）。好处是，他能乘东方快车（Orient Express）从斯图加特去巴黎与父亲共度周末。他在军队里平安无事地服役了两年，1953年退役后，他到苏黎世一家新开的私人银行坎特瑞德（Cantrade）工作。虽然菲利克斯知道他在拉扎德各地的公司中轮岗实习并非公司常规，但他也不认为这是前所未有的。"也许是我自不量力，但我觉得公司这样做的部分原因是想留下我并向我展示更广阔的视野和机会。"他说，"当时我正在认真考虑回欧洲定居。"

事实上，1955年，他还是回到了拉扎德纽约分行，并成了传奇人物。起初，他继续在拉扎德的外汇部门工作。如果不是萨缪尔·布朗夫曼（Samuel Bronfman）的女儿菲利斯·布朗夫曼（Phyllis Bronfman）一次偶然的周末邀请，他或许很可能一直在外汇部门工作。他受邀到布朗夫曼在纽约塔里镇（Tarrytown）的庄园，经人介绍认识了安德烈的好友、施格兰财富（Seagram fortune）的创始人萨缪尔。萨缪尔问起菲利克斯的工作，菲利克斯告诉他自己在拉扎德的外汇部门工作，萨缪尔给了他一个非常宝贵的建议，那就是彻底放弃外汇交易，集中精力去做公司并购和融资业务，因为这些才是安德烈真正感兴趣的投资银行业务。一开始，菲利克斯很抗拒转型，部分原因在于这可能意味着减薪，也因为他没受过金融、经济学或会计学方面的培训，甚至读不懂公司资产负债表。"接受减薪，放手去做吧。"萨缪尔坚持说道。于是菲利克斯和安德烈谈到业务转型的事，但安德烈不太认可。"那方面的业务你完全不懂。"他说。菲利克斯告诉安德烈，如果有需要，他会去上商学院的夜校。安德烈心软了，但正如菲利克斯所担心的那样，他的薪酬从每年22000美元降到了15000美元。

"于是我去了霍华德·尼芬（Howard Kniffin）的手下工作，他是公司融资业务的负责人。"菲利克斯向1983年《纽约客》专访文章作者讲述了自己的经历。

我还去夜校学会计学，阅读格雷厄姆（Graham）和多德（Dodd）写的《证券分析》，这真是一堆非常可怕的东西。另外，当有公司并购案时，我要在试算表上把所有数字都过一遍，这是项苦工。我对数字感觉良好，很快就对如何把两家公司合并在一起非常感兴趣。我认为自己擅长公司并购的原因在于，我能很好地把握其中的平衡和力度；当你把一切搞通之后，新公司应该比之前的更强、更好，而且并购应当尽可能无缝进行。从本质上说，你是在与贪婪和权力打交道。当你把公司整合到一起时，必须用金融的方式，照顾到每个人的利益。权力是另外一回事，需要进行大量谈判，就像融资一样，也许比融资的谈判更多。因权力分配问题失败的交易比因融资问题失败的交易更多，因为其中涉及面子、权威和门面等实际问题。当然，刚开始在尼芬手下工作时，我的任务只不过是分析资产负债表，从统计角度分析并购的最佳方式。我经常耐着性子参加律师和会计师没完没了的会议，阅读大量合同和工作表，以弄明白到底发生了什么。我成天和一帮混日子的人和只知道翻文件的人待在一起。我会远远地看着委托人的身影消失在安德烈的办公室里，等他们商量出结果后回去继续处理数字。我从中学到了一件非常重要的事情，那就是做这样的交易到底需要些什么。我能读懂合同。我了解税收规则是怎么回事。我知道会计是什么。我明白会计人员能做什么和不能做什么。我学会了辨别哪些话是胡扯，哪些不是。我了解律师会说些什么，其中什么该信，什么不该信，我也知道应该在什么地方给他们施加压力。这些都非常重要，现在，已经没有任何技术人员能吓倒我，因为他们谈论的问题我都清楚。我可能得依靠他们获得事实，但我不需要他们讲解概念。有太多高管为下属所困，因为他们从来没有真正做过实质性的工作，而一旦你做过这些事情，就会发现其实它们并不神秘。但如果你没有这些经历，技术人员就能用众多细节困住你，然后你就永远找不到解决的方法了。在一些规模庞大的银行里，这些实质性工作都由下属完成，但拉扎德规模小，因此不存在这样的问题。

菲利克斯比安德烈更倾向于规避风险，他一直对自己作为中间人和推动者的身份感到自豪。他能说服公司的领导者为他提供的建议支付数百万美元的酬金，而公司却连一个子儿都收不回来。"有的公司曾无缘无故就进行并购。"菲利克斯解释道。20世纪70年代初，安东尼·桑普森曾写道："菲利克斯·罗哈廷与安德烈·梅耶完全相反。罗哈廷完全没有传统银行家的圆滑和虚伪，行事风格非常开放。他留着平头，表情看上去似乎能洞悉人心，说起话来语速很快、很大声。他开一辆小型丰田车，穿一件旧风衣，看起来很不起眼。"菲利克斯是"数字大师"，有着"巨大的动力"。和安德烈一样，他也讨厌失败，他还是一位谈判家，"就像碰着老鼠的猎犬一样"，曾有人这样告诉桑普森。

在许多方面，菲利克斯都可以称得上是生逢其时的完美人物。当时美国企业界正摩拳擦掌准备打造大型联合企业，而菲利克斯则拥有成为时代推动者的智慧、经验和沉稳性格，他也因自己提供的服务获得了丰厚的报酬。早在1962年，也就是菲利克斯成为拉扎德纽约分行合伙人的一年后，革命性的并购就崭露头角了。当时，拉扎德建议法国大型铝业制造商佩希内（Pechiney）以1800万美元的价格收购美国飞机铝铸件制造商豪梅特（Howmet）40%的股份，这个价格比豪梅特当时的市场交易价格高约36%。佩希内和拉扎德都从这笔交易中获得了丰厚的收益，拉扎德还在未来多年里拿到了佩希内后续的大部分并购和融资业务。

菲利克斯和拉扎德开始控制并购业务。虽然拉扎德一直是全球领先的并购顾问，但在过去的25年间，并购服务供应商的数量呈爆炸式增长。现在，并购顾问都很专业，而且资质要求极高，我们很难想象，40年前菲利克斯开拓并购业务之初，并购顾问是多么不成熟，甚至可以说非常奇怪。

菲利克斯和拉扎德在并购界最初获得成功的关键是国际电话电报公司（ITT）。20世纪60年代和70年代，当时声名狼藉的哈罗德·吉宁想将ITT从国际电信公司转型为跨国企业集团，为此，菲利克斯向吉宁提供了咨询服务。但这段历程将菲利克斯卷入了20世纪70年代初的一场政治和法律漩涡，差点断送了他的职业生涯。

第五章

幕后黑手
菲利克斯

在与拉扎德及菲利克斯合作之前，哈罗德·吉宁选择的合作伙伴是另一家著名的犹太合伙银行库恩勒布。很长一段时间里，安德烈和菲利克斯都做过些许努力，以争取吉宁这个大客户。1965年，归功于当时一家二流的汽车租赁公司安飞士（Avis），拉扎德的那些小努力积累成了巨大的飞跃。一个决定性的时刻终于到了。

1961年夏天，安德烈·梅耶和拉扎德初遇安飞士。当时，赫兹租车（Hertz）和安飞士在不太起眼的汽车租赁行业中争夺霸主地位，但两者的实力实际上相距甚远：赫兹的收入已达到1.38亿美元，而安飞士的收入仅为2400万美元，且一直没有盈利，在生死边缘挣扎。金尼系统公司（Kinney Systems Inc.）的负责人爱德华·罗森塔尔（Edeard Rosenthal）在纽约做了点汽车租赁业务，为了满足不断增长的停车场和殡仪馆业务的需求，他此时正在寻求扩张机会。他和女婿史蒂夫·罗斯（Steve Ross）[罗斯后来将"金尼"更名为现在的时代华纳（Time Warner Inc.）]想并购赫兹，但赫兹并不感兴趣，于是他们又联系了在困境中挣扎的安飞士，得到了积极的回复。但金尼系统公司从未并购过像安飞士这种规模或类型的公司，于是合作双方征求了美国无线电公司当时的负责人戴维·萨诺夫的意见。当时，萨诺夫的侄子正在金尼工作。"上车吧。"萨诺夫对金尼的高管们说，"我带你们去见安德烈·梅耶。"安德烈和菲利克斯都试图促成金尼收购身陷困境的安飞士这项交易。当时大家都将菲利克斯视作安德烈的"奴才"，因为菲利克斯"知道如何使用计算尺"，所以安德烈总带着他参加各种会议。但罗斯觉得风险太大，最终放弃了这笔交易。

安德烈和菲利克斯却在其中发现了商机，金尼放弃之后，他们独自进行了这笔交易，并从当时已公开上市的安飞士那儿争取到了90天的排他期，希望能在此期间抓住机会。一向在财务上保守的菲利克斯此次一反常态，成了这笔交易的拥护者。但是，这两位拉扎德合伙人很快遇到了经常困扰金融买家们的问题，即谁来经营公司？他们没有人选，自己也不懂汽车租赁业务，而且他们意识到了当前的管理层表现很糟糕。他们急需找一个了解汽车租赁业务的人，客观迅速地评估并购安飞士的交易。

面对这样的挑战，菲利克斯想到了请唐纳德·皮特里（Donald Petrie）帮忙。皮特里威风凛凛，长得像巴黎圣母院的滴水嘴兽，曾是赫茨与美国运通（American Express）合资成立的国际租车公司的总裁。1962年初，他离开这家公司重操旧业，到长岛（Long Island）的一家小律所当律师。"有一天我接到一个电话，"皮特里回忆道，"是菲利克斯·罗哈廷打来的。我从未听说过菲利克斯·罗哈廷。他在拉扎德投资银行工作，我也从未听说过拉扎德投资银行。他说：'安德烈·梅耶先生想见见您。'可是，我也从未听说过安德烈·梅耶。但我还是说：'好的，我要怎么见他呢？''您来凯雷酒店吧。'菲利克斯说。"

"于是我去了凯雷酒店。"皮特里继续说道，"我从未听说过安德烈·梅耶这个人，也从未听说过拉扎德，我以为他只是一个房客，就去问了他的房号。结果酒店的人告诉我：'您搞错了，您直接上33楼吧。'于是我上了楼，一个穿白色外套的男子把我带进一个房间。我坐在那里等了一会儿，看到墙上有一幅马奈、一幅莫奈、一幅柯罗和一幅修拉（Seurat）[1]，心想：'哎呀，看来这个家伙很爱复制品。不过他的复制品挺漂亮的。'然后有人把我带到了另一个房间，那里有一幅毕加索和一幅雷诺阿。我走上前去摸了摸其中一幅。我记得自己当时心想：'天哪，

---

[1] 即乔治·修拉，1859—1891年，法国画家，后期印象派的代表人物。

这些都是真的。不管这个家伙是谁，这可不是开玩笑的。'"

皮特里答应做尽职调查阶段的工作，但谢绝了安德烈让他管理安飞士的邀请。他向安德烈推荐了罗伯特·汤森德（Robert Townsend），汤森德也是美国运通的高管，比皮特里年长一岁。汤森德对此事很有兴趣，因为这样他就有机会管理一家公司，并成为重要的股东。至于薪水，梅耶提出每年给他5万美元，但汤森德拒绝了，他只要3万6千美元。"对于一家还没为股东赚过一分钱的公司来说，这已经是最高工资了。"汤森德对安德烈说道。安德烈立即同意了，他知道自己找对了人。随着汤森德的加入，拉扎德开始并购安飞士，安德烈和菲利克斯都确信这笔交易是明智的。

1962年3月，拉扎德通过一家新成立的子公司银门公司（Silver Gate Corporation）以550万美元买下了安飞士的控股权。对于拉扎德来说，并购安飞士纯粹是一笔风险投资，目的是尽快将公司重组后出售。菲利克斯、汤森德和皮特里将安飞士管理得相当成功。1962年，安飞士亏损60万美元；仅经过短短的三年，到1965年底，公司利润已高达500万美元。汤森德采取的第一步措施是消除官僚作风、削减备忘录和取消公司秘书，避免不必要的开销。安德烈还将安飞士的总部从波士顿搬到了长岛的罗斯福机场购物中心，这个中心是1953年安德烈与泽肯多夫一起在原先的飞机跑道上开发而成的。"这些人认为自己很失败，"皮特里后来回忆道，"每当他们想出头就会大受打击。他们受到了赫兹的打击，太需要被人关注了。"安德烈说服皮特里和汤森德将更多时间花在安飞士上。在他们两人的管理下，公司士气大振，部分原因是他们非常有先见之明，用"我们是第二名，我们更加努力"的广告语做宣传。很快，"我们更加努力"的徽章和红色夹克衫变得随处可见，安飞士几乎在一夜之间成了美国最知名的公司之一。营销方式的改善增加了公司收入，成本的下降又将收入转化为利润。

随着公司经营的好转已成定局，业绩也能轻松超额完成，汤森德开始对安飞士丧失兴趣，把越来越多的时间花在办公室以外。而安德烈·梅耶喜欢每天听汤森德向他做详细的业务汇报，并希望他的伙伴们都能努力工作，所以他被汤森德的举动大大激怒了。"汤森德在折磨安德烈，"一位合伙人这样回忆道，"如果安德烈想做些什么，汤森德就会说：'好的，安德烈，随便你吧。我星期一就退出。你派其他人来管理公司吧。'这时候安德烈就会暴跳如雷。"

汤森德向皮特里解释了自己的想法："我领先于你的计划，唐纳德。我领先于自己的计划，也领先于安德烈可能做出的任何计划。我不仅达成了业绩，还超额完成。我超额完成了收入、增长、资产收益率、股权收益和收入回报率这些方面的目标。那我还他妈的待在办公室里做什么呢？"当汤森德和皮特里坚持提拔安德烈看不上的某个人担任公司总裁时，他们之间的关系很快就彻底破裂了。"你坚持这样做吗？"安德烈问皮特里。皮特里做出了肯定的回答。安德烈回敬道："好吧，现在我就把公司卖了。"而这也正是安德烈开始着手做的事。一开始，他试图将安飞士卖给美孚公司（Mobil Corporation），但在汤森德的干预下，美孚失去了兴趣。

接着，安德烈转向了ITT，这次汤森德和皮特里没再参与。1964年12月，ITT与安飞士开始谈判，事情进展迅速，不到一个月就完成了交易。

对于拉扎德而言，ITT并购安飞士的交易非常重要。三年内，菲利克斯和安德烈用550万美元的投资给拉扎德及其投资人带来了2030万美元的回报，而且这些投资人都成了ITT的大股东；此外，此次交易也让安飞士长期以来遭受损失的公众股东大赚了一笔，这些股东持有公司60%的股份（为此他们获得了价值约3200万美元的ITT股票），如果没有安德烈和菲利克斯的帮助，安飞士无疑将面临破产，他们将损失惨重。拉扎德成了汽车租赁行业中公认的"专家"。因此，1966年，当ITT并购安飞士的长期竞争对手赫兹时，拉扎德为戴维·萨诺夫提供咨询也就不奇怪了。在这次顾问服务中，拉扎德收取了75万美元的酬金，在当时算得上是最高的一笔并购顾问费。安飞士并购交易结束后，安德烈个人赚到了约700万美元，大约是拉扎德年收入的三分之一。然后他转手将250万美元捐给了纽约大学，在当时这是一笔数额惊人的捐赠。他本希望匿名捐赠，而一开始捐赠确实是匿名的，但之后纽约大学恳求他公开捐赠人姓名。他让步了，于是《纽约时报》上很快刊出了首篇关于安德烈的报道。"我对任何描述我的文章都极其反感，"他说，"也许我过分谦虚了。"

令人震惊的是，安飞士给菲利克斯带来的收益则相对少得多。1965年7月22日，交易结束后，所有公开发行的安飞士股票均转变为ITT股票。菲利克斯获得了ITT的454.1375股普通股和330.1股优先股。菲利克斯的第一任妻子珍妮特·斯特莱特（Jeannette Streit）也是安飞士的投资人，获得了ITT的648.725股普通股和471.8股优先股。那天，罗哈廷夫妇持有的股票总价合计135571.47美元。

并不是每个人都为安飞士的并购交易感到高兴。皮特里告诉安德烈，ITT在价格上占了便宜，因为他认为安飞士的最佳发展时期仍未到来。但安德烈坚信"没有人会因获利而变穷"，因此他很难理解皮特里的观点。罗伯特·汤森德也不为此感到高兴，正是他一手推动了安飞士的转型。很有可能他一直没有原谅安德烈卖掉安飞士，而且竟然卖给了一家企业集团。他把自己在安飞士的经历写进了《提升组织》（*Up the Organization*）一书中，该书曾长居《纽约时报》畅销书排行榜达7个月之久。他在书中坦承了自己的许多经历。在"并购、多元集团以及合资企业的失败"一章中，他饱含激情地预见了一个新时代的到来："如果你有一家不错的公司，请不要把它卖给企业集团。我卖过一次，后来我辞职了。企业集团会对你们做出任何承诺（如果你的股票市盈率比他们的低并且收益增长更快的话），但公司一旦落入他们手里，它就将与他们在这星期内收购的其他公司一样被同质化，公司内部的热情和人才都将一起流失。"

对于 ITT 来说，花 5310 万美元并购安飞士的交易是其多元化尝试的首个成功案例。1965 年，ITT 约 54% 的收入和 60% 的合并净收益来自海外，欧洲销售的大部分产品是电信设备，成功并购安飞士意味着 ITT 向吉宁所设想的以美国为中心的企业集团迈出了重要的第一步。吉宁是他那个时代的杰克·韦尔奇（Jack Welch）[1]，1986 年，《福布斯》这样评价他："即使讨厌他的人也不得不承认他是一个天才。"讨厌吉宁的人确实很多，谁会喜欢一个这样羞辱下属的人呢？某天他对高管们说："先生们，我一直在思考这个问题：蠢话乘以零等于零句蠢话，蠢话除以零等于无限句蠢话。我已经厌倦你们对我说的蠢话了。"但他又像一块海绵般吸收管理人才，他开出最高的工资，并且毫不掩饰自己挖人才的事实。

他还是一位非常激进和成功的企业并购者。从 1960 年到 1968 年，ITT 并购了 110 家公司，这些公司在美国国内和国外各约占一半。在 1969 年的前 10 个月里，ITT 又完成了 48 笔并购业务，还有 13 笔即将进行的。由于吉宁的功劳，ITT 在财富 500 强榜单上的位置从 1960 年的第 51 位上升到 1968 年的第 11 位。在此期间，公司收入增长了 400%，超过 40 亿美元。

如果说 ITT 是第一台公司交易机器，那么，在安飞士并购交易结束后不久，菲利克斯就成了这台机器的润滑油。安飞士并购交易无限拉近了拉扎德和菲利克斯与同时代最激进的公司交易家哈罗德·吉宁之间的距离，并直接导致了并购咨询行业的诞生，以及拉扎德在该行业中的主导地位。这是菲利克斯从安飞士并购交易中获得的真正收益，而不是落入他口袋里的 10 万美元。即使菲利克斯不是吉宁并购策略的架构师，他也无疑了解这些策略。在拉扎德著名的高级合伙人安德烈无法吸引吉宁的情况下，菲利克斯获得了吉宁的青睐，他"几乎成了 ITT 的员工"，差不多每晚六点都要去吉宁的办公室与之见面。

---

[1] 1935 年生，美国企业家，1981—2001 年担任通用电气第 8 任首席执行官，在此期间将该公司营业额提升到 1400 多亿美元。

安飞士并购交易结束后，安德烈坚持要在ITT董事会中占有一席，但固执的英国人吉宁强烈反对（安德烈向来不尊重吉宁）。事实证明，菲利克斯对待吉宁的殷勤方式要恰当得多。ITT高级副总裁斯坦利·卢克（Stanley Luke）认为，菲利克斯"始终是安抚吉宁的最佳人选"。1966年，菲利克斯投入的时间开始有了回报。这一年，ITT聘请拉扎德为ITT消费服务公司（ITT Consumer Services Corporation，安飞士并购交易时成立的新部门）并购美国机场停机坪公司（Airport Parking Company of America）的交易提供咨询，为此向拉扎德支付了15万美元的顾问费；1967年，ITT再次聘请拉扎德为并购法国音响设备制造商克劳德·帕兹·维索（Claude Paz & Visseaux）的交易提供咨询，为此付了12.5万美元的顾问费。"吉宁是个很难对付的人，"20世纪80年代初，菲利克斯如此说道，"确实很难对付。但我一直都知道他想要什么。"菲利克斯和吉宁一起开创了一场公司交易的大变革。这场变革虽经受了几场挫折，但一直持续至今。

也是在1967年，在麦克唐纳公司（McDonnell Company）和道格拉斯飞机公司（Douglas Aircraft Company）的并购交易中，拉扎德为后者提供了咨询服务，交易完成后，麦克唐纳公司更名为麦克唐纳–道格拉斯公司（McDonnell Douglas，现在是波音公司的一部分）。1966年底，道格拉斯飞机公司濒临破产，他们聘请了拉扎德当顾问。拉扎德的6名合伙人立即组建了一个SWAT小组，在感恩节到新年的这段时间里努力为该公司寻找买家。他们收到了6位买家的投标，最终选中了麦克唐纳公司。在此次交易中，拉扎德收到了第一笔100万美元的并购咨询费，负责该交易的拉扎德合伙人斯坦利·德·容·奥斯本（Stanley de Jongh Osborne）回忆道："实际上，根据合同条款，我们有权获得这个金额的两倍，但我们觉得100万美元就够了。即使如此，麦克唐纳先生还是不怎么高兴。"（实际上，买家最终支付了并购费用。）

菲利克斯不止一次地发现，自己身处ITT的对立位置，他在给长岛的合同房[1]建筑商莱维特父子公司（Levitt and Sons）提供咨询时就是如此。1966年到1968年，ITT并购莱维特父子公司，在此次交易中，拉扎德的参与显示出并购顾问经常在首席执行官的重大决策中扮演微妙的角色。在那个社交关系复杂的世界中，最优秀的银行家既得是金融工程师，还要是能侃侃而谈的心理医生，这在当时是一个真理，直到现在也仍是如此。在他们中，没有人比菲利克斯·罗哈廷更擅长兼具这两种微妙的身份，并在它们之间切换自如。

同样令人惊讶的是，在与莱维特父子公司的总顾问乔尔·凯尔（Joel Carr）开项目启动会之前，菲利克斯似乎对莱维特父子公司实际上是做什么的知之甚少，尽管该公司是一家上市公司，菲利克斯可以看到财务报表。"显然，莱维特父子公司的长处在于能以低成本承接单户住宅和购物中心的一体建设。"菲利克斯后来在给安德烈的信中写道，"为了未来的扩张，该公司要有能力储备大量可供将来运作的土地。"菲利克斯对莱维特父子公司的业务缺乏详细了解，这在那个时代非常普遍。当时，并购银行家都是通才和战术家，而在这个特殊行业中，拉扎德是最受尊崇的行业老大，菲利克斯则是拉扎德的老大。当时的普遍认知是，公司管理层了解他们那一行，而拉扎德的银行家们则是并购专家，不论哪个行业的并购，他们都该了解。（当然，现在的银行家，即使是拉扎德的银行家，都必须既是行业专家，又是业务专家。）

菲利克斯对莱维特父子公司的项目满怀热忱，尽管这只是一笔4000万美元的小交易，而且他还同意与莱维特父子公司长期合作的银行沃特海姆公司（Wertheim & Company）分享酬金，如此一来他自己的所得就更少了。此外，比尔·莱维特（Bill Levitt）的个性也是一个问题。想必凯尔给菲利克斯营造了某种感觉，使他觉得有必要先提醒一下安德烈。"莱维特先生显然是个喜怒无常的人，他很自大，对待他要特别注意方法。

---

[1] 在一大片土地上根据计划建造的大量设计相似或互补的住房，房地产行业发展中的一种住房形式。

他久仰您的大名，凯尔认为，应该在适当的时候安排您和莱维特见一面。"菲利克斯还在简报中写了对莱维特潜在买家的一些看法，包括一些大型石油公司，因为"它们在房地产行业中表现积极……加之它们有储备土地所需的资金"，或是"像美铝（Alcoa）、凯撒（Kaiser），甚至佐治亚太平洋（Georgia Pacific）这样的公司"。菲利克斯最后写道："无论如何，从我了解的所有信息来看，我认为莱维特父子公司是行业中的老大，它目前的业务看上去是赚钱的，并且一直在增长，如果能采取适当的保障措施留住管理人员，那么它应该是一个不错的出售对象。不过，莱维特先生的个人抱负无疑将会是个问题，他要求公司卖出后继续保留他对公司的绝对控制权；此外，可能还存在公司估值过高的情况。即使如此，这家公司仍是值得考虑的。"安德烈没有书面回复，这是他的一贯风格。写信的人最多只能收到他退回的简报，不论是否读过，他都会在简报上潦草地写个大大的 A，这并非表示他赞许其中的分析，而是表示已阅。

不管怎样，此后不到一周，莱维特就与拉扎德和沃特海姆签订了委托协议，两家银行为莱维特提供售卖建议，莱维特向他们支付 50 万美元（每家各得 25 万美元）或销售所得全部对价的 1%，以两者中的较低价为准。（最终协议在顾问费上给莱维特打了 45% 的折扣。）当时，莱维特父子公司的一套住宅成本还不到两万美元，这笔顾问费算是相当高了。签署委托协议后的一个月内，拉扎德就制定了第一份销售契约书，用于征集对该上市公司的投标。这份 27 页的文件没有任何地方值得一提，除了它极有可能是历史上第一份公司招标文件外。

销售契约书制作完成后，拉扎德开始为莱维特寻找潜在买家。菲利克斯很快就将目标锁定在了他的客户 ITT 身上。但吉宁的回应并不积极。菲利克斯认为，很大程度上是因为华盛顿的监管部门开始担心 ITT 当时大胆并购美国广播公司（ABC）的举措，他们正忙于应付这一越来越棘手的情况。

　　1966年4月11日，参与莱维特交易的拉扎德合伙人彼得·刘易斯（Phil Lewis）给菲利克斯写了一份简报，分析了莱维特其他的潜在买家。刘易斯不大可能是主动写这份简报的，从中我们可以看出为菲利克斯工作是什么样的情况。在分析之后，刘易斯向菲利克斯建议，拉扎德应同时考虑电力公司和飞机制造公司，如洛克希德（Lockheed）、波音（Boeing）和道格拉斯。在后来的国会作证中，被问及刘易斯的简报时，菲利克斯否认了它与莱维特交易的相关性："这是一份内部简报，提出了一些想法和观点，仅此而已。它们只是一个人的想法和观点。我们当时正和IIT讨论，从那以后我们就没跟其他任何人讨论过。"

　　从菲利克斯与刘易斯的简报撇清关系可以看出，他宁愿牺牲下属也要保全自己。他从此被贴上了自私自利的标签，也招致了拉扎德其他专业人士的强烈不满。菲利克斯还有个令人讨厌之处，他习惯于取悦较年轻的合伙人和高级副总裁，诱使他们为自己卖命。这些毫无戒心的男性以及偶尔的几位女性为菲利克斯埋头苦干，沐浴在他的光环之下，然后被一脚踢开，接着又会有其他倒霉蛋遭遇同样的命运。尽管菲利克斯的交易才能卓越，但经过一段时间后，许多合伙人都将他视为公司的负债而非资产。一位合伙人以非常不以为然的态度回忆道："为菲利克斯工作令我大受打击，他总想掌控一切。"具有讽刺意味的是，由于菲利克斯非常擅长他所从事的业务，所以他总能拿到最重要或最有意思的交易。因此，雄心勃勃的年轻银行家们自然都想为他工作，参与那些令人兴奋的交易。不幸的是，菲利克斯很清楚这种吸引力，并加以利用。他成了投资银行业的高危人物。"为菲利克斯工作很难，因为没有任何回报。"一位长期合伙人说道，"他绝不愿意让你得到客户的一丁点表扬，也不愿意让你在公司里获得任何赞许。"一位银行家哀叹道："为菲利克斯工作简直就像被判了死刑。"合伙人们经常抱怨菲利克斯对他们一点都不忠诚。戴维·苏普诺曾与拉扎德的长期客户雷诺的首席财务官佩尔西·杜·泽特（Percie du Sert）讨论菲利克斯的这一性格，但杜·泽特说："不，戴维，你错了。菲利克斯很忠诚，前提是你得先对他忠诚。"

撇开刘易斯对莱维特其他买家的分析，拉扎德继续推动其与 ITT 达成交易。1966 年 5 月，ITT 突然产生了买下莱维特的意图，每股报价 16.50 美元，并全部以 ITT 股票支付。对莱维特来说，这一报价的估值约为 5100 万美元，而当时莱维特的股票交易价是每股 11 美元，溢价约 50%。拉扎德建议莱维特与 ITT 达成交易，于是双方继续谈判，并在莱维特先生的成功湖总部完成了尽职调查程序。很快，ITT 将报价提高到每股 17.50 美元，即总额 5400 万美元，溢价 59%。但莱维特先生还是没有妥协。1966 年 8 月 8 日，菲利克斯给吉宁写了一封信，列出了一份莱维特仍存的"问题清单"，以及菲利克斯"基于先前对 ITT 及其运作方式的了解"给出的答案。菲利克斯向吉宁建议，9 月中旬，吉宁、莱维特和他三人"共进午餐"，"将这些问题解释清楚"。1966 年 9 月 15 日，三方见了面。吉宁在一张纸条上亲笔写下了此次会面记录，标题是"重要概念"。记录内容如下："L.（莱维特父子公司）是独一无二的。虽然房地产行业正在衰退，但 L. 的业绩却比预期高出 30%。"此次交易进展艰难，到 1967 年初仍没有定下来。莱维特的股价持续上涨，部分原因是比尔·莱维特与华尔街的研究分析师们开了一系列销售会议。

显然，莱维特对华尔街的"宣传活动"开始见效，莱维特股价大涨，达到每股 19 美元。1967 年 2 月 28 日，应安德烈的要求，菲利克斯写了三页简报汇报最新进展。由于尚未与 ITT 达成交易，且公司股价大幅上涨，莱维特再次考虑增发股票，为此，他想获得顾问银行家们对此事的看法。"莱维特现在的股票价格无疑不便宜。"菲利克斯在给安德烈的简报中说道，"由于住房市场有复苏迹象，莱维特推出了'新城市'计划，加上他们在行业中的良好业绩，在过去几个月里，莱维特引起了众多关注。"接着，菲利克斯说到了当天与沃特海姆公司的银行家阿尔·克莱因鲍姆（Al Kleinbaum）的谈话，克莱因鲍姆也认为莱维特股价"太高"，按此价格公开发行股票"不可取，等到明年预测的盈利能力透明化之后才是合适的时机"。但莱维特想额外发行45万股股票，加上已经公开发行的55万股，公司就有100万股公开发行的股票，从而达到了在纽约证券交易所上市的资格。拉扎德和沃特海姆面临着向莱维特首席执行官提供专业意见的挑战。

菲利克斯开始寻找替代方案。他先和老同学、莱维特的总顾问乔尔·凯尔谈及了此事。在谈话中，他发现莱维特已在协议中同意于1968年前不收取股息，且这一协议不可更改。在无法收到股息付给其他公众股东的情况下，出售莱维特股票是不可能成功的。鉴于此，至少在1968年之前，增发股票是不切实际的。菲利克斯写道："这样也许正好。因为据我判断，若告诉比尔·莱维特想要增发股票，则当前的股价过高，那么他会很难接受。我希望能避免谈到这一点。又或者，"菲利克斯想到了投资银行家的典型策略，"如果沃特海姆对比尔·莱维特目前的股价持谨慎态度，那我们就不用那么保守了。毕竟，看涨对我们不会有任何损失。"接着，菲利克斯建议道，除了与ITT交易之外，也可以考虑在1968年初增发股票，收购一些面临困境的建筑商、供应商或"能用于偿债、抵押贷款、提供担保等等"的公司。当然，菲利克斯提出的所有选项都能为拉扎德赚钱。

不过，菲利克斯仍倾向于与ITT交易。他写道："尽管我们也应当讨论ITT之外的替代方案，但我还是认为ITT也许是解决比尔·莱维特问题的最佳答案。在未来几个月里，我们应尽一切努力，以最佳的条件促成这笔交易。"

1967年7月11日，ITT终于开始有一点动作了。出人意料的是，美国司法部以反垄断为由，反对ITT并购美国广播公司，于是ITT决定放弃这一争议越来越大的并购项目，将注意力转移到酝酿已久的莱维特交易中。7月22日，ITT和莱维特一起宣布，两家公司已达成并购条款，莱维特的估值约为9130万美元，是菲利克斯1966年1月首次与凯尔见面时莱维特估值的两倍多。1967年上半年，莱维特股价持续飞涨，在并购宣布当天，收盘价为每股28.75美元，略低于ITT对莱维特股东所持股票每股29.07美元的估值。对拉扎德来说，莱维特的交易相当棘手，还需要大量手把手的指导，尤其是ITT反复拖延，且显然没有其他买家，但莱维特的股东们得到的结果比预期的好。

讽刺的是，拉扎德成了这笔交易中的输家，因为他们没从莱维特市场价值的飙升中得到任何好处。拉扎德的顾问费协议中规定，顾问费是50万美元或莱维特销售所得总对价的1%，以两者中的较低价支付。9130万美元估值的1%为91.3万美元，不幸的是，50万美元低于91.3万美元，于是顾问费只有50万美元。这笔钱，拉扎德还要与沃特海姆平分。将近两年的辛苦工作，拉扎德仅换来了25万美元。扣除24310.76美元的"广告"费用（沃特海姆承担一半）后，1968年2月这笔交易完成时，拉扎德仅收到了237844.62美元。

但就像安飞士交易一样，菲利克斯再次将拉扎德在莱维特交易中微不足道的收入变得更有意义：1967年12月13日，菲利克斯获得了ITT的董事会席位，并进入了该公司的执行委员会。早在两年前，安德烈就向吉宁要求，拉扎德要在ITT董事会中占有一席之位，但未能如愿。如今，菲利克斯得到了这个位置，且一直坐到1981年；之后，米歇尔接任他的席位，直到2001年5月主动放弃。2002年，《萨班斯-奥克斯利法案》（*Sarbanes-Oxley Act*）出台，规定投资银行人士不得在其客户的董事会中任职。而在此前的几十年里，银行家们对客户公司中的董事会席位趋之若鹜。这是一种深入了解客户战略的方式，当然了，同时也能确保自家银行能在客户的投资银行业务中获得最大利益。

莱维特交易终于结束了，菲利克斯加入了ITT董事会，拉扎德继续为ITT日益激进的并购交易出力。在1968年短短的一年中，拉扎德代表ITT以2.93亿美元收购了美国最大的纤维素制造商、拥有大片木材的瑞安公司（Rayonier），为此获得了60万美元的顾问费；代表ITT以2.8亿美元收购了美国最大的烘焙商大陆烘焙（Continental Baking），为此获得了40万美元的顾问费;代表ITT收购了当时美国最大的玻璃和陶瓷硅土及黏土生产商宾夕法尼亚玻璃砂公司(Pennsylvania Glass Sand Corporation),为此获得了25万美元的顾问费。1969年,拉扎德代表ITT收购了坎汀公司(Canteen Corporation)和联合住宅公司(United Homes),为此分别获得了25万和5万美元顾问费。坎汀公司在1968年已是拉扎德的客户,当时拉扎德帮该公司出售了罗氏部门(Rowe Division)并收取了7.5万美元的顾问费。这些年来,拉扎德错过的唯一大单似乎就是ITT以1.93亿美元收购喜来登(Sheraton)。拉扎德几乎包揽了ITT所有的咨询顾问业务,虽然双方很好地隐瞒了这个事实,但普通大众很可能对此并不感兴趣。

如今人们可能对这些小额交易和酬金不屑一顾,但在20世纪60年代末期,这些交易和酬金数额巨大,为行业带来了巨大的变化,以至于美国国会展开了对所谓的"企业集团"的突发调查。当时,ITT和海湾西方公司(Gulf & Western)等企业都在疯狂收购远超出它们传统业务范围的其他公司,这是前所未有的。在布鲁克林犹太裔国会终身参议员伊曼纽尔·赛勒(Emanuel Celler)的支持下,1968年10月,众议院司法委员会开始全面"研究"企业集团并购活动的经济和政治意义。

赛勒领导的小组委员会认为,应对并购浪潮的最佳方式是,选择6家企业集团,研究它们的并购策略,并与它们的首席执行官们面谈。由于这些公司(ITT就是其中之一)在并购活动中受到了"几家顾问"的教唆,这些顾问也受到了国会的审查。拉扎德向ITT提供咨询服务,因此被该小组委员会单独拎出来接受详细审查。在相关听证会中,拉扎德迅速成了大家关注的焦点。

1969年12月3日,菲利克斯在该小组委员会面前接受了长达两小时二十分钟的问询,合伙人雷·特拉布(Ray Troubh)和准合伙人梅尔·海涅曼也一同参加了此次听证会,但两人未发一言。菲利克斯后来声称,他甚至记不起来曾在赛勒的听证会上露过面。对于极度神秘的拉扎德而言，这些听证会是一次前所未有的大曝光，菲利克斯的证词首次向人们曝光了拉扎德内部的工作方式。此外，美国国会还迫使拉扎德向该小组委员会提交了数千页文件，内容涉及方方面面，从公司职员的姓名到ITT并购安飞士交易的复杂细节等等。这些文件显示，拉扎德在这段时间内为72笔交易提供过咨询服务，获得的酬金超过1600万美元。更重要的是，通过这些文件，大家将拉扎德的情况窥探得一清二楚。

菲利克斯的证词为听众提供了一幅非凡的蓝图，让他们得以了解向公司提供兼并、收购和资产剥离咨询这一新兴领域。菲利克斯的解释很好理解："我们应该给企业客户提供并购建议，方式和给他们提供筹资建议一样。"他接着说道："有出售意愿的公司或其所有者应当寻求专业代理，这与他们在贷款或上市时寻求专业代理也是一样的。"这个思路确实很简单，但在安德烈和菲利克斯提出这一想法之前，并不存在向公司提供并购咨询的业务。当时，菲利克斯以非专业术语向小组委员会解释了并购顾问所扮演的四种不同角色：启动、分析、谈判和协调，而这也是如今顾问们所扮演的角色。在启动阶段，"如果某家公司想扩张业务，或进军某个领域，拉扎德就会应其要求，时不时提出或发起收购的构想。"菲利克斯说道，"相反，如果公司间的联合可行，在经济上也很合理的话，可能就会采用独家代理的形式。过去也有企业客户要求拉扎德帮忙处置部分业务，如一个特定部门或子公司。"在分析阶段，拉扎德的银行家们会研究"潜在收购对象以及可能进行收购的其他公司的业务和前景"。"这些分析可能包括相关行业的背景，尤其是对行业趋势和发展方向的看法，以及目标公司的详细情况。这一阶段结束后，我们就能判断一起并购是否符合参与各方的最佳利益。"

如果决定继续交易，那么接下来的任务就是进行估值，目的是预测买入或卖出价格；如果涉及股票的话，则是确定换股比率。"在这方面，我们会分析买卖双方公司的证券和债务工具，以保护被并购方的证券持有人和并购方的现有证券及其资产负债表的完整性。客户会向我们咨询最佳收购结构，如是否应换股并购、投标收购、换股发行或购买资产等等。我们只有在考虑了金融、法律、会计和税收各方面的情况，并综合之前的信息后，才会做出判断。"然后，菲利克斯表达了每位投资银行家都存在的烦恼："显然，出于各种各样的原因，即使在付出相当大的努力之后，很多交易也从来不曾曝光过。"

菲利克斯说，交易谈判是拉扎德代表客户行使的"主要职能"。

通常，我们会与潜在并购对象的管理层讨论，向他们解释收购背景和客户的业务性质。我们的工作可能还包括与并购对象公司的投资银行家或财务顾问一起商讨并购的好处，在公平议价和艰苦谈判后达成双方都能接受的条件。如果谈判成功的话，接下来就是客户在各方顾问的公平建议下签署原则性协议。拉扎德经常需要对协议的公平性发表意见。无论谈判时间长短，谈判技能都是投资银行在并购领域的基本贡献之一。

一旦达成协议，银行家们就要审查交易所需的各种法律文件草案。如有需要，银行家们可能还会就交易的宣传、公开发行证券的交易所的选择，或股东代理人的征集等事宜提供建议。最后，菲利克斯富有洞见地表示："我唯一能对兼并和收购做出的概括就是：没有两起并购是相似的。因此，我们在不同案例中做的事情都各不相同，但在每个案例中都会做上述的部分或全部事情。我们认为，以与个人投资或公司融资同样专业、道德、健康的方式，为收购或出售的企业提供服务是符合公众利益的，而我们就在试图以这种方式提供服务。"

委员会最初对菲利克斯提出的一系列问题触及了投资银行专营业务的核心，即拉扎德如何向客户收取顾问费，菲利克斯适时回避了这个问题。当被问及交易规模是否影响酬金多少时，他承认确实会有影响。"正如我先前所说，我们并不认为向公司提供的并购服务与募集资金服务有很大差异，"他说，"如果我们谈了一笔300万美元的私募交易，那么向客户收取的费用肯定不同于谈判3亿美元贷款的收费。实际上，并购也与此类似。"

现在，华尔街每个并购团队都有一套得到认可的"酬金表"，基于交易规模，按表中的比例算出酬金。交易规模每增加1亿美元，酬金的比例就会发生变化。交易规模越小，酬金比例越高；交易规模越大，酬金比例越小。显然，越大的交易，酬金越高。但是，正如菲利克斯所说，这些打印出来的、得到认可的酬金表也是可以协商并调整的，这也是客户们都熟知的。并购团队的经理们一直敦促银行家们按照酬金表收费，但在投资银行界，这种情况很难实现，尤其是在金融超市时代，面对像花旗集团和摩根大通等大集团的竞争，为了赢得附属金融业务，或者甚至为了取得"排行榜"（按各家银行提供咨询的交易数量排名，会不断更新）上更靠前的名次，银行家们不断降低酬金。

菲利克斯提供的证词的另一个历史意义在于，我们可以看到他当时已将并购酬金与融资酬金等同起来。35年前，投资银行家们以发行债券或股票的方式私下为公司客户募集资金，从中获取报酬。比方说，拉扎德可以代表ITT谈判，从一家货币中心银行获得贷款，以及从几家保险公司筹集私人次级债务（subordinated debt），并根据所筹集的资金收取酬金，对债务性资金收取的酬金较低，对股权性资金收取的酬金较高。当时没有银团贷款（syndicated loan）[1]市场，也没有公开的高收益市场。如今，除了私募股权融资外，投资银行家们很少再为客户筹集资金，并从中获得报酬。他们更多的是从承销贷款、高收益交易或股票发行（equity offering）中收取酬金。运用资产负债表，银行同意向企业客户提供他们所需的资金，并自行承担与投资者联合发放贷款、债券或股票

---

[1] 一种多家银行联合起来向借款人提供贷款的方式。

的风险，这些投资者包括其他银行、对冲基金（hedge funds）、保险公司、共同基金（mutual funds）或社会大众。通常，承销商承担的风险很小，收益却不成比例得丰厚。不过，一旦遇上"9·11事件"之后的市场崩盘，或长期资本管理公司（Long Term Capital Management，简称LTCM）破产，这些承销商也会遭遇重大资本损失。拉扎德的资产负债表上的金额很小，它对发放贷款或承销垃圾债券从不感兴趣，因为这两种行为都需要巨额资本。

接着，小组委员会开始攻击拉扎德的另一个秘密竞争优势：所谓的互兼董事，即拉扎德合伙人也是客户公司的董事会成员。菲利克斯向小组委员会出示了一份名单，显示他担任了ITT和飞机零部件制造商豪梅特的董事；合伙人斯坦利·奥斯本则担任了3家公司的董事；安德烈在6家公司的董事会中任职，包括菲亚特公司（Fiat）和美国无线电公司——安德烈于1957年成为这两家公司的董事会成员，这是他多年来取悦戴维·萨诺夫获得的回报；而前教授、经济学家阿尔伯特·黑廷格则在8家公司的董事会中任职，包括图书出版公司哈考特（Harcourt）、布雷斯全球公司（Brace & World）和玻璃制造商欧文斯－伊利诺伊（Owens-Illinois）。小组委员会的首席顾问肯尼斯·哈金斯（Kenneth Harkins）向菲利克斯指出，从1964年至1969年年底，在拉扎德提供顾问服务的并购交易中，有将近40%的交易都存在拉扎德合伙人担任相关公司的董事的情况，他问道："贵公司成员在其他公司的董事会任职，是否对贵公司参与其并购活动有所帮助？"菲利克斯回答："我可以这样说，通常，公司合伙人担任某家公司的董事肯定有利于我们更好地服务这家公司，因为我们会更加了解对方的经营和需求。但如果要问，与其他提供这项服务的投资银行相比，这是否会给我们带来竞争优势，我的答案是否定的。现在的公司都很精明，他们会选择能为自己提供所需服务的公司。"

随后，哈金斯逐年分析了拉扎德从这类公司所获得的并购酬金在其并购酬金总额中的占比：1965年为85%，1966年为63%，1967年为

29%，1968年为58%，1969年截至劳工节为42%。他再次试探性地问道："您是否发现，在这些公司中担任董事增加了贵公司的业务呢？"

"不，先生。"菲利克斯回答道，他仍坚持己见，"但我发现，一般来说，企业客户迟早都会邀请我们的合伙人加入他们的董事会。实际情况就是如此。我们不可能强迫董事会接受我们的观点。如果我们和一家公司有了业务往来，而且我们也提供了服务，总的来说，在未来某个时候，这家公司就会邀请我们加入他们的董事会。如此一来，大家的关系会更加紧密。"

哈金斯问道："您的意思是，作为媒人，投资银行家在客户企业中获得董事会席位是自然发展的结果？"

对于哈金斯用"媒人"来类比，菲利克斯感觉受到了冒犯，他回答道："我们不把自己视为媒人。我们提供的是非常私人的服务。"把拉扎德视为媒人，这个观点以后还将出现。在菲利克斯出席听证会的5个星期之后，他向小组委员会递交了一份清单，上面列出了1964年到1969年劳工节期间拉扎德客户的所有交易，其中一些交易，拉扎德虽然在该公司拥有董事席位，却没有参与并从中收取酬金，包括ITT在1968年和1969年没有聘用拉扎德的10笔交易，如喜来登和堪萨斯城的黄色出租车公司（Yellow Cab Co.）的交易。清单还显示，在此期间，菲利克斯担任董事的霍梅特公司"放弃了"5笔交易，拉扎德也没有参与其中。

小组委员会继而将关注点转向了拉扎德的套利业务。当时，套利业务还鲜为人知，其策略是同时买入卖出一家公司的证券，以期从差价中获利。菲利克斯向小组委员会大声宣读了关于套利的概述，简明易懂。"虽然套利的专业性很强，但概念很早就有了，而且已有先例。它的本质就是高风险高回报的对冲短期投资。"他解释道，"目前，市场上的典型例子是，在两家公开交易的公司宣布换股价值之后进行并购套利。理论上，由于一支证券很快会按特定比例与另一支证券进行交换，价值应该相等，但由于我之后列举的种种原因，其实并不相等。"菲利克斯解释，这些原因包括"证券和货币市场的突然变动""并购协议中的各种担保及其他'疏忽'""政府反对"以及"股东反对"。他继续说道:"为了从当前市场价值与最终价值之间的价差中获利,套利者愿意承担交易中的风险。"尽管赛勒赞许菲利克斯清楚地解释了套利的定义,但小组委员会总顾问哈金斯还是想深挖拉扎德的合伙人是否从其提供咨询的并购中以不正当的手段获利。

哈金斯问道:"贵公司是否有规定,禁止公司员工交易拉扎德投资银行提供并购服务的公司的证券,或交易一方为拉扎德担任董事的公司的证券?"

"是的,先生。"菲利克斯回答,"我们的套利部门设有两条规定,其中一条自我们刚开始做套利业务时就实施了,大概是三四年前。这表明,我们从未从合伙人担任董事的公司的交易中进行套利。大约是去年年底或今年年初,我们将这一规定的范围扩大了,那些我们不担任董事但提供顾问服务的公司的交易,也被我们排除在外。此外,我们还规定全公司员工不得参与基于内幕信息的证券交易。"

当小组委员会主席要求菲利克斯继续解释拉扎德在这方面的自控措施时,菲利克斯这样说道:

首先,我们觉得不应以任何方式参与卖空我们担任董事的任何一家公司的证券,因为这从一开始就是矛盾的。其次,当我们将拉扎德提供顾问服务的公司排除在套利交易对象之外时,我们也开始担心,主席先生,随着我们参与了越来越多的这样的交易,公司内部也存在安全问题。虽然我们一直尽力避免此类问题,而且仅向公司内部必要的人透露信息,尽管套利部门会因此少赚一点钱,但如果把这些交易完全排除出去,我们会更加安心。

以下对话也许是关于内幕交易的首次问答记录。伊利诺伊州众议员罗伯特·麦克劳瑞（Robert McClory）问菲利克斯，如果一位并购银行家在并购交易宣布前让自己的客户买入并购公司的股票，他对此作何感想？

"这是违法的。"菲利克斯回答道。

"到底如何违法了？"麦克劳瑞追问。

"先生，让我们按您描述的情况来假设一下：如果一家公司在收购另一家公司时聘请我们担任顾问，那么在交易宣布之前，我们四处游说我们的客户'买这只股票'，这就是利用内幕信息。"菲利克斯这样说道，"我所说的套利，只有在……"

麦克劳瑞插嘴问道："这是否违反美国证交会（SEC）的规定？"

"是的，先生。"菲利克斯继续说，"但套利交易只有在交易条款公布之后才能进行，所以不涉及内幕信息，因为这些信息都是公开的。国会议员先生，您描述的情况完全是违法的，至少从我对法律的理解来看。"

赛勒紧接着加入了问话。"我想问您一个问题，"他说，"你们对自己设置了这样的限制，那华尔街上你们的竞争对手是否也遵循这些限制？"

"主席先生，我不清楚。"菲利克斯回答道，"我们不和竞争对手交流。"

"您不知道？"赛勒继续问道。

"是的。"菲利克斯回答。

"他们知道你们的限制，不是吗？"赛勒问。

"不，先生，"菲利克斯回答道，"他们不知道。"

"这不是秘密，是吧？"赛勒疑惑不解。

情况变得讽刺起来，菲利克斯回答道："主席先生，我们经营公司的方式并非——我想说的是，我们是非常注意保护自己的隐私的。"

"你们的做法很可靠。"委员会主席总结道，"将这种做法传播到华尔街上不是对你们有利吗？"

"主席先生，我想，这样做大家可能会觉得我们有点儿太自以为是了。"菲利克斯回答。

"也许他们会觉得你们是一群傻瓜。"赛勒说。

"也许吧。"菲利克斯说。

经过一番愉快的交流后，小组委员会又继续问拉扎德所扮演的有偿战略顾问这一相关问题。赛勒问："您能否粗略地告诉我们，比方说在纽约市，像拉扎德这种规模和地位的、提供并购服务的公司或所谓的'媒人'有多少？因为想不到更好的词，我才用了'媒人'这个词。"

"主席先生，我希望您能把道德水准作为我们的另一个特点。"菲利克斯回答道，"我想说，主席先生，在这个领域内履行职责的大多数投资银行中，有10到15家是有名望的大公司。"菲利克斯还会经常公开谈论自己对投资银行家同行们道德操守的看法，这似乎充满了认知失调，即使是在近期，也就是他在赛勒委员会作证的大约35年后的2004年7月，他还在《纽约时报》的专访中如此说道："大家在进入这个行业时应该带着一套道德准则，你肯定不会拖到以后再来学这个。如果一个人行为不道德，那么我不能指责华尔街，只能指责那个人。总之，他应该知道如何正确地做事。"

1966年至1969年，投资银行的酬金飙升，反映出了华尔街的并购业务一片繁荣。但到1970年，形势发生了变化，一场全面危机在华尔街蓄势待发，经纪公司因股票交易量暴增而变得不堪重负，因为它们没有足够的人手来处理增加的文书工作。这个问题在计算机时代显得微不足道，但对于当时的人来说，却绝不仅仅是无聊的小事，即使是当时最有先见之明的公司也难以摆脱这个问题。纽约证券交易所很快就发现自己面临的问题非常严重。为了应对公司破产危机，并尽量拯救这些公司，纽约证券交易所成立了监督委员会，俗称危机委员会。1970年6月，纽约证券交易所任命菲利克斯为危机委员会的负责人，而他在 1968 年 5 月就已成为交易所的理事会成员。危机委员会共有 5 位成员，理事会主席伯纳德·"邦尼"·拉斯克（Bernard "Bunny" Lasker）也是其中之一。这些聪明人非常担心一家大企业的崩溃会引发多米诺骨牌效应，严重损害大众对市场的信心，进而可能破坏美国作为全球金融中心的地位。

这一事件被研究华尔街的历史学家称为"后台危机"（back-office crisis），其问题症结在于：1967 年，几家主要证券交易所的交易量出现爆发式增长，而资本不足的华尔街合伙企业人员匮乏，无法处理由"突然意外飙升"的交易量所带来的大量文书工作。当时，许多公司处理文书工作的后台人员增速迟缓。不幸的是，当这些公司最终匆忙聘用后台人员后，公司原来的那些人才就受苦了，一些公司被淹没在未处理的以及核算不准确的文件海洋之中。到 1969 年年底，时任纽约证券交易所高管的李·阿明（Lee Aming）声称"最糟糕的文书工作问题已经得到解决"。然而，危机才刚刚开始。就在许多经纪公司增加人员成本来处理堆积如山的文件时，业务量出现了断崖式下滑。

当时大家普遍认为，资本主义在 1970 年面临了自 1929 年[1]以来最为严峻的考验。菲利克斯这样告诉《纽约时报》："从道琼斯指数降到 650 点、宾州中央铁路（Penn Central）破产[2]、信贷危机、柬埔寨问题[3]、肯特大学惨案（Kent State）[4]等事件的视角看世界，我们不知道未来将会怎样，当时的世界形势相当严峻。"到了 1970 年盛夏，作为危机委员会

---

[1] 指于 1929 年从美国开始爆发的经济大衰退，后席卷全球，是 20 世纪持续时间最长、影响最广、强度最大的经济衰退，史称"大萧条"。

[2] 发生于 1970 年，美国历史上最大的破产案，给铁路行业和美国商业界造成了灾难性的打击。

[3] 1970 年 3 月 18 日，柬埔寨首相朗诺发动军事政变，推翻了国家元首西哈努克的统治。从此，柬埔寨爆发了内战，直到 1998 年才结束。

[4] 指 1970 年 5 月 4 日发生在美国俄亥俄州肯特州立大学的一起著名的枪击事件。当天上千名肯特州立大学的学生举行集会，抗议美军入侵柬埔寨，并与在场的国民警卫队发生了冲突。国民警卫队向示威学生开枪，共造成 4 名学生死亡、9 人受伤。

的负责人，菲利克斯必须应对一场全面的危机：出身名门的老牌零售经纪公司海登斯通公司（Hayden, Stone & Co.）濒临解散。当初，约瑟夫·P.肯尼迪（Joseph P. Kennedy）正是依靠海登斯通公司开始积累财富，并靠这些财富将他的次子推向了总统之位。海登斯通在全美各地设有62间办事处，但它的后台系统相当混乱，公司资深合伙人又在退休前纷纷从公司撤资，使得情况雪上加霜，再加上华尔街总体资产缩水，这些原因共同造成了海登斯通经营亏损，无法偿还俄克拉何马州的一些客户于1970年提供的1750万美元贷款。当俄克拉何马一位客户的律师发现海登斯通无法偿还约700万美元的证券时，菲利克斯和纽约证券交易所开始为海登斯通寻找买家。

令华尔街感到吃惊的是，菲利克斯很快为海登斯通找到了救星——天才金融家桑迪·韦尔（Sandy Weill）。韦尔很有先见之明，在危机爆发前就已在自己的科根、伯林德、韦尔和莱维特公司（Cogan, Berlind, Weill & Levitt，简称CBWL，该公司被华尔街戏称为"莴苣腌牛肉"）里建立了最先进的证券清算系统。菲利克斯断定，日后创建了金融巨头花旗集团的韦尔，是少数几位能快速解决海登斯通会计缺陷的人之一。根据莫妮卡·兰利（Monica Langley）在《花旗帝国》（*Tearing Down the Walls*）一书中对韦尔的华尔街职业生涯的权威描述，海登斯通的继承人哈德威克·西蒙斯（Hardwick Simmons）奉命与韦尔会面，看看"这帮出身高贵的人对好斗的布鲁克林犹太人来说管不管用"。西蒙斯后来成了培基证券（Prudential Securities）的带头人和纳斯达克股票市场公司（Nasdaq Stock Market Inc.）的董事长兼CEO，他回忆道，自己"从未听说过他们，也没听说过'莴苣腌牛肉'或其他名字。我们甚至都没关注过这类公司"。海登斯通偿还贷款的最后期限是9月11日，在此之前的三天里，菲利克斯在证券交易所与拉斯克、交易所总裁罗伯特·哈克（Robert Haack）进行了多次会谈，在此期间，他还赶着去ITT与哈罗德·吉宁见面。西蒙斯是海登斯通创始人盖伦·斯通（Galen Stone）的曾外孙，他别无选择，只能默许公司被收购。1970年9月11日，CBWL收购了海登斯通中有价值的部分，尤其是这个名号。CBWL立即成了拥有声望和历史背景的新海登斯通。

随着截止日期9月11日一天天逼近，情况变得紧张起来，要么同意CBWL的收购，要么让海登斯通关门。菲利克斯回忆道：

> 9月11日上午9点15分，我和拉斯克正与戈尔森（Jack Golsen，收购交易的最后阻力，也是俄克拉何马投资人之一）谈话，戈尔森问，为什么不能让海登斯通破产？为什么这家公司能得到与宾州中央铁路和洛克希德不同的待遇？他当时简直疯了。有人告诉他，如果他不同意收购交易，金融界将永远不会原谅他，他觉得这是对他的威胁。我认为他当时觉得自己无论如何都会赔个精光。科根公司的人前一天晚上已经出动，从凌晨4点开始就做他的工作。戈尔森想要跟我和拉斯克谈话……我和拉斯克跟他谈了一个多小时。我们谈到了国家利益和个人利益。拉斯克的谈话非常有效。他是一个非常真诚的人，在这个紧要关头这点很重要。我们终于挺过来了。最后，戈尔森问我们能给他多少时间，我们告诉他总共只有十五分钟，因为我们必须在交易开始前关闭或卖掉海登斯通。拉里·哈佐格（Larry Hartzog，戈尔森先生的律师）过来告诉我们："菲利克斯，交易达成了。"我走到隔壁房间告诉在场的所有人，然后深吸了一口气，走了出去。此时距离开盘只剩五分钟。

菲利克斯代表纽约证券交易所与韦尔达成了一项交易，交易所向新公司注资760万美元现金，并承担海登斯通1000万美元的负债。韦尔在这次交易中取得了辉煌的战果，从此走上了非凡的成功之路。

两个月后，菲利克斯和危机委员会又碰上了一场危机。这次，陷入危机的是华尔街最大的经纪公司之一——杜邦-格劳公司。这家公司由杜邦公司（FI DuPont & Co.）、格劳·福根公司（Glore Forgan Staats）和好施公司（Hirsch & Co.）三家合并而成，但成立不到六个月就濒临破产。据《时代周刊》报道："这家经纪公司陷入了深深的困境……它的后台有堆积如山的文书工作，而它的账目上则是一片赤字的汪洋。"从一开始，菲利克斯就对三方合并持有疑问。"一家存在严重后台问题的公司提供的数字是毫无意义的，"他告诉《财富》杂志，"因为你根本弄不清楚它们的真实状况。"

杜邦-格劳公司濒临倒闭之际，华尔街的未来再度处于危险之中。就在杜邦-格劳公司坍塌的同时，菲利克斯已与知名的美林公司达成交易，拯救规模与杜邦-格劳公司相近的古德巴蒂公司（Goodbody & Co.）。菲利克斯对当时的情形记忆犹新，古德巴蒂公司的主要投资人詹姆斯·霍格尔（James Hogle）来到危机委员会，但拒绝透露公司资本短缺的具体数额。"如果你不告诉我实情，你就不能离开这里。"菲利克斯告诉霍格尔，"他看着我，流下了两行眼泪。当时大家都很难过。"

但这笔交易也有筹划不周、难以实现的地方。美林虽然同意接管古德巴蒂，但前提是纽约证券交易所提供2000万美元的补偿金，而且在完成交易之前不能有其他公司破产。拉斯克回忆道："如果杜邦-格劳公司破产，美林就不会接管古德巴蒂；如果这两家领头企业同时垮掉，毫无疑问，整个国家、行业、投资人和经济都将会遭受沉重的打击，甚至灾难。"

罗伯特·罗斯·佩罗（Robert Ross Perot）身着三件套西服、剃着平头，从得克萨斯州赶来拯救杜邦-格劳公司。1962年，他用兜里的1000美元创立了一家计算机服务公司——电子数据系统公司EDS（Electronic Data Systems Corporation）。当时，佩罗是"少数能在纸上赚10亿美元的人之一"。1968年，EDS公开交易时，股价为每股16.50美元，到1970年飙升到每股161美元。当时，杜邦-格劳公司是EDS最大的客户之一，这使得佩罗开始注意杜邦-格劳公司的情况，因为他当时持有EDS80%的股份，而失去一家大客户无疑会影响EDS的股价。佩罗声称，EDS的股价并非他留心杜邦－格劳公司的原因，他说："无论股价如何，我的身家都比我曾经梦想的多。"

菲利克斯一开始就认为佩罗可能是华尔街的救星。事情发生后，菲利克斯前往白宫参加朋友威廉·凯西（William Casey）就任证交会主席的宣誓就职仪式，在那里他第一次遇见了尼克松总统，以及对自己的未来更为重要的司法部长约翰·米切尔（John Mitchell）。他还在仪式上见到了尼克松的亲密顾问、曾是德威投资银行家的彼得·弗拉尼根（Peter Flanigan）。"我穿过人群，来到尼克松身边，"菲利克斯说，"弗拉尼根将我介绍给尼克松时说：'这位是菲利克斯·罗哈廷，纽约证券交易所危机委员会的负责人。'尼克松说：'哦，我听说你做得很好，我还听说一切都会好转。'我说：'总统先生，我不知道您从哪儿听到这些，但我们现在遇到了古德巴蒂的问题。'当时，杜邦－格劳公司的局面真的非常糟糕。"于是总统把菲利克斯拉到一边问道："弗拉尼根知道这一切吗？"菲利克斯说他们每天都谈这些。"'好。'尼克松说。他把约翰·米切尔叫过来，说道：'约翰，我想让菲利克斯每天晚上给你打电话汇报发生的事情和他们的需求，我不希望出现任何问题。'于是我说：'好的。'就这样，我每天晚上10点钟给米切尔打电话，有一半电话是米切尔烂醉如泥的太太接的。"菲利克斯接着解释道。在他与米切尔的一次深夜通话中，这位司法部长提议，如果杜邦－格劳公司需要"500万或1000万美元，你为什么不跟佩罗谈谈？ 他肯定会帮忙的。佩罗就是这样参与其中的，而我就是在这种情况下去见了他"。

但事实证明，佩罗为杜邦－格劳公司做的这桩交易并不高明。"我们只是投了钱，"佩罗说，"这更需要勇气，而非智慧。"5月14日，杜邦－格劳公司得救后，佩罗成了当时华尔街公司最大的个人股东。他停下手头的工作，迅速安排EDS的经理来经营杜邦－格劳公司。"有人告诉我，"佩罗说，"你不能指望华尔街的人像计算机行业的人一样遵守纪律。但除非杜邦-格劳公司在经纪行业中取得了与EDS在计算机服务行业中相同的地位,否则我是不会休息的。"尽管佩罗有如此大的决心,结果却难以尽如人意。菲利克斯说,在这次时运不佳的华尔街大冒险中,佩罗最终损失超过了1亿美元,重组过的杜邦-格劳公司还是无力回天。菲利克斯最后说道:"从来没有人感谢过佩罗,实际上,他拯救了华尔街。"1974年,尽管EDS的合伙人莫特·迈尔森(Mort Myerson)决定拼死一搏继续经营,但佩罗还是聘请律师清算了杜邦-格劳公司。

虽然这笔交易结局惨淡,但佩罗对菲利克斯并没有心怀怨恨,毕竟菲利克斯只是代理人,在未来的35年里,他们一直保持着良好的关系。佩罗让菲利克斯担任EDS的董事。1984年,菲利克斯还代表佩罗以25亿美元的价格将EDS卖给通用汽车公司(General Motors),换取了通用汽车公司发行的新型股票。对菲利克斯来说,更具宿命意味的是,他因在1992年支持佩罗竞选总统,很有可能失去担任美国财政部长的机会。这是菲利克斯为自己的忠诚付出的代价。

在佩罗与杜邦-格劳公司达成交易的三个月后,也就是菲利克斯担任危机委员会主席的一年后,他辞去了这一职务。最终,在此次危机期间,约六分之一的纽约证券交易所会员企业(即约100家公司)倒闭或在合并后不复存在。菲利克斯给罗伯特·哈克和拉尔夫·德南吉欧(Ralph DeNunzio)写了一封辞职信,长达3页。接着,这封信被递到了纽约证券交易所的33位董事手中。在信中,菲利克斯表示自己的任务已经完成,不过他仍担心华尔街的自我调节能力。"内部报告和审计报告常常出现错误,交易所必须研究由此带来的问题。"他写道,"在我看来,这涉及自我调节能力。如果我们的工具不合适,要么寻求新工具,要么让别人来做。我想,虽然目前算是止住了流血,但我们已为过去的错误付出了巨大的代价,且公众并不认可。如果行业情况再度变化,我认为我们仍没有足够的预警和对策来预防危机复发。"他在信的结尾写道:"我不认为我们过去几年是成功的,但愿我们可以说服包括美国国会、证交会和公众在内的批评者。我们已经吸取了昂贵的教训，日后定能取得更大的成效。布丁好坏一尝便知。"后来，菲利克斯估算此次危机损失超过1.4亿美元，在当时，这是一个天文数字。

后来，众议院举行了一系列研究证券行业的听证会，以便弄清楚危机期间究竟发生了什么，以及确定是否需要新增法规以防危机再次发生。菲利克斯和朋友比尔·凯西（Bill Casey）一道在听证会上作了证。"假如我们的房子着火了，"菲利克斯告诉国会议员们，"我们当时无法改变消防法规。我们必须先灭火，才能着手修改法规的事情。我认为，这就是我们正在做的。"此后，菲利克斯还将遭遇新的危机。

1971年6月，菲利克斯辞去了证券交易所的显赫职位，全职重回拉扎德。与此同时，赛勒委员会发布了最终调查报告，实事求是地将菲利克斯和拉扎德与ITT激进的收购计划明确联系在一起，并得出了这样的结论："拉扎德合伙人菲利克斯·罗哈廷是ITT董事会成员和执行委员会成员，他担任的职位能对ITT的并购项目产生重大影响。"

可供并购的目标公司的信息来自拉扎德。凭借对ITT运营的深入了解，拉扎德增加了自身的收入，并推动了ITT的并购项目……此外，罗哈廷先生当选为ITT董事之后，ITT的并购项目得到了大力发展，并购公司的数量和规模都大幅增长。1968年，ITT共进行了24笔并购交易，而1967年只有13笔，1966年只有11笔，并购交易的目标公司包括大陆烘焙公司（对价为2.795亿美元）、雷欧尼尔公司（对价为2.931亿美元）、喜来登（对价为1.932亿美元），这些都是各自行业中最大的企业。

小组委员会基本没有调查当时最大的一笔并购交易（因为他们只要求拉扎德提供截至1969年9月5日所有完成交易的清单，因此菲利克斯对这笔交易仅一带而过），这也是拉扎德从ITT那儿接到的最大一单：ITT计划以15亿美元收购哈特福德火灾保险公司（Hartford Fire Insurance Company）。1969年12月，当菲利克斯在赛勒委员会面前作证时，ITT正在等待康涅狄格州保险专员批准这笔交易。这是一次漫长的等待。最终，这笔交易在1969年圣诞节的前两天首次公布，之后引发了长达13年的争议。正如安德烈·梅耶所说，这是一件"轰动一时的大事"，改变了牵涉其中的所有人的生活，特别是ITT主要投资银行家菲利克斯·罗哈廷的生活。

被《纽约时报》称为"非凡的ITT事件"的这一事件，实际上是错综复杂的国际金融诡计和各方政治势力共同导致的结果，但它只是随之而来的水门事件（Watergate drama）[1]的前奏。关于这一事件，有三份详细的娱乐性报道：布里特·休姆（Brit Hume）为杰克·安德森（Jack Anderson）的专栏写的报道合集《内幕新闻》（*Inside Story*），安德森的《安德森报告》（*Anderson Papers*），以及安东尼·桑普森权威的《主权国家：ITT秘史》（*Sovereign State: The Secret History of ITT*）。除此之外，参议院司法委员会的记录和证交会的32箱文件中亦有大量宝贵信息。我们在这里关心的是菲利克斯在此事中扮演的特殊角色，他曾告诉赛勒委员会，他希望拉扎德"比恺撒之妻更纯洁"[2]。

---

[1] 又称水门丑闻，美国历史上最不光彩的政治丑闻之一。在1972年的美国总统大选中，为了获得有关民主党内部竞选策略的情报，6月17日，美国共和党尼克松竞选班子的首席安全顾问詹姆斯·麦科德及其他四人潜入了华盛顿水门大厦的民主党全国委员会办公室，在安装窃听器并偷拍有关文件时当场被捕。由于此事，尼克松于1974年8月8日宣布将于次日辞职，从而成为美国历史上首位因丑闻而辞职的总统。

[2] 来源于"恺撒之妻不容怀疑"这一典故。克洛狄乌斯·普尔喀偷偷溜进一个只允许女人参加的聚会，试图引诱恺撒的妻子庞培亚而被捕和接受审讯。审讯后，恺撒与庞培亚离婚，理由是"恺撒之妻不容怀疑"。因此比恺撒之妻更纯洁即比喻品行正直，没有丝毫值得怀疑的地方。

　　想要更好地了解从1968年底开始到1981年彻底解决的这段时间内发生的事情，得先简单解释一下拉扎德与一家同样神秘的投资银行米兰投资银行（Mediobanca）长达近15年的关系。米兰投资银行完全由恩里科·库西亚（Enrico Cuccia）掌管，拉扎德合伙人弗朗索瓦·沃斯对他的描述是"很腼腆，但也很聪明"。如果要凭空造出一家类似于拉扎德的意大利投行，且将之置于米兰的中心，那么它就是米兰投资银行。和拉扎德一样，米兰投资银行染指了每一笔大交易，把手伸进了每一位重要政治人物的口袋。有时，库西亚甚至比沉默寡言的安德烈更加难以捉摸。安德烈的传记作家卡里·莱西在《金融家：安德烈·梅耶传》中谈到恩里科·库西亚时说道："如果说有哪一位银行家是悄无声息的无影人，那么非恩里科·库西亚莫属。"《金融时报》对恩里科·库西亚的描述是："他的经典形象是，戴着汉堡帽，身穿紧身外套，偶尔匆匆回头看一眼雾气氤氲的米兰街道。"据说，库西亚和安德烈是一丘之貉。拉扎德的长期合伙人让·居约对他们两人都很了解，他回忆道："他们的关系非常好，彼此信任。这很不可思议，因为两人差别实在太大了。但他们也有共同之处，都热爱工作。"他们几乎每天都通电话，沃斯回忆道："他们是密友。"库西亚尊重的金融界人士并不多，安德烈就是其中一位，在这家意大利银行工作的漫长岁月里，他一直在办公室里放着安德烈的照片。而安德烈是这样描述库西亚的："银行界的顶尖人物……我对他的性格、正派和忠诚给予最高评价。其他人也这样认为。"

　　他们的业务安排也都相对简单。1955年，拉扎德纽约分行和雷曼兄弟分别买下了米兰投资银行10%的股份，交易金额未披露。这意味着，三家银行将一起做生意。1958年4月，拉扎德伦敦分行也与另两家欧洲银行——布鲁塞尔的索菲娜（Sofina）和柏林的柏林贸易公司（Berliner-Handelgesellschaft）一同购买了米兰投资银行一定份额的股份。1963年，拉扎德代表阿格内利家族（Agnellis）将费拉尼亚胶片公司（Ferrania film company）出售给了现在的3M公司。

到 1963 年年底，确切地说，是 1963 年 12 月 18 日，三家银行都认为有必要稍微明确一下之间的关系，因此拟定了一份"米兰投资银行、拉扎德兄弟投资银行和雷曼兄弟关于意大利业务合作的谅解备忘录[1]"。库西亚和安德烈分别代表米兰投资银行和拉扎德签署了协议。这份不太成熟的文件或许反映出了三家银行当时正处于相互信任的和平时期。该协议的核心在于：三家银行将分享它们从意大利公司在美国和美国公司在意大利的并购交易和股票承销中赚取的酬金。协议还就交易的宣传方式达成了共识。

不过，投资银行之间成功合作的时间非常短暂，因为它们通常很快就会因酬金的分配和宣传问题互相猜忌、争执。但这三家银行非常明智，试图预先解决这两个敏感问题。协议签署之后，三家敏感骄傲的合作伙伴银行尝试一起工作，但必定会造成问题。具有讽刺意味的是，拉扎德的三家分行尽管享有很多共同所有权，却从未表现出一丁点儿的合作意向。此外，还有迹象表明，拉扎德纽约分行和米兰投资银行互相转移业务。实际上，三家银行至少合作了两笔交易并均分了酬金，一是上文提及的费拉尼亚胶片公司的交易，二是荷兰皇家壳牌公司（Royal Dutch Shell）对蒙特卡蒂尼（Montecatini）石化业务的收购。

投资银行难以长期合作这一点，在拉扎德最重要的客户 ITT 的业务上表现得最为明显。ITT 不断在全球搜寻业务，拉扎德的银行家们为吉宁和他的团队忙得团团转。在全力并购哈特福德火灾保险公司的同时，ITT 也在并购一家意大利小型家族企业尼基公司（Necchi），虽然动作不那么激进。尼基公司以一款新型的旋转线轴缝纫机而闻名，但面对日本企业的激烈竞争，其缝纫机部门陷入了亏损。

1969 年早春，ITT 收购尼基的交易步伐明显放缓，于是安德烈和库西亚开始关注另一件事。考虑到雷曼兄弟的行为一直不受协议的约束，

---

[1] 国际协议的一种通常叫法。

亲如兄弟的安德烈和库西亚决定将雷曼兄弟排除在他们的5年业务协议之外。1969年3月19日，安德烈致信约瑟夫·托马斯（Joseph Thomas），奇怪的是，地址一栏写着"转交雷曼兄弟"，信中总结了前一天他们的面谈情况。安德烈写道："关于我们昨天见面讨论的米兰投资银行与我们两家银行在1963年12月18日签署的谅解备忘录一事，我告知了米兰投资银行，他们也同意我们的观点。因此，我代表米兰投资银行和拉扎德来信说明，谅解备忘录即日终止。"托马斯代表雷曼兄弟签了字，将信寄回给安德烈。后来，安德烈解释了原因：雷曼兄弟的一位合伙人曾"背着米兰投资银行"与一家意大利公司协商交易，"这完全违背了协议精神。正是基于这一点，我们取消了协议"。将雷曼兄弟踢出局后，拉扎德与米兰投资银行签订了新协议，规定所有收入五五分成。时机正适合。然而，菲利克斯在1973年作证时称，自己从未见过安德烈磋商的文件，但他知道拉扎德"一直与米兰投资银行有关系"。

回到1968年11月2日，ITT管理层完成了一份分析ITT与哈特福德合并所能带来的机会的报告。当时，人们对哈特福德的代称是"烟草"，而所谓的"烟草备忘录"，提及了保险营销的"若干机会"，如向喜来登的120万信用卡持有人、安飞士的150万信用卡持有人、莱维特的房主，以及ITT的20多万名股东推销保险。6天后，在拉扎德的帮助下，ITT用6470万美元（共计1282948股，每股50美元），从总部位于旧金山的专注于保险业的投资基金公司——保险证券公司（Insurance Securities Inc., 简称ISI）手中买下了哈特福德6%的股份，作为其在哈特福德的"立足点"。购股后，ITT成了哈特福德最大的股东。当时，吉宁公开表示，购买这些股票是"对火灾和意外保险领域领先企业的一笔优质投资"。ITT以超出市场价约20%的溢价，获得了哈特福德的股票。吉宁还表示，两家公司的管理层已在探讨"共同利益点"。但根据ITT总顾问霍华德·阿贝尔（Howard Aibel）的说法，ITT购买这些股票的主要原因在于，"未来我们可能会与哈特福德火灾保险公司合并或建立其他紧密联系"。

44天后，"可能性"真的出现了。1968年12月23日，还是在拉扎德的帮助下，ITT单方面公开向哈特福德火灾保险公司董事会提出14.52亿美元的"熊抱"（bear hug）[1]报价，成为公司史上最大的恶意收购要约。哈特福德成立于1810年，曾为亚伯拉罕·林肯（Abraham Lincoln）[2]和李将军（Robert E. Lee）[3]提供保险服务。在面临ITT恶意收购的时候，哈特福德是美国第五大财产和事故保险公司。证交会前任主席布拉德福德·库克（Bradford Cook）曾如此评价过这两家对头企业："哈特福德是大家闺秀，ITT是风尘女郎。"ITT运用典型手段以达到目的，最初报价比哈特福德公开交易的股票价值高出约40%。

菲利克斯精心策划了ITT收购哈特福德这一阴谋：他先说服吉宁并购哈特福德是一笔明智的交易，而后向他建议如何跟踪猎物，还告诉他可以购得哈特福特6%的股票。拉扎德是保险证券公司的重要经纪人之一，菲利克斯的合伙人迪斯科·迪恩（Disque Deane）安排保险证券公司将持有的哈特福德股份出售给ITT，为此，迪恩获得了超过50万美元的酬金。

从监管的角度来看，ITT对哈特福德的突袭极其不合时宜。两个月前，赛勒委员会才刚开始调查企业集团权力失控的问题。更加令人不安的是，司法部新来了一位负责反垄断事务的司法长官，叫理查德·W.麦克拉伦（Richard W. McLaren）。他与上一任的观点不同，认为联邦政府应按照《克莱顿法案》（Clayton Act）第7条对混合并购提出质疑。《克莱顿法案》是美国国会于1914年颁布的，旨在增强1890年《谢尔曼反垄

---

[1] 金融术语，指收购人在发动收购前与目标公司董事会接触，表达收购意愿，若遭到拒绝就在市场上发动并购的行为。一旦熊抱消息公开，套利者将囤积目标公司的股票，卖空收购方的股票。

[2] 1809—1865年，第16任美国总统，1861年3月就任，1865年4月遇刺身亡。

[3] 1807—1870年，美国将领、教育家。美国南北战争期间南军最出色的将军，并以总司令的身份指挥南军。

断法》(*Sherman Antitrust Act*)的效力。《克莱顿法案》第7条禁止"可能实质上减少竞争，或导致垄断"的兼并与收购。

1968年12月，在尼克松就任总统前曾作为过渡总部的纽约皮埃尔酒店，麦克拉伦向尼克松选定的司法部长约翰·米切尔及其副手理查德·克莱丁斯特(Richard Kleindienst)当面解释了自己的观点："他们让我担任这个职务时，我提出了三个条件，与他们达成了一致：一、我们将推行一项有力的反垄断计划；二、最高法院对混合并购和目前我认为近乎荒唐的行业重组的解释，将遵循我的理念；三、我们将依据案情做判决，不带任何政治色彩。"

1969年1月16日，也就是ITT向哈特福德发出恶意收购要约的三个星期后，司法部向哈特福德首席执行官哈罗德·威廉姆斯(Harold Williams)发了一封信，要求他提供关于这笔潜在交易的所有档案信息。司法部还通知ITT和哈特福德，尼克松政府很可能以反垄断为由反对这次并购。

引人注目的是，麦克拉伦是一名在共和党政府任职的共和党人，因此大多数观察家认为，他在反垄断事务上会采取亲商立场，结果却恰恰相反。不久，米切尔也表示了他赞成麦克拉伦的观点，1969年6月，这位司法部长在向佐治亚州律师协会(Georgia Bar Association)致辞时说道："由于经济集中的威胁日益加剧，我们自由经济未来的活力可能会面临危险。"他还指出，1968年，企业集团并购已占到所有并购的91%，而在1948年至1951年期间，这一比例仅为38%。"事实摆在眼前，我们必须积极抵御这一趋势。"这些言论让美国最大企业集团的CEO、尼克松总统竞选的重要赞助人吉宁非常不自在。事实上，从1961年到1969年，ITT并购了52家美国国内企业和55家国外企业，仅在1969年，ITT就进行了33笔并购。因此，ITT成了司法部的主要目标。ITT以1.48亿美元收购坎汀公司的交易原定于1969年2月18日完成，麦克拉伦决定对这起并购发布初步禁令。此事激怒了吉宁，也很快引起了白宫的重点关注。

放在大多数并购都将节约成本作为一大要素的今天来看，麦克拉伦以反垄断为由反对ITT与坎汀合并的做法相当过时，但在第一届尼克松政府执政的很长时间里，他的观点都居支配地位，大家不得不顾及。4月29日，也就是坎汀交易遭到起诉的同一天，吉宁写信给菲利克斯表达了自己的担忧，即反垄断风暴的势头比将近一年前美国司法部禁止ITT收购美国广播公司之时更加猛烈。这一担忧颇具先见之明，后来也的确成了事实。

尽管麦克拉伦越来越激进，但到1969年春天，ITT还是推进了对哈特福德的收购，哪怕他们已充分预料到美国司法部会反对。在拉扎德的帮助下，ITT再次以2440万美元收购了458000股哈特福德股票，平均每股54美元。如此一来，ITT总共持有1741348股哈特福特股票，总投资8910万美元，这在当时是笔巨款。为了保护这项投资，ITT在拉扎德的帮助下，必须确保对哈特福德的并购符合美国司法部（麦克拉伦的持续反对构成了巨大的阻力）和美国国税局的要求，因为还需美国国税局裁定拟进行的股票并购可对哈特福德股东免税。吉宁激励自己的团队利用全部资源向哈特福德施加"无情的压力"，而这位精力充沛的英国人在华盛顿也走了一条同样的路。1969年初，ITT的一名董事写信给吉宁时说道："我认为，在接下来的微妙时期，我们一是应极度警觉，二是用你们以前说过的一个词，施加'无情的压力'，直到这项交易正式完成。"结果，菲利克斯与麦克拉伦的上司进行了一系列艰苦卓绝的会谈，他在很大程度上扮演了施压的角色。这种"无情的压力"最终导致后来成为司法部长的理查德·克莱丁斯特屈辱地辞职，也导致他的良好声誉长期受损。

4月9日，哈特福德董事会向ITT的并购策略屈服，两家公司签署了合并协议。

当时，菲利克斯刚刚结束两周的韦尔之旅。回到办公室的第一天，他就参加了公司的运营委员会会议，接着又与安德烈、皮埃尔和米歇尔·

大卫-威尔这三位拥有拉扎德巴黎分行和纽约分行大部分所有权的大人物共进午餐；下午6点，他又动身去见吉宁。两天后，4月9日，菲利克斯出席了ITT董事会会议。在这次会议上，ITT与哈特福德的合并协议得到了批准，但并购交易仍笼罩在麦克拉伦的阴影之下。6月23日，美国司法部宣布，将以反垄断为由反对哈特福德并购交易，以及ITT对格林内尔公司（Grinnell Corporation）的拟收购交易，后者也是拉扎德接手的另一桩交易。

如上文所述，哈特福德并购交易能否完成，还取决于美国国税局是否裁定哈特福德股东在交易中获得的ITT股票免于征税。换句话说，就是哈特福德股东用所持有的股票换取ITT的股票时，无需缴纳资本利得税[1]。这是至关重要的。在大部分换股并购协议中，这是一条标准条款，例如，在ITT并购安飞士的交易中，这一点对拉扎德而言也是至关重要的。通常，美国国税局也会批准这一请求，因为股东后来出售这些新股时，将被征收资本利得税，所以股东并没有规避缴税，只是推迟了。但若要美国国税局同意免税请求，当然也必须遵循许多重要的法规，其中相当重要的一条就是，在哈特福德股东投票表决是否批准ITT并购交易时，ITT不得持有哈特福德的任何股票。投票定于1969年11月举行，但在此之前，ITT早已是哈特福德的最大股东。

若要获得美国国税局的免税裁定，需要施加强大的政治压力，但在此之前，安德烈必须先在老朋友恩里科·库西亚的帮助下，进行一项神秘的跨境交易。不夸张地说，库西亚对交易的操纵能力可与安德烈比肩。这项极其复杂的交易相当于非法股票囤积，将会大大恶化菲利克斯的不利处境，几乎断送他的职业生涯。此外，很多人相信，这项交易也导致了安德烈·梅耶的死亡。

虽然ITT与哈特福德签订了合并协议，但美国国税局要求，要想获

---

[1] 指对资本商品，如股票、债券、房产、土地或土地使用权等在出售或交易时收入大于支出而取得的收益所征的税。

得免税裁定，ITT必须处理掉购入的174万多股哈特福德股票。这些股票约占当时哈特福德流通股的8%。ITT管理层立即集中精力着手处理这一难题。（不过，吉宁仍然抽出时间写信给菲利克斯，邀请他成为马萨诸塞州博尔顿的国际高尔夫俱乐部的荣誉会员。"这个球场风景优美，管理严格，"吉宁写道，"它有一些水洞和许多天然的危险，击球必须十分。"但菲利克斯不打高尔夫球。）可事情并不像在市场上出售股票那么简单。首先，尽管签署了合并协议，但大规模抛售股票肯定会压低哈特福德的股价；其次，哈特福德股价当时约每股37美元，远低于ITT之前购买的每股平均约51美元，这将给ITT带来近2450万美元的账面损失，ITT不愿在市场上直接出售股票来坐实这一重大亏损。

哈特福德股价之所以下跌，主要是因为这笔交易能否完成的不确定性。美国司法部对此次并购的反对——实际上是对ITT整个并购计划的反对——使得出售哈特福德股票的问题更加复杂。吉宁认为，菲利克斯是唯一能帮得上忙的人。1969年6月20日，ITT总顾问霍华德·阿贝尔写信给菲利克斯："既然我们可能要与哈特福德的股东开会，那么必须现在开始着手出售ITT持有的哈特福德股票。"

可到了8月初，菲利克斯还是没能找到解决的方法，于是他向安德烈求助，看看他是否有好主意。当时，安德烈正在他位于克莱恩河畔谢尔的家中，偶然间，他想到了一条妙计：让ITT把股票卖给米兰投资银行。安德烈知道库西亚很快就能做决定，而且一个月前，在菲利克斯的安排下，库西亚和吉宁在纽约见过面。后来菲利克斯在证交会作证时说，安德烈之所以选择米兰投资银行，是因为"我记得，他认为米兰投资银行有足够的规模，而且库西亚博士聪明进取，当时正希望与ITT建立联系"。所有人都未提及的是，拉扎德的一些合伙人相信，除了拉扎德纽约分行持有米兰投资银行10%的股权外，安德烈和他的朋友们还共同持有该银行的控股权，因此米兰投资银行必然会在此事上提供帮助，相关个人还能从中获利。不过，这无法证实。

整个 8 月，菲利克斯给安德烈发了大量电报汇报交易进展，其中有些电报印刷模糊，很难阅读。安德烈建议，ITT 的三名代表在 1969 年 8 月 28 日到拉扎德巴黎分行办公室与库西亚会面。安德烈自己也参加了这次会议。数年后的 1974 年至 1975 年，因为 ITT 与哈特福德的并购交易中扮演的角色，拉扎德遭到多起起诉，于是安德烈不得不回顾 1969 年 8 月在巴黎召开的会议。在作证时，安德烈想尽力撇清自己与该交易的关系，说自己没有向库西亚提供任何建议，没有教他如何与 ITT 高管打交道，因为"库西亚博士是一个非常冷静的人，头脑清晰，而且极为现实"。

就在巴黎会议的第二天，菲利克斯给远在巴黎的安德烈发了一封电报 [通过 ITT 世界通信（ITT World）]："已同吉宁和霍华德·阿贝尔会谈过，我们都相信交易的经济前景良好，但在美国国税局裁定协议草案免于征税之前，律师无法签字。如果之后美国国家税务局出现问题，那么 11 月的交易将面临被撤销的风险，因此我认为现在与库西亚完成交易是不明智的，也是不太可能的。但根据美国国税局的规定，我相信，国税局在 9 月 15 日应该就能给出免税裁定结果。因此，ITT 的律师们已按照指示草拟了一份符合美国国税局规定且为库西亚所接受的协议，用以获得美国国税局的免税裁定。吉宁非常感谢您的帮忙。致以亲切的问候，菲利克斯。"很显然，菲利克斯涉足了这笔交易，但他后来也尽力与之撇清关系，这也印证了华尔街的一句老话："成功有许多父亲，而失败是个孤儿。"

1969 年 10 月 13 日，美国国税局终于裁定，只要 ITT"无条件"出售其持有的哈特福德的全部股票，其与哈特福德的合并就能免税。10 月 14 日，ITT 副总裁兼税务主管约翰·西思（John Seath）致信美国国税局，询问 ITT 将股票出售给米兰投资银行是否符合要求。西思坚称，"按照美国国税局的裁决要求"，拟出售交易将是"无条件的"，他进一步阐述："米兰投资银行将持有的哈特福德股票不附带任何条件，它可以持有，可以出让，可以卖给 ITT 的竞争对手，也可以像其他股东一样就相关事宜按照自己的意愿投票。"事后,整个交易因涉嫌骗取美国国税局的免税裁定而受到严格的法律审查,西思对交易的描述也被判定为误导性描述。西思也确实故意没有提及米兰投资银行是否愿意承担购买股票的实际经济风险。菲利克斯后来作证时也声称,他相信"米兰投资银行有能力规避风险"。尽管美国国税局需要6个月来做出初审裁决,但随着案件热度日益升高,时间紧张,美国国税局于一个星期之后的10月21日就做出了裁定:ITT拟与米兰投资银行达成的交易符合10月13日裁定的"无条件出售股票"。

1969年10月28日,拉扎德内部的法律顾问汤姆·穆拉凯打电话给ITT法律部,说自己刚从米兰回来,库西亚已于1969年10月7日在ITT的交易协议上签了字。这份协议正是一个星期前美国国税局签发的协议。他还说,米兰投资银行正在等待入账一笔相当于哈特福德股票每股0.765美分的承诺费,共计1332131.22美元。这笔支付款项已得到批准,第二天就会汇进巴塞尔的德雷福斯之子银行的"拉扎德兄弟投资银行的账户里,米兰投资银行代收"。

10月7日签署的这份长达7页的文件,很快就会臭名昭著,它记录的ITT与米兰投资银行之间的协议,简直是将兜圈子和含糊其辞上升到了"艺术"高度。协议规定,在事先书面告知拉扎德的情况下,米兰投资银行可通过拉扎德出售任意股票;若被征询意见,拉扎德也有权设定米兰投资银行将股票出售给第三方的最低价,这一规定旨在防止米兰投资银行不计价格地在市场上倾销股票。拉扎德在ITT与米兰投资银行签订协议中提供了服务,为此向ITT索要酬金,并收到了这笔钱。

ITT的欧洲总顾问塞缪尔·西蒙斯(Samual Simmons)在关于此次交易的"文件备忘录"中承认,库西亚曾告诉他,米兰投资银行在协议中选择了第三方转售这一选项。这意味着,在拉扎德的帮助下,米兰投资银行可持有这些股票,直至找到比ITT当初出价更高的第三方买家。米兰投资银行从未打算承担购买这些股票的任何风险,只是将卖出这些股票所获得的款项，在扣除自己应得的费用和销售佣金后支付给ITT。根据协议，股票的任何收益或损失都将转移给ITT，但这根本就不构成实际的股票出售。这份语言模糊、含义晦涩的协议，最后导致ITT、米兰投资银行和拉扎德陷入一场长达10年的严重的法律纠纷，也导致它们的公共形象大打折扣。有评论家指控，ITT在拉扎德的帮助下，仅将股票置于米兰投资银行的名下，以满足美国国税局的要求，并在此过程中收取了大笔无风险酬金，为哈特福德股价上涨到足够的高度争取了时间，从而避免了最初购买的亏损。而实际情况也正是如此。

这也是美国国税局在1974年3月得出的结论。这一计划是不道德的，而且，在库西亚写给拉扎德的选择第三方转售的信中，还另有不正当信息：即（根据拉扎德与米兰投资银行私下的新安排），"作为对贵方（拉扎德）所提供的包括保管股票等所有服务的回报，股票全部出售后，贵方将"获得一半利润（如有利润的话），以及米兰投资银行最初承接这笔交易所收取的1332131.22美元的预付佣金的一半，即超过66万美元。如此一来，拉扎德不仅因向ITT提供并购咨询和处理哈特福德的换股服务收取了100万美元酬金，还在私下与米兰投资银行达成了分享酬金（金额未知）的交易。除此之外，作为ITT最初购买170万股哈特福德股票的中间人，拉扎德还收取了一笔50万美元的酬金。1969年11月5日，沃尔特·弗里德（Walter Fried）代表拉扎德在库西亚的来信上签了字，然后把信件返还给了库西亚。拉扎德没有，起码当时没有，向ITT透露，它与米兰投资银行分享酬金的事情。菲利克斯的说辞是，在一开始和吉宁讨论与米兰投资银行的潜在交易时，他忘了提及这份酬金分享协议。

11月10日，哈特福德的股东在公司股东会议上投票表决，仅花了23分钟，就以80.37%的赞成、2.78%的反对通过了当时规模最大的公司并购交易。菲利克斯开了一整天的会，但没有任何一个会议与ITT有明显的关联。他还设法挤出时间与《机构投资者》杂志的一位记者见面，然后又赶去见他的客户史蒂夫·罗斯。

但斗争远未结束。1970 年 5 月 27 日，美国司法部重申，如果两家公司业已合并，司法部将以反垄断为由对此次并购提起诉讼。这一并购案的司法审查定于 11 月开始。

1970 年秋天，菲利克斯和吉宁尝试与麦克拉伦谈判，以期达成和解，允许 ITT 继续持有哈特福德，而米兰投资银行则代表 ITT 开始悄悄着手转售新型"N"股（并购交易结束后，米兰投资银行用来交换哈特福德股票的一种新型股票）。后来，美国国税局和证交会的调查人员发现，每笔出售都包含给买家的复杂的利益补偿，而且所有买家都与拉扎德、米兰投资银行或 ITT 有关，但当时没人发现这一点。总之，米兰投资银行出售了所有"N"股，获得近 1.13 亿美元。扣除自己与拉扎德的酬金后，它将这笔钱汇了 ITT，让一桩几乎铁定亏损的股票出售交易挣了近 2400 万美元——交易结束时，米兰投资银行的持股价值（1.127 亿美元）与临时成本（8880 万美元）之间的差额。

为了确保对哈特福德的所有权，ITT 和律师与美国司法部在华盛顿展开了日趋激烈的谈判。菲利克斯将作为主导者与麦克拉伦及其上司理查德·克莱丁斯特进行这场谈判。司法部长约翰·米切尔可能回避了这场谈判，因为他曾以私人律师的身份向 ITT 的一家附属公司提供了法律指导，但这并没有阻碍米切尔在此事上发挥的重要作用。不过，从记录上来看，他的回避将司法部副部长克莱丁斯特推到了谈判负责人的位置上。

1970 年 8 月，吉宁与米切尔在华盛顿见了面。据说，他们只是大致讨论了"企业集团相关政策"，尽管美国司法部将开展的四起反垄断诉讼中有三起涉及 ITT。在接下来的大约一年里，ITT 的律师们与麦克拉伦进行了多次谈判，他们表示，只要能继续拥有哈特福德，ITT 愿意出让部分股份。

1971 年 4 月 16 日，纽约顶级律师事务所——达维律师事务所（Davis Polk & Wardwell）的合伙人劳伦斯·E. 沃尔什（Lawrence E. Walsh）在客户哈罗德·吉宁的要求下,给克莱丁斯特写了一封信。信的内容令人惊讶,他恳请克莱丁斯特不要将ITT的反垄断案件移送至最高法院,他还表示自己受吉宁所托才写了这封信:"恳请美国司法部不要在最高法院面前表明任何立场,因为这样做相当于在没有充分研究相关经济后果的情况下禁止这项并购。"沃尔什还在信中写道,他担心最高法院对反垄断案件的判决记录对ITT来说不是个好兆头。"对我们来说,这并不是一场狭义的诉讼。"他写道,"回顾最高法院对政府反垄断案件的判决结果,我们可以看出,如果政府敦促最高法院进一步解释《克莱顿法案》中含糊的语言,那么政府很有可能胜诉。甚至,有时法院的立场比司法部要求的更加极端。"在过去的50多年里,沃尔什所在的达维律所一直担任ITT的外部顾问,而沃尔什之所以请求政府负责反垄断事务的最高官员不要将他的客户的案件提交到最高法院,是因为他认为政府会胜诉。沃尔什很清楚自己在说什么,1954年至1957年,他曾担任曼哈顿的地方法官;1958年至1960年,他曾担任司法部副部长;1961年,他加入了达维律所。

吉宁选择沃尔什给克莱丁斯特写信的做法很聪明,尽管之前达维律所在ITT的反垄断案件中没有扮演过类似角色。吉宁选择这么做有两个原因:其一,沃尔什曾在1969年的巴黎和谈中担任尼克松的副首席谈判代表;更重要的是,他还是美国律师协会联邦司法委员会主席,因此尼克松提名任命联邦法官必须由他签字同意。由于克莱丁斯特的职责之一就是任命联邦法官,所以他和沃尔什走得很近。沃尔什接下来写道:"根据本人粗浅的观察,不论并购案例的价值如何,只要看看最高法院的反垄断案件判决记录,必然会担心政府很可能胜诉。"的确,从1960年到1972年,最高法院共判决了21起反垄断案件,其中政府胜诉20起。沃尔什在信中写道:"根据我们的了解,财政部长约翰·康纳利(John Conally)、商务部长马里斯·斯坦斯(Maurice Stans)以及总统经济顾问委员会主席皮特·彼得森对该问题都有一些看法。通常来说,我应该先去见迪克·麦克拉伦，但我觉得肯定已经有人向身为代理司法部长的您咨询了有关ITT的问题，副检察长肯定也在考虑就地方法院对ITT-格林内尔公司并购案的裁决提起上诉。"格林内尔反垄断一案，麦克拉伦在地方法院败诉，之后他向最高法院提起上诉。后来，沃尔什在里根执政期间担任伊朗门丑闻（Iran-contra scandal）[1]的特别检察官，因此他当时的这封信很快就让克莱丁斯特的处境变得十分艰难，他请求对方推迟将在四天内盖章的政府程序文件归档。事实上，克莱丁斯特同意将程序文件归档延至5月17日，但他首先得冒高度的政治风险。

就在沃尔什写信的几个星期之前，在弗吉尼亚州麦克莱恩郊区的一次社区鸡尾酒会上，ITT在华盛顿的高管杰克·瑞恩（Jack Ryan）遇到了克莱丁斯特，他们两人住在同一个社区，仅仅相距5户人家。为了配合吉宁向敌人施压的策略，瑞恩当面请求克莱丁斯特同意ITT直接向他提出延缓反垄断诉讼的请求，克莱丁斯特同意了。瑞恩说，克莱丁斯特这样告诉他："大门为你敞开。"瑞恩将克莱丁斯特的反应汇报给了ITT高层。1971年4月20日，在得知瑞恩的消息后，菲利克斯应吉宁的要求，越过麦克拉伦与克莱丁斯特私下会面，代表他的客户ITT（请不要忘记，菲利克斯本人也在ITT董事会任职）游说这位美国司法部副部长。两人谈了约一个小时，谈话内容是，ITT如果被迫剥离哈特福德的话，则必将面临悲惨的局面。瑞恩到机场迎接菲利克斯，驱车把他送到了司法部。"他是一个很安静的人，"瑞恩如此评价菲利克斯，"很少说话。"

但菲利克斯有很多话要与克莱丁斯特谈。由于ITT一直声称，如果被迫剥离哈特福德，公司将面临巨大的财务困境，所以克莱丁斯特希望某位"有名望的金融人士"代表ITT出面，以此"证实ITT的说法"。菲利克斯后来作证说，那天他是"在对方的邀请下"才去拜访，"从经济的

---

[1] 也称伊朗门事件或军售伊朗丑闻，发生在美国20世纪80年代中期。指美国里根政府向伊朗秘密出售武器一事被揭露后而造成的严重政治危机。因国际新闻界普遍将其与尼克松水门事件相比，故因此得名。

角度向他说明我们不同意剥离哈特福德的理由"。菲利克斯还说，他曾告诉克莱丁斯特，只要能保留哈特福德，那么ITT愿意出售坎汀和格林内尔这两家总收入约达2500万美元的公司。他这样说道："我尽我所能说明了理由。"事后，菲利克斯又作证说，克莱丁斯特的回应是邀请自己再次向麦克拉伦"说明理由"。然而，奇怪的是，克莱丁斯特并没有邀请麦克拉伦参加这次会面，也没向反垄断部门负责人反映菲利克斯说的情况。当被问及克莱丁斯特是否"相信"他的陈述时，菲利克斯回答："当时我认为他应该是相信的，但我或许太自以为是了。"但克莱丁斯特后来作证时却说，是菲利克斯先给他打了电话，自我介绍说他是ITT的董事，还说自己不是律师，非常希望能"到我的办公室来，与我讨论美国司法部强制ITT剥离哈特福德的做法将导致的经济后果"。于是，克莱丁斯特毫不犹豫地同意了与菲利克斯的见面。

4月20日，在合适的时机下，克莱丁斯特和菲利克斯单独会面了（克莱丁斯特后来作证时说："郑重声明，我相信，我与罗哈廷先生的每次会谈，在场的都只有他和我两个人。"），菲利克斯以一种夸张的说法提出了反对司法部意图的理由：ITT和哈特福德的股东"将遭受超过10亿美元的损失"，其中5亿美元是税务负担，这将导致ITT的流动性危机，"影响"公司支付大约2亿至3亿美元的国外合同的能力，从而对美国的国际收支平衡造成不利影响，进而削弱ITT的国际竞争力。

此外，菲利克斯还表示，如果ITT丧失了竞争力，那么"可能附带着对整个股市产生不良影响"。菲利克斯问克莱丁斯特，是否会"指派"麦克拉伦与自己见面，了解ITT将面临的财务困境。克莱丁斯特说他不会"指派"副手，但会询问这位下属是否愿意与菲利克斯见面。毫无意外，麦克拉伦同意了。

谁能想到，一个完全陌生的人，而且还是ITT的主要支持者，与负责ITT反垄断诉讼案件的美国司法部高层官员单独会面居然如此容易？沃尔什后来作证时说，如果他处在克莱丁斯特的位置，那么他绝不会与菲利克斯见面，更别说见了4次。"我或许会让反垄断部门的人同时在场，"沃尔什说，"我会这样做，只是为了避免与反垄断部门产生摩擦，并非因为我认为不论在任何情况下都不适合见罗哈廷先生。"

菲利克斯不知道的是，4月19日，也就是在他与克莱丁斯特第一次私下见面的前一天下午，这位司法部副部长接到了两个电话，第一个是尼克松的首席国内事务顾问约翰·埃里希曼（John Ehrlichman）打来的，另一个则来自尼克松本人。两个电话都是为了同一件事，即政府最近在康涅狄格州的ITT收购格林内尔交易的反垄断诉讼中败诉，克莱丁斯特是否会向最高法院提出上诉。"我告诉他（埃里希曼），我们已决定上诉。"克莱丁斯特说道，"他应该把这件事告诉总统了。几分钟后，总统打电话给我，他没有与我做任何商量，直接命令我放弃上诉。"当天下午，尼克松与克莱丁斯特的部分通话录音[1]如下：

　　总统：喂，迪克，你还好吗？

　　克莱丁斯特：很好，您呢，先生？

　　总统：很好，很好。明天我要跟约翰（·米切尔）谈谈我对反垄断问题的总体态度——

　　克莱丁斯特：好的，先生。

　　总统：——同时，我知道他已经把，呃，ITT的事交给你了，因为他说他曾跟他们有一些关系。

　　克莱丁斯特：（笑）是的。是的。

　　总统：嗯，我跟他们没有任何关系，我希望你能弄清楚一件事，如果你还不清楚的话，我就直说了，麦克拉伦在一个小时内就要滚蛋。不要管ITT的事，懂了吗？这是命令。

---

[1] 理查德·尼克松总统上任后，曾在整个白宫安装由语音自动启动的录音系统，录下了白宫中几乎所有的谈话。水门事件案发后，联邦最高法院要求总统必须交出录音带，尼克松总统最终服从最高法院的判决，交出了所有录音带。本文中的所有录音都来源于此。

克莱丁斯特：嗯，您的命令是——

总统：我的命令是，不要管这件该死的事。现在，我跟你说过多少遍了，迪克，你们这帮家伙显然还不明白我的意思。我不想让麦克拉伦到处起诉人，为了企业集团的事到处捅娄子，在这个时候搞起事端。现在他妈的就让这小子别管这事了。明白吗？

克莱丁斯特：呃，总统先生——

总统：或者他主动辞职。我真想让这小子赶紧走人。我很不喜欢这小子。

克莱丁斯特：但是，问题在于——

总统：我知道，问题在于管辖权——我知道这些法律上的事，迪克，你不用说出来——

克莱丁斯特：（不可置信地）我们已经提起上诉了。

总统：没错。

克莱丁斯特：明天就要提交陈辩书。

总统：是的。不要提交就是了。

克莱丁斯特：您的命令是不要提交陈辩书？

总统：你的——我的命令是别管那件该死的事。懂了吗？

显然，克莱丁斯特非常沮丧，他后来作证说道："之后我立即告诉总统，如果他坚持这样做，我将被迫递交辞呈……总统后来改变了主意，于是我在30天后把本应在30天前提交的陈辩书一字不变地提交了上去。"然而，尼克松的意思很明确：别管ITT的事。

克莱丁斯特是一位极其精明的谈判专家，他在接下来与菲利克斯和ITT的讨论中，没有透露尼克松的电话内容。4月29日，克莱丁斯特、麦克拉伦、司法部小组和两位财政部代表按要求一起在麦克拉伦的办公室召开了一个"非常重要"的会议。菲利克斯当着这13个人的面做了一个小时的报告，说明失去哈特福德将如何给ITT带来致命伤害，并给公众带来不利影响。会议原定于上午十点半召开，但菲利克斯让他们等了55分钟，因为他正在楼上米切尔的办公室完成杜邦-格劳公司的救援任务。

菲利克斯曾告诉安德烈自己与克莱丁斯特前两次的会谈情况，但在克莱丁斯特的特别要求下，他没有将后来谈判的次数或内容告知拉扎德的任何人。5月3日，菲利克斯给麦克拉伦写了一封长达4页的信（他给了克莱丁斯特一份副本），奇怪的是，他使用的是自己的信头——华尔街44号，而非拉扎德的信头。他在信中写道，自己想对上个星期四提出的几点"加以解释和说明"，"希望能引起重视"。他要说的是，如果司法部迫使ITT剥离哈特福德，"ITT将面临现金短缺的困境，这将严重影响ITT在国际市场上的竞争力"。他进一步解释道，如果失去哈特福德的收益，ITT的借贷能力将下降，从而导致ITT面临潜在的现金枯竭风险。菲利克斯认为，现金枯竭将降低ITT公开发行的债券和股票的价值，损害集资能力，尤其是海外集资能力。他在信的最后，还预测了以下可怕情况：如果ITT被迫剥离哈特福德，不亚于国家安全将面临风险。"ITT海外业务的收缩必将对整个国家产生不利影响，市场份额将流失到爱立信、西门子、飞利浦、日本电气和日立等主要的国外竞争对手手中。国外市场份额的缩小将导致ITT汇回美国的现金减少。这些行动还将对国际收支平衡造成不利影响，违背国家利益。"谁能预料到居然有如此高的风险？

5月10日，菲利克斯与克莱丁斯特再次私下会谈，强调了他在4月29日的报告和5月3日的信中的要点，并首次提出允许ITT保留格林内尔的非火灾保险业务的建议。克莱丁斯特后来作证说，在5月10日的会谈中，他告诉菲利克斯，麦克拉伦还没有做出决定。"罗哈廷说，这对ITT非常重要。"克莱丁斯特回忆道，"他想知道自己在4月29日做的金融和经济报告是否起了作用。我告诉他我不知道，这取决于麦克拉伦，除非他向我寻求建议，否则我是不会过问此事的。"

5月13日，尼克松和美国白宫办公厅主任H. R. 霍尔德曼（H. R. Haldeman）在白宫的总统办公室会面。在讨论1972年的总统连任竞选集资时，他们提到了悬而未决的ITT反垄断诉讼一事。"他们给了我们格林内尔和他们不太需要的另外一起兼并，显然，他们对做了这些交易感到有点遗憾。"录音里，尼克松说道，"这件事要保密，要处理得非常谨慎，需要6个月时间。"

"ITT有钱吗？"霍尔德曼问道。

"哦，天哪，是的。"尼克松回答，"这也是形势的一部分……但这个问题以后再谈。现在还不是时候……在交易结束前不能轻举妄动。"

6月16日，菲利克斯接到了克莱丁斯特从办公室直接打给他的电话，对方让他第二天上午回电话。这种情形相当罕见，要知道，菲利克斯的一通电话可是能让合伙人们浑身颤抖的，而现在他却不得不完全按照克莱丁斯特的要求行事。第二天上午九点半，菲利克斯独自一人在拉扎德的办公室里给克莱丁斯特打电话。接起电话的时候，麦克拉伦就在这位司法部副部长的旁边阅读被称为"谈判备忘录"的政府新提议。这份新提议似乎囊括了尼克松就ITT做的秘密指示。克莱丁斯特告诉菲利克斯，麦克拉伦建议ITT可以保留哈特福德，条件是ITT同意剥离安飞士、坎汀、格林内尔和莱维特，同意接受一些限制性条款，未来不得收购超过一定规模的企业，以及不得进行互惠交易。情况就是这样，就看ITT接不接受了。当天的备忘录还显示，麦克拉伦向克莱丁斯特表达了自己的想法，他"不得不得出这样的结论"，即强迫ITT剥离哈特福德可能是个错误。"我之所以说'不得不，'"他继续说道，"是因为ITT管理层完成了对哈特福德的收购，即使他们明知道这样做违反我们的反垄断政策，明知道我们会起诉。实际上，这等于是向法庭表示，法庭不需要发布初步禁令，因为无论如何ITT都会保留哈特福德，即使被发现有违规问题，他们也能将问题大事化小。"

除了把当时正面临困境的安飞士纳入之外，新提议与ITT的律师伊弗雷姆·雅各布斯（Ephraim Jacobs）在8个月前向麦克拉伦提出的建议几乎完全一致。菲利克斯与司法部通了10分钟电话，结束后，他"在12秒内"又给吉宁打了电话。两人都表示了对建议的"失望和不满"，还假惺惺地挤出了几滴鳄鱼眼泪，因为建议中要求剥离的公司多达4家，而这4家公司并没有遭到反垄断诉讼。但菲利克斯后来作证时声称，他当时认为那是一个"切合实际的建议"，"可以在此基础上进一步讨论、协商和改进"。

6月18日，菲利克斯试图联系克莱丁斯特，询问"为何突然间我们就要剥离4家公司"，但没有联系上。6月29日，菲利克斯再次私下与克莱丁斯特会谈，向对方表达了自己的失望，特别是对剥离整个格林内尔的要求的不满。克莱丁斯特说："他抱怨麦克拉伦在和解谈判时态度僵硬，抱怨和解谈判的惩罚性质太浓和政府的态度。在他看来，这些都是不合理的。"克莱丁斯特还说他这样告诉菲利克斯："我不会参与和解谈判，这是ITT的律师和麦克拉伦先生及其下属之间的问题。对此，我无能为力。"对身在华盛顿的菲利克斯来说，这无疑又是忙碌的一天。除了与克莱丁斯特会面，菲利克斯又去见了白宫的商业联络官员彼得·弗拉尼根，与他谈论自己在避免华尔街各家公司倒闭中所做的事。但事实上，根据弗拉尼根的说法，菲利克斯还趁机表达了自己对拟订的反垄断和解方案的抱怨。弗拉尼根说："罗哈廷先生认为该方案太过严苛，公司无法接受，公司打算在法庭上继续与反垄断诉讼抗争。"弗拉尼根"两三天后"将菲利克斯的意思转达给了克莱丁斯特，据他回忆，"克莱丁斯特的回应是：这是麦克拉伦先生做的方案，他负责处理相关事务"。

7月2日，另一位联邦法官做出了不利于司法部的判决，该判决允许ITT保留坎汀公司。在接下来的28天里，双方律师继续展开了一系列激烈的谈判。7月31日，星期六，双方签署了一份和解协议。根据协议，ITT可以继续保留哈特福德，只要它在两年内完全剥离坎汀和格林内尔的火灾保险业务部，并在三年内剥离安飞士及其子公司、莱维特及其大部分子公司，以及两家小型人寿保险公司。总体而言，ITT将要剥离的公司，收入总额超过10亿美元。在当时，这是有史以来由政府下令且双方均同意的最大规模的公司剥离行为。双方还就司法部所担心的互惠行为签订了协议，还签订了另外一项协议，即未经司法部或法院的允许，ITT在10年内不得并购资产规模达到或超过1亿美元的公司、任何从事火灾保险业务的公司或任何保险公司。吉宁认为，此次和解"符合公司股东的最佳长期利益"，并表示，ITT将选择保留哈特福德，出售安飞士、莱维特和两家小型保险公司。克莱丁斯特和麦克拉伦都认为，此次和解是政府的胜利，特别是在格林内尔和坎汀反垄断诉讼案败诉后。

虽然那些密切关注事态发展的人并不知道尼克松已亲自干预此事，但几乎马上就有人质疑，究竟发生了什么才导致麦克拉伦和克莱丁斯特的态度彻底转变，同意了ITT保留哈特福德的和解方案？

8月23日，司法部向法院提交了反垄断和解文件，开始了30天的法定公众审核期。鲁宾·罗伯森（Reuben Robertson）是一名杰出的年轻律师，从一开始，他就与拉尔夫·纳德（Ralph Nader）一起试图阻止ITT和哈特福德合并。9月21日，罗伯森写信给麦克拉伦，反对这项反垄断和解协议。他在信中写道："我们强烈反对自从判决宣布以来反垄断部门被蒙上秘密面纱，这使得我们根本无法对和解进行全面评估……"在信的最后，罗伯森突然发问：这项和解与ITT为支持共和党在圣地亚哥召开1972年全国代表大会而提供的一笔财务捐赠之间是否存在关联？

罗伯森提出的问题看似古怪，却是最具洞察力的。在达成和解的前两个月左右，也就是尼克松和霍尔德曼谈论ITT是不是有很多钱的时候，哈罗德·吉宁承诺捐赠约40万美元，用于支持在圣地亚哥举行的共和党全国代表大会。罗伯森和纳德还惊骇地注意到，ITT利用金钱和影响力使康涅狄格州保险监理威廉·科特（William Cotter）批准了哈特福德收购案，条件是：ITT同意在哈特福德市中心建两家喜来登酒店。因为当时市政府发行的债券失败了，科特正为市政中心的动工项目发愁，而且他正要竞选美国国会议员席位（他后来成功了）。

媒体的反对和纳德的攻击都没能奏效，1971年9月底，哈特福德市地方法院批准了双方都同意的和解协议。最终，哈特福德交易成了既定事实。

1971年12月初，尼克松任命麦克拉伦担任伊利诺伊州北部地区芝加哥的联邦地方法官，成功地赶走了他。这次任命可谓不同寻常。通常，正式任命一名联邦法官要花好几个月的时间，在此期间，将进行大量的背景调查、激烈的游说活动、州内政客的支持以及必要的政治辩论。而在麦克拉伦的任命中，上述行为一概没有。整个批准过程只用了4个小时，而这项任命的签字人就是美国律师协会（ABA）联邦司法委员会主席劳伦斯·沃尔什。沃尔什就是在ITT反垄断诉讼过程中应吉宁的请求写信给克莱丁斯特的那位达维律师事务所合伙人，他也是克莱丁斯特的朋友。甚至连伊利诺伊州参议员阿德莱·史蒂文森三世（Adlai Stevenson III）都不知道这次任命的消息。只有权威的新闻调查记者I. F. 斯通（I. F. Stone）清楚到底发生了什么，他说道："麦克拉伦担任司法部长助理主管反垄断部门时像一头威风凛凛的狮子；现在他离开了，只是一名法官。"

罗伯森也向另一位他认为肯定会关心此事的人——民主党全国委员会主席拉里·奥布莱恩（Larry O'Brien）表达了自己对ITT向圣地亚哥捐赠与此次反垄断和解之间可能存在联系的担忧。如罗伯森所料，12月13日，奥布莱恩果然给司法部长约翰·米切尔写了一封信，要求对方解释两件事是否存在关联。"仅在共和党全国委员会宣布在圣地亚哥召开大会的8天后，司法部便宣布同意对ITT三起悬而未决的并购案（分别是哈特福德火灾保险公司、格林内尔公司和坎汀公司）达成庭外和解。作为民主党全国委员会主席，我现在要求你履行美利坚合众国的首席执法官和总统首席政治顾问的职责，"当然，这是在刺激约翰·米切尔，"公开与ITT的和解以及ITT对贵党明年召开大会的捐赠的全部记录……在美国人民严正质疑政治流程的公平性和及时性的关键时刻，我真诚地希望身为司法部长的您能意识到澄清圣地亚哥与ITT问题的迫切性。"

米切尔仍想与此事撇清关系，于是让克莱丁斯特代他写了回信，却依然没有提及尼克松的指示。克莱丁斯特写道："司法部与ITT之间的和解是由司法部长助理理查德·W. 麦克拉伦全权处理和协商的。"事后表明，克莱丁斯特所做的这份声明是致命的。

ITT的捐赠与反垄断和解之间是否存在联系的争议持续发酵，从1972年2月29日开始，连续3天都曝出了重磅消息。反对尼克松政府的专栏作家杰克·安德森（Jack Anderson）在专栏中揭露，尼克松及其亲信可能指示克莱丁斯特在反垄断诉讼上与ITT达成和解，以换取ITT对共和党全国委员会的巨额（在当时看来）捐赠，使圣地亚哥赢得主办1972年共和党代表大会的资格。这套说辞实际上与奥布莱恩、罗伯森和纳德的说法完全一致。安德森写道，他"有证据能证明，尼克松政府最大的反垄断案的和解是由司法部长约翰·米切尔与涉案公司的高级说客私下达成的。我们基于这位说客——ITT精明能干的迪塔·比尔德（Dita Beard）本人的说辞，得出了上述结论。我们从ITT的文件中找到了一份由她记录的备忘录，充分显示了她的罪证，于是她只能承认这项秘密交易"。这份备忘录是安德森一个星期前收到的，"这份本应在阅后销毁的备忘录，不仅表明有人在幕后操纵该反垄断案，还表明这是对ITT承诺向即将在圣地亚哥召开的共和党会议提供最高40万美元捐赠的回报"。

安德森还发现，克莱丁斯特在自己参与反垄断案的和解一事上，对奥布莱恩撒了谎。安德森的助理布雷特·休谟（Brit Hume）（后为福克斯新闻的主持人）给菲利克斯打了个电话，直接向他询问与克莱丁斯特私下会谈的情况。当时，菲利克斯正在肯尼迪国际机场，准备登上前往伦敦的飞机。菲利克斯对休谟说："他们让我说明对经济的影响。"菲利克斯是明智的，他知道不能为保护未来的美国司法部长而撒谎。"当时（我）真是愚蠢，"30多年后，菲利克斯仍对自己当初接了休谟的电话而感到后悔，"真是太愚蠢了。但我当时很匆忙，等着上飞机，然后就接到了这个电话。电话里的家伙问我：'你知道这份备忘录吗？'我说：'念给我听听。'然后我说：'这完全是胡说八道。'我认为这不可信。但如果是真的，那么迪塔·比尔德会是中间人，这完全是不可想象的。"

但安德森并没有就此罢手，他公布了比尔德在 ITT 与司法部达成和解的 5 个星期前写下的这份备忘录。安德森当时自然不知道尼克松曾在 1971 年 4 月指示克莱丁斯特别去管 ITT 的事，他也没有提到尼克松对麦克拉伦的反感。直到很久以后水门事件爆发，尼克松被迫公布秘密录音带时，他涉足 ITT 案件的情况才浮出水面。但比尔德的备忘录显示，司法部和 ITT 达成和解与 ITT 向共和党全国代表大会提供捐赠之间，存在很高的关联性。这份备忘录暗指尼克松、米切尔（有意回避了此事）、霍尔德曼和加利福尼亚州的一些政客都牵涉其中。此外，她还暗示自己的老板吉宁也参与了此事。比尔德声称，1971 年肯塔基大赛马会之后，她在肯塔基州州长的宅邸里与米切尔私下达成了和解协议。

安德森的专栏发表之后，政府长期以来对富有的大公司及其代理人实行特殊对待的做法，冲破秘密防线泄露了出来，媒体开始对此大肆报道。菲利克斯与克莱丁斯特的单独秘密会谈（克莱丁斯特这位未来的司法部长起初否认了这些会谈）将菲利克斯和拉扎德推到了 ITT 丑闻的风口浪尖上，《纽约时报》和《华盛顿邮报》还在头版报道了此事。

对所有当事方而言，这都是一场严峻的公关危机，菲利克斯当然也不例外。事实上，在此之前，菲利克斯作为公司顾问的角色是不为众人所知的，而这也正是他本人、安德烈和拉扎德想要达到的效果。拉扎德对安飞士实施的妙计使得拉扎德小有名气，而长期担任 ITT 首席投资银行家也使菲利克斯的名望有所上涨，但拉扎德和菲利克斯的这些成就仅在曼哈顿的圈子中为人所知，一出曼哈顿，就很少有人知道。赛勒委员会已证实了这个事实，正如该委员会所言，如果森林里的一棵树倒了，根本就没人会听到声响……在安德森的狂轰滥炸之前，菲利克斯和他的合伙人们在ITT与哈特福德的并购交易中发挥的作用也是被低估的，甚至几乎没被披露出来。在与要约收购哈特福德有关的公开文件中，仅有一段文字简要提及了ITT将哈特福德的股票"出售"给了米兰投资银行，但只字未提是拉扎德找到了米兰投资银行，以及它们之间做出的互惠酬金安排。这些公开披露的文件深深隐藏了这样一个事实：因在哈特福德并购交易中提供了"服务"，拉扎德将收取一笔酬金，具体金额未定。后来，证交会向拉扎德和ITT询问，这些公开文件披露的事实是否充分。

具有讽刺意味的是，在1972年民主党初选中，菲利克斯是自由党派的缅因州参议员埃德蒙·穆斯基（Edmund Muskie）的热心支持者和顾问，在专栏中，安德森却将菲利克斯置于为了捍卫大企业而与尼克松政府反垄断部门作对这个不伦不类的位置上，这一点想必让支持自由党的菲利克斯忧心不已。（为了让拉扎德的位置更为牢靠，安德烈向尼克松1972年总统连任竞选捐赠了9万美元，成了尼克松的95名主要赞助者之一。）此外，克莱丁斯特也用菲利克斯与自由党人穆斯基的关系来证明，司法部是一个"开放的两党联立机构，随时准备处理任何公民的冤屈"。神秘的私人银行拉扎德即将面对的是一场具有历史意义和众多非议的亮相派对。

就在安德森的第一篇专栏文章看似抓住了克莱丁斯特撒谎的证据后的第二天，克莱丁斯特要求在参议院司法委员会面前重新进行任职听证。数个星期前，米切尔宣布自己将负责管理尼克松1972年的总统连任竞选活动而辞去了司法部长的职务，之后，克莱丁斯特就被提名接替米切尔。克莱丁斯特的要求太不寻常了。早在2月24日，经过两天的听证后，参议院司法委员会就以13票赞成、0票反对（两票弃权）的投票结果，批准他担任新的司法部长。本来，克莱丁斯特完全可以立即得到整个参议院的确认，但他坚持再次听证以澄清自己的名声。于是，事态朝着反方向发展了。这个完全没有必要的听证会充斥着党派纷争，从1972年3月到4月，整整持续了22天，而菲利克斯则成了听证会的焦点人物。

麦克拉伦、菲利克斯与克莱丁斯特一同出现在听证会上，根据克莱丁斯特的说法，"在这些事情中，我仅与这两人有过交集"。克莱丁斯特"果断明确地"否认自己影响了ITT和解的结果，也否认了以对ITT有利的反垄断诉讼结果换取他们的捐赠。克莱丁斯特解释道："我做了一系列努力，说服了麦克拉伦先生。他认为应该放弃自己原先要求ITT出售哈特福德的立场。"他还说，与菲利克斯见面只是出于礼貌，目的是进一步商谈以改变麦克拉伦的想法。

但致命的是，克莱丁斯特没有提到近一年前与尼克松的谈话。当马萨诸塞州民主党参议员泰迪·肯尼迪问克莱丁斯特，白宫是否就ITT的诉讼与和解联系过他时，他作了伪证。"没有，先生。"他回答道。后来，印第安纳州民主党参议员伯奇·贝赫（Birch Bayh）也问了同样的问题，他仍然说自己"不记得"与白宫的任何人谈过ITT案件的和解事宜。这是赤裸裸的谎言。麦克拉伦法官支持了上司的说法，补充道："总而言之，我想强调的是，与ITT达成和解的决定是我个人做的，没有人向我施压。此外，和解计划的构思和最终条款的谈判都是由我在反垄断部门其他成员的建议下进行的，也没有其他人牵涉在内。"

接着，菲利克斯拿起麦克风，对参议员们和公众复述了自己深思熟虑的观点，即：强制剥离哈特福德绝不仅仅只对他的大客户ITT造成可怕的后果。

菲利克斯认为，剥离一家大型保险公司可能会拉垮国民经济，虽然事后看来这种说法显得过于夸张。他说，吉宁委托自己准备一份与司法部沟通使用的演示文稿。他解释道："他认为我在经济和金融领域是合格的专家。"他详细叙述了自己与克莱丁斯特、麦克拉伦的会谈，与两人的说辞完全一致。"每次会议都有记录，"菲利克斯说道，"我们没有私底下或秘密进行过会谈或电话交流。没有任何一方提供过或索取过任何好处。"显然，菲利克斯似乎忘记了ITT凭借与政府官员的接触所获得的特权，更不用说由此达成的和解避免了ITT经受令人担忧的最高法院的审查。另一方面，杰克·安德森则抓住了其中的实质。"菲利克斯不是律师，因此与他讨论该案件不构成谈判，这种说法会让投资银行家们笑掉大牙。"他在1973年出版的回忆录《安德森报告》中写道：

罗哈廷是许多律师的老板，其中也包括那些与麦克拉伦谈判的律师。他的职业是对公司进行合并和拆分。吉宁派他来华盛顿，显然是为了进一步提升ITT讨价还价的能力，这是单靠律师谈判无法达到的。此外，罗哈廷不仅对克莱丁斯特灌输了自己的想法，还与米切尔私下密谈，帮助政府防止那些利用了客户资金却无法偿还的华尔街公司倒闭。但就谈判结果对公众福利的影响而言，即使克莱丁斯特与100名ITT律师谈判，也要好过与罗哈廷一人谈判。

菲利克斯还就安德森在有关迪塔·比尔德丑闻的第二篇专栏文章中对自己的描述主动发表了意见。他说自己当时正在肯尼迪机场等待出境航班，当"我与孩子们通电话"时，孩子们告诉他休谟从华盛顿给他打了个电话，"急切地要求我与他通话"。尽管他不认识休谟，但还是在机场给休谟回了电话。对于那些了解菲利克斯的人而言，这可是了不得的事。要知道，当他们想与菲利克斯通话时，他从未回过一个电话。不管怎样，菲利克斯还是证明，休谟把迪塔·比尔德的备忘录念给他听了，并问他ITT的捐赠是否也被纳入了和解谈判的范畴。"现在，请允许我声明，我不认识比尔德女士。事实上，在与休谟先生谈话之前，我从未听过她的名字。"他解释道，"此外，在我1971年12月看到新闻之前，根本不知道ITT向圣地亚哥大会办公署承诺捐赠的事情（尽管他是ITT董事会成员），当时反垄断和解已经结束6个月了。因此，我根本不可能参与任何与承诺捐赠相关的谈话。"

第一天的听证会，其他参议员在ITT反垄断和解的相关情况和迪塔·比尔德备忘录的含义这两点上，不断向菲利克斯、麦克拉伦和克莱丁斯特施压，但三人都坚称他们相信其中不存在任何关联。不过，大家还是明显地感受到，菲利克斯已向有权决定是否对ITT提起反垄断诉讼的政府高层官员求助，并得到了帮助。甚至，菲利克斯的干预起作用了。他向参议员贝赫表示，6月17日电话会谈结束后，他回到办公室向克莱丁斯特抱怨和解方案过于苛刻，觉得"白白浪费了自己的影响力和说服工作"。但他立马就推翻了这个说法。

"对ITT最具破坏力的哈特福德分拆并没有成功，你却说白费了自己的影响力，这样评价你对ITT的价值，公平吗？"贝赫问道。

"我希望自己确实发挥了积极的作用，参议员先生，因为我认为这是正确的事。"菲利克斯回答道。

"所以你不能说白费了自己的影响力，对吧？"贝赫问道。

"是的，先生，我更正先前的说法。"菲利克斯说道。

克莱丁斯特作证时说，迪塔·比尔德备忘录的隐含含义"纯属无稽之谈"，而麦克拉伦则说："我认为这是非常严重的指控，我恳请委员会把她本人带到这里，让她在宣誓后亲口说出自己曾说过的话。"在这种情况下，参议员们想听听比尔德的陈述也就不足为奇了。而且，克莱丁斯特后来作证称，比尔德备忘录"不过是一个病得不轻的可怜女人写的备忘录"。一些民主党参议员一致认为，在比尔德作证前，他们不会批准克莱丁斯特担任司法部长的任命。但比尔德消失了，几天后才有她的消息。联邦调查局（FBI）报告，安德森的前两篇专栏文章发表后，前FBI特工G.戈登·利迪（G. Gordon Liddy）以比尔德犯了严重的心脏病为由将她迅速带离了纽约，现在她住在丹佛的一家医院里。G.戈登·利迪曾为尼克松的连任竞选活动效劳，还曾负责在纽约米尔布鲁克抓捕蒂莫西·利里（Timothy Leary）[1]的工作。（最终，比尔德在医院的病床上作了

---

[1] 1920—1996年，美国著名心理学家、作家，以其晚年对迷幻药的研究而知名。他因宣扬迷幻药对人类精神成长与治疗病态人格的效果而成为20世纪60年代至70年代颇受争议的人物。也正因如此，他受到美国许多保守派人物的攻击，如理查德·尼克松总统就曾称他为"全美国最危险的人"。

证，参议员们围在她的床边，但她的证词没有传递多少实质内容。）此后的听证会更像一出荒诞的闹剧，但只要一想到两任司法部长——米切尔和克莱丁斯特都作了伪证，我们就无法轻松起来了。最终，克莱丁斯特被任命为司法部长，但悲剧的水门事件的序幕已经拉开。

白宫的人们越来越担心克莱丁斯特听证会的情况。尼克松的两名亲信顾问查克·科尔森（Chuck Colson）和约翰·迪恩（John Dean）一开始就对克莱丁斯特坚持参加听证会是否明智持怀疑态度。现在又传出消息，证交会正在调查ITT的一些高管可能进行了内幕交易这一指控：在ITT宣布并购哈特福德（以及后来与证交会达成的和解）时或这段时间前后，这些高管可能卖出了ITT股票。作为调查的一部分，证交会已要求ITT提供所有相关文件，但有消息称，迪塔·比尔德被迅速带离纽约时，有人在她的ITT办公室里发现了粉碎文件，而正是这些文件引发了很大的争议。科尔森承担起了调查的任务，他要搞清楚这些令人不安的ITT备忘录到底记录了哪些内容。埃里希曼和约翰·迪恩的助理弗雷德·菲尔丁（Fred Fielding，后来担任乔治·W.布什总统的白宫顾问）也审阅了所有ITT文件，其中包括ITT律师于3月6日在白宫递交给埃里希曼的13份"政治敏感性"文件。3月30日，科尔森给尼克松的白宫办公室主任霍尔德曼写了一份秘密备忘录，报告他发现的一些情况。这份备忘录的内容令人震惊，如果它当时就被曝光，将会产生爆炸性的效果。

科尔森提醒他的上司："我们忽视了最严重的风险……这一争议若持续下去，可能会曝出更多严重的问题。他们的目标根本不是克莱丁斯特，而是总统……但围绕克莱丁斯特的斗争已经提高了ITT事件的知名度，因此该案将会继续下去。克莱丁斯特、米切尔和罗伯特·马迪安（Robert Mardian，一名司法部官员）都不知道其中的潜在风险。我故意不告诉克莱丁斯特或米切尔这一情况，是因为他们两人都可能被传唤为证人，而马迪安不清楚这个问题。"接着，科尔森描述了他发现的绝密备忘录中的一些内容，这些内容与米切尔、吉宁和副检察长欧文·格里斯沃尔德（Erwin Griswold）在前几个星期向参议院司法委员会提供的证词相矛盾，证明了克莱丁斯特多次作了伪证。科尔森还向霍尔德曼透露，发现的一些信件能证明格里斯沃尔德的证词是无效的。格里斯沃尔德声称，不向最高法院起诉格林内尔案的决定是他自己做出的，但信件显示直接干预这一决定的是财政部长约翰·康纳利和商务部长皮特·彼得森。[彼得森在加入尼克松政府后成立了一个保密信托，1971年5月25日，菲利克斯成了信托的受托人，此时正处于他和ITT为了反垄断诉讼和解而向政府游说的紧张时期。后来，彼得森成为全球最大的私募基金之一黑石集团（Blackstone Group）备受尊敬的主席。]

还有一份开头写着"亲爱的泰德"的备忘录令人十分不安，是ITT的内德·格里蒂（Ned Gerrity）写给副总裁斯皮诺·阿格纽（Spiro Agnew）的。这份备忘录概述了米切尔同意与麦克拉伦谈话，前提是吉宁与他会谈时仅探讨反垄断政策，不探讨ITT案。米切尔和吉宁都作证说，在1970年8月的35分钟会面时间里，他们仅谈到了反垄断政策。"（来自格里蒂的）备忘录就是在那次会面时记录下来的，内容比较有分量。"科尔森写道，"备忘录进一步指出，埃里希曼向吉宁保证，总统已经在重大政策上对司法部'下达了指示'。"（当然，总统在政策问题上对司法部做出的行为是适当的，但在听证会的背景下，备忘录上这样描述将会把总统牵扯进去。）科尔森透露，另一份"没有落入证交会手中"的ITT内部备忘录"表明克莱丁斯特就是向麦克拉伦施压的人，从而暗示副总统可能也这么干了。我们相信这份备忘录的所有副本均已销毁"。

科尔森还提醒霍尔德曼，有一份尼克松的公关主任赫布·克莱因（Herb Klein）写给他的备忘录，这份备忘录写于1971年6月30日，正好是司法部与ITT达成和解协议的一个月前，内容概述了ITT将向圣地亚哥大会捐赠40万美元的事情，还提及了米切尔。"根据这份备忘录，我们可以推知，司法部长至少在当时与和解达成之前就知道了ITT承诺捐赠的事情，而他却在法庭上否认了这一点。我们还不清楚是否已找回所有副本，如果备忘录的内容被人知道了，那么由此产生的后果要比雷内克说的话严重得多。"这里说的雷内克指的是加利福尼亚州副州长埃德·雷内克（Ed Reinecke），他最初声称自己与米切尔谈过 ITT 的捐赠事宜，但后来改口了。

在司法部的文件中，科尔森发现了一些可用于指控的文件。其中一份 1969 年 4 月的备忘录是"克莱丁斯特和麦克拉伦写给埃里希曼的，答复了埃里希曼质疑他们最初起诉 ITT 的理由"。一年后，埃里希曼给麦克拉伦写了一份备忘录，解释了他已与米切尔讨论过自己与吉宁的会谈，他还写道，米切尔可以给麦克拉伦"更具体的指导"。5 个月后，埃里希曼再次给米切尔写信，抱怨麦克拉伦仍在追究 ITT 的事，并提醒米切尔曾与吉宁达成的"谅解"。

事情的发展最终到达高潮：埃里希曼给米切尔的另一份备忘录被发现了，1971 年 5 月 5 日的这份备忘录"暗指总统和司法部长米切尔讨论了 ITT 案'一致同意的结果'。总统还询问米切尔，是让埃里希曼直接去做麦克拉伦的工作，还是他去做"。科尔森还提到了大约在同一时间送给尼克松的另一份备忘录，内容主题相同。"我们掌握了这份备忘录的所有副本，"他说道，"但我们手里没有埃里希曼写给司法部长米切尔的备忘录原件。这份备忘录会再次驳倒米切尔的证词。更重要的是，它会直接将总统牵涉进来。"

科尔森明白，他发现的这些备忘录本身就是个大麻烦，要是被人发现就更麻烦了。他把大部分具有危险性的备忘录锁在一个保险柜里，但他无法找到这些备忘录的所有副本。于是，同一天下午早些时候，科尔森和霍尔德曼在总统办公室里与尼克松谈了一个小时。幸亏尼克松喜欢将办公室谈话录音，我们才能有幸得知这些谈话的内容。通过其中一小段会晤录音，我们可以听出，科尔森担心如果隐藏起来的备忘录被人发现并公开，将会对尼克松的政治生涯造成毁灭性的打击，他也将这种担心迅速转达给了总统。

科尔森：……我只是想告诉您，我已经看过所有文件和……

总统：你全都看过了？

科尔森：我全都看过了。

总统：不是什么好事。

科尔森：我被吓坏了。

接着，科尔森告诉尼克松，他找到了1971年5月5日那份爆炸性的备忘录，就是那份记录了尼克松和米切尔谈了ITT反垄断案"一致同意的结果"的备忘录。

科尔森：目前最危险的是，我们不知道有多少份副本。我们把发现的所有副本（噪音）都放在了一个保险柜里，呃，但我们不知道司法部的那些会怎样，而且我们无法在司法部找到所有副本。埃里希曼在1971年5月5日给司法部长的备忘录中谈到了您和司法部长就此案进行的一系列会话，以及……

总统：没错。

科尔森：……ITT诉讼解决方案中那些一致同意的结果。如果委员会看到了那份备忘录，局面会变得相当麻烦，因为事情马上就会捅到这里。虽然我们认为已经掌控了局面，但鲍勃（Bob）[1]今天上午提出的观点是成立的，无论有没有这些听证会，如果这些该死的文件现在泄露出去，无疑会是一枚重磅炸弹。

霍尔德曼：如果有人得到了备忘录的副本，肯定会加以利用。

科尔森：不管有没有听证会。

霍尔德曼：不管有没有听证会，也不管克莱丁斯特待在这里

---

[1] 霍尔德曼的昵称。

还是……

总统：是的。

霍尔德曼：……还是跑到月亮上去。

在30多年后的今天看来，在科尔森于3月30日写给霍尔德曼的备忘录内容，以及他们在同一天与尼克松进行的一个小时会谈这些事实面前，克莱丁斯特最后10天的听证会显得毫无必要。克莱丁斯特和米切尔自始至终都在撒谎，为了掩盖尼克松命令司法部对ITT从轻处理的真相。

对于《华盛顿邮报》专栏作家尼古拉斯·冯·霍夫曼（Nicholas von Hoffman）来说，即使当时整个阴谋并不为人所知，但这些荒谬的听证会也足以让他有理由撰写一个专栏。他在专栏中以尖锐的言辞质疑涉案人员的道德，这些冷嘲热讽将纠缠菲利克斯数年之久。在总结前两个星期的听证会情况时，冯·霍夫曼如此写道："他们偶尔会问菲利克斯·罗哈廷一个问题。这位来自ITT的股票承销商曾为他那资产数十亿美元的小企业集团寻求反垄断案的突破口而去找过克莱丁斯特。"冯·霍夫曼继续写道，"克莱丁斯特透露，幕后黑手菲利克斯·罗哈廷是穆斯基的经济事务顾问。这位总统候选人的总部也证实了这一点，他们声称，菲利克斯曾与穆斯基共同影响了一项不光彩的立法工作，即允许股票经纪人用客户的钱冒险。"他还在专栏中写道，最大的输家是麦克拉伦，"不到两星期前，他走进听证会大厅时还是一个备受尊敬的人"，但被问及为何最后达成的和解条款比他最初提议的对ITT更有利时，他"支支吾吾"的回答太糟糕了。"他们都不想反垄断，不管是幕后黑手菲利克斯，还是极其烦恼的麦克拉伦和克莱丁斯特。克莱丁斯特还说自己晚上睡得着觉。"他总结道。"幕后黑手菲利克斯"这句话伤害了菲利克斯，在接下来的几年里，他一直为此烦恼。

临近4月底，听证会也将结束了。在最后的听证中，克莱丁斯特强调了菲利克斯在和解中扮演的"重要"角色。他说自己对菲利克斯"评价很高"。

听证会接近尾声时，克莱丁斯特一度声称自己不会屈服于外界的压力和影响，他说："我是个比较顽固的人，有点倔脾气。"

"既然你那么顽固、倔强，为什么罗哈廷还会一次次地找你呢？"参议员肯尼迪问道。

"他是个坚持不懈的小伙子，"克莱丁斯特回答道，引来一阵笑声，"这对他没有任何好处，要知道，这真的对他没有任何好处。罗哈廷先生成功做到了一件事，他是一个非常聪明并且很有能力的人，我认为他是一个值得钦佩的人，他成功做到了一件事，他让我询问麦克拉伦是否愿意听他的陈述，正如他马上向你们做出的陈述那样，那就是他的成功之处。"

"事后看来这事相当重要。"肯尼迪说。

"是的，确实如此。"克莱丁斯特回答。

"这个成绩可不小呀。"肯尼迪接着说。

"是的，我同意。"克莱丁斯特说。

这场极具争议的、错综复杂的听证会，充斥着伪证和模糊处理。有关记录清楚地显示，听证会最后的发言提到了菲利克斯这位来自纽约的矮个子难民投资银行家在当时记录在案的最大反垄断案件中所扮演的角色。

4月28日，司法委员会以11票赞成、4票反对的投票结果，再次通过了对克莱丁斯特的提名，实际上，这也是认可了委员会2月24日的一致推荐。

6月8日，作了伪证的克莱丁斯特成为美国第68任司法部长。9天后，即6月17日，华盛顿警方逮捕了由E.霍华德·亨特（E. Howard Hunt）[1]

---

[1] 1918—2007年，美国情报官员，尼克松政府的"管道工"之一，策划了水门事件入室盗窃和其他秘密行动。

和 G. 戈登·利迪组织的五人小队，当时他们正在民主党全国委员会的水门办公室安装窃听器。6月30日，参议院司法委员会要求司法部重新审查克莱丁斯特听证会所有的1700页记录，以防有人作伪证。因此，令人难以置信的是，在克莱丁斯特担任司法部长的三个星期后，司法部就开始调查部门领导的潜在犯罪行为。1973年4月30日，在就职不到一年的情况下，克莱丁斯特辞去了司法部长职务，最终承认自己在任职确认听证会上作了伪证。他通过有争议的认罪协商逃过了牢狱之灾，还保住了自己的律师资格，是水门事件中第一个认罪的前尼克松内阁官员。然而，ITT 的40万美元捐赠承诺和迪塔·比尔德在这一事件中的作用一直没有真相大白。尽管拉里·奥布莱恩后来表示，他认为，他的水门办公室之所以被盗，主要是因为他曾在写给米切尔的信中问及 ITT 反垄断和解与 ITT 承诺向圣地亚哥大会办公署捐赠40万美元之间是否有联系。当然，我们现在都清楚水门事件引发的结果。从 ITT 并购哈特福德和解后为赢得反垄断裁决展开的斗争，到水门事件和理查德·M.尼克松总统辞职，以及公众对美国政府机构丧失信心，这之间仿佛有一根线贯穿始终。通过米切尔和克莱丁斯特在参议院司法委员会面前撒的谎（克莱丁斯特在自己的任职听证会上撒的谎也不少，即使这场听证会是在他的要求下召开的，却仍作了伪证），以及尼克松、霍尔德曼和科尔森私下商讨如何应对麻烦的秘密谈话录音中，可以清楚地了解尼克松掩盖水门事件的计划。虽然与尼克松这伙人的行为相比，菲利克斯的作为不算什么，但他在这些事件中的作用仍不可小觑。

多年来，像菲利克斯这样勤勉的公众人物自然有很多机会来粉饰自己的过往历史，他花费数年时间美化了自己在 ITT 与哈特福德合并中的欺诈行为。尽管关于 ITT 的公开争议已经逐渐平息，但私人调查仍在持续。1975年10月，《华尔街日报》发表了一篇介绍菲利克斯的文章，在文章中，他把自己的错误归结为单纯的无知。"我从中学到的一件事是，我不该单独与某位政府官员谈话，哪怕只是喝杯啤酒也不行。"他说，"现在，只要我跟任何一位政府官员谈话，我都要确保房间里还有另外8个人在场。"约30年后，他仍拿自己的无知作为借口。时至今日，像他其他的许多故事一样，这个故事的真相也笼罩在了美丽的表象之下。"我做了些蠢事，"他解释道，"因为我当时在公共事务方面没有经验。我显然被ITT和尼克松政府利用了，成了他们用来改变麦克拉伦反垄断立场的一枚棋子。"

不过在当时，他并不认为自己被ITT和尼克松"利用"了。"当时我以为事情很简单，这也是我说自己无知的原因。"他说，"我当时以为，在正常情况下，我会受到邀请与司法部副部长单独会面说明经济理由，若是放到今天，我会觉得难以置信。因此我说当时的自己真是无知。不过直到今天，我依然确信，即使将ITT告到最高法院，我们也肯定能赢……我们不会输，ITT在和解上犯了一个很大的错误，他们放弃太多。这是一个愚蠢的案件，因为根本不存在反垄断问题，（而且）'潜在'交易也完全是无稽之谈。"他继续说道："当时我想的是，我会出面从经济角度出色地说服他们，我相信这一点。当时我想，'哇，这难道不令人兴奋吗？'这反应出一个人被自大迷惑了双眼。"

为了证明自己当时的无知，菲利克斯还说了他单独出席第一天的参议院听证会的情况。"我没带律师就去了听证会，"他说，"在克莱丁斯特和麦克拉伦的旁边坐了下来。我刚走进听证会大厅，就看见里面有一群人。杰克·安德森想采访我，现场还架着电视摄像机，我当时心想：'竟然要拍摄，我在干吗？'于是我打电话给安德烈，说：'给我请一名律师。我必须有一名律师。'到了午饭时间，我想，山姆·哈里斯（Sam Harris）或赛·里夫金德（Sy Rifkind）来了，我忘了当时到底是谁来了。"

这么多年来，菲利克斯的脑海中一直盘旋着一个没得到答案的问题：安德烈是否有意让他在ITT与哈特福德并购案中替拉扎德承担公众压力？他感到疑惑，除此之外，安德烈还有什么理由不派一名律师陪他去参加受到高度关注的听证会呢？"我回想起来，（安德烈）当时知道我要去参加这次听证会时显得非常放心，"菲利克斯回忆道，"没人问我是否有律师或者让别人陪我一起去。我一直不太肯定……安德烈是不是已经知道了将要发生的事情，或者吉宁是不是和他谈过什么。这是一个没有答案的问题。"

菲利克斯也认为这些经历没给他带来任何好处。"全是不利影响。"他说，"有一天，凯瑟琳·格雷厄姆打电话给我，就在这些事情发生的时候，也许是稍后不久。她对我说：'听着，你得离开ITT董事会。'我说：'你是知道的，如果我从ITT董事会辞职，那么每个人都会觉得我认为吉宁或我自己有罪，我不能这样做，因为我相信他是无罪的。'她接着说：'你知道的，如果你不这样做，你将永远无法再在民主党政府中工作了。'我说：'我觉得他们无论如何都不会邀请我加入，所以就这样吧。'"菲利克斯还认为，负面报道严重损害了自己的职业生涯，也对他的家庭造成了不利影响。他和妻子分居了。他的3个儿子在曼哈顿东区的一所法国学校念书，他说："他们不仅受到了其他孩子的侮辱，还受到了一些老师的侮辱。"他还说，别人通常会用"'你爸爸就是ITT的那个家伙'侮辱他们。这些人其实对事情一无所知"。

第六章

纽约的救星

不用说，ITT和拉扎德丑闻频出对位于华尔街44号的纽约分行来说并不是个好消息。在听证会之前，拉扎德一直成功地居于幕后，这是安德烈的策略，对他和拉扎德都有利。但到1972年初春，拉扎德在ITT交易中扮演的角色以及菲利克斯在克莱丁斯特听证会上的作证，一下子把拉扎德推上了媒体的头版报道。1972年初，只有《纽约时报》和《华盛顿邮报》定期报道菲利克斯和拉扎德在ITT与哈特福德交易丑闻中发挥的作用；但到了5月28日，记者迈克尔·詹森（Michael Jensen）在《纽约时报》周末财经版上刊登了一篇长篇报道《拉扎德兄弟投资银行的风格：隐秘和财富——感知它的权力》，一下子将拉扎德置于聚光灯下。詹森写道："投资银行世界是强大而神秘的，但在主导该领域的几家富有的投行中，或许没有哪一家像拉扎德兄弟投资银行那样强大和神秘。"报道继而描述了安德烈在拉扎德的核心角色以及他对保密性的极端偏好。一位拉扎德前合伙人告诉《纽约时报》，安德烈实际上并不是特别害羞，他"只是喜欢控制别人对他的评论"。

詹森还在文章注释里首次透露了拉扎德21位普通合伙人和7位有限合伙人的姓名，他声称，这些人"对公司的管理没有发言权"。这些人包括：法国伯爵盖伊·索瓦热·德·布朗特斯（Guy Sauvage de Brantes），他是未来将担任法国总统的瓦勒里·季斯卡·德斯坦（Valéry Giscard d'Estaing）[1]的妹夫；据说与尼克松总统关系亲密的前驻北约大使罗伯

---

[1] 1926年生，1974—1981年任法国总统。

特·埃尔斯沃斯（Robert Ellsworth）；约翰逊[1]政府时期的商务部长C. R.
史密斯（C. R. Smith）；以及安德烈26岁的外孙帕特里克·杰尔斯凯尔。
而时年43岁的菲利克斯则被描述为"梅耶先生的潜在继承人"。

　　埃尔斯沃斯是个十分有趣且热衷政治的雇员。他曾是伊利诺伊州的
国会议员，之后接受尼克松的任命担任驻北约大使。他与尼克松、约翰·
米切尔交好，而他之所以能加入拉扎德，是因为米切尔请求菲利克斯与
他面谈。菲利克斯同意了。安德烈从瑞士回国后，拉扎德聘任了埃尔斯
沃斯。埃尔斯沃斯说："我和白宫关系很近，安德烈对这一点印象深刻。"
埃尔斯沃斯是夹杂在拉扎德众多民主党人中的共和党人，拉扎德当时深
受ITT问题的困扰，因此需要在共和党执政的白宫里拥有朋友。不过，
安德烈并没有为埃尔斯沃斯安排真正的工作，而且由于埃尔斯沃斯没有
任何担任银行家的经验，因此为了真正进入角色，他每天都要接受一些
日常工作的培训。埃尔斯沃斯的办公室位于拉扎德一隅，他有慢性背部
疾病，因而习惯站在高高的办公桌后面办公。安德烈建议埃尔斯沃斯去
领导拉扎德国际部，负责定期维护伦敦、巴黎和纽约分行之间的联系工
作。"安德烈不知道这个部门到底是做什么的，我也不知道。"埃尔斯沃
斯如此告诉《金融家：安德烈·梅耶传》的作者卡里·莱西，"我的意思
是，拉扎德国际部这个名字很可笑，它要做什么？拉扎德本来就是国
际化的。"

　　接下来，安德烈要求埃尔斯沃斯报告国际货币基金组织年度会议情
况，并安排他在通用动力公司（General Dynamics）和菲亚特公司的董事
会任职。然后两人又开始为工作内容发愁。"我会在星期天下午到他的
公寓去谈这个问题。"埃尔斯沃斯解释道，"然后他会说：'现在我们要
安排一下。下个星期天我会叫菲利克斯过来。'于是菲利克斯加入交谈，
但最后还是没有结果。"埃尔斯沃斯很快发现，自己只不过是一个拿着

---

[1] 林登·约翰逊（Lyndon Johnson，1908—1973），1963—1969年任第36任美国总统。

高薪的传播"琐碎政治流言"的人，最终目的是帮助公司影响尼克松政府。做了3年这种无意义的事情后，他离开拉扎德，回到政府担任福特总统的国防部副部长。

几乎就在参议院司法委员会的闹剧进入高潮以及詹森的文章见报的同一时间，证券交易委员会也开始自行调查ITT股票出售给米兰投资银行的合法性。菲利克斯和汤姆·穆拉凯都出庭作证了。穆拉凯是拉扎德的法律总顾问，也是拉扎德与米兰投资银行股票交易的主要谈判人员之一。

穆拉凯首先上场作证。他委婉地将自己在拉扎德的职位描述为"后台负责人"。证交会的调查人员自然十分关注他在拉扎德与米兰投资银行交易中的角色，但他声称自己只是一个执行老板沃尔特·弗里德命令的无足轻重的准合伙人。他解释说，1969年9月底，自己被派往米兰与米兰投资银行的负责人库西亚会面，还说他们会谈了"四五个小时"，但只讨论了米兰投资银行与拉扎德之间的补充协议。他还声称自己没有参与商讨ITT与米兰投资银行之间的总协议。他解释说，虽然他注意到ITT和米兰投资银行协商的130万美元酬金，拉扎德将分得一半，但他无权协商或询问此事。他只不过是一位办事职员。

5天后，也就是克莱丁斯特的听证会即将结束时，菲利克斯在位于国会北街的证交会488号听证室里进行了近6个小时的听证。菲利克斯说，他认为是安德烈派穆拉凯去米兰的，而他本人"与此事毫无关系"。这是拉扎德最佳客户有史以来最大的一笔交易，而他们却将交易中关键的一环交给一个小差役负责，简直令人难以想象。菲利克斯承认，他看了ITT与米兰投资银行之间的几份最终协议草案后，发现这笔交易"确实有些不寻常"。但当被问及是否意识到整个交易可能是一个"幌子"时，菲利克斯回答道："你知道，我已经学会不当自己的律师了。"他说这句话的意思是，自己之前在克莱丁斯特的听证会上经验尚浅，不找律师就自己回答问题。

证交会的律师们继续向菲利克斯施压，问他是否知道在股票转让结束后，拉扎德会与米兰投资银行平分130万美元佣金。"我无法回答这个问题。"菲利克斯答道，"我对协议细节不太清楚，也不知道利润如何分配。"但他确实记得自己曾在1969年10月底告诉过吉宁，"不管米兰投资银行得到多少好处，拉扎德都将分到一半"。菲利克斯还作证说，他从来不知道米兰投资银行与拉扎德在1969年11月3日达成的协议，直到1972年4月作证的90天前才知道，而这份协议确认了拉扎德将从米兰投资银行获得出售ITT股票的利润和佣金的一半。他还重申了自己的证词，即他不清楚这130万美元的佣金从何而来。

如今看来，菲利克斯对这些事件的看法是，在ITT与哈特福德并购交易中，他和安德烈存在责任分工，尽管这种情况不同寻常，但他从没想过违背安德烈。毕竟，安德烈是他的老板。"我只能回避此事，因为这归安德烈管，我不会插手他和米兰投资银行或詹尼·阿格内利之间的事。"他解释说，"安德烈在菲亚特和米兰投资银行的董事会任职。他还是拉扎德巴黎分行的负责人。除了这笔交易，我和安德烈再也没有过这种明确的责任分工，即使在安飞士的交易中。而之后我就开始完全独立地做越来越多的事情。"菲利克斯的解释似乎难以令人信服，毕竟对他的最佳客户ITT来说，哈特福德并购交易非常重要，况且他还是ITT董事会的重要成员。菲利克斯继续谈及安德烈："阿格内利是安德烈的客户，库西亚也是他的客户，吉宁是他的朋友，因此我很小心，尽量不插手吉宁与安德烈之间的事。从本质上来说，吉宁邀请我加入ITT董事会违背了安德烈的意愿，因为安德烈希望自己或斯坦利·奥斯本在董事会任职，他认为像我这样的年轻波兰裔犹太难民进入这家美国老牌知名大公司的董事会有些不自量力。当时的背景情况就是这样。"

1972年6月16日，证交会指控ITT、米兰投资银行和拉扎德违反了《1933年证券法》第5（a）条和第5（c）条，即三家公司故意没有向证交会登记ITT是在拉扎德的帮助下将170万股哈特福德股票"出售"给米兰投资银行的（现已臭名昭著）。事后看来，未向 ITT 股票的潜在买家充分披露信息只能勉强算是违规，尤其是考虑到之前康涅狄格州保险专员、美国司法部、参议院司法委员会之前以及现在的证交会已彻底调查了与 ITT& 哈特福德并购案有关的一系列交易。但被证交会指控违规绝非小事，因为构成当今资本主义体系基石的《1933 年证券法》规定，出售股票的公司必须对投资者进行充分详细的信息披露，违背这项简单的基本规定等于是用手指公然戳资本主义体系的双眼。证交会指控它们违反规定，进而怀疑这是拉扎德与米兰投资银行隐秘操作的一部分，对于拉扎德和菲利克斯（他是 ITT 与哈特福德并购交易的负责人）而言，这项指控非常严重，也令人震惊。证交会发布了一项"永久禁令，阻止和禁止"ITT、米兰投资银行和拉扎德及其管理层、董事、合伙人和员工出售 ITT 股票，直至向证交会提交相关"登记书"才能解除该禁令。

　　大约与此同时，参议员肯尼迪给证交会委员威廉·凯西打电话，告诉他安德烈·梅耶不仅是肯尼迪家族的朋友，还是肯尼迪家族慈善基金会的托管人（肯尼迪可能无需向凯西提示他与菲利克斯的友谊）。事实也确实如此。安德烈办公室的桌子上放着一个"蒂芙尼（Tiffany）纯金时钟"，上面刻着"给安德烈——献上深深的赞美和喜爱之情——罗丝（Roth）[1]、尤尼斯（Eunice）[2]、珍（Jean）[3]、帕特（Pat）[4] 和泰德敬上"。肯尼迪告诉凯西，安德烈是一个"拥有很高声望的人"，给肯尼迪家族"带来了很大帮助"。肯尼迪参议员还表示，安德烈"非常担心公司会受人指责，并可能损害他的声誉"。后来凯西作证说，他当时很感谢肯尼迪

[1] 即罗丝·菲茨杰拉德·肯尼迪，1890—1995 年，商人、政治家、前美国驻英国大使老约瑟夫·P.肯尼迪的妻子，美国第 35 任总统约翰·肯尼迪的母亲。

[2] 即尤尼斯·肯尼迪·施莱佛，1921—2009 年，美国第 35 任总统约翰·肯尼迪的胞妹，世界特殊奥林匹克运动会的创始人。

[3] 即珍·肯尼迪·史密斯，1928 至今，美国第 35 任总统约翰·肯尼迪的胞妹，美国政治家、社会活动家、慈善家。

[4] 即帕特丽夏·肯尼迪，1924—2006 年，美国第 35 任总统约翰·肯尼迪的胞妹，美国社会名流。

提供安德烈的信息，并向对方保证"将根据案情本身来考量"。不过，凯西认为，作为该案的监管者，接到参议员的这种电话是"不恰当的"。但不论是否恰当，他还是干预了，并且给拉扎德带来了巨大的利益。他推翻了证交会委员提出的增加对ITT和拉扎德欺诈指控的主张，拉扎德因此得以继续营业。而证交会的其他委员也接受了他的这项决定。

无论如何，经过被告的努力，4天后，即1972年6月20日，各方就达成了庭外和解。拉扎德同意证交会提出的严格的放宽条件，尤其是下面这条："未向委员会提交登记书之前，不得出售ITT的股票；在有关此股票的登记书生效之前，不得出售或在出售后转让ITT的股票。"

时任证交会执行长官斯坦利·斯波金（Stanley Sporkin）（后来当了14年华盛顿特区的联邦法官）表示，当时证交会对ITT、米兰投资银行和拉扎德采取了前所未有的行动，虽然这次行动看似是基于法律细则的。"在当时，那是非常重大的事件，"他解释说，"以前从来没有过。我们不能用现在的标准来衡量。当时，政府对像ITT、米兰投资银行和拉扎德这样的大公司提起任何诉讼都是大事，起诉一家大公司本身就是大事。没人想被证交会起诉，尤其是吉宁，他想比恺撒之妻更纯洁。"斯波金将此案相关的法学理论研究归功于他在证交会时的同事欧文·博罗夫斯基（Irwin Borowski），三名被告就是在他提出的理论框架下遭到起诉，并最终同意庭外和解的。"他智商极高，"斯波金评价博罗夫斯基，"是一位塔木德法典[1]学者，他开发了一套用于起诉ITT的深奥理论。事实证明这是有效的，他是对的。"斯波金还说，达成和解的速度之快要归功于博罗夫斯基基于法学理论的智慧，以及被告高价聘用的律师务实的机敏。"他们正确地意识到，对公司来说，最有利的事情就是达成和解，不让情况继续恶化下去。"最重要的是，证交会和拉扎德之间达成的和解是在"没有就任何事实或法律问题进行审判或辩论"的情况下达成的，

---

[1] 犹太律法、思想、传统习俗与祭祀礼仪的集大成之作，主体部分成书于2世纪末至6世纪初。

"不构成"拉扎德或其合伙人或其他员工"出于任何目的的任何不当行为或责任"的证据或供认。换句话说，从1968年赛勒委员会听证会召开以来，菲利克斯和拉扎德连续4年来遭受的可怕的公开侮辱，理论上马上就能结束了。拉扎德罕见地发布了一份公开声明，希望能结束此事：

上星期五晚些时候，证交会提交的诉讼为我们提供了一个回顾案件的机会。该指控的实质是：在米兰投资银行出售ITT的N系列优先股的过程中，拉扎德兄弟投资银行作为其经纪人提供了一些专业服务，并在某些情况下执行了该股票交易的指令，却没有按照规定进行额外登记。是否需要登记是一个专业问题。我们杰出的法律顾问已向委员会表示，他们认为这些股票无需进行登记。然而，我们并不愿意在这个专业问题上进行持续的诉讼。为了避免如此耗时的诉讼，我们同意接受证交会的一项指令，即不再进行未经登记的ITT股票交易。我们的方针始终是谨遵证券法规，并在出现任何问题时遵循法律顾问的建议。我们今后也将始终依此方针行事。

但和解并未如拉扎德所希望的那样让事情结束。ITT与哈特福德并购交易案一直是个隐患，不幸的是，菲利克斯和拉扎德根本无法预测它下一次会在何时爆发。达成和解的两个星期后，一些股东开始对ITT和包括菲利克斯在内的ITT董事会提起诉讼。1970年4月29日，住在纽约皇后区的牙买加裔家庭主妇希尔德·赫伯斯特（Hilde Herbst）以每股39.75美元的价格购买了100股哈特福德火灾保险公司的股票，并在5月的要约收购中将之换成了ITT的N类优先股，又于1970年8月4日出售，获利约700美元。赫伯斯特是1937年从德国移民到美国皇后区的，和菲利克斯一样也是难民。她在德国受的教育，直到"希特勒先生不允许"她上学，因此没能高中毕业。在诉状中，她和律师一起指控ITT在对哈特福德换股要约收购时，"对接受换股要约后的联邦税务结果做出了错误的且具有误导性的陈述"。换句话说，赫伯斯特起诉的原因是，她和律师担心在哈特福德并购案中，ITT错误地认定自己从美国国税局获得了有利的税收裁定，然而，税收裁定一旦发生变动（美国国税局当时正在研究此事），就将在税收方面给她和其他哈特福德股东带来不利的影响。

　　杰克·安德森发表的有关ITT为使政府批准其并购项目而采取激进策略的报道，无疑引起了轩然大波。但ITT激进的行为并不限于在并购交易中通过非正当手段影响尼克松政府的高官，它甚至还试图推翻国外政府。就这样，安德森和同事布雷特·休谟再次被推到了风口浪尖。在迪塔·比尔德闹剧中，ITT被迫公布更多文件，其中有25份备忘录披露了它在1970年曾试图阻止马克思主义者萨尔瓦多·阿连德（Salvador Allende）[1]当选智利总统。ITT在智利拥有包括全国电话公司在内的数家企业，吉宁担心，一旦马克思主义者当选，可能会导致ITT在智利的公司被收归国有。在美国中央情报局的批准和援助下，ITT开始干预智利内政，计划阻止阿连德当选。吉宁承诺ITT将为此花费100万美元。"未被粉碎的ITT秘密文件显示，为阻止左派的萨尔瓦多·阿连德在1970年当选智利总统，ITT做了大规模策划。"安德森在第一篇有关ITT在智利的行动的专栏文章中写道，"这些文件还显示，ITT定期与美国中央情报局打交道，并一度考虑发动军事政变以阻止阿连德当选。这些文件刻画了ITT的公司帝国形象，它拥有庞大的国际资产，与华盛顿的最高官员往来密切，有自己的情报设施甚至分类系统。种种迹象表明，ITT的高层与当时担任中情局秘密服务部拉丁美洲分部主任的威廉·V.布罗（William V. Broe）有着密切联系。他们共同密谋在智利制造经济混乱，希望借此导致智利军队发动政变，从而阻止阿连德掌权。"安德森在第二篇专栏文章中揭露，ITT通过董事会成员约翰·A.麦科恩（John A.

---

[1] 1908—1973年，智利政治人物、医师，拉美第一位通过民选就任总统的马克思主义和社会主义者，1970年就任智利总统，1973年在军事政变中被杀。

McCone，前中情局局长）向尼克松政府的国家安全顾问亨利·基辛格提出，ITT 将向美国政府"提供7位数的财务援助"，用于阻止阿连德当选。

不出所料，揭发出来的这些事实使得 ITT 原本贪婪的形象显得更加穷凶极恶。在克莱丁斯特的听证会刚刚结束、参议院投票决定他担任司法部长之前，爱达荷州民主党参议员弗兰克·丘奇（Frank Church）决定向参议院外交委员会的一个小组委员会提出召开听证会，以调查对 ITT 曾试图干预智利内政的指控。然而，与克莱丁斯特听证会不同的是，"为了保证调查的公平和公正"，该小组委员会同意将听证会推迟到1972年总统大选之后。这一定是有争议的。1973年3月20日，丘奇听证会召开，目的之一是查明跨国公司对美国的外交和经济政策的影响。

1973年4月2日，菲利克斯以 ITT 董事会成员的身份，出现在丘奇委员会面前。在菲利克斯宣誓之后、委员会对他提问之前，公众再次得以一窥政府与华尔街之间越来越密切的联系。在此次听证会上，菲利克斯与伊利诺伊州参议员查尔斯·佩西（Charles Percy）的长期私人关系暴露了出来，在成为参议员之前，佩西曾担任贝灵巧公司董事长兼首席执行官，而贝灵巧公司是拉扎德的客户。之后，皮特·彼得森接替佩西，于1963年至1971年担任贝灵巧董事长兼首席执行官。就这样，菲利克斯又认识了尼克松政府的商务部长彼得森，并成了他的保密信托的受托人。"根据我一直遵循的惯例，如果我与证人私下认识，那么我就会指出来。现在，我想指出，拉扎德的合伙人菲利克斯·罗哈廷与我有积极的业务往来，"佩西参议员如此告诉听众们，"贝灵巧是拉扎德的客户。我相信罗哈廷先生很清楚，我和他之间的友谊、业务往来与私人关系不会干扰我为辅助这一调查而履行的宪法责任。我欢迎他来到这个法庭。"菲利克斯作证时说，关于智利以及 ITT 在智利的资产是否会被收归国有是1970年春季 ITT 董事会上反复讨论的话题，当时他们还谈及了 ITT 购买的保险是否足够覆盖任何潜在风险的问题。但他坚称，ITT 管理层从未向董事会成员告知吉宁与布罗的会面以及向政府提出百万美元援助的事情，就像他之前坚称自己作为ITT董事会成员对40万美元的圣地亚哥捐赠毫不知情一样。

"作为公司董事，你不觉得自己应当被告知吗？"委员会助理顾问杰克·布鲁姆（Jack Blum）问道。

"我认为这个问题很难回答，布鲁姆先生。"菲利克斯答道。此时，参议员丘奇插话了："是什么原因导致这个问题难以回答？"

"参议员先生，难点在于，事实上，援助最终没有被接受。"菲利克斯说，"我相信管理层在做出公司决议之前必须事先征得董事会的同意。"

"但是，那个援助，"丘奇反驳道，"如果布罗先生的证词是正确的，那么这个援助就没有征得董事会的许可或批准。它是管理层直接提出的。如果中情局能提供相应的情报和帮助，那么ITT将提供大量资金支持阿连德的对手亚历山德里（Alessandri）先生[1]竞选智利总统。我认为，金额如此大的援助会使ITT深陷外国内政的泥潭，但当我们问及管理层是否应与公司董事会沟通这一援助计划时，你说这个问题很难回答，请问到底有何难处？"

"参议员先生，"菲利克斯再次回答道，"我刚才的意思是，我的问题在于吉宁先生是否确实提出了无条件援助。如果他确实提出了，那么在正式承诺援助之前他应征得董事会的同意；如果吉宁先生只是进行探讨性的商议，那么他可能会向董事会提出提案，但这是另一回事了。"

"如果布罗先生的证词是正确的，那么根据你的判断，吉宁先生在向中情局提出这个援助建议之前应该先与董事会沟通，是这样吗？"丘奇问道。

"如果是无条件援助，那么的确如此，先生。"菲利克斯认可了对方的说法，他完全忽略了一家美国大公司谋求中情局的帮助来干涉一个主

---

[1] 指豪尔赫·亚历山德里·罗德里格斯（1896—1986），智利政治家，1958—1964年任第27任智利总统。1970年总统大选中败于阿连德。

权国家内政的做法是否适当。

委员会首席顾问杰罗姆·列文森（Jerome Levinson）以及参议员丘奇都很关心这个问题。"按照我的理解，列文森先生问的是，暂且不考虑出于此种目的的援助是否适当，援助是否有条件。我认为这个问题非常合理。"丘奇说。他补充道，其他在智利也有生意的CEO们在作证时都认为，ITT的援助"非常不合适"，而且令人无法接受。"作为ITT的董事，"参议员丘奇继续问道，"你有什么不同看法吗？"

面对如此直白的问题，菲利克斯的处境变得十分尴尬，他回答道："不，参议员先生，很抱歉我没说清楚。我并没有说吉宁先生为了您所说的目的提出了这样的援助并要求董事们批准。我也不确信自己是否会同意这个援助，事实上，我觉得自己可能会反对。我刚才只不过将这个问题分成了两部分：一是，如果不征求董事会的意见，管理层有权力做什么；二是，管理层征求董事会的意见时我们是否会批准。"但无论出于什么原因，菲利克斯仍然没有向委员会解释清楚他的想法，于是丘奇只能再次发问："你想就这样结束这个问题吗？以这种形式认可ITT管理层有权在事先未经董事会批准的情况下涉足外国政治？"

"不，我当然不想。"菲利克斯回答道，"我不想让大家认为董事会或至少作为董事的我本人，对于公司管理层干涉外国内政的行为无动于衷。正如我之前所说，公司管理层曾向我和其他董事保证，他们没有做过这种事。"不过，菲利克斯也承认，董事会没有亲自调查过吉宁与中情局在智利的行为，尽管有两家律师事务所正在研究ITT在智利是否能够获得保险赔偿。在作证的最后，菲利克斯明确表示，在任何情况下，他都不会认为ITT向中情局支付的任何款项，可以不经董事会的批准就被当作是"正常经营"的支出。

就在华盛顿的辩论进行得如火如荼时，菲利克斯开始在纽约着手恢复自己岌岌可危的声誉。《商业周刊》热情地投其所好，在1973年3月的封面故事《卓越的菲利克斯·G.罗哈廷》中大肆颂扬了菲利克斯杰出的并购才能（以及他在媒体界的人脉）。这份长篇人物报道刊登于菲利克斯就智利问题作证的几个星期之前，文章将44岁的他描绘成年轻热忱的实干家，称赞他为"新楷模"投资银行家，并且参考赛勒委员会发布的信息，列出了拉扎德最近10年中进行的并购交易和获得的相应酬金。文章还顺带提及，由于国会对ITT并购哈特福德案的调查，菲利克斯"才不得不暴露在公众视野中"，其实他更愿意专注于为美国企业的领导者提供咨询的工作。

这篇报道还讲述了菲利克斯与合伙人之一、慈祥的阿尔伯特·黑廷格之间的一个小故事，给菲利克斯的身份增添了一抹神秘色彩。黑廷格建议菲利克斯与自己的朋友保罗·威廉姆斯（Paul Williams）见面。威廉姆斯是俄亥俄州农村的草坪护理产品制造商斯科特父子公司（O. M. Scott & Sons Co.）的总裁，他一直想将公司与一个规模更大、业务更稳定的企业集团合并，从而使公司在面临业务周期性低谷时有缓冲的能力。为了救助这家公司，菲利克斯专门飞往玛丽斯维尔。"你无法想象那个地方有多漂亮。"他在《商业周刊》的报道中说，"他们还让我尝了当地的苹果派。我当时就认为，这家公司不应该与任何其他企业合并。"菲利克斯成功地说服了威廉姆斯别与一家小型化工企业合并，但在一年后，也就是1971年，当威廉姆斯忧虑地给他打电话说一家大公司正准备出价收购斯科特时，他突然想到应由ITT来收购斯科特。于是他给吉宁打电话。"我告诉他，那是一家非常有吸引力的企业，因为他们的大部分产品在五金店销售，而我对五金店这个销售渠道很有信心。"菲利克斯这样告诉杂志记者，"我们的收益将会有一定的稀释，但在一家像ITT这样的大公司里，人们甚至不会注意到这点。"就在4天内，吉宁与威廉姆斯会面并达成了一项交易，双方董事会也批准了，于是两家公司公开宣布这个决定。仅一个星期的工作，拉扎德就收到了ITT支付的40万美元酬金。

　　这是一个动人的故事，极大地提升了菲利克斯的地位。这是一位阐明自己不是为了酬金而做交易的投资银行家，这是一位表明有些东西——向一位不是自己客户的CEO提供公正无私的建议——比酬金更宝贵的投资银行家。如果菲利克斯是个自私自利的人，情况又会怎样呢？斯科特是一家富有美国特色的企业——"他们还让我尝了当地的苹果派"——它需要一个好的归宿，而这个"好的归宿"恰好就是菲利克斯的最佳客户ITT。

　　《商业周刊》的报道再次提及了拉扎德的继任人选问题，并谈到了安德烈对门生菲利克斯的慷慨赞美。谈判大师安德烈对菲利克斯的评价极高，称他"可以谈好任何事情"。安德烈还认可菲利克斯是少数能为拉扎德带来业务的几位合伙人之一。"我在一生中给许多人提供了机会，"他说，"但只有少数一些人能够抓住这些机会，菲利克斯就是其中之一。他做得很好，我觉得自己可能都做不到像他那样。"但菲利克斯似乎一如往常地专注于各项交易，不愿从安德烈手中接掌拉扎德纽约分行，于是年迈的安德烈变得相当焦虑，或者他只是声称很焦虑。"我感到遗憾的是，菲利克斯只在自己的事务上非常积极。"安德烈说，"我以前就说过，我把他视为自己的儿子，这是我的心里话。我曾希望他能接管这家公司，但他拒绝了。"对此，菲利克斯说道："我认为我还没有能力做梅耶先生现在做的事情，但我知道我能做现在正在做的事情，而且能把它做好。我也相信我现在做的事情对公司很重要。我希望能维持现状。"

　　在拉扎德内部，除了菲利克斯上了《商业周刊》的封面故事和拉扎德继承人的问题，还有更多的事情发生在公众视野之外，例如安德烈对于菲利克斯上了《商业周刊》封面故事的反应。多年后，菲利克斯说："安德烈很不喜欢这样。"根据菲利克斯的说法，安德烈十分嫉妒，坚持要求他把他们两人都放到《商业周刊》的封面故事上。"由于那篇文章，我和安德烈的关系变得非常糟糕。"菲利克斯说，"我的意思是，我也不知道该怎么做，我只知道他们在写一篇文章，但不知道它会上封面故事。当他们告诉我会上封面时，我说：'我必须和梅耶先生谈谈，我的意思是他会非常生气。'"当菲利克斯跟安德烈谈到此事时，安德烈很认真地说："这对你来说真是太糟糕了。这件事将会很糟糕，要知道，这些公开宣传会一直缠着你。但我想帮帮你，（所以）告诉他们我愿意和你一起上封面故事。"于是我说："好的，非常感谢您。"但根据菲利克斯的说法，他的朋友、《商业周刊》的编辑卢·扬（Lou Young）不愿意这样做。《商业周刊》采取了一个折中的做法，同意在报道的延伸阅读里单独介绍安德烈。尽管升职会带来相应的声望和权力，但菲利克斯却不愿接替安德烈的位置，至于为何不愿意，菲利克斯谈及了一个在拉扎德内部老生常谈的话题，而这与华尔街充满雄心的传统智慧背道而驰。"安德烈在60年代末第一次跟我谈起接管这家公司的问题。"菲利克斯说，"我当时就知道他不是认真的。这是安德烈的一种手段。我们在演戏。他会这样问我，也知道我会拒绝。同样的事情在别人身上发生过，我看到过，所以知道如果你答应了那你就完了，尤其是如果你还准备在这家公司干的话……我一直相信，如果你不处理好和安德烈的关系，那么他会成为你的致命威胁……如果我开始尝试在公司里行使控制权，那么我在公司的日子也就到头了。"即便像菲利克斯这样重要的合伙人，一旦尝试在拉扎德担任领导人或行使领导权，也会被立即踢出去，这个非凡的洞见对于我们了解二战后拉扎德的历史是至关重要的。

尽管菲利克斯不想在公司中"管理"任何事务，但他管理着公司金融小组——实际上，他就是并购小组的负责人。在丘奇委员会作证的一个星期后，菲利克斯给并购小组中为他工作的13位银行家写了一份罕见的、现已臭名昭著的内部备忘录。他写道："我对本部门的运营状况很不满意，我要提醒你们目前的执行情况：1）维护好现有企业客户，保持现有业绩并创造新业务。执行情况：差。2）执行公司内部其他人带来的交易。执行情况：满意。3）创造和激发新业务创意。执行情况：糟糕。

精力太过分散，没有自律能力，没有坚持的毅力。如果第一次行不通就彻底放弃，仅靠交流是无法带来业务的。"

这才开了个头。"本部门的每位成员，特别是高级成员，都必须意识到自己对公司的损益负有直接责任。"菲利克斯继续写道：

在并购业务越来越繁荣的时代，我们如今面临的情况将更加严重。在过去20年里，我们一直供养着没有产出的高级人员，如今我们已无法承担这笔奢侈的花销。况且，这不仅对有产出能力的员工来说是不公平的，还会令初级员工士气低落。我很清楚，绩效既需要好运气，也需要持之以恒的毅力。没人能控制运气，而毅力需要一定的自律能力。但不幸的是，我发现本部门缺乏自律能力，这种情况必须加以改变。我们的任务将会更加明确，这是我的职责。你们要更努力地持续跟进，那是你们的职责。不要在不切实际的事情上浪费时间。要在降低成本的同时产出更多的利润。我们的经营即将步入黑暗时期。梅耶先生制定了一系列政策，当血拼结束、竞争对手被淘汰时，我们就有机会存活下来，且会变得比以往更加强大。只有在进行企业瘦身和努力执行的情况下我们才能做到。请你们好好思考这个问题。

1974年3月6日，正当赫伯斯特股东诉讼进展到双方提供证词阶段的时候，美国国税局决定撤销在ITT与哈特福德合并案中对哈特福德股东的两项免税裁决，此时距离诉讼时效到期还有一个月。这一撤销举措是前所未有的，ITT、国税局和拉扎德都因此陷入了尴尬的境地，因为这再次反映出了ITT-哈特福德交易的阴暗本质。

国税局在长达110页的裁定书中解释了撤销免税裁决的原因。根据国税局的说法，时间超过3年的裁定书按照规定必须销毁，因此之前相关的文件已被销毁，其他副本也似乎都消失不见了，唯一能使用的裁决资料就是当时一些简短的新闻报道。"我们认为，"国税局的报告指出，

"后来的证据显示，ITT与米兰投资银行的交易情况与ITT提交给美国国税局的裁决申请中的陈述不一致。ITT明知米兰投资银行不愿承担任何风险，且有意出售其转让的股票，却依然将此项交易伪装成符合规定的样子。实际上，米兰投资银行只不过是代表ITT出售股票的代理人、经纪人或承销商，并没有获得这些股票的任何权益。"

就在美国国税局撤销免税裁决后，ITT迅速采取行动，试图平息哈特福德并购案税务问题给股东带来的日益增长的不安情绪。1974年3月11日和4月4日的信件显示，ITT同意对哈特福德的前股东予以补偿："如果换股交易最终被裁定为需纳税，虽然这个可能性不大，那么ITT将对因此而导致纳税总净额和利息（含所有年份）上涨的哈特福德股东予以补偿。"毋庸置疑，美国国税局的变脸以及ITT立即对哈特福德前股东做出的让步都显示出了希尔德·赫伯斯特这位皇后区家庭主妇的过人智慧。在美国国税局发布新裁决的两个月前，也就是1974年1月16日，赫伯斯特将拉扎德也纳入了股东诉讼的被告人行列。撤销1969年免税裁定后，国税局向一些哈特福德前股东发放了征税通知。接着，这些股东向美国税务法院递交了大约950份针对美国国税局的诉状，要求国税局撤回这些新增税单。

在赫伯斯特最初的诉讼中，ITT和ITT董事会都是被告，而后，拉扎德也被纳入被告的行列，于是菲利克斯、安德烈和汤姆·穆拉凯都需要在此案中出庭作证。正如约吉·贝拉（Yogi Bella）[1]后来所说，噩梦重演了。菲利克斯两次出庭作证。1973年11月16日，在美国国税局发布新裁决之前，他出庭说明ITT将170万股哈特福德股票"出售"给米兰投资银行的相关事宜。在此次作证中，他再次重申自己没有插手ITT和米兰投资银行的交易，只有安德烈和汤姆·穆拉凯与这笔交易有些许无关紧要的关系。

---

[1] 即劳伦斯·彼得·贝拉，1925—2015年，美国职业棒球捕手。

1974年4月24日，美国国税局撤销裁决的六个星期后，菲利克斯第二次在赫伯斯特案中作证，长达两个半小时。菲利克斯的说法依然没有变化，他说："我记得自己极少涉入这桩交易。"

继菲利克斯之后，穆拉凯也两次出庭作证。此次作证中，他阐述了自己是如何在后台工作的："后台工作涉及证券的接收和转让，以及付款和出售等等维持投资银行内部正常运转的一切琐事。"1969年末，安德烈安排当时身为准合伙人的穆拉凯接手合伙人沃尔特·弗里德负责的后台工作。1969年12月，弗里德患了病，离开公司休病假（1972年10月去世）。他的血液循环系统出了问题，后又出现神经衰弱。穆拉凯说弗里德"病得很重"，安德烈将自己安排到后台工作是因为弗里德的健康状况持续恶化。

穆拉凯首次承认，他和库西亚于1969年11月3日拟定了拉扎德和米兰投资银行关于ITT"出售"哈特福德股票事宜的补充协议。1969年9月末的一个星期六，他到米兰去见库西亚，他说："在我出发前不久，弗里德指示我去了解库西亚希望我们做些什么，因为根据ITT的基本合约，我们有此责任。我们要扮演信息传递人和监管人等多重角色，还要进行市场评估，而这需要搞清楚库西亚想如何处理此事，所以我两手空空地去那里与库西亚谈谈他的想法。"回到纽约后，穆拉凯将带回的库西亚手写的协议记录交给弗里德（他作证说自己没有给拉扎德的其他任何人看过这些记录），然后继续与库西亚商讨文件的起草事宜。他很清楚自己的地位。他在作证时说："因为我当时只是一名准合伙人，无法直接联系梅耶先生。"

在ITT–哈特福德并购案中，安德烈·梅耶不得不第一次出庭作证。1974年3月到4月，他在洛克菲勒广场一号的拉扎德办公室里作了4次证。证词记录显示，他非常健谈，且对自己的记忆相当肯定。他声称自己对这桩交易所起的作用微不足道，仅在1968年秋天与哈特福德的CEO哈罗德·威廉姆斯有过一些初步联系，以及在1969年夏天与米兰投资银行的CEO库西亚做过初期交流。

和菲利克斯、穆拉凯一样，安德烈将拉扎德在ITT与米兰投资银行的股票交易中所负的责任归结到已经去世的沃尔特·弗里德头上。弗里德是奥地利移民，安德烈将他描绘成一个"白手起家的人"，非常淳朴谦虚，初进拉扎德时担任公司的会计。"在我来到这个国家的15年或17年前，弗里德先生就已经在本公司工作了。初到美国时，我对这里的政策法规以及税收、财政和行政政策一无所知，和公司里的其他人一样，我完全依赖沃尔特·弗里德先生。"他在作证时说，"对我们而言，他的去世是一个巨大的损失。他有无尽的勇气，充分信任所有合伙人。他简直像一位年轻的祖父，照顾公司里的每一个人。所有人都能证明这一点。"

此次作证近8个小时，这期间，安德烈被赫伯斯特的律师利昂·希尔弗曼（Leon Silverman）激怒了。"希尔弗曼先生，我是个老人了，今天早上我吃了三片药，就是为了能来见你们，把问题回答清楚，但我不会谈自己不了解和没有参与的事情。"当希尔弗曼问安德烈是否了解拉扎德内部邮件处理体系时，安德烈再也无法忍受他的提问，说道："这家公司的运营一直非常谨慎。它已经存在了130年，从没出过任何问题。"接下来，希尔弗曼又向他询问邮件在拉扎德内部的发送路径和方式，安德烈回答道：

我不清楚。真的，我不知道。我已经告诉过你，我再次重申，我在这家公司里担负的职责一直很清晰。我下面要说的话可能会让我的律师不太高兴，因为这是题外话，但我觉得应该告诉你们。我曾是法国人，1940年我逃离了法国。就在我离开的几个小时后，盖世太保到我的公寓去抓我。我并不是一个讨人喜欢的人，最有力的证据就是我被维希政府剥夺了法国国籍，和戴高乐将军在同一天，我的名字就在第一张名单上。1940年8月的第一个星期里，我和妻子及两个当时还很年幼的孩子一起来到这个国家，我当时只是一个难民，事实上，我连一句英语都不会说，现在我的英语仍然说得不是很好，但我从来没有上过一节英语课。我到美国后病了两年，医生说我得了胰腺癌，但事实并非如此。1943年，我进入这家公司，当时我对它一无所知，因此我不断学习，同时我也依赖这里的员工，我非常信任他们。我从不插手他们的事务，因为这家公司从来没有出现过问题，资产负债表非常干净，声望也很高。我开始肩负公司中越来越多的责任，我对自己为它所做的一切感到自豪。但我不会插手过多的事务，因为我对此不太了解，我很清楚自己对银行内部机制所知有限。我们有一位叫沃尔特·弗里德的员工，我相信他从1930年开始或者更早就在这家公司工作了。他很成功，也很年轻，具备非常高的素质，后来成了财务部的负责人，此后，他涉足的领域也越来越宽。我在很多方面都要向他学习，我试着一步步将这家公司打造成在这个城市中方方面面都最受尊敬和最大的公司之一，那真是一份艰苦的工作。不过，幸运的是，我拥有一批遵从公司机制的能干认真的下属，我很依赖他们。我认为向你们介绍一些背景可能会对本案有用。我在公司中的职责包括很多方面，例如制定与公司主营业务及不得从事的业务相关的政策。我的原则是，一旦政策已经制定，决策已经做出，就不得妨碍它们的执行。过去35年里，我一直在华尔街丛林里打拼，我做了一些有建设性意义的事情，也保留了一些传统，这才是我实际意义上的工作。现在我已经很老了，无法继续做这样的工作，因此如果你问我是谁打开的邮件，我只能遗憾地告诉你我真的不知道。

在安德烈作证的最后一点时间里，希尔弗曼问了一个他一直未能得到回答的关键性问题：为什么作为拉扎德并购业务负责人的菲利克斯，能在最重要客户的最重要交易进行到最关键之处时避开责任？"ITT与哈特福德的并购交易属于或归哪个部门管呢？"希尔弗曼问道。

"罗哈廷部门。"安德烈回答。

"这算是新业务吧？"这位律师问。

"是的。"安德烈回答。

"ITT处置哈特福德股票的交易归哪个部门管呢？"希尔弗曼接着问。

"我不认为我们为此专门设立了一个新部门。"安德烈回答。

"这是新业务吗？"希尔弗曼问。

"罗哈廷先生是ITT的董事，还是拉扎德和ITT之间的联络人，正如我之前所说，我们公司是一家精简型企业，包括合伙人和送信人在内，总共只有200到240名员工，"安德烈解释道，"很多事情并不像美林那样由划分的不同部门分别负责。"

"ITT与哈特福德的并购交易也影响到了拉扎德，罗哈廷先生不应对这个交易负责吗？"希尔弗曼再次询问。

"是的。因为他在帮助别人的同时，也有一些人帮他处理内部事务和法律事务。"安德烈说道。

"你的意思是说，虽然ITT与哈特福德并购交易属于新业务且归哈罗廷先生管，但罗哈廷先生并不会处理所有相关事务，是吗？"希尔弗曼对此表示怀疑。

"是的。"安德烈回答。

"可你之前不是告诉过我，在这种情况下罗哈廷先生会负责所有相关事务的执行吗？"希尔弗曼问。

"不，他并不负责所有事务。"安德烈回答，"他不负责系统协议等事宜，但如果涉及与公司的CEO洽谈等事务，那么这就不是穆拉凯先生或弗里德先生能做的了。"

安德烈尽可能地为菲利克斯在重要时刻放弃其肩负的为ITT提供咨询的职责进行开脱。无论如何，就在美国国税局裁定哈特福德的股东们需要就ITT-哈特福德并购交易纳税后不久，ITT便主动提出向所有符合条件的哈特福德股东提供纳税补偿。不过，继ITT宣布这一消息后，又出现了4起针对ITT股东诉讼的新案，我们的社会一贯以来就爱打官司。1977年4月的第一个星期前后，赫伯斯特案终于了结，作为补偿，ITT

同意以每股1.25美元的价格向哈特福德前股东支付2200万股ITT股票的补偿金，总计约2750万美元。此外，假如美国国税局的这一决定在未来还会给哈特福德的股东带来任何纳税负担，ITT也同意对其做出赔偿。如此一来，拉扎德和菲利克斯终于从这些股东诉讼中脱身出来了。

尽管ITT并购案给菲利克斯带去了诸多麻烦，如多次出庭作证、没完没了的诉讼以及各种负面报道，但菲利克斯仍认为他支持ITT合并计划是正确的，于是他继续做自己最拿手的业务：为重大的并购交易提供咨询。当然，他也继续努力恢复自己受损的形象。1974年6月，《时代周刊》和《纽约时报》同时刊登的两篇文章，恰好满足了菲利克斯的这些需求。《时代周刊》的报道由记者迈克尔·詹森撰稿，过去数年间，他写过多篇关于菲利克斯和拉扎德的文章。在这篇文章中，菲利克斯被詹森描述成"并购大师"，他精心设计了一个构思和架构都很巧妙的救助方案，使得步履维艰的洛克希德飞机公司获得了德事隆公司（Textron）的援助。菲利克斯是洛克希德的顾问，他的主意是，让德事隆公司向洛克希德投资1亿美元，以换取洛克希德46.8%的权益。至关重要的是，德事隆投资后，联邦政府将无需向洛克希德的银行提供约2.5亿美元极具争议的贷款担保。1971年，美国国会以一票优势批准了这笔贷款担保，打算将洛克希德公司从破产中拯救出来。此外，在德事隆进行股权投资后，向洛克希德提供贷款的银行同意将2.75亿美元的债务转换为优先股，这使洛克希德在公司重组后的头两年利息降低了1亿美元。菲利克斯如此告诉《时代周刊》："在我参与过的各项交易中，这是最令人满意的一次。"这篇多是溢美之词的文章也写到了一位不愿透露姓名的竞争对手对菲利克斯的刻薄评论，这是此类文章的套路之一，让人觉得此人无疑十分嫉妒菲利克斯一直以来所受的称赞。"没有人比他更优秀，"这个人告诉《时代周刊》，"他的才能在于他能激发人的动力。在拉扎德的支持下，他能招到人才。我对菲利克斯的评价并不怎么高，但这并不意味着他不及华尔街的各位投资银行家。问题在于没有人是圣人。"这篇报道还将菲利克斯的"崛起"与两股"强大的力量"联系起来，那就是安德烈·梅耶和ITT的哈罗德·吉宁这两位菲利克斯始终对他们心存感激的导师。但也有人认为，很可能这只是詹森本人的想法，"他的一些成功事迹通常会得到媒体的大肆宣传，这在华尔街是一个公关胜利，其重要程度不亚于金融才智的展示"。

文章还将"幕后黑手菲利克斯"这个称号写入标题，借此称赞菲利克斯在促成德事隆与洛克希德交易中体现出的高超技巧，而非像冯·霍夫曼那样用此称号抨击菲利克斯无节制地追求政治权力。一位公司高管告诉《时代周刊》："如果他完成了这笔交易，那么它将是投资银行界近10年来排得上号的大项目。"而菲利克斯本人则在文中将这笔交易描述为"极富美感的交易"。

詹森和《时代周刊》的报道大大提高了菲利克斯的声誉，他再次被称为华尔街的奇迹。不过，他并没有因此自满，反而利用此次有利的宣传以及负面评价消退所带来的机会，首次在公共政策辩论中表达了自己的立场。多年以来，菲利克斯一直通过巧妙地操纵政治影响力为客户服务，但此次情况完全不同，他运用非凡的才智在一篇社论中表达了自己的政治立场（30多年后，他仍持这个立场）。1974年12月，《纽约时报》周末版刊登了一篇他撰写的两千字社论，在这篇社论里，他大胆地表达了自己的观点：应振兴处于萧条期的复兴金融公司（Reconstruction Finance Corporation）。当时，这个观点得到了一些民主党国会议员的支持。复兴金融公司于1932年1月由国会成立，当时的拉扎德合伙人尤金·梅耶（Eugene Meyer）任董事会主席。当企业在公开市场上筹集资金遇到困难时，复兴金融公司就向它们注入急需的资金。以换取债券和股权的形式，复兴金融公司向面临困境的美国企业总共投入了约100亿美元资本，其中40%的资本给了金融机构。20世纪70年代初出现的各种经济问题，使菲利克斯萌生了振兴复兴金融公司的这个想法，他希望美国财政部向复兴金融公司投入50亿美元购买股权，再提供100亿美元的联邦担保额度，向面临困境的美国企业注入新鲜资金，这与德事隆向洛克希德注入1亿美元的举措如出一辙。"因此，复兴金融公司应成为一支循环基金（还有希望盈利），它在企业没有其他解决方案时介入，在公共利益得到保障并且市场恢复正常运作时退出。"菲利克斯建议，年利润超过100万美元的公司应将每年税前利润的1%捐给财政部，以这种方式让私营企业为财政部提供注入复兴金融公司的资金。他相信，照此计划，5年内政府就可以收回注资金额。

金融机构也普遍支持菲利克斯的建议。菲利克斯的朋友、高盛的执行合伙人格斯·利维（Gus Levy）说道："我非常赞成。"美联储前主席威廉·麦克切斯尼·马丁（William McChesney Martin）为《时代周刊》撰文写道："我们要朝这个方向努力。"然而，菲利克斯的政治嗅觉常常不够灵敏，这个建议实际上一提出就遭到了否决。"如果罗哈廷拿洛克希德作例子，那么他还没开始就已经没戏了。"一位国会高级官员以一种典型的评论口吻告诉《福布斯》杂志，"还记得对洛克希德债务担保的投票吗？众议院仅以一票优势通过了这项担保，参议院也仅以两票的优势通过。现在的领导甚至不愿意提起这件事了！"威斯康星州民主党参议员威廉·普罗克斯米尔（William Proxmire）也对这个想法嗤之以鼻，称之为"保护马鞭制造商的方案"。

1974年末，就在菲利克斯开始推进公共经济振兴计划的同时，几乎所有政府部门都在调查他和拉扎德在ITT-哈特福德并购案中发挥的作用，甚至政府部门本身也成了被调查的对象。康涅狄格州保险监察员已做出两次裁决，该州联邦法院也多次就ITT和反垄断案做出裁决。此外，康涅狄格州法院还对拉尔夫·纳德诉讼案做出了裁决。美国国会众议院针对ITT文件盗窃案召开了数次听证会。参议院司法委员会挖掘出了克莱丁斯特任职听证会上肮脏的内幕。在尼克松、克莱丁斯特和菲利克斯干涉下，司法部就针对ITT的反垄断诉讼达成了和解。司法部当时也在调查在克莱丁斯特听证会上作伪证的证人，其中包括现任司法部长克莱丁斯特本人及前任司法部长米切尔。证交会在向美国司法部提交证明文件之前，已经对ITT和拉扎德的证券欺诈交易的违规行为做出了处罚。由于ITT进行了多番游说，还为共和党全国代表大会捐赠了大额款项，因此尼克松政府才会竭力干预反垄断案的结果。美国国税局推翻了之前对ITT–哈特福德并购交易的免税裁定，受到新裁决影响的哈特福德原始股东随之提起诉讼要求赔偿。接着，股东提起的诉讼层出不穷。人们有理由期待拉扎德、米兰投资银行、ITT和哈特福德的事情闹到1975年该有个了结了。

但事与愿违。1974年底，证交会再次审查了这起没完没了的案件的所有文件后，决定展开新一轮的调查，进一步核实ITT在并购哈特福德时是否违反了联邦证券法中的某些条款。因此，拉扎德的领导层再次面临严格的审查，菲利克斯又将两次出庭作证，疾病缠身的安德烈·梅耶也面临同样的情况。

这一次审查的重点是：米兰投资银行在1970年和1971年转售了ITT的N股，但最终发现，这些交易只不过是在与米兰投资银行和拉扎德有关联的公司之间进行股票的内部转移。那些公司买入股票后又转手将股票卖给ITT，并从这两笔交易中获利。这一切都显得太过巧合，自然引起了证交会的注意，但想要弄清真相实在太难了。当然，菲利克斯告诉证交会，自己对ITT与米兰投资银行的交易以及这些衍生的销售都所知甚少。在作证过程中，即使有问题让菲利克斯感到不快，他也不会表露出来，他对证交会的律师们格外亲切，而律师们对他也很客气。几年下来，他甚至和其中几位成了朋友。

5个月后，也就是1975年5月，当菲利克斯再次在华盛顿玩弄权术时，偶然接到了一通意外的电话。对于提高菲利克斯的声誉而言，这通电话所做的贡献比他在《纽约时报》发表的第一篇独立时评或《时代周刊》关于他的特写还要大得多。这通重要的电话来自纽约州州长休·凯里（Hugh Carey），当时纽约市正面临财政危机，他请求菲利克斯对此施以援手，但其实菲利克斯对这一危机一无所知。正是因为这个偶然的契机，菲利克斯从一个被社论作者们斥责的充满争议的人物，一下子转变为美国备受尊敬的知名人物。他成了纽约市的救星。20世纪70年代中期，普通纽约民众极其崇拜菲利克斯，他坐出租车时，出租车司机不会向他收费，而警察会主动用警车载他到目的地。与克雷·费尔克（Clay Felker）[1]和吉米·布雷斯林（Jimmy Breslin）[2]一样，他开始经常出入纽约东部的社交场所伊莲餐厅（Elaine's）。

根据菲利克斯的说法，1975年5月的一天，他去证交会参加一个与ITT-哈特福德并购交易新调查案无关的会议[他当时是全美市场体系（National Market System）咨询委员会成员]，之后礼貌性地拜访了支持他重建复兴金融公司计划的盟友——参议员亨利·M."斯科普"·杰克逊（Henry M. "Scoop" Jackson）。"我接到了大卫·伯克（David Burke）的电话，他是休·凯里的办公室主任，还曾是泰德·肯尼迪的办公室主任。"菲利克斯解释道，"伯克说州长想马上和我见面。我说：'我正要乘班车回纽约，我会直接去你的办公室。'后来我就过去了，凯里也在伯克那里。我对伯克有所耳闻，他相当出色，曾在德雷福斯为霍华德·斯坦因（Howard Stein）[3]工作。凯里将纽约市的财政状况告诉了我，又或许是伯克告诉我的。"在此之前，凯里和时任纽约市市长亚伯·比姆（Abe Beame）已面见福特总统，请求联邦政府提供10亿美元的紧急援助（多年后，菲利克斯解释道："10亿美元其实远低于我们所需资金"），以防纽约市在未来30天内破产。但福特告诉凯里和比姆，他不会帮忙。当时《每日新闻》还因此刊登了一个醒目的标题："福特对纽约市的态度：

---

[1] 1925—2008年，美国杂志编辑、记者，于1968年创办了《纽约杂志》。

[2] 1928—2017年，美国记者、作家。

[3] 1926—2011年，美国金融家，共同基金行业的创始人之一。

去死吧。"

于是凯里州长向一位在总统身边说得上话的人——罗伯特·施特劳斯（Robert Strauss）寻求帮助，希望他能说服福特改变想法。对此，菲利克斯解释道："施特劳斯说：'不，我也无能为力，但我认识一个非常聪明的人，他叫菲利克斯·罗哈廷，你们为什么不去问问他呢？'当时我还对此一无所知。"于是凯里给菲利克斯打了紧急电话，当时菲利克斯还在斯科普·杰克逊的办公室里。在伯克说明了情况的严重性之后，凯里问菲利克斯："如果这座城市破产了，你认为会发生什么？"菲利克斯说："那会是一件很可怕的事情。我的意思是，我想您必须不惜一切代价避免这种情况发生，但我不相信会发生这种情况。""那么，"凯里说，"你愿意帮助我们，做牵头人的工作吗？"菲利克斯说："不，我做不了这件事。我对于城市财政一无所知，但如果您愿意组建一个小型团队，一个包括共和党和民主党的4人小组，我会非常乐意效劳，但我必须先征求一下高级合伙人的意见。如果您愿意组建小团队，我强烈建议您将西蒙·里夫金德法官（Judge Simon Rifkind）吸纳进团队中。"里夫金德在ITT的各项诉讼中担任拉扎德的律师。菲利克斯继续说道："凯里同意了，然后给里夫金德打电话。而我则给安德烈打电话，我对他说我需要明天或其他时候见他一面，且希望里夫金德法官也在场。当时我心想：'安德烈肯定不会让我干这事。'"为什么菲利克斯认为安德烈不会让他涉入纽约市财政危机呢？"之前我为纽约证券交易所工作了近两年，还在ITT身上花了很多时间，因此安德烈肯定不会同意的。"菲利克斯解释道，"到了1975年，安德烈已经对这种情况感到相当厌烦。他问我：'你认为这需要多长时间？'我回答：'我也不知道，但我认为我们希望让纽约市恢复融资能力或至少能让它重回资本市场，一旦实现这个目标，我就退出。您知道，情况应该是这样。可能要一个月或两个月，最多不超过三个月。'"就这样，凯里州长采纳了菲利克斯的建议，组建了所谓的危机小组，即市政援助公司（Municipal Assistance Corporation，简称

MAC）的前身。

危机小组的其他3名成员分别是：菲利克斯的律师及朋友西蒙·里夫金德、大都会人寿保险公司（Metropolitan Life Insurance）CEO理查德·辛恩（Richard Shinn）和梅西公司（R. H. Macy & Co.）CEO唐纳德·斯迈利（Donald Smiley）。因为30天后纽约市就将破产，所以危机小组的4名成员开始24小时连轴转，为迫在眉睫的危机寻求解决方案。1975年6月，《时代周刊》刊登了对他们这段时间生活的报道："在最后的两个星期里，4个人的生活就是一场接一场的危机，讨论拟定草案的会议一直开到后半夜，早晨7点半就从拉古蒂亚机场乘坐直升机穿梭在各个城市里，匆忙地与凯里州长、比姆市长和其他主要官员开电话会议。"当时，他们多次在奥尔巴尼和曼哈顿之间乘坐直升机来回，不停地参加立法机构的负责人和比姆市长在瑰西园召开的会议。"一开始，他们可能对这些问题不太熟悉，"纽约州的一位官员告诉《时代周刊》，"但他们很快就适应了。最重要的是，他们没有任何政治偏见，也敢于直接表达自己的观点。这就是为什么其中一人能这样告诉立法机构的负责人：'你们正面临一场财政上的敦刻尔克[1]溃败。因此你们也要按相应的方式来处理。'"

如今，人们通常认为是市政援助公司建立了一套融资机制，才使得纽约市免于破产。菲利克斯曾说，他在市政援助公司中所做的一切是他最引以为傲的职业成就。在这场危机中，他扮演了忠实的经纪人的角色，为所有愿意倾听的人传达带着爱意的却也严厉的治疗之法。"我对共和党人所说的内容与对民主党人所说的完全一样，"菲利克斯说，"我只不过把我所知道的残酷事实原原本本地告诉他们，但我用了一种更温和的方式。我只是说：'看，病人得了癌症。这不是我的错。你可以选择让

---

[1] 此处指敦刻尔克大撤退。第二次世界大战期间，英法联军防线在德国机械化部队的快速攻势下崩溃，1940年5月25日，英军在法国东北部的敦刻尔克港进行了当时历史上最大规模的军事撤退。

他死亡或让他接受治疗。治疗过程会很痛苦，还很可能没有效果，但如果不治疗，风险会更大。'"

市政援助公司也为菲利克斯提供了他所急需的"药膏"，他借此修复了自己在过去6年多中因协助吉宁收购哈特福德而遭受的创伤。如今，菲利克斯成了纽约的名人。他也增加了与新闻界的往来，作为市政援助公司的管理人员，他很乐意花时间向常常一头雾水的时政记者解释复杂的金融机制。1975年9月，菲利克斯设计并实施了一项23亿美元的融资计划，通过该计划，纽约市避免了违约风险，菲利克斯的朋友、时任麦迪逊广场花园（Madison Square Garden）主席麦克·伯克（Mike Burke）给他写了一封短信："恭喜，西西弗斯（Sisyphus）[1]应该向罗哈廷学习，这样他就能把石头推到山顶。"

现在，菲利克斯成了国际知名的公众人物，媒体开始大量报道他的私人生活，他的婚姻问题也第一次进入了公众视野。1956年，菲利克斯与珍妮特·斯特莱特结婚，共育有3个孩子。珍妮特曾于20世纪50年代在纽约的联合国机构工作过一段时间，工作内容是将西班牙语和法语同声传译成英语。在危机期间，如1956年11月第二次中东战争[2]期间，她的工作漫长而费力。"这把我的家庭生活弄得一团糟。"她告诉《华盛顿邮报》。珍妮特结束在联合国的工作或许并非偶然，她的父亲克拉伦斯·斯特莱特（Clarence Streit）是一名作家，1925年成了《纽约时报》的记者，1929年被派往日内瓦担任驻外记者，报道国际联盟的情况。他在国外待了10年，在此期间，他萌生了一个设想：组建一个包括美国在内的15个民主国家联盟。这与今天的欧盟非常相似。在第二次世界大战爆发前夕，也就是1938年，他写了一本名为《联合起来》（*Union Now*）的书，

---

[1] 希腊神话中的人物，因太过狡猾而被惩罚将大石头推上陡峭的高山。但他每次用尽全力将大石快要推到顶部的时候，石头就会从手中滑脱，于是他又得重新推上去，反复如此。

[2] 也叫苏伊士运河危机，1956年发生在埃及的国际武装冲突。当时埃及与英国、法国和以色列的军队爆发战争。

在这本书中，他详细阐述了自己关于国家联盟运作机制的构想。这本书"震撼了整个国家"，成了一本畅销书，并在大学校园内产生了巨大的影响。

20世纪60年代末，菲利克斯虽然仍与斯特莱特维持着婚姻生活，但同时与海伦妮·盖勒特·德·巴擦（Helene Gaillet de Barcza）[现在更名为海伦妮·盖勒特·德·尼加德（Helene Gaillet de Neergaard）]开始了一段长期恋情。在菲利克斯的公众形象树立起来之前，他早已逐渐疏远了自己的妻子。"珍妮特非常聪明、有教养、优雅得体，"一位朋友回忆道，"但她很内向。"菲利克斯曾如此评价过她："她是一个极其聪明、有智慧、素质很高的人。"（珍妮特本人不愿接受采访。）1967年，菲利克斯受邀参加格林威治村的一个晚宴，遇到了当时已与一位匈牙利伯爵离婚的盖勒特。当时盖勒特坐在宴会主人和菲利克斯之间，没太在意菲利克斯。晚宴快结束时，随着音乐响起，菲利克斯邀请她跳了一支舞。据说她当时长得很像漂亮的法国女演员阿努克·艾梅（Anouk Aimée），菲利克斯一开始就被她迷住了。她于1946年从法国移民到美国，她们八口之家可能是第一批搭乘商业飞机飞渡大西洋的家庭。

一个星期后，菲利克斯打电话给盖勒特邀请她出去喝一杯。她拒绝了。下个星期他又打了电话，盖勒特又拒绝了。当时她刚刚结束一段艰难的婚姻，还要独立抚养两个年幼的孩子，根本没有兴趣与已婚男子约会。在接下来的6个星期里，菲利克斯每个星期都给盖勒特打电话，直到她同意出去见他。"我第一次见到他的6个星期后，也许是8个星期后，我答应了他。"她解释道，"请不要问我当时为什么答应，我想可能是他的坚持和魅力打动了我。他的外表并不是很有吸引力，但他非常有魅力，而且当然，他很成功。但当时我并不知道他很成功，我只知道他的坚持使我打破了原本不愿与已婚男子外出的想法。我和他出去喝了一杯。"喝完之后，菲利克斯邀请她一起吃晚餐。他们当时常去曼哈顿的约克维区，那里有很多酒吧和民族风味的餐厅。尽管菲利克斯当时还不是很有名气，但非常谨慎，因此他们总是去固定的波兰、匈牙利和德国三家餐厅。不论去哪一家餐厅，他们每次都吃同样的菜式。共进晚餐后，菲利克斯会请求到盖勒特的公寓待会儿。盖勒特一开始拒绝了，直到她的防线再次崩溃，于是他们成了情人。"我们见面后，他就会回自己在郊区的家"——菲利克斯和家人在基斯科山区（Mount Kisco）有幢房子。"当时我也不知道自己为什么会这样做，明知他已经结婚，明知自己什么也得不到。我不爱他，他也不爱我，甚至我们之间的关系并不怎么好。你懂我在说什么吗？只是事情就这样发生了。但从某种意义上说，我很享受跟他的这种关系，因为我们总是一起吃晚餐，跟他聊天很有趣。"

这段风流韵事发展几个月之后，菲利克斯觉得他们应该租一个临时住处，如此就可以定期在那里见面。他租下了东62号大街上的一套高档小公寓，就在派克大街和莱克星顿大街之间，用现金预付了一年的租金。他们不再共进晚餐，只在这个临时住处待上一两个小时，然后各自离开。盖勒特没有这个公寓的钥匙，她后来才发现自己不是唯一到那里与菲利克斯相会的女人。有时她会发现那里有别的女人的耳环或口红。

盖勒特说，当时还有另一个与菲利克斯约会的已婚女人。那个女人企图勒索菲利克斯，要求他给自己买一件毛皮大衣，否则就把他们的事情告诉他的妻子。但盖勒特说，自己对这些女人并不是很在意。"我没有任何理由要占有他，他也没有理由占有我，"她说，"我们喜欢这样的状态。"他们的关系维持了大约一年后的一日黄昏，盖勒特和菲利克斯约好在那个公寓见面，但盖勒特在麦迪逊大街和96号大街交界处的公寓差点被大火烧毁，因此她反常地迟到了。幸运的是，她和孩子们当时都不在公寓里。在一片混乱中，她突然想起了自己跟菲利克斯的约定，于是匆匆赶到了东62号大街上的公寓。菲利克斯虽然对她的遭遇表示同情，但对于这个夜晚被毁了并不是特别高兴。他提出在经济上帮助盖勒特，并当即给了她一张几千美元的支票。盖勒特将支票兑换成现金，靠着这笔钱度过了这段非常困难的时期。"我觉得他非常慷慨。"她说。但从那一刻起，菲利克斯不再打电话给她，他们的关系结束了。直到6

个月后，菲利克斯"突然"又打电话给她，邀请她到那个公寓与他见面。他们又恢复了关系，"就好像我们上个星期才见过面一样"。

4个星期后，菲利克斯告诉她："我疯狂地爱着你。我必须和你一起生活，我要和妻子分开，这样我们以后就可以一起生活了。"盖勒特对这番话感到非常吃惊，她并不是非常爱菲利克斯，他们的关系一直是浅浅的。"当我们开始一起生活后，我真的疯狂地爱上了他。"盖勒特说。菲利克斯让她去租一套公寓，他会和她一起搬进去，并和妻子分居。很快，盖勒特就在位于东64号大街37号的阿尔瑞酒店（现为豪华的雅典娜广场酒店）中找到了一套1600平方英尺[1]的顶层公寓，带全景阳台和壁炉，由亨利四世酒店提供24小时门卫和客房服务。

在菲利克斯和盖勒特住在阿尔瑞酒店的那段时间里，许多报纸和杂志都刊登了菲利克斯的相关报道，却从未提及他的风流韵事。在那些文章里，菲利克斯被描述成了一个生活有点儿邋遢的单身汉，住在一个破旧的"公寓"酒店里。这些报道清楚地传递出菲利克斯不在乎金钱或不特别在意物质生活的形象，他在阿尔瑞酒店的住处常常被描述成"不够豪华"的"小地方"，报道也从未提及他对婚姻的背叛。他被刻画成了一个生活俭朴、理性的单身汉，喜欢阅读悬疑小说和历史书籍，还喜欢与艺术界、出版界和政界的朋友高谈阔论。此外，在纽约市财政危机期间，他与纽约市各个工会进行了多次极其艰难的谈判，而这一形象的塑造对他的谈判非常有利。1976年，《时代周刊》如此描述他在阿尔瑞酒店的"简陋"住所：

家里塞满了他和三个儿子的书、杂志、野营和运动器材以及自行车。前厅壁橱里放着廉价的罗纳河谷（Côtes du Rhône）葡萄酒。他开着一辆宝马旅行车，已经开了四年，里面装满了野营用品。罗哈廷的衣

---

[1] 1平方英尺=0.0929平方米。——编者注

着一点儿都不时髦。去年秋天，在讨论有关纽约市命运的一个重要的周末会议上，他身穿黑色高领毛衣站在州长身边，让拉扎德的高级合伙人安德烈·梅耶非常不快。他那件带内衬的风衣是他唯一的外套。一次，他在雨中走着，"我的头上光秃秃，非常冷"，当时他刚好路过第55街的狩猎世界（Hunting World）商店，于是进去买了一顶探险帽。他旅行时会带一个小小的塑料航空手提袋，就是那种航空公司免费送的袋子。

但《时代周刊》的这篇文章是个大谎言。是的，菲利克斯确实住在阿尔瑞酒店，但他并不是一个人，他根本没过着单身生活，他和盖勒特一起住在那里，直到他们的关系结束。而且根据盖勒特的说法，那里非常豪华，但这些事实从未被报道过。她说，尽管不如现在的雅典娜广场酒店那么奢华，但他们的顶层公寓其实是相当雅致的，而且酒店里住着很多国际客人。"这是纽约中部一家非常隐蔽私密的酒店。"他们经常在那里招待哈罗德·吉宁及其他有钱有势的人物。（这段时间，她的孩子们一直待在寄宿学校。）当然，菲利克斯那时也在拉扎德赚取了惊人的财富。

他们还租下了隔壁的一套公寓，并打通墙壁，给盖勒特当摄影工作室。他们每月房租6000美元，在当时这是一笔很大的数目。菲利克斯承担了所有的费用，还鼓励盖勒特别去上班，如此一来，无论他去哪儿盖勒特都能陪着，盖勒特便按照菲利克斯的意愿辞掉了工作。"于是我开始了摄影生涯，我逐渐进步，作为摄影师越来越成功。他则成了公众人物，名气越来越大，因为他当时致力于纽约市的财政工作。"盖勒特说，"他还把拉扎德从华尔街搬到了洛克菲勒中心，因为他厌倦了在住处和华尔街之间通勤。以前他每天都要开着宝马去华尔街，现在他开始厌倦了。在我们把家搬到阿尔瑞酒店之后，他做的第一件事就是请求安德烈·梅耶把公司搬到洛克菲勒中心，这样他就可以步行去上班了。"

从1970年开始，菲利克斯和盖勒特在阿尔瑞酒店住了大约5年，而他的妻子珍妮特和三个儿子则住在一英里外的上城区的派克大街。1972

年，珍妮特提出离婚，菲利克斯同意了。当时他曾公开表示，离婚时自己将并不算多的财产中的大部分给了珍妮特。[但他其实直到1979年才与珍妮特离婚，就在他与第二任妻子伊丽莎白·瓦利亚诺（Elizabeth Vagliano）结婚之前。]原本他与三个儿子的关系很亲密，不用说，与珍妮特离婚使得他与儿子的关系开始恶化了。三个儿子中的皮埃尔（Pierre）是一位玻璃制品艺术家，如今生活在法国南部；尼克（Nick）像父亲一样成了金融家，是纽约的社会名流；迈克尔（Michael）则成了曼哈顿的一位作曲家和编剧。没离婚之前，菲利克斯一家一直在威斯特切斯特县基斯科山区的乡间度周末，他们的房子位于一片大小为6英亩的丘陵地带，紧挨着一个湖。湖在冬季会结冰，菲利克斯就和儿子们在湖面上玩曲棍球。"这一切不是任何人的错。"对于和前妻离婚这件事，菲利克斯如此解释道。为了离住在基斯科山区的孩子们近些，一年夏天，他和盖勒特在康涅狄格州费尔菲尔德县的里奇菲尔德镇租了一座房子，但他很快厌倦了那里的生活，于是决定和盖勒特到汉普顿斯租一间"夏季沙滩小屋"。在那里，他们和艺术界的朋友们一起打发时间，享用晚餐，还一起探讨菲利克斯最喜爱的作家的观点，如托马斯·莫尔（Thomas More）[1]和蒙田（Montaigne）[2]（"文明的怀疑论者，而非空想家"）等等。

盖勒特说，她和菲利克斯度过了一段非常开心的时光，生活无忧无虑，互相享受彼此的陪伴，没有任何约束。他们会一起到犹他州的阿尔塔度假滑雪，菲利克斯的三个儿子和盖勒特的两个女儿也会去那里。（很久以后，盖勒特的一个女儿与皮埃尔·罗哈廷约会了一年。）在ITT-哈特福德并购交易被起诉，菲利克斯到参议院司法委员会作证，日日承受媒体中伤以及接受美国国税局、证交会和股东诉讼律师的众多调查期间，盖勒特一直与菲利克斯生活在一起。"这段时间我一直像个局外人，"她

---

[1] 1478—1535年，英格兰政治家、作家、社会哲学家与空想社会主义者，《乌托邦》是其代表作。

[2] 1533—1592年，全名米歇尔·德·蒙田，法国哲学家，以《随笔集》三卷留名于世。

说，"因为我每晚都跟他一起吃饭。每晚我们跟别人一起喝点东西。他不喝酒。即使喝，一个晚上也不会超过一杯葡萄酒。他总是喝红酒，而且永远不会喝第二杯。我们会先在某个地方和什么人见面喝一杯，然后去和另外的人共进晚餐，之后我们或许还会和其他人喝一杯餐后饮料。他会喝水、苏打水或果汁。"她从来没有见过菲利克斯因身处 ITT 争议的中心而表露出任何忧虑。"这个人从来不会流露自己的真情实感，"她说，"他把所有事情都藏在脑袋里，让它们不停运转。你可能永远不知道他面临着的压力究竟有多大。他可能会说，'我要去华盛顿，你想和我一起去吗？'其实他是要去参加听证会。然后他会在晚上回来，我们会共进晚餐。他从来不会抱怨什么，或让人分担他的压力。"

菲利克斯变得越来越出名。由于他为市政援助公司和纽约市所做的工作，他简直成了超级巨星。盖勒特也成了一个小有名气的摄影师。"当时的情况是，我在摄影师的职业道路上不断前行，他也很快成了知名的金融家和政治家。"她解释道，"我们各自的事业都在快速发展。我们一起生活的最后一两年里，见面的时间越来越少，因为我接到了越来越多的拍摄预约，旅行的时间也越来越长；而他也越来越忙，他成了知名人物，总是上报纸。他不再像当初那样对我感兴趣。我想说，如果你了解我们之间的关系发展，从在一起到后来分手的心理状态和过程，你会发现，这段感情其实就是一位已婚男人的垫脚石。他在婚姻中太沉闷了，就在这时，他发现了一个令他感到兴奋的女人，于是就跟她一起生活了一段时间。这期间他又找到了另一个女人，这个女人使他彻底走出了第一次婚姻，摆脱了情事，让他进入了第二段婚姻。这就是他遇到伊丽莎白·瓦利亚诺后的情况，她现在仍是他的妻子。"1975 年 1 月，他们像往常一样去阿尔塔滑雪旅行，在那里遇见了带着孩子的瓦利亚诺。盖勒特当时并没把这次偶遇放在心上，但她记得菲利克斯对瓦利亚诺的评价。"我就是那块垫脚石，让他得以结束第一段婚姻，离开他的孩子，过上另一种生活。这种生活是如此令人兴奋，与他在拉扎德的银行家生活完全不同。"盖勒特继续说道，"然后他遇到了伊丽莎白，她将他拉出了与艺术家一起生活的状态。你能从艺术家身上得到什么呢？你能从那个摄影师身上得到什么呢？她永远无法助你达到我能帮你实现的目标。伊丽莎白确实帮他实现了目标——社交界、大型董事会、大事情。你知道，他们开始了全新的生活，这是我永远无法帮他实现的，因为我对那些事情完全不感兴趣。"

1975年12月，盖勒特在巴黎举行了一次大型摄影展。她在全世界拍摄了许多名人，包括路易斯·内维尔森（Louise Nevelson）[1]、米克·贾格尔（Mick Jagger）[2]和亚里士多德·奥纳西斯。船王奥纳西斯于1975年3月去世，在去世的前四个月里，他与盖勒特在希腊斯科皮奥斯岛上有过一段短暂的恋情。盖勒特在纽约与菲利克斯和安德烈共进晚餐时，第一次遇到了奥纳西斯，然后奥纳西斯公开邀请她到斯科皮奥斯岛游玩，有没有菲利克斯同行均可。几个月后的一天，盖勒特正打算从巴黎前往金沙萨拍摄穆罕默德·阿里（Muhammad Ali）[3]与乔治·福尔曼（Goerge Foreman）[4]的拳王争霸赛。出发前，她与菲利克斯通了电话，才从菲利克斯那儿得知这场比赛要推迟五个星期，于是她问菲利克斯自己能否去希腊群岛游玩。干吗不去呢？菲利克斯回答。然后菲利克斯给正在斯科皮奥斯岛上的奥纳西斯打电话，得到奥纳西斯的同意后，菲利克斯把奥纳西斯的电话号码给了盖勒特。奥纳西斯邀请她到自己的岛上，接下来发生的事上文已经说过了。盖勒特还拍摄了一系列色情照片。"克雷·费尔克曾说，这是纽约最好的摄影展览。"她笑着说道。在摄影展开幕的前几个星期，盖勒特去巴黎的画廊帮忙，并在那里待了大约五个星期。

盖勒特说，虽然两人的事业开始影响他们的关系，但她和菲利克斯

---

[1] 1899—1988年，美国著名雕塑家，以巨大的单色木制壁和户外雕塑而闻名。

[2] 1943年至今，英国摇滚乐队滚石乐团的创始成员之一，乐团主唱。

[3] 1942—2016年，美国传奇拳击手。

[4] 1949年至今，美国著名拳击手，曾数次夺下世界重量级拳击冠军。

还是想努力解决问题，甚至说好在她从巴黎回来后马上结婚，婚礼就定在1975年的圣诞节期间，在阿尔塔山顶教堂里举行。那次摄影展非常成功。菲利克斯专门去了巴黎。米歇尔·大卫-威尔和安德烈也都携妻子去了。大约400人参加了这次摄影展。展会从晚上6点开始，之后还开了派对，直到午夜才结束。"我们把画廊附近的整条街都封上了。"盖勒特说，"那次摄影展太成功了。菲利克斯参加了开幕式。我们决定在展会结束后就组建新家庭。我们已经决定了。当时我以为他已经同意了。因为我们要结婚了……我变得越来越国际化，他对此感到很兴奋。当时我还不知道他已和伊丽莎白交往。"

然而，当盖勒特从巴黎返回阿尔瑞酒店时，她发现菲利克斯已经搬出去了。她在艺术生涯的顶点回到美国，打算与菲利克斯·罗哈廷结婚，他却离开了她。她被击垮了。"我回到了空空荡荡的公寓，"她说，"剩下的只有我的衣物和酒店的家具。他已经搬走了，没有留下联系地址。于是我打电话给他的秘书萨莉（Sally），她对我说：'我很抱歉，我不能告诉你罗哈廷先生在哪里，他外出了。'她就编些理由搪塞我。你不知道我回到那个空空的公寓后受到了多大的打击。事实上，我再也没有拿起过相机。从那以后，我不再进行任何拍摄。"

到了下个星期一，菲利克斯的秘书约盖勒特晚上8点在西52街的"21"俱乐部与菲利克斯共进晚餐。"于是我精心打扮了一番，"她说，"我彻底崩溃了。整个晚餐过程中我一句话都没说。我根本说不出话来。他对我说：'我的生活必须继续。我需要更多的空间。我爱你，但我必须做一些其他的事情。'当时我还没有意识到他已经和伊丽莎白打得火热。我和他的关系到此为止了。那晚之后，我就再也没有见过他。你不知道，我花了5年时间才迈过这个坎……这是最糟糕的事，比那场火灾更可怕，它比其他任何事情都可怕。我的意思是，那真是太可怕了，太可怕了。我花了5年时间才从和他分手的悲伤中恢复过来。我现在还会梦到他。真的难以置信。和他一度过的日子对我的影响竟然如此巨大，以至于我现在还会梦到他。"菲利克斯支付了阿尔瑞酒店一年左右的租金，之后她就不得不搬出去，重新开始生活。

盖勒特并不恨菲利克斯，一方面是她的天性使然，另一方面，她也承认伊丽莎白带给菲利克斯的东西——纽约社会中的地位和高度，是她永远也做不到的。不过，盖勒特也知道，他们在一起的8年时间里，菲利克斯一直在骗她。菲利克斯经常与其他女人调情，尽管她不清楚实情，但她不信他已经定下心来。"不,不,不,不,"她说，"你不明白这种心态。他是那种每隔一段时间都要大干一场的人。我的意思是求胜。这不只是搞婚外情的问题，而是他想得到某个人，然后你知道的，和她们发生两三次关系，就是这样。然后就结束了。不会再继续下去。之后他又会和别的女人鬼混。我的意思是，很多人都描写过这种心态,或者说是性格、人格。他就是这种人。他喜欢成为征服者,你懂吗？他喜欢征服女人。"

盖勒特说,在他们分手后,与伊丽莎白约会期间,菲利克斯与杰奎琳·肯尼迪·奥纳西斯也有过一段恋情,那时船王亚里士多德·奥纳西斯刚刚去世。"报纸上全是这些,"她说,"到处都登着他们的照片。"之前,菲利克斯和盖勒特、安德烈和贝拉以及杰奎琳经常到安德烈位于嘉丽酒店的公寓里一起用餐,菲利克斯将盖勒特介绍给了奥纳西斯,他也知道两人之间有过一段短暂的恋情。盖勒特猜测,菲利克斯之所以结束与杰奎琳的恋情,是因为对于他而言杰奎琳太引人关注了,很少人会注意到他。"我并不在场,"她说,"但我认为当时他应付不了这么多的媒体报道。他根本不是那种人。他其实更喜欢待在幕后。"她还说,菲利克斯甚至曾与玛丽-若泽·德鲁安（Marie-Josée Drouin）[1]约会,而德鲁安现在嫁给了金融家亨利·克拉维斯（Henry Kravis）。对于与盖勒特一起生活的时光,菲利克斯唯一的评价是："我和一个女人一起生活了几年,然后分手了。大约一年后,我和另一个女人在一起了,她成了我的妻子,到

---

[1] 1949年至今，加拿大女商人和慈善家。

现在我们已经结婚 27 年了。"

身为投资银行家，菲利克斯越来越成功，因此也受到了越来越多媒体的吹捧——解决华尔街后台危机，领导解决纽约市的财政问题——这些报道使他成为"最有影响力和受人关注的单身汉之一"。他是纽约许多时髦社交场合的常客，一直给公众留下这样的印象——独身一人住在低档的阿尔瑞酒店。"那段时间，"一位与菲利克斯相熟的女士说道，"菲利克斯尽量给自己塑造了一个放荡不羁、坚忍不拔、聪明独立的形象。他曾说：'我只有两套衣服，一套我正穿着，另一套放在洗衣店。'我们一起出去的第一个晚上，他开着那辆破旧的车带我穿过中央公园。当时是春天，苹果树正在开花。'你看见那些花了吗？'他问我，'好好看看它们吧，因为我永远不会送花给你。我根本不信这些东西。'"据说，他还曾与芭芭拉·沃尔特斯（Barbara Walters）[1]和雪莉·麦克莱恩（Shirley MacLaine）[2]约过会。

无论如何，菲利克斯都不断地做着各项重大交易。例如，1975 年 7 月，纽约市财政还处在关键的危机期时，他建议总部在哈特福德的喷气发动机制造商联合技术公司（United Technologies）认真考虑收购奥的斯电梯公司（Otis Elevator Company）。联合技术公司希望实现收入和盈利多元化，摆脱对政府采购的依赖，因此 CEO 哈里·格雷（Harry Gray）采纳了菲利克斯的建议。10 月 15 日，联合技术公司向奥的斯发动突袭，以每股 42 美元的价格对奥的斯 55% 的股份发起恶意收购。奥的斯采取抵制措施，并请求摩根士丹利帮忙寻找"善意"的收购方，但一切都是徒劳，因为联合技术公司将收购价格提高到了每股 44 美元，以现金方式支付。菲利克斯和拉扎德又赢得了一笔新生意和一位新客户。菲利克斯被再次喻为亨利·基辛格——当时基辛格正处于权力顶峰。"他是金融界的亨

[1] 1929 年至今，美国广播记者、作家与电视人物，以主持过许多电视节目而闻名全美。
[2] 1934 年至今，美国女演员，凭电影《母女情深》获得了 1983 年奥斯卡最佳女主角奖。

利·基辛格，"即将成为克林顿政府卫生和公共服务部长、迈阿密大学的校长堂娜·莎拉拉（Donna Shalala）当时如此告诉《新闻周刊》，"他像基辛格一样聪明，也和基辛格一样是欧洲人。他做的交易跟基辛格一样多，但他比基辛格更亲切。"

虽然在曼哈顿被奉若神明，但菲利克斯拥有的声望在华盛顿却毫无意义。福特总统对纽约市的财政危机不予理睬，菲利克斯还得接受证交会对ITT并购哈特福德交易的持续调查，他们连交易中最隐秘的细节都不放过。1976年2月3日，在证交会的第二次调查中，菲利克斯在作证结束前谦逊地向证交会的律师解释，从他上次作证开始，凯里州长就请他帮忙解决纽约市的财政危机。大家只是点头认可，却没人对此有兴趣。证交会的律师当时完全是公事公办的态度。

在对整个交易进行了长达4年多的调查分析后，调查人员终于第一次开始关注其中的细枝末节。1971年，ITT突然买下了意大利小型汽车零部件公司维亚斯（Way-Assauto），证交会想知道菲利克斯对这家公司了解多少。维亚斯70%的股份由格里法（Griffa）家族持有，而余下的30%股份由阿格内利家族控制下的一家投资公司持有。阿格内利家族极有势力，是菲亚特公司的大股东，还与库西亚、安德烈关系密切。这桩交易的过程很复杂，但ITT最终还是在1971年5月底以2200万美元（实际上其中2000万美元现金来自ITT，其余200万美元是卖家得到了ITT的允许，在交易结束后从维亚斯公司账面上划走的）买下了这家公司，拉扎德则是交易的经纪人。问题在于，菲利克斯、安德烈和拉扎德为何会在意大利参与一桩规模如此小的交易？"这次收购规模相对较小，我几乎没花什么精力。"菲利克斯说，"公司也没投入多少精力。"那么，拉扎德获得的30万美元酬金又是怎么回事？答案无疑是这笔小交易不仅涉及米兰投资银行的股票交易，还涉及拉扎德最大也是最重要的两家客户——ITT和阿格内利，这充分说明了菲利克斯和安德烈也参与其中。米兰投资银行以每股55美元的价格将40万股ITT的N股（总价2200万美元）卖给阿格内利控股的IIA公司，ITT同意以2200万美元的价格收购菲亚特公司的零部件供应商维亚斯公司，这两桩交易发生在1971年上半年，且几乎在同一时间，因此证交会追问菲利克斯两者之间是否存在联系。菲利克斯否认了，但他也承认这两桩交易似乎明显存在着无可争辩的关系。

此外，证交会的律师们还很好奇，米兰投资银行购买的3万股ITT的N股的价内期权，为何最后会落入拉扎德的长期客户查尔斯·恩格尔哈德（Charles Engelhard）的手中，并且在同一时间，他将持有大量股权的欧洲基金投资公司出售给ITT。原来，恩格尔哈德在欧洲基金投资公司中的股东合伙人不是别人，正是拉扎德纽约分行，他和拉扎德通过有限合伙公司法西尔斯证券（Far Hills Securities）控制了欧洲基金28%的股份。拉扎德的银行家梅尔·海涅曼的证词尤其古怪。1975年9月，他到证交会作证时只有35岁，10个月前才刚被提升为拉扎德合伙人，而此前他则当了6年的准合伙人。虽然他先后毕业于哈佛大学和哈佛法学院，但优秀的教育背景似乎没能为他在拉扎德的职业生涯做好准备。他曾是哈特福德换股交易中ITT团队的成员，负责计算要约收购的股票数量。他在证词中说，他曾两次被派往米兰投资银行，第一次是在1970年11月，第二次是在1971年1月12日到17日，而这一次他前往米兰可能与米兰投资银行转售ITT的N股一事有关，也可能与维亚斯有关，总之，他也不清楚1971年1月自己在意大利做了什么。

他的证词很幽默，让我们得以一瞥当时拉扎德准合伙人的生活。作为一名年轻的投资银行家，海涅曼对自己职责的描述与当时人们所熟知的银行家的傲慢形象完全不同。海涅曼相当确定的一点是：他当时告诉过许多同事，无论如何，他都不会为了保护菲利克斯而进监狱。"我没有理由为菲利克斯做任何事情，"他在30年后仍这样说道，"上天知道，菲利克斯从来没有为别人做过任何事情。"

海涅曼在证词中还说道，自己曾在米兰投资银行的办公室参加过一次会议，包括库西亚在内的 8 到 10 名米兰投资银行的银行家也在场。"关于那次会议，我唯一能记起来的是，"海涅曼在证词中解释，"它涉及与维亚斯交易有关的一些税务问题。除了我之外，参加会议的都是意大利人。我记得，大约 95% 的时间里大家都在说意大利语，为了能让我听懂，他们偶尔会说几句英语。"他记得自己曾向客户——ITT 的斯坦利·卢克报告此次会议的情况，但他能报告的内容实际很少。"我之所以能这么准确地回忆起当时的情景，是因为它打断了我和妻子的美好晚餐。"他说，"我记得非常清楚。"他在意大利待了 5 天，记得自己并没有向上司菲利克斯汇报出差的任何情况，还声称自己当时并不知道菲利克斯也在从事维亚斯的交易。"这就是我能回忆起来的那次会议之后的汇报情况，要知道，作为拉扎德的员工，我在意大利待了五六天之后急着回家。我记得当时给罗哈廷先生打了个电话，大体告诉他我们开了一个这样的会以及我所理解的会议情况，并请求他允许我回国。我还记得当时罗哈廷先生对会议的细节根本不感兴趣，他只建议我按正常程序把会议情况汇报给斯坦利·卢克。罗哈廷先生说，只要联系上卢克我就能回家了。"

1975 年 10 月底，证交会的律师询问安德烈是否曾派海涅曼与库西亚会面，安德烈很简洁地回答道："没有。"然后他又说道："海涅曼先生是个好人，但（我）跟他没什么往来。"

之后，海涅曼又被询问是否了解维亚斯的交易情况，他表示自己并不知情，且在被派往意大利之前也没听说过这个交易。"那么，没去意大利之前，你认为自己是去干什么的？"有位律师问道。

"我记得是去意大利协助库西亚博士，我当时猜想他可能是拉扎德的客户，或者和拉扎德有什么关系，因此我才被派去协助他。坦白说，我只记得这些。"在此次作证中，海涅曼肯定意识到，他声称不知道自己被派往意大利待了 5 天的原因，也不清楚那里的人们的谈话内容未免太奇怪了，于是主动坦陈："我去意大利时，在拉扎德待了才不到两年。就如我之前作证时所说，我是并购业务的准合伙人。我当时和现在的理解都是，那次出差只负责文书工作。我认为，谁都没有理由给我解释交易的细节，我只做我该做的事情。当然，我与你问我的这些政策问题毫无关系，我说过了，我对此毫不知情。"

证交会的律师还是觉得这种说法有点令人难以置信。"我还是不明白他们派你去那里做什么，"他说，"你能说得更具体一些吗？我相信你得到的指示肯定是具体的，而不仅仅是'去意大利协助库西亚博士'这种大而空的话。"

"我就记得我被派去意大利协助库西亚博士。"海涅曼回答，"我可能随身带了一些书面文件，我不太确定到底有没有带，不过我清楚地记得，当时没收到任何具体的指示，我也不觉得这有什么特别。"

尽管菲利克斯认为20世纪70年代初是投资银行业的黑暗时代，但一位从哈佛大学和哈佛法学院毕业的精英，被派到意大利待了5天，而且还带着妻子（实际上，他们前两天还在圣莫里茨滑雪，然后才乘公共汽车去米兰），却根本不清楚自己被派去米兰做什么，根据拉扎德当时森严的等级制度，这种情况是匪夷所思的。更具讽刺意味的是，汤姆·穆拉凯被解职之后，海涅曼居然成了拉扎德的法律总顾问，负责保护拉扎德的一些重要秘密，而且他似乎一直在模仿穆拉凯的证词。最终，海涅曼将成为菲利克斯和米歇尔·大卫-威尔的"军师"，并进入公司执行委员会任职。也许，此次奇特的外派就是对海涅曼处理秘密交易能力的测试，由此判断他是否适合在公司中从事此类工作。事实证明，他有能力胜任，且在未来30年内专注于这一职责。此外，拉扎德的一些前合伙人表示，穆拉凯和海涅曼（两人都是从银行家转变为拉扎德的总法律顾问）同意在获得高额酬金的条件下执掌公司法律事务，并对ITT事件保持沉默（我为撰写本书多次向海涅曼提出采访请求，都被他非常有风度地拒绝了）。

穆拉凯又到证交会作证了两次，第一次是在1975年1月31日，第二次是在1976年3月5日。在两次作证中，他都声称自己已想不起大多数事情，并表示，在做了大量研究后，他认为ITT收购维亚斯的交易与维亚斯卖家购入40万股ITT的N股之间的交易"存在关联"。

1971年6月，阿格内利向拉扎德支付了一笔52万美元的神秘款项，证交会律师也向穆拉凯询问了这笔钱的由来。实际上，这笔钱是由瑞士的德雷福斯之子银行支付的，是拉扎德向菲亚特公司和阿格内利家族提供4年顾问服务的费用。 1975年6月，安德烈向证交会提交了一份书面证词（在远居瑞士的穆拉凯的帮助下完成），他在其中解释道，自1964年以来，拉扎德一直向阿格内利及其附属公司提供多种"咨询服务"，包括"对美国证券市场提出一般性建议""讨论外汇和商品走势""提供有关美国经济和北美公司投资情况的专业意见""研究阿格内利各项业务的出售情况""对意大利航空业进行研究"，以及"研究菲亚特参与克莱斯勒（Chrysler）[1]欧洲运营以及参与雪铁龙汽车公司的可能性"。由于提供了这些服务，拉扎德在1971年获得了52万美元的酬金，1973年12月获得了20万美元的酬金。从1974年开始，拉扎德与阿格内利家族签订了明确的酬金协议，拉扎德每年为阿格内利家族评估各项投资，为此收取60万美元的年度酬金。证交会的加里·桑蒂克（Cary Sundick）律师询问穆拉凯，他是否对安德烈提供的关于向菲亚特和阿格内利家族提供服务并获得酬金的书面解释满意。

"桑蒂克先生，您在问我是否怀疑高级合伙人的诚信问题吗？"穆拉凯狐疑地问道，"您是这个意思吗？"

"我问的是你的想法，你是不是——"桑蒂克正要解释，但他被打断了。

"桑蒂克先生，我的高级合伙人是一个非常正直的人。"穆拉凯表示，"如果他这样告诉我，我没有任何理由怀疑他。"

接下来，桑蒂克又问穆拉凯，是否有人曾告诉他以下几桩交易存在联系：IIA购买40万股ITT的N股，并将维亚斯出售给ITT；德雷福斯之

---

[1] 美国三大汽车公司之一。

子银行购入10万ITT的N股，并将其中的3万股出售给查尔斯·恩格尔哈德；以及ITT从恩格尔哈德手中收购欧洲基金。穆拉凯回答，多年来一直为拉扎德辩护的保罗魏思律所（Paul, Weiss）的律师西蒙·里夫金德曾告诉自己，这些交易是存在关联的。但这个说法十分不同寻常，因为这涉及律师与客户之间的隐私，而且里夫金德多年来一直都是拉扎德可靠的维护者，拉扎德给了他优渥的报酬。

"还有其他人吗？"桑蒂克询问道。

"我现在认为，即使是智商最普通的人都能明白这些交易之间是存在关联的。"穆拉凯回答道。他在1976年3月5日的作证是他在此案中的最后一次作证。

多年后，穆拉凯的一位长期合伙人说，穆拉凯曾告诉过他，在应对ITT诉讼的那些日子里，他早上醒来时经常恶心想吐。

多年后，菲利克斯回顾了整个事件以及无数的调查。"安德烈找到了一些能买股票的人，"他说，"他是否与这些人私下达成了协议？我觉得没有。或许他这样做了，只是我不知道。"菲利克斯还说，在调查持续的过程中，他发现自己因为败诉而遭受安德烈的越来越多的责备（还有沃尔特·弗里德）。"安德烈的健康每况愈下，"他接着说，"随着时间流逝，他越来越少露面了，记忆力也越来越差。我发现安德烈开始频繁地说：'这是菲利克斯的交易。'对此我心里会好受吗？当然不会，但我又能做什么呢？"

1976年春季，证交会停止传唤证人出庭作证，并鼓励拉扎德的律师团队——保罗魏思和法朗克（Fried Frank）律所的律师团代表菲利克斯和安德烈进行辩论。1976年5月14日，里夫金德给证交会的律师欧文·博罗夫斯基写了一封说明信，希望能寻求协商解决的方案。里夫金德的信表明，拉扎德对证交会最新的执法行为非常重视，正如证交会的斯坦利·斯波金（Stanley Sporkin）所说，他们有充分的理由这样做。

里夫金德和安德烈的律师萨缪尔·哈里斯（Samuel Harris）都为其客

户的清白和正直（即使事实并非如此）做过辩护。然而遗憾的是，时间一天天过去了，他们的努力似乎激不起证交会的任何回音，调查还在继续。1976年夏天，哈里斯在伦敦出差时，用克拉里奇酒店的信纸给博罗夫斯基写了一封信，言辞动人。"亲爱的欧文，"他写道，"非常感谢你通知我在此次短期出差中不必担心拉扎德的事务……对我来说，最重要的业务就是拉扎德的调查事宜，因为这涉及那些杰出人物的声誉和事业。安德烈·梅耶很可能会结束自己光辉的职业生涯，他曾给多个国家的人们带来巨大的利益，尤其是美国、法国和以色列，而他现在却被证券交易委员会列为被告。"

1976年10月13日，在经过了多年庭审、审查了大量ITT文件，以及不懈地调查拉扎德、米兰投资银行和ITT的行为之后，证交会最终做出裁定，在ITT将哈特福德股票出售给米兰投资银行，米兰投资银行又将这些改头换面的股票出售给两位买家，而两位买家同时将自有公司出售给ITT这一系列交易过程中，ITT和拉扎德可能违反了《1934年证券交易法》，因此对他们提起诉讼是"恰当的"。然而，令人惊讶的是，经过多年的努力之后，证交会居然同意和解，声称这样"符合公众利益"。

在ITT和拉扎德提出的和解提议中，ITT和拉扎德接受证交会的调查结果和处罚，"前提是涉及的任何问题都不构成司法裁决"。拉扎德同意在45日内"采纳相关程序，准确记录酬金来源和数额"，还同意向由拉扎德银行家担任董事的公司提供"全面完整"的书面信息，说明拉扎德从该公司收取每一笔酬金的理由。最后，拉扎德还同意，欧洲基金前股东如有要求，拉扎德将向他们提供证交会指示的副本。而ITT则要在10日内将证交会的指示纳入1969年至1976年的年度报告中。ITT同意在45日内成立独立董事会，审查证交会的指示以及相关的事实认定，并制定相应的预防措施。

如今，斯波金认为，当时对ITT和拉扎德的斥责太过轻微。当时《纽约时报》记者朱迪思·米勒（Judith Miller）撰写了一篇关于此次和解的报道，总共只有 408 个字，刊登在报纸的第 78 页。朱迪思在文中说，这份长达 26 页的和解文件"让我们重新认识了这起有史以来最复杂的和最具争议的公司并购交易"，但她根本没有告诉读者其中的真正含义，或许是因为她之前没有报道过这件事，不太了解情况。她引述了里夫金德的观点，即"拉扎德坚信，在这些交易中，拉扎德自始至终均遵循法律规定和行业标准，并对相关信息进行了适时的披露"。

证交会公布了一份纲要，详细陈述了在这起史无前例的、如今声名狼藉的 1741348 股哈特福德股票跨大西洋变身中，拉扎德所起的作用。证交会的会计解释，一旦 ITT 在拉扎德的帮助下并购哈特福德，这些股票就将成为"严重的问题"，因为若要获得美国国税局对股东的免税裁定，那么 ITT 就需要在哈特福德股东对并购交易进行投票前处置其所拥有的全部哈特福德股票。但当时哈特福德的股票交易稀少，且市场价已远远低于 ITT 购入的每股 51 美元，因此吉宁不愿以当前市场价卖出。ITT 转而向菲利克斯寻求解决途径。菲利克斯试图在美国找到股票买家，但他运气不佳，没有成功，于是向正在度假的安德烈求助。安德烈建议 ITT 与米兰投资银行谈谈，因此引发了一系列事件，最终导致变身后的 ITT 的 N 股被转售给两个买家，即查尔斯·恩格尔哈德和阿格内利家族控制下的一支基金，而这两个买家又分别将各自持有大额股份的一家公司（欧洲基金和维亚斯）出售给了 ITT。证交会的基本结论是完全正确的，实际上，ITT 用自家的 N 股买下了这两家公司，并允许这两家公司的所有人从出售公司的溢价中获利，以及用出售公司获得的收入从米兰投资银行买入 ITT 的 N 股的价内期权来再次获利。

证交会还指出，自 ITT 与哈特福德并购交易开始，拉扎德就从这一系列的交易中获得了多笔丰厚的酬金。首先，在 ITT 购入 170 万股哈特福德股票的交易中，拉扎德充当经纪人获得了 50 万美元酬金；接着，拉扎德向 ITT 提供收购哈特福德交易的咨询服务，获得了 100 万美元顾问费 [另一家小型投资银行米登多夫科尔盖特（Middendorf Colgate）也获得了100万美元]；在米兰投资银行同意"购入"170万股哈特福德股票后，拉扎德与米兰投资银行平分了ITT的承诺费，两家银行各获得约68.4万美元，菲利克斯没有向他的客户吉宁透露此事；而在米兰投资银行出售ITT的N股获得35.9万美元的酬金后，拉扎德又分得了其中的一半，即约18万美元，不过，在美国国税局于1974年撤销1969年发布的免税裁定后，拉扎德退回了这笔酬金，因为在美国国税局提出质疑后，米兰投资银行也认为当初将这笔钱分给拉扎德是不正确的。据安德烈所说，多年来，拉扎德免费向阿格内利家族提供了多项咨询服务，因此通过德雷福斯之子银行向他们收取了52万美元的"结算费"。拉扎德在向欧洲基金出售ITT股票时没有收取酬金，因为拉扎德也是委托人之一，但它通过投入的45万美元最终获得了超过120万美元的利润。拉扎德还提供了欧洲基金的股票清算以及现金再投资的咨询服务，并从ITT获得了25万美元的顾问费。最后，拉扎德帮助米兰投资银行将441348股ITT的N股中的40万股出售给了所罗门兄弟，剩余的41348股则在市场上出售，并从中获得了一笔经纪费。在这一系列交易中，拉扎德前前后后总共获得的酬金远远超过了400万美元，而当时派克大街上高档公寓的售价仅为每套5万美元左右。

在这一系列交易中，菲利克斯和安德烈的行为是否构成犯罪竟成了这两位银行家即将面对的下一个危机。证交会的斯波金已经要求纽约南区的律师保罗·柯伦（Paul Curran）召集一个刑事陪审团，对菲利克斯和安德烈在ITT交易中的行为进行调查，并根据调查结果决定是否起诉两人。据说，就在证交会的第二次调查无限延后的过程中，柯伦召集了这个陪审团。（尽管证交会的调查和股东诉讼都是针对拉扎德而不是针对单个合伙人的，但若是惩罚很严厉，合伙人们也很可能因此付出很大的代价。）刑事陪审团的调查很可能导致菲利克斯和安德烈被关进监狱。当时，安德烈健康状况每况愈下，因此律师无法传唤他出庭。但菲利克斯年富力强，而且就如我们所见，他与ITT–哈特福德丑闻事件有着深深的牵连。

　　菲利克斯不得不出庭面对刑事陪审团。这次他被吓破了胆。他没有律师陪同，只能独自出庭。为他做出庭准备工作的任务落到了合伙人鲍勃·普锐斯（Bob Price）身上。普锐斯于4年前，也就是1972年12月加入拉扎德，当时40岁，在公司并购小组中担任菲利克斯的副手。他没有接受过并购方面的任何正式培训，但安德烈和菲利克斯都知道，在1965年纽约市市长大选中，正是普锐斯为共和党人约翰·林赛（John Lindsay）出谋划策，从而赢得了那场几乎不可能的胜利。

　　林赛成功当选之后，普锐斯成了林赛的两位副市长之一，他在这一职位上待了一年左右，引发了一些争议。1966年底，普锐斯离开林赛，加入了德雷福斯公司，该公司控制着当时最大的共同基金之一德雷福斯基金。两年后，普锐斯离开德雷福斯公司，创建了普锐斯资本公司（Price Capital Corporation），它是今天的对冲基金的雏形。然而，普锐斯资本公司并没有达到普锐斯当初期望的成就，因此，1972年底，当安德烈和菲利克斯邀请他加入拉扎德时，他欣然同意了。1974年2月7日，普锐斯成了拉扎德的合伙人。值得一提的是，1968年，他曾向拉扎德和菲利克斯赠送过一份礼物——烟草公司罗瑞拉德（Lorillard）与蒂施（Tisch）家族经营的保险综合企业集团洛斯（Loews）之间协商好的一笔交易。由于德雷福斯基金拥有罗瑞拉德的大量股票，普锐斯无法获得促成这笔交易应得的酬金，于是他把这笔已经协商好的交易送给了朋友菲利克斯和安德烈。当时，菲利克斯和安德烈在位于东46街的基督内堂牛排餐厅（Christ Cella Steakhouse）（现已停业）做了这笔交易的收尾工作。这笔交易为拉扎德带来了第二笔数额达百万美元级别的并购酬金，但普锐斯给予菲利克斯的远不止此，他还介绍菲利克斯认识了伊丽莎白·瓦利亚诺——她曾在普锐斯律师事务所担任秘书。后来，瓦利亚诺成了菲利克斯的第二任妻子，名字也改成了伊丽莎白·罗哈廷。

　　为了保住自己在拉扎德的位置，普锐斯不得不帮菲利克斯应对刑事陪审团的调查。普锐斯曾在1959年担任过曼哈顿市区的助理检察官，20

世纪70年代中期，在证交会第二次调查期间，菲利克斯和安德烈急需普锐斯的法律专业背景。普锐斯全力指导菲利克斯如何应对刑事陪审团，甚至在非工作时间将菲利克斯偷偷带进听证室进行模拟问答训练。"我是在斯波金开始调查的一两年后，加入这家公司的。"30年后，普锐斯解释道，"因此我是完全自由的。我没有参与ITT与哈特福德的并购交易。安德烈很喜欢我，他请我向他提供一些应对建议，当时斯波金已经决定召集刑事陪审团展开调查，菲利克斯和法朗克律师事务所的山姆·哈里斯（Sam Harris）安抚了斯波金，让他明白他无法通过这场调查获得个人的成功。于是我向他们（菲利克斯和安德烈）建议，他们应该主动提出到刑事陪审团面前接受讯问。他们所说的内容是次要的，能在刑事陪审团面前露面就已经意义非凡。"普锐斯说，他的"工作实际上是指导他们回答问题，让他们做好应对形式陪审团的准备，以及让他们学会用真实的回答来回避真相"。他还说，他的老朋友保罗·柯伦把审判室的钥匙交给了他，菲利克斯在刑事陪审团前露面的前一天夜里，他把菲利克斯带入审判室进行模拟问答训练。普锐斯说："我让菲利克斯坐在椅子上，连珠炮似的向他提问。这样一来，他在第二天出庭时就不会被吓得六神无主了。"

最终，菲利克斯躲过了一劫。原因可能是证据不足，也可能是政治关系的影响，还有可能如普锐斯所说的那样，后来成为联邦法官的斯波金认为，与强大的菲利克斯作对会对他的职业生涯造成不利影响。总之，检察官和刑事陪审团都对此案丧失了兴趣，与证交会前任调查官加里·阿吉雷（Gary Aguirre）声称证交会对2005年人脉甚广的皮克特资本公司（Pequot Capital）CEO阿瑟·桑博格（Arthur Sanberg）和摩根士丹利CEO约翰·马克（John Mack）的内幕交易丧失兴趣如出一辙。不过，此次调查过程仍充满了各种手腕的较量，普锐斯说："斯波金将拉扎德层层困住。"于是，菲利克斯开始向证交会的调查人员编故事。根据普锐斯的说法，最后"斯波金已被菲利克斯收入囊中"。普锐斯解释道，菲利克斯在华盛顿多次与斯波金一起用餐，试图说服斯波金放弃调查。此外，菲利克斯还让他那些在华盛顿有权势的朋友，诸如泰德·肯尼迪和雅各布·贾维茨（Jacob Javits）[1]，成为自己施压的砝码。多年后，普锐斯如此反问道："面对刑事陪审团的讯问，谁不会那样做呢？"大约在同一时期，即1976年，保罗·柯伦的儿子詹姆斯（James）在拉扎德谋得了一份工作，并一直在拉扎德工作到20世纪80年代早期。最后，这个案子成了"陈年旧事"，"卷宗都找不到了"，普锐斯如是说。证交会和斯波金最后决定与拉扎德达成和解协议。斯波金在证交会的上司是菲利克斯的老朋友比尔·凯西。凯西当上中情局局长后，斯波金追随他进入中情局，成了凯西的总顾问。凯西在任期内去世后，斯波金当上了联邦法官。后来，斯波金又成了华尔街威嘉律师事务所（Weil, Gotshal）驻华盛顿办事处的合伙人。普锐斯认为，如果当初刑事陪审团的"大规模调查继续下去"，"那么斯波金肯定不会当上联邦法官，他的人生将会大不相同"。

菲利克斯多次坚称，他不记得自己曾是ITT事件中刑事陪审团的调查对象。"我并非否认刑事陪审团调查过ITT事件，"他说，"我只是说我对这件事完全没印象了。"但只要有人提及此事，他就觉得可憎。他曾多次表示自己不想听到有人提及此事。"我以被告的身份出现在刑事陪审团面前，媒体却没有做过报道，这简直令人难以置信，"他解释道，"这根本不可能。"这次不了了之的刑事陪审团调查没有留下任何记录。根据法律规定，如果当初做了陪审团记录，那么必须封存或销毁，因此我们现在能找到的资料只有大约30年前参与此事的一些人的回忆。当时也有一人身涉其中，应当了解情况，他就是斯坦利·斯波金。但斯波金只会说菲利克斯的好话，他成了菲利克斯的支持者，声称自己从来没有要求检察官办公室召集刑事陪审团调查菲利克斯在ITT事件中的行为。但拉扎德的前合伙人迪斯科·迪恩说，他记得大约在这一事件的前后，安德烈曾向斯波金提供了一个在拉扎德就职的机会，斯波金否认了

[1] 1904—1986年，美国政治家，在参议院和众议院中均代表纽约。

这个说法。检察官保罗·柯伦则不愿提及自己是否进行过这场调查。不过，鲍勃·普锐斯与当时拉扎德的一些合伙人都坚称，刑事陪审团确实进行过调查，身为犹太人的普锐斯说："我对《摩西五经》[1]发誓，这事是真的。"普锐斯的密友迪斯科·迪恩也称，他相信菲利克斯和安德烈曾是刑事陪审团调查的对象，而且菲利克斯曾在陪审团面前接受过讯问。迪恩说："是的，我确信这点。"他表示普锐斯说的全是实话。"他是个诚实的人，"迪恩如此评价他的前合伙人，"他只会照实说话。"

迪恩说，尽管拉扎德的合伙人们没有谈论过这场调查，但他们都被调查可能导致的潜在后果吓坏了。"公司可能会因此倒闭，"他说，"所以当时公司里一片恐慌。"被菲利克斯视为"死敌"的迪恩从自己的角度叙述了菲利克斯是如何逃脱指控的，他说："好吧，因为菲利克斯对安德烈·梅耶及其欧洲朋友的内部操作一无所知，所以他只是以执行者的身份出现在陪审团面前，而非策划者。整个交易的主谋是安德烈·梅耶……整件事只有一条主线。菲利克斯非常聪明，他机智地将自己置身事外，如此一来他就与那些犯罪行为无关了。那些股票倒手等行为都是犯罪。他也确实成功了，当有人问他关于股票倒手的事时，他就说，'我对这事一无所知'。情况就是这样。"迪恩说，安德烈和菲利克斯动用他们在华盛顿的关系平息了整件事情，证交会只对他们略施惩戒。他接着说道："但我们当时都认为，证交会在任何时候都有可能发布命令让拉扎德关门……菲利克斯·罗哈廷的脱身术是有史以来最厉害的。"安德烈的外孙帕特里克·杰尔斯凯尔当时也是拉扎德的合伙人，和菲利克斯、迪恩以及普锐斯的关系都不好，但他也清楚地记得，外祖父安德烈和菲利克斯都曾是刑事陪审团的调查对象。至于菲利克斯为什么要否认这一切，杰尔斯凯尔说道："如果有可能的话，菲利克斯甚至会否认他正在过马路。"

无论如何，刑事陪审团和证交会两大麻烦都解决了，之后只剩下

---

[1] 希伯来圣经最初的五部经典：《创世记》《出埃及记》《利未记》《民数记》《申命记》。犹太教经典中最重要的组成部分，也是公元前6世纪之前唯一一部希伯来法律汇编著作。

一个问题：ITT 要给美国国税局多少钱才能摆平其撤销对哈特福德股东的免税裁定一事。按照 ITT 一贯的作风，不打一场大官司的话，它是一步也不会退让的。1974 年 3 月，就在美国国税局更改了免税裁定的几个星期后，ITT 把美国国税局及税务局局长唐纳德·亚历山大（Donald Alexander）告上了法庭，请求将亚历山大撤销免税裁定的决定判为无效。1975 年 6 月，美国特拉华州地方法院驳回了 ITT 的上诉请求；但到了 1979 年初，特拉华州的联邦法院和美国税务法庭都否定了美国国税局更改税务指示的决定，并判决最初的免税裁定有效。后来，美国司法部以美国国税局的名义又对这些新裁决提出上诉。最终在 1981 年 5 月，ITT 同意向国税局支付 1780 万美元，国税局终于应允不再要求哈特福德原股东缴纳相关税款。"这起诉讼终于结束了，我们非常高兴。"ITT 新任 CEO 兰德·阿拉斯科格（Rand Araskog）对《纽约时报》说，"虽然我们认为自己的立场是正确的，这次换股交易不应缴税，但此事涉及的法律问题极其复杂，法院的最终宣判结果也不确定。"无论如何，和解费用远远低于 ITT 最初预计的 1 亿美元税务赔偿金。

现在只剩下最后一个问题了：多年的诉讼以及相关报道对拉扎德的整体声誉，尤其是对菲利克斯的声誉造成了怎样的影响？菲利克斯在保密、精英人士、非凡的顾问能力等方面享有很高声誉，但在促成以及捍卫 ITT 高调收购哈特福德的交易中，他受到了诸多质疑，因为这虽然是他最重要客户的一笔最重要交易，但他却力图置身事外，尤其是在事件发酵膨胀之后。这简直令人难以置信，特别是对于一位对数字如此敏感、极富洞察力的银行家来说，他原本因对客户以及客户的抱负有深入了解而引以为豪。当然，菲利克斯若是承认自己在此事牵涉过深，那么他的处境将会更加捉襟见肘。对于此事，菲利克斯和安德烈有更好的解决办法，他们将一切责任都推到了已过世的行政合伙人、神经紧张的沃尔特·弗里德身上。卡里·莱西在《金融家：安德烈·梅耶传》里如此描述沃尔特·弗里德，"在未经梅耶正式批准之前，他甚至不会将回形针推过桌面"。弗里德患了神经衰弱后，穆拉凯接替他担任拉扎德的行政合伙人。穆拉凯在作证时说，即使是"智商最普通"的人也能看出所有交易存在关联，这相当于拉扎德的人向当局承认这些交易是有人在背后策划的。"这种构思非常聪明，真的很聪明，"穆拉凯后来向莱西吐露道，"有很多人参与其中——我、菲利克斯和其他一些人，但这个想法是安德烈提出来的。"穆拉凯对哈特福德交易的回忆与迪恩的版本非常相似。莱西总结道："毫无疑问，这是安德烈·梅耶最大的交易之一。"

当时安德烈的病情已经十分严重，因此多年的负面报道对菲利克斯的冲击最大，其次是米歇尔·大卫-威尔。米歇尔于1977年搬到纽约，在安德烈病重后接管拉扎德纽约分行的日常经营。他曾在事后表示，很庆幸ITT风暴肆虐之时自己不在纽约，他还声称对刑事陪审团的调查一无所知。但他也表示，他确信ITT事件最终导致了安德烈的去世。

1979年9月9日，星期天，被合伙人视为"宙斯"的安德烈在瑞士洛桑的一家医院去世了，这家医院靠近他那幢心爱的、位于克莱恩河畔谢尔的山间住宅。《时代周刊》报道他死于肺炎，但他在1975年1月皮埃尔·大卫-威尔去世时就已身患癌症。《时代周刊》还报道安德烈留下了一笔遗产，金额估计在2.5亿至5亿美元，但若干年后的最终资产评估显示，安德烈留下的可计算遗产其实仅为8950万美元。迪斯科·迪恩认为，安德烈在去世前已将数千万美元资产转换成了信托基金。此外，安德烈还曾至少一次请迪斯科·迪恩将他认为珍贵的画作（用棕色的纸包起来）带去巴黎，如此一来，这些画作就不算他的资产，因而也就不用向美国国税局缴税了。

安德烈去世后，他收藏的41幅画作于1980年10月22日在苏富比拍卖行进行拍卖，这些画作包括博纳尔、塞尚、柯罗、德加[1884年画的玛丽·卡萨特（Mary Cassatt）肖像]、毕沙罗、毕加索（1905年的作品《白色衣领的男孩》）、梵高（1888年的作品《汀克泰勒桥》）、伦勃朗（1635

年的《彼得罗尼拉·拜斯画像》）、雷诺阿和图卢兹-洛特雷克（Toulouse-Lautrec）[1]等大师的作品。与其合伙人乔治·布卢门塔尔和大卫-威尔的藏品不同的是，专家们并不认为安德烈的藏品有太高的价值。

卡里·莱西在他撰写的安德烈传记中描述了这次拍卖："与其说是拍卖，不如说这是一场社交活动。"当拍卖会结束后，安德烈的藏品估值为1640万美元，比拍卖行最初的估值多出约200万美元。此次拍卖的藏品并不包括毕加索的《弹吉他的人》（估值190万美元），这幅画当初是由安德烈和朋友戴维·洛克菲勒以及戴维·萨诺夫一起买下的，他们承诺会将它捐给纽约现代艺术博物馆。"这可真是典型的有钱人的收藏，"当时一位艺术专家对此嗤之以鼻，"虽然他拥有这些名家的作品，却没有他们的代表作。这些二流画作居然卖出了如此高的价钱，大家非常震惊。"莱西总结道："简而言之，安德烈·梅耶的珍贵藏品在拍卖中赢得了谜一般的光荣胜利。"

甚至，1980年3月，大都会艺术博物馆将新落成的迈克尔·C.洛克菲勒翼楼的二层命名为"安德烈·梅耶欧洲画廊"，也只是个假象。从1968年开始，安德烈一直在大都会艺术博物馆的理事会任职（接替博比·雷曼的位置），直到去世前，他总共向博物馆捐赠了260万美元，用于修建展览面积达2.4万平方英尺的新翼楼。这座建筑落成后，虽以安德烈的名字命名，并且摆放了博物馆收藏的大量的19世纪欧洲艺术品，但其中没有一件是安德烈的藏品。安德烈去世时，大都会博物馆的理事会主席、美国前任财政部长道格拉斯·狄龙（Douglas Dillon）表示，新落成的安德烈·梅耶画廊是"对这位非凡的艺术赞助人同时也是非凡的人物的永久纪念"。然而，大都会艺术博物馆对安德烈的永恒敬意只维持了不到12年。1992年，博物馆对安德烈·梅耶画廊进行翻新；1993年，重新设计的展厅再次开放时，没再提及这位拉扎德的前合伙人。"梅

---

[1] 全名亨利·德·图卢兹·罗特列克，1864—1901年，后印象派画家、近代海报设计与石版画艺术先驱。

耶画廊像洛克菲勒大楼一样脆弱和时髦，"《纽约时报》的建筑评论家保罗·戈尔德伯格（Paul Goldberger）评价道，"这简直就是一场灾难：开放式展厅的对角线上竖立着可移动隔墙，画作就挂在这些墙上，这里看起来更像是贾维茨中心（Javits Center）[1] 的一个展厅，而不是北美最伟大博物馆的核心地带。虽然设计的意图是希望这个地方能流传后世，但看起来却短暂易逝。这个画廊里的一切，从墙上的艺术品到那些在过道中寻找出口的参观者，都显得如此孤寂、困惑和迷茫。"

安德烈去世的几个星期后，《国会议事录》就收录了《时代周刊》刊登的讣告以及对他光辉职业生涯的众多赞美。"合乎时宜、风度翩翩、富有魅力，以及智慧和机敏，这些都是他的品质，"纽约参议员雅各布·贾维茨当时评价道，"我国和其他自由世界国家的领导人都曾从他的上述品质及他明智的建议中受益。安德烈·梅耶是一位亲爱的朋友和顾问，过去多年里，我从与他一起度过的时光中收获良多。对于那些像我一样与他和他的妻子贝拉（五个月后在巴黎去世）私人关系密切的人来说，对于美国和国际商业、教育、文化和健康机构来说，以及对于国际金融和私人慈善界而言，他的去世都是一种无可挽回的损失。"安德烈的追悼会在纽约第五大道的以马内利会堂举行，菲利克斯在追悼会上发表了一篇感人肺腑的悼词。"就在菲利克斯讲到他还会下意识地拿起电话打给他的导师时，他的声音沙哑了。"莱西写道。然后他引用了菲利克斯的一段悼词："有时候我会想象交谈的场景，他会说什么，但我无法确定，剩下的只是可怕的空虚……在他那严厉、令人望而生畏、有时甚至带着戏剧色彩的外表下，藏着一颗渴望关爱的心。在我的年轻时代，他就是奥林匹斯山上的神——掌握雷电的宙斯。然后他成了我的老师，不仅教导我要追求完美，还教导我如何去真正实现它。"

最终，菲利克斯这位投资银行家实现了导师教导他的目标。

---

[1] 全名为雅各布·K.贾维茨会展中心，通常被称作贾维茨中心，是一个位于美国纽约曼哈顿11街的巨大的会展中心。

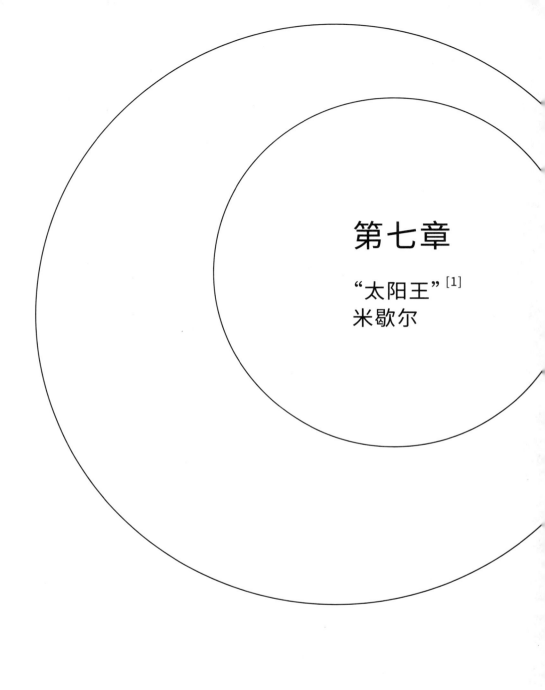

第七章

"太阳王"[1]
米歇尔

---

[1] 指法国国王路易十四，是法国在位时间最长的国王，也是在欧洲历史中有确切记载的在位最久的独立主权君主，长达72年。本书中将米歇尔比作太阳王路易十四。

"可怜的米歇尔。"我们很难将这两个词联系在一起。现年74岁的米歇尔·大卫－威尔[1]彬彬有礼、待人亲切客气，曾被称为"活着的法国资本主义传奇人物"。他是世上最富有的人之一，这在很大程度上要归功于他作为拉扎德银行帝国创始人的直系后裔所继承的资产。根据《福布斯》的评估，在2000年，身材矮小、雪茄不离手的米歇尔名下净资产约为22亿美元，而且据说他通过"各种神秘的关联投资"控制的资产多达"这个数字的5倍"。当时，即使不考虑关联投资，他在法国富豪排行榜中仍位列第11位。他的藏品还入选了全球百大最佳私人艺术收藏之一，其中有许多是17世纪和19世纪的法国精品画作。2003年底，出于对艺术的热爱，他承诺向卢浮宫捐赠1000万美元用于修建英国画廊。此外，他在世界各地还拥有多处无抵押高端房产（用来展示自己珍贵的艺术藏品），包括纽约第五大道上一套面向中央公园的公寓、巴黎圣日耳曼大道旁的一座豪宅，以及美国格伦科夫、长岛和法国里维埃拉沿岸的安提普海角等地的众多乡间住宅。他还曾在牙买加拥有一处房产，但后来卖掉了。我们很难获知米歇尔资产的最新数据，因为他成功说服《福布斯》不在最新的全球富豪年度榜单中列出他的名字和财富。但无须多说，他的总资产肯定远超10亿美元。虽然米歇尔拥有巨额财富，但作为大卫－威尔家族中最后一位肩负重担的男性继承人，他身上总有一种孤独和伤感的气质，因此，他的追随者们偶尔会对他深表同情。通常来

---

[1] 本书写于2007年。

说，只有在洛克菲勒中心的米歇尔办公室里，和米歇尔坐在长沙发上一起抽雪茄和长时间亲密交谈时，合伙人们才会对他产生同情心理，但这种情绪转瞬即逝。

在掌管拉扎德的25年中，米歇尔运用高卢人的招数来安抚自负的合伙人们。他喜欢将拉扎德称为"面向世界的高级商业银行"。他曾解释这句话的含义："对我来说，这不是一种行为，而是一种心态。所有决策都在公司进行，这意味着你必须时刻保持做决策的状态，你必须在这种状态下提供建议、思考，而且你必须始终保持这种状态。"这个非凡的洞见让我们了解到，为何心高气傲的拉扎德会成为其他银行妒忌的对象，因为华尔街其他投行中没有任何一家的领导人这样描述过公司的战略。

米歇尔还热衷于老式的独裁统治。他毫不掩饰自己的不择手段，自行决定合伙人的年度薪酬（均以现金支付）。每年劳工节的第二天，合伙人们都会去他的办公室"朝圣"，屈膝请求他给予经济援助，整个过程无异于一场中世纪的冲突。而每年9月，米歇尔会从位于安提比斯海角的别墅回到第五大道820号的合作公寓［从CBS（哥伦比亚广播公司）董事长比尔·佩利（Bill Paley）的地产中购得］，这标志着拉扎德的"傻瓜季节"开始了。在此期间，拉扎德的男女员工都匍匐在他的脚边，亲吻他的戒指，如此就可以获得价值数百万美元的黄金。每年的10月1日到12月20日左右，米歇尔会在办公室里与纽约分行的合伙人逐一见面，与他们讨论薪酬问题，并告诉他们来年所能获得的利润分成比例。他把每个合伙人的名字都记在了一个黄色便笺本上。这些会面由长期助理阿尼克·珀西瓦尔（曾为安德烈工作）负责安排。珀西瓦尔会一一给合伙人打电话，用她那迷人的法式腔调轻快地说道："他正在等你。"米歇尔总是为这些会面做足准备，每个合伙人都会为自己的业绩辩护，不过米歇尔似乎总是很清楚每年谁到底做了什么。

在适当的情况下，米歇尔也会与合伙人谈判，只不过这些谈判纯粹是出于娱乐。即使有哪位合伙人对自己的薪酬不满，通常也只能勉强让米歇尔从口袋里多掏出一点钱。"也许吧，"米歇尔会说，"也许我会多给你一点。"合伙人无法说服米歇尔改变既定的薪酬比例，因为这些信息是公开的，一旦发生变动，可能会引起其他合伙人的关注并引发争议。米歇尔不会安排任何秘密讨论。总的来说，合伙人们发现，在米歇尔的庇护下，有些年份他们获得的报酬比自己应得的多，有些年份则相反。

鲍勃·拉夫乔伊（Bob Lovejoy）、卢·帕尔玛特（Lou Perlmutter）和乔恩·奥赫伦（Jon O'Herron）等合伙人属于"排头兵"，通常在10月1日左右，黄色便笺本一露面，他们就直奔米歇尔的办公室。其他人则谨慎地按兵不动，等着米歇尔来找自己。"我想，这些'排头兵'认为，"一位合伙人说，"如果他们早点到米歇尔那儿去，就能为自己多争取点东西，因为馅饼是有限的。"在这样一个封闭的体系中，权术和偏袒的影响力自然是巨大的，米歇尔和高层合伙人之间的"私下交易"司空见惯。但除了米歇尔，没人清楚这些交易的具体情况。公司内，关于私下交易的谣言四起，尤其是米歇尔与负责拉扎德资本市场业务的合伙人达蒙·梅扎卡帕（Damon Mezzacappa）之间的私下交易。有传言称，从梅扎卡帕给公司带来的业务产生的税前利润中，米歇尔给了他一定比例的分成，而且由他自由决定分成比例。大约在1998年，米歇尔与梅扎卡帕的私下交易真相大白，合伙人们全都大吃一惊。

通常，米歇尔非常乐意奖励合伙人，向他们支付比其他公司更丰厚的报酬。米歇尔渴望获得长期利益，他明白如果饼能持续变大，他就能赚越来越多的钱，因为他能一直从中分得最大的一份利润。不过，他更看重的还是合伙人的赚钱能力，因为他几乎没有这样的能力，或者说他不愿这样去做。"弗兰克·扎布曾告诉我，当他走进米歇尔办公室的时候，他感觉米歇尔就像瞅着一袋金子那样瞅着他，而且还在估计这袋金子的重量。"一位长期合伙人回忆道，"这就好比，我们给米歇尔带来了一袋袋金子，他会让我们从中拿走很少的一部分，然后把其余的都放进自己的口袋。"拉扎德巴黎分行的合伙人让-克劳德·哈斯（Jean-Claude Haas）是一个温文尔雅的人，他曾简明扼要地说："客观地说，米歇尔就是地主，其他合伙人都是佃农。虽然那些合伙人都很富有，但本质上仍是佃农。"另一位长期合伙人弗兰克·皮扎托拉（Frank Pizzitola）如此描述米歇尔的独特薪酬体系："这根本不是一家合伙企业，而是一家有着奇特的利润分享机制的独资企业。"

米歇尔·大卫-威尔是皮埃尔的儿子、大卫的孙子、亚历山大的曾孙，先后毕业于纽约的法语学校和巴黎政治学院。他于1956年加入拉扎德，当时年仅24岁。1961年，他和菲利克斯在同一天成为拉扎德合伙人，从那时起，他们就像孪生兄弟一样维持着一种奇怪的共生关系。他们在洛克菲勒中心1号的办公室紧挨着，不过米歇尔的办公室是菲利克斯的两倍大。他们之间只说法语，却从来不使用亲密的语言。他们都住在第五大道，相距不到一个街区，却从不走动。菲利克斯为公司带来了大量业务，而米歇尔只是偶尔与客户见面。一位对他们两人都非常熟悉的拉扎德前合伙人曾说过："你可能要拿到几个心理学高级学位，才能弄清楚他们之间的关系。"在1965年到1977年这段时间内，由于菲利克斯的地位不断提升，安德烈牢牢掌控着纽约分行，米歇尔待在纽约的时间很少。

不过，米歇尔在纽约也并非默默无闻。在父亲皮埃尔和安德烈的要求下，20世纪50年代中期，米歇尔曾在雷曼兄弟和布朗兄弟哈里曼银行（Brown Brothers Harriman）当了几年学徒。布朗兄弟哈里曼银行是一家由白人盎格鲁-撒克逊新教徒（White Anglo-Saxon Protestant，简称WASP）[1]创立的私人银行，拥有200年历史，至今仍坐落在华尔街附近。米歇尔在纽约工作到1965年，然后回到巴黎与父亲共事。说起自己早年在纽约的日子时，米歇尔总是充满怀念，他说自己"做着助手的工作，

---

[1] 本义是指美国当权的精英群体及其文化、习俗和道德行为标准，现在可泛指信奉新教的欧裔美国人。

都是一些非常普通的事情"。他还曾说过，他当时受到了安德烈的"高度关注"，但直到后来他抵达纽约接管纽约分行时，他才感受到了安德烈的愤怒。米歇尔在接管纽约分行之前，一直是安德烈的重点培养对象，还曾与安德烈一起发起过史上最早的恶意收购之一，即1964年对佛朗哥怀俄明石油公司（Franco Wyoming Oil）发起的要约收购。这家总部位于巴黎的公司，在美国西部牧场拥有多种权益，还拥有大量石油和天然气储备，以及值钱的石油公司股票组合。在这次合作中，米歇尔发现安德烈很有魅力。

当时，安德烈让年轻的米歇尔分析佛朗哥怀俄明石油公司的资产状况。其实，身为客户代理人，拉扎德并不需要做这种分析，而此次做分析是为了确定拉扎德的合伙人是否应当买下佛朗哥怀俄明石油公司。根据莱西在《金融家：安德烈·梅耶传》一书中对该交易的描述，安德烈这样告诉米歇尔："如果我们的收益回报率达不到200%，那就放弃吧。"（《财富》杂志早先刊登的一篇报道曾把安德烈认定的最低预期回报率写成了150%。）根据米歇尔的分析，拉扎德将赚到投入金额的197%。"由于还差3%，我只有努力说服他。"米歇尔回忆道。当时，许多华尔街分析师都认为，佛朗哥怀俄明石油公司很可能沦为各家企业的收购对象，因为单单是它拥有的石油和天然气资产就比公司当时的股票更值钱，更何况公司还持有4000万美元的股票投资组合。当时外界还普遍认为，该公司管理层会反对任何形式的收购，但安德烈正确地判断出，即使他们反对，也很难对收购造成阻碍，因为公司大部分股票都掌握在欧洲人手里，且都存在法国的银行中。当时根本没人想到一家华尔街公司的合伙人会对一家上市公司发起恶意收购。（即使在今天，这种行为也会遭到私募公司、对冲基金等金融买家的排斥，而华尔街老牌公司更不会进行此类收购。）但安德烈决定要这么做，并把拉扎德巴黎分行的合伙人以及掌控拉扎德伦敦分行的培生家族的力量集中起来，三家分行罕见地达成了合作。1964年4月8日，财经媒体上刊登了这次要约收购的大幅广告。拉扎德提出以每股55美元的要约收购价格，希望获得佛朗哥怀俄明石油公司2/3的股权，合计4510万美元，当时，该公司的股价从几个星期前的每股40美元一下子涨到了48.50美元。可以预见，为了抵抗拉扎德的收购，身处特拉华州的公司管理层提起了诉讼，并向股东们发函，强烈要求他们不要接受报价。然而，短短一个月之后，拉扎德就轻松赢得了胜利。拉扎德的一个团队参加了佛朗哥怀俄明石油公司在特拉华州威明顿市举行的年度股东大会，并凭借新收购的股票行使了投票权。"主席下台了，"米歇尔回忆道，"我们中的一位成员走上了讲台。这是我见过的唯一一次粗暴收购。"最后，拉扎德决定对这家公司进行清算，合伙人们赚到了约2500万美元，米歇尔说："将近是我们投入资金的3倍。"但正如卡里·莱西在《金融家》中所说："佛朗哥怀俄明石油公司交易成功的真正意义不在于拉扎德获得了巨额资本收益，而是一群杰出的投资人士在全球最具威望的投资银行的领导下，违背目标公司的意愿发动了一场要约收购，并经受住考验，最终取得了胜利。从某种意义上来说，这场恶意收购最终成功了。"

20世纪70年代中期，ITT与哈特福德并购交易的丑闻仍在持续发酵，安德烈的健康出现了严重问题，菲利克斯又拒绝掌管公司，因此拉扎德面临无人领导的危机，公司内部人心涣散。1974年圣诞节的第二天，安德烈第一次开始认真处理这个问题，他在一份"致合伙人的备忘录"中写道："我管理拉扎德纽约分行已经35年了，由于我的健康状况不稳定，我决定从明年开始大幅减少工作量以及对公司日常经营肩负的管理职责。我将继续担任普通合伙人，承担合伙协议中规定的责任。"

安德烈的这份备忘录在拉扎德掀起了一场长达30年的继任斗争。尽管出现过多次引人瞩目的尝试，但在拉扎德，权威和控制权不再如安德烈统治时那般如此明确地集中到一个人身上。安德烈曾是拉扎德的首席交易人，也是最高管理者，此后，公司掌管者必须兼具两种身份的观念始终困扰着拉扎德。为了解决继承人的问题，安德烈组建了新的管理委员会，并让菲利克斯和霍华德·尼芬担任联席主席，他认为自己找到了可行的解决方案。尼芬于1946年加入拉扎德，1952年成为合伙人，比菲利克斯和米歇尔早9年。根据安德烈的指示，拥有9名成员的管理委员会"由我最信任的人组成"，除尼芬、菲利克斯、米歇尔外，还有迪斯科·迪恩、帕特里克·杰尔斯凯尔、汤姆·穆拉凯和弗兰克·皮扎托拉等6名合伙人。管理委员会将"负责协调公司事务和打理日常业务"，此外委员会每天上午8点45分都要开会。

安德烈还对拉扎德的所有权做了简单的安排，然而，这个桎梏一直持续到2005年。"我和我的家族及大卫-威尔家族已决定建立和维持1750万美元的固定资本，因此我们两个家族将持有公司约75%的份额。"他写道，"我们将在（1975年）1月1日前签署新的合伙协议，成立管理委员会，以及建立固定资本。"截至1月1日，安德烈在公司拥有318.7万美元的资本，皮埃尔·大卫-威尔拥有321.5万美元，菲利克斯和尼芬分别拥有70万美元。

作为合伙协议第4.1条中定义的全能合伙人，安德烈和皮埃尔·大卫-威尔一起设立了最重要的合伙人利润分成比例。在削减自己的股份之前，安德烈在1974年拥有公司净利润13.236%的分成，而这一年拉扎德纽约分行的税前净利润为810万美元，这意味着安德烈的利润分成近110万美元。这一年，皮埃尔·大卫-威尔从纽约分行获得的利润只比75万美元多一点点；而菲利克斯拥有公司10.796%的利润分成，排在第二位，拿到了87.5万美元。

很显然，根据合伙协议第4.1条的定义，安德烈只把皮埃尔·大卫-威尔当成自己的合伙人。因此，当皮埃尔从巴黎来到纽约时，安德烈会把办公桌让给他，自己则坐在旁边的座位上。"这是为了显示谁在掌权。"一位前合伙人回忆道。这位合伙人还记得，当时全公司的人都管皮埃尔叫"小粉红"（Pinky），因为他有着一头红发和"红扑扑的肤色"

（米歇尔年轻时也是红头发），但大家从不当着他的面叫。20世纪20年代，年轻的皮埃尔曾收集了众多"装饰艺术"（当时叫"现代艺术"）的代表作，与拉·弗雷斯奈耶（La Fresnaye）[1]、马蒂斯（Matisse）[2]、毕加索和巴尔蒂斯（Balthus）[3]的前卫作品一起摆放在巴黎埃米尔－阿科拉斯大街上的公寓里。据说，皮埃尔的公寓"成了一座名副其实的装饰艺术私人博物馆"，他委托画家安德烈·马松（André Masson）[4]在餐厅里画了两幅巨大的超现实主义壁画；在公寓里挂了两幅让·吕尔萨特（Jean Lurçat）[5]的精美的超现实主义挂毯；还委托雕塑家阿尔贝托·贾科梅蒂（Alberto Giacometti）[6]为公寓设计暖气外罩。

罗伯特·埃尔斯沃斯说，安德烈的外孙帕特里克·杰尔斯凯尔曾如此告诉过他："皮埃尔很聪明，因此他才会聘用安德烈·梅耶并信任他。"而米歇尔认为，他的父亲虽然在二战后复兴了拉扎德巴黎分行，重新积累起个人财富，却并没有因此获得应有的荣誉。"在我看来，父亲一生都过得非常艰难，但他有着非凡的勇气。"米歇尔说。

你可以试想一下，一个已经32岁的人却没有一分钱，他只好奋斗，努力让公司步入正轨。可到了40岁，德国人进来了，公司被人夺走，他又不得不体面地清算公司，不让其他人受到伤害。42岁时，他来到了之前虽去过多次却从未长期生活过的美国。由于清算涉及国外的资金，他又不得不与华盛顿颁布的《对敌交易法》做斗争。然后，他又与安德烈·梅耶打交道，这可不是一件容易的事。到了1945年，他还得从零

[1] 全名罗杰·德·拉·弗雷斯奈耶，1885—1925年，法国立体派画家。

[2] 全名亨利·马蒂斯，1869—1954年，法国著名画家、雕塑家、版画家，野兽派创始人和主要代表人物。

[3] 1908—2001年，20世纪杰出的具象绘画大师。

[4] 1896—1987年，法国艺术家。早期以立体派绘画为主，后来转变为超现实主义风格。

[5] 1892—1966年，法国艺术家，以致力于复兴现代挂毯而闻名。

[6] 1901—1966年，瑞士超存在主义雕塑大师、画家。

开始重建拉扎德巴黎分行。一切从头开始。当时什么都没有，没有办公室，没有雇员。他的一生真是太不容易了。

在安德烈按照承诺降低自己所持有的股份后，这家合伙企业的经济状况终于明朗了，菲利克斯成了公司最大的股东，这意味着，公司成了菲利克斯的，至少从日常情况来看是如此。这也表明，ITT 收购哈特福德的交易丑闻对菲利克斯职业生涯的影响微乎其微。1975 年，菲利克斯持有公司 10.796% 的股份，赚了 110 万美元（纽约分行 1975 年净利润为 1020 万美元）；皮埃尔·大卫－威尔拥有 9.431% 的股份，排第二；而根据安德烈的备忘录记载，他把自己的股份从 1974 年的最大份额降到了7.236%。

可就在安德烈写下备忘录的第二周，造化弄人，皮埃尔·大卫－威尔意外去世。据说，在皮埃尔的葬礼上，当时已经非常富有的迪斯克·迪恩从教堂的奉献盘中找了零钱。（迪恩否认了这点。）"他是一位不朽的人物，"帕特里克·杰尔斯凯尔谈到皮埃尔时带着一丝挖苦，"葬礼在巴黎的一座大教堂里举行。所有参加葬礼的人都穿着最好的衣服，但他们却不允许皮埃尔的夫人露面，于是她只好送来了一个花圈。"皮埃尔·大卫－威尔葬在巴黎的蒙帕纳斯公墓，与他的父亲、祖父和兄弟弗朗索瓦[1] 葬在同一个墓茔。父亲去世后，米歇尔接管了巴黎分行，但仍与纽约分行保持着一定距离，因为尽管安德烈已写下了圣诞节备忘录，但在纽约分行内，他的影响力依然十分强大。6 个月后，合伙协议做了修改，聘任了两位新合伙人，一位合伙人退休，菲利克斯将自己的股份降到了 10.671%，而皮埃尔·大卫－威尔的股份则被转移到了"拉扎德集团"（Lazard Groupement）名下的大卫－威尔家族账户中，于是，大卫－威

[1] 弗朗索瓦于 1934 年悲惨身故，年仅 27 岁，当时他驾驶的飞机在巴黎奥利机场降落时不幸坠毁。——作者注

尔家族持有纽约分行18.735%的股份。

但这个新安排只勉强持续了一年，因为菲利克斯仍然对管理公司不感兴趣。1975年感恩节前后，菲利克斯将越来越多的精力投入到解决纽约市财政危机上，而安德烈被胰腺癌折磨得日渐衰弱，不能主持公司事务。该年1月，安德烈被确诊为胰腺癌后立即动了手术，术后，医生宣布他只剩下48小时的生命，但他顽强地挺了过来。不过，他逐渐变得衰弱，只能在嘉丽酒店里穿着浴袍和拖鞋，等着佣人送上面包和茶水。于是纽约分行只好聘请外部人士——时年67岁的唐纳德·库克（Donald Cook）担任公司的"管理合伙人"，任命自1976年3月1日起正式生效。库克是安德烈的密友，曾在哈里·S.杜鲁门总统[1]执政期间任证交会主席，20世纪60年代到70年代，他在美国电力公司做了14年CEO。当时，《时代周刊》的一篇报道解释道，安德烈一直在寻找"一个职业经理人"。进入拉扎德后，库克获得了4%的利润分成，菲利克斯的利润分成比例提高到了11.5%（1976年，菲利克斯从公司获得了143万美元利润分成，他作为市政援助公司的负责人则不拿薪酬），安德烈的份额被进一步削减到6.56275%。"虽然我还有一定的影响力，但我已经不是老板了。"安德烈告诉《纽约时报》，"新老板是库克先生。公司的管理合伙人是唐纳德·库克。"

这篇文章对ITT收购哈特福德的交易丑闻仅一笔带过，此外，安德烈在文中再次对菲利克斯大加赞扬。"罗哈廷先生是一个非常重要的人，"安德烈说，"他是独一无二的。只要他愿意，早在多年前他就可以成为公司老板，但他对此一点也不热衷。"这篇报道将菲利克斯吹捧为纽约市长候选人，说他甚至可能在卡特政府获得重要职位，但菲利克斯否认自己对政治感兴趣，并表示"在人生的这个阶段"不想把家搬到华盛顿。

---

[1] 1884—1972年，美国第33任总统（1945—1953）。

　　就在这篇报道发布的五个月前，另一篇报道也曾试图预测谁将进入卡特内阁，当时距离总统大选大约还有两个月。当然，这篇报道提到了菲利克斯，说他是财政部长的潜在人选。当时，他参加了一群擅长放长线钓大鱼的纽约商人在"21"俱乐部举办的聚会，以庆祝卡特当选，但他却说"自己并不想"前往首都。1976年3月，《时代周刊》周末版刊登了另一篇吹捧文章，标题为《拉扎德奇才》，文章再次透露了菲利克斯对前往华盛顿不感兴趣。但是，正如尼克松阴影仍隐约笼罩着美国政治一样，虽然菲利克斯否认了，但他根本不像是对这个职位完全不感兴趣。"假设我当了财政部长，"他沉思道，"你还能看见我开着旧宝马吗？"然而，《时代周刊》明确表示，菲利克斯的同事们都"说"他会非常"乐意"担任财政部长。

　　《时代周刊》的这篇人物介绍文章认为，安德烈居然选择库克而不是菲利克斯来管理拉扎德，实在太奇怪了。但菲利克斯一如既往地声称，自己对管理公司没有兴趣。"我能自由经营自己这块业务——公司金融就足够了，这就是我想要的。"他也证实了安德烈的说法，即只要他想，任何时候都能管理拉扎德。"我为公司所做的事情，"他说，"都在脑海中完成了。我可以在这个公司做，也能在摩根士丹利做，我甚至可以在阿尔瑞酒店的公寓里做。因此，如果我不喜欢这个决定，只要离开就行了。这是梅耶先生和我事先已经约好的。"

　　在无视拉扎德内部政治斗争和特殊历史背景的情况下，库克开始着手管理公司，并为此付出了代价。1976年7月2日，他重组了一个三人管理委员会，由他、菲利克斯和尼芬组成，而他自己担任委员会主席，穆拉凯担任当然成员。他还承诺将在"适当的时候"进一步"重组"公司"架构"，"优先考虑"重组"新业务部门"。6个星期后，也就是8月19日，库克兑现了承诺。他在一份长达7页的内容疏朗的备忘录中宣布，公司将重组和扩建"新业务部门"，成立"公司金融部"。库克解释，"新业务部门"的名称"不合适"，因为新业务的开发不仅包括并购，还涉及公司的各种产品。"当然，菲利克斯·罗哈廷将继续担任新部门的主管合伙人，副主管合伙人则由弗兰克·皮扎托拉担任。"库克写道。

但库克也承认，菲利克斯将大量时间投入到了"公共服务"上，因此会经常不在办公室，这导致"库克要花大量的时间协调公司金融部的工作"。库克还发现，一些拉扎德合伙人会带来业务，代表人物就是菲利克斯；还有一些合伙人则负责处理业务，如梅尔·海涅曼。他认为，正是由于未能正式区分这两类银行家才导致公司出现了一些"显而易见"的弊端，如"公司的新业务量不足""对合伙人才能的利用不够合理"以及"难以制定开发新商机的合适规划"，因此他决定正式将银行业务合伙人区分为"业务生产者"和"业务处理者"。他最后总结道："我相信，如我上文所述，重组和扩建'新业务部门'，创立'公司金融部'后，公司的净利润有可能实现显著增长。仅此一条理由就足以说明，为了实现这一目标，公司金融部的每位成员都应充分合作。当然，还有其他理由也说明我们必须进行合作，因此我诚挚要求大家充分合作。"然后他在备忘录的结尾处签上了自己硕大的、潦草的名字。

可以预见，库克成了公司的一场灾难，主要原因是，那群难以驾驭的"丛林勇士"根本不愿意接受管理。当然，也因为安德烈还没咽气。一位拉扎德前合伙人在多年后解释道，库克当时试图将拉扎德当成"一家企业"来经营，但他组织的会议根本没人参加，他还要求合伙人们向他汇报每日行动，而合伙人们却都无视他的存在。"情况变得越来越糟，"帕特里克·杰尔斯凯尔说，"气氛也变得越来越奇怪，于是他产生了装饰公司的想法。在妻子的帮助下，他把整间公司装饰成了粉色和淡紫色。"接着，突然有一天，库克的办公室门上贴了一条告示，写着"根据唐纳德·库克的指示，入侵者将遭到射击"。最后，"一些合伙人干脆不搭理他了，"一位曾与库克共事的同事回忆道，"他从第一天开始就注定要失败。"另一位同事则说，库克"完全在疏远别人"。正如菲利克斯所料，任何人如果试图管理拉扎德，那么他就会丧失人心。库克恰好就是这样一个倒霉蛋。

库克就任7个月后，即1976年9月，安德烈和米歇尔开始努力缓解公司日益动荡的局面，他们给"合伙人们"发出了一份长达5页的机密备忘录，言辞尖锐，最后两人在打印出来的备忘录上签了字。这份备忘录的开头写道：

在唐纳德·库克的建议下，我们写下了这份备忘录，此时他正在瑞士访问。写这份备忘录是为了解决本公司的组织结构和合伙人的权责分配的问题……我们很幸运地聘请到了唐纳德·库克加入公司，成为合伙人之一。他已与我们相处了将近4个月，在这段时间里，他有机会熟悉各位合伙人、公司的业务以及业务的经营方式。然而，他因病不得不休假一段时间，如今他已基本上治好了喉炎，即将回到公司。可以预见，他的回归将有助于我们实现公司管理的整体计划。

在这份备忘录里，安德烈和米歇尔重新任命了负责公司"日常经营"的管理委员会。此时，管理委员会成员包括库克、菲利克斯（当他在公司时）、霍华德·尼芬（患有肺气肿，医生让他多休息），公司的法律总顾问穆拉凯担任当然成员，帕特里克·杰尔斯凯尔被任命为管理委员会秘书。每个工作日上午8点45分，委员会都要开会，库克以"管理合伙人"的身份担任委员会主席。这份备忘录明确传达出了这样一个信息：安德烈和米歇尔仍掌控着公司。

他们还在这份备忘录的结尾表示，希望合伙人能按照他们的指示行事。值得注意的是，这份备忘录显示库克不再具有决定合伙人薪酬比例的权力。实际上，它终结了库克的管理时代，开启了米歇尔的掌权时代。就在合伙人们收到这份备忘录的第4天下午，库克邀请所有合伙人到洛克菲勒广场1号的32层大型会议室开会。"这次会议非常重要，如果你们能尽量参加，我们将不胜感激。"但几乎没人到场。

很显然，拉扎德正在经受一场掌权人更迭的危机。对于一家如此依赖"大师"谋略和个性的公司来说，这一局面在所难免。安德烈凭借自身的人格、意志力和过人的智慧，将默默无闻的拉扎德振兴为华尔街最重要的公司之一。高盛、摩根士丹利和美林都崇尚统一的企业文化，由专业的管理层来协调受过良好教育的团队，凭借雄厚的资本解决客户的问题；但拉扎德与它们不同，它出售的是公司人才的能力和理念。当时，安德烈病得很重，"耀眼的"菲利克斯又将大部分精力投入到解决纽约市财政问题当中，因此拉扎德面临着一场非常严峻的考验。

1977年1月，《时代周刊》刊登了一篇题为《拉扎德时代的终结》的报道，直戳拉扎德的痛处，它提出了一个长期困扰拉扎德的问题：谁能接替安德烈？ 安德烈身患重病，日渐衰弱（他不愿透露病情，说这是"个人隐私，是件非常痛苦的事，而不是你们的谈资"），有两年时间，他一步也没踏进过自己曾用铁腕手段统治的拉扎德。而菲利克斯又不愿考虑这个问题，尼芬也生病了。尽管安德烈聘请了库克来管理公司，但《时代周刊》无视了他的权威，安德烈和米歇尔在9月公布的备忘录亦是如此。此外，这篇报道还确定了米歇尔是拉扎德唯一合法的正统继承人，库克不具备合法性，因为他既没有所有权，也没有财产分配权，而这些才是华尔街上真正的通货。安德烈"并没有做一个机构建设者应做的事，那就是制订退出计划，"一位旁观者说，"他没有这样做，只是一直在口头上说说而已，这使得情况更加糟糕了。"日后也有人如此评价米歇尔。

库克对《时代周刊》阐述了他的努力之所以失败的原因。他解释道，拉扎德老式的管理风格（说到这里，他给记者画了一张轮毂和车辐的图）是一个以安德烈为轴心的轮子。"他显然是主导者，但这种轮轴模式不能再为公司创造最大的利润。"而库克的管理模式（说到这里，他画了另一张图）则是金字塔形，金字塔的顶端是董事会，董事会之下是CEO，高管们则向CEO做汇报，这是一种"更典型"的公司架构，库克解释道：

"我是老派管理者，我能做的就是做这家公司过渡阶段的架构师。"

显然，库克未能真正理解拉扎德的特质。菲利克斯告诉《时代周刊》，他承认公司正处于过渡时期，但他更了解拉扎德的情况，他认为库克的管理方式不适合拉扎德。"一旦失去梅耶先生，"他说，"公司就不得不改变经营方法，而我们已经这样做了。库克先生是管理合伙人，负责管理这家公司。但他在不与其他人协商的情况下试图改变公司策略，我们中的任何一人都不会接受……我们是合伙人，不是仆人。"这篇报道发表后，库克的影响力逐渐衰退，但他的分成份额仍是4%，而菲利克斯的则下降到了11%。"公司里动荡不安，"一位拉扎德合伙人说，"那是一段令人沮丧的时期。"

竞争对手们开始注意到拉扎德的这种情况。"我们看着他们逐渐消沉下去，越来越没有竞争力。"当时，一家投资银行的一位不愿透露姓名的负责人对《机构投资者》说："他们的客户正在流失。而且他们给客户留下的印象也不好，安德烈已经年老多病，但他不愿意彻底交出控制权。"后来，米歇尔谈到了那段群龙无首的时期："风险并不在于业务的流失，而在于人员的流失。对我们来说，客户流失不是很重要，人员流失才是很严重的问题……大家都非常沮丧，士气低落。大家都抱着这样的疑问：'这个地方的未来会怎样？我应该留还是走？'大家都非常不安，但也很容易被安抚。"

那一年，从奥斯曼大道的拉扎德巴黎分行到安德烈的瑞士小屋，大卫-威尔家族在私底下再次掀起了一场有关纽约分行未来的激烈辩论。与罗斯柴尔德家族不同，拉扎德并不反对由非家族成员管理公司。安德烈在拉扎德工作了51年，在成为法国最受尊敬的外汇交易员后，他一直担任拉扎德的掌舵人，长达34年，这充分证明了，在家族成员之外寻找领导人这点上，大卫-威尔家族不像罗斯柴尔德家族那样顾虑良多。但安德烈、米歇尔及公司所有其他合伙人都清楚，库克并不是合适的人选。同样显而易见的是，安德烈已经无法继续管理纽约分行，但他仍在嘉丽酒店和克莱恩河畔谢尔的家中活跃地对公司发号施令。

他们争论后决定，应该由菲利克斯来管理公司。菲利克斯是再好不过的人选，他是同代人里杰出的投资银行家，知道如何"找到生意"，而且名气很大。他能讲流利的法语、德语和英语，了解美国和欧洲的文化。总之，他是一位不折不扣的"大师"，正是公司需要的人。但菲利克斯当时全身心投入到了解决纽约市财政危机的事务中。"他在搞政治活动。"帕特里克·杰尔斯凯尔如此说道。此外，还有个问题，那就是菲利克斯一直不肯接受这项工作。他一直藏在幕后，并总是推脱自己无法管理公司，一会儿说自己要解决华尔街的后台危机，一会儿说自己忙于应付ITT丑闻，或者是要履行对市政援助公司的承诺而无暇分身，又或者是要处理手中的交易。他再次要求安德烈放弃让他管理公司的想法。"我告诉他，这对他和我来说都是不利的。"菲利克斯在1981年告诉《新闻周刊》，"当时大家的心态都非常微妙。"

毫无疑问，如果当初菲利克斯同意管理公司，那么现在的拉扎德肯定有所不同。菲利克斯信奉安德烈的名言——小即是美，他节俭、谨慎，可能还有点无情。他比安德烈更厌恶风险，因此避开了安德烈曾一度沉迷其中的资本投资。据说，在个人投资方面，菲利克斯偏好政府债券，而且，除拥有第五大道的公寓、南安普敦的产业和怀俄明州的牧场之外，他在生活的其他方面或许都远不及同侪们那般铺张。拉扎德曾不止一次因他的财政保守主义而受益匪浅。20世纪70年代早期，当时身为纽约证券交易所危机委员会主席的菲利克斯亲身感受到了其他公司的财务状况捉襟见肘，而"我们坐拥巨额美国短期国债安然度过了70年代早期"，穆拉凯曾说。

拉扎德的许多前合伙人始终想不明白，为何菲利克斯不愿接受管理公司的任命。有些人认为，他之所以不愿意接受，是因为这项任务费力不讨好，而他能给公司带来大量的业务和财富。但另一些人则没那么宽容，他们认为菲利克斯纯粹是出于自私，他们的评价是"菲利克斯只关心自己"。菲利克斯反驳了这个观点，他说自己并非因为自私，而是考虑了现实状况才做出了这个决定。"我很了解拉扎德，你不能在管理公司的同时还做业务，"他解释道，"而我更想做业务。就这么简单。而且我还知道，只要安德烈身体好转，一旦我同意接手管理公司，我就会成为他的头号敌人。因此，单从这一点来看，我也不想接手公司。"

在菲利克斯不愿管理公司的情况下，只有一个人可以担此重任，那就是米歇尔。"我的存在对公司来说真是一大幸事啊。"几年后，米歇尔开玩笑说。不过事实可能也的确如此，他是唯一拥有合法性、权威和血统的人，而且安德烈对此也非常看重。"安德烈的身体已经很糟糕了，"菲利克斯曾说过，"而我又不想接手。很显然，米歇尔是唯一的人选，而且也是正确的人选。"也许这就是菲利克斯非凡洞察力的体现。他意识到，大股东米歇尔和安德烈一定会插手公司的管理且听不进任何人的意见，因此管理这样一家公司存在风险。或许他也清楚弗兰克·阿特休尔的遭遇，他和阿特休尔一样都没有公司的所有权。虽然菲利克斯拥有管理公司的合法性和权威性，但他没有米歇尔那样的血统。米歇尔之所以能管理巴黎分行，显然是因为他的出身，他曾说："我生来就拥有巨大的机会，不过也要承担很重的责任。"菲利克斯只不过是向不可避免的事实投降了，这个事实就是米歇尔最终会管理纽约分行。于是米歇尔不得不乘坐协和飞机在纽约和巴黎两地奔波。他每个月在纽约待三个星期，在巴黎待一个星期（和两个周末）。他是协和飞机的常客，这架喷气式客机内空间狭促，因此每次他总会预定两个第一排的座位，一个他自己坐，一个则用来放路易·威登小公文包。为了适应新的日程安排，米歇尔在第五大道810号买了一套纳尔逊·洛克菲勒（Nelson Rockefeller）[1]曾住过的公寓。（几年后，他搬到了隔壁，即第五大道820号。）

---

[1] 1908—1979年，石油大亨约翰·洛克菲勒的孙子，美国慈善家、商人、政治家，曾任美国副总统。

合伙协议进行了重新修订,以阐释米歇尔在纽约分行的重要新角色。米歇尔的资本账户显示,他拥有超过350万美元的公司资本,而这笔资金原先在"拉扎德集团"账户名下,代表着法国家族持有的纽约分行的权益。当然,最重要的是,在1977年9月1日这一天,米歇尔与安德烈一样,成了"合伙协议第4.1条中的合伙人"之一,实际上,它赋予了米歇尔对纽约分行的绝对掌控权。米歇尔以普通合伙人的身份抵达纽约标志着库克作为公司过渡时期领导人的身份彻底终结,虽然库克一直在纽约分行待到80年代初,但他的合伙人股份不断下降:1978年1月他的股份是3.5%,到了9月,已下降到2.5%,到1979年只剩下1%。库克是另一个失败案例。与此同时,在菲利克斯的提议下,他的股份也减少了,从1978年1月的11%降到了8%,1978年9月再次下降到6%,之后一直维持不变。米歇尔进入纽约分行后继承了父亲皮埃尔的绝大多数股份,即9.36031%(他父亲所持股份为9.431%)。于是,米歇尔和安德烈成了合伙协议第4.1条中的"共同"合伙人,一起设定合伙人的薪酬比例。

1977年9月,米歇尔低调地接手了纽约分行的控制权,当时他44岁。"我和安德烈·梅耶先生都认为时机成熟了。"米歇尔说。在他上任的第一天,安德烈对他说,"太糟糕了,你来得太迟了。我问他为什么。他答道,因为投资银行的黄金时代已经过去了。"

1977年11月,《财富》杂志刊登了一篇题为《传递拉扎德的指挥棒》的文章,从这篇精心撰写的文章中,世人得知了米歇尔掌权的消息。米歇尔谨慎地表示,他打算沿用安德烈的管理方式:低开销、聚焦并购交易、保持小规模。

当时,拉扎德约有250名员工,与10年前的人数相同,其中合伙人约32名。而与此同时,诸如高盛、摩根士丹利等其他投资银行都开始扩大员工规模,摩根士丹利原本与拉扎德规模相近,但现在已拥有超过1000名的员工。不过,拉扎德的小规模使公司的利润一直保持在极高的水平,这也有助于增加合伙人的财富。例如,1971年,纽约分行的税前净利润为1310万美元，只比伦敦分行多一点，却是巴黎分行的4倍；但到了1977年，纽约分行的税前净利润增加到了1540万美元。"它是华尔街最会赚钱的公司。"迪斯科·迪恩告诉《财富》杂志。

在《财富》杂志的这篇报道中，菲利克斯表示，他仍专注于解决纽约市的财政危机。"我确实认为自己给纽约带来了某些改变，"他说，"在我看来，最大的罪过就是明明能提供帮助却不参与其中。"另一位合伙人向该杂志透露："安德烈再也无法控制菲利克斯了。"事实也确实如此。安德烈曾要求菲利克斯减少在市政援助公司的时间，把重心重新放到拉扎德上。"因为我敬爱他，认为他极其聪明，我已经解释过了，"谈到安德烈时，菲利克斯说，"我告诉他，每个人都有一些嗜好，有些人喜欢漂亮的女人……而我的嗜好是市政援助公司。"据传，安德烈对此的回应是："那就把它摆脱掉。"

关于米歇尔将如何管理公司，公司内部自然会有大量猜测。有人认为，与安德烈相比，米歇尔是个"好人"，他"友善""彬彬有礼"，他们希望米歇尔能缓解公司内高度紧张的氛围。迪斯科·迪恩推测："合伙人们的血压会降下来，溃疡也会减少，也许有些人还会休一两天假。"迪恩之所以说到休假，是因为安德烈很少休假（即使在瑞士度假时，他也总是在工作），而且他也不喜欢其他合伙人休假。穆拉凯会在周日早上接到安德烈的电话，为了躲避安德烈的日常电话，他会让妻子接电话，说他已经去了教堂。有众多传奇故事关于安德烈如何不遗余力地破坏合伙人休假计划，而这只是其中之一。《财富》杂志的这篇文章也让合伙人们注意到了一个事实：米歇尔将大规模削减合伙人。在拉扎德，这是极其罕见的，因为大多数合伙人都认为自己的职位是终身的。

不过，米歇尔已明确表示，他认为合伙人的"最佳人数"应是12人，因为"会议桌旁只能坐下这么多"，何况拉扎德的合伙人们之前从未开会讨论过关于公司管理的任何实质性问题（至少没有经常开会）。这篇文章表明，新组成的合伙人小团队将构成振兴公司的领导核心。米歇尔还同意让合伙人再次参与私募股权投资，拉扎德在20世纪五六十年代的开拓时期也进行过此类投资，而安德烈在20世纪70年代退出了，因为当时企业并购大幅提高了金融卖家参与这类交易的成本，而且自营投资有一定的时间期限，而病中的安德烈已经没有充足的时间。米歇尔相信，私募股权投资将有助于拉扎德吸引新的银行家。他的理念是，少数"大师"能够改变企业。《财富》杂志写道："他认为，如果拉扎德具有良好的氛围和创造财富的机会，它就能招揽到那些原本会被更大、更有名的竞争对手吸引走的人才。"

这篇报道中，只有一个话题脱离了正轨，那就是安德烈的外孙帕特里克·杰尔斯凯尔是否会在拉扎德中担任重要职务？尽管米歇尔才刚刚接管纽约分行，但仍有人在猜测谁会是他的继承人。米歇尔有4个女儿，但她们都没有兴趣在拉扎德工作，因此大家不免将注意力集中到了杰尔斯凯尔身上。1971年，天资聪颖、雄心勃勃的杰尔斯凯尔成了拉扎德史上最年轻的合伙人之一，当时年仅25岁。1977年，杰尔斯凯尔又成了巴黎分行的合伙人，当时仅有3人同时担任巴黎分行和纽约分行的合伙人，而另两位是安德烈和米歇尔（在皮埃尔于1975年去世后，继任的米歇尔很快就将杰尔斯凯尔踢出了巴黎分行）。杰尔斯凯尔的外祖父被众人捧为"宙斯"，他因此成了"神之子"，但这也为他招来了其他合伙人的强烈不满。

20世纪60年代后期，杰尔斯凯尔从康奈尔大学毕业后去了巴黎，成了NBC新闻的办公室经理助理。当时他对电视新闻一无所知，但他的外祖父安德烈是戴维·萨诺夫的密友，而萨诺夫控制着NBC的母公司RCA。在巴黎工作了几年后，1969年10月，在安德烈的要求下，新婚不久的杰尔斯凯尔加入了拉扎德纽约分行，当时ITT与哈特福德的并购交易正进入尾声。可以说，杰尔斯凯尔是在华尔街44号的纽约分行里长大的，他从5岁起就开始接受外祖父的教导。上大学期间，每个暑假他都要到拉扎德工作。杰尔斯凯尔与安德烈的儿子菲利普不同，菲利普拒绝了父亲让他加入拉扎德的请求，成了一名科学家；而杰尔斯凯尔的骨子里就有拉扎德的基因。安德烈聘用杰尔斯凯尔在研究部门全职工作，撰写承销对象公司的尽职调查报告。虽然杰尔斯凯尔认为这份工作"相当卑微"，通常"由集团部门的一位女士完成"，但他仍热爱自己的工作。他的年薪是22000美元，仅达到当时拉扎德专业人员的最低薪酬水平。他觉得自己像被扔进了一个水池，最后会淹死还是学会游泳就要靠自己了。外祖父没有特别关照他，因此他觉得自己完全是从基层起步的。"要知道，文员就只是文员。"他说。

不久之后，杰尔斯凯尔接到通知，他被调到了公司金融部，也就是并购部门，加入了菲利克斯的团队，年薪涨到了35000美元。"这个地方非常奇怪，"他说，"你接到指示要写一份报告，于是你就写了，但你根本不知道这份报告到底有什么用。事实上，多次出现过这种情况：我花了整整一个星期写报告，每个晚上都在写，终于完成后，我把它交给菲利克斯，却被他扔进了垃圾桶。"比如，菲利克斯让杰尔斯凯尔写一份关于当时一家重要的企业集团——海湾西方公司的备忘录，可他后来又改变想法不需要这份备忘录了。"那些写备忘录的人都开着雪佛兰。"菲利克斯告诉杰尔斯凯尔。后来，杰尔斯凯尔终于想办法适应了菲利克斯这种善变的行为。"至少有事可做，"他说，"如果他没事让你做，那才是最糟糕的。"

对安德烈的这个外孙来说，当时的拉扎德就像介于卡夫卡（Kafka）的《审判》（*The Trial*）[1]和费里尼（Fellini）的电影《阿玛柯德》

---

[1] 弗兰兹·卡夫卡（1883—1924），捷克德语小说家，西方现代主义文学的先驱和大师。小说《审判》为其代表作，1925年出版，叙述主人公约瑟夫·K在30岁生日那天突然被捕，他自知无罪，寻求各种帮助，然而一切努力均是徒劳，没有任何人能证明他无罪。最终，他在一个黑夜里被带走，秘密处死在采石场。

(*Amarcord*)[1]之间的某个地方，乔治·C.斯科特（George C. Scott）在这里上演了《医院》(*The Hospital*)[2]里的情节。"这里是片乐土，有很多非常非常聪明和很有能力的人，"杰尔斯凯尔说，"现在的华尔街没有这样的人了，也许罗伯特·鲁宾算一位。"在安德烈的庇护下，杰尔斯凯尔在公司上升得很快，他持有的公司利润分成比例（4.455%）和资本账户（140万美元，几乎是菲利克斯的3倍）都位列全公司最高水平。"我很感激他，他对此也非常清楚。"谈到自己与安德烈的关系时，杰尔斯凯尔如此说道。然而，法国分行的长期合伙人、杰尔斯凯尔的亲戚弗朗索瓦·沃斯认为，杰尔斯凯尔根本不具备成为拉扎德高级合伙人所必需的品性。"要成为拉扎德的头号人物，你必须，怎么说呢，向世人证明自己配得上这个位置，"沃斯说，"这是非常重要的。"

拉扎德的许多人认为，安德烈将杰尔斯凯尔安插在公司是为了能让梅耶家族继续控制拉扎德，但他的安排不够巧妙。首先，年轻的杰尔斯凯尔刚进入公司，安德烈就将他提升为合伙人。"这坏了投行的规矩，着实令人震惊。"梅耶的传记作者在《金融家》一书中写道。据说，杰尔斯凯尔傲慢无礼，自以为高人一等。"刚开始，杰尔斯凯尔只不过是有点讨人厌，"一位前拉扎德银行家回忆道，"但后来他就让人头疼了。安德烈总是让他与业务人员一起讨论问题，但他根本应付不来。客户们都拒绝让他负责自己的业务。他让我们丢掉了至少两个我熟悉的客户。"迪斯科·迪恩也与杰尔斯凯尔合不来，迪恩说，安德烈外孙的行事完全超出了他的职权。"杰尔斯凯尔努力成为公司的高级合伙人，但菲利克斯不愿为他工作，"接着，迪恩又圆滑地补充了一句，"杰尔斯凯尔是个

---

[1] 费德里科·费里尼（1920—1993），意大利电影导演、编剧、制作人。《阿玛柯德》1973年上映，获得1975年奥斯卡最佳外语片奖。影片通过少年蒂塔的视角，讲述了20世纪30年代意大利里米尼小镇居民中的爱情、政治、家庭和成长故事。

[2] 乔治·C.斯科特（1927—1999），美国著名男演员。《医生故事》讲述的是主角乔治·C.斯科特扮演的赫伯特大夫工作的医院接连发生了几起谋杀事件，最终他发现真相是一个患者因嫉妒仇恨乱搞男女关系而借失心疯杀人。

与众不同的人。"杰尔斯凯尔成了管理委员会秘书，这份工作需要向库克汇报包括菲利克斯在内的各位合伙人的工作情况，"我以前从没跟库克说过一句话。想想看，这会将我置于什么境地呢？但我当时不清楚这一点，我当时应该直接跑掉的"。

1977年《财富》杂志的那篇报道加剧了杰尔斯凯尔与菲利克斯的矛盾。报道援引了杰尔斯凯尔的一段话，他声称自己希望拉扎德能吸引更多"贪婪的"人，那些更想成为被称为"超级油轮之父"的亿万富豪、神秘实业家D.K.路德维希（D. K. Ludwig），而不是"把名誉看得比财富还重要"的菲利克斯的人。"然而，大多数拉扎德合伙人却更想成为菲利克斯·罗哈廷，而不是D.K.路德维希。"杰尔斯凯尔对此表示惋惜。杰尔斯凯尔曾一反常态地低调承认，这篇报道发表后，他与菲利克斯的关系开始变得"不是很好"。菲利克斯在谈到有人将他与路德维希做比较时，曾说："我认为这是一种愚蠢的说法，直到现在我仍然这样认为。如果要树立一个典范的话，我相信自己还不算太糟糕。而且，我认为那些不只把时间用于四处做生意的人更优秀，最终他们会变成更优秀的商人，而一些富有的毛头小子眼里却只能看到钱。"杰尔斯凯尔也认为他在拉扎德的"终点""在此之前就到了"，他说："我进入拉扎德的第一天就已经失败了。"他还将自己在拉扎德的待遇与米歇尔做了对比。"安德烈·梅耶的人生观是，他可以把我的脚放到马镫上，但我必须自己爬上马背，"他说，"而大卫和皮埃尔都认为他们应该把米歇尔放到马背上。"他接着说道："有两样东西在投资银行里非常管用，那就是能力和合法地位。不论是现在还是过去，菲利克斯都认为我能力不足，这否定了我的能力；而安德烈·梅耶拒绝把我放到马背上，这又否定了我的合法地位。游戏结束了。就像法语里说的那样，'Bien vaincre'[1]。"

米歇尔抵达纽约后不久，在安德烈的允许下，菲利克斯将杰尔斯凯

---

[1] 意为彻底失败了。

尔降级为有限合伙人，但根据杰尔斯凯尔后来的说法，安德烈仍希望一段时间后他能恢复完全合伙人身份。"他对这家公司的爱超出了他对家人和许多其他事物的爱，"杰尔斯凯尔说，"但他也希望自己的家人能得到照顾。"他还说，除《财富》杂志报道外，自己与菲利克斯还有其他"争执"，但他不愿透露更多的信息，因为"这确实对他没有太大帮助"。而菲利克斯的说法是，杰尔斯凯尔一直幻想自己有朝一日能管理拉扎德。"他只是个年轻小子，但他认为自己的家族地位赋予了他在公司中的权力，"菲利克斯说，"他与一些人不和，我觉得安德烈最终会不得不让他离开公司。"因此，让杰尔斯凯尔离开的人不是菲利克斯，而是安德烈。无论如何，杰尔斯凯尔收到了ITT前律师、当时在保罗魏思工作的德雷福斯特·比尔由（DeForest Billyou）的信，通知他被降级为拉扎德有限合伙人的相关事宜。

他再也无法进入合伙人楼层，再也无法参加合伙人会议，还不能使用拉扎德的信笺。"我是一个特例，"杰尔斯凯尔说，"多年来，安德烈把所有人打得落花流水，而我却为了摆脱他的势力影响，陷入了进退两难的境地。我应该更聪明、更强硬一点。"他搬到了洛克菲勒广场1号31层的一间办公室，在里面挂上了绿色窗帘。后来，菲利克斯认为杰尔斯凯尔应该在得克萨斯开设一个拉扎德办事处，接着安德烈又认为他可以在旧金山开设办事处。"我说，'别犯傻了'，"杰尔斯凯尔回忆道，"我不去旧金山，也不去得克萨斯，我可以去其他地方找份工作……因为我知道一切都结束了。"他先和一家小型投行沃特海姆谈去工作的想法。接着，他考虑把阿拉斯加的二手设备卖到菲律宾和伊朗去，还跟一位被免职的牧师学习在美国证券交易所做场内交易。他说："那还挺有趣的。"他还和得克萨斯的巴斯（Bass）兄弟迅速做了一笔交易，赚了些钱。后来，他想到可以与杰里·斯派尔（Jerry Speyer）合作，将铁狮门公司（Tishman Company）进行资产重组，成立铁狮门斯派尔公司（Tishman Speyer）。如今，铁狮门斯派尔公司是纽约最大的房地产开发商之一，洛克菲勒中心的所有者。他请求安德烈帮他完成这笔交易，很快，米歇尔和其他一些拉扎德合伙人也加入进来，最后都赚了钱。

　　1978年1月1日，杰尔斯凯尔成了有限合伙人，但他仍能获得4.45%的利润分成，这是一笔稳定可观的收入，而且他还拥有资本账户。但仅在4年后，他就被米歇尔解雇了，连有限合伙人的职位也没能保住。米歇尔给杰尔斯凯尔写了一封亲笔签名信，这封信没用拉扎德的信纸，只有短短的一段话。米歇尔动用了拉扎德合伙协议第3.2条赋予自己的权力，这一条款明确规定："第4.1条中的合伙人（即米歇尔）全权决定，为保证其他关心公司长期运营的合伙人的最佳利益，除安德烈·梅耶外的任何一般合伙人或有限合伙人应按照第4.1条中的合伙人之要求，自该合伙人决定的任意日期起从公司退休。此一决定无需审核。"杰尔斯凯尔将这封信的副本装进相框，放在了他位于麦迪逊大街的私人投资公司杰尔斯凯尔公司（Gerschel & Co.）的办公桌上。由于米歇尔不想归还杰尔斯凯尔的资本，杰尔斯凯尔不得不起诉拉扎德。

　　1978年1月，合伙协议修订后，米歇尔开始在拉扎德实施自己的愿景，他的分成比例飙升至19.05387%，根据新合伙协议的第4.1条，他成了公司唯一的首要合伙人。米歇尔同意，按照协议规定，他应在"与安德烈·梅耶协商后"做出"决定"，但梅耶病得越来越重，因此，公司财政大权实际上由他独掌。此外，新协议还宣布安德烈、帕特里克·杰尔斯凯尔、迪斯科·迪恩和霍华德·尼芬从"普通合伙人"转为"有限合伙人"。内德·赫尔佐格（Ned Herzog）、斯坦利·奥斯本和弗雷德·威尔逊也加入了"有限合伙人"的队伍。帕特里克·杰尔斯凯尔的弟弟劳伦·杰尔斯凯尔（Laurent Gerschel）和妹妹玛丽安·杰尔斯凯尔（Marianne Gerschel）也被降为"有限合伙人"，帕特里克的弟弟和妹妹从未参与过拉扎德的业务，但在1976年各自获得了约2.7255%的公司利润分成。新合伙协议首次规定，安德烈家族所持有的公司权益必须为米歇尔家族所持公司权益的67.301%，因此，到1977年，梅耶家族按所持股份可以从公司获得约17.3352%的利润，大卫-威尔家族则可以获得约25.7552%的利润。换句话说，两大家族总共拿走了纽约分行超过43%的利润。日后，这一情况对公司造成了严重的资金消耗，尤其是在安德烈去世之后，包括米歇尔在内的所有受益人都无法为公司带来足够的业务。

许多其他合伙人的利润分成比例也在不断变动，且没有统一的标准，病中的尼芬从4.5%降到了1%，而菲利克斯则从11%降至8%。对安飞士交易的成功起关键作用的唐纳德·皮特里以合伙人身份重回公司，获得了2.5%的股份。

接着，米歇尔按照自己在《财富》杂志中的说法，开始实施缩小公司规模的第一步行动。当时，纽约分行财务状况不断恶化，也给了他行动的理由。1971年，拉扎德纽约分行赚了1310万美元，占到三家分行净收益总和（近3000万美元）的44%；但此后持续下降，到1974年，即菲利克斯所谓的华尔街"黑暗时代"，降到了810万美元；20世纪70年代中期虽然再次回升，到1977年上升到了1540万美元，但1978年又再次大幅下降，只有1190万美元，远低于伦敦分行1680万美元的净收益。就连规模小得多的巴黎分行也不再远远落后于纽约分行，在1978年赚到了670万美元。

米歇尔决定重整纽约分行，他也确实这样做了。"在纽约，如果你问华尔街上的人我能否成功，我想答案很可能是否定的。"他在1981年这样说道，"很可能，他们在3年前就会告诉你，将一位友善、富有、相对受过良好教育的法国年轻人送进丛林般严酷的华尔街，实在是太荒谬了，尤其是送进更加严酷的拉扎德，因为这里到处都是才华横溢却极难相处的人。"1988年，米歇尔谈起在纽约最初的日子时曾说："当时看来，甚至是现在回想起来，成功的可能性都很低，但我从来没有动摇过。困难确实存在，但我绝不会动摇。"

到1978年7月，米歇尔觉得自己在公司里的重要性日益提高，于是决定在权威商业杂志《新经济学家》（*Le Nouvel Économiste*）上亮相，介绍拉扎德这家法国企业。米歇尔那些富人朋友第一次也是最后一次在这本杂志的封面上看到米歇尔，当时他45岁，面带微笑，穿着昂贵的三件套灰色西装，马甲紧扣，只有底部一粒扣子未扣，漆黑的头发（他的红头发去哪里了？）向后梳得非常服帖，露出了饱满的前额。杂志内文中还有一张照片，略显模糊，米歇尔坐在巴黎分行一间空旷的会议室里，头顶上方悬挂着四幅大卫－威尔家族先辈的黑框画像，照片下的说明文字将他描述成"著名银行家家族的继承人"。这篇报道将拉扎德描述为一家神秘强大的投行，一群重要的人物在这里做着重要的全球性生意。许多陈腔滥调又被翻了出来：可以用极少的资本（纽约分行的资本为1750万美元，巴黎分行为1700万法郎）迅速控制数十亿美元资金；工作条件极其简朴，租来的办公室很破旧，两位合伙人共用一位秘书；着眼于长期利益，向各大公司的CEO提供无与伦比的建议，不做简单的贷款。

这只不过是一篇溜须拍马的文章，没有透露任何隐秘信息，但米歇尔透过这篇文章向合伙人们传递了一些微妙的信息，如公开强调公司合伙制的重要性，驳斥了库克失败的管理理念。"这是拉扎德的规则，不需要金字塔架构。"米歇尔解释道。抱歉，库克先生。这篇报道断定，拉扎德"一直遵循"着19世纪欧洲私人投资银行的准则，是"将各种丝线紧密编织成网、掌权者在此决策的圣殿"。最后，文章以司汤达的小说《红与白》（*Lucien Leuwen*）[1]中的一个片段收尾：暴发户主人公很疑惑，为什么他那当银行家的父亲要让4个外汇交易员在办公室的会客厅里等着他。他父亲的回答是："他们的工作就是等我，而我的工作是读

---

[1] 小说主人公吕西安是银行家之子，但对继承父业不感兴趣，于是从军当了骑兵团少尉。他开进南锡城时不慎坠马，偶遇看热闹的年轻美貌女子夏斯特莱夫人。夏斯特莱夫人年轻守寡，拥有百万家产，是南锡上流社会中不少贵族青年猎取的对象。但夏斯特莱夫人却对吕西安颇有意，于是两人就开始了一场真诚而热烈的恋爱。

报告。"

20世纪70年代中期，华尔街发生了深刻的变革。70年代初期，菲利克斯参与解决的后台危机导致许多老牌经纪公司被兼并，还有一些公司申请破产清算。1975年5月1日，证交会下令终止股票交易收取固定佣金的行为。"在进行了长达183年的固定佣金交易后，华尔街不得不应对来自自由企业的挑战。"时任美林董事长兼CEO唐纳德·T.雷根（Donald T. Regan）对《纽约时报》如此说道。所罗门兄弟公司（Salomon Brothers）的负责人比利·所罗门（Billy Salomon）说："以前，客户和某家公司打过交道后，会一直与这家公司做生意。而现在，是竞争非常激烈的时代。"证交会的这一规定割断了许多华尔街公司与其企业和机构客户之间排外的纽带关系，使得一些圈外公司（其中很多是犹太人公司）从中受益，拉扎德就是其中一例。拉扎德的日常支出较少，在传统规则迅速崩溃后，它可以吸引到新的客户。而且经纪费收入下滑又进一步加剧了大型经纪公司的整合需求，例如，由巴赫公司（Bache & Company）与哈尔西-斯图尔特公司（Halsey, Stuart & Company）合并成立的巴赫-哈尔西-斯图尔特公司（Bache Halsey Stuart）收购了希尔兹-默德尔-罗兰德公司（Shields Model Roland），潘恩韦伯公司（Paine Webber）买下了米切尔哈钦斯公司（Mitchell Hutchins）。此外，众多老牌投资银行合伙企业还面临着继任问题。不仅拉扎德存在这样的问题，艾伦公司（Allen & Company）也是如此，当时，已经74岁的小查尔斯·艾伦（Charles Allen Jr.）正慢慢从媒体面前引退；德威公司的克拉伦斯·狄龙（Clarence Dillon）已经94岁了，不再踏进公司；西德尼·温伯格（Sidney Weinberg）[1]、格斯·莱维（Gus Levy）[2]和博比·雷曼这些大人物都已去世。

---

[1] 1891—1969年，高盛前首席执行官。

[2] 1910—1976年，高盛前高级合伙人，西德尼·温伯格去世后，接替其成为高盛首席执行官，直至去世。

曾在贝灵巧公司和尼克松政府任职的菲利克斯老友皮特·彼得森，于1973年离开华盛顿，加入了雷曼兄弟，帮助雷曼兄弟解决了财务危机，此前，他拒绝了安德烈让他到拉扎德工作的邀请。此外，勒布罗德斯公司（Loeb, Rhoades & Company）的掌门人约翰·勒布（John Loeb）已经74岁了，库恩勒布公司的掌门人约翰·希夫（John Schiff）也73岁了，鉴于领导人日益衰老，两家公司都在考虑自己的未来，它们甚至想到将各自的互补业务合并以增强竞争力。最终，两家公司先后被雷曼兄弟收购。

为了保住自己的权力，米歇尔早就下定决心不让拉扎德沦为华尔街上猖獗的合并势力的猎物。为了增强拉扎德的盈利能力，让拉扎德合伙人的地位更有分量，他决定将7位合伙人（其中包括梅尔·海涅曼）降级，又迫使另外7位合伙人（安德烈要求自己也列入其中）降为有限合伙人。这些行动传达出了强烈的信息。"这是首次拿破仑式的行动，"一位合伙人回忆道，"我相信这一切早就计划好了，为的是给团队灌输恐惧，让我们吓得发抖。"据说，米歇尔还引用了法国伟大作家伏尔泰（Voltaire）[1]的作品《老实人》（Candide）[2]里的桥段：英国人处决了他们的海军上将（为了鼓舞士气），因为他在一场重要的战役中打了败仗。米歇尔还宣布，在接下来的4年里，他无意将任何内部员工提拔为公司合伙人，使公司里苦苦煎熬的年轻银行家们大为受挫。彼得·刘易斯（Peter Lewis）是被降级的合伙人之一，他还记得自己当时对米歇尔的决定非常"失望"，

---

[1] 1694—1778年，原名弗朗索瓦－马利·阿鲁埃，法国启蒙思想家、文学家、哲学家，代表作《老实人》《哲学通信》《路易十四时代》等。

[2] 短篇小说，伏尔泰哲理性讽刺小说的代表作。主人公"老实人"是一位男爵收养的私生子，最初他相信老师邦葛罗斯的乐观主义哲学，即在这个世界上，一切事物都是完美的。由于爱上男爵的女儿，他被赶出了家门，从此四处漂泊流浪，一路上遭遇了种种的折磨和灾难，看到了人与人之间的冷漠、互相陷害，可他仍然坚信他的完美世界观。直到他到了一个黄金国，国内遍地都是黄金、碧玉和宝石，人人过着自由平等、快乐而富裕的生活，他终于慢慢认识到社会的残酷和冷漠，于是他抛弃了以往的哲学思想，并开始相信人生应该通过劳动来获得幸福。

但同时也能理解米歇尔为何这样做。当时，他在拉扎德的主要关注对象是加州的农业企业巨头布莱克韦尔土地公司（Blackwell Land），这家公司归包括米歇尔在内的大卫-威尔家族继承人，而非公司所有。刘易斯"将自己重塑为一名并购银行家"之后，再次成了公司合伙人。同被降职的彼得·史密斯（Peter Smith）也在两年后重新获得了合伙人的身份。梅尔·海涅曼认为，他之所以被降职，是因为他在证交会的作证，当时他明确表示自己不会为了保护菲利克斯而去坐牢。毫无疑问，对于米歇尔此次的职位削减，菲利克斯与别人持不同看法。"我们进行了大幅度的职位削减，"他说，"这个行为非常明智。"他还提及，职位削减之后，拉扎德的合伙人身份更"有分量"了，因为剩下的合伙人将能赚到更多钱。"这是一项非常困难且吃力不讨好的工作。"菲利克斯补充道。

关于削减合伙人这件事，米歇尔解释道："特别是在安德烈·梅耶先生生病的那些年里，公司自然会相对快速地将年轻人提升为合伙人，以满足他们的野心。但在我看来，合伙人身份不应该仅是一种荣誉，而是要名实相符。如果你只能做高级副总裁的工作，那么当一位高薪的高级副总裁要比当合伙人好得多，否则其他合伙人会意识到你不合格。"接着，米歇尔换了一种说法解释道："就像照镜子。你变胖了，但你一开始没有意识到，直到某天早上你照镜子时才发觉自己变胖了。然后你就必须采取一些措施。"米歇尔还做了另一件具有象征意义的事情：搬进了安德烈的旧办公室。但他小心翼翼地让安德烈的办公桌保持着从前的样子，一点都没有变化。他把自己的办公桌放在了安德烈办公桌对面的角落，就在他父亲偶尔来纽约时会用到的办公桌旁。米歇尔让拉扎德的办公室保持着以往的单调，这也符合安德烈的名言："奢侈品放在家里有用处，放在办公室里就毫无用处了。"合伙人们注意到，虽然米歇尔占用了安德烈的办公室，但他不是安德烈。"只要有点风吹草动，梅耶先生都要过问，"合伙人戴维·苏普诺以赞赏的口吻告诉卡里·莱西，"但米歇尔不会。"此外，米歇尔还首次邀请伦敦分行（培生父子公司仍持有80%的股份）向纽约分行投入150万美元的固定资本投资，然后每年获得纽约分行1.5%的利润分成。"公司合伙人和兄弟公司这两种身份及立场肯定是不同的。"米歇尔当时说。这也是米歇尔朝着将三家拉扎德分行的所有权重新聚合起来的愿景迈出的关键性的第一步。"三家银行的关系越来越密切，"米歇尔解释，"当我去伦敦分行时，我有一种回到家的感觉。对我来说，它就是家庭中的一员。"

不过，在米歇尔做出的最初决定里，也许将4位业绩非常好的雷曼兄弟合伙人聘请到纽约分行是最重要的。就在雷曼兄弟收购库恩勒布公司之后，在持有雷曼兄弟最大股权之一的油气业务银行家詹姆斯·W. 格兰维尔（James W. Glanville）的组织和带领下，他和另外3位合伙人（被称为"四人组"）一起"背叛"了原公司，这三人分别是英国煤矿巨头AMAX公司前主席伊恩·麦克格雷格（Ian MacGregor）、两位曾与格兰维尔共过事的年轻合伙人小艾伦·麦克法兰（Alan McFarland Jr.）和沃德·伍兹（Ward Woods）。"上个月，4位雷曼兄弟合伙人选择了旋律柔和、音调美妙、强调独奏的拉扎德，离开了精心谱写创新乐章、规模大得多的雷曼兄弟。"《财富》杂志在1978年9月的报道中如此写道。

尽管《财富》杂志的描写非常优美，但此事在两家公司内部引起了极大的争议，当时卷入其中的许多人直到现在依然能感受到此事造成的余波。格兰维尔痛恨皮特·彼得森将雷曼兄弟转变为综合服务型银行的做法，并在执行委员会中公开反对彼得森。他还非常讨厌彼得森这个人，而彼得森也不喜欢他。"在去雷曼兄弟之前，"彼得森对《华尔街的贪婪和荣耀》（*Greed and Glory on Wall Street*）一书的作者肯·奥莱塔（Ken Auletta）说，"我就已经了解到，雷曼兄弟内部分裂很严重，吉姆·格兰维尔[1]曾在能源领域取得了很好的业绩，但他也许是合伙人中最会挑起分裂和最有报复心的。我加入后发现这两个说法都没错。"就在与米歇

---

[1] 詹姆斯·W. 格兰维尔的简称，下文同。

尔第一次商议倒戈的一个月前，格兰维尔要求雷曼兄弟给自己的助理威廉·卢米斯（William Loomis）开一张5000美元的奖金支票，但彼得森和执行委员会断然拒绝了这一要求，因为合伙人没有权力自行决定发放奖金，这属于公司层面的决策。被拒绝之后，格兰维尔在1977年7月给彼得森写了一封信。"这将引发一场争斗。"信中写道。

很快，格兰维尔就将自己对彼得森和雷曼兄弟的不满"悄悄地告诉"给了拉扎德的合伙人弗兰克·皮扎托拉（因能源交易而与格兰维尔相识）。在皮扎托拉的引荐下，1977年8月，格兰维尔与米歇尔见了面，此时正处于米歇尔掌权前夕。此次会面，格兰维尔想了解"拉扎德在新任管理合伙人掌控之下的前景"。1977年12月，雷曼兄弟完成了对库恩勒布的收购，但格兰维尔和彼得森之间的关系依然很紧张。1978年春天，米歇尔和格兰维尔再次见了面，然后他极力主张格兰维尔去见菲利克斯。于是，菲利克斯与格兰维尔见了几面，他甚至主动降低自己在公司所占的利润分成比例，帮助公司吸纳雷曼兄弟的这个小团队。（菲利克斯在1978年9月主动将自己的比例减少了25%，即从8%降至6%，这使得他当年的收入减少了24万美元；米歇尔也将自己的比例从19.1%降低到了13.2%，但第二年又回升到了18%，而菲利克斯的比例则一直维持在6%。）

一日，在从康涅狄格州出发的早班火车上，格兰维尔向他的老客户——如今是雷曼兄弟的合伙人——麦克格雷格透露，他正在考虑跳槽到拉扎德，他说自己"信任小公司"，后来这句话成了这几位跳槽到拉扎德的雷曼兄弟合伙人的箴言。"吉米（Jimmy）[1]，算我一个。"麦克格雷格说。接着，伍兹和麦克法兰也加入了离开的行列。但这个消息很快就泄露了出去，因此格兰维尔必须马上采取行动。米歇尔中断了8月份的假期，乘坐协和飞机回到纽约，与他们逐一谈判——格兰维尔获得了3.75%的股份，麦克格雷格获得了2.5%，伍兹获得了2%，麦克法兰则

---

[1] 格兰维尔的昵称。

获得了 1.45%。"四人组"还飞到瑞士见了安德烈。"我对他们得体的举止印象非常深刻。"安德烈当时说道。8 月 8 日，4 人向彼得森递交了辞呈，第二天，彼得森就宣布了他们离职的消息，此时恰逢纽约报业大罢工。彼得森希望这个消息不要引起大家的注意，当时他正被这场史无前例的大叛逃搅得心烦意乱。"在我们聘用了这些人之后，有一小段时间，彼得森很不爽。"米歇尔轻描淡写地说道，"但我和他的私交还是十分不错的。"根据《财富》杂志的报道，据说，彼得森"愤怒地大喊大叫，他给离开的办公桌贴上了封条，解雇了司机，聘请了律师"。对此，奥莱塔还补充道："门锁也换了，信用卡也被注销了。"

米歇尔放出风来，他已亲自到威廉街 1 号将自己的所作所为告诉了彼得森。"他叼着大雪茄，好似执行一项法国外交任务。"彼得森回忆道。根据奥莱塔的说法，彼得森后来去见过米歇尔，警告他格兰维尔是一味"毒药"。根据格兰维尔的说法，在彼得森拒绝给他的秘书及其他正准备离开的秘书发奖金之后，他聘请了大名鼎鼎的西蒙·里夫金德与雷曼兄弟作对。而其他雷曼兄弟合伙人也对格兰维尔提出了多项控诉。根据《华尔街的贪婪与荣耀》一书记载，首先，雷曼兄弟执行委员会的成员指控"四人组"企图收购一位油气客户的房地产资产，该客户已向他们提出了报价，但他们却没有将此情况通知公司，格兰维尔坚决否认了这一指控。彼得森称，他召集了雷曼兄弟的核心合伙人开会讨论格兰维尔的所作所为，他请税务合伙人向其他合伙人展示了格兰维尔这笔交易的相关文件。"每个人都相当震惊。"彼得森回忆道。最终，委员会以 8∶0 的投票结果一致通过了让格兰维尔离开公司的决定。此事过后的下个星期二，米歇尔特意到威廉街 1 号看望彼得森，并告诉他"四人组"将要到拉扎德工作。"我坐在那里笑了笑，"彼得森说，"显然，格兰维尔根本没有把整件事告诉米歇尔。格兰维尔对我和公司充满仇恨。那是我与安德烈、米歇尔有所接触的最后一年，此后我几乎没跟他们说过话。"

对格兰维尔的第二项指控也很严重，即他是反犹主义者。身材矮壮的格兰维尔是土生土长的得克萨斯州人,父亲是南卫理公会大学的历史教授。格兰维尔在莱斯大学获得了化学工程学位后进入加州理工学院念研究生。他一心想在石油行业工作,第一份工作就是在埃克森美孚公司担任石油工程师。1959年,雷曼兄弟聘请他担任油气领域的银行家,根据奥莱塔的说法,他于1961年成了雷曼兄弟的合伙人(《财富》杂志的说法是在1963年)。在接受奥莱塔的采访时,格兰维尔回应了针对自己的反犹指控:"这是人们找不到指控理由时惯用的借口。"雷曼兄弟合伙人、格兰维尔的少数支持者之一卢·格鲁克斯曼(Lew Glucksman)也是犹太人,对于这一说法,他说道:"大家说吉姆·格兰维尔是反犹主义者,那完全是胡扯!他对世界上每件事情都有自己的观点。"

28年后,因米歇尔聘用"四人组"而导致的裂痕仍然显而易见。实际上,"四人组"后来变成了"六人组",因为雷曼兄弟的另外两位准合伙人——比尔·卢米斯(Bill Loomis)和多德·弗雷泽(Dod Fraser)也于两个月后加入了拉扎德。(在未来,卢米斯对拉扎德的影响是"六人组"中最大的。)伍兹坐在洛克菲勒中心贝西默证券(Bessemer Securities)的办公室里,不情愿地透露道:"皮特现在是我的朋友,我非常钦佩他。但当时并非如此。当时的分裂过程非常艰难,我不想谈了,那是一段痛苦的记忆。我就这么说吧,当时我刚拜访完客户,在回公司的路上接到了秘书塔尔萨(Tulsa)的电话,她哭着告诉我,她被赶出了办公室,而且办公室还锁上了。后来我跟皮特协商后达成了和解。这件事就过去了。但过程中还是有一点摩擦的。他们想尽量把事情弄得很复杂。他们非常生气,因为我们拥有公司的大量客户。幸运的是,大部分客户都跟我们离开了。"

菲利克斯从来没有喜欢过格兰维尔,但他非常尊重格兰维尔作为银行家的超强业务能力。在格兰维尔反犹问题上,菲利克斯与好友皮特·彼得森观点一致。"我的意思是,格兰维尔真的是一个很难相处、相当阴险的人,"菲利克斯说,"我认为他是一个彻底的种族主义者和反犹主义者。"格兰维尔在1980年给前雷曼兄弟合伙人、曾任副国务卿的好友乔治·鲍尔(George Ball)写了一封信(鲍尔于1966年加入雷曼兄弟时,弗兰克·阿特休尔曾给博比·雷曼写了一封"祝贺"信),他的对头便把这封信作为他的把柄,抨击他的反犹主义立场。鲍尔曾在《华盛顿邮报》上撰文批判美国对以色列的政策,在给鲍尔的信中,格兰维尔写道:"我在美以关系上的看法与你完全一致(就应该如你所说),但我恐怕你们执行委员会的成员会给予他们诸多同情。这些成员绝大多数是一个种族的,除了一位绅士(暗指希腊裔的皮特·彼得森)。为了掩盖自己的出身,他还改了名字。此外,这个委员会还很高兴看到四个长老会[1]教徒被踢出了合伙人队伍。"格兰维尔的这封信被公开之后,雷曼兄弟的许多合伙人要求彼得森以诽谤的名义起诉格兰维尔。"格兰维尔在这封信里明目张胆地说着反犹言论,他居然说我的合伙人们忠于以色列,而不是美国,"彼得森说道,"他还说委员会主席掩饰自己的种族出身,这简直太可笑。所有人都知道我是希腊人,那又怎样? 这种说法太无耻了。我的合伙人们现在都非常愤怒,他们想告他诽谤。不过我说:'以牙还牙的做法最终只会让大家两败俱伤,我们就忘掉这事吧。我会打电话告诉米歇尔这事,我看看他会不会严惩格兰维尔。'"

彼得森打电话给米歇尔,要求在拉扎德办公室之外的某个地方见他。最后,他们约在米歇尔位于第五大道的公寓会面,坐下来一起讨论格兰维尔的那封信。"我记得我当时是这样说的。"彼得森说道。

"米歇尔,我在这个行业待的时间不短了。我知道做生意很难,但我认为有些底线我们还是不能碰。公司某些合伙人的爱国心令人生疑,这种行为在我看来越过了底线,是不恰当的,也是无法接受的。"我接着说道:"我要给你看看这封信。我还要求你承诺,你会把格兰维尔叫

---

[1] 基督新教的三大流派之一,又名长老宗、归正宗、加尔文派等,16世纪形成于瑞士的宗教改革之后,后流行于法国、荷兰、苏格兰及北美。

到你的办公室，告诉他以后绝不能再做这样的事。"米歇尔点上一支大雪茄，说道："所有人都知道格兰维尔是个顽固的家伙，但他在业务上是一把好手。"我接着说："我是在另一个层面上和你谈这件事情。我知道他给你带来很多生意，我也知道他的业绩数一数二，但我是从公民行为的层面跟你谈这事。"然后米歇尔说："他有很多客户。"听到这里我起身离开了，我再也不想跟他说话了。

可米歇尔却声称他与彼得森的关系一直很融洽。

抛开各种争议不谈，米歇尔给"四人组"画了一张大饼。伍兹回忆当时米歇尔对他们说过的话：

世界上有这样一个地方，那里有一群严肃认真的人，他们拥有全球性的资源，基于个人利益在这里老到地做事，不奉行官僚主义，有三五位你信任的合伙人能代表你——如果幸运的话，可能会有10位合伙人——出去与任何一家公司签约。他们非常老练，具备良好的业务知识，能够完成客户交代的任务，能让客户非常满意并且下次还会回头找你。就那么简单。米歇尔对我说："我们不需要钱。瑞士银行公司想给我们投资5亿美元，让拉扎德成为像高盛或摩根士丹利那样的全球性投资银行，但我不想这样做，我们也不需要这样做。我们拥有别人都没有的特权，我们要好好加以培养。我们在巴黎和伦敦都有合伙人。他们就在那里，他们是拉扎德的一分子。他们与我们分享业务。我们要坚守纽约分行，我们要坚守下去。"

伍兹还和米歇尔谈到了他在公司里的身份和菲利克斯的问题。米歇尔告诉伍兹，菲利克斯已经主动提出削减自己的股份，如此雷曼兄弟的合伙人就可以在适当的经济激励下加入拉扎德。"坦白说，我们谈到了菲利克斯，"伍兹说，"菲利克斯是一位非常好的合伙人。他从来不搞政治那一套，他根本不在乎。他很乐意让我来做业务，从来不会干预任何事情。他有一帮下属，他们都清楚自己的利益从何而来，但我并不是他的下属。他很优秀，我们相处得很愉快。"

但在拉扎德过上舒心的日子之前，这些新加入的合伙人必须先做些调整。首先，洛克菲勒广场1号绝不是威廉街1号。雷曼兄弟的银行家们乐于在奢华的办公室里和家中展示自己的巨额财富，但拉扎德的办公室却很简陋。"我们的容身之处拥挤不堪，就像维克多·雨果《悲惨世界》里的场景。"皮扎托拉如此告诉《财富》杂志。其次，拉扎德的基础设施是出了名的匮乏。比尔·卢米斯给拉扎德的狄更斯式[1]监工——希德·沃尔夫（Sid Wolf）写了一份有趣的备忘录，描述了公司复印机的惨状。（许多合伙人认为，让一个叫沃尔夫[2]的人负责控制公司成本还挺有诗意的。）卢米斯写道："我常在星期一上午向客户发送一些表格，但我发现这些表格好像是在20世纪20年代的莫斯科复印出来的，辛辛苦苦做出来的成果，外观却如此不专业，真是太气人了。我们的设备还有第二个毛病，它们经常彻底罢工。最近一个星期，32层的机器简直每天都会出问题。虽然我理解设备有时确实无法得到及时维护，但这台机器显然已经完全坏了。大晚上楼上楼下到处寻找一台稍微能正常运转的设备，真的很郁闷。"他建议沃尔夫将32层的设备更换成"一台更为高级和昂贵"的机器，如此才能制作出"外观专业"的产品。另一位拉扎德银行家给沃尔夫打电话要求更换一个新书橱，因为之前不知什么东西掉到旧书橱上，使它彻底散架了。"他对我说：'安德烈不喜欢这样。'我回道：'希德，他都去世4年了，给我买个新的。'"

格兰维尔惊讶地对卡里·莱西说："秘书们不得不去外面买打字机色带，公司居然没有存货。"但最令他懊恼的还是臭名昭著的拉扎德周末

---

[1] 狄更斯为英国19世纪的著名作家，作品主要描写英国社会底层的小人物的生活遭遇，批判社会上层和资产阶级的虚伪和凶残。

[2] Wolf本意为狼，引申为贪婪的人。

清单，这个清单当初是安德烈设置的，他让每位合伙人都留下自己的电话号码，目的是能随时联系到他们。"你可以不说你跟谁在一起，"根据莱西的说法，米歇尔"眼中透露出高卢人的狡黠"解释道，"但你必须汇报你在哪里。"这份清单，安德烈只会交给他真正的合伙人，即皮埃尔，而不是其他那些有名无实的合伙人。在卢米斯的敦促下，米歇尔至少会礼貌性地把清单发给每一位合伙人，以此向他们灌输自己从安德烈身上学到的不可侵犯的哲学——随时等候客户和同事的差遣。"我们从事的是服务行业。"他提醒大家。

格兰维尔根本不想要什么周末清单。"你想知道我是怎么处理它的吗？"他曾这样问过一位访客，"我直接把它扔在了那里。"他指着垃圾桶说道。格兰维尔也不愿意有人细致地管理他的开支。沃尔夫曾打印出各位合伙人的电话清单，想搞清楚哪些是业务电话，哪些是私人电话。私人通话费记在合伙人的内部费用账户上。有一天，沃尔夫仔细检查了格兰维尔的通话清单，发现其中有一两通电话是他打给康涅狄格州达里恩的家里的。于是，沃尔夫给格兰维尔开出了一张1.25美元的账单，但富有的格兰维尔却一直没有支付。因此，沃尔夫的上司汤姆·穆拉凯到格兰维尔的办公室要求他付款，不用说，两人大吵了一架，之后再也不说话了。

伍兹也惊讶地发现，合伙人们的士气有点低落，他说："我发现这群非常聪明、经验丰富的合伙人基本上全都蓬头垢面。他们在安德烈·梅耶的统治下挺了过来，当时的环境肯定非常严酷。他们真的非常聪明能干。"据卢米斯回忆，拉扎德当时有着"黑暗地带"的名声，"你根本不会想在安德烈·梅耶的手下干活"。"四人组"的一员进入拉扎德后曾告诉他："不跟你开玩笑，如果安德烈还在管理拉扎德，我们是不会来的。"卢米斯自己也"被这里的落后吓了一跳。拉扎德仅有6位准合伙人，他就是其中一员，没有分析师[1]。"我们的待遇就像农奴一样，"卢米斯说，"合伙人之间根本不沟通。当时还没有交易书，分析结果就写在信里。"

但格兰维尔领导的"四人组"确实为拉扎德带来了大量业务。"客户都是我的朋友。"格兰维尔总爱这样说。事实也的确如此。拉扎德前资本市场长期负责人达蒙·梅扎卡帕认为，格兰维尔对客户的影响力几乎可以与菲利克斯相媲美。"他能牢牢把握住客户。"梅扎卡帕说。长期投资银行家小罗杰·布里格斯（Roger Briggs Jr.）记得，自己还在所罗门兄弟公司工作时处理的一笔交易的情形。当时，拉扎德和格兰维尔是所罗门兄弟公司的联合顾问。"我们要一起开个会，格兰维尔一上来就问我们：'你们都有书吗？'"他说的"书"是指银行家通常会为客户准备的演示报告。布里格斯无法理解为什么拉扎德的银行家不准备任何书面材料，但格兰维尔准确地判断出了所罗门兄弟公司的银行家会准备。"这充分表明他与客户的关系有多好。"布里格斯接着说。此外，他还记得在询问了报告的准备情况后，格兰维尔对准合伙人说："你能下楼给我带几支雪茄上来吗？"布里格斯说，通过这一次见闻，他觉得自己了解到了拉扎德的实质。

米歇尔从雷曼兄弟招募过来的员工如今都已离开拉扎德，或许除了卢米斯之外，他们中没有一个人能琢磨透拉扎德的本质。一位很了解拉扎德的观察人士认为，这群从雷曼兄弟公司跳槽过来的银行家，特别是伍兹、麦克法兰和麦克格雷格，之所以在拉扎德不成功，是因为他们无法适应拉扎德奇特的本质。麦克格雷格是第一个离开拉扎德的。在他进入拉扎德两年后，英国首相玛格丽特·撒切尔（Margaret Thatcher）[2]聘请他管理濒临倒闭的国营企业——英国钢铁公司（British

---

[1] 指级别最低的专业人士，通常刚从大学毕业，负责处理所有数字，并做助理交代的任何事情。——作者注

[2] 1925—2013年，英国右翼政治家，英国第一位女首相，任期1979到1990年。

Steel Corporation)。令人难以置信的是，因为挖走了麦克格雷格，撒切尔政府同意赔偿拉扎德的损失。当然，这在当时引起了很大争议，尤其是在英国政府同意向拉扎德支付410万美元的天价赔偿金之后（实际上，英国政府最终支付了220万美元）。一些国会议员认为这笔赔偿十分"荒谬可笑"。

米歇尔认为，麦克格雷格的离开"带来了一些问题"，因为这位苏格兰银行家才刚来拉扎德不久。根据米歇尔的说法，麦克格雷格认为英国钢铁公司的工作是"自己长期职业生涯中最大的挑战"。米歇尔还表示，他非常不喜欢大家对拉扎德所获赔偿表现出的热切关注。1980年7月，麦克格雷格成了拉扎德有限合伙人，进入英国钢铁公司后，他无情地裁减了一万个岗位，对公司进行了"重组"。削减掉的大部分岗位都在苏格兰地区。后来，很多憎恨他的人戏称他为"刀子麦克"。沃德·伍兹在拉扎德做得非常成功，他于1989年离开，去了菲普斯家族（Phipps）下属私有投资基金——贝西默证券作CEO。在过去几年里，伍兹和妻子向母校斯坦福大学捐赠了4000万美元。艾伦·麦克法兰也于1989年离开拉扎德，创立了自己的投资银行——麦克法兰·杜威公司（McFarland Dewey & Co.）。

就在这个来自雷曼兄弟的小团队努力适应仍笼罩在安德烈阴影下的新环境时，为了摆脱安德烈的影响，米歇尔也面临着重重困难。虽然安德烈可能不再踏进拉扎德的办公室，但无论是在瑞士的家中还是在嘉丽酒店，他都弄得米歇尔十分恼火。早在20世纪60年代初，安德烈曾与自己唯一合伙人的儿子米歇尔关系相当密切，但那样的日子已经一去不复返了。如今，米歇尔成了老板，安德烈却仍没有接受这个事实。菲利克斯说，安德烈搞得米歇尔的生活"苦不堪言"。"我还记得米歇尔有一次来见我，那时他刚跟安德烈大吵了一架，安德烈可能严厉指责了他。"菲利克斯说，"安德烈喜欢质疑别人，这让人很不舒服。米歇尔的日子很不好过。我惊讶的是，他居然能坚持下来。不过这个决定显然是正确的。"安德烈以近乎羞辱的方式对待年轻的米歇尔。"安德烈·梅耶对米歇尔很不好，"一位合伙人记得自己曾听过这样的传言，"有好几次，安德烈把米歇尔召到嘉丽酒店，丝毫不留情面地对他说些难听话——'你还不够资格管理这家银行。你含着金汤匙出生，你怎么有胆子认为自己可以接替我的位置？'这太难了。他几乎把米歇尔贬得一钱不值。我们很多人都听说他把米歇尔折磨得泪眼汪汪。"弗兰克·皮扎托拉还记得自己与安德烈、菲利克斯和米歇尔在嘉丽酒店共进午餐的情景，安德烈谈起米歇尔时用了第三人称，完全把他当成空气。"他还是个黄毛小子，"皮扎托拉记得安德烈如此说道，"当时米歇尔正要开始用餐。对他来说，这真是一记重击。"

米歇尔清楚地记得安德烈在世时，他第二次来纽约的情景。"他让我回来的时候，情况已经相当糟糕。"米歇尔说，"他的身体非常不好，经常不在办公室。他嫉妒我能领导公司。我知道他很难接受这一点，因为之前公司的每一个决定都是他亲自做出的。"在临终前，安德烈还把米歇尔叫到了嘉丽酒店，一个接一个地问问题，为了寻找答案，米歇尔不得不一遍遍往返于办公室和安德烈的病床之间。米歇尔还在另一次采访中透露，在他管理纽约分行最初的那段日子里，"我根本不确定自己能否管理好纽约分行，而且与安德烈·梅耶的关系也一度非常不确定。但我与纽约分行的关系一夜之间改变了。在安德烈·梅耶的管理之下，公司状态一直很好，日常开支极低。相对而言，我们现在的管理费用就高得多。与安德烈·梅耶相比，也显得相当挥霍。不过，不论环境好坏，这家公司都能赚钱，因此合伙人们根本不担心第二天会没饭吃——在纽约，这可是会真实发生的事。华尔街是个危险的地方，前一天，你可能还处于世界之巅，但第二天就失业了。"

米歇尔还记得安德烈所采用的心理战，即他能让强大的人畏惧自己。即使是戴维·洛克菲勒、比尔·佩利、戴维·萨诺夫和博比·雷曼，在安德烈面前也会变得畏畏缩缩。"我能证明博比·雷曼确实非常害怕安德烈。

我参与过一次他们的谈话，当时博比·雷曼显然被安德烈吓呆了。"米歇尔说，"安德烈有本事让人内疚。当我发现这点后，他的这些技巧就对我不起作用了。我逐渐明白，他可能不是有意为之，而只是想捉弄一下别人。他能让我们所有人都感到内疚。这其实很简单，我也知道如何做到这一点，但我总是有意识地避免，因为我与安德烈·梅耶的相处经历让我对此很反感。这种技巧他用得太频繁了。"

除米歇尔与安德烈之间的重重矛盾外，拉扎德当时还存在另一个众人意料之外的问题，这涉及菲利克斯。当时，菲利克斯刚刚年届五十，是拉扎德最重要的业务创造者，也是迄今为止拉扎德最著名的合伙人。他正四处搜寻业务。"他做的交易千差万别。"一位了解菲利克斯的银行家在1981年告诉《新闻周刊》。自从他的朋友哈里·奥本海默（Harry Oppenheimer）的英美公司（Anglo American Corporation）大量参股查尔斯·恩格尔哈德的公司后，菲利克斯就以奥本海默代理人的身份进入查尔斯·恩格尔哈德公司董事会。后来，他也加入了英美公司董事会。就在米歇尔接管纽约分行前后，奥本海默曾找到菲利克斯，想让他负责公司在南非以外的业务，但菲利克斯拒绝了，因为这份工作需要他在伦敦办公。菲利克斯还曾向凯里州长表示，他打算在市政援助公司的主席任期满三年后引退。1978年7月，《纽约时报》报道了这一消息，声称菲利克斯"即将离开公众视野，正在考虑未来去向"。根据《纽约时报》报道，他坐在"狭小简陋的"拉扎德办公室里接受了一次"漫长的"采访，其间"不断陷入沉思"，他透露道："我会一直创造交易，但单纯做交易无法充实我的生活。虽然我不认为做交易将会成为我职业生涯的全部，但在未来两三年里，它可能会占据90%。我需要两三年的时间来反思和自我分析。"

和往常一样，这篇报道大肆吹捧了菲利克斯。"与大多数政府官员不同的是，罗哈廷先生平易近人、见多识广、为人坦率，"《纽约时报》的记者写道，"他不仅享受权力，而且追逐权力。不论面对什么问题，他都会不屈不挠地找到解决方案。"采访那天，洛克菲勒中心32层的氛围变了，菲利克斯罕见地表现出了某种近乎谦逊的自省意识。投资银行家们向来不知谦逊为何物，更不用说像菲利克斯这种既有地位又有成就的银行家。"掌控媒体的能力是我与政客打交道的武器之一，"菲利克斯说，"通常，政客们将用文字报道一个人视作一种权力，现在我就将被人用文字描述为一个有权力的人。对我来说，这是个有趣的性格测试。放弃权力就像放弃抽烟一样困难。"（菲利克斯在上大学和服兵役期间烟瘾很重，每天要抽两包烟，直到他的第一任妻子成功说服他戒烟。）菲利克斯还回忆起当初吉宁邀请他加入ITT董事会时自己的感受。"那真是件大事，"他说，"我一直是个特立独行的人，一个圈外人。我没有人流的背景，上的也不是最好的学校。我不是俱乐部的名人，也不是同学聚会的焦点。"当菲利克斯在市政援助公司的任期将满时，《华尔街日报》刊登了一篇关于他的人物介绍。"他是纽约的亨利·基辛格，是一位公认的调停者，"文章写道，"他是本市权威新闻媒体的宠儿。他是一位技艺高超的金融技师。他就是菲利克斯·G.罗哈廷。当其他政府官员垮台时，罗哈廷先生却在那儿登场，使纽约从失业率飙升的财政危机中解脱。"至于离开市政援助公司后有何打算，菲利克斯告诉《华尔街日报》，他"现在只想有些喘息的空间"，但他也承认自己"将会怀念活在闪光灯下的日子"。（后来这些猜测都显得毫无意义，因为菲利克斯在市政援助公司主席的位置上又坐了6个月，而且之后他又回来了。）

几个月后，菲利克斯在皮埃尔酒店当着法美商会发表了一番午餐讲话，表达了自己的担忧，抨击了卡特政府前两年的执政情况。"我们的经济完全失控，我们的货币处于危机之中，而我们的政府机构对此却没有任何反应，也许他们是无能为力……我们现在正面临一场战争——通货膨胀、失业、教育缺乏、种族歧视。更严重的是，我们没有获胜的迹象。如果输了这场战争，我们的政府体系将无法存活。"接着，他将纽约已解决的财政问题与华盛顿正面临的财政问题进行了比较，并得出了不利的结论："如果总统输了这场战斗，如果我们无法共同创造条件帮助他获胜，那么结果将不仅仅是政府债券延期支付或工会工资冻结，它还可能导致自法国大革命以来的这种政府形式的终结，虽然这是史上为人类做出过最多贡献的政府形式。届时将不存在赢家或输家，美国只不过是历史长河中又一个没有把握住机会并最终失去价值的国家。"大约在菲利克斯发表这些评论的6个月后，卡特政府对美国人民发表了臭名昭著的"隐忧"演讲[1]。

　　1979年2月，菲利克斯在洛克菲勒中心"简朴且有些凌乱的办公室"里接受了时尚圣经《W》杂志的采访，当时他在市政援助公司的任期似乎正要结束。在反思自己这段职业生涯时，他带着些许骄傲、感伤和自负。"一直处在公众的视线之下真的很吸引人，"他说，"这会令人非常兴奋。商人突然变成了明星，我突然发现自己上了《纽约时报》的头条。我读着自己说过的话，不禁认为自己还算是个聪明的家伙。但我不确定这是不是件好事。"当记者问及他从市政援助公司引退后的打算时，他说："我会尽量恢复自己的私生活，之前我一直忽略了这方面。我打算多花一点儿时间陪陪孩子们（当时他的孩子分别是20岁、18岁和15岁）。我会写一些东西，多听听巴赫和莫扎特的音乐，读一些书，去去剧院。我将成为一位普通市民，但我仍会关心公众事务。"有趣的是，他既没有提到拉扎德，也没有提及自己即将和伊丽莎白·瓦利亚诺举行婚礼。

---

[1] 美国第39任总统吉米·卡特于1979年所做的一次演讲，他在演讲中谈及了"自信危机"，支持美国人民与"美国民主的主要威胁"做斗争，还力劝公众正视"对我们个人生活不断产生的质疑"。

第八章

菲利克斯
竞选总统？

最终，菲利克斯还是留在了拉扎德，并将更多精力投在公司和做交易上。他选择回归的时机绝佳，因为当时股市开始回暖，即将迎来一轮史无前例的牛市，并购交易的规模和投资银行家的酬金（他们往往按照总对价收取固定比例）也出现了爆发式增长。"在我看来，我在拉扎德的职位非常理想……70年代和80年代初期，我把大部分时间都投在了证券交易所后台危机和纽约市政危机上，我想象不到还有其他地方会给我这么奢侈的待遇。"他说，"现在，我要努力补偿拉扎德，为它赚更多的钱。"

米歇尔和菲利克斯共同制定了一套方法来管理公司，即米歇尔所谓的"两院制"。他们彼此依赖，米歇尔负责菲利克斯厌恶的日常管理工作；菲利克斯则运用自己无与伦比的客户渠道和并购技巧，使拉扎德一直占据投行交易排行榜榜首的位置。他们使彼此更加富有。至少在早期的合伙关系里，他们的理念相同，如保持较低的日常管理费用、发展只需小额资本的业务线（如并购），以及保持公司的独特性。他们都考虑重新发展拉扎德的风险套利和私募股权业务，此外，米歇尔还想提高公司的市政债券交易业务。不过，大多数情况下，他们最注重的还是给予拉扎德银行家们更多的空间，让他们逐渐摆脱安德烈微观管理[1]的束缚。"过去几年里，除了我和安德烈·梅耶外，我们可能还有4到6位合伙人有能力进行大额交易。"菲利克斯告诉《机构投资者》杂志，"他们有能力承

---

[1] 指管理者通过对被管理者的密切观察及操控，使被管理者完成其所指定的工作。

担起一块业务，在不需要我或与安德烈·梅耶同等重要的人插手的情况下独立完成交易。公司里出现了新气象，大家都开始独立进行交易，这使得公司开始向多元化发展。大家具备了一种从未有过的精神面貌，我们的人之前一直处在安德烈·梅耶的阴影下，如今他们开始蓬勃发展。"他接着说道，过去，"安德烈·梅耶是公司中的超级明星，而我是小明星。公司鼓励大家拉来新业务，但并非让他们单打独斗。部分原因在于，除极少几个人外，安德烈不相信任何人。他可以让我单独做自己的事情，但不会让其他人这样做。如今，大家需要一点时间来走出这种模式。如果你问我，与以前相比，我们正在做的事情是否发生了实质性的变化，我会说完全没有，但做事方式却与以前完全不同了。如果不改变做生意的方式，就不能从恺撒大帝时代走向法兰西第三共和国"。刚从远离文明的墨西哥度了两周假回来的菲利克斯如此评价道："这就是新的拉扎德。"

菲利克斯也试着让并购团队遵守一些规则。在1979年1月的一份备忘录中，菲利克斯要求团队助理监控"宽纸带"——一种出现在CNBC电视屏幕底部的"滚动信息条"的老式纸质版本，并在并购交易"消息宣布后的几分钟内"立即告知团队的"高级成员"，"这样我们就能及时通知客户"。菲利克斯规定，助理必须轮流撰写相关交易的一页纸概况，这一行为可以说是对拉扎德服务的初期营销。他希望助理能回答这些问题："我们是否应该给相关公司打电话，以确认我们的服务是否对他们有用？如果有用，是否可以通过浏览相关公司董事会名录等途径确定我们应该给谁打电话？"但还没过一个月，菲利克斯试图建立的这套系统就发生了故障。弗兰克·皮扎托拉在给包括米歇尔和菲利克斯在内的所有合伙人发送的备忘录中写道："菲利克斯·罗哈廷在1月24日备忘录（副本见附件）中概述的程序似乎已失效。我们将再次共同努力，以判断此系统是否对大家有利。"

尽管这套系统运行失败了，但公司——主要是菲利克斯——很快就接连担任了如下几笔交易的代理人：联合技术公司对空调制造商开利公司（Carrier）的并购交易，美国广播公司对齐尔顿图书（Chilton Books）的并购交易，以及联合利华（Unilever）对全国淀粉公司（National Starch）的并购交易。财富再次开始滚滚涌入纽约分行。经过1978年动荡的转型期之后，1979年，三家拉扎德分行赚到了5450万美元，其中约46%（2530万美元）的收益来自纽约分行。在过去任何一年里，三家拉扎德分行的获利总额从未超过4000万美元，而这一年却突破了5000万美元。这一年，菲利克斯获得了超过150万美元的分成，而米歇尔仅从纽约分行就获得了超过450万美元的分成。合伙人弗兰克·扎布仍记得这段黄金时期。"有一年，我们在2月底就花掉了整年的全部费用，"他说，"我们每年都重复同样的事情。我们会在12月看看进展中的业务，连菲利克斯都会惊慌。我们会组建新的业务委员会，开会讨论业务清单，以及瞎扯淡。紧接着到了2月，我们都忙到甚至没时间开会。就这样年复一年。"

1979年春，杂志上刊登的两篇长文大大提升了拉扎德的形象，其中一篇是《机构投资者》杂志介绍安德烈的文章，另一篇是《纽约客》杂志介绍菲利克斯的。大约在安德烈去世的5个月前，卡里·莱西在《机构投资者》上发表了一篇关于安德烈的文章。这篇文章既是对安德烈传奇人生的致敬，也是一份提前讣告。我们从文中引用的一段合伙人戴维·苏普诺的评论，可以捕捉到安德烈的一些神秘特质。"他身上有一种欧洲人特有的优雅低调气质，"苏普诺说，"即使大家都知道他是谁，但没人完全了解他。"简言之，这篇文章将安德烈刻画成一位复杂、睿智、冷酷的人物，同时也承认他有某些缺点。

《纽约客》关于菲利克斯的报道发布时，菲利克斯正好暂时离开了市政援助公司。在此期间，纽约市政府举办了两场答谢晚宴，向过去3年多时间里为拯救纽约市做出主要贡献的人士致敬，其中一场就是为了向当时纽约最大的市政雇员工会的执行董事维克托·戈特鲍姆（Victor

Gotbaum）表示敬意。此次拯救纽约市破产危机的严酷考验造就了戈特鲍姆与菲利克斯及两人妻子间的牢固友谊，在30多年前举行的这场答谢晚宴上，菲利克斯称戈特鲍姆为"现今我最亲密的朋友"。

媒体也曾多次报道过他们之间亲密的友谊。《纽约客》报道发表一个月后，菲利克斯与伊丽莎白·瓦利亚诺结婚了，戈特鲍姆则担任伴郎。菲利克斯是在戈特鲍姆的劝说下向伊丽莎白求婚的，当时两人正在南安普敦的一处海滩上散步，戈特鲍姆劝菲利克斯赶紧向伊丽莎白求婚，否则有可能会失去她。"丽兹（Liz）[1]对菲利克斯的表现非常失望，很不看好他们之间的关系。"戈特鲍姆解释说，"当时我和菲利克斯正在海滩上散步，我说：'喂，你到底有什么问题？'他找了各种借口，例如金钱，例如会失去这个、会失去那个等等，于是我就像往常那样对他发火了。我说：'菲利克斯，你这个混蛋，你知道吗？你就是个混蛋。你缺乏安全感，但你也不会跟其他女人在一起。你看上去很在乎她。'我大概说的是——言辞应该更简练——'别占着茅坑不拉屎'。"

菲利克斯夫妇与戈特鲍姆夫妇经常一起吃饭，而且戈特鲍姆夫妇几乎每年都会去参加菲利克斯家在汉普顿斯举办的寻找复活节彩蛋活动。在菲利克斯的帮助下，戈特鲍姆的儿子乔希（Josh）在1981年当上了拉扎德的合伙人，并且在这个位置上一连坐了13年。"菲利克斯需要他，"戈特鲍姆谈到此事时说道，"我们曾互相庆祝各自的儿子比自己聪明。乔希是我儿子，尼基（Nicky）是他儿子。"他们之间的友谊可谓出人意料，毕竟一位是难民出身的千万富翁级投资银行家，而另一位则是倾向于采取暴力行动的工会领袖。菲利克斯曾称两人是"市政的'一笼傻鸟'[2]"，还多次谈起他们之间亲密的友谊。一次，菲利克斯描述了两人

---

[1] 伊丽莎白·瓦利亚诺的昵称。

[2] 一部1978年法国和意大利合拍的喜剧电影，讲述了两个越狱的囚犯哈利和韦恩为了掩人耳目，躲避警察的缉捕，逃到一个名叫快乐的小镇，装成专门为选美大会做活动的制作人的故事。此处菲利克斯比喻两人关系亲密。

在1975年7月第一次会面的情形，当时他们一起吃了一顿晚餐。"我们度过了一个非常愉快的夜晚，凌晨五点才分别，当时维克多用鞋底敲打地面，发出梆梆梆的声音，听起来怪吓人的。"于是他对戈特鲍姆说："你又不是赫鲁晓夫（Khrushchev）[1]，这里也不是联合国，你就不要敲了。"而戈特鲍姆则称，这只是早期戏剧里主角占位的一种方式。

但他们美好的友谊还是出了些问题。不知何故，菲利克斯后来不再与戈特鲍姆讲话，因此，这位前工会领袖非常难过。一些人认为，在戈特鲍姆这位纽约最厉害的工会领袖退休之后（即1987年之后），菲利克斯就对他失去了兴趣。2001年，菲利克斯结束驻法国大使任期回到纽约后，他们的关系彻底破裂了。"我们之间的关系一直没有得到缓和，"戈特鲍姆说，"用一个更好的词来形容就是，我们的关系不知不觉就淡了。我想了很久，这不只是菲利克斯的原因，也有我的原因。他变得非常有钱。最好的解释是，我们已经合不来了。"

20世纪80年代的某段时间，戈特鲍姆曾考虑过竞选纽约市长，并把这个想法告诉了菲利克斯。但戈特鲍姆从菲利克斯处得到的回应可能是"很抱歉"，因为菲利克斯不论在公开场合，还是在私底下，都可能无法支持他。得不到这位解决纽约市财政危机的知名投资银行家朋友的支持，戈特鲍姆的处境变得相当困难。谈话结束，戈特鲍姆离开菲利克斯的公寓，回到自己的车里后就打消了刚刚萌生的竞选市长的念头，趴在车里哭了。尽管多年后戈特鲍姆声称自己从未认真考虑过竞选市长，也不记得自己曾在车里哭过（哪个男人会承认呢？），但他承认自己确实曾跟菲利克斯谈过这个问题，而且当时菲利克斯对这件事非常紧张，让他感到很失望。"考虑到他的人气逐渐上涨，他对我竞选市长的想法感到非常紧张，"戈特鲍姆说，"这让我心烦，因为我根本不会去竞选。

---

[1] 尼基塔·谢尔盖耶维奇·赫鲁晓夫，1894—1971年，曾任苏联最高领导人。在冷战期间，其领导的苏联与美国和西欧等资本主义国家对峙。1962年，他策划的古巴导弹危机一度使苏联和美国站在核战争的边缘，但最终危机得以平息。

我当时心想，去他妈的。他为什么这么紧张，我也不知道。当时我差点就告诉他：'菲利克斯，滚你妈的蛋，我根本不会去竞选，就这样，别再废话了。'但他非常紧张。事实是，如果他说不支持我，我的离开会让他很狼狈，因此我根本不在意竞选的事。再说，我根本不会去竞选。如果我决定竞选，我俩的关系这么铁，他不可能不支持我。"

但《纽约客》的文章提出了另外一种观点。尽管从1975年开始的三年内，菲利克斯将大部分精力都投在解决纽约市的财政危机中，但无论是他还是拉扎德都没有向纽约市政府收取一分钱。而且拉扎德的其他一些合伙人也会偶尔去市政援助公司协助菲利克斯，拉扎德也没有就此向纽约市政府收取任何费用。但拉扎德的这一行为也并非全无好处，在1924年的法郎危机中，三家拉扎德分行也正是采取了"分文未取"这一策略，从而获得了各界广泛的赞扬。诚然，拉扎德绝不是一家慈善机构，菲利克斯曾在1969年告诉过塞勒委员会这一点，但菲利克斯和拉扎德因此赢得了媒体的高度赞许，这是非常有意义的。据《纽约时报》报道，菲利克斯越来越有名，"后来他在全美各地名气都很大，也给纽约分行带来了更多的曝光和宣传，但这并非纽约分行想要的结果"。《纽约时报》只说对了一半：菲利克斯成了全国知名人物，但拉扎德内部并没有任何人因公司日益上升的知名度而抱怨。安德烈所倡导的虚伪谦虚的时代已经一去不复返。

很快，其他城市有人请求拉扎德提供专业建议，以解决市财政问题，如底特律、克利夫兰和华盛顿特区等等。"我喜欢大城市，"菲利克斯告诉《新闻周刊》，"文明在此发展。我认为，宗教是在野外传播的，但文明只能在大城市发展。"此外，伊利诺伊州也请求拉扎德帮忙解决公共教育财政危机，美国财政部请求拉扎德帮助评估对克莱斯勒公司高达12亿美元（后来为15亿美元）的联邦救助计划。（拉扎德曾担任克莱斯勒公司的顾问，但后来因"政策分歧"而退出。）菲利克斯因在克莱斯勒救助案中发挥的作用而再次成了《纽约时报》社论版的新闻人物。"有人告诉我，我们成了解决城市财政危机的瑞德·亚戴尔（Red Adair）[1]。"他当时如此说道。

菲利克斯曾估计，如果拉扎德向市政援助公司收取服务费，那么应有 250 万美元。拉扎德是市政援助公司唯一的无偿顾问，西蒙·里夫金德的保罗魏思律师事务所为市政援助公司提供了法律服务，律所虽提供了一定的折扣，但仍收取了 50 万美元的费用。然而，菲利克斯决定在1979 年 1 月从市政援助公司的职位上引退，因为他"觉得让自己的合伙人继续提供无偿服务是不公平的"，安迪·洛根（Andy Logan）在《纽约客》中写道。拉扎德的合伙人们一起开会讨论了这个问题，并决定继续向市政援助公司提供咨询服务，因为拉扎德对纽约市的金融状况有深入的了解。他们还决定以一定的折扣向市政援助公司收取月度服务费，并规定菲利克斯不能从这笔税前费用中收取报酬。市政援助公司新任主席乔治·古尔德（George Gould）建议向拉扎德支付 25 万美元的年度服务费（假设这是净利润，那么以 6% 的分成计算，菲利克斯将损失 15000 美元）。两周后，市政援助公司召开董事会会议，纽约市新任市长埃德·科赫（Ed Koch）的代表也出席了。此次会议上，董事们一致同意了这一决定。

但菲利克斯私下对科赫提出的城市预算做了一些负面评价，科赫知道后，把怒气撒在了拉扎德及它与市政援助公司的费用安排上。在前往表彰菲利克斯的晚宴前，科赫接受了《纽约邮报》的临时采访。在采访中，他嘲笑拉扎德没有走竞标程序就得到了聘用，"这是一种道德上的利益冲突"。当一位记者问科赫是否会在宴会上与菲利克斯就这个问题进行对质时，他表示不会这么做。"这是菲利克斯的庆祝仪式，你是不会对仪式主角说刻薄话的。"他说。但此次采访立即引起了一场轩然大波，仅在《纽约邮报》刊登报道的两天后，拉扎德就辞去了市政援助公司的顾问工作。"虽然提供公共服务是一种荣幸，但我们不该因此遭受不必

---

[1] 此人以善于扑灭油田火灾而闻名。——译者注

要的责难。"拉扎德的合伙人杰克·塔马尼（Jack Tamagni）在以公司名义给市政援助公司的辞职信中写道。凯里州长、市政援助公司董事会和西蒙·里夫金德都支持市政援助公司聘任拉扎德担任顾问，他们请求拉扎德重新考虑这一决定。

随后，媒体大量刊登了拉扎德的正面报道，其中，伦敦的《经济学人》（Economist）杂志对这一事件进行了长篇报道，赞扬菲利克斯长期以来提供了"卓越的公共服务"，强烈谴责了科赫，认为他的言论"不仅不合时宜，而且非常无礼，这显然是事先计划好的"。之后，《每日新闻》报道，纽约市政府开出50万美元的年费请求拉扎德担任财务顾问，但考虑到可能与菲利克斯之前在市政援助公司所做的工作发生利益冲突，拉扎德谢绝了。（后来德威公司得到了这份工作和相关报酬。）《每日新闻》称"这件事太卑鄙了"，还称"如果埃德·科赫学会在信口开河前先动动脑子，那么他会成为一位更好的市长"。科赫装模作样地向菲利克斯道了歉，还到处发表见解，说那些"想管理这个城市的人都应该参选"，对此，菲利克斯回应道："我不接受这种观点。没有什么能阻止我进行批评，因为我交了税。打个比方，如果你付钱去看艾萨克·斯特恩（Isaac Stern）[1]的表演，结果他表演得很糟糕，那么你就有权批评这场演出。批评人士并非都必须学过小提琴。"

嘉奖晚宴结束的一个月后，凯里州长邀请菲利克斯再次担任市政援助公司主席。乔治·古尔德只干了5个月就辞职了。拉扎德的一些合伙人认为，是菲利克斯一手策划了古尔德的辞职事件，如此他就可以重回日思夜想的权力很大的职位上。"如果吉德里（Guidry）[2]可以让洋基队

---

[1] 1920—2001年，美国著名的小提琴家。曾多次入白宫，先后为肯尼迪总统、约翰逊总统、里根总统、布什总统、克林顿总统演奏。

[2] 1950至今，美国棒球选手之一，曾效力于美国职棒大联盟纽约洋基队，退休后曾担任纽约洋基队的投手教练。

(the Yankees)[1]松口气,那么我认为我也能让州长松口气。"菲利克斯说。
此外,拉扎德也再次无偿向市政援助公司提供咨询服务。据说,菲利克
斯再次担任市政援助公司主席的第二天,就与科赫握手言和了,尽管他
们之间的紧张关系仍持续了很多年。时至今日,回忆起科赫曾指责自己
和拉扎德存在"道德上的利益冲突",菲利克斯依然难以释怀。"我当时
认为那是无法容忍的。"菲利克斯在2005年说道,"我现在仍然这样认
为。"但他们两人决定摒弃前嫌。"至少他没有伤害到我。"菲利克斯承
认,"我的意思是,如果他这样说了,而且是事实,那就是另外一回事了。
但他只是说了难听的话,我也做出了回应。过了一段时间,我们都变老了,
都不再拥有权势。他是一个有趣的家伙,我们偶尔还会一起吃个午饭。"
菲利克斯回到市政援助公司后,继续和科赫斗智斗勇,他和拉扎德似乎
都因此重新焕发出活力(当时他刚度完蜜月回来)。在米歇尔和菲利克
斯的双重领导下,纽约分行开始步入了长期的复兴之路,但一路上也有
不少磕磕绊绊。

1979年9月9日,安德烈在瑞士洛桑的雀巢医院去世。6天前,他
刚过完81岁生日。安德烈的去世导致纽约分行合伙协议的再次修订,
根据协议的4.1条,米歇尔现在掌握了绝对的权力,可以单方面做出纽
约分行的所有决策。他再也不需要跟任何人进行协商。在公开场合,拉
扎德仍宣称纽约分行只有1750万美元资本,但事实上,合伙人的资本
总额已接近3100万美元。虽然对于一家华尔街公司来说,这个数额仍
小得令人难以置信,但米歇尔和菲利克斯都认为没有任何理由增加更多
资本。

根据法国传统,安德烈去世后,要在他的办公桌上放一张他的照
片,再用一条黑色衬布带子装饰照片一角。但一年之后,米歇尔就移走

---

[1] 美国纽约职业棒球队,世界上最成功的运动俱乐部之一。

了安德烈的办公桌和照片。表面上，米歇尔仍表现得非常尊敬安德烈，但据一位合伙人说，"事实上，他讨厌安德烈阴魂不散"。在米歇尔接管纽约分行的初期，用一位合伙人的话来说就是，一提起"梅耶先生"的做事方法就能迅速让自己成为米歇尔"讨厌的人"。米歇尔逐渐开始给公司打上自己的印记。除了那次众人皆知的对雷曼兄弟的突袭，他还聘用了几位精通市政金融领域的人员，并授权新合伙人弗兰克·扎布成立"国际小组"，向别国政府提供顾问服务。此外，他还在合伙人恩格尔伯特·格罗默斯去世后提拔曾任纽约证券分析师协会主席的斯坦利·纳比（Stanley Naibi）担任拉扎德资产管理部门（简称LAM）的负责人，并增加该部门的资产。

不过，米歇尔仍将公司重心放在并购业务上。仅在1979年这一年，拉扎德就在如下多项并购业务中提供了顾问服务：美国无线电公司以13亿美元收购CIT金融公司（在安德烈取得巨大成功的SOVAC交易中曾与拉扎德合作），埃克森美孚以12亿美元收购瑞恩电气（Reliance Electric），联合技术公司以超过10亿美元收购开利公司，国际纸业公司（International Paper）以8.05亿美元收购博德考公司。"他们现在正在赚大钱，"一家竞争对手公司的合伙人告诉《纽约时报》，"并购是他们的主业。他们的并购业务非常成功。"事实也确实如此。1979年是拉扎德有史以来效益最好的一年，纽约分行的利润比前一年增长了将近两倍。1980年，拉扎德赚到了更多利润——8410万美元，其中3920万美元来自纽约分行，2900万美元来自伦敦分行。米歇尔接管纽约分行后的两年中，税前收入从1200万美元增长到了3900万美元；在他管理巴黎分行的五年中，税前收入从1975年的680万美元增长到1980年的1560万美元，这得益于巴黎分行入股了一家盈利能力十足的合伙企业，这家企业为1980年莫斯科奥运会生产贵金属纪念币。1980年，菲利克斯赚了近240万美元，米歇尔单单从纽约分行就获得了超过700万美元的分成。

拉扎德处于前所未有的繁盛时期。米歇尔领导下的拉扎德很快吸引了一批人才跳槽过来。"在我接掌公司期间，前6个月都在亏损，之后两年才开始盈利。"米歇尔在1981年3月如此告诉《欧洲货币》杂志，"纽约分行的前6个月是非常关键的。对我们来说，雷曼兄弟的一些人来到拉扎德不仅仅是一种荣耀，也是一个明证，说明这些在外面如此风光的大人物，在职业生涯的紧要关头，愿意认可我和合伙人们的看法，即拉扎德的前途一片光明。对于外界来说，这可能是一个非常重大的事件。但对于我来说，最重要最艰巨的任务在于如何掌控一堆不清不楚的事务，即使安德烈·梅耶还在世时也没有弄明白它们。"

1981年3月，时年45岁的达蒙·梅扎卡帕从拉扎德的主要竞争对手之一摩根士丹利跳槽到拉扎德，建立了资本市场业务部门。资本市场，即股票和债券的承销与交易，在拉扎德一直属于有待开发领域。之前，拉扎德的确偶尔会为某位他们青睐的客户承销证券和股票发行，如为前合伙人尤金·梅耶经营华盛顿邮报公司（Washington Post Company）的IPO，为ITT的吉宁承销安飞士的股票，为考德雷子爵家族及其继承人在英国承销培生公司的股票等等。但在安德烈·梅耶进入纽约分行后，这些承销业务变得非常稀少。原因非常简单，在安德烈和菲利克斯看来，承销业务需要不断投入大量的资金以及由优秀经纪人组成一支销售团队。在规模效应下，证券承销业务可能会非常赚钱，还能为急需资金的客户提供绝佳的资金来源，因此证券承销领域的竞争非常激烈，且公司一直面临压低服务费的压力。而当时并购业务正迅猛发展，大有钱挣，还不需要投入大笔资金，因此拉扎德完全有理由远离竞争激烈的资本市场。但米歇尔愿意冒些风险，将公司缓慢增长的资本中的一小部分选择性地投在为公司稳定增长的客户群提供承销股票和债券的服务上。

为实现这个目标，米歇尔聘请了毕业于哈佛大学的梅扎卡帕。梅扎卡帕身姿笔挺、着装一丝不苟，热衷打扮，因此公司的人后来给他起个绰号"孔雀"。只要他想展现魅力，他就可以让自己变得非常有吸引力；只要有必要，他也能变得异常冷酷。梅扎卡帕和他那经营旅行社的妻子丽兹（Liz）是纽约各种社交活动中的常客，他们与一群富豪在第五大道的家中、南安普敦和棕榈滩度假的照片经常出现在《W》杂志和《时代周刊》杂志的时尚版中。

起初，米歇尔承诺给梅扎卡帕2%的合伙股份，但后来将其减少到1.75%。米歇尔对梅扎卡帕说："我不应该给你2%，因为这里很多人，比如塔马尼，都只有1.75%的份额。我不想冒犯他们。"[实际上，塔马尼拥有2.25%的份额，此外，包括沃德·伍兹、弗兰克·扎布、乔恩·奥赫伦、唐纳德·皮特里、卢·帕尔穆特（Lou Perlmutter）和彼得·贾奎斯（Peter Jaquith）在内的许多合伙人也都拥有2.25%的份额。1981年，纽约分行2.25%股份的价值为112.5万美元。]拉扎德这种特有的文化给了梅扎卡帕很大冲击，但他说道："对我来说，最重要的是发展前景问题。我要么成功，要么失败。而我十分确信自己会成功，我认为这是个很好的机遇，因为拉扎德需要我。高盛不需要我，所罗门兄弟公司也不需要我。确凿无疑的是，拉扎德肯定获得了银行业务特许经营权，无论是已经获得了还是即将获得。此外，拉扎德与客户公司的关系也很好。""但他们不知道怎么卖东西，"他接着说道，"他们只有6个人做这个业务，缺乏有力的领导，也没什么权力。基本上，他们只是把这堆东西整合起来，然后把它们卖到华尔街上或者卖给债券经纪人，从中拿点回扣。我的意思是，假如他们要为ITT做债券承销交易，那么他们就会把债券卖给一位经纪人，然后这位经纪人再把债券转售给另一家交易商。因为华尔街当时没什么债券交易，他们也不懂如何销售。"说到这里，他大笑了起来，"所以我刚进公司时，不少人都对我充满敌意"。

当时，拉扎德刚刚起步的资本市场部门位于洛克菲勒广场1号的31层，上面就是菲利克斯、米歇尔这类位高权重的合伙人所在的楼层。资本市场部门的业务与迈克尔·刘易斯（Michael Lewis）在《说谎者的扑克牌》（*Liar's Poker*）一书中讽刺的此类交易权威所罗门兄弟公司相似，但这里并不宽敞，也没有嗡嗡作响的电脑屏幕和粗俗的交易员；有的只是一个大小中等、显然科技含量并不高的 L 形控制台，上面安装着奇怪的按钮和头戴式电话耳机。股票交易员和债券交易员分两边坐，市政债券小组也在这里办公。

梅扎卡帕首先遇到的阻力来自性情暴躁的汤姆·穆拉凯，因为穆拉凯认为在 31 层他说了算。"这就是汤姆的工作，难以相处，不给别人任何东西。"梅扎卡帕回忆道，"他在尽量维持自己对那层楼的控制权。"接着，梅扎卡帕又遇到了沃尔特·艾伯斯塔特（Walter Eberstadt），他是安德烈最赏识的投资合伙人之一菲德·艾伯斯塔特（Ferd Eberstadt）的亲戚。梅扎卡帕逐渐"喜欢上了"艾伯斯塔特，但一开始"他根本弄不清楚我在做什么"。梅扎卡帕发现，斯坦利·纳比把资本市场部门管理得"非常糟糕"，管理的资产从他接手时的 14 亿美元下跌到了 10 亿美元。此外，还有管理交易操作的查理·麦克丹尼尔（Charlie McDaniel）。"他是个好人，但没什么建树。"梅扎卡帕回忆道。梅扎卡帕进入拉扎德的第一天，麦克丹尼尔就邀请他共进午餐。"查理喝了几杯马提尼酒后告诉我应该怎么做事，我稍微听了听。"5 个月后，梅扎卡帕解雇了麦克丹尼尔。"一切应该按照我的方式运作，而不是他的方式。"梅扎卡帕说。他所谓的"方式"就是从摩根士丹利聘请了 8 位他的"人"，这些人包括迈克·所罗门（Mike Solomon）、菲尔·扬（Phil Young）、哈伦·巴特鲁斯（Harlan Batrus）、哈里·罗森伯格（Harry Rosenberg）、约翰·康纳斯（John Connors）和里克·莱文（Rick Levin）。"我们建立了一套优秀的操作体系，为公司赚了很多钱。"他说。

当然，梅扎卡帕自己也赚了许多钱。后来，他的利润比例提高到了 4%，这意味着，20 世纪 90 年代后期，他每年都能从公司获得超过 800 万美元的现金，其中还不包括他与米歇尔达成的臭名昭著的附带交易收入。附带交易给他带来的收入相当于资本市场业务部门税前利润的 5%，上限为 300 万美元，独立于他的 90 万美元年薪（至少为 1999 年的年薪）和股权收益之外。梅扎卡帕也承认，这一行为"对其他合伙人造成了伤害"。一位前合伙人曾说,许多银行家得知梅扎卡帕从附带交易中赚得的金额后都"惊呆了",都骂他是个"小偷"。"有一段时间,我拿着薪水,再加上4%的股权收益,另加300万美元。"他淡淡地笑着说道。这意味着,20世纪90年代后期,他每年总共能赚到约1200万美元。

在掌管纽约分行的最初几年里,为了振兴拉扎德,米歇尔采取了另一项重大举措。为了做好瞬息万变、越来越注重分析能力的并购交易业务,他迫切需要聘用和培训一批年轻银行家,也就是华尔街的助理人员。在拉扎德,助理相当于学徒。安德烈曾吹嘘自己只需"一张纸和一支铅笔"就能做业务,而合伙人乔恩·奥赫伦也曾在20世纪90年代说过同样的话。菲利克斯根本不会用电脑,而是用计算尺来核对数据,而米歇尔也没有任何电脑技能。当卢米斯在20世纪80年代初告诉米歇尔,拉扎德实际上有一台电脑时,米歇尔惊讶地问:"真的吗? 这台电脑在哪里? 我必须去看看。"菲利克斯和米歇尔根本没有招聘掌握更多技能的助理的需求,因为米歇尔本人很少做交易,而菲利克斯则把其他合伙人当助理使唤,这些被使唤的合伙人进而用"菲利克斯的交易"这个诱饵吸引最好的人才为自己工作。但正如菲利克斯所说,公司的其他合伙人如今已经能够在不需要他的帮助下独自进行并购交易了,而这些合伙人——其中最主要的是从雷曼兄弟新招来的银行家——都需要有能力的助理。

卢米斯还记得,从美林跳槽来的新合伙人卢·帕尔玛特为消费品公司高露洁制作出第一份客户展示资料时所引起的震动。"这引起了众多争议。"他说。因此,米歇尔慢慢接受了招聘助理这一请求,并最终批准了。1979年冬天,舍伍德·"伍迪"·斯莫尔(Sherwood "Woody" Small)从雷曼兄弟跳槽到拉扎德,菲利普·基维尔(Philip Keevil)也从摩根士丹利跳槽过来,他先后毕业于牛津大学、哈佛商学院,还在联合利华待过。"我们第一次考虑招聘商学院毕业生。"卢米斯回忆道,这是公司的一个里程碑。其他公司多年来一直从商学院招聘人才,但拉扎德从未做过。实际上，拉扎德招聘的年轻银行家更像文员，而非银行家，与未来的合伙人更是不沾边，而且这些人的招聘范围仅限于现有合伙人的家族朋友、富贵名流和客户的子孙，以及来自精英律师事务所和其他投行的不得志的助理。拉扎德决定从商学院招聘人员之后，两位毕业于哈佛商学院的同班同学路易斯·里纳尔迪尼（Luis Rinaldini）和米娜·戈若文（Mina Gerowin）于1980年进入了公司。戈若文是拉扎德聘用的第一位也是此后4年中唯一的女性专业人员。从此以后，拉扎德再也不是从前的老样子了。

戈若文在纽约州新罗谢尔长大，其父在当地经营着一家纺织品进口公司。她曾在瑞士的雀巢公司和布朗伍德律师事务所（Brown & Wood）担任律师。后来，她决心成为一名投资银行家，她的一位亲戚把她介绍给了菲利普·赫尔佐克（Philippe Herzog），而赫尔佐克则是拉扎德巴黎分行的长期合伙人，也是安德烈的大舅子。戈若文还记得自己曾在巴黎皮列-威尔街破旧的办公室里与赫尔佐克及拉扎德其他长期合伙人面谈的情景。当时她发现每位拉扎德银行家都显然神经紧张，因此她也非常紧张。"我当时想，这些人到底在干什么呢？"她记得自己当时心里很疑惑，"但我后来意识到，这里已经很多年没修缮过了，他们只不过是把掉到头上的油漆弄下来。我走出办公室后，发现自己的头上也沾满了剥落的油漆。"她得到了这份工作。尽管戈若文是在巴黎分行面试的，但安德烈认为她应当先去纽约分行工作。戈若文是安德烈聘用的最后一位员工。穆拉凯向她承诺，她在拉扎德的收入会跟她在雀巢做律师时一样多，但最终给出的年薪却比她原来赚的少4000美元。"我不想受他们摆布。"戈若文回忆道。于是她改变主意去了哈佛商学院念书。"他们一直问我：'你在哪里？'我说：'你们承诺给我更高的工资，如果我拿不到这么多，我是不会回来的。'"1980年8月，她从哈佛商学院毕业，进入了拉扎德纽约分行。"纽约分行的办公室非常破旧，"她说，"你走进公司，会看见32层前台的那个小个子黑人正趴在桌子上睡觉。皮沙发的接缝处裂开了，棕褐色地毯磨得破破烂烂，还有一棵死掉的棕榈树，至少在那儿放了五六年。这一切可真迷人。"

没过多久，她得到了资深合伙人弗雷德·威尔逊的建议，教她如何在拉扎德生存下来。"弗雷德走了进来，然后开始指导我：'你很清楚你必须了解这里的生活，米娜，现在你身处拜占庭帝国，他们都训练有素。他们都是小梭鱼。菲利克斯是最大的梭鱼，其他所有人都是小梭鱼。你得学会游泳。你只需记住，在公司里，只要不跟别人硬碰硬，你就能在任何情况下生存下来。要学会避开。'"戈若文对此的反应如何呢？"呸，"她当时心想，"我这是到了什么鬼地方？这里有这么多规矩，不管怎么说：绝不能在他们面前哭泣。绝不。"

从普林斯顿大学毕业后，路易斯·里纳尔迪尼曾在著名建筑师菲利普·约翰逊（Philip Johnson）的办公室工作了4年，之后又去哈佛商学院念书。他还曾参与芝加哥的西尔斯大厦和纽约的艾弗里·费雪厅的建造项目。一位朋友建议他到拉扎德找份工作。"我对此毫无头绪，因为我是一名建筑师。"他说。于是，他给刚从雷曼兄弟跳槽到拉扎德的合伙人艾伦·麦克法兰打了个电话，麦克法兰告诉他："听起来你好像不符合条件，我也不知道怎么办。"麦克法兰"可能是想把我甩开"，于是他建议里纳尔迪尼给穆拉凯打电话。"穆拉凯只会说不，"里纳尔迪尼回忆道，"我给他打了十几个电话。"但穆拉凯一个都没接。

后来，我终于在一个星期五的下午打通了他的电话。他非常有趣，说道："该死，我的秘书走了，你就找到我了！你太执着了，那就来见见我吧。"他让我坐下，问了我一堆难以回答的问题，接着他说："我喜欢你，这可能会有点用，但实际上我也影响不了招聘程序。你得去见皮扎托拉，但不要以为这样你就能在这里得到工作，这只是意味着你能见到皮扎托拉。"

于是我去见了皮扎托拉。他来来回回问了我一些问题：你祖父是谁？你父亲是谁？你母亲是谁？你叔叔是做什么的？我搞不清楚他到底要问什么，后来我终于意识到他只是为了确定我与一些重要人物没有关系，也不认识米歇尔和菲利克斯的朋友，这样他就能无所顾忌地把我踢出去，而不会有人说："你怎么能把路易斯·洛克菲勒撵走呢？"当他确定可以把我踢走之后，他开始问我为什么认为自己可以胜任这份工作。我说："我觉得自己还比较聪明，更重要的是，我比我认识的任何人都更勤奋。如果有人能工作到晚上10点，那么我就会工作到11点。如果有人能工作到晚上11点，我就会工作到12点，直到把工作完成。"这个答案应该颇合这个强硬的老头的心意。

里纳尔迪尼被拉扎德录用了，事实也正如他所说："我是拉扎德从商学院聘用的第一位助理，在这之前他们一直习惯于业内招聘。"

里纳尔迪尼与阿诺德·斯潘格勒（Arnold Spangler）共用一间办公室，斯潘格勒比他"年长5岁，但仍是助理"。里纳尔迪尼发现自己置身"一群与我年纪相仿的老家伙中，他们从业多年……级别很高，非常严肃，有三四个年轻人帮他们处理数据。那根本不是我们现在所了解的投资银行，当时只不过是一群行业专家和金融专家聚在一起，决定聘用几个商学院的毕业生而已"。

在接下来的10年里，里纳尔迪尼为菲利克斯的交易做了大量工作，初进公司时他就意识到了这位导师的重要性。"当时，菲利克斯的声誉有点不堪，但他同时又挺引人注目的，"他说，"我看得出他在明智地经营着自己的名声。他觉得自己在ITT并购案中遭到了中伤和不公平对待……我觉得最大的问题在于媒体，媒体的报道让这件事变得众人皆知。为了保持谨慎、传统、可靠的形象，他做了诸多努力，却发生了这件令人不快的事情。我觉得他最担心的是在经过这么多事情之后，人们只会记住他的负面形象。但他最终还是走了出来，获得了大家的认可。"

来自雷曼兄弟的几位银行家推动了拉扎德的初步尝试，公司开始聘用商学院毕业生，而不再招募接受过法律技能训练的年轻专业人士。他们希望这些新来的MBA在做业务方面能与自己比肩，因为他们需要有才能的人帮自己处理交易。此外，不管拉扎德是否有人意识到了，当时还出现了另一种现象：20世纪80年代早期，电子表格软件开始得到广泛应用。1981年底，两位软件企业家米切尔·卡波尔（Mitchell Kapor）和乔纳森·萨克斯（Jonathan Sachs）在波士顿市郊成立莲花开发公司（Lotus Development Corporation），设计出了最早的商务电子表格软件Lotus 1-2-3。1983年1月，Lotus 1-2-3一投入市场就引起了轰动，第一年的销售额达到5300万美元，第二年达到1.57亿美元，1985年和1986年分别达到了2亿和2.5亿美元。

毫无疑问，从20世纪80年代早期开始，Lotus 1-2-3大大促进了并购业务的增长。当然，并购业务激增是多方面因素共同作用的结果，电子表格软件的应用只是一味催化剂。可以肯定的是，如果经济环境不成熟，或各大公司的CEO不把并购视为实现目标的手段，又或者他们无法履行交易承诺（在许多情况下，他们确实没有履行），那么就不会出现并购交易的繁荣局面。"我认为，Lotus 1-2-3确实在之前没有任何联系的各方中形成了一种的交流方式，他们得以用共同的格式和语言进行沟通。人们将这种商业语言应用到了公司内部，以及与同事、客户或用户的交流中，"1984年成为莲花开发公司CEO的吉姆·曼齐（Jim Manzi）说道，"因此它成了那个年代强大的通用语言。我并不知道它会有如此巨大的影响力，但它确实是一团照亮前进之路的火。这可能有点夸大其词，但我认为它绝对是当时时代精神的重要组成部分，代表了其中的技术内涵。"正如1975年废除固定佣金制从根本上改变了华尔街的面貌一样，电子表格软件（一开始是Lotus 1-2-3，后来则主要是微软的Excel软件）在银行家及其公司客户中的"病毒式"应用，则动摇了固有的阶层制度。不过，固定佣金的废除仅仅涉及经纪人，而电子表格革命则彻底揭开了并购银行家的神秘面纱，曼齐称之为"华尔街的民主化"。

电子表格软件的应用首次消除了数字的神秘性。原先仅有少数极其聪明、经验丰富、紧跟时代的投行精英才能掌握的秘密交易手段，现在变得人人可得。于是，在高利润的并购咨询业务方面，各家金融机构的竞争日益激烈，商业银行家掌握了与投资银行家同样的数据分析能力，也加入了竞争队伍。银行家和客户共享金融模式；只要改变单元格中的数字，就能调整假定的结果；可以快速处理多种模式的运算；可以轻而易举地计算出一家公司要为另一家公司的股票支付多少钱；可以即刻算出内部收益率和收益稀释；交易中的分析瘫痪不复存在，取而代之的是精确的数据。

今天看来，当时一些精确的数据难免存在错误，出错的代价是高昂的。此外，人们也开始抵制服务的商品化。曼齐和许多其他公司的CEO逐渐意识到，银行家们的判断能力比金融分析能力更重要。"在电子表格革命前后，投资银行中一些非常聪明的银行家认为最关键的并非数据处理能力，而是个人的判断能力，例如能否发现核心的经济逻辑，业务团队能否按他们的判断行事，而不仅仅是对电子数据表中得出的结果进行愚蠢浅显的思考。"他说，"要知道，现在只有少数几个人能将这点做得很好。"10年后，即1995年，曼齐邀请拉扎德的菲利克斯和杰瑞·罗森费尔德（Jerry Rosenfeld）为莲花开发公司提供顾问服务，以应对IBM公司提出的高达35亿美元现金报价的恶意收购。

到1981年，拉扎德已成为全球首屈一指的并购交易顾问，它参与了45笔交易，涉及金额高达120亿美元。拉扎德当年的收入也创下新高，三家分行的税前收入总额达到了8410万美元。米歇尔的地位已经非常稳固，在巴黎分行合伙人布鲁诺·罗杰（Bruno Roger）的帮助下，他成功说服新上任的法国社会党总统弗朗索瓦·密特朗（François Mitterrand）不将巴黎分行收归国有。当时，就连拉扎德的竞争对手罗斯柴尔德银行也不可避免地被国有化。当时形势十分紧迫，政府直到最后才出台银行国有化标准，即存款是否低于10亿法郎，据说，在当时银行国有化浪潮中，拉扎德是唯一得以幸免的法国银行。通过精心安排和大力游说，在20世纪80年代和90年代的大部分时间里，拉扎德都非常幸运，并实现了法国市场份额和利润的最大化。当时法国国内根本没有其他公司可以独立提供并购咨询服务。"我们向雅克·阿塔利（Jacques Attali）和米歇尔·罗卡德（Michel Rocard）（密特朗的两位主要顾问）解释我们并不是一家银行，"米歇尔说道，他的话向来无懈可击，"我们是一家服务公司。"不论在哪里做生意，拉扎德都会笼络政客——聘请他们进入公司任职，向他们提供财务捐助，或仅仅与他们结交，这一策略获得了巨大成功。例如，由于1981年这个重大决定，拉扎德巴黎分行的税前利润在1988年达到了1.09亿美元，是历史最高水平，而1984年的税前利润仅为1000万美元。"他们比别人更早地意识到，只有将政治与商业结合起来，公司才能赚到最多利润。"罗斯柴尔德的长期合伙人、法国前总统乔治·蓬皮杜（Georges Pompidou）[1]的顾问伯纳德·埃斯伯特（Bernard Esambert）如此评价拉扎德。

也是在1981年，菲利克斯回到了拉扎德。虽然他仍是市政援助公司主席，但他几乎把全部精力都投入到了交易中。同时，新合伙人们也在为拉扎德做重大贡献。达蒙·梅扎卡帕已开始着手建立一个盈利能力可观的小型资本市场业务部门。公司的开销仍然很低，因此在并购市场飞速扩张时期仍能保持显著的利润增长。这一年，菲利克斯和拉扎德终于悄无声息地摆脱了ITT丑闻。同年5月，ITT与联邦政府达成税务和解，支付了1780万美元，最终，这场长达7年的法律战争彻底结束了。（1981年，菲利克斯将ITT董事会的席位让给了米歇尔。）

具有讽刺意味的是，就在ITT事件逐渐平息时，菲利克斯开始塑造

---

[1] 1911—1974年，于1962—1968年担任法国总理，1969—1974年担任法国总统，于任内去世。是第一位访问中国的法国国家元首，也是西方国家元首访华第一人。

自己的全国英雄形象。多年以来积累的交易名声成了他的利器。此外，作为市政援助公司主席，他也能正当地把解决纽约市财政问题和建立防止危机复发机制的贡献归功于自己。

罗纳德·里根当选总统之后，菲利克斯的命运迎来了转折点。罗纳德·里根是一位公然的保守主义者，他的政治两极化政策和言论在全美引发了争议，一直持续到今天。自1981年里根就职典礼开始，在接下来的8年时间里，菲利克斯成了一枚非制导的政治导弹，里根政府反对派中的知名人物——尽管他不担任任何政府职位。作为准经济学家和政治评论员，他发表的言论充满了悲观论调，似乎美国社会即将进入黑暗时期。他的言论与里根乐观向上的言辞形成鲜明对比，因此媒体很看好他，对他大肆吹捧。1981年4月，《纽约时报》在都市版首页刊登了一篇关于菲利克斯的报道，这又是一篇奉承文章，其中没提及什么新闻，只是大体上抨击了实施还不到3个月的里根新经济政策。即使在派克大街770号复式公寓和拉扎德办公室吃早餐——干面包、橙汁和咖啡时，菲利克斯也接受过媒体采访。"我信任自由市场，"他说，"但我不信任自由放任的政策。我认为，在20世纪末复杂先进的工业社会中不存在绝对的自由市场体系，我们也不需要这样的自由市场体系。如果这样的市场体系不存在，我认为我们就不应该假装可以通过简单的自由市场方案来解决面临的问题。"菲利克斯的言论旨在批评里根政府对经济管理不善。他称里根的"供给学派经济学""过于简单"，是"变相的凯恩斯主义[1]"。

根据《纽约时报》劳工记者威廉·塞林（William Serrin）的报道，菲利克斯"敦促从根本上改变资方、劳方和政府之间的关系。他认为，自南北战争以来的大多数时间里，美国的经济体系一直表现出高产性和丰富性两大特征，如果现在要恢复这两个特征，上述三者之间必须建立一

---

[1] 根据英国经济学家约翰·梅纳德·凯恩斯著作《就业、利息和货币通论》的思想基础提炼出的经济理论。在该书中，凯恩斯主张国家采用扩张性的经济政策，通过增加总需求促进经济增长。

种新的社会契约"。菲利克斯再次呼吁重建复兴金融公司，促进各个利益方进行交流和协商，"为美国经济带来新的活力"。然后，菲利克斯在拉扎德的办公室里表达了一系列担忧，他所列出的社会痼疾几十年来一直困扰着美国社会，迄今仍然没有解决方案。"在我们的教育体系里，高校教育毫无作用；我们的家庭缺乏道德观；我们以巨额支出为军队提供最先进的武器，但军人几乎都是文盲，根本不知道如何使用这些武器；我们培训了成千上万对社会毫无用处的律师和商学院毕业生，却没有培育出更多化学家和懂得如何管理工厂的人才；我们哭着喊着要提高生产力，工头的孩子却想成为计算机程序员。卡尔·马克思所说的矛盾似乎已经出现了。"其实菲利克斯本人也是个复杂的矛盾体，因此人们有时候觉得他是个有远见的智者，有时候又觉得他更像一台破闹钟，每天还能准确地报两次时。在里根当政的大部分时间里，菲利克斯总在预测美国社会将衰退和崩溃，但事实恰好相反，美国的经济和政治实力在当时恰恰达到了世界巅峰。

《纽约书评》刊登了多篇菲利克斯的预测文章，杂志编辑罗伯特·西尔弗斯（Robert Silvers）和伊丽莎白·哈德维克（Elizabeth Hardwick）因此都成了菲利克斯的朋友。同时，菲利克斯也在全美几个重要的报纸专栏中表达了自己对美国社会的关切。他还做了大量演讲。1982年3月，时值里根当政的经济衰退期，菲利克斯在纽约商业智囊机构世界大型企业联合会（Conference Board）上发表了演讲，抨击里根经济学把美国经济推到了"经济灾难"的边缘。他敦促里根组织政府领导、国会领导和保罗·沃尔克（Paul Volcker）（时任美国联邦储备委员会主席）召开"峰会"，"解决国家经济问题"。他发出了迫切的警告，"数百万失业者的痛苦和绝望情绪与日俱增，而暴力往往伴随着绝望而来。如果这种情况持续到夏天，我们不用占卜就能预见到这个夏天将会非常难熬，这绝不仅仅是危言耸听"。菲利克斯给密苏里州的民主党参议员托马斯·伊格尔顿（Thomas Eagleton）留下了极深的印象，因此，伊格尔顿在1982年提出了一项《宪法》修正案，即"罗哈廷修正案"（Rohatyn Amendment），允许像菲利克斯这种已加入美国国籍的外国移民竞选美国总统和副总统。伊格尔顿"深深钦佩菲利克斯·罗哈廷的智慧和技能"。

1982年11月，伊格尔顿给菲利克斯写了一封信，以开玩笑的方式写道："全国各地都有人给我打电话说菲利克斯·罗哈廷应该竞选总统。不过，也有一些人提出了几个微妙的问题。第一，关于你的名字菲利克斯，有些人听过以后认为你是一只'猫'，因此'菲利克斯'这个名字不能用了；第二，'罗哈廷'的拼写和发音都很复杂，看起来像保险杠贴纸上的一坨屎。因此，基于这两点，我们认为应该把你的名字改成：斯特林·帕瑞特·杰斐逊（Sterling Patriot Jefferson）。"这封信通篇都是这种行文风格。"简而言之，菲利克斯，"最后，伊格尔顿写道，"如果我们能从方方面面重新改造你，那么你就离白宫不远了。"对于此事，菲利克斯说："伊格尔顿喜欢我。"

1983年1月，《纽约客》杂志发表了一篇介绍菲利克斯的长文，从而又为他提供了一大平台批评里根的经济政策。尽管美国经济从1983年开始复苏，但菲利克斯仍对此持怀疑态度。"这是经济衰退后的正常复苏，"在接受《纽约时报》当时的社会专栏作家、后来成为社论版编辑的夏洛特·柯蒂斯（Charlotte Curtis）的采访时，他如此说道，"这看起来像是在验证里根经济政策的严重缺陷"。一个星期前，菲利克斯在福特汉姆大学毕业典礼上做了演讲，柯蒂斯对此也做了报道。"我们的敌人不在苏联，"他对学生们说，"它就在国内。我们要与教育的缺失、种族歧视、城市的崩溃、产业的衰败以及财富和权力的严重不平等做斗争。我们可能会在这场战争中落败。如果不幸出现这种情况，结果可能是我们将面对极右或极左的政治极端主义当权。这是非常危险的。任何形式的政治极端主义都是自由的敌人，它将导致我们步入绝境。"

可能有人会认为，阐明和解决这些巨大的问题是件非常耗精力的事，但对于菲利克斯来说，它其实相当于轻松的业余活动。在席卷美国的并购浪潮中，菲利克斯依然做了很多交易，其中有不少属于恶意并购。媒体将这些并购战报道得充满戏剧性，大大刺激了读者的神经。作为并购中间人，银行家和律师被刻画成具有一定智力优势的摇滚明星。"对于那些精心策划这些并购案的少数人来说，这份工作令人陶醉、疯狂和兴奋，这种考验决定着他们的事业成败。"《纽约时报》在1982年如此描述道，"这群人大多数都是工作狂，他们将公司并购战视为个人竞赛。在很大程度上，这种竞赛就是比拼智力，看谁能胜出获得奖励。"文中还援引了菲利克斯的话："其中涉及了强烈的个人英雄主义。"这些交易规模都很庞大。大陆石油公司（Conoco）成功避开施格兰（菲利克斯担任代理人）和美孚的恶意收购后，却被杜邦公司以75亿美元收购了。美孚和美国钢铁公司发起了争夺马拉松石油公司（Marathon Oil）的并购大战，最终美国钢铁公司以62亿美元的价格获胜。在梅萨石油公司（Mesa Petroleum）试图收购城市服务（Cities Services，简称Citgo）时，Citgo转而开始对梅萨实施并购。后来，海湾石油公司当了白衣骑士[1]，以51亿美元拿下了Citgo。然而，这些交易只不过是并购浪潮中的冰山一角。尽管1969年的并购交易数量（6107件）多于1981年（2395件），但20世纪80年代早期的并购规模远大于60年代，1981年的并购交易价值猛增到826亿美元，而1969年仅为237亿美元。

　　由于投资银行家在向公司提供并购交易顾问服务时，按照交易价值的一定比例收取服务费，因此银行家和律师的酬金也出现了爆炸性增长。单单在杜邦收购大陆石油公司的一项交易中，相关的专业顾问就获得了超过4000万美元的酬金。杜邦公司的代理方第一波士顿公司（First Boston）和大陆石油公司的代理方摩根士丹利分别获得了1400万美元服务费。在美国钢铁公司收购马拉松石油的交易中，马拉松石油的代理方

---

[1] 指发生恶意并购时，目标公司的友好人士或公司作为第三方出面解救目标公司，驱逐恶意收购者。

第一波士顿公司获得了1800万美元服务费。因此，1969年的并购交易不仅在价值规模上远远落后于20世纪80年代，酬金也远低于80年代。如今看来，拉扎德在20世纪60年代从麦克唐纳与道格拉斯公司并购交易中获得的史上第一笔百万美元酬金就显得微不足道了。

并购银行家获得如此高昂的酬金自然引起了批评人士的关注。银行家开始捍卫自己的过高报酬，当时高盛的顶级并购顾问斯蒂芬·弗里德曼（Stephen Friedman）就是其中的典型人物，后来他与罗伯特·鲁宾共同领导高盛，接着又一同进入了美国政界。弗里德曼反驳道："这些酬金并不是从寡妇和孤儿那儿搜刮来的，它们都是通过竭力协商得来的。酬金是最纯粹的竞争方式。那些公司非常清楚各家银行对类似交易收取的费用和提供的服务情况，它们对此并不生疏。"

在同行纷纷捍卫自己不断上涨的高昂酬金时，菲利克斯却开始批判这一现象。"交易不同导致酬金差异如此巨大，是一种不良现象。"他如此告诉《纽约时报》。并购热潮在一场臭名昭著的并购战中达到了顶点。1982年，马丁玛丽埃塔公司（Martin Marietta）、阿利得公司（Allied）和联合技术公司为争夺本迪克斯公司（Bendix）大打出手。在魅力十足的CEO威廉·阿吉（William Agee）领导下，本迪克斯公司向马丁玛丽埃塔航空航天公司发起了恶意收购，马丁玛丽埃塔则与联合技术公司（菲利克斯担任代理）合作，对本迪克斯发起反收购，最终阿利得公司赢得了本迪克斯。由于本迪克斯之前购得了马丁玛丽埃塔70%的上市股票，而马丁玛丽埃塔也获得了本迪克斯50%的上市股票，因此阿利得公司最终获得了本迪克斯和马丁玛丽埃塔38%的股份。媒体大肆报道了1982年夏天这场持续两个月的并购战，其中自然少不了知名银行家的身影，例如第一波士顿公司杰出的并购银行家布鲁斯·瓦瑟斯坦。在这场并购战中，四家大公司在多个战场上公开发动战争，其战线甚至比第二次世界大战还长。除此之外，并购战中还曝出了一些调味剂——阿吉和下属高管玛丽·坎宁安（Mary Cunningham）的情事。在这出戏中，菲利克斯也直言不讳地批评了其他银行家。"大家普遍认为投资银行收取的酬金过高，它们根本不应该得到这么多钱。"他说，"这种观点非常普遍，投资银行界最好对此加以关注，否则我们就会引起某些人的注意了。"

然而，菲利克斯的银行界同伴们却对此不屑一顾。"酸葡萄心理。"他们回应道。当时拉扎德似乎在很多交易中落败，还丢掉了一些交易，因此失去了赚取高额酬金的机会。一位不愿透露姓名的银行家认为，拉扎德已经"失去了在华尔街的立足之地"，因为其他竞争者已经发展得越来越成功，例如第一波士顿的瓦瑟斯坦和老牌投行基德与皮博迪银行的马蒂·西格尔（Marty Siegel），在西格尔的领导下，基德与皮博迪银行为那些担心被收购的公司开发了一套"反收购服务"。菲利克斯则驳斥了竞争对手的说法。"只要愿意付费，任何人都能赢，"他说道，在本迪克斯交易中，"我认为我们给联合技术公司提供了正确的建议"，即不要通过付钱获胜。在竞争对手多次指出拉扎德地位下降这个问题上，菲利克斯简单地回应道："时间会证明一切。在我看来，投资银行业务质量普遍下降，如果让我们通过改变自身来迎合这下降的风气，那么我宁愿退出投资银行界。"

时任《新共和》（New Republic）杂志高级编辑迈克尔·金斯利（Michael Kinsley）是一位与菲利克斯不相上下的社会批评家，他批评了菲利克斯的一系列自相矛盾的观点。1984年3月，金斯利在《新共和》杂志上发表了一篇长文，评论菲利克斯的著作《世纪二十年：经济和公共财政文集》——这本175页的小书汇集了菲利克斯的各种思想和观点，由兰登书屋出版。这篇评论的标题为《双面菲利克斯》，一语双关——后来发生的事情，也将证明他的评论非常贴切。"菲利克斯从幕后黑手到哲学家的转变历程确实是我们这个时代公共关系的成功典型。"他带着一种似乎被其他人忽略的洞察力写道，"这个转变非常彻底，就连《华盛顿邮报》都忘记了他最初进入公众视野时还只是水门事件丑闻中的一个小角色（并获得了'幕后黑手'的绰号）。"金斯利回顾了菲利克斯在

ITT与哈特福德并购交易丑闻中的经历,然后对菲利克斯从混乱中脱身的本事佩服得五体投地。"查克·科尔森通过宗教信仰走出了水门事件的阴影,"金斯利讽刺地写道,"菲利克斯·罗哈廷则更出色:他成了俗世的圣人。他既是商界领袖,又是纽约左翼知识界的官方投资银行家。"金斯利指出,无论是在左派还是右派眼里,菲利克斯的核心思想都仅仅是维持现状。"菲利克斯哲学保守的可怕本质就是畏惧变化,"他接着写道,"为了维持产业、区域和金融现状,他会不惜向当今的精英领导人物投资大量财力物力。"

菲利克斯继续领导拉扎德的并购业务,在苦心经营下,他成了这一领域中最杰出的人物。与此同时,米歇尔正悄悄着手实现他在接掌拉扎德时设定的目标。梅扎卡帕的资本市场团队已经逐渐壮大。米歇尔从其他公司招募了一些银行家和交易员,公司的市政金融部门也发展起来了。此外,米歇尔还把注意力转向了改进停滞不前的资产管理部门,他认为,通过该部门获得的年费收入可能有助于抵消高利润并购业务的周期性风险。因此,在梅扎卡帕的推荐下,他聘请了奥本海默资产管理业务中两位出色的负责人——赫尔·古尔奎斯特(Herl Gullquist)和诺曼·艾格(Norman Eig)。

然而,聘用这两人从一开始就让拉扎德陷入了道德困境,虽然菲利克斯并没有因此受到影响。奥本海默曾聘用菲利克斯销售公司的共同基金业务,根据奥本海默的传奇创始人莱昂·利维(Leon Levy)的说法,正是因为如此,拉扎德才发现并成功挖走了他们"最聪明出色"的基金经理。"在我看来,这是违背道德的无耻行为。"利维在2002年出版的回忆录《华尔街精神》(The Mind of Wall Street)中写道。拉扎德为此事召开了一次会议,会上,利维向菲利克斯抱怨拉扎德挖走古尔奎斯特和艾格的事情,菲利克斯则回答道:"这场谈话不会有任何结果。我们都离过婚,对吧?这就像离婚,你们两方的立场不同了。"时任奥本海默总裁史蒂夫·罗伯特（Steve Robert）不吃这一套，他向菲利克斯吼道："你说得对，这就像离婚！不过离婚时，你的律师和你老婆睡了！"

艾格和古尔奎斯特来到拉扎德后，米歇尔让他们自由经营各自的领地，而他们则用持续稳步增长的业绩回报米歇尔。当然，过程中也偶有麻烦。一些累赘的合伙人被无情地抛弃了。在他们到来之前，拉扎德资产管理部门由斯坦利·纳比负责。当时，部门的业务量很小，只为少数几位客户管理资金。来到拉扎德一年之后，艾格和古尔奎斯特把纳比叫进会议室。"我们不喜欢你，"根据纳比的说法，"直言好斗"的艾格直接对他说道，"我们不想和你一起工作。"纳比一句话也没说。不久之后，他就离开了公司。

随着公司业绩增长，以及资本市场和资产管理等新业务的扩张，米歇尔采用的自由放任的管理模式开始显现弊端。诚然，安德烈的铁腕管理导致了ITT与哈特福德并购交易的惨败，却是可以被原谅的，因为他沿用了欧洲战后重建时期老一套俱乐部式的私密经营方式，没能适应监管规则的变化。菲利克斯其实更加深入地了解此次交易，但他声称自己只在外围参与了相关交易，并在任何情况下都聪明地声称自己不会违背安德烈的意愿，一再地撇清与ITT丑闻的关系。这一做法虽有损他的个人信誉，却使得这桩丑闻没有对拉扎德的业务造成多大的影响。然而，米歇尔的管理理念和扩大公司规模的决策，将让拉扎德付出沉重的代价。

第九章

"贪婪的毒瘤"

1984年1月初，拉扎德精心构筑的形象出现了第一道裂痕。新年刚过，公司交易主管的前任助理、37岁的小詹姆斯·V.彭迪西欧（James V. Pondiccio Jr.）在联邦法院认罪，承认自己违反了内幕交易规则。酒业巨头约瑟夫·E.施格兰父子公司（Joseph E. Seagram & Sons）曾聘请菲利克斯和拉扎德担任顾问，策划对美国最大的铅生产商圣乔伊矿业公司（St. Joe Minerals Corporation）发起恶意收购，报价为20亿美元。1981年3月11日，施格兰启动恶意收购，而在此之前，彭迪西欧听到风声，通过家族成员在另一家经纪公司中开设的账户购买了圣乔伊矿业公司股票的看涨期权。根据美国检察官办公室的记录，在此次要约收购中，圣乔伊矿业公司股票价格大涨，彭迪西欧因此赚了4万美元。后来，福陆公司（Fluor Corporation）对圣乔伊矿业公司提出了更高的要约收购报价，施格兰决定不参与竞价，放弃了投标。因为此事，彭迪西欧面临最高长达5年的监禁和/或1000美元的罚款。

内幕交易一直是华尔街的顽疾。自1981年5月上任以来，证交会主席约翰·S. R.沙德（John S. R. Shad）就把起诉内幕交易作为工作的重中之重。1979年，截至10月31日，证交会仅发起了7起内幕交易案诉讼；1983年，截至10月31日，在沙德的领导下，证交会发起了24起内幕交易案诉讼，并在之后的两个月内又发起了17起相关诉讼。因此，20世纪80年代后期，华尔街涌现出一大批引人注目的内幕交易丑闻，彭迪西欧的案子只不过是最初一批涉及华尔街交易员的案件中的一起。它绝非最后一起，甚至不是拉扎德当年最后一起内幕交易案。

1984年12月10日，拉扎德权益部最佳销售员之一、年仅30岁的丹尼·戴维斯（Danny Davis）"冷静地将自己近亲的电话号码交给同事"后，打开洛克菲勒广场1号31楼的一扇窗户，跳楼身亡，留下了妻子和一个年幼的孩子，以及斯卡斯代尔价值30万美元正在装修中的都德式新居。证交会调查了戴维斯的死因。戴维斯看好的几只股票存在可疑的交易操作，尤其是投资信息发布商价值线公司（Value Line）的股票。在此事发生前不久，拉扎德承销了该公司的IPO，证交会监管人员要求拉扎德提供从1984年12月5日至13日价值线公司股票的交易记录。他们发现，在这几日之内，价值线公司公布了糟糕的业绩报告，公司股价因此从每股31.5美元跌至23.25美元。（现在，证交会声称手中已没有戴维斯调查案的记录。）米歇尔事后表示，拉扎德对戴维斯自杀事件也进行了调查，结果却没有发现任何问题。

戴维斯自杀后的几个星期里，有人向《华尔街日报》泄露了一份拉扎德所做的秘密研究的详细文件，这份文件显示，菲利克斯的大客户联合技术公司可能以40亿美元收购阿利得公司。一年前，虽有菲利克斯担任顾问，但在对本迪克斯的竞购中，联合技术公司还是败给了阿利得公司，因此在联合技术公司董事长兼CEO哈里·格雷的要求下，拉扎德做了这项研究。当然，银行家们一直在做这类分析，但媒体此前从未获得过这类文件，也就无从报道。资料泄露自然使得此次交易泡汤了，拉扎德因而陷入尴尬的境地，使客户对它的信任度大打折扣。因此，菲利克斯在公司内部展开了调查。"我认为公司里只有三人能接触到这份报告，"他事后说道，"我们这样安慰自己，至少报告不是从公司内部泄露出去的。我们已经把这里翻了个底朝天。"

与此同时，另一桩更加令人震惊的丑闻曝光了，而主角是拉扎德前助理小约翰·A.格兰布林（John A. Grambling Jr.）和无意中成为其同犯的拉扎德副总裁罗伯特·M.威尔基斯（Robert M. Wilkis）。20世纪80年代早期，在花旗银行（Citibank）待了一段时间后，格兰布林在得克萨斯老乡吉姆·格兰维尔的帮助下进入了拉扎德。格兰布林的父亲曾担任得克萨斯州一家公用事业公司的CEO，其家族是厄尔巴索地区最富有的家族之一，格兰布林就在那里长大。换言之，从招聘格兰布林这一行为中，我们能看出拉扎德典型的用人方式。但格兰布林没在拉扎德待多长时间，进入公司大约一年后，他就神秘地离开了。有人怀疑他在洛克菲勒广场1号的电梯中企图对米娜·戈若文进行性骚扰而被私下解雇。离开后，他在添惠公司（Dean Witter Reynolds）短暂工作过一段时间。1983年，他创办了格兰布林公司（Grambling & Company），在格林威治和派克大街设有办事处。

公司成立后不久，格兰布林发现加拿大的赫斯基石油有限公司（Husky Oil Ltd.）正要出售美国子公司RMT产业公司（RMT Properties）。RMT在美国西部几个州拥有并经营着一些油井和炼油厂，通过800家加油站分销自家产品，收入达数亿美元，员工有几千名。格兰布林以3000万美元的报价赢得了RMT的竞标，但他意识到自己还需要7000万美元的营运资本，因此他认为总共需要1亿美元才能收购并经营这家企业。尽管格兰布林家境富有，但他也拿不出这么多钱。20世纪80年代中期，杠杆收购（LBO）热潮刚刚兴起，格兰布林认为自己可以从其他地方借到这笔钱。他开始着手做这件事，首先向通用电气的财务子公司，即当时的通用电气信贷公司（General Electric Credit Corporation，简称GECC）借到了大部分资金。但1984年9月，GECC认为格兰布林为RMT支付的价格过高，从而将资金撤回了。

赫斯基石油有限公司担心GECC撤资会导致RMT收购交易流产，因此建议格兰布林向其主要银行之一——蒙特利尔银行（Bank of Montreal）求助，请求银行为这笔交易提供资金。为此，赫斯基石油公司还向银行承诺为此次相关贷款提供担保，消除银行的贷款风险。加拿大的银行家们迅速分析了这笔交易，再加上有赫斯基石油有限公司的担保，他们认为向RMT收购交易提供贷款是可行的。但这笔交易的截止日期是1985年1月1日，这意味着蒙特利尔银行及其在曼哈顿的律师事务所——谢尔曼·斯特林律所（Shearman & Sterling）准备贷款文件的时间不多了。

12月7日，格兰布林突然又想到一个绝妙主意：向蒙特利尔银行单独申请一笔750万美元的个人贷款。他告诉蒙特利尔银行，此次交易过程中，他已经在聘请律师、会计师和顾问上产生了大量费用，这是杠杆收购中的常态，而他没有资金来支付这些费用。因此，格兰布林不仅希望借到1亿美元来完成这笔交易，还打算再借750万美元。

事实上，他确实需要750万美元来偿还全国上下众多被激怒的债权人。他曾向这些人借了钱，却一直无力偿还。在对这笔750万美元贷款进行信用评估时，蒙特利尔的银行家要求格兰布林提供个人资产负债表的副本。格兰布林提供的文件显示，除了其他资产，他还拥有375136股胡椒博士公司（Dr. Pepper）的股票。1983年11月，纽约的一家大型私募股权公司福斯特曼－利特尔公司（Forstmann Little & Co.）同意以每股22美元的价格购买胡椒博士公司所有公开发行的股票，总计5.125亿美元。格兰布林称，这笔交易将在1985年1月22日之前完成，届时，他的股票将会被福斯特曼－利特尔收购，总价值约为830万美元。事实上，福斯特曼－利特尔公司在1984年2月28日就完成了收购胡椒博士公司的交易，而非1985年1月22日，这说明其中肯定出现了严重的问题。蒙特利尔银行要求格兰布林将胡椒博士公司的股票作为750万美元个人贷款的抵押物。银行家们认为这些股票很快就能套现，一旦格兰布林无法偿还个人贷款，这些股票就将是最佳的抵押品。

1983年7月，胡椒博士公司聘请菲利克斯和拉扎德担任出售公司的代理人。菲利克斯就此发起了一次拍卖会。此次拍卖过程中，福斯特曼－利特尔同意以每股22美元的现金价格收购当时交易价在每股13美元左右的胡椒博士公司。胡椒博士股东手中的股票因此增值了将近70%，拉扎德也赚到了250万美元的酬金。福斯特曼－利特尔收购胡椒博士是当时最大的一笔杠杆收购交易之一，因此这笔交易是拉扎德的大新闻，虽然菲利克斯一直对杠杆收购的狂热和用于为杠杆收购融资的所谓垃圾债券持公开批判的态度。出于某些原因，加拿大的银行家们没有了解到胡椒博士的收购交易已经结束，于是询问格兰布林如何才能将胡椒博士的股票作为抵押品，格兰布林便指示他们与拉扎德副总裁威尔基斯联系。在拉扎德工作时，格兰布林曾与威尔基斯在同一间办公室工作，共用一位秘书，此外，他们还都曾在花旗银行待过一阵子。

于是，蒙特利尔银行的银行家打电话给威尔基斯。威尔基斯没有参与这笔交易，在翻阅了胡椒博士收购交易的公开文件后，不知何故，他居然证实了1985年1月22日这个错误日子的确是交易截止日期，即格兰布林的RMT交易结束的三个星期后。在后续的电话中，格兰布林再次指示加拿大银行家艾弗·霍普金斯（Ivor Hopkyns）联系威尔基斯，他说："艾弗，再给鲍勃·威尔基斯打个电话，这只股票在我拉扎德的账户里，鲍勃可以告诉你必要的细节。"于是，霍普金斯再次打电话给威尔基斯了解胡椒博士的股票信息，威尔基斯却回答道："我不能告诉你这些信息。我不是约翰的账户管理人。如果你要了解相关情况，就得问问后台工作人员。"霍普金斯大受挫折，他很想弄清楚如何才能获得自己所需的抵押品，于是他问威尔基斯，如果将格兰布林的胡椒博士股票转移到蒙特利尔银行账户上，他是否有签字权。"不，"威尔基斯回答，"我只是个助理，不是公司成员。只有合伙人才有权这样做。你必须找到公司合伙人，让他在股票转移文件上签字。"对于这一情况，霍普金斯打电话向格兰布林抱怨，并告诉他"除非我们拿到胡椒博士股票的所有权"，否则银行就无法发放这笔个人贷款。格兰布林却回应道："艾弗，拉扎德已经把问题解决了。鲍勃只要拿到股票编号就行。他现在已经拿到了，再给他打个电话吧。"

于是霍普金斯再次给威尔基斯打了电话。这一次，胡椒博士股票的信息已经准备好了，威尔基斯告诉他："我刚刚接到了伊利诺伊大陆银行（Continental Illinois Bank）（胡椒博士股票的付款代理行）记录保管员的电话，对方告诉我约翰名下持有181000股胡椒博士的股票，证书编号是DX67144。他还以E. F.哈顿公司（E. F. Hutton and Company）的名义持有194036股股票，证书编号是DX24618。"[1]伊利诺伊大陆银行的合约义务是，用现金的方式向胡椒博士的股东购买他们合法持有的股票。为收购胡椒博士，福斯特曼－利特尔成立了一家新公司，该公司在1984年2月22日，即交易结束的6天前与伊利诺伊大陆银行签署了非公开协议，要求该银行在交易截止日期（2月28日）之后的6个月内付款，即付款日期最晚为1984年8月28日。之后，福斯特曼－利特尔在《华尔街日报》上刊登了一则广告，宣布将在1984年3月7日完成对胡椒博士的收购。

霍普金斯显然并不知道这笔交易已经结束。在威尔基斯的欺骗下，他记下了证书编号，并将信息发给了谢尔曼·斯特林律所的律师。当时，律师正在准备关键性的同意协议书，其中一条规定是，将威尔基斯持有的胡椒博士股票作为这笔750万美元个人贷款的抵押品。谢尔曼·斯特林律所的律师詹姆斯·布苏蒂尔（James Busuttil）通过电话向威尔基斯再次确认了相关信息，并问他拉扎德的哪位合伙人能在同意协议书上签字。"我不能签字，我也不知道约翰会找谁签字。"威尔基斯解释道。1984年12月24日，布苏蒂尔亲手将同意协议书带到威尔基斯在洛克菲勒中心的拉扎德办公室，签字栏处是空白的。

4天后，格兰布林来到位于曼哈顿市中心莱克星顿大道599号花旗集团中心的谢尔曼·斯特林律所——这幢时髦的大楼由建筑大师休·斯特宾斯（Hugh Stubbins）操刀设计。他去律所是为了完成750万美元个人贷款的手续，于是带去了一份至关重要的文件——已经签署好的同意协议书。文件上的两处签名栏都签了字，第一处签署了"拉扎德兄弟投

---

[1] 前文说约翰·格兰布林名下持有375136股胡椒博士的股票，但此处两数相加为375036股。无法确认哪种说法更准确，因此保留原文，未做更改。——编者注

资银行"，第二处则是拉扎德纽约分行的长期合伙人彼得·科克兰（Peter Corcoran）的签名——20世纪70年代初，科克兰从花旗银行跳槽到了拉扎德。这两处签字的笔迹出自同一人之手。在科克兰的签名下方还有另一个签名"副总裁罗伯特·W. 威尔基斯"。拉扎德这种奇特的文件签署形式已经实施数十年了，这能显示出哪些合伙人真正享有公司的支配权。格兰布林交易就是一个显而易见的例子，说明权威人物的正确性变得至关重要。格兰布林个人贷款的相关文件已经准备就绪，于是布苏蒂尔和格兰布林一起给远在加拿大的霍普金斯打了个电话，通知他拉扎德合伙人科克兰已经在重要的同意协议书上签了字。霍普金斯告诉格兰布林，他需要与科克兰通话确认对方的确可以代表拉扎德签字，因为与威尔基斯通的几次电话，让霍普金斯对这一点相当敏感。

"现在要找到科克兰可能有点麻烦，"格兰布林回答道，"他可能度假去了。"霍普金斯给拉扎德打了个电话，证实了科克兰确实在休新年假期。格兰布林主动提出自己会找到科克兰的联系方式，然后又给霍普金斯打了个电话。"艾弗，我搞到电话号码了，"他说，"科克兰现在在迈阿密，号码是305-940-7536。"霍普金斯按这个号码拨了过去，一个男人接了电话。"是彼得·科克兰？"霍普金斯问。"是的，我就是。"男人回答道。接着，霍普金斯告诉对方自己是蒙特利尔银行的银行家，据说，科克兰是这样回答的："你打电话是为了询问我在约翰的同意书上的签名吧。我是拉扎德的普通合伙人，在公司待了很多年。"然而，这个所谓的科克兰其实是格兰布林的同伙罗布特·利伯曼（Robert Libman），他告诉霍普金斯，他是在拉扎德认识格兰布林的，虽然格兰布林已经离开公司，但"我希望拉扎德在未来的一年里可以和约翰的公司进行一系列的业务合作"。这位科克兰向霍普金斯证实，自己的确在同意协议书上签了字，而且自己有权这么做。与科克兰确认后，霍普金斯授权向格兰布林发放了750万美元的贷款。然后格兰布林迅速将这笔资金从蒙特利尔银行纽约派克大街办事处转给了那些心急如焚的债权人——堪萨斯州、得克萨斯州、亚利桑那州、康涅狄格州和田纳西州等地的银行。

与此同时，真正的彼得·科克兰确实在度假，但他根本不在迈阿密，而是和家人在佛蒙特州滑雪。大约两星期后，也就是1月15日，蒙特利尔银行的另一位银行家斯科特·赫恩（Scott Hean）正忙于向格兰布林发放其收购RMT所需的1亿美元贷款，他回忆说，他突然想起银行还没有收到格兰布林那些胡椒博士股票的销售现金，而这些股票正是他申请个人贷款的抵押品，于是把这件事告诉给了霍普金斯。霍普金斯打电话给威尔基斯，他想知道根据科克兰和威尔基斯签了字的同意协议书，蒙特利尔银行何时才能收到现金款项。

"我不知道你在说什么。"威尔基斯却说。

"我说的是你签过的那份协议，现在我面前就摆着一份副本，"霍普金斯说，"上面有你的签名，罗伯特·W.威尔基斯，和——"

"你有麻烦了。"威尔基斯说，"我中间的名字是马克（M）。"说完，威尔基斯就把电话挂断了。

于是，霍普金斯拨通了拉扎德的总机，要求联系科克兰。"我是科克兰。"科克兰的声音从电话那头传了过来。

霍普金斯一听到真正的彼得·科克兰的声音就知道蒙特利尔银行遇到了大麻烦，正如威尔基斯所说的那样。接着，布苏蒂尔给拉扎德的首席顾问兼"消防队长"汤姆·穆拉凯打了个电话，试图了解其中的情况。"不，"穆拉凯回答，"科克兰和威尔基斯没有在你面前的那份文件上签过字。"他请布苏蒂尔送一份同意协议书的副本过来。

1月17日，拉扎德通过穆拉凯向谢尔曼·斯特林律所发送了关于格兰布林事件的正式回复。"亲爱的布苏蒂尔先生，"穆拉凯写道，"我收到了你于1月16日发来的信函，以及据称由拉扎德兄弟投资银行签字的同意协议书副本。在你发来这封信之前，我已告诉你这份同意协议书是假的，因此我们无意遵守其中的条款。托马斯·F. X.穆拉凯。"穆拉凯在信中使用了"假的"一词，而非"伪造"或"欺诈"这类更为准确的词，谢尔曼·斯特林律所的律师和其他人难免会利用这一点来大做文章，但穆拉凯和拉扎德已经明确否认了同意协议书的真实性，自然不会遵守其中的条款。

霍普金斯打电话给格兰布林要求他解释这到底是什么情况。"我不知道拉扎德到底发生了什么，"格兰布林辩解道，"但这听起来似乎是个技术性问题，他们可能不清楚谁的签名能代表公司。威尔基斯和科克兰一定是搞砸了。你要记住，艾弗，我在那里工作过，所以我知道他们为什么会犯这种错误。有人想掩盖自己的错误。我要打几个电话把这件事弄清楚。"那天夜里晚些时候，格兰布林就向霍普金斯做出了解释："我刚跟老婆通过电话。她给我读了一封寄到我在康涅狄格州家里的邮件。E. F.哈顿公司把我那笔胡椒博士股票的收入汇到了我在得克萨斯州埃尔帕索的科罗纳多银行（Coronado Bank）的账户上。转账回执也在今天的邮件里。正如我们所料，股票已经在15号套现，但钱转错了地方。"

1987年3月，《华尔街日报》刊登的一篇文章总结了格兰布林事件："事实是，格兰布林先生根本没有胡椒博士公司的任何股票，相关文件都是伪造的。科克兰先生和威尔基斯先生的签名是伪造的，利伯曼的资产负债表亦属凭空捏造，此外，在佛罗里达与艾弗通话的那个彼得·科克兰实际上是由罗伯特·H.利伯曼冒名顶替的。"格兰布林和同伙利伯曼有计划地设了一场全国性的庞氏骗局，意图欺骗全美各地的银行。他们的计划是，向新债权人借款偿付旧债权人，用新款抵旧债。当然，骗局最终没能继续下去。他们企图窃取3650万美元，最终如《华尔街日报》所写的那样，"在不用枪指着任何人"的情况下骗到了1350万美元。

时任曼哈顿地方助理检察官的布赖恩·罗斯纳（Brian Rosner）成功起诉了格兰布林和利伯曼，他向《华尔街日报》解释道："这叫拆东墙补西墙，只要能奏效，只要一直有钱进账，就不会有人知道自己上当了……如果一个银行家能收回发放的贷款，那他就会变得不可一世。"1987年5月，对格兰布林展开的详尽调查显示，他至少从大学开始就一直有偷盗行为。格兰布林认罪后，代理州最高法院大法官赫曼·卡恩（Herman Cahn）根据他所犯的32项欺诈罪，判决他在联邦监狱服刑7年零8个月到20年。此外，因为他在整个计划中曾试图欺诈圣地亚哥的一家银行，所以当地联邦法官又单独判处他4年监禁。在联邦监狱服刑期满后，格兰布林就会被转入州监狱继续服刑。当时，对格兰布林的判决是有史以来对经济罪犯最重的判决之一。（利伯曼比格兰布林认罪更快，因此他被判处6个月监禁。在等待判决期间，格兰布林还试图犯下更多罪行。）

直到现在我们仍不太清楚，威尔基斯在整个事件中扮演了怎样的角色。福斯特曼－利特尔早在将近一年前买下了胡椒博士公司并且付清了款项，威尔基斯难道不清楚格兰布林根本不可能拥有价值超过800万美元的胡椒博士股票吗？而且，无论多么富有的人，都不会让价值800万美元股票搁置11个月而不去换为急需的现金。此外，威尔基斯还承认，格兰布林曾请求他们共同的秘书希拉（Sheila）给他寄了一沓拉扎德的专用信纸，而他知道这件事，可那时格兰布林已经离开拉扎德，难道这种行为不奇怪吗？格兰布林欺诈案水落石出之后，谢尔曼·斯特林律所负责此案的律师乔恩·格林布拉特（Jon Greenblatt）曾告诉罗斯纳，他认为威尔基斯是"格兰布林的同谋"，如果罗斯纳去见见蒙特利尔银行的银行家，就能搞清楚这一点。"整件事看起来，无疑是格兰布林让威尔基斯为自己办事。"格林布拉特告诉罗斯纳。不过，拉扎德聘请了保罗魏思律师事务所的诉讼律师马丁·弗洛曼鲍姆（Martin Flumenbaum）担任拉扎德和威尔基斯的代理人，这表明拉扎德认为威尔基斯被格兰布林利用了，在此案中，拉扎德不需要单独的法律顾问。在与罗斯纳进行有关此事的首次交谈时，弗洛曼鲍姆就告诉后者："威尔基斯被格兰布林骗了。他可以告诉你很多你想了解的细节。"1990年，罗斯纳出版了关于格兰布林欺诈案的《骗局》（Swindle）一书，据其中记载，1985年2月中旬，弗洛曼鲍姆成功地与罗斯纳达成了协议，完全豁免威尔基斯因交易失误而导致的罪行。"这意味着，不论你告诉我什么，都不会因此获罪。"罗斯纳对威尔基斯说，并提醒他除非他之后在大陪审团面前作伪证。

在得到完全豁免权之后，威尔基斯说出了他和格兰布林之间发生的事情。"12月初，我给他打了个电话。"他说，"当时拉扎德刚刚完成一笔大交易，我也参与了，我想让大家知道我的业绩。我坐在办公桌前，桌上摆着一沓名片，我挨个给名片上的人——同学、合作的人，还有熟人打电话，我想让他们知道这件事。格兰布林就是其中一个。"罗斯纳对这种炫耀方式表示惊讶，威尔基斯解释道："我只不过是自吹自擂，这就是华尔街的方式。你得让别人知道你干了什么，要让人知道你一直都在，这样他们才会在下一次交易中想起你来。"

12月19日，威尔基斯接到了格兰布林打来的电话。格兰布林说他将要做RMT交易，以及他还需要加拿大银行家的帮助。威尔基斯向罗斯纳解释，他当时认为格兰布林也许会成为自己的新客户，因此帮助他是有利的。"然后他告诉我和那些银行家之间存在的问题，"威尔基斯告诉罗斯纳，"他们是加拿大人，做事又慢又笨。格兰布林不得不向他们解释他所持有的胡椒博士的股票为何会因杠杆收购而值这么多钱。胡椒博士公司的交易是拉扎德做的，因此我有一定的了解。我问他：'有多少股？'他回答：'36万股左右。'当时我心想：'天哪，他还在这里工作的时候，人人都知道他是个非常有钱的得克萨斯石油小子，但没想到这个家伙现在手里居然有36万股胡椒博士的股票。'我在脑子里迅速计算了一下，这可是800万美元呀。'而且他还没有把这些股票变现。'你也知道，这些股票在几个月前就已经可以变现了，但1985年1月中旬才是截止日期。当时我就在想，这家伙真他妈的有钱，他甚至没有意识到自己可以立即将股票变成800万美元现金。"

"接着，他问我能不能跟那些愚蠢的加拿大人沟通一下。'你也知道，'他说，"他们不懂杠杆收购和高级金融，你只要向他们解释这种交易是如何运作的，资金是如何获得的就行。'我同意了。干吗不同意呢？如果我能在这笔大交易中小小地帮这个家伙一把，为什么要拒绝呢？

因此我说'好的'。当天，加拿大银行家霍普金斯就给我打来了电话，我向他解释了杠杆收购和现金转换的过程。"

"你有没有告诉霍普金斯格兰布林拥有36万股胡椒博士的股票呢？"罗斯纳问。

"我告诉他我不是格兰布林的账户管理员，不能提供格兰布林所持股票的详细信息。"威尔基斯回答。

"那么，当霍普金斯提到格兰布林拥有36万胡椒博士的股票时，你有没有提出异议？"这位助理地区检察官问。

"没有，"威尔基斯回答，"我还以为格兰布林是个千万富翁。从他到拉扎德工作时，就有传言说他的身价高达5000万美元，所以他拥有800万美元的胡椒博士股票是很正常的。"令人吃惊的是，罗斯纳连胡椒博士交易何时结束这个简单的问题尚未核实就赋予威尔基斯全部豁免权。伊利诺伊大陆银行的相关信息当时并未公开，因此威尔基斯根本不可能看到相关内容，即使看到了，根据合同规定，伊利诺伊大陆银行在威尔基斯和格兰布林声称的截止日期的5个月前就已结束这项工作。显然，威尔基斯欺骗了罗斯纳。

接着，威尔基斯向罗斯纳描述了霍普金斯给他打电话让他签署同意协议书的情况。他说当时自己不愿意那样做，因为他没有签署权。他还说，直到1月15日霍普金斯打电话来要胡椒博士股票的销售款项，他对整件事情都没有想太多。然后他再次讲述了对霍普金斯说"你有麻烦了"那通电话的情况。威尔基斯说，拉扎德的银行家和律师很快就弄清楚了格兰布林所做的事情。"天哪，我恨不得杀了那个混蛋！"威尔基斯告诉罗斯纳，"突然间，我就有了失业的危险。每个人的第一反应都是我在帮他干坏事！"

罗斯纳写道：说到这里，威尔基斯举起双手，说："当然，我确实帮了他。我觉得自己像个混蛋。信誉在华尔街很重要。我做了那么多不错的交易，但因为这件事，我的信誉全泡汤了。现在大家都认为威尔基斯是个被格兰布林骗得团团转的笨蛋。"威尔基斯解释说，他打电话骂格兰布林，格兰布林却反过来指责他："我怎么敢指控他犯了伪造罪。"威尔基斯还对罗斯纳讲了几个更有价值的相关细节，罗斯纳问他是否还能提供其他情况。威尔基斯说："这个婊子养的伤害了我，除此之外没有了。那个家伙含着金汤匙出生，而我只不过是一个愚蠢的穷光蛋，只想用传统的方式赚钱，但这个家伙居然这样对我。"

然而，威尔基斯早已没有耐心用传统的方式挣钱。最晚从1979年11月开始，即在他与罗斯纳交谈的5年多前，他开始系统地挖掘拉扎德并购顾问业务的内幕信息，并将这些信息透露给以臭名昭著的丹尼斯·莱文（Dennis Levine）为首的一批银行家。詹姆斯·斯图尔特（James Stewart）在其所著的《贼巢》（Den of Thieves）一书中记录了此事。事情曝光之后，明眼人一看便知威尔基斯不可能仅仅是被格兰布林欺骗的无辜受害者。

威尔基斯在1977年花旗集团董事长沃尔特·里斯顿（Walter Wriston）为新员工举办的鸡尾酒会上认识了莱文，当时莱文只是个来自纽约皇后区贝塞德没文化的粗野小子；而威尔基斯尽管不是某位CEO或法国贵族的亲戚，但他具有拉扎德员工的典型背景特点。威尔基斯在巴尔的摩长大，接受了正统的希伯来教育，毕业于哈佛大学和斯坦福商学院。作为一个正统犹太人，大学毕业后，他曾给波士顿公立学校的残疾儿童讲课，在世界银行工作过，还在美国财政部实习过一个暑假，研究经济问题。他认为自己是个自由主义者。他和一位古巴籍女子结了婚，能流利地说五门外语：法语、德语、意大利语、阿拉伯语和希伯来语。当他从讨厌的商学院毕业时，他的妻子埃尔莎（Elsa）已经怀孕，而母亲正在闹离婚。他需要钱。花旗集团的工作机会为他提供了稳定的收入来源，但他讨厌花旗，认为其中充斥着各种白人精英的"公司型投资基金"。只有莱文对他有兴趣，告诉他："你知道的，我们都是犹太好孩子，但我们周围都是充满敌意的白人新教徒。"莱文还让威尔基斯和自己一起溜出办公室，在外消遣一个下午。一天晚上，只有他们两人在一起时，莱文告诉威尔基斯："当我的成人礼结束后，我就知道内部渠道的存在，拿到内部信息非常关键。"他常常会说起自己"最大的梦想"就是享受"在9月12日读9月13日的《华尔街日报》的快感和超凡能力"。

第二年，两人都面临升职问题，专心致志、努力工作的威尔基斯得到了提拔，莱文则没有，于是莱文很快离开花旗集团去了美邦（Smith Barney），当时美邦是一家独立经纪公司。具有讽刺意味的是，美邦现在被花旗集团收购了。莱文到美邦工作的第一个星期，他就给威尔基斯打了个电话，让他买进一只股票。"只要买进就好，"他说，"不要问任何问题。"于是威尔基斯买了几百股，之后不久，这只股票价格大幅上涨。"看到没，鲍勃[1]，"莱文说，"以后我会罩着你的。"但莱文很快被调到了巴黎办事处，他很不喜欢这次调动，因为这将会离信息源太远。大约在同一时间，美邦聘请来自第一波士顿的J. 汤米尔森·希尔三世（J. Tomilson Hill Ⅲ）组建公司的并购业务部，虽然起步有点晚，但美邦也想从日益高涨的并购浪潮中捞到好处。莱文非常想进并购团队，他经常向希尔打听自己能否加入。最终，希尔（后为黑石集团副主席，负责对冲基金业务）经不住莱文的软磨硬泡，大发慈悲地将他调回纽约的并购部门。为此，莱文和威尔基斯在曼哈顿一家高档餐厅庆了一番，喝掉了好几瓶大宝庄园1971年的葡萄酒。莱文还告诉威尔基斯，自己在日内瓦的百达银行（Pictet & Cie）开了一个账户，用来做内幕交易。

威尔基斯越来越觉得莱文关于内部交易的想法是有道理的。莱文离开花旗集团跳槽到美邦后不久，威尔基斯也离开了花旗，在布莱思－伊斯曼－狄龙（Blyth Eastman Dillon）短暂地工作了一阵子，之后他就去了拉扎德，加入了弗兰克·扎布的国际部门。莱文一直在鼓励威尔基斯进入一家大力发展并购业务的公司，比如说拉扎德，因为这更有可能进行

---

[1] 威尔斯基的昵称。

内幕交易。威尔基斯后来表示，自己只是希望能在工作中用语言和金融才能帮助别人，但其实莱文是想让他向圈内其他人士探听拉扎德即将进行的并购交易消息。与此同时，莱文在美邦也做着同样的事情。后来他离开美邦，加入了雷曼兄弟，接着又跳槽到德崇证券（Drexel Burnham Lambert）。雷曼兄弟、瓦切尔·李普顿律所（Wachtell, Lipton）及世达律所（Skadden，Arps）的一些人很快加入了这个圈子。"你就应该这样做，"莱文告诉威尔基斯，"其他人也会这样做。内幕交易也是业务的一部分。这和你在百货公司工作一样，买衣服会有内部折扣；和在熟食店工作一样，每晚都能免费带一些熏牛肉回家；你在华尔街工作，就能得到更多信息。道理是一样的。"

"我很害怕。"威尔基斯回答。

"瞧，"莱文继续说，"这事万无一失。我会告诉你一些技巧。你得像大人物那样开一个国外银行账户。这样一来，就没人知道这件事了。"

但威尔基斯还是表示自己很不安，于是莱文击中了他的软肋。"我知道你想帮妈妈，想养活一家人，用这个方法就能实现。别傻了，没人会因此受伤。"

1979年11月，也就是威尔基斯在格兰布林欺诈案中声称自己无罪的数年前，威尔基斯接受了莱文的建议。他劝说妻子和自己一起去巴哈马的拿骚度假。他带上了所有积蓄——4万美元，谨慎地按照莱文的指示在瑞士信贷银行（Credit Suisse）开了一个"瑞士银行账户"。他用了"格林（Green）先生"这个假名，还虚构了一家名叫"卢泊尔"（Rupearl）的巴哈马公司。不过，威尔基斯加入的是扎布的国际部门团队，并不参与并购交易，于是他想通过结识拉扎德的并购银行家来搞清楚他们的项目情况，然后再使用代号将了解到的信息传递给莱文。

拉扎德的并购交易数量多于美邦，莱文自然也想到拉扎德工作，以便更好地实施自己的计划。他曾多次到拉扎德面试，但他举止粗鲁且出身平凡，一直没被拉扎德看上。最终，拉扎德一次次的断然拒绝激起了莱文的报复欲望。

开通瑞士银行账户之后，在莱文的一再劝说下，威尔基斯最终屈服了，答应打探拉扎德并购项目的内幕消息。1980年5月的一个星期五，晚上8点左右，在威尔基斯的放行下，莱文进入拉扎德的办公室，在合伙人们的办公桌、文件夹和名片盒中翻来翻去。据《贼巢》记载，莱文甚至对卢·帕尔穆特收藏的"古巴雪茄"大加赞赏。米歇尔事后声称，他发现莱文也搜了他的办公室。这一晚，莱文找到了法国石油公司埃尔夫阿奎坦公司（Alf Aquitaine）即将收购另一家石油公司科麦奇（KerrMcGee）的文件，并复印了相关资料（因为法国政府的禁止，这项交易最终没有达成）。他还带走了一张显示拉扎德各位合伙人办公位置的指示图，如果将来他发现哪些合伙人在处理哪项交易，他就可以按照地图去搜办公室。威尔基斯还将联合技术公司抢夺本迪克斯的消息告诉了莱文，于是莱文在消息公布前抢先买入有关股票，赚了10万美元。他们之间传递了大量内幕消息。1984年，威尔基斯向莱文透露了拉扎德为LTD公司（Limited）提供的关于收购卡特－霍利－哈尔连锁百货（Carter Hawley Hale Stores）的建议，虽然这项交易最终没有达成，但莱文仍然赚到了20万美元。

后来，威尔基斯还雇了拉扎德初级分析师兰德尔·赛克拉（Randall Cecola）来帮自己。他们经常在下班后一起走回上西区的家中。1983年的一个晚上，威尔基斯和赛克拉在哥伦布大街一家现已停业的墨西哥餐厅坎汀娜共进晚餐，那时威尔基斯已加入拉扎德的并购团队，他向赛克拉透露了整个计划。赛克拉对此表示非常感兴趣，并立即告诉威尔基斯自己正在处理的一桩交易的情况——芝加哥太平洋公司（Chicago Pacific Corporation）对位于罗德岛州普罗维登斯的德事隆集团的恶意收购可能不大会成功。威尔基斯打电话将这个消息告诉了莱文，于是两人分别买下了51500股和30000股的德事隆股票。两个星期后，芝加哥太平洋公司宣布了对德事隆的要约收购，虽然交易以失败告终，但德事隆的股价在消息公布之后大涨,莱文和威尔基斯分别赚到了20万美元和10万美元。

他们进行的交易无一不是规模巨大、时机又恰到好处,自然引起了证交会的关注,一场调查由此展开。证交会分别传唤他们对德事隆的交易进行当庭作证。1984年11月14日,莱文出庭作证,也就是威尔基斯声称格兰布林第一次向他求助的一个月前。证交会的调查导致莱文和威尔基斯等人的落马,美国历史上最大的一桩内幕交易案浮出水面。

尽管《贼巢》出版于1991年,书中却没提到威尔基斯和格兰布林的关系。检察官罗斯纳在格兰布林事件中赋予威尔基斯完全豁免权时,也没有考虑到威尔基斯和莱文的关系。威尔基斯获得了豁免权着实令人惊讶,直到今天,罗斯纳还表示自己一直认为威尔基斯在格兰布林事件中只是个遭到愚弄的旁观者。这一观点根本不可能成立,罗斯纳之所以坚信这一点,是因为对于给格兰布林定罪,威尔基斯的指证至关重要。1987年2月,就在格兰布林案仍悬而未决时,威尔基斯因内幕交易而以两个罪名被判两个366天的监禁,在丹伯里监狱合并服刑366天。赛克拉则承认了逃税和未上报内幕交易所得的罪名,离开拉扎德后,他进了哈佛商学院,却因此事被学校开除。威尔基斯从非法交易中赚了约400万美元,仅在1985年就赚了270万美元,他在拉扎德期间,一共窃取了12笔即将进行的交易信息并买卖了相关证券。威尔基斯承认犯下了4项重罪,并向证交会交出余下非法所得——约330万美元及派克大街上的一幢新公寓。最终,他只剩下6万美元现金、一辆别克车,以及位于西78街321号的公寓。格兰布林曾在接受采访时轻描淡写地表示自己"可能不是谈论拉扎德的最佳人选"。如今,他与服刑期间结识的第二任妻子住在纽约北部卡茨基尔州立公园附近。

这些罪行像利刃般捅在拉扎德身上,公司虽不至于垮台,但诚实正直的名声受到了严重损害。尽管拉扎德在10年前的ITT丑闻中涉入颇深,但在彭迪西欧、威尔基斯、赛克拉和格兰布林之前,还从没有任何拉扎德员工或前雇员因不法行为被定罪，更不用说利用内幕信息或造假非法获利，至少从公共记录来看确实如此。

过去10年间，一直有传言说菲利克斯曾是大陪审团的调查对象，菲利克斯对此非常不高兴。1987年3月，也就是威尔基斯获罪的一个月后，菲利克斯在《纽约书评》上发表了一篇题为《华尔街的恶疾》的文章，对投资银行界的道德缺失大加谴责。他告诫同行："金融界的非法和无节制行为逐一曝光，身处其中的我们不得不面对这样一个严峻的事实：癌症已在我们的行业中蔓延，只有在证交会和联邦检察官完成目前的各项调查之后，我们才能搞清楚病情的严重程度。而这种癌症就是贪婪。"他还在文中告诉读者，自己做投资银行家已逾30年。"它曾是一份荣耀的职业，"他写道，"我希望它能一直如此。"但他又补充道，最近"太多的年轻人手中聚集了太多的资金，他们很少有或根本没有制度意识和传统观念，再加上他们顶着巨大的压力，一举一动都受到万众瞩目，这些因素综合在一起，导致了他们过度投机甚至违法，内幕交易仅是其中一种。无论公司如何谨慎处理敏感信息，也不可能完全避免这一情况，即使是我所在的公司也无法例外。我们只能依靠大家自身的道德感和品格，尽管迄今为止还没有任何一个体系能完全保证所有人的行事都能合乎道德。"这是菲利克斯对拉德扎同事彭迪西欧、戴维斯、威尔基斯、塞克拉和格兰布林所犯错误的评论。

20多年后，菲利克斯说，某天早晨，他边吃早餐边读《华尔街日报》的时候，得知拉扎德涉入莱文承认的多项违法交易中，当时他"如遭雷击"，马上把穆拉凯叫到办公室，询问发生了什么事。很快，穆拉凯从威尔基斯的通话记录中发现他与莱文经常通话，并立刻把这些记录都递交给了证交会。菲利克斯还向瓦切尔·李普顿律所的马蒂·李普顿（Marty Lipton）律师寻求建议，在赛·里夫金德和山姆·哈里斯去世后，他成了拉扎德的新任危机顾问。"我无法接受，"菲利克斯说，"我的意思是，这是最严重的问题，特别是对一家小公司来说。"

　　这些猖獗的犯罪行为就发生在米歇尔的眼皮底下，因此他不得不将注意力拉回来。此前他一直在大西洋彼岸的伦敦忙于拉扎德史上最重要却无人赞赏的行动之一——从培生父子公司手中夺取拉扎德伦敦分行的控制权，以及自1919年以来首次统一三家分行的所有权。1984年5月，米歇尔建立了拉扎德合伙公司（Lazard Partners），这是他统一公司至关重要的第一步。拉扎德前初级银行家、现为记者的凯特·博纳（Kate Bohner）曾在《福布斯》杂志上写道，拉扎德就像恺撒时代的高卢，一直被分割为三个部分：纽约分行，最大、最知名，通常最赚钱；伦敦分行，最孤立；巴黎分行，最小、最神秘。从一开始，三家分行就一直独立运营，都充分利用所在国家的特质。1919年之前，拉扎德家族和威尔家族一直以某种形式共同控制着三家分行，只是我们无从知晓它们之间的股权分配情况。1919年，创始家族不得不将实业家维特曼·培生吸纳进来重组伦敦分行，以防出现清算的局面，同时也可以满足英格兰银行的要求，即保证公司大股东不是法国人。20世纪30年代初，布鲁塞尔办事处的交易丑闻被揭发出来之后，培生实现了对伦敦分行的全资控股，不过，在大卫–威尔家族向培生家族偿还了累积债务之后，培生在伦敦分行的股权又降到了原来的80%。

　　成立拉扎德合伙公司的催化剂是澳大利亚新闻大亨鲁珀特·默多克（Rupert Murdoch），他是新闻集团（News Corporation）的主席兼CEO，已经开始购买培生集团的股票，意图控制这家出版企业。为了防止伦敦分行在默多克控制培生后落入他人之手，米歇尔告诉培生家族他愿意用自己的钱购买培生集团的大量股票，从而挫败默多克的收购计划。与此同时，米歇尔希望能从培生家族手中买入伦敦分行的大量股份，如此一来，即使默多克控制了培生集团，伦敦分行也依然能保持独立性。通过这项协议，米歇尔实现了从培生集团手中夺回伦敦分行控制权的第一步，他希望最终能将三家分行统一起来。这笔交易也成功挫败了默多克的计划。新成立的拉扎德合伙公司将拥有伦敦分行的全部股份、纽约分行24%的资本和巴黎分行12%的资本。（拉扎德合伙公司每年还将分得纽约分行和巴黎分行利润的12%。）这项计划的核心是，在取得培生集团股东的同意之后，培生集团将当时所持的伦敦分行79.4%的直接股权资本转换成拉扎德三家分行的股权。经过此番调整后，培生集团的股权将包括伦敦分行50%的股权、纽约分行3.7%的直接股权资本，以及巴黎分行4%的直接股权资本。最终，培生集团用伦敦分行79.4%的股权换取了伦敦分行50%、纽约分行17.4%及巴黎分行10%的股权，此外还能分得纽约分行和巴黎分行10%的年利润。这项交易不仅需要获得培生集团股东的批准，还需要确保三家拉扎德分行的估值、相关所有权和补偿付款等的"公平"，因为各个股东（主要是米歇尔）之间存在各种利益冲突。6月，培生集团的股东批准了这项交易，而三家拉扎德分行的估值公平性工作则由一家颇有声望的小型商行嘉诚银行（Cazenove & Co.）很快完成。

这笔交易不仅涉及培生集团，还意味着米歇尔将拥有三家分行更大的控制权。最终，米歇尔及其直系亲属用拉扎德伦敦分行15%的股权及纽约分行与巴黎分行的部分所有权换来了拉扎德合伙公司17.9%的股权。此外，米歇尔还持有纽约分行和巴黎分行的"大量"股权，他安排由自己和法国合伙人控股的法国私募股权公司——欧法公司投资4630万美元购买拉扎德合伙公司20.8%的股份。交易达成之后，纽约的几位合伙人拥有拉扎德合伙公司6%的股份；巴黎合伙人人数更少，拥有拉扎德合伙公司5.3%的股份。最终，米歇尔和培生集团分别控制了拉扎德合伙公司一半的投票权。

除了上述经济协议，这项交易还试图"建立促进三家分行共同合作的程序"，在拉扎德历史上，这一直是个悬而未决的问题。虽然拉扎德合伙公司无法立即促成三家分行的合作，但它确实提供了一个契机，借此机会，米歇尔创建了一个新型的7人合伙人委员会，由他本人担任委员会主席。

1984年5月，培生集团的招股说明书罕见地透露了三家拉扎德分行的盈利状况。多年来，拉扎德一直保持着惊人的高盈利水平，例如1983年在扣除合伙人分红和税款之前，纽约分行的利润达到了5500万英镑（8000万美元），而巴黎分行的同年利润也达到了700万英镑（8300万法郎）；并非合伙企业的伦敦分行在扣除管理人员薪酬后的税前利润为1340万英镑。

不过，培生集团的公开声明中并没有提及米歇尔通过这项交易实际上首次拥有了拉扎德三家分行的控制权，但金融媒体抓住了这一点。《商业周刊》认为，通过这项交易，米歇尔"最终驱散了梅耶的阴魂"。此外，媒体一致认为米歇尔取得了了不起的成就，即与伦敦分行的重新统一，这是安德烈根本无法实现的，或者说是他根本没兴趣去做的事情。尽管安德烈拥有伦敦分行的所有者权益和董事会席位，但他一直瞧不起伦敦分行，第二次世界大战结束后，他也只去过伦敦一次，这是因为他认为英国人要为1940年法国的沦陷负一定的责任。"这是米歇尔做的，"当时，菲利克斯如此说道，"我认为安德烈不可能这样做。"对此，米歇尔说道："我已经感受到三家公司之间交流得非常好。太棒了。现在三家公司对彼此都更加开放，不再像以前那样封闭。"

但时任拉扎德伦敦分行副主席的托马斯·曼纳斯（Thomas Manners）却并不看好这次合并，他告诉《商业周刊》，他怀疑伦敦分行的同事能否接受这一事实：他们的公司不再是一家备受尊崇的英国机构的全资子公司，而是由法国人控制，而且这个法国人还是创始人家族的最后一代。"如果说我没有疑虑，那我肯定没说实话，"他承认，"美国的体系中有强行输出的部分，对此我无法完全采纳。有时候，美国人的观念在这个国家行得通，但有时候不行。"

人类本能地抵制变化，那些努力维持现状的并购银行家们更是如此。但不可否认的是，到了20世纪80年代中期，拉扎德在米歇尔的领导下正在发生巨大的变化。安德烈生病的最后几年里，他那令人窒息的独裁式作风导致公司在市场上毫无目标地随波逐流，如今取而代之的则是米歇尔开明的帝国主义统治。"在这家公司，你要亲吻米歇尔的戒指。"一位拉扎德"内部人士"向《华尔街日报》透露道，"他和老安德烈一样，是一位绝对的统治者，只是他们的方式不同。米歇尔更有礼貌，铁腕上戴着天鹅绒手套；而老安德烈就是赤裸裸的铁腕。"一直以来，米歇尔非常想开拓新的业务领域，如梅扎卡帕创建的极具盈利能力的资本市场部、扎布领导的国际顾问团队以及市政融资承销业务等等，同时他也想振兴老业务，如资产管理，以及安德烈最青睐的两大领域——房地产投资和私募股权投资。为此，公司聘请了大量员工。不过，菲利克斯领导的并购顾问业务仍是拉扎德最重要、最负盛名和最赚钱的业务，这个部门也招募了新的银行家来扩充自己的实力。截至1984年，统一后的拉扎德兄弟投资银行总共约有1350名员工——伦敦分行600人，纽约分行400人，巴黎分行350人，比1978年米歇尔接手公司时增加了近一倍。

随着公司的发展，拉扎德的利润也在不断增长，媒体难免会不时地关注一些新的合伙人，但这无疑会对他们造成不利影响，因为菲利克斯的反应说明了一切，他认为公司内能对媒体献殷勤的人只限于他。1985年7月，《W》杂志的子公司《M》杂志做了一篇沃德·伍兹的专题报道，并刊出了他的大量照片。伍兹曾是雷曼兄弟的合伙人，如今在拉扎德大获成功。报道称毕业于安杜佛学院的伍兹是"运动型银行家"，并描绘了多个他运动的场景——在得克萨斯州大草原上狩猎鹌鹑，在犹他州的雪鸟滑雪场玩直升机滑雪以及在荒无人烟的阿拉斯加用飞蝇钓法[1]钓银鲑鱼。米歇尔开始对梅扎卡帕大加赞扬。1984年，拉扎德罕见地登上了《华尔街日报》的一篇头版报道，米歇尔在报道中说："我对他的评价很高，如果谈论公司里有影响力的人物，最有影响力的当然是我，其

---

[1] 一种广泛流行于欧美的溪流钓鱼法，以钓取凶猛掠食性鱼类为主。

次是菲利克斯，然后就是梅扎卡帕。"报道还引用了一位不愿透露姓名的拉扎德老员工批评梅扎卡帕的话——"爱在公共场合批评人，他常常大吼大叫，非常情绪化"，这似乎与文章主题毫不相干。此外，这位员工还说道："米歇尔会插手任何赚钱的领域，而梅扎卡帕的经营非常成功。"

《华尔街日报》的这篇报道还毫不掩饰地指出，菲利克斯"在拉扎德的影响力已大不如前"。20世纪80年代初期，这种评论时不时就会在媒体上冒出来。由于各家投资银行对并购业务的竞争变得更加激烈，拉扎德丢掉了一些交易，这在过去是极少发生的，因此一些竞争对手开始趁机匿名抨击菲利克斯。拉扎德内部的一些合伙人也很乐于看到菲利克斯受挫，尽管菲利克斯让他们赚到了惊人的财富。但事实上，菲利克斯在拉扎德的权力和影响力根本没有丝毫受损。他仍然为公司创造了最多业务。此外，他愿意只拿6%的利润，这远远低于他有权获得的份额，这意味着其他合伙人在自己应得的份额之外还能获得更多收益。仅凭这一点，他完全能有效地控制拉扎德的人和事。

如果20世纪80年代初还有人怀疑菲利克斯在拉扎德的影响力，那么到1984年下半年，全国性杂志刊登的两篇关于菲利克斯的封面报道，将彻底击碎那些恶意竞争对手和合伙人不乏妒意的幻想。或许，媒体对菲利克斯的关注更增他们的嫉妒和敌意。第一篇文章是畅销金融作家戴维·麦克林提克（David McClintick）写的，菲利克斯允许他对自己进行10天的随身采访。在此期间，菲利克斯的行程遍及美国、法国和中东各地。文章作为封面报道刊登在《纽约时报》上，题为《顶级生活：金融家菲利克斯的权力与乐趣》。尽管麦克林提克承认菲利克斯"非常不愿意身为记者的他与自己一起旅行，经过两天的深思熟虑才最终答应"，但这次随身采访造就了一篇扣人心弦的日记体文章，呈现出了菲利克斯眼中的世界。

文章中，菲利克斯的犹太难民形象跃然纸上。他"上身着棕褐色羊毛夹克衫，里面穿海军水手领毛衣和白衬衫，衬衫的领口敞开；下身穿一条浅米色灯芯绒休闲裤"，这是与戈特鲍姆、基辛格、佩利和奥斯卡·德·拉·伦塔（Oscar de la Renta）[1]等家庭一起在南安普敦牧场参加寻找复活节彩蛋年度活动中的菲利克斯。但这位男主人不时要离开一会儿，与大型零售商LTD公司的创始人、董事长兼CEO莱斯利·维克斯纳（Leslie Wexner）通电话。当麦克林提克四处寻找菲利克斯时，他正与维克斯纳商讨LTD公司以11亿美元恶意收购卡特–霍利–哈尔商店事宜。

　　LTD公司的收购交易成了这篇文章的核心内容。菲利克斯先是飞往洛杉矶，出席与LTD公司有关的法律诉讼，结果该诉讼最终撤销，于是他飞回纽约与妻子丽兹一起又搭乘协和飞机去往巴黎。在飞机上，他们和施格兰的主席菲利普·比克曼（Philip Beekman）聊起了高露洁棕榄公司（Colgate Palmolive）一些神秘的股票交易，菲利克斯还问比克曼，施格兰是否要参与竞标。施格兰和高露洁都是拉扎德的客户。起飞前，罗哈廷夫妇没有喝香槟鸡尾酒，但要了新鲜鱼子酱和冰镇伏特加。菲利克斯此次去巴黎是为了与法国总统弗朗索瓦·密特朗会谈，他们是很要好的朋友。抵达巴黎后，他向密特朗讲述美国时事，并提供了一些非正式建议。会谈结束后，丽兹来与他们一起共进午餐。之后，夫妇两人参观了皮尔·波纳尔（Pierre Bonnard）[2]艺术展。他们本打算在巴黎四处逛逛，后来却取消了，因为菲利克斯要回到香榭丽舍大街的兰开斯特酒店参加一个LTD收购交易的电话会议。第二天，他们前往特雷卡德罗广场旁的公寓拜访菲利克斯的母亲和继父，与他们一起喝咖啡。

　　然后，罗哈廷夫妇又一起飞往耶路撒冷，参加了藏有死海古卷[3]的

---

[1] 美国时装设计师，创立了同名时装品牌，杰奎琳·肯尼迪的女装设计师之一。

[2] 1867—1947年，法国画家、版画家，后印象派与那比派（平面艺术流派）创始成员之一，被形容为"20世纪最伟大的异质画家"。

[3] 目前最古老的希伯来圣经抄本（旧约），于1947年在死海附近的库姆兰出土，故名"死海古卷"。

以色列博物馆的一系列募资会议。他们还受到了耶路撒冷市长泰迪·科莱克（Teddy Kollek）的接见，并参加了以色列国会宴会。在这些场合，罗哈廷夫妇受到了皇室成员般的待遇。（丽兹曾与未来的第一夫人杰奎琳·布维尔一起出席了纽约东汉普顿的一场时装秀。）由于要随时给纽约打电话讨论LTD收购交易，罗哈廷夫妇取消了大量的观光计划，不过他们还是留出时间游览了距离耶路撒冷约一个小时车程的耶农。这个位于耶路撒冷西南方的小村庄，生活着约600名来自也门的犹太人。有人热情地将罗哈廷夫妇介绍给当地长者，于是村民开始载歌载舞，跳起了霍拉舞——以色列传统婚礼舞蹈，很快，菲利克斯和他的新娘也加入进去，跳起了舞。经过这几天的随身采访，麦克林提克已经筋疲力尽，他描述道："8天前，他参加了寻找复活节彩蛋活动，常常被工作电话打断；5天前，他迅速往返于洛杉矶与纽约之间；不到两天前，他从法国来到以色列；24小时后，他将要搭乘夜班飞机从特拉维夫飞往纽约；但现在，这位全球最杰出的投资银行家像个孩子般跳起了舞。"正如行家所说，这种宣传你根本无法用钱买到。

LTD公司最终没能收购卡特-霍利-哈尔公司。菲利克斯一直非常担心同行银行家们在此项交易和其他恶意收购交易中的表现，因此他再次利用《时代周刊》这个平台来谴责这些人。"我发觉自己越来越像一位朋友，一位非常成功的国防承包商，他告诉我：'我的生意越来越难做，因为我根本不相信国防预算。'有时候，对我而言，事情也越来越难办，因为到最后我发现，那根本不是我想刻在自己墓碑上的东西。"

菲利克斯想在自己墓碑上刻的当然是"美国前财政部长"头衔。他也和他的缪斯谈论过这个话题。"这是我的机会，"被问及是否想在内阁任职时，他告诉麦克林提克，"我们需要做大量的金融工程工作，将国内外失控的金融系统拉回正轨。那个人选不一定是我，我不是特别渴望这个职位，但肯定得是个像我这样的人。"接着他开始推销自己："主管公共政策的机构中必须有一些人能够了解金融结构以及金融结构与真实世界的关联，然而，有很多人只了解金融结构，却不了解真实世界；反之亦然。至少我在这两方面都有足够的经验。"菲利克斯的散文和演讲集出版之后，《时代周刊》的这篇文章就刊登了出来。紧接着，众多媒体如CBS早间新闻（CBS Morning News）、莱勒新闻时间（The MacNeil/Lehrer NewsHour）等开始聚焦菲利克斯，且根据麦克林提克的说法，这也为菲利克斯带来了登上《时代周刊》封面的机会。（但最终没能成功。）

媒体的报道远未结束。四个月后，也就是1984年12月，菲利克斯模仿弗雷德·阿斯泰尔（Fred Astaire）[1]的样子出现在业内杂志《机构投资者》的封面上。他穿一身白色燕尾服、系白领结，头戴高帽，手拿舞杖。杂志封面上印着几个醒目的大字——菲利克斯：成名之路。文章提及了菲利克斯身上呈现的各种角色：顶级交易者、媒体操纵者、社交达人，以及失意的政府高层官员候选人。客户和竞争对手都认为菲利克斯是顶级的公司顾问。"我对菲利克斯提供的顾问服务非常满意，"莱斯利·维克斯纳说道，虽然菲利克斯没能帮LTD达成收购交易，但"在其他收购交易中，我仍然会选择菲利克斯"。维克斯纳之后也确实这样做了。"你无法低估时间因素，"雷曼兄弟的一位竞争对手说道，"当我还在上二年级时，菲利克斯就在做交易了。"当然，文章里也缺不了拉扎德其他合伙人对菲利克斯的赞美："只要有他在公司，无论我走到世界的任何地方，都会得到他的帮助。"卢·帕尔玛特也对菲利克斯大加称颂："我也能带来新客户，但他是我的合伙人，这点非常重要。"

与此同时，竞争对手们也开始不遗余力地抨击那些对菲利克斯过度逢迎的新闻报道。对此，一位竞争对手讽刺道："只要他打个喷嚏，《纽约时报》就会感冒。"一向反对偶像崇拜的《华盛顿月刊》也对菲利克斯

---

[1] 1899—1987年，美国电影演员、舞者、舞台剧演员、编舞家与歌手，在舞台与大银幕上的演出生涯长达76年，被评为20世纪最佳舞者，通常也被认为是影史上最具影响力的舞蹈家。

发出了质疑："菲利克斯·罗哈廷到底是何方神圣？他的毛孔里能飘出灵丹妙药吗？他成了20世纪80年代的亨利·基辛格，只要他一出场就能镇住能力非凡的记者们。"答案很简单，和基辛格一样，一直以来，菲利克斯非常注意管理个人形象，他在这方面的努力远远超出了任何人的想象。这是一项费时费力的工作。他与米歇尔达成一致，只有他一人能代表拉扎德的公众形象。自然，这一点对他大有裨益。他用简洁的话语和真挚的态度赢得了记者的好感。一直以来，他还很喜欢想象假如纽约市财政危机没有得到解决这个城市会是什么样子："破产就像在温热的浴缸里割破手腕，你可能不觉得自己快要死了，却是事实。"他还结交一流的记者、专栏作家和编辑，邀请他们到四季酒店、丽晶酒店、伊莲酒店、"21"或他在第五大道的公寓（他和丽兹已从派克大街770号搬到了第五大道公寓）用餐，与他们一起讨论当天的热点问题。

　　他刻意将自己打造成新闻报道的良好素材，无论是在公共政策还是投行职业方面，他似乎都会公开发表与大多数人相反且具有争议的观点。他还会密切注意记者的动向，施展个人魅力以不懈地向他们准确地传达自己的看法，直到文章发表出来后，他才会停止这种努力。菲利克斯对媒体的掌控非常有效，他的形象也因此变得越来越高大。《机构投资者》的编辑们甚至发明了玩笑性质的"菲利克斯指数"，专门跟踪媒体对菲利克斯的关注程度。如果仅仅是提及菲利克斯，指数就是1分；如果是重要的封面报道或介绍，指数则是20分。1970年，ITT对哈特福德的恶意收购刚刚开始，该指数分值还不到10分；1984年，有大量的关于菲利克斯的封面报道问世，此外他还出版了图书，该指数分值上升到了150分左右。菲利克斯从容应对着这一切。"过去10年里，我得到了大量的媒体支持，"他说，"我也曾一度遭受抨击，但这是例外。"

　　也许，从来没有一位银行家如此受到媒体的青睐，哪怕是J. P. 摩根在全盛时期也没有这种待遇。具有讽刺意味的是，这些宣传和政治定位都出现在里根总统第二届任期之初，而菲利克斯根本不可能成为共和党政府成员，更不可能进入保守的里根政府。正如媒体多次提及的那般，菲利克斯对做交易越来越厌倦，而且他也没有赚更多钱的野心，因为他已非常富有。媒体对菲利克斯的大肆宣传在拉扎德内部引发了双重反应：一方面，媒体对菲利克斯和拉扎德的大力报道对业务十分有利，这意味着所有合伙人都能在经济上受益；另一方面，随着公司的发展，有人开始越来越不满，他们认为，媒体的报道会让大家误以为拉扎德能拿得出手的只有菲利克斯，而没有其他优秀人才。当时大家普遍认为这一切应该适可而止。"他好比一条大鱼，"埃德·科赫市长在当时说道，"这条大鱼跃出海面，在灿烂的阳光下，每个人都能看到他美丽的金色鳞片。这没问题，也是合情合理的，但用得着每天如此吗？"

菲利克斯继续打造个人形象的时候，并没有挑战米歇尔的权威。拉扎德合伙公司的创立不仅巩固了米歇尔的控制权，还增加了他的权威。拉扎德合伙公司交易完成后，仅过了几个月，米歇尔就将伊恩·弗雷泽（Ian Fraser）赶下了伦敦分行主席的位置。他"盯着弗雷泽的眼睛"，以好像弗雷泽不在他跟前似的样子说道："伊恩·弗雷泽是一位出色的交易者，却是一位差劲的管理者，下次我们得找一位优秀的管理者。"后来，玛格丽特·撒切尔政府在马岛战争[1]期间的国防部长约翰·诺特（John Nott）接替了弗雷泽的位置。当时米歇尔仍愿意让菲利克斯享有公开荣誉，而他则在幕后聚集大笔财富。

在米歇尔的领导下，拉扎德的业绩表现无可争议。当时拉扎德赚了很多钱，合伙人也是如此。据《华尔街日报》报道，米歇尔在1983年赚了5000万美元，净资产超过5亿美元。凭借巨额财富，再加上合伙协议第4.1条的规定，米歇尔获得了对拉扎德兄弟投资银行的绝对掌控权。但从管理的角度来看，拉扎德的运作方式仍与其他更专业的华尔街公司

---

[1] 1982年4月到6月间，英国和阿根廷爆发的一场局部战争。

截然不同。拉扎德的人员聘用非常随意，几乎没有指导和培训，内部资金控制非常过时，每一个重大决策——薪酬、合伙比例、晋升、高层人员的聘用都需要米歇尔的批准和签字。出于实用目的，米歇尔在很大程度上保留了安德烈的"独资"方式来管理公司，只不过，他为自己赤裸裸的铁拳戴上了天鹅绒手套。

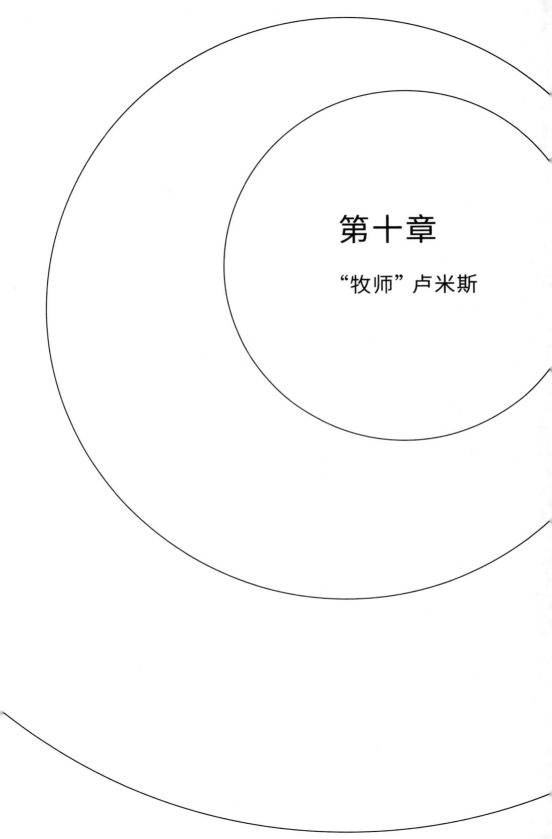

第十章

"牧师"卢米斯

慢慢地，拉扎德内部开始有人觉得需要填补组织上的空白，希望把这个可悲的拜占庭式公司带进20世纪后半叶。虽然这个任务看似如同西西弗斯往山顶推大石般永无休止，但威廉·卢米斯——公司内部人士称其为比尔——认为，将拉扎德进行现代化改造的时机已经到来。卢米斯不仅拥有完成这项任务的特殊资格，还拥有坚定的意志。他长得高大帅气，简直是已故作家乔治·普林普顿（George Plimpton）的翻版，只不过略微瘦削一些，这使得他带着点儿牧师的气质，因此一些合伙人称他为"牧师"，而年轻的银行家们则叫他卢尔希（Lurch）。据《金融时报》报道，卢米斯"年轻时为了写出像萨默塞特·毛姆（Somerset Maugham）[1]风格的小说，曾与穆斯林反叛分子一起到菲律宾的苏禄海游荡，还拿着补助金在亚洲各地流浪"。卢米斯辞职后曾给一位年轻的拉扎德助理写信叙述了自己这段经历。"我情愿冒着干涉你个人生活的风险提供一些意见，"他在1988年写道，"我大学毕业后就飞到了阿富汗，因此我当时可能不存在你的这些烦恼。我随身带着一台奥利维蒂（Olivetti）便携式打字机和一条换洗的卡其裤，一年后才坐货轮从婆罗洲回来。我曾在印度待了一段时间，因此知道和平队隶属于美国军队的非营利机构。我根本没有考虑过念研究生、做建筑师或其他可能性，我只是在土路上开着吉普车，与阿富汗帕坦族部落里的人一起打猎，或是在苏禄海乘小船出海。总之，我当时将自己的履历统统抛在脑后，决定以后再考虑自己

[1] 全名威廉·萨默塞特·毛姆，1874—1965年，英国小说家、剧作家。代表作为长篇小说《人生的枷锁》《月亮和六便士》，短篇小说集《叶的震颤》《阿金》等。

的职业问题。"

就像他所深爱的拉扎德一样，卢米斯神秘莫测的行为掩盖了他的野心。卢米斯一直在纽约分行工作，到1980年左右，成长为"全球最佳助理"的他直言不讳地指出有必要改善拉扎德年轻银行家的薪水和培训。他认为，与雷曼兄弟的年轻员工相比，拉扎德年轻银行家的薪酬过低，且不清楚成为合伙人应当具备哪些品质。令卢米斯气馁的是，米歇尔决定暂不吸纳新合伙人，为了获得"新的经验"，他询问米歇尔自己是否可以和史蒂夫·奥利弗（Steve Oliver）一起去香港开拓咨询业务。"虽然我在分析业务和观察合伙人方面越来越专业，但我担心之后成为合伙人时会缺乏开拓客户的能力。"卢米斯解释道。米歇尔同意了，但不允许他们使用拉扎德的名号，于是卢米斯和奥利弗成立了一家新公司——东亚合伙人公司（East Asia Partners），拉扎德三家分行各持有该公司20%的股份，其余则由保险业巨头美国国际集团（AIG）子公司史带集团（C. V. Starr）以及卢米斯和奥利弗持有。两年后，拉扎德收购了美国国际集团在东亚合伙人公司中的股份。据卢米斯说，公司各方面都很"正常"，但业务并不"重要"，因此拉扎德不太重视。

与此同时，拉扎德纽约分行的并购业务正蓬勃发展，卢米斯想重回纽约分行。他最终如愿以偿，并于1984年1月1日成为合伙人。他一回到纽约分行就立即与米歇尔、菲利克斯讨论改进"组织纪律"的问题。卢米斯热衷于将自己对公司的想法写成非常详细且激情洋溢的备忘录，给米歇尔和菲利克斯过目。在早期的一封信中，他提出了一个前所未闻的言论：他认为米歇尔应该指定一位合伙人负责年轻银行家的任务分配及评估工作，包括人员的任免。卢米斯认为，这项工作将占用该合伙人约一半的时间。他主动请缨。根据他的建议，他将负责并购交易中助理的配置，一旦出现新的任务，所有合伙人手下的助理必须由他指派（菲利克斯建议），他们不能像过去那样直接找到自己最中意的助理。他还认为必须迅速"淘汰"一些表现不佳的助理，聘用更有能力、表现"积极"

的新人。

卢米斯开始打破拉扎德内部僵化的状态。他正确地预见到自己将面临的危险，在给米歇尔的备忘录上，他清楚地道出了这点。"任何做这项工作的人都会承受很大的压力和各方的指责，"他写道，"如果堪萨斯州的合伙人没能在星期二分配到4名助理，那么负责协调任务的人将成为各种直接和间接批评的焦点。"关于向助理分配交易任务的问题，卢米斯向米歇尔要求获得"所需的权力，为了能有力地协调各方的利益。如果所有这些工作都需要咨询合伙人和高级助理，我只负责简单的人员调配，那么这个体系将无法发挥作用（这是刚开始常会出现的问题。）"。至于人员的聘用，卢米斯写道："只要我还在做这份工作，我就不希望别人没事先征求我的意见随便招人。让低效的员工离开后再聘请另一批低效的人只会适得其反。"

由于米歇尔自由放任的管理风格，拉扎德内部出现了许多违背道德和缺乏判断力的问题，因此米歇尔或拉扎德其他人根本无法否认纪律和控制的必要性。而且公司确实急需建立有效的纪律和控制体系，因为内部制度并没有跟上公司的发展速度。米歇尔把卢米斯的办公室搬到了洛克菲勒广场1号32层，离自己的办公室很近，如此他们就能定期交流。拉扎德有些人对卢米斯的大胆举措感到不满，开始为他设下重重陷阱，菲利克斯就是其中之一，虽然他自己并不想管理公司，但也不喜欢有人钻这个空子，而且他和梅扎卡帕一样，都不太高兴看到卢米斯和米歇尔的关系越来越亲密。

在卢米斯忙于拉扎德内部管理问题时，菲利克斯仍把重心放在个人声望和引人注目的交易上。当时有一桩交易非常有名，即1985年，罗恩·佩雷尔曼（Ron Perelman）对露华浓（Revlon）化妆品公司发起恶意收购，并最终成功了。当时菲利克斯是露华浓的代理人，因为他与露华浓CEO米歇尔·贝格拉克（Michel Bergerac）是老朋友。贝格拉克是法国人，曾在ITT当过吉宁的高级助理，他就是在那时与菲利克斯相识的。尽管这笔交易规模不大，仅为18.3亿美元，但这场佩雷尔曼与露华浓之战似乎具有大量引人注目的元素：一方是突然发家的公司收购者，利用在迈克尔·米尔肯的帮助下借来的资金企图收购全球最知名的消费品牌；另一方则是一家行业支柱企业，在一位精干的法国人带领下，拼命想要逃开收购者的魔掌。这场战斗持续了几个月，贝格拉克和菲利克斯引入另一家企业福斯特-利特尔对露华浓发起竞争性收购。在各轮竞价中，佩雷尔曼和米尔肯逐渐抬高收购价格。最后，特拉华州最高法院裁定露华浓已处于待售状态，因此应由出价最高的公司——佩雷尔曼的公司购得露华浓。这种应对收购的方式史无前例，人们将之称为"露华浓模式"。"这桩该死的交易简直是第三次世界大战。"佩雷尔曼的一位律师当时评价道。在这场并购战中，佩雷尔曼最终支付的价格比最初出价高了5亿美元。（他现在仍持有露华浓，但这是他较为糟糕的一笔投资。）此外，这笔交易给投资银行带来了高额酬金，拉扎德由于向露华浓提供咨询而获得了1100万美元，是公司有史以来最高的一笔酬金之一；米尔肯的公司德崇证券（Drexel Burnham）为佩雷尔曼提供融资而获得了6000万美元酬金；摩根士丹利通过担任佩雷尔曼的顾问并出售部分露华浓的资产而获得了3000万美元。相比之下，拉扎德的酬金只能算是小菜一碟。"这是世纪交易。"当时的一位银行家说道。

不过，这场交易的风头马上就被盖了过去。就在佩雷尔曼赢得露华浓的一个多月之后，通用电气宣布将以63亿美元现金收购拉扎德的老客户美国无线电公司，且愿意承担该公司的债务。通用电气与美国无线电公司的交易是当时最大的非石油企业交易，通过这项交易，美国无线电公司与约55年前创建它的公司重新合并。在当时，这桩合并交易是一条爆炸性新闻，事后证明它也是有史以来最成功的并购交易之一，全国广播公司（NBC）[1]至今仍是通用电气最重要的资产。菲利克斯是这桩交易的推动者。他是通用电气公司董事长兼CEO杰克·韦尔奇的"早餐伴侣"，尽管当时拉扎德还不是通用电气公司的顾问。自从安德烈当初通过向犹太联合募捐协会捐款10万美元赢得戴维·萨诺夫的好感后，拉扎德一直跟美国无线电公司走得很近，且多年来一直拥有该公司的董事席位。1985年10月的某天，与菲利克斯一起吃早餐时，韦尔奇请他安排一个与美国无线电公司主席桑顿·布拉德肖（Thornton Bradshaw）会谈的机会。菲利克斯非常高兴地答应了（这是任何一个投资银行家都梦寐以求的事情，无论资历深浅）。于是，11月6日下午，菲利克斯安排韦尔奇和布拉德肖在自己的公寓中一起喝鸡尾酒。

交易价格和法律条款都是在暗中协商的，仅过了36天，这项里程碑式的交易就公开宣布了。在协商过程中，菲利克斯曾在一个星期六的晚上搭乘协和飞机前往巴黎探望生病的母亲，但第二天就返回纽约继续工作。《时代周刊》和《华尔街日报》都在头版详细报道了这一交易，并强调了菲利克斯在其中的作用。一个星期后，《时代周刊》罕见地刊登了一篇商业封面报道《合并探戈》，谈论了这笔交易和一些相关事宜。在该杂志的编辑面前，菲利克斯一如往常地对本行业从业人员大加批判，认为他们正危害着美国的金融体系。"现在，事情已经变得难以控制。"他说道。尽管他很快就会去取悦佩雷尔曼，但仍对佩雷尔曼式的收购方式抨击了一番——通过垃圾债券融资、"存在过高风险"。他呼吁政府提供帮助。"证券市场的诚信和金融体系的稳定是至关重要的国家资产，但现在它们正遭受侵蚀，"1985年12月，他在参议院作证时说道，"我们必须对此采取行动。"然后，他列举了一系列应对灾难的解决措施。"我们现在的行为会摧毁行业中的所有人，"他告诉《时代周刊》的编辑，"这个行业迟早会出现严重的经济衰退，会抖出来重大的丑闻。我们这

---

[1] 美国历史最久、实力最强的商业广播电视公司，也是全美三大商业广播电视公司之一，总部设在纽约，成立于1926年。其母公司即为美国无线电公司。

些人很可能都要坐到国会委员会前面，向他们解释我们做过的事情。"

像往常一样，菲利克斯说的话中有一部分是正确的。1987年市场进行了大调整，还爆出了大量的公司丑闻。讽刺的是，菲利克斯未曾预料到，拉扎德的一位银行家——马塞尔·卡茨（Marcel Katz）在通用电气跟美国无线电公司合并交易中从事了非法活动。卡茨当时年仅22岁，刚从布朗大学毕业，担任该笔交易的财务分析师，把交易内幕信息透露给了父亲哈维·卡茨（Harvey Katz）——一位休斯敦富商。在通用电气收购美国无线电公司的交易公开之前，哈维·卡茨和岳父埃利·莫多（Elie Mordo）通过美国无线电公司的股票和期权交易赚取了超过200万美元的非法利润。拉扎德总顾问汤姆·穆拉凯质问卡茨，为何他的父亲会在通用电气的交易公布前进行大规模的美国无线电公司股票交易，卡茨却否认自己曾将信息透露给父亲。1986年2月，卡茨离开了仅待了4个月的拉扎德，当时距离通用电气与美国无线电公司的交易公布刚过去两个月。1986年8月，证交会与卡茨父子达成协议，哈维·卡茨同意支付210万美元的罚款，并返还超过100万美元的非法所得。莫多同意放弃非法获得的110万美元利润。证交会指控马塞尔·卡茨"蓄意向哈维·卡茨透露其在拉扎德交易工作中搜集到的非公开信息"。与证交会达成的协议中，马塞尔同意终身不再从事证券行业的工作。

然而，华尔街这台交易机器并没有因此而停止运转，交易人员的财富也在持续增长。菲利克斯虽自称作风朴素，但他的生活方式在20世纪80年代也在稳步改善。他曾住在所谓寒碜的阿尔瑞酒店，开着破旧的宝马旅行车，在合伙人阿兰·麦克法兰（他是业主合作委员会的主席）的帮助下，凭借妻子丽兹的社交关系及他自己财富和名望的提升，他搬到了派克大街770号的复式公寓中。这是当时派克大街最豪华的建筑之一，刚好在东73街的西南角上。如今菲利克斯不再对外界遮掩自己拥有的巨额财富，但他也小心地以史蒂夫·施瓦茨曼（Steve Schwartzman）[1]、索尔·斯坦伯格（Saul Steinberg）[2]和丹尼斯·科兹洛夫斯基（Dennis Kozlowski）[3]为鉴，不至于过分挥霍。如今，他和丽兹住在一套合作式公寓里。这套公寓坐落在时髦的第五大道810号（第62街），正对着中央公园，波士顿设计师威廉·霍金斯（William Hodgins）用印象派画作和18世纪的粉彩画、油画将内部布置得简洁优雅。清晨，菲利克斯会悠闲地穿过第五大道的14个街区，去洛克菲勒中心工作，在他说服安德烈将拉扎德办公室搬到上城区后，他就一直希望自己有一天能步行上班。第五大道810号和菲利克斯本人非常相似——有教养、谦逊、优雅、高贵。

夫妇二人还在南安普敦的南大街上有一幢木瓦风格的豪宅，距离海岸不到一英里，菲利克斯经常邀请麦克林提克参加他们家一年一度的寻找复活节彩蛋活动。他们在南安普敦还有一所房子，丽兹曾在那儿避暑，有时候他们还会把房子租给像芭芭拉·沃尔特斯这样的名人。在怀俄明州派恩代尔城外，罗哈廷夫妇还有一座外形美观、结构复杂的巨大木屋，海拔7200英尺左右，是由丽兹的侄子设计的，每年8月，他们都会在这里待上差不多一个月，享受钓鱼和观鸟的乐趣。这些房产都称不上"朴素"，但也不算太过"奢侈"。在第五大道的公寓里，菲利克斯收藏了一些精美画作，前客户查尔斯·恩格尔哈德的交际花妻子简·恩格尔哈德（Jane Engelhard）曾送给他一幅维亚尔的女人画像，安德烈·梅耶曾送给他一幅莫奈的普罗旺斯山边小镇远景画作为结婚礼物。此外，梅耶还送给他一幅博纳尔的洗衣女画作。菲利克斯还在多处住所收藏一些卡纳莱托（Canaletto）[4]的作品，但明眼人都能看出他对艺术并不热衷。

---

[1] 1947年至今，也叫苏世民，美国金融家，黑石集团创始人之一。

[2] 1914—1999年，美国漫画家、插画家，其最出名的作品为《纽约客》之《从第九大道看世界》。

[3] 1946年至今，泰科国际前CEO。

[4] 1697—1768年，意大利风景画家，尤以准确描绘威尼斯风光而闻名。

2006年，罗哈廷夫妇在纽约社交界已游刃有余，人们可能早就忘记了他们在1985年曾因一场无心之失而成为当时的焦点。1985年11月，菲利克斯在纽约城市俱乐部发表关于公共交通融资的演讲时，对一些纽约社交名流做了评论，还对参议员帕特·莫伊尼汉（Pat Moynihan）最近所做的关于纽约市贫富分化加剧的演讲进行了回应。他谴责了纽约市的上层人士，声称："虽然我们其中最富有、最优雅的纽约市民参加令人眼花缭乱的慈善晚宴，为大机构募集了数百万美元资金，但我们却很难为那些不太光鲜的项目筹到钱。如果我们那些最富有的机构对吸收慈善基金比例加以限制，如果我们中间那些最有精力、最富魅力、最富庶的公民能够参与到社区建设中，为那些无家可归的人和未婚妈妈提供更好的居住条件，那么纽约将成为一个更美好的地方。"当时，《纽约时报》负责慈善活动报道的记者凯瑟琳·特尔施（Kathleen Teltsch）就坐在城市俱乐部的听众席里，她忠实地报道了菲利克斯的这些担忧。在接受《每日新闻》的采访时，伊丽莎白·罗哈廷也附和了丈夫的说法。

罗哈廷夫妇的这些言论对他们的预期受众造成了很大冲击。但他们并未停止。1986年1月，菲利克斯告诉《纽约时报》："人们太过重视宴会和赴宴的客人，却忽视了举办宴会的目的。这些宴会如此盛大，但只要一想到有人正遭受苦难，我们就感到十分羞愧。"恩·罗森鲍姆（Ron Rosenbaum）在《曼哈顿公司》（Manhattan Inc.）的封面故事里以讽刺的口吻探讨了此事，他不仅研究了纽约社会的反应，还阐释了罗哈廷夫妇提出的一些解决方案。罗森鲍姆在派克大街770号"瓷器和锦缎"的围绕下采访了罗哈廷夫妇。当时，他们一边进行采访，一边享用"雪莉酒和饼干"，罗森鲍姆问到了他们社交界的朋友们对此事的反应。

"他们说，终于有两人站出来说出了他们心中的想法。他们非常高兴。"丽兹回答道。

"但是亲爱的，"菲利克斯插话道，"公平点说，我认为这一点也同样重要，就是我们的圈子里又有多少卷入这些事情的朋友并没有告诉你他们的真实想法呢？沉默足以说明一切。"

"这是一种意味深长的沉默。"丽兹说道。

罗森鲍姆告诉丽兹，采访报道将在约6个星期后发表在《曼哈顿公司》杂志上，丽兹说："亲爱的，那时我们正好出城了。"

1986年5月，时尚界的权威《W》杂志刊登了一篇题为《菲利克斯猫和白雪公主与社交名媛》的恶毒文章，这篇未署名的文章描述了罗哈廷夫妇与当时叱咤风云的社交名媛布鲁克·阿斯特（Brooke Astor）、安妮特·里德（Annette Reed）和帕特·巴克利（Pat Buckley）之间的斗争，给了罗哈廷夫妇致命一击。文章认为，菲利克斯之所以会提出这个话题，是为了讨好纽约州州长马里奥·科莫（Mario Cuomo），他们都尊崇16世纪的政治家和殉道者托马斯·莫尔爵士（Sir Thomas More）[1]。一旦科莫当选美国总统，菲利克斯就有望成为科莫政府的财政部长，或者说菲利克斯可能自己想当总统。（菲利克斯后来对此的回应是："无稽之谈。"）《W》杂志的文章中还收录了一位"社交名流B"的一小段话："他们怎么如此大胆？罗哈廷夫妇有权将自己的钱花在任何慈善事业上——如果他们为此花过钱的话。你我都有这种权利。如果你有做慈善的性情，拉扎德不是你放钱的地方。让我震惊的是，在拉扎德——并非是有善心之人该投钱的地方——工作的一些人自认为自己有权命令安妮特或帕特或其他任何人把时间和精力放在何处。这些女性曾为大都会艺术博物馆、图书馆、预防艾滋病和其他慈善事业付出良多。如果这些派对是奢侈的，那么美国无线电公司和通用电气公司的利润也很奢侈。菲利克斯批评过它们吗？我敢肯定他没有。"

面对如此尖锐的质疑，人们通常都会保持低调，尽量远离媒体，等事情逐渐淡去，尤其是如果新曝出来的消息与之前的媒体报道不相符的

---

[1] 1478—1535年，欧洲早期空想社会主义学说的创始人，人文主义学者、政治家，以其名著《乌托邦》而名垂史册，因反对亨利八世兼任教会首脑而被处死。

话。但菲利克斯没有这样做。相反，他仍然认为宣传没有坏处。《新闻周刊》发表了一篇他关于慈善宴会之争的老生常谈，一个星期后，《纽约时报》又刊登了他关于拉扎德酒窖中葡萄酒品质的言论，当时他还与北美罗斯柴尔德的CEO罗伯特·皮里（Robert Pirie）开了一些小小的玩笑，皮里的办公室也在洛克菲勒中心，比菲利克斯的低3层。菲利克斯说："我们提供的不是最好的酒。"皮里回应道："我喝了菲利克斯的酒，他说的是对的。"皮里当然可以自夸他的公司拥有最好的葡萄酒，这些都是从"家酿红酒"中挑选出来的，其中包括罗斯柴尔德集团的都夏美隆庄园和小拉菲的葡萄酒。"他给了我一瓶拉菲提-罗斯柴尔德。"菲利克斯告诉《纽约时报》，这是一种全球最贵的酒，"我差点就要跑去给他干活了。"

有人怂恿菲利克斯在1986年大选中与纽约州的共和党参议员阿方塞·达马托（Alfonse D'Amato）抗衡，但他拒绝了。"我干不好这事，我也不想干，"他当时说道，"而且我已经答应纽约大都会队，下个赛季在他们的队里当游击手。"于是纽约大都会队当时的总经理弗兰克·卡申（Frank Cashen）给菲利克斯写了一封信。"我一直对您的职业发展非常感兴趣，我很高兴得知您愿意在下个赛季中担任大都会队的游击手，"卡申写道，"因此，我正式附上一份1986年的球员统一合约，希望这些条款会令您满意。"但菲利克斯拒绝了卡申的邀请，"我非常高兴收到您的来信以及下个赛季的合约，"他在回信中写道：

我非常遗憾地告诉您，经过进一步思考，我认为自己无法在1986年的下一个赛季中为贵队效劳，原因如下：（1）我与拉扎德兄弟投资银行签订的合约中存在非竞争性条款。在我看来，进行恶意公司收购与向对手的耳朵投高内角球之间没什么差别。我们的行业都在作秀，我担心公司律师会认为我应该只做我们这一行。（2）我相信拉斐尔·桑塔纳（Rafael Santana）是一个认真勤奋的年轻人，他在贵俱乐部会有美好的未来。我不希望他因突然在贵俱乐部的名册上看到我这个58岁的左撇子游击手而影响了士气。我不想给人造成这种不安。（3）最后还有一个重要的问题——钱。您在合同中提出的75000美元年薪在我看来似乎太过微薄。虽然我也承认我在场上的防守不太稳定，我在最后一个赛季（1949年高校联谊会）的命中率只有0.089。此外，我不得不指出，您提出的年薪远低于投资银行家慈善协会规定的最低工资标准，我的初级助理在周末做做交易就能赚到这么多钱，即使这个交易最后完不成。但是无论如何，我仍然非常感激您，毫无疑问，在您看来这个提议已经是非常慷慨的了。

卡申则是这样回应的："考虑到他的身份，我确实不想给他最低工资（1986年职棒大联盟新球员的最低工资为6万美元），但他的确有些经验不足。"菲利克斯的决定保住了巨额收入，但他也因此错失了获得世界联赛冠军的机会。

菲利克斯的名声越来越大，但这无法保证他和家人免遭大城市生活的困扰。这些年来，他的妻子在上东区遭遇了三次抢劫。第一次是在麦迪逊大街上，一个骑自行车的人从她脖子上拽走了一条金链子；第二次是在第五大道，她的钱包被偷走；最后一次，她和菲利克斯在东62街的一位朋友家吃完逾越节晚餐，快到家的时候，有人抢走了她的爱马仕手袋。菲利克斯说，附近阿卡迪亚餐厅的一名服务生当时说道："天哪，他们怎能这样对您？ 您曾经救过这个城市啊。"

就在菲利克斯开着大都会队玩笑之时，先前从不在媒体上抛头露面的米歇尔也开始选择提高自己在国际上的声望。1986年夏天，像往年一样，米歇尔飞离了拉扎德一段时间，但这次他允许时尚记者克里斯塔·沃森顿（Christa Worthington）和《W》杂志的一名摄影师到靠近意大利边境的法国地中海小镇昂蒂布海角的"顺风"城堡拜访自己和家人。之后，《W》杂志8月刊用长达3页的超大彩页展示了米歇尔"避暑胜地"的各个房间和漂亮的花园。文章描述道:"这座宅邸就像一个粉红色的婚礼蛋糕,里面有凉爽的大理石楼梯、豪华的摩尔式拱门,无数的露台上摆着盆栽柠檬树,还有很多佣人,你很难在一个下午重复看到同一个佣人的脸。"除此之外,还有些"先生"的照片,他穿着泳衣,在海滩上通过电话"进行交易",这都要归功于环绕在这幢巨大房产中的电话线(当时移动电话还没有进入商业用途)。《W》杂志在第一页上就讽刺了菲利克斯,这当然经过了米歇尔的首肯。文章还介绍米歇尔是"世界上收入最高的银行家",在1985年赚了5000万美元(据推测,他1986年的收入将有1.25亿美元)。沃森顿写道:"对于大卫-威尔的员工菲利克斯·罗哈廷惯用的宣传伎俩,这位大银行家坦白说自己毫无兴趣。'我不知道你是谁,我不知道你做了什么,但我知道你很有名',这种纽约市里广为流传的趣闻会逗得他大笑。"

《W》杂志刊登的这篇文章,令拉扎德内部所有人瞠目结舌。"这篇文章太糟糕了,真是太糟糕了。"达蒙·梅扎卡帕还记得自己当时是这样想的,他对这类的社会版文章并不陌生,"这简直有点儿愚蠢,米歇尔就穿着泳衣坐在那里,嘴里叼着大雪茄"——实际上,米歇尔很少抽着雪茄拍照,这是仅有的几次之一——"这实在不讨人喜欢,很不讨人喜欢"。据梅扎卡帕回忆,在《W》杂志发表这篇文章之后,拉扎德开始朝着不好的方向转变。米歇尔也开始希望能获得多年来一直为菲利克斯所独享的个人名望。"米歇尔确实开始喜欢媒体的关注了,"梅扎卡帕说,"对此,菲利克斯相当恼火,因为他们之间的角色发生了变化,他们两人的关系因此变得紧张起来。"各大媒体的社会版都开始发表关于米歇尔的报道,《福布斯》《商业周刊》《纽约时报》和《华尔街日报》等多家报刊都刊登了他的照片。

就在菲利克斯身陷慈善争议,米歇尔登上《W》杂志之时,比尔·卢米斯正在孤军奋战。他要重新修订包括合伙人在内的拉扎德专业人士的基础架构和评定标准。1986年9月，他给米歇尔写了一封长长的密信，介绍了一些为维持和提高拉扎德合伙人身份价值所必须采取的措施。这份备忘录不仅展示了卢米斯惊人的智慧和高超的写作技巧，还显示出他对公司独特性的深刻见解。当然，如今他作为合伙人想提高其他候选人成为合伙人的门槛，也具有一定的讽刺意味。不仅如此，这份备忘录还是阿谀逢迎的典范之作，他在开头如此写道："我还记得6年前您曾在《欧洲货币》杂志上谈到成为合伙人的条件，'……如果你认真对待自己，那么在我明白这点的时候你也会明白的'这句话太棒了。它给了我动力，激励我不断提升自己，同时也让我更有耐心。在交易、人际关系、独立决断以及公司内部的地位方面，这种价值观一直都指导着我。合伙人身份之所以如此珍贵就是因为稀缺性。"

在37岁的卢米斯看来，如今的问题在于拉扎德合伙人的门槛大大降低了，合伙人身份已经从米歇尔在《欧洲货币》杂志中阐述的无形的主观标准，变成了一种对"勤奋和优秀"员工的"奖励"。这导致拉扎德合伙人结构出现了"两极化"：真正给公司带来生意的一些合伙人获得了1%或更多的利润，而随着合伙人标准降低，那些只执行交易的合伙人的收入会少得多。"拉扎德出现这种变化时，其他公司正在加快降低合伙人身份的价值，"他继续写道，"合伙人标准是我们经营公司的关键，如今这个标准在不知不觉中正遭受一系列个人决策的侵蚀。当其他公司的合伙人身份变得仅仅只是一个头衔时，拉扎德应该反其道而行之，因为合伙人的地位能够真正凸显公司的独特性。"卢米斯担心，如果不采取措施，到20世纪90年代初期拉扎德将会有60到70位合伙人（后来的情况确实如此）。他颇有先见之明地在备忘录中写道："在激励年轻人的问题上，我们只能选择强硬淘汰的手段来取代中庸路线。"他敦促米歇尔将合伙人身份级别缩减为"四级或五级"，并严加把守合伙人遴选过程。"虽然我们不吝于向合伙人提供报酬，但这种慷慨不适用于合伙人身份的遴选，否则合伙人身份就会掉价。无论现在还是未来，我们面临的都是合伙人标准和数量的问题。在这个问题上不存在民主和独裁的矛盾，如果您拥有决定合伙人身份的特权，那么拉扎德将会从中受益。"

自成立以来的138年中，拉扎德从来没有出现过像卢米斯所写的这种建议。公司成立早期，合伙人身份仅在拉扎德或者说大卫-威尔家族及其密友之间传承，大多是子承父位。安德烈掌权后，他独揽了合伙人身份决定权。与许多其他早期的华尔街合伙企业不同的是，拉扎德对于让非家族成员加入公司一直持开放态度——米歇尔也经常提到这点。

到1986年，由于并购交易的爆发式增长和电子表格软件的引入，各家公司对于掌握更高技术能力的初级银行家的需求呈指数增长。于是，拉扎德首次招募了一批野心勃勃的助理，其中许多人是MBA或从其他公司挖角的。他们并不甘于仅在拉扎德有一份工作，他们要在拉扎德开拓自己的事业，还有明确的职业目标，即成为拉扎德合伙人。

卢米斯这个计划的第一步是找到一位能代表纽约分行到伦敦分行去工作的新合伙人。不论谁担任这个职位，拉扎德内部都已议论纷纷。自1984年拉扎德合伙公司成立以来，米歇尔已经采取了一些初步措施，让纽约分行和巴黎分行及伦敦分行更紧密地合作。三家分行的历史特质决定了各分行之间不会自发合作，伦敦分行尤其如此。不仅安德烈和菲利克斯基本上忽视了伦敦分行的存在，而且在培生集团控制下的53年里，伦敦分行的文化氛围也发展得与纽约分行和巴黎分行大为不同，尽管它们有许多相同的业务。伦敦分行并不是一家合伙制企业，而且自从1931年公司差点清算之后，伦敦分行的高级银行家们已不再拥有公司的任何股份。外界常戏称伦敦分行是"贵族银行"，因为在此工作的员工大多是英国贵族，总的来说，伦敦分行较为保守、优雅和傲慢，不像巴黎分行和纽约分行那样粗俗好斗。"他们都是培生的人，"一位前合伙人回忆道，"你知道他们是什么样的人吗？他们就像一群牧师。他们在一家仅有一位股东的独立银行工作，不想受到任何威吓，也不想改变行事方式。"

此外，伦敦分行还存在一个问题，但很少有人讨论此事，即便提起也是私下里说说，即伦敦分行的上层都具有反犹倾向。鉴于纽约分行和巴黎分行的犹太气质很浓，三家分行更加难以自发达成合作。（米歇尔否认存在针对自己的反犹主义倾向，但也承认伦敦分行可能存在这样的情绪。"我认为这些人从没想过反犹，但他们也从没考虑过招募任何犹太员工。"他说道。）

无论如何，在拉扎德合伙公司成立两年多后，米歇尔认为有必要加强三家分行之间的合作。为此，他决定从纽约分行派代表驻守伦敦分行。这个想法不仅促进了三家分行之间的合作，使其更好地参与跨国并购交易，还可以将最先进的并购技术——公司的智力资本从纽约分行转移到伦敦分行。尽管这些理由听起来都合情合理，但伦敦分行的很多领导人都怀疑，米歇尔的真实目的是在伦敦分行安插间谍，从而帮助这位"太阳王"加强对伦敦分行的控制。

1986年11月，卢米斯推荐了33岁的美国人罗伯特·阿戈斯蒂内利担任驻伦敦分行代表，他当时是高盛公司在伦敦的并购业务负责人。卢米斯在给米歇尔写信汇报情况的前一天晚上，与阿戈斯蒂内利进行了长达4小时的面试。他在信中写道："我认为我们应该聘用他，而且我相信现在正是聘用他的好时候。"

阿戈斯蒂内利的父母是意大利移民，他出生于纽约州罗切斯特城外（他在那里的小名叫鲍比），先后毕业于罗切斯特的耶稣教会学校圣约翰费舍学院和哥伦比亚商学院。从哥伦比亚商学院毕业后，阿戈斯蒂内利一直想为拉扎德工作，他甚至设法进入了拉扎德合伙人迪斯克·迪恩的办公室。迪恩愿意给他一个工作机会，然后问他的期望薪水是多少。当时华尔街的行情是助理的年薪为3.5万美元，阿戈斯蒂内利记得自己是这样告诉迪恩的："如果有机会和资格与您共事，我自愿降薪。我只要2.5万美元。"因为他认为那是和迪恩打交道的正确方式。但迪恩听到后大吃一惊。"让我想想，"他对阿戈斯蒂内利说道，"你想让我把你变成一个千万富翁，每年再付你2.5万美元，是吗？孩子，难道你没有意识到这是一个行会？难道你没有意识到拉扎德是一个伟大的佛罗伦萨行会[1]？我现在之所以能跻身于华尔街最富有的人群之列，都是安德烈·梅耶的功劳，我们是在向你施舍——我们不招人。"

迪恩劝阿戈斯蒂内利先到华尔街其他"经纪行"里工作三四年，再考虑回拉扎德发展。阿戈斯蒂内利听取了迪恩的建议。在拉扎德碰壁后，他先是到雅各布·罗斯柴尔德（Jacob Rothschild）手底下工作，然后又去了高盛。他慢慢成长为一位态度和蔼、精明能干的国际金融家，对奢侈品有很好的品位，一头黑发往后梳成背头，他假装自己说意大利语，但其实并不会。去高盛之后，在纽约仅仅工作了短短一段时间，他就被派往伦敦负责刚刚起步的并购业务。"我当时认为自己的事业完了。"谈起当时被派往海外工作时，他如此说道，因为他远离了高盛在纽约布罗德大街85号的权力中心。

但事实上阿戈斯蒂内利恰好赶上了一波并购浪潮。美国的并购潮传到欧洲之时，美国的金融技能也开始对伦敦金融市场产生重大影响。在他的带领下，高盛开始统治伦敦的并购市场。他引起了包括米歇尔在内的业内人士的注意，与此同时，他也再次感受到拉扎德对自己的吸引力。

"鲍勃不是一般人，"在给米歇尔的备忘录中，卢米斯如此评价阿戈斯蒂内利，"他在高盛很成功，部分原因在于他不是典型的高盛人。"卢米斯在备忘录里还提到了一些需要注意的问题。"但鲍勃显然相当自负，"他写道，"而且有时候非常粗鲁……和他真正的出身完全不符，有时候他就像一个来自布鲁克林的意大利小子，强硬自信、急于求成，不愿意让任何人挡他的道。他也许会成为公司的重要财富。"卢米斯极力

---

[1] 行会指的是一种手工业的同业团体，由同一行业内的工人组成，订有行规。行会负责调解会内纠纷，对外交涉，等等。在中世纪西欧城市，行会是一种重要的经济组织，曾主宰城市生活达数百年之久，在城市生活中占有举足轻重的地位。在中世纪城市行会发展史上，佛罗伦萨的行会体系发展得最为完善，也最具特色。

推荐米歇尔与阿戈斯蒂内利见面，认为他是担任驻拉扎德伦敦分行的不二人选。很快，米歇尔就与阿戈斯蒂内利在第五大道810号的公寓一起共进早餐。一番长谈之后，米歇尔告诉阿戈斯蒂内利："你是拉扎德人，你应该成为拉扎德的合伙人。有些事情是注定的，有些则不是——这件事就是注定的。你现在是合伙人了。你属于拉扎德，你应该到我们这里来。"于是，阿戈斯蒂内利于1987年初加入拉扎德，成为合伙人。

在成功安排阿戈斯蒂内利人驻伦敦分行之后，卢米斯再次把注意力转向了招募初级银行家的事情上。1987年1月20日，他给米歇尔写了另一份秘密备忘录，谈到了他对公司助理们的评价，并认为需要积极招聘更多助理。他在褒奖公司现有助理之余指出，过去一年里有6名助理离开了公司（包括第一位女性助理米娜·戈若文）。助理的流失和并购业务的加速发展使得公司急需招募新助理。"例如，并购部门和公司金融部门的合伙人总数已经超过助理人数。"他写道。他建议米歇尔开展积极的招聘活动，甚至还列出了当时可供"认真考虑"的7名候选人名单以及对他们的评价。如今，他所列出的这7人中有3位是私募股权公司的合伙人，一位是英国议会成员，一位拥有自己的信息服务公司，还有一位是迈克尔·普赖斯（Michael Price），成了拉扎德合伙人。1987年冬末，市场发展到白热化阶段，卢米斯到沃顿商学院见了一些MBA候选人，并对这些候选人大力宣扬拉扎德的价值观，鼓吹拉扎德与众不同的特质，言论极具诱惑性。"就连其他公司的高级人员对拉扎德也知之甚少，"卢米斯告诉学生们，"我们认为宣传没有任何好处。事实上，我们银行具有与生俱来的私密性。"他将拉扎德的许多竞争对手贬低为"资本处理器"，同时赞美拉扎德是一家与众不同的银行。"我们无法为所有人提供所有的服务，"他说，"世界很大，我们公司很小。我们会继续寻找那些不想走金融超市结账通道的公司。"此外，他还开始为拉扎德初级员工争取权益，这些初级员工平时勤勤恳恳地准备客户会议的各种材料，最后却无法分享交易的收益。年轻银行家在拉扎德的日子通常很难熬，一个个都超负荷工作，同时又希望效仿文雅的拉扎德合伙人的做派：在办公室永远西装革履，喝着依云矿泉水，抽着蒙特克里斯托雪茄。然而，他们的工作环境就像一个蒸笼。一到夏天，洛克菲勒广场的空调到晚上11点就关闭了，但在20世纪90年代初的夏天，拉扎德员工有时会从深夜工作到凌晨，办公室越来越热，年轻的男性银行家们只好穿着T恤和短裤伏案工作。就这样连续工作了几天之后，他们中的一些人终于鼓起勇气去询问行政合伙人南希·库珀（Nancy Cooper）是否可以让大厦管理人将空调开到凌晨两点。"你们这群人是我们在拉扎德见过的最不懂感恩的家伙。"库珀义正词严地对他们说。

一直以来，卢米斯还发现合伙人们对共同开展专业的新业务缺乏兴趣，他开始着重解决这个问题。当时很多拉扎德合伙人习惯于"等着电话铃响"来获得新任务，如果有朝一日菲利克斯从公司退休或无法再为公司带来巨额并购酬金，那么他们根本没有任何应对方式，为此，卢米斯非常烦恼。"我们需要提高在更严酷的环境中创造业务的能力，这样才能与我们已有的业务执行能力达成平衡。"卢米斯在给米歇尔的信中写道，"除菲利克斯·罗哈廷之外，我们需要给其他合伙人灌输业务拓展的理念。如果这些问题不能得到解决，我们很可能会少赚5000万到7500万美元。"卢米斯意识到，如今的问题在于负责新业务拓展的"卓越投资银行家"路易斯·里纳尔迪尼根本没有任何"提升公司业务的'策略'"。事实上，在卢米斯看来，里纳尔迪尼"毛遂自荐的行为非常可笑，因为他根本没有如自己所说的那样展示出任何开拓新业务的能力，也没有与同事或下属进行有效合作的经验。他缺乏组织能力，对于那些同样自负且雄心勃勃的同事，他也没有能力鼓舞他们的斗志"。他所谓的完美解决方案就是让擅长开发新业务的合伙人去教导不善于开发新业务的合伙人，然后建立一套松散温和的新业务开拓"目标"。卢米斯提出的这些举措无疑是重要的，但就像公海上的战舰一样，拉扎德也无法如此轻易且迅速地完成转变。

6个月之后——也就是在黑色星期一[1]股市大崩盘之后，道琼斯工业平均指数在1987年10月的一天中就下跌了22.6%，市值损失约为5000亿美元，当时人们因股市下跌而有点神经紧张——米歇尔向卢米斯简单地问起助理们的问题，于是卢米斯给米歇尔写了一封措辞坚决的回信，足足打印了三页纸。他在信中解释道，虽然20世纪80年代中期助理们的素质有所提升，但他们职业生活的品质却恶化了。他向米歇尔转述了合伙人乔恩·卡根（Jon Kagan）的话，乔恩最近曾告诉他："当我还是一名助理时，我从乔恩·奥赫伦那里学到了很多东西，但我感觉现在的年轻人已经无法获得这种经验了。现在的状态是，奥赫伦先和戈鲁布（Golub）谈，戈鲁布再和莫尔谈，莫尔再传话给年轻人。"卢米斯还抨击许多合伙人让助理为客户会议准备的演示文件过于冗长，他称之为"蓝皮书综合征"，因为拉扎德的公司标志通常是深蓝色的或背景是深蓝色的，而这些演示文件的封皮也是深蓝色的。卢米斯还在信中指责了合伙人卢·帕尔玛特，以他为例说明同事之间的"个人尊重"问题。"这个例子说明了一切，"卢米斯写道，"卢·帕尔玛特不愿让杰米·肯普纳（Jamie Kempner）做麦格劳－希尔（McGraw-Hill）的'蓝皮书'分析。麦格劳－希尔与杰米的工作范围出现了冲突，但帕尔玛特并没有告诉杰米停下'蓝皮书'的分析工作，而且三天后才回复杰米两天前打给他的电话。当杰米询问他情况如何时，你知道他是怎么回答的吗？'哦，我以为卢米斯已经告诉过你了，由于出现了纷争，这事已经完了。'"

1987年万圣节，也就是股市崩盘的两个星期之后，卢米斯给米歇尔写了另一份鼓舞人心的备忘录，谈及如何让拉扎德成为一家伟大的公司。在40岁生日即将来临之际，拉扎德的前景对他来说是"至高无上的"目标。在股市崩盘的背景下，拉扎德纽约分行当年的税前收入只有1.33亿

---

[1] 指1987年10月19日星期一从香港开始爆发的股灾。

美元，比前一年的1.68亿美元下跌了约26%。"助理们都理解各大投行正面临着巨大的压力，拉扎德未来也可能也会出现这种情况，"他写道，"我们不需要提及安德烈·梅耶在1974年的做法。菲利克斯在报纸上幸灾乐祸的言论已经触怒了助理们，他在两个星期前还声称华尔街的助理们已无法每年挣到65万美元。"

然后卢米斯还提到了一个分歧更大的问题，那就是合伙人的薪酬分配不均，并向米歇尔推荐了一些解决方法。"目前，合伙人薪酬分配类似于国家预算中的转移支付和社会保障，"他写道，"总的来说，就是对上一代人比对下一代人更加慷慨。像我这样的中高端合伙人应该接受当前削减收入，如果这样做能让合伙关系更加坚固的话。"他建议米歇尔削减鲍勃·洛夫乔伊（Bob Lovejoy）的利润比例。洛夫乔伊原是达维律所的合伙人，一年前作为合伙人加入拉扎德。当时米歇尔正考虑给洛夫乔伊公司税前利润的1.75%（约230万美元），而他在1986年刚进公司时还只拿到1.189%（约200万美元）。卢米斯认为，洛夫乔伊的利润比例应维持在1986年的水平，甚至应该降到1%（约130万美元，意味着薪酬大幅下降）。他建议把洛夫乔伊的一部分收入转移给其他合伙人，比如路易斯·里纳尔迪尼（将他的比例从1%提高到1.25%），还建议给4位较年轻的合伙人也增加0.25%的利润比例，他如此告诉米歇尔："按照目前的利润分配计划，我们是能留住鲍勃·洛夫乔伊，但可能会失去路易斯·里纳尔迪尼。"毫无疑问，洛夫乔伊和卢米斯的关系一直很冷淡。

卢米斯还力劝米歇尔，"虽然这么说有点固执己见"，但还是应当召开合伙人大会。"我相信公司需要培养出真正的合伙人，因此也需要真正的合伙人大会，"他写道，"这两者是密不可分的。"在备忘录的结尾，卢米斯还向米歇尔强调了自己对他的敬意。"您一手打造了公司当前的地位和前景，"他写道，"安德烈·梅耶和他的员工们都没能做到这点，他们也没有这样的机会。您常说公司应带有国家特质，您掌控着一家带有法国根基的伟大企业和另一家带有英国特质的公司，您现在还缺乏一家美国合伙制企业。您可以创建一家扎根于纽约的生生不息的伟大企业，但需要与合伙人一起合作。"

对于卢米斯提出的这些见解，米歇尔回信表示感谢。

五个月后，即1988年3月，卢米斯再次提出了"蓝皮书"问题。这一次，他给米歇尔和菲利克斯都发了备忘录，内容与他上次单独向米歇尔表达的意思大体一致。到了4月，在与米歇尔共进早餐之后，他又给米歇尔写了一封长达四页半的内容紧凑的信，表达了自己的全部想法。"从根本上来说，我考虑的问题都是为了使公司采取竞争策略取得成功，以及激发大家的斗志，"他写道，"我们有两种选择：要么追求名次，要么追求成功。但一家追求名次的银行是不可能取得成功的。您提到了耐心，提到了银行在失去75%的合伙人之后还能继续存活的能力，您认为只要敞开大门，不需要强行追求业务，让菲利克斯在报纸上披露两三笔重大交易就可以解决问题——这让我深感失望。如果我们的目标只是追求名次，那么您的上述说法都是合理的。"

卢米斯还批评了拉扎德多年来一直随波逐流的问题。"现在我们需要更有进取心，"他写道，"我们已经错失了很多重要的机会。我们进入垃圾债券业务领域太晚，我们的估值技能成熟得太晚，我们的业务开拓得也太晚，我们不甚关注行业，不关注业务组织，业务板块资源投资的理念也还没有建立起来。业务已经发生了变化，我们的企业不会自动存续下去。到20世纪80年代，成为一个比70年代的拉扎德更大的企业并不足以解决问题，我们必须成长为90年代的拉扎德。布鲁斯·瓦瑟斯坦、肯·威尔逊（Ken Wilson）和保罗·沃尔克出于不同的原因，全都把拉扎德当作跳板去了别的地方，这个问题一直深深困扰着我。我们可以认为某个人决定离开是个人原因，但如果很多人这样做，那就说明公司有问题了，尤其是瓦瑟斯坦最后居然成了我们的对头。"然后，卢米斯还列举了很多人，他们都是"50岁以下最优秀的银行家，再加上达蒙·梅扎卡帕，他们对我们缺乏竞争战略和驱动力深感失望。人们急需一个明确的方向，一个能应对不断变化的竞争环境并成为其中的佼佼者的企业"。

接着，卢米斯称赞米歇尔"极其明智"，但又担心如果米歇尔在管理纽约分行和巴黎分行的同时，还要操心伦敦分行的诸多问题，那么拉扎德可能会因为这种"内部精力分散"而无法在竞争中"获胜"。然后卢米斯很不厚道地抨击了菲利克斯。"在一群45岁的精英里，菲利克斯已经60岁了，他还是很能干的。"卢米斯写道：

> 虽然菲利克斯在公司里地位很高，但公司之外的并购专家普遍认为他太过保守，不再是行业内的领袖人物。同时，他一直"独占"公司中的最佳资源，而这些资源本应得到更好的利用。并购虽然不是我们的主业，但仍是公司未来的业务策略中非常重要的一部分。菲利克斯的利益并不一定与公司的利益完全一致。在这种自由放任的管理模式下，他完全可能在未来的三五年内离开公司，而不会打乱他的计划，公司却会因他的离职或退休而突然面临一个巨大的缺口。菲利克斯可以成为拉扎德的资产，也可能成为拉扎德的负债——这完全取决于您现在的决定。由于他可能是一个建设性的天才，也可能是一股毁灭性的力量，因此我们就需要站在公司其他人的角度更加慎重地思考他的角色。像我这样受到他的行为鼓舞的人会视他为公司进步的敌手，这让我感到遗憾，虽然我钦佩他也尊重他。我们需要找到一种更好的方式，在使菲利克斯充分发挥他的能力和作用之余，也能让其他人从中受益（而不是反抗菲利克斯）。我们不能只关注菲利克斯一个人，我们需要把注意力转移到其他人身上。让我们建立一套新的价值体系，一套令他最终可以欣然接受的价值体系。

最后，卢米斯提出了解决方案。他认为米歇尔在领导公司的同时应该适当放权，任命由资本市场部门的梅扎卡帕、资产管理部门的诺曼·

艾格和"对银行业负有过多责任"的比尔·卢米斯（即他自己）组成新的管理委员会，米歇尔担负监督职能。他在信中写道，这只是一种解决途径，但米歇尔可以一试。"如果两三年内，这个方法行不通，我们可以放弃它。"他接着写道：

> 目前，公司采取大胆举措的风险低于不采取这种举措的风险。我还年轻，行为比同龄人超前。[也比戴维·维利（David Verey）超前。] 虽然您可能会面临提高沃德·伍兹的利润比例的压力（像菲利克斯、沃德以及后来的路易斯等这样的业务创造者，理应获得资源、尊重、名望和金钱，但不应给他们威震公司和折磨年轻人的权利），但您需要听取卢·帕尔玛特的反对建议。除此之外，自然还会有人强烈反对变革，他们已经习惯缺乏秩序的环境。只要得到您的支持且与您保持密切关系，我将随时准备行动。我并不希望模仿瓦瑟斯坦－佩雷拉（Wasserstein, Perella）公司，建立由25位专业人士组成的更为严肃的委员会大会。我也并不想成为拉扎德的奥利弗·诺思（Oliver North）[1]，擅自拿下25座山头，并以最终的结果好坏获得奖赏或被抛弃。

他还在信中强烈建议米歇尔，不要让拉扎德的人才丧失斗志。

一个月后，卢米斯又向米歇尔提出了一条更加激进的建议，即让他接管伦敦分行。他说伦敦分行"是一个长期存在的脓包"，出于对某些商业行为中的国家传统的尊重和对您的尊重，"应该一劳永逸地切除它"，然后让它慢慢愈合。任何其他方法，即使在最好的情况下也会显得混乱，而且与拉扎德的传统毫无关系。您就是拉扎德的传统。我担心您会像英国人一样退缩，因为这两家一个是英国分行，一个是法国分行，历史上，

---

[1] 1943至今，前美国海军陆战队中校、保守派政治评论员暨电视节目主持人、军事历史学家和《纽约时报》畅销书作家。在20世纪80年代末期的政治丑闻"伊朗门"事件中担任美国国家安全会议工作人员。

两国之间充满了政治敏感性问题。您有权接管伦敦分行，我们美国人作为其中最年轻莽撞的一群，一直对您个人和业务能力心怀敬意，都承认您在拉扎德的权威。"卢米斯和"太阳王"靠得太近，只可能有两种结果：要么他的羽毛在阳光照射下熠熠生辉，要么他最终会像希腊神话中的伊卡洛斯[1]一样坠落而亡。

在某个时期内，卢米斯的地位确实上升了不少。这位从前的"全球最佳助理"——其父是一位受人尊敬的职业海军军官——即将获得晋升，他将自己与米歇尔的坦诚交谈变成了职位晋升的谈话。就在他向米歇尔发出那封"切除脓包"的备忘录的11天后，也就是1988年5月20日，米歇尔和菲利克斯在致"银行团队"（也就是纽约分行大部分员工）的备忘录中低调地发表了他们的看法。——这份备忘录很可能是卢米斯写的（几乎可以肯定就是他写的）。"在本公司杰出的合伙人和助理们的努力下，以及在公司业务理念的指导下，过去几年间，我们的业绩超越了许多其他公司，"这份备忘录写道，"与此同时，我们银行业务的规模也变得更大更复杂，我们未来将面临更激烈的竞争。"菲利克斯和米歇尔继续写道，目前大公司存在尚未解决的内部问题，若干新兴的咨询机构还未形成气候，这些外部"机会"有限，拉扎德应该好好利用。"我们需要成功应对组织机构、优先项目、稀缺资源配置、新兴业务、完成业绩的动力和行为问责等一系列难题，"他们接着写道，"在不从根本上改变公司本质的情况下，我们需要建立一套更规范的流程，并集中一些权力，如此才能实现我们的银行业务目标。"

---

[1] 在希腊神话中，建筑师兼发明家代达罗斯替克里特岛的国王米诺斯建造了一座迷宫，用来关住米诺斯牛头人身的儿子弥诺陶洛斯。但国王担心迷宫的秘密走漏，于是下令将代达罗斯和他的儿子伊卡洛斯一同关进迷宫里那座高高的塔楼。为了逃出塔楼，代达罗斯设计了飞行翼，但飞行翼是以蜡结合鸟羽制成的，不耐高温，伊卡洛斯不听父亲的劝告，最终因飞得太高双翼被太阳晒化，跌落水中丧生。

卢米斯顺理成章地成了拉扎德投资银行业务部第一位正式负责人。当然，在安德烈掌权的日子里，菲利克斯、弗兰克·皮扎托拉和乔治·艾姆斯等人都曾负责过公司的咨询业务，但他们都明白，在这家完全由安德烈·梅耶（菲利克斯面临的情况）和菲利克斯（皮扎托拉和艾姆斯面临的情况）掌控的小公司中，这一角色没有任何意义。卢米斯成为米歇尔领导下的第一位成功拥有相当权力的人物，而非仅仅是安德烈或菲利克斯的一名职员。卢米斯将与梅扎托拉"密切合作"，确保银行业务和资本市场业务之间能形成"有效的联系"，此外，"在合适的情况下"，他还将向菲利克斯和米歇尔"寻求指导"。

这份备忘录让人想起约15年前安德烈假装把自己的一些权力转授给唐纳德·库克时写的一些备忘录。"我们还打算继续通过合伙人小型会议来讨论业务方向以及公司的政策问题。"他们总结道。卢米斯的升职是一种"进化而非创新"，这只不过是他一直以来关心拉扎德初级专业人士的待遇问题的必然发展结果。升职之后，他逐渐拥有了越来越多的权力，一开始是人员招聘的权力，接着是业务分配，然后他能对晋升程序进行全面审查，最后他成了银行业务的负责人。在这个以银行家的独立性闻名的银行中，米歇尔仍独自掌管合伙人的薪酬、晋升、招聘和辞退等所有重要决定，卢米斯被任命为银行业务的负责人，充其量不过是一场皮洛士式胜利[1]。他突然冒出来，成了松散的管理委员会的成员，在米歇尔的要求下，他还把办公室搬到了米歇尔和菲利克斯的办公室之间，这一切都似乎证实了他获得了重要的地位。

但拉扎德始终是拉扎德，自1988年5月开始以来，在接下来的13年里，卢米斯一直扮演着圣塞巴斯蒂安（Saint Sebastian）[2]的角色，"始终没有获得正式的权力"，他大为受挫，他被夹在"太阳王"与变幻无常的高级合伙人委员会之间，这些高级合伙人随时准备向他射冷箭，他们

---

[1] 西方谚语，意为代价高昂的胜利，与中文说法"惨胜"相同。

[2] 基督教中的一位殉道圣人。

不仅非常愿意而且也能够这么做。菲利克斯具备一种直觉，他意识到任何管理者在拉扎德都"无法取得成功"，但不知是被野心蒙蔽了，还是因为太过天真，卢米斯却没有意识到这一点。他只能在碰壁后学到这一课。

晋升不到10天，卢米斯就遭受了第一次屈辱。《商业周刊》有史以来第一次刊登了有关拉扎德（而不只是有关菲利克斯）的封面故事，却根本没提及卢米斯。这篇文章的标题为《最后的王者》，杂志封面上放了一张米歇尔具有王者风范的照片，他的头发向后梳着，手指夹着一支与他如影随形的古巴雪茄。他在文章中承认，4个女儿对金融完全不感兴趣，作为她们的父亲，他很有可能成为最后一位来自大卫-威尔家族的拉扎德领导人。但当时他只有55岁，他也指出这种情况不会很快发生。"当我过世或退休后，我的家族很有可能无法再管理这家公司，"这位王者承认道，"我正在让自己习惯这个想法——慢慢地。"他之所以不着急，其中一个原因是拉扎德一直运营良好，而且他已经变得相当富有。"与此同时，结构紧凑稳固的巴黎分行正在蓬勃发展，这是前所未有的。"文章写道。拉扎德合伙公司成立后，拉扎德不得不披露过去5年的财务状况，米歇尔有史以来首次公开了拉扎德的财务表现：1987年，纽约分行的税前利润为1.34亿美元（低于1986年的1.68亿美元）；巴黎分行的税前利润为7000万美元（高于1986年的3600万美元，这反映出公司在避免国有化一事中的运气与能力缺一不可）；伦敦分行则赚到了5800万美元（这是扣除合伙人分成之后的数额，而纽约分行和巴黎分行则是扣除合伙人分成之前的金额）。

1987年，米歇尔仅从纽约分行就分得了大约20%的利润，约2500万美元，他很有可能从另外两家分行获得了2000万美元左右的收入。这个收入相当可观，他也因此成了华尔街最富有的银行家之一，拥有大约10亿美元的个人净资产。（米歇尔虽为富豪榜上的亚军，但与冠军——臭名昭著的德崇证券的迈克尔·米尔肯的收入相去甚远，米尔肯在1987

年赚到了 5.50 亿美元。）菲利克斯拥有 6% 的利润分成，1987 年的收入在 800 万美元左右。

《商业周刊》的报道再次将那一套关于拉扎德的神话添油加醋地炫耀了一番，其中一些显然是不真实的。文章还提到了米歇尔最喜欢的论调，他常称拉扎德是一家"高级投资银行"[1]，是一家精英私人银行。"对我来说，私人银行业务是一种面对世界的心态，"他再次解释道，"这意味着不挡道，为别人带来帮助，而不是一味成为具有权势之人。我认为我们扮演的角色非常渺小。"他还在一年一度的新员工见面会上向他们灌输这种想法。此外，报道还提到了拉扎德办公环境节俭这个有名的话题，不过这次又有了新情节：员工们在洛克菲勒广场 1 号 32 层的拉扎德大厅里发现了一块"华丽的"大理石，之前安德烈认为这块大理石过于"浮夸"，就命人用淡褐色的墙纸挡了起来。"于是我们对此进行了严肃的讨论，商量是否要重新盖上墙纸。"一位合伙人说道。最后，米歇尔决定将大理石展示出来。"这是新的拉扎德，"这位合伙人开玩笑道，"让管理费用见鬼去吧。"依照惯例，这篇文章还赞赏了菲利克斯高超的交易技巧、他对公共服务的贡献，并提及了拉扎德需要为他的离开做准备。"这可能是后菲利克斯时代的开始，"《商业周刊》写道，"这个时代肯定非常复杂，因为菲利克斯仍是拉扎德中一股非常重要的力量。"但也有人认为拉扎德已经成长起来了，菲利克斯一个人已经无法带来足够多的业务，以满足每个人的高额薪酬预期。"在拉扎德，新的大业务并不仅仅来自于菲利克斯·罗哈廷。"摩根士丹利当时的并购负责人埃里克·格莱切（Eric Gleacher）满怀希望地告诉《商业周刊》。但米歇尔驳斥了这个猜测。"菲利克斯和我之间的亲密关系，"他说道，"一直是公司成功的基石——不是基石之一，而是唯一的基石。"记住这一点吧，卢米斯。

拉扎德的部分问题在于这样一个"残酷且具有讽刺意味"的事

---

[1] 原文为法语 haute banque d'affaires。

实——正如经济学家约瑟夫·熊彼特（Joseph Schumpeter）关于资本主义的论断一样——毁灭的种子已由空前的成功种下。菲利克斯年事已高（《商业周刊》发表这篇文章时他已60岁），他开始不断地廉价出售公司的老客户，其中包括美国无线电公司、露华浓和欧文斯－伊利诺伊等公司。卢米斯意识到了这个问题，但他没能成功解决，困难在于短期内公司有了大笔进账，为此，米歇尔将长期面临着吸引新客户的难题。

拉扎德一直不愿意为做生意放低身段。前合伙人鲍勃·拉夫乔伊曾说过："获得生意的最佳方式就是通过公司的招牌。"一直以来，卢米斯都非常担心这一点。与那些资本更为雄厚的华尔街公司不同，拉扎德除了提供优质建议，几乎没有其他办法来吸引新客户。拉扎德不做企业贷款业务，也不承销公司债券、高收益债券和公司股票。虽然拉扎德曾是资本投资——在公司自有账户上买卖公司——的领军企业，但它在很早以前就放弃了这项业务，因此也失去了可能获得大量利润和稳定客户流的机会。

文章透露，尽管安德烈创造的向蓝筹股（blue-chip）[1]客户提供世界级优质建议的基本业务模式不会改变，但米歇尔现在已经准备从边缘做出一些调整。首先，根据卢米斯的建议，公司可以用周到的并购理念去吸引客户。合伙人们列出了一份潜在客户清单，并组成了4个独立小组，每组约20人，其中有6位合伙人。每个小组负责不同的行业。卢米斯则负责小组间的协调工作，此外他还是零售和金融服务行业小组的成员。这种安排在拉扎德是前所未有的。"我们用尽一切办法来找新客户，鼓励员工出去寻找业务。"菲利克斯说。

另一个新进展就是引入了一支15亿美元的白衣骑士基金——拉扎德将使用这些资金购入被收购企业的股票，从而帮助他们抵挡对手的恶意收购——该基金的名称为"十字路口合伙基金"（Crossroad

---

[1] 指在某一行业内占有重要支配地位、业绩优良的大公司的股票。

Partners），由莱斯特·波拉克（Lester Pollack）领导，他曾是拉扎德的客户洛斯公司（Loews Corporation）的总顾问，以及早期私募基金奥德赛合伙基金（Odyssey Partners）的前合伙人。拉扎德的另一位合伙人、从雷曼兄弟跳槽而来的阿里·沃姆博德（Ali Wambold）与波拉克一起负责基金的投资工作。

这支基金脱离拉扎德独立运营，成立了一家基金公司，董事会由5位拉扎德合伙人组成，米歇尔也位列其中。这些拉扎德合伙人还自掏腰包向基金投入了6000万美元。当然，波拉克和沃姆博德仍是拉扎德合伙人。[在律师的建议下，十字路口合伙基金更名为公司合伙基金（Corporate Partners），基金总额最终为15.5亿美元，低于预期的20亿美元。]该基金成立的初衷是，拉扎德购入面临恶意收购的企业10%~40%的股份，为目标公司提供帮助。理论上说，如果善意公司掌控了目标公司的大量股票，那么恶意收购的发起者就会自动退出。"公司合伙基金的本质就是一个资金池，有了这支基金的投资，企业就有充裕的时间去做一些建设性的工作。"波拉克说道。

这与安德烈当年收购安飞士和斗牛士牧场的策略截然不同，但波拉克仍列出了拉扎德历史上在自营投资[1]方面的成功案例，以此推销这支新成立的基金。"拉扎德巴黎分行曾作为自营投资公司、善意的股票持有者成功运营过很长一段时间，"他说道，"纽约分行也不时充当自营投资主体，表现非常不俗。因我们确实担当过自营投资主体、所有者的角色，所以我们与很多企业有着长期联系。我们不仅在客户公司的董事会占有席位，还在许多我们提供过顾问服务的其他公司担任董事。而其他投行使用自有资本去购买市场上企业的股票，但这是过桥融资之类的，我们并不从事这类业务。"

提出这支基金概念的沃姆博德试图缩小拉扎德与其他投行的差异。

---

[1] 以自有资金和自营投资的方式参与项目投资。

"我想,如果你去问米歇尔他是不是一位对企业进行投资的投资银行家,他会说不是。"沃姆博德当时说道,"他会说自己是一家投资银行的高级合伙人。其实他也是一位投资人。我们通常会注意不将这两种思路弄混,因为投资方为了当下从受益方赚取酬金会冒险投入大笔资金。好比你从受益方那儿赚了2000万美元,却投入了3亿美元的风险资金。"不久之后,拉扎德和公司合伙基金发现投资这支基金的风险很大,这是拉扎德在过去无从了解的。但无论如何,拉扎德至少可以宣称,通过新成立的公司合伙基金,它回归利润丰厚的私募股权业务了。

《商业周刊》的文章还透露,拉扎德聘用了时年50岁的J.艾拉·哈里斯(J. Ira Harris)担任并购业务的高级合伙人,哈里斯来自所罗门兄弟,将所罗门兄弟的芝加哥办事处发展成了一棵摇钱树。他像一头海象,出生于纽约布朗克斯区,从小玩着棍球游戏长大(他可以打3条下水道那么远)。他与菲利克斯在多项交易中都是对手,相识多年。成为拉扎德高级合伙人后,哈里斯仍待在芝加哥,不过经常往返于棕榈滩富丽堂皇的家和纽约之间。他在芝加哥建了一个拉扎德办事处,聘用了一些新的合伙人,如威廉·戈特沙尔克(William Gottschalk)和杰弗里·戈尔曼(Jeffrey Golman)等。拉扎德开始一反常态地推销这场"菲利克斯与艾拉"的表演,序曲是"两位拥有几十年丰富经验、值得任何公司总裁信任的老到投资银行家"。菲利克斯和艾拉是截然不同的两类人——身材高大、爱交际、性格开朗的哈里斯喜欢与客户一起打高尔夫球,或观看芝加哥熊队的橄榄球比赛;而冷漠理智的菲利克斯则很少与客户社交。有人认为,菲利克斯的享受是与芝加哥"经济俱乐部对话"。艾拉在芝加哥组织了一年一度的高尔夫锦标赛,吸引了全美上百名高级管理人员。芝加哥本地的一家熟食店甚至还推出了一款艾拉·哈里斯三明治。

这个组合在一段时间内确实为拉扎德带来了许多传奇性的交易:在最终导致2006年末最大规模的杠杆收购丑闻中,担任纳贝斯克公司(RJR

Nabisco）董事会特别委员会的代理方（并赚了1400万美元酬金）；将卡夫公司（Kraft）出售给菲利普莫里斯公司（Philip Morris）；普美利加公司（Primerica）与商业信贷公司（Commercial Credit）的合并；将西部海湾公司旗下的联合金融公司（Associates Financial）出售给福特公司；普利司通公司（Bridgestone）对凡士通公司（Firestone）的收购。菲利克斯和艾拉一起合作完成了这些交易，在必要的情况下，他俩还会在开会时互相帮衬。"和贝比·鲁斯（Babe Ruth）[1]一起打球感觉不错。"当时艾拉这样向《纽约时报》描述自己与菲利克斯之间的合作关系。

艾拉在拉扎德取得了成功，他完全有资格获得最高的合伙人收入比例，但他在财务方面非常保守，因此与米歇尔订立了一个与其他拉扎德合伙人都不相同的特殊协议：领取丰厚的固定工资，约是公司利润的3%，加上个人绩效奖金，而不是基于公司的整体利润分享酬金，因为公司的整体利润取决于所有合伙人的业绩。如此一来，艾拉不用每年秋季前往纽约米歇尔的办公室里朝觐，确定自己的利润分成比例；而且一旦出现问题，即使合伙人们的收入削减，他也不会受到影响。他认为，在进入拉扎德之前的25年里，他一直在其他华尔街公司赚钱，进入拉扎德后，他也不愿意因为某些人做了蠢事而失去自己的财富——这表明他具有先见之明。当其他合伙人了解到哈里斯与米歇尔之间的协议后，一些人开始怀疑并四处打探哈里斯是否会获得他们得不到的某些好处，其中一位合伙人太过关切此事，甚至径直走进汤姆·穆拉凯的办公室，要求穆拉凯说清楚艾拉的协议。"这他妈的和你无关！"穆拉凯在离开办公室时对目瞪口呆的合伙人说道。

《商业周刊》1988年5月的这篇封面故事还透露，米歇尔在1987年（第一次，但不是最后一次）曾千方百计地拉拢布鲁斯·瓦瑟斯坦。当时，布鲁斯正在考虑是否要离开第一波士顿,当初正是在布鲁斯的帮助下,这家华尔街公司才发展成了一家强大的并购咨询公司。正如卢米斯的备忘录所述,最终,瓦瑟斯坦与合伙人约瑟夫·佩雷拉(Joseph Perella)以及包括查克·沃德(Chuck Ward)在内的第一波士顿的其他银行家一起创办了足以与其他华尔街公司相抗衡的并购咨询企业瓦瑟斯坦-佩雷拉公司,并在12年的存续期内做了大量成功的业务。《财富》500强企业是我们的目标客户。"瓦瑟斯坦在1988年2月离开第一波士顿的那天告诉《华尔街日报》,"我们认为,为客户提供量身定制服务的商业银行是未来的潮流。我们希望能成为20世纪90年代的拉扎德。"与此同时,在真正的拉扎德,当大家得知布鲁斯因与米歇尔没谈拢而不会进入拉扎德后,都大大地松了口气。"当时大家都很担心瓦瑟斯坦会进入公司,因为这意味着米歇尔又开始从外部招募高级合伙人,而不是从内部提拔合伙人。"一位松了口气的拉扎德并购银行家说道。对此,卢米斯显然持不同看法,他认为这表明拉扎德存在很多问题,银行家之所以选择与拉扎德竞争而非为它工作,是因为这可能赚到更多的钱。

1988年夏末,卢米斯再次试图说服米歇尔进一步完善银行业务团队的组织架构,以提高业绩。他向米歇尔指出,公司虽然吸纳了更优秀、更多的银行家,但收入在1988年呈下降趋势,不论是与前一年收入相比,还是与其他公司的收入相比。此外,卢米斯还指出了公司的一个关键问题:合伙人之间无法整体协作。他感叹公司内部缺乏问责制是"我们的一个主要问题",情况也确实如此。"拉扎德的合伙人问责制度尚不明确,或者说至少尚未与我们的目标紧密联系起来。"他接着说道,"人们通常认为问责制具有个体性,是一种负激励(害怕失败),或者说是对原始的个人野心(个人英雄主义)的认可。"

拉扎德也没有正式的新员工培训机制,新人进入公司后,甚至没有人会考虑他们的处境。从这一点来说,再加上从公司方方面面的表现来看，拉扎德完全尊崇达尔文主义适者生存的理念，卢米斯用以下比喻表达了自己对这一事实的失望："有趣的是,在这个容纳了100人的泳池里,大家都"自由"地沉下去了或者学会了游泳,这一情况在各个层级的员工中开始引发越来越多的问题:'我们在做什么? 我的未来在哪里? '"他进一步向米歇尔解释，一些合伙人建议拉扎德应回到仅有少数合伙人和助理的状态，认为"简单才是最好的,只要炒掉多余的人,所有问题都会消失"。但卢米斯更愿意找到另外一种方法，让现有人员更有效地合作。为此，他这样告诉米歇尔："我们必须在日常经营模式上做出实质性的改变。"

接着，卢米斯提出了一个此前讨论过的极端的解决方案——至少对拉扎德来说是极端的——将银行业务划分为四个行业小组。"在很大程度上，将根据有效合作能力来评估合伙人。"卢米斯写道。他认为，这种组织结构的优点在于能够提高团队的工作效率和责任心，初级银行家的聘用、指导和评估会更加有效，而那些多产高效的高级合伙人也可以起到模范带头作用。"我们不能仅仅为个人忙碌，也应该集中精力将公司变得更为成功。"他总结道。

卢米斯的提议非常周详，是经过深思熟虑的，但米歇尔和菲利克斯却不屑一顾。他们两人更愿意保持现状。卢米斯在这一点上的看法是正确的，但他对公司的经营状况却没判断对，拉扎德表现良好，纽约分行在1988年赚了1.41亿美元，高于上一年的1.34亿美元，而且这两位领导人都赚到了大笔财富。自己的建议几乎完全被忽视，令卢米斯大受挫折，他开始反省自己。11月30日，米歇尔宣布第一任银行业务主管（卢米斯）即将卸任，虽然其担任此职务才短短6个月。他对大家说："比尔·卢米斯决定将全部精力转移到客户关系和交易领域。"此外，米歇尔还要求合伙人汤姆·哈克（Tom Haack）和纳特·格雷戈里（Nat Gregory）"承担卢米斯此前的各种职责，协助银行业务团队的工作"。这个奇特的双人领导组合令众人大跌眼镜。哈克是纽约证券交易所前任主席之子，菲利克斯曾在20世纪70年代初期的后台危机中与这位主席共事过；而格雷戈里则是土生土长的北卡罗来纳人，曾在芝加哥大学教书，后又在柏克德公司（Bechtel）工作，1983年才来到拉扎德，此前没有任何投资银行业务经验。

这两人的任期非常短暂——卢米斯在6个月之后又回到了银行业务负责人的位置——格雷戈里的经历就体现了当时拉扎德内部流行的自生自灭之风。在他进入拉扎德不久的某天，卢·珀尔玛特在最后一刻把他拽去参加一个与比阿特丽斯食品公司（Beatrice Foods）管理层召开的会议。当时，比阿特丽斯公司以CEO吉姆·杜特（Jim Dutt）为首的管理层，都从芝加哥飞到了纽约，因为有人正在收购他们的股票，他们非常担心，希望了解如何应对这种潜在威胁。但珀尔玛特在与比阿特丽斯公司的管理层打过招呼后就消失了30分钟，把格雷戈里独自留下和他们开会。当时格雷戈里才30多岁，比阿特丽斯公司的一位高管问他在拉扎德工作了多久。"这种时候你需要决定如何应对对方。"格雷戈里回忆道。他选择了坦诚以待。于是他独自面对一群神经紧张的高管，因为他们本想寻求投资银行家的建议和帮助，合伙人却不见了，只有一个新手在应付局面。

格雷戈里在比阿特丽斯公司交易中表现得一塌糊涂，但他发现自己接下来又面临着另一项重大交易，而他完全没有做好准备。当时，维克多·波斯纳公司（Victor Posner）对拉扎德的一家芝加哥客户公司发动了突袭，它已经积攒了大量的少数股权，于是格雷戈里与合伙人阿诺德·斯潘格勒（Arnold Spangler）一起被派往客户公司了解情况。但两人都不擅长新兴的收购防御技能，数天后就回到了纽约。格雷戈里向沃德·伍兹通报情况进展，这时菲利克斯探头进来听到了他的说法，非常不喜欢，要求伍兹立即解雇他。但伍兹没有理会，于是格雷戈里留了下来，于1986年成为公司合伙人。1988年底，他开始掌管银行业务。"掌管拉扎德的银行业务就像担任商学院院长，"格雷戈里说，"这不是一件容易的事，因为，你知道，这是米歇尔的公司。"

　　然而，在这家混乱无序、怪异非常又极其富有的公司中，史蒂文·拉特纳（Steven Rattner）却可以从容应对。这位华尔街投资银行家像菲利克斯一样才华横溢、对媒体了如指掌，还具有职业野心和政治野心。不过，他令菲利克斯感到惊讶和不快，因为他不仅无视这位"大人物"的威望，还不愿意按照菲利克斯长期以来建立的规则行事。桀骜不驯的拉特纳曾担任过《纽约时报》驻华盛顿和伦敦的记者，在加入拉扎德成为合伙人之前还在摩根士丹利负责媒体投资银行业务，并将其打造成华尔街最优秀的团队之一。他当时已经36岁，但瘦小的身材和古灵精怪的模样让他看起来更为年轻。他后来为拉扎德创造了大量业务，但他经常表现得非常冷漠。即使在某段时期内，他与菲利克斯亲如父子，就如同曾经的安德烈和菲利克斯，但两人之间的冲突即将爆发，此次冲突将以前所未有的方式考验着米歇尔，以及从经济萧条和战争中顽强生存下来的拉扎德。

第十一章

"奇迹小子"史蒂夫

　　史蒂夫·拉特纳[1]是纽约大颈镇（Great Neck）的骄傲。大颈镇是长岛北岸的一个犹太富人聚居区，距曼哈顿约20英里。拉特纳在1989年初春加入拉扎德，出人意料的是，当时媒体几乎没有报道此事，对于像他这样与媒体圈关系良好的人来说非常奇怪。更令人意想不到的是，最初与拉扎德协商时，史蒂夫坚持要做媒体业务之外的工作，否则不会考虑离开摩根士丹利。当时，卢米斯担任拉扎德的首席谈判代表，非常愿意尽力满足史蒂夫的愿望。此次谈判长达5个月，过程非常艰难，在此期间，米歇尔常常感到非常头疼，因为史蒂夫一开始表示愿意到拉扎德工作，后来又含糊其辞，说希望进入拉扎德担任合伙人，还要领导一个新团队，为"特殊情况"提供咨询和资本，还隐晦地表示希望做规模较小的"新兴"企业业务，担任其委托人或代理人，帮助拉扎德从零开始建立高收益融资业务。聘用史蒂夫担任这一职位不仅满足了他本人的愿望，也符合拉扎德希望重振长期停滞的私募股权业务的愿景。创立公司合伙基金和规模相对小得多的核心合伙人基金（Centre Partners）也体现了拉扎德的策略。核心合伙人基金是拉扎德另一支附属基金，用约1.5亿美元的合伙人资金进行杠杆收购业务。

　　根据《时代周刊》的一篇短文介绍，史蒂夫将领导一个新团队，"在特殊情况下提供咨询和融资服务，包括公司重组、资本重组和杠杆收购等等"——听起来，其中没有任何一项服务与向媒体和电信巨头提供

---

[1] 即史蒂文·拉特纳。史蒂夫（Steve）是史蒂文（Steven）的简称。下文同。

并购交易咨询有丝毫相似之处。在这篇报道中，史蒂夫讲述了自己的新工作以及离开摩根士丹利的原因。"拉扎德的垃圾债券业务刚刚开展不到一年，"他说，"我的任务就是将这块业务接手过来，将它打造成一个成功的团队。摩根士丹利在华尔街上可能是最精于此项业务的公司，但我眼下发现小型私营公司也非常具有吸引力，尤其是它创造的工作机会令人无法抗拒。"进入拉扎德后，史蒂夫很快就从公司里吸纳了两位有经验的副总裁进入自己的新团队：其中一位是蒂姆·柯林斯（Tim Collins），他是离开拉扎德后又重新回来的少数几人之一；另一位是肯·雅各布斯（Ken Jacobs），他不久前离开高盛加入了拉扎德。

然而，不论是否有意为之，有人很快玩起了典型的偷梁换柱。就在史蒂夫进入拉扎德后不久，菲利克斯、米歇尔和达蒙·梅扎卡帕一致认为他掌控了公司过多的稀缺资源，而且他们也并不愿意做史蒂夫介绍的业务。菲利克斯一直对迈克尔·米尔肯利用高收益债券为公司收购融资持否定态度，而史蒂夫居然公开宣称拉扎德将开展这方面的业务，尽管他是无辜的，但还是激怒了菲利克斯，因此他的"特殊情况"团队在开始运作之前就被悄然解散。尽管史蒂夫觉得拉扎德欺骗了自己，但还是默默地接受了命运的安排。"两天后，一切都结束了，我成了一名合伙人，做做自己的业务，"他说，"我无奈地耸耸肩，但也只能继续下去……我不记得比尔·卢米斯当时是不是想拍拍我的脑袋。我真不记得了。我不清楚比尔是不是认为这件事情不会发生，他只是想让我坐上那个位置。这就是世界的运转方式，我对此没有任何疑问。我也不清楚他是否知道这事儿会发生。他被米歇尔或菲利克斯砍去了左膀右臂。"

这是史蒂夫进入拉扎德后经历的洗礼。但他并没有为此烦恼或逃跑，他挺了过来，然后很快开始拜访媒体圈的老客户，这让他的新合作伙伴路易斯·里纳尔迪尼和阿里·沃姆博德感到十分惊愕。里纳尔迪尼和沃姆博德一直在拉扎德经营着不受重视的媒体领域的业务，实际上，当初就是他们提议将史蒂夫招募到拉扎德的，因为沃姆博德在雷曼兄弟工作时就很了解他。他们都感受到了史蒂夫的强硬态度。"从商业的角度来看，史蒂夫是个独行侠。这令我很不解。"里纳尔迪尼说，"他不想在这项业务中与人合作。我做过很多媒体领域的交易。我在做康卡斯特（Comcast）的项目时，他还在摩根士丹利，也做这个项目。起初我对他说：'我们为什么不坐下来谈谈合作呢？'他面无表情地看着我说：'我为什么要那样做？'"

不久，史蒂夫成了拉扎德负责媒体和通信领域业务的合伙人。正如市面上众多史蒂夫传记中的一部所述："拉特纳先生创建了公司的媒体和通信业务团队，并参与了该行业中许多重大的交易。"里纳尔迪尼对此显得很大度，他并不认为史蒂夫将他挤出了媒体领域。"竞争是残酷的，"他说，"这不同于被排挤。既然我们已经有了史蒂夫这位媒体领域的明星，我就不打算当这方面的明星了。因此你会说：'嗯，不能干那个。好吧，既然我当不了篮球明星，那我去试试足球。'"

史蒂夫之所以有能力克服最初的窘境，主要是因为他那安静的外表下隐藏着极深的自信，而这往往是在投资银行界激烈的竞争中获胜的先决条件。他总是自信地认为，当他有需要时世界就会向他提供所需要的东西。史蒂夫一直雄心勃勃，他操纵和取悦媒体的能力足以与菲利克斯相媲美。他曾与《纽约时报》的出版商小亚瑟·苏兹伯格（Arthur Sulzberger Jr.）同在华盛顿担任《时代周刊》的记者，两人于那时相识，并建立了真挚的友谊。媒体曾多次报道过他们的关系，苏兹伯格的报纸还刊登过数篇他们公开支持对方的文章。总之，史蒂夫有成为大师的资质，他决心充分利用自己的优势不断往上爬。

在史蒂夫来拉扎德之前，卢米斯曾强烈建议米歇尔进行行业分组，但米歇尔刻意避免这样做，因为他一直认为这会导致公司内部出现分化。虽然拉扎德的长期合伙人、精明能干的戴维·苏普诺确实领导了一个小型的世界级团队，为一些已经破产或濒临破产的公司提供顾问服务，但这个团队的服务对象涉及各行各业。拉扎德的银行家们都是通才，他们也一直对此引以为豪，他们虽然不具备某个行业的专业知识，却掌握了世界一流的并购技巧。如果客户只是想通过发行债券或股份来筹集资金，而非进行并购，那么拉扎德的银行家就不会接下这笔交易。拉扎德的惯例是，菲利克斯打头阵，为公司带来大额交易（因为他多半可能最先接到客户的来电），然后选定所需助手。值得庆幸的是，菲利克斯自动放弃了公司的行政管理权：因为他只愿意做交易。但他也不愿意让其他人管理公司，这使得拉扎德在运作上多少显得有些失控。卢米斯的不幸经历正说明了这一点。

史蒂夫的加入进一步促进了拉扎德向行业专业化转型——其他公司早已采取这一措施——这一过程加速了他与菲利克斯关系的破裂，两人在一些引人注目的媒体领域交易中冲突不断。继苏普诺重组团队（尽管该团队可以说是华尔街最优秀的团队，但拉扎德还是在1992年解散了它）之后，在艾拉·哈里斯的强烈要求下，公司在1990年1月进行了第二次行业分组尝试。拉扎德聘请了所罗门兄弟公司的前合伙人肯·威尔逊负责组建和管理当时的FIG团队（负责金融机构的业务，诸如银行和保险公司等）。来自摩根士丹利的迈克尔·普赖斯（比史蒂夫略早进入拉扎德）主要负责技术和通信领域的业务。米歇尔曾在1978年挖角了以吉姆·格兰维尔为首的雷曼兄弟“四人组”，他们主要（但不仅仅）负责石油和天然气客户。拉扎德内部一直有一帮“实业人士”，如弗兰克·皮扎托拉、唐纳德·库克等。此外，拉扎德还零零散散地聘用了一些人员，就是所谓的“菲利克斯聘用人员”，他们通常都是菲利克斯以前的客户或与他相熟的高层政客，虽然他们几乎没有任何投资银行从业经验，但菲利克斯仍然说服米歇尔将他们收入拉扎德麾下。但最终，这些人都没能留在拉扎德，这说明菲利克斯对他们的关照转瞬即逝，也表明他们自身作为银行家的能力不足。

这些新行业团队的成立使得拉扎德不得不聘用更多的银行家。在华尔街，一个团队负责人麾下没有团队成员是难以想象的。尽管拉扎德当时的招聘程序与公司其他内部事务一样老套复杂,但他们还是打算扩招,以此改变历来雇员人数稀少的状况。1990 年初,米歇尔曾极力主张合伙人们根据"人员素质",而不只是根据有无专业证书来聘用新人。他说:"(我们的员工要有)才智……灵感……幽默……机智……以及辩证的头脑……不论他们多么勤奋地磨练自己的专业技能,也不论他们将专业技能打磨得多么精湛,乏味的人在这儿仍会觉得乏味……郁郁寡欢的人到这儿仍会闷闷不乐。"当时人们普遍认为,拉扎德一直不擅长培养人才。"公司对那些需要大量指导、安排和给出意见的员工的培养是相对不成功的。"合伙人们评价道。然而,尽管卢米斯一直为此努力,但拉扎德根本不像其他投资银行那样进行"校园招聘",这意味着拉扎德的专业人士不会到顶尖商学院去面试那些渴求获得工作的MBA毕业生,而且拉扎德也没有聘请猎头公司为其寻找管理人才。新人进入拉扎德往往是靠裙带关系或运气——或者两者兼而有之。如果你认识拉扎德的员工,那么你就有机会,虽然这并不是一个太好的机会。(就在不久前,那些有幸争取到拉扎德面试机会的少数人,往往最终都没有收到公司的回复。)这在一定程度上也解释了一些人能进入拉扎德的原因,如法国前总统乔治·蓬皮杜的孙子托马斯·蓬皮杜(Thomas Pompidou)[同事们称他为"托马斯·蓬皮丹特(Thomas Pompidant)"]、IBM 前任CEO的儿子卢·格斯特纳三世(Lou Gerstner III)、约翰·F.肯尼迪的新闻秘书长皮埃尔·塞林格(Pierre Salinger)的儿子格雷戈里·塞林格(Gregory Salinger)、ADM[1]的创始人德维恩·O.安德烈亚斯(Dwayne O. Andreas)的孙女安妮·比维斯(Anne Bevis)、维尔贝莱特−弗莱(Wheelabrator-Frye)CEO的儿子小迈克·丁曼(Mike Dingman Jr.)以及纽约大都会老板弗雷德·威尔彭(Fred Wilpon)的侄子莱尔·威尔彭(Lyle Wilpon)。

1984 年春,史蒂夫和埃里克·格里奇(Eric Gleacher)[曾在美国海

---

[1] 公司全称为"Archer Daniels Midland",是美国一家全球性的农产品加工和贸易公司,总部设在芝加哥。

军陆战队服役，后创立了格里奇并购咨询公司（Gleacher & Co.）]一起从雷曼兄弟跳槽到摩根士丹利，主要原因是摩根士丹利在当时乃至今天一直被公认为世界顶级的投资银行，拥有最优质、最忠诚的客户。摩根士丹利将格里奇从雷曼兄弟挖过来管理新成立的并购部门，于是史蒂夫跟着他一起离开了雷曼兄弟。对史蒂夫而言，进入摩根士丹利无疑证明了他这位来自纽约大颈镇犹太富人区、曾担任记者的犹太男孩，从此开始攀登投资银行事业的顶峰。

一如既往，在摩根士丹利，史蒂夫很快吸引了大家的注意。他后来对《名利场》杂志回忆道："到摩根士丹利后不久，我就写了一份备忘录说，我们的重大目标之一是处理一家大型电视台的出售。这是必须做的事情。"他当时是摩根士丹利的副总裁、媒体和传播团队的负责人，做了大量引人注目的媒体领域的交易，其中包括帮助哥伦比亚广播公司（CBS）抵制泰德·特纳（Ted Turner）[1]的恶意收购，帮助普利策家族（Pulitzer family）旗下的圣路易斯邮报（St. Louis Post-Dispatch）成功避开A.阿尔弗雷德·陶布曼（A. Alfred Taubman）[2]的恶意进攻，等等。据记载，在洛杉矶独立电视台KTLA以5.1亿美元天价出售给论坛报媒体公司（Tribune Company）的交易中，他为金融家亨利·克拉维斯和拥有KTLA的投资银行家提供了顾问服务。截至当时，这项交易是单家电视台收购价最高的交易。KTLA所有者们的口袋里的钱增加了一倍，这意味着他们从电影明星吉恩·奥特里（Gene Autry）手中买下这家电视台后，仅过了3年就赚到了2.55亿美元。当时，《纽约时报》刊登的一篇有关华尔街"新贵"的报道，史蒂夫也被纳入其中；《渠道》（Channels）杂志对他进行了特别报道，在这篇报道中，他谈到了从公司交易中赚到的"大钱"，他认为并购顾问和新闻报道之间存在"惊人的"相似之处。"从前我开拓资源，现在我开拓客户。"他说。

---

[1] 1938年至今，美国新闻人，世界第一个电视新闻频道有线电视新闻网的创办者。

[2] 1924—2015年，美国商人、投资者和慈善家。

1986年，查尔斯·彼得（Charles Peter）的批判性杂志《华盛顿月刊》刊登了一篇题为《你好甜心，请给我并购交易：史蒂夫·拉特纳的发迹》的长文，曝光了史蒂夫的一些事情。史蒂夫非常担心，认为"这篇文章不会带来什么好事"，但与那位记者对抗了几个月后，他又决定与其合作。"如果记者要写什么，最好跟他合作，而不要和他对着干。"这也反映出他是新闻工作者出身。尽管《华盛顿月刊》这篇文章不像《纽约客》和《纽约时报》对菲利克斯那般阿谀奉承，但对史蒂夫来说，却也是一个重要的转折点，因为它试图捕捉当时还十分冷僻的投资银行业吸引最优秀聪明的人才的原因。它将史蒂夫·拉特纳的故事展现在公众面前——他是一位成功的纽约商人的长子，家境富裕，为了到华尔街打拼，放弃了在顶级新闻媒体工作的机会。史蒂夫选择与《华盛顿月刊》合作，是因为他认可了杂志将其吹捧成一位偶像人物。不过，根据当时在摩根士丹利与史蒂夫一起工作的一些助理的说法，当时史蒂夫买下了第六大道摩根士丹利大厦附近的所有杂志（不清楚他这样做是出于尴尬还是骄傲）。无论如何，他都不是通常意义上的投资银行家。传言他每年大约赚100万美元，在当时，对于一位年轻的银行家来说，这是一笔非常惊人的数目。

如果不论史蒂夫的传奇发迹，他的个人简历就显得相当简单。史蒂夫没有经历过菲利克斯经历过的任何动荡，但他走上这条路具有某种必然性，就如约翰·P. 马昆德（John P. Marquand）在《不归路》（*Point of No Return*）一书中描述的主人公的经历一样。他是家中3个孩子的老大，妹妹是妇科医生，弟弟唐纳德（Donald）是建筑师。他的父母一直拥有并经营着位于纽约长岛市的完美涂料厂（Paragon Paint），直到20世纪90年代末被清算。他的父亲成功经营这桩生意长达40年，但离异后就离开了完美涂料厂，由他的母亲接管工厂的日常经营。（这家企业原是她的家族资产。）她试图破坏工厂的小型工会，并因行为不当被美国全国劳工关系委员会屡次点名批评，不久之后，她就把工厂搞得一团糟。

　　但史蒂夫一家仍以知识分子的身份为傲。史蒂夫的母亲塞尔玛（Selma）拥有建筑学硕士学位，早在20世纪80年代，就当上了哥伦比亚大学建筑与规划学院的副教授，并在纽约室内设计学院任教。她对建筑师詹姆斯·伦维克（James Renwick）的作品有很深入的了解，伦维克设计了格林威治村旁的格雷斯教堂和第五大道的圣帕特里克大教堂。史蒂夫的父亲创作了9部"正剧"，作品《最后的突袭》曾与温迪·瓦萨斯坦（Wendy Wasserstein）[1]的《海蒂编年史》一起被 T. 斯切尔伯里工作室（T. Schreiber Studio）[2]选为2000—2001年度戏剧节的演出剧目。

　　"作为家中长子，在像大颈镇这样的地方长大非常不易，我必须有强大的进取心。"史蒂夫曾说道。《纽约时报》的记者兼编辑彼得·安普波姆（Peter Applebome）也在大颈镇长大，在他的描述中，这个地方"与《再见，哥伦布》中的郊区类似——神秘、封闭，大部分居民都是没有宗教信仰的犹太人——就是这个样子"。1970年从大颈北高中毕业后，史蒂夫去了布朗大学读经济学专业，1974年，他以优异的成绩毕业，获得了哈维·A.贝克奖学金。该奖学金每年颁发一次，资助那些"具有较高学术水平，参加过大学活动并表现出领导才能"的毕业生留学深造。

　　史蒂夫在高中时期便对新闻业萌发了兴趣，大学期间，他将大量精力投入到校报《布朗每日先驱报》中，对新闻业的兴趣愈加浓厚。读大四时，他当上了该报的编辑，还成了社论板块的主要撰稿人和报纸总负责人。他充分发挥校报编辑的职能，直言不讳地对布朗大学的行政管理，特别是布朗大学校长唐纳德·霍尼格（Honald Hornig）进行了激烈批判。这一举动也符合当时的社会风气。史蒂夫认为霍尼格刻意与学生保持一定的距离，为此他特地记录了霍尼格参加学生公共论坛的频率（截至1973年10月，已经有674天未参加）。史蒂夫开玩笑道，希望校长霍尼格不会"超过贝比·鲁斯的记录"。

---

[1] 1950—2006年，美国剧作家。

[2] 纽约市最重要的专业戏剧演出工作室之一。

史蒂夫在大学期间发表的最后一篇社论，激励学生们不要让"大学礼堂、办公大楼以及院系办公室的那些人脱离那些他们本不该逃避的事情。我们在过去一年里也在努力阻止这种情况，有时候我们会把事情搞砸，但我们认为，我们取得的成功仍然多于失败……看在上帝的份上，当你们的血液沸腾时，请告诉《布朗每日先驱报》。伙计们，你们就是我们的一切"。这段激进昂扬的文字旁，贴着一张长头发、娃娃脸的史蒂夫·拉特纳和他4位同事的照片，他们满脸严肃、浑身赤裸，特意举着印有自己裸体的海报（寓意复杂），呼吁学生们加入《布朗每日先驱报》，积极"参与"学生活动。这张照片里，史蒂夫坐着反举自己的海报，露出了裸露的胸膛。如今，他早已与布朗大学停战，向母校至少捐赠了50万美元，还担任大学董事会下属的预算和财务委员会主席。

也许是命运使然，史蒂夫毕业后直接进了顶级报业集团，在《纽约时报》的传奇人物斯考迪·赖斯顿（Scotty Reston）[1]手下任职——这份工作"对于一位新闻界的新人来说是最荣耀的事，就像初入司法领域就可以在最高法院开始职业生涯一样"。大学毕业后，史蒂夫本计划利用哈维·A.贝克奖学金争取在1974年9月进入伦敦经济学院就读，然后再转到法学院。但天意弄人，他在申请玛莎葡萄园岛的《葡萄园报》1974年的暑期实习时，在岛上遇见了该报纸的老板斯考迪·赖斯顿夫妇，但他们认为史蒂夫"不够平和"，与葡萄园的气质不符，便拒绝了他。于是史蒂夫转而申请《福布斯》杂志的暑期工作。但到了6月，斯考迪突然给他打了个电话，问他是否愿意去华盛顿，在《纽约时报》他的手下任职。

为赖斯顿工作最大的诱惑在于，实习结束后，勤奋的实习生可能获得《纽约时报》的全职工作。史蒂夫非常适应《纽约时报》的工作，23岁时就成了这家全球最重要报纸都市编辑部的全职记者。他常常和保罗·戈尔德伯格（Paul Goldberger）混在一起。戈尔德伯格当时25岁，后来

---

[1] 1909—1995年，美国记者，两次获普利策奖。1969—1974年任《纽约时报》副总裁。

成了《纽约时报》有影响力的建筑评论家和普利策奖获得者。他们在《纽约时报》的一些前同事认为,史蒂夫一度以见多识广的戈尔德伯格为榜样,从他那里吸收了当代艺术、时装和纽约文化等方面的知识。"史蒂夫和我都与许多女性打交道,但我们仍会抽出大把时间一起出去,"戈尔德伯格在接受《名利场》杂志采访时说道,"我们常常一起去淘艺术品,在星期六去麦迪逊大街上的艺术画廊。当时他开始收集当代版画,有时他买回来的作品居然跟我家墙上挂的一模一样。人们都说是我给了他灵感。也许吧。这20年来,他是我的好伙伴和忠实的朋友。"

20世纪70年代末期的石油危机期间,史蒂夫从都市编辑部调到了令人垂涎的能源政策报道岗位,因为他从中东发来的报道给上司们留下了深刻的印象。"我不知道居然有人这么聪明能干,"《纽约时报》前任商务编辑约翰·李(John Lee)回忆起史蒂夫时说道,"他一进公司就知道应该做什么。"1977年4月,年仅24岁的史蒂夫就获得了去《纽约时报》华盛顿分社报道卡特政府能源政策这一令人艳羡的工作,连史蒂夫自己都承认:"凭我这样的年龄和资历,原本是不会有这种机会的。"后来他开始报道经济政策。"他非常聪明,"《纽约时报》华盛顿分社前任社长、记者关怀委员会创始董事兼主席比尔·科瓦奇(Bill Kovach)评价道,"他的思考速度比讲话速度更快。"因此,史蒂夫在华盛顿与《纽约时报》主席、控股股东小亚瑟·苏兹伯格成为朋友也就毫不奇怪了。史蒂夫和苏兹伯格这个小圈子还包括其他一些二十几岁的年轻记者,如杰夫·格斯(Jeff Gerth)、菲尔·陶布曼(Phil Taubman)和朱迪斯·米勒(Judith Miller)等人,在华盛顿时,史蒂夫常常与朱迪斯·米勒约会。

史蒂夫、米勒、苏兹伯格及其妻子盖尔(Gail)一起在马里兰州东岸租了一栋房子"蓝鹅",建立了持续一生的友谊。"除了家人,和我最亲近的人就是史蒂夫·拉特纳。"苏兹伯格曾说道。史蒂夫还在《纽约时报》当记者时,就常常亲昵地称苏兹伯格的父亲为"庞齐"(Punch),因此卡特政府的财政部发言人乔·莱廷(Joe Laitin)曾问史蒂夫是不是苏兹伯格家族的成员，史蒂夫回答说："不是。你不是第一个这样问我的人。"小亚瑟·苏兹伯格的绰号叫"平奇"（Pinch），他常常谈到史蒂夫，也是史蒂夫最忠实的公开拥护者之一。"我喜欢史蒂夫的头脑，"他曾说道，"要跟上他的思路很有挑战性。"他们经常一起度假，"玩一些高难度的刺激项目"，比如去开曼群岛潜水、到阿巴拉契亚山道徒步等等。苏兹伯格一家和史蒂夫一家几乎每年都会在一起庆祝新年。他们两人的关系是如此密切，以至于苏兹伯格一度常被人问起史蒂夫未来是否会以合伙人的身份加入《纽约时报》。不过到目前为止，两人都对这种说法持否定态度。

史蒂夫还与卡特政府许多较年轻的官员建立了密切的联系，这种情况在记者和采访对象之间经常发生。两者之间的关系非常敏感，记者每天都需要考虑如何与某人建立联系，以及拿捏程度的深浅。这种判断非常个人化，往往掺杂了双方的价值观、道德观以及性格等多种因素。在这方面，没有任何成文的规则或法条，记者需要不断地审时度势。一些记者选择避开这种事情，只与采访对象保持公事上的联系；而有些记者则选择走亲密路线，他们认为全面了解采访对象的个人生活和职业状况会为自己的采访提供珍贵的视角和切入点。这个问题没有标准答案。

但记者具有相当大的影响力，他们的选择可能会产生巨大的影响。对于一个20多岁、雄心勃勃的年轻人来说，这事既刺激又复杂。史蒂夫非常清楚自己手中掌握的权力，也明白自己应做出怎样的选择。1980年，他在布朗校友杂志上写道："就我个人而言，我尽量选择一条中庸之道。不过我经常琢磨一个问题：我和政府官员的交情是否会影响我对他们的报道？因此，我尤其注意避免与报道涉及的官员交朋友。"但他仍与那些人走得很近。他与卡特总统的首席内政顾问斯图亚特·艾森斯塔特（Stuart Eizenstat）的下属拉尔夫·施罗斯坦（Ralph Schlosstein）一起住在玛莎葡萄园的一幢房子里，他还与卡特的演讲稿撰写人沃尔特·夏皮罗（Walter Shapiro）以及在民主党政府身兼数职的乔希·戈特鲍姆

（Josh Gotbaum）关系很好，后来戈特鲍姆还在拉扎德担任过一段时间的合伙人。此外，他还与国务卿赛勒斯·万斯（Cyrus Vance）的下属杰弗里·加滕（Jeffrey Garten）关系也不错。

史蒂夫迅速抓住了职位所赋予他的权力，以此来影响各项政策，并改变自己的职业生涯。他就像在走钢丝，但他靠着自己出色的性格总能讨得大人物的欢心。他在描写华盛顿政要、菲利克斯的好友罗伯特·施特劳斯时曾这样称赞道："他交朋友一直很谨慎，总是精挑细选。"他在1980年《纽约时报》的封面故事中这样描述卡特政府的财政部长 G. 威廉·米勒（G. William Miller）："他总是穿深色西服和白衬衫，打着条纹领带，看起来很干练。良好的仪态和自信是塑造形象的关键，也是自控能力的重要体现。"菲利克斯认为米勒是德事隆－洛克希德救助交易失败的罪魁祸首，因为当时米勒是德事隆公司的CEO。史蒂夫还这样描写过曾担任尼克松政府财政部长、里根政府国务卿的乔治·舒尔茨（George Shultz）："舒尔茨先生那并不强硬的举止背后隐藏着他富有深度的想法。"史蒂夫在大学时曾渴望成为激情洋溢的校报编辑，进入《纽约时报》后，他自然也想成为一名颇具影响力的驻华盛顿记者。"我之所以喜欢报道，是因为报道会对事件产生实际影响，"他曾说道，"这有助于宣传明智的观点，影响当权者对事情的判断。"每当他这样做时，"就会觉得自己做的事是有价值的"。

但有一次，史蒂夫因判断失误，轻率地触及了记者与采访对象之间的界限，差点毁掉自己在《纽约时报》苦心经营起来的影响力。经济顾问委员会及其主席查尔斯·舒尔茨（Charles Schultze）是史蒂夫经济报道的主要对象，久而久之，他对舒尔茨有了很高的评价。1979年，史蒂夫申请舒尔茨特别助理的职位，这个工作岗位和做斯科蒂·赖斯顿的文员差不多，工作范围包括处理经济报道、应对媒体和管理委员会员工等等。用苏珊·欧文（Susan Irving）的话来说，就是："如果你没太大希望成为领导人物的话，那么这是能够参与经济政策制定的最佳工作了。"后来，苏珊战胜史蒂夫得到了这个职位。

万幸的是，《纽约时报》根本不知道史蒂夫的这次尝试，因此双方都相安无事。这件事情之后，史蒂夫仍然负责报道卡特政府的经济政策，并继续热情洋溢地撰写关于舒尔茨的文章。他曾将舒尔茨在哈佛大学做的一系列讲座描述为"现代经典之作，堪称管理改革运动方面的《资本论》"。

1981年春，史蒂夫被提拔为驻外记者，成为《纽约时报》驻伦敦办事处的新人，是该办事处的三名员工之一。通过舒尔茨一事，我们可以看出史蒂夫在《纽约时报》已经坐立不安。事实上，史蒂夫之前就已经考虑向投资银行领域转型，但最终还是选择去伦敦工作，理由是他随时都有机会成为一名银行家，但担任《纽约时报》驻伦敦记者的机会一生只有一次。

促使他做出这个决定的是他的朋友苏兹伯格。20世纪70年代，苏兹伯格曾担任了两年美联社驻伦敦的记者，他给史蒂夫介绍了一些伦敦可以结交的人物，其中就有史蒂夫未来的妻子莫琳·怀特（Maureen White），当时她正为一家日本电视机构工作。（他们一开始并不投缘，直到两人都回到纽约，苏兹伯格又重新介绍他们认识，两人于1986年6月在东66街的莲花俱乐部举办了婚礼。）大家一致认为，史蒂夫在伦敦撰写的报道比在华盛顿时的逊色，报道质量与他和美国权力中心的距离成正比。他与《纽约时报》另一位传奇人物、伦敦办事处负责人小约翰尼·阿普尔（R. W. "Johnny" Apple Jr.）一起报道了马岛战争，并揭露了战争发起人的贪婪欲望。"史蒂夫和我谈论建筑，"阿普尔回忆道，"他把伦敦的公寓成功装饰成了现代风格。伦敦人不喜欢熬夜，但我们会工作到很晚，因为伦敦和阿根廷存在一定的时差。我们会工作到夜里12点，然后去考文特花园的乔·艾伦酒吧放松一下，吃点东西，喝两杯加冰块的玛格丽塔酒，史蒂夫管它叫'深水炸弹'。"

史蒂夫曾写过一篇文章，对福特的德国工厂与英国工厂的生产率进行了对比,这是他为《纽约时报》写的最好的文章之一,但最终仅刊登在了商业版上,离《纽约时报》的头版还很远。史蒂夫对此早已习以为常。他一贯自信满满,在偶尔产生自我怀疑的时候,也会承认自己的写作能力有限。"我曾亲眼见过约翰尼只用四五个小时就为《泰晤士杂志》(*The Times Magazine*)写出了一篇封面故事,他还在电脑边放了一杯伏特加。"史蒂夫曾告诉《名利场》杂志,"约翰尼太有才华了,我只是在拙劣地模仿他。我在伦敦做的报道更像是在写故事,而不是报道故事。我相信伟大的记者也是伟大的作家,我一直认为自己顶多算是个平庸的作家。"此外,史蒂夫还面临着赚钱与实现远大理想的问题,有人认为,他之所以转而选择银行业,是因为他预先意识到了世界在飞速变化;另一些人则认为他是想成为富翁。史蒂夫却说,自己只不过是在分析之后做了最佳的选择。"我又不是去做牧师。"他说。

1986年,莫琳·怀特向《华盛顿月刊》讲述了她的丈夫从新闻业转到投资银行业的原因。她说:"如果你的采访对象比你有权力、有钱、有影响力,但能力却不及你,你就会慢慢产生这样的想法:自己那么聪明,有能力赚到不比他们少的钱,也有能力产生和他们同样的影响力,为什么你还要满世界地追着他们跑,写他们的报道呢?"

阿门。

那么,史蒂夫是如何从记者摇身一变成为投资银行家的呢?在1982年,对于那些想要改变职业生涯的人来说,更为行之有效的方法是先去商学院上两年MBA课程,再通过校园招聘成为华尔街一家公司的助理。但史蒂夫选择了一条更快速、成功率更高的路子——向那些在华尔街工作的前任卡特政府官员们求助,他苦心经营的关系网终于派上了用场。

史蒂夫在纽约待了"一两个星期",向顶尖公司最优秀的银行家们寻求下一步行动的建议。推动史蒂夫·拉特纳的职业生涯仿佛成了这些银行家们所能做的最好的事情。在鲍勃·施特劳斯的帮助下,华尔街的大门对史蒂夫敞开了。史蒂夫第一个拜见的银行家是好友罗杰·奥特曼（Roger Altman），他曾担任过卡特政府财政部长助理，当时在雷曼兄弟任职。两人在曼哈顿市区共进晚餐，商量史蒂夫的前途问题，奥特曼极力主张史蒂夫去雷曼兄弟，因为他认为史蒂夫具有在投资银行工作的天赋——赢得大人物信任的能力以及综合处理复杂的金融信息的才智。"他能理解法律、税务监管和金融问题之间的关系。这些东西非常复杂，但他却觉得它们像三维象棋一样有趣。"奥特曼曾说过。史蒂夫还与前任财政部长比尔·米勒（他曾采访过）聊过自己的去向问题。米勒认为史蒂夫是一个"聪明的家伙"，并希望他能加入自己于1983年在华盛顿创办的商业银行威廉·米勒公司（G. William Miller & Co.）。此外，史蒂夫还与当时在所罗门兄弟公司工作的肯·理柏（Ken Lipper）、贝尔斯登的长期领导人埃斯·格林伯格（Ace Greenberg）以及高盛的罗伯特·鲁宾见了面。之后，他开始深入思考自己进入投资银行业是否能实现个人抱负、是否有意义。回到伦敦后，他与苏兹伯格大醉了一宿就离开了《纽约时报》，加入了雷曼兄弟。苏兹伯格虽然很失望，但对朋友的决定也表示理解。

史蒂夫当时并不清楚银行家们的工作内容，也不了解他们的工作方式。尽管如此，"就像火遇到干柴一样，"当时史蒂夫在雷曼兄弟的同事杰弗里·加滕（Jeffrey Garten）说道，"我从来没有见过这样的事情。他从第一天起就非常高效。他有极强的表达能力，能将事情解释得简单又清晰。他充分利用了新闻业和投资银行业的相似之处：简单地描述复杂的话题，以此显示你比自己实际知道的东西更多。"

当史蒂夫离开摩根士丹利去拉扎德工作时，他已经是一位能力卓越的成功银行家，职业前景一片光明。尽管他还相对年轻，但他给拉扎德带来了宝贵的资源——一群熟知并购交易的忠实客户，其中包括有线和无线通信行业巨头克雷格·麦考（Craig McCaw）、阿莫斯·霍斯泰特（Amos Hostetter）、约翰·克鲁格（John Kluge）以及年轻的布赖恩·

罗伯茨（Brian Roberts）［现在是康卡斯特公司（Comcast）贪得无厌的CEO］。史蒂夫帮霍斯泰特出售了一家电缆公司，但他认为霍斯泰特向拉扎德支付的酬金过高。霍斯泰特回忆道："史蒂夫坚持让我降低报价。"史蒂夫拥有的这些可靠的关系网成了他的宝贵财富。

当然，如果你是一位并购银行家，却没有交易可做，那么与客户关系再好也没有用。现在让我们细想一下史蒂夫到拉扎德的时机：他于1989年4月进入拉扎德，此时距离1987年10月的股市大崩盘仅过去17个月。股市崩盘期间，道琼斯工业股票平均指数仅在两个交易时段内就惊人地下跌了22.6%，结束了长达5年的狂热投机和并购热潮，其严重程度史上只有1929年的大萧条可以与之相比。当时，全美的交易系统全部瘫痪：CEO和投资者们都吓呆了，损失达到数十亿美元，银行家和律师们也面临诸多不确定因素，所有的交易都处于一片混乱之中。

但此次股市崩盘发生后，却发生了一些不寻常的事：在某个领域的交易市场上，交易量明显增多了。在所谓的杠杆收购领域，由亨利·克拉维斯和泰德·福斯特曼（Ted Forstmann）等人创办的私募投资公司，开始大量举债购入那些之前在公开市场上交易的公司，然后将其"私有化"。当时，杠杆收购市场之所以能够保持火爆，主要有两个原因：第一，股价下跌超过22%，有些股票的跌幅甚至更大，因此公开上市的公司的股票价格非常便宜。例如，1987年10月22日，通用电气的股价从1987年10月7日的每股60美元下跌至每股43美元，两周内下跌了近29%。第二，银行和保险公司等金融机构以及公众投资者们还在继续为这些交易提供资金。这种现象简直不可思议，但究其本质还是恐惧和贪婪的心态使然。由于拉扎德没有交易融资能力，而且菲利克斯多年来一直在公开谴责使用所谓的垃圾债券为杠杆收购融资的行为，拉扎德因而错失了许多非常赚钱的交易。与其他华尔街投资银行相比，我们甚至可以说拉扎德可能根本没有高收益融资业务。因此，史蒂夫不顾菲利克斯的公开反对，希望拉扎德能够承销更多高收益债券。

　　到 1988 年初，市场上出现了各种各样的杠杆收购。雷诺兹·纳贝斯克公司的私有化使得这场杠杆收购战进入了高潮 [《门口的野蛮人》（*Barbarians at the Gate*）一书记录了这一事件]，在这场交易中，著名的私募股权投资公司 KKR（Kohlberg Kravis Roberts）以 250 亿美元的报价击败了福斯特曼－利特尔公司和希尔森雷曼公司（Shearson Lehman），成功收购雷诺兹·纳贝斯克公司。这场交易，不仅使为纳贝斯克交易提供顾问和融资服务的银行家获得了数千万美元酬金，还在一定程度上缓解了股市崩盘给华尔街造成的损失。在菲利克斯和当时名声大噪的路易斯·里尼尔迪尼的领导下，拉扎德获得了为纳贝斯克董事会下属的特别委员会提供投标方面咨询服务的机会，并从中赚到了 1400 万美元。

　　直到两年后，也就是 1989 年夏天，1987 年股市崩盘的影响才真正波及华尔街。当时，交易方正在为美国联合航空公司（United Airlines）高达 60 亿美元的杠杆收购——史上最大的一笔所谓的员工收购交易融资，金融市场却突然开始紧缩。基于菲利克斯从市政援助公司招到拉扎德的尤金·凯林（Eugene Keilin）与联合航空管理层的关系，拉扎德在这场交易中为联合航空提供了顾问服务。就在为这笔交易做出银团贷款承诺的 10 个小时之后，花旗银行撤回了承诺，因为银团贷款方案失败了。银团贷款的方式由来已久，即多家金融机构共同承担贷款，这是企业融资的重要方式，因为没有任何一家银行愿意全额提供如此大笔的贷款。银团贷款的失败给这笔交易敲响了丧钟，这意味着市场否决了这笔交易。当时，唐·爱德华兹（Don Edwards）是拉扎德一名优秀的助理，刚从伊利诺伊大学毕业，与凯林和罗恩·布鲁姆（Ron Bloom）（拉扎德的一位副总裁，一直在电脑上运算电子表格）一起负责联合航空的交易。交易失败时，他的身体也差点垮了。史蒂夫当时对《华尔街日报》说："这就是垃圾债券市场的 10 月 19 日。"他将联合航空交易失败的那天比作 1987 年股市崩盘之日。"这简直是灾难性事件。"联合航空交易失败波及了整个市场。在股市崩盘的两年后，并购和金融市场崩溃了，成批高额举债的公司开始申请破产,银行家们面临失业问题。股市崩盘和金融市场关闭对交易者们造成了不可估量的影响。这些事实证明,菲利克斯关于垃圾债券和企业高额负债危险性的预言是完全正确的。恐惧和憎恶又笼罩了华尔街。

在全球金融市场进入寒冬之时,拉扎德却宣布了一项历史性的进展。米歇尔独自一人掌控拉扎德三家分行,这是拉扎德历史上的头一遭。自1984年拉扎德合伙公司成立以来,约翰·诺特爵士就一直担任拉扎德伦敦分行的主席兼董事长,他的"退休"给米歇尔带来了这一前所未有的机会。三家分行的所有权结构没有任何变化——米歇尔和培生仍是最大的股东——但这篇低调的公告意义重大。"我们的客户希望能与两家或三家分行同时对话,"米歇尔说,"如果我们有一位共同的主席,这件事会更容易办到。一直以来。三家分行难以达成一致,但如果我们能有一位共同领导人,那么就变得容易多了。"

米歇尔告诉媒体,马岛战争期间担任英国国防部长的诺特,在掌控拉扎德伦敦分行的5年里实现了"他的目标,现在打算去做些别的事情"。诺特并没有对自己的离任发表公开声明,不过他在回忆录《过眼云烟》(*Here Today, Gone Tomorrow*)中讲述了在米歇尔手下工作时遭受的许多挫折。诺特的几位同事也证实了他对米歇尔感到十分愤怒,尤其是自从拉扎德合伙公司成立以来,米歇尔对拉扎德伦敦分行的事务进行更多干预之后。从一开始,米歇尔就坚持任命当时年仅33岁的戴维·维利担任诺特的助理,而一些比维利年长、经验更丰富的合伙人却没能获得这份工作,这使得诺特非常郁闷。

罗伯特·阿戈斯蒂内利到伦敦分行后,一贯独立的诺特越发被激怒了。"米歇尔开始施加控制了,"前拉扎德合伙人杰瑞米·西莱姆(Jeremy Sillem)解释道,"罗伯特的行为充分体现了纽约分行对伦敦分行的蔑视。他会去视察一些英国的公司,却不会向伦敦分行的任何人透露相关信息。

我相信是米歇尔鼓励他这样做的。诺特与米歇尔一直不和，米歇尔还任用罗伯特·阿戈斯蒂内利——他是美国人——怂恿罗伯特在伦敦分行制造各种各样的麻烦，从而削弱约翰·诺特的权力。诺特曾向米歇尔表示，阿戈斯蒂内利和他只能有一个留在伦敦分行。最后阿戈斯蒂内利留下了，诺特离开了。"（在回忆录中，诺特声称自己先解雇了阿戈斯蒂内利，然后决定在6个月后离开。）两年后，也就是1991年底，米歇尔将拉扎德伦敦分行主席的职位让给了戴维·维利。"戴维一直都在做这个工作。"他如此告诉《华尔街日报》。该报指出："这项变动不会显著削弱大卫-威尔先生在这家公司的权力……但这样做也确实为年轻一代的管理人员提供了上升空间。"

史蒂夫就是在这样的背景下低调地进入了拉扎德。他很快就确立了目标，即成为公司中唯一的媒体银行家。他将沃姆博德贬去公司合伙基金与莱斯利·波拉克一起工作，里纳尔迪尼则重新回去做综合业务。初进拉扎德不久，史蒂夫就担任了一家资产3亿美元的新兴私募基金的代理人。这个新基金叫天意媒体合伙人（Providence Media Partners），专注于投资媒体和传播公司，拉扎德向它投资了700万美元，纳拉干赛特资本（Narragansett Capital）的两位合伙人乔纳森·纳尔逊（Jonathan Nelson）和格雷格·巴伯（Greg Barber）共同投资了1000万美元。史蒂夫为拉扎德（也为他自己）谈成了一笔丰厚的酬金，这是资本募集史上最丰厚的酬金之一。拉扎德为天意媒体合伙人基金筹集资金，并获得筹集资金的1%的酬金，由于该基金一开始就获得了部分注资，因此拉扎德只需再筹集1.75亿美元，即获得175万美元的酬金。极不寻常的是，除此之外，拉扎德还将获得普通合伙人附带收益（或者说利润）的三分之一。该基金的运作相当成功，投资人获得了投资额4倍的利润，根据史蒂夫的计算，普通合伙人赚了1亿美元，拉扎德获得了其中的大约3300万美元。史蒂夫与米歇尔达成了一个附属协议。根据该协议，史蒂夫可以获得这笔酬金的8.25%，也就是272万美元左右，拉扎德纽约分行的合伙人们则分享剩余的约3000万美元。这真是前所未有的事情！

尽管联合航空公司收购交易失败的阴影一直笼罩着金融市场，但史蒂夫还是迅速恢复了交易量，公司内部对他的质疑也因此烟消云散。进入拉扎德的第一年年末，史蒂夫不仅拿下了天意媒体合伙人基金的业务，还为有线电视巨头杰克·肯特·库克（Jack Kent Cooke）提供顾问服务，帮助库克以16亿美元价格将旗下的有线电视资产出售给TCI和跨媒体公司（Intermedia）组建的财团。此外，他还将KKR的斯托尔通信公司（Storer Communications）旗下的有线电视业务出售给了TCI和康卡斯特公司（拉扎德获得了1000万美元酬金）。他还担任好友克雷格·麦考的代理人，帮助麦考移动电话公司以6.1亿美元恶意收购LIN电视广播公司（拉扎德获得了1400万美元酬金）。在市场如此不景气的情况下还能进行如此大额的交易，这对于任何银行家而言都是了不起的成就。

菲利克斯也在努力维持往常的业务量。他和合伙人乔恩·奥赫伦深陷华纳传播公司（Warner Communications）与时代集团（Time Inc.）之间价值150亿美元的合并交易。这一交易具有里程碑意义，但也颇具争议，两家公司合并后成立了时代华纳公司（Time Warner Inc.）。一开始，这笔交易只是时代与华纳之间的"对等合并"，但在最后一刻，拉扎德的另一家客户派拉蒙传播公司（Paramount Communications）突然对时代公司发起了恶意收购，因此这项交易迅速演变为有史以来官司最多、最具争议的交易之一。在大投机分子布鲁斯·瓦瑟斯坦的新公司瓦瑟斯坦－佩雷拉投资银行的建议下，时代公司变更了与华纳之间的交易结构，同意通过高杠杆交易收购华纳，不过这在未来数年内给合并后的企业带来了沉重的负担。史蒂夫也为这起并购交易提供了帮助。这次交易意味着菲利克斯与华纳CEO史蒂夫·罗斯之间的长期关系达到了巅峰，不过菲利克斯声称自己从来不曾真正喜欢过罗斯，因为他认为罗斯过于贪婪，甚至会做出一些不光彩的事情。菲利克斯还记得，几年后他在南安普敦的家中接到了罗斯的来电，当时罗斯已经病危，却在电话中说自己在达拉斯为女儿妮可（Nicole）挑马。菲利克斯很疑惑，难道罗斯的身体已经好到能出去旅游了吗？于是他给好友、纪念斯隆－凯特林（Memorial Sloan-Kettering）癌症中心的主席保罗·马克斯（Paul Marks）打了个电话。"保罗，我刚接到史蒂夫·罗斯从达拉斯打来的电话，我都不知道他居然能出去旅游了。保罗则回答'不可能。他现在就在斯隆－凯特林'，史蒂夫·罗斯一辈子都在演戏。"

当时，菲利克斯还遇到了好莱坞传奇人物卢·沃瑟曼（Lew Wasserman）和希德·谢恩伯格（Sid Sheinberg），两人经营着MCA公司，而MCA则是实力雄厚的影视公司环球影业（Universal Studios）的所有者。MCA曾对主题公园运营商海洋世界（SeaWorld）提出了恶意报价，但海洋公司最后却被菲利克斯以11亿美元的价格卖给了安海斯－布希公司（Anheuser-Busch）。交易结束后，沃瑟曼要求拜访菲利克斯，并在拉扎德的办公室见到了他。"这就是沃瑟曼的典型风格。"菲利克斯说。他原本以为沃瑟曼会因海洋世界的交易而谴责他，结果却出乎意料——沃瑟曼邀请他加入MCA董事会。"如果我们无法打败你，就希望你能加入我们。"沃瑟曼说。菲利克斯受宠若惊，他向沃瑟曼解释自己与MCA的主要竞争对手之一华纳的CEO史蒂夫·罗斯有着长期合作关系。后来在罗斯的首肯下，菲利克斯加入了MCA董事会，他的老朋友、华盛顿律师鲍勃·施特劳斯（Bob Strauss）也在MCA董事会中。

1987年市场崩盘之后的几年里，华尔街上怪事连连。许多杠杆收购公司因将股价暴跌的上市公司收入囊中而发了大财。美国企业的CEO们开始担心，如果不采取措施提高企业的生产率，那些咄咄逼人的杠杆收购金融家们就会盯上自己的企业。美国公司股价暴跌也吸引了一批外国买家，尤其是日本公司。当时引发日本企业在美收购热潮的知名交易就是日本顶级轮胎制造商普利司通公司以26亿美元成功收购美国轮胎制造业的标志性公司凡士通轮胎橡胶公司（Firestone Tire and Rubber

Company)。当时,意大利轮胎制造商倍耐力(Pirelli)在拉扎德前客户、法国轮胎制造商米其林的支持下,向凡士通提出了20亿美元的恶意收购报价,拉扎德的银行家们知道后非常愤怒,因为米其林-倍耐力团队居然脱离拉扎德采取了如此大胆的举措。于是,拉扎德迅速找到普利司通公司,以其代理人的身份进行竞标,并最终取得了成功。普利司通收购凡士通是当时日本公司对美国企业所进行的最大一笔收购交易,但它显然只是个开始。

菲利克斯对日本公司并不陌生,住友银行在1986年以5亿美元收购高盛12.5%的股份时,他就是住友银行的代理人(事后证明这是一笔绝佳的投资)。不过,这次普利司通与凡士通的交易更具标志性,因为美国企业界在股市崩盘后变得脆弱不堪,其中最具代表性的就是美国俄亥俄州阿克伦市拥有90年历史的老牌企业凡士通。在日本经济崩溃前的数年时间里,美国的政治家们非常担心日本人"会把我们整个国家都买下来",当三菱旗下的房地产公司在1989年买下洛克菲勒中心时,这种恐惧心理达到了顶点。大约在同一时间,索尼公司以34亿美元从可口可乐手中买下了哥伦比亚电影公司(Columbia Pictures)。不久之后,美国国会就召开了听证会,评估这些收购的潜在影响。

虽然菲利克斯在引发这种愚蠢而毫无意义的恐惧心理方面发挥了重要作用,但他还是第一时间出席了听证会。他主要强调了联邦预算不平衡及长期利率下降将对20世纪90年代美国经济产生的危害。他还批评了拉扎德的许多竞争对手为了帮助客户完成杠杆收购而利用自有资金发放高风险的过桥贷款。"市场上可能会出现企业无法为过桥贷款进行再融资的情况。"后来,菲利克斯的这一预言变成了现实。关于大家关心的外资收购问题,菲利克斯只表示"这个领域正在产生越来越大的经济和政治影响",然后他就解释了相关业务的一些规则。事后,不止一位拉扎德合伙人对菲利克斯的言行不一发表了评论——一方面,菲利克斯积极参与日本公司对美国公司的收购交易;另一方面,他又到参议员面前作证，试图让他们接受这一现象，却又不承认自己在外资收购交易中所扮演的角色。

菲利克斯的表现之所以矛盾，也许是因为他仍在进行相关交易。1990年秋，菲利克斯的朋友、著作代理人莫尔·詹克洛（Mort Janklow）邀请他去四季餐厅与好莱坞天才经纪人迈克尔·奥维茨（Michael Ovitz）共进午餐。奥维茨当时是创新艺术家经纪公司（Creative Artists Agency）的负责人，最近还担任了索尼公司对哥伦比亚电影公司的收购交易的代理人，菲利克斯之前从未见过他。即使在前迪士尼时代，奥维茨也是极具争议性的人物，因为很少有非投资银行家在知名的企业收购交易中担任核心角色。但奥维茨做到了，也只有他能做到，这让传统的银行家们羡慕不已。菲利克斯心想，可能奥维茨在做一些新的公司业务，因此詹克洛才安排自己和他见面。"如果你在四季酒店吃午餐或者在凯悦酒店吃早餐，那么你就置身于纽约的金融、艺术、出版和高层八卦的中心，"菲利克斯曾说，"想要保留个人隐私的人不会去那里，去那里的人不会排斥媒体曝光。"菲利克斯和奥维茨聊了一会儿他们与日本公司合作的一些共同经历，之后，詹克洛就离开了。

接着，奥维茨告诉菲利克斯自己与日本松下公司已经合作了一年多，松下有意收购MCA公司，他们想采用索尼公司与哥伦比亚电影公司相同的合作方式，将MCA公司的电影、主题公园和音乐业务［菲利克斯刚把格芬唱片公司（Geffen Records）卖给MCA］与松下的消费性电子产品业务很好地结合起来。奥维茨向菲利克斯强调一定要保密，因为消息一旦走漏，日本人就会一走了之。他还请菲利克斯与MCA的卢·沃瑟曼讨论这项交易的可能性。"他请我安排与沃瑟曼会面，讨论收购MCA公司的可行性。这样一来，我就成了一笔潜在交易的利害关系人。与此同时，作为MCA的外部董事，我也有义务对他提出的交易进行公正的分析和判断。"菲利克斯回忆道。

于是，几乎不可能达成交易的双方开始了一场长达两个月的密集交易尝试，交易的一方是好莱坞犹太贵人，另一方则是神秘保守的日本商人。菲利克斯还记得，1990年11月的一个星期天，双方在雅典娜广场酒店举行了晚宴。具有讽刺意味的是，若干年前，菲利克斯正是在这里与盖勒特维系着长期恋情。这是"我参加过的气氛最怪异的晚宴之一"，两家公司的高层偶尔会通过翻译人员尴尬地聊几句，都是些不着边际的话题，而大多数时间都尴尬地保持沉默。第一道菜是甜瓜和意大利熏火腿。希德·谢恩伯格说："我听说你们日本的甜瓜很好吃。"松下公司的副会长平田雅彦回答："是的，我们的甜瓜好吃，是因为我们有很好的电子加热温室。"尴尬情形持续了3个小时。"我当时觉得自己就像是卡夫卡小说中的主人公，不知道是自己疯了还是周围的其他人疯了。"菲利克斯后来对此评论道。尽管大家对文化差异以及潜在的政治后果感到担忧，但交易仍继续顺利进行。不过，出于对政治后果的考虑，松下同意将MCA公司的一家独立电视台WOR-TV分拆出来留给MCA公司的股东，并将MCA公司在黄石公园的特许经营权转让给一家新的美国运营商，沃瑟曼和谢恩伯格两人则留下来继续经营MCA公司。

1990年感恩节前夕，双方公布了这项交易。这笔高达66亿美元的交易是当时规模最大的非实业公司并购案。"它是我个人的一项巨大成就，也是拉扎德的巨大成就，"菲利克斯回忆道，"但对这整件事情我仍有一种不祥的预感。"他的直觉非常准确。这笔交易彻底失败了。6年多后，在没有征求沃瑟曼和谢恩伯格意见的情况下，奥维茨向松下公司建议以60亿美元的价格将MCA出售给施格兰公司 [事实证明，这笔交易是一场灾难。后来，施格兰公司把环球公司转售出去，环球公司因此更名为维旺迪环球公司（Vivendi Universal），成了一家野心过大的法国公用事业公司，由拉扎德前任合伙人让-马利·梅西耶（Jean-Marie Messier）负责经营。不过，环球仍是一个致命的累赘，为了避免破产的厄运，维旺迪最终将它出售给了通用电气，通用电气又将它与美国国家广播公司合并了]。

　　不管是菲利克斯、史蒂夫，还是其他人做的这些交易都规模庞大、非常引人注目，甚至改变了行业格局，与此同时，还给拉扎德带来了巨额酬金。MCA交易之所以特别美妙，不仅是因为当时并购交易持续短缺，而且为这些交易做咨询顾问的大多都是小企业，如为日本企业提供咨询的奥维茨和艾伦公司以及为加州企业提供咨询的拉扎德等，而不是华尔街的金融巨头，这也进一步肯定了拉扎德的商业模式。当然，年复一年地赚取酬金对拉扎德来说至关重要，因为它基本上只有一种业务——为并购交易提供咨询服务。而像规模更大的高盛、美林、摩根士丹利和花旗等这些华尔街公司则可以通过多种业务向客户收取酬金，尤其是为企业举债和募集股本业务。拉扎德在自身设置上很欠缺这方面的能力，因此到了每年1月，拉扎德内部总有人抱怨："现在我们又要从零开始了。"不过，正如弗兰克·扎布所说，年复一年，拉扎德总能完成这个目标。

　　在20世纪90年代初期的信贷紧缩期间，史蒂夫赚取高额并购交易酬金的能力自然使他受到了身处32层的菲利克斯和米歇尔的注意。尤其是，史蒂夫带来的巨额并购交易酬金还是从新客户那儿赚到的。因此，他在公司内部获得了越来越大的权势和影响力。当然，他的收入也很可观——每年都能达到数百万美元，不久他就得到赏识，成了公司的领导成员。1990年底，42岁的卢米斯重新成为拉扎德投资银行业务的负责人，领导和指导公司的经营，但他能做的非常有限，因为他生性谨慎，而且菲利克斯和米歇尔给他施加了诸多限制。他负责的最重要的一项工作是每年一度的绩效评估以及非合伙人的薪酬支付。当时，合伙人们的薪酬仍由米歇尔决定，这样的薪酬体系已经暴露出越来越多的弊端，合伙人们互相猜忌，每个人都紧张兮兮，但又完全忠于米歇尔。不过，卢米斯仍会对拉扎德的合伙人制度发表一些经过深思熟虑的见解。

　　1991年3月，卢米斯向银行业务的合伙人们发表了一番长篇大论。"在做了一年银行业务的协调工作之后，我有一些见解或许值得与大家分享。"他谦虚地写道。他的主要观点之一是肯定了拉扎德目前的良好表现,特别是在信贷紧缩之后,与那些局面混乱的华尔街大型公司相比,拉扎德的业绩显得尤其突出。不过,他同时还列举了将来可能阻碍公司发展的11个"显而易见的问题",其中包括一些老生常谈的问题,如对稀缺人才资源的利用不当,以及如何与公司的两大对手进行持续有效的竞争。"华尔街仍处于混乱之中,"他写道,"话虽如此,摩根士丹利和高盛依然还是我们有力的竞争对手,不仅是因为它们本身非常优秀,还因为它们都具有强大的动力与高度的国际化意识。"

卢米斯在报告中也承认,在拉扎德,"并不是任何人都可以指导其他人的行动和提高其他人的效率。一些效率低下的问题是伴随公司的优势出现的,但另一些则是因为我们的合伙人没有以身作则。这是我们的问题,因此我们需要联手解决"。文章接着写道:

要在拉扎德获得成功和快乐,需要具备一些相似的特质。总的来说,一直以来最为成功的合伙人不仅拥有杰出的才干,还具备向大公司展示拉扎德实力的卓越能力,而不是打着公司的招牌谋求个人利益。个人的成功是间接的、逐渐累积的结果。如果在木已成舟前不能倾听不同的声音或有建设性的意见,就不可能获得成功。对于合伙人与助理而言,获得成功和幸福的各项因素之间存在一定关联,看上去轻松自在的人更愿意经常随意地征求他人的意见,闭目塞听的人无论是在公司内部还是外部都会面临被孤立的风险和结果⋯⋯并且这也会降低个人在合伙制企业所获得的收益。

这份文件在拉扎德又是前所未闻,笔调专业,通篇都是晦涩的数落,辅之以一星半点的积极肯定。合伙人们看到后会有怎样的反应,我们当然很难知晓,但估计也是无关痛痒,而且非合伙人对此一无所知。此外,合伙人们的行事方式、开拓新业务以及与初级专业人员共事的方式也丝毫没有变化。拉扎德仍然像往常那样古怪、功能失调,也仍然像以往一样成功。

1991年10月，《M公司》(*M, Inc.*) 杂志刊登了一篇介绍米歇尔的文章——《成为王者的好处》(虽然读过的人很少)，并对拉扎德的古怪特色大加赞赏。《M公司》杂志的前身是《曼哈顿公司》(*Manhattan Inc.*) 杂志，为菲利克斯的朋友克莱·菲尔克 (Clay Felker) 所有。这篇文章由苏珊娜·安德鲁斯 (Suzanna Andrews) 执笔，编辑痕迹很重，夸赞了米歇尔和拉扎德，却刻意不去挖掘深层的内容。"可以说，拉扎德是美国如今盈利能力最强、实力最雄厚的并购机构，"文章吹捧道，"它在欧洲大陆的许多大型公司中持有巨额股份，因此是人们最敬畏的银行。欧洲经济将于明年实现一体化，在此前夕，拉扎德有条件获得更多的财富和权力。随着拉扎德的权力不断增强，它幕后的操纵者——叱咤风云的米歇尔·大卫－威尔也显得越发神秘。"这篇文章还刊登了一张米歇尔的照片，他衣冠楚楚地站在巴黎办公室里，背后是他祖父的肖像画，这幅肖像由大卫－威尔家族的朋友爱德华·维亚德所绘，非常珍贵。

这篇文章还花费大量笔墨描述了米歇尔魅力十足的怪癖和言谈。"多年来，各家公司基本上都在发展自己的特色，"米歇尔对投资银行界如此评价道，"至少我坚信，华尔街的人只与内部人士交往。即使你可以改变这一点，但他们的心态不会改变。"这篇文章还称赞米歇尔给了合伙人工作上的自由，没有那些比拉扎德规模更大的竞争对手的官僚作风，这在很大程度是因为他希望招募与华尔街人士不太一样的银行家。菲利克斯是移民，史蒂夫是前《纽约时报》记者，比尔·卢米斯想写出毛姆风格的作品，路易斯·里纳尔迪尼以前是菲利普·约翰逊事务所的建筑师。菲利克斯说："我们这里强调个人主义。"这里的每个人都能愉快相处。"这里就像一个大家庭，"里纳尔迪尼说，"你知道这哥们是个酒鬼，那个人工作很努力。你还知道这个姐们有艺术气质，那个则没有。"

然而，现实比文中一笔带过的情况要黑暗得多。米歇尔召集了一群独特的人为自己工作，他们聪明但缺乏安全感，野心勃勃却又不愿冒险，他们都愿意顺从米歇尔，以换取无风险的财富。米歇尔在精神和物质上都给予了这群敏感的精英下属良好的呵护，菲利克斯就是最好的例子。菲利克斯曾说，拉扎德是"我的家"。但安德鲁斯发现菲利克斯对这个问题非常敏感。她曾问过菲利克斯有关他与米歇尔签定的10年滚动雇佣合同的事。"这触及了他的痛处，"安德鲁斯写道，"菲利克斯拒绝回答，结束了采访。"但是，作为一位优秀的记者，她没有放弃，而是转向米歇尔询问。"菲利克斯的移民意识一直都很重，"米歇尔回答道，"他总是非常缺乏安全感。所以我会通过一些谈话和安排让他获得安全感。"但其他人认为，菲利克斯和米歇尔之间的奇怪关系则是拉扎德狂躁本质的一种体现。"那个地方有点神经质，"拉扎德的一位竞争对手指出，"我肯定你在一些娱乐公司见过这种状况，但对于金融公司来说，这就很离谱了。"

米歇尔是这一切的幕后操纵者。"我就是常驻公司的精神病医生，"他说，"我坚信，一个人的缺点往往比他的性格更具决定性。每当招进一个人，我就会仔细观察他。他的缺点是什么？怎样才能激励他？"米歇尔本人的弱点又是什么呢？安德鲁斯问道。"我完全不介意别人和我一样优秀，"他回答道，"但如果他们比我更优秀，我就不开心了。"事实上，米歇尔在社交和工作场合中还非常喜欢拒绝别人。"我总是与其他人保持一定的距离。"他曾对法国记者安妮·萨布莱特（Anne Sabouret）（她于1987年写过一本关于拉扎德的书）说道，这也成了他的名言。他还告诉萨布莱特，自己想方设法来排遣痛苦，比如在周围摆上昂贵的艺术品和其他象征财富的物品，这样他在拉扎德的办公室里工作一天后就能恢复活力。他说："我需要这些美丽的事物来保持生活的平衡，它们让我感受到了生活的乐趣。"米歇尔对安德鲁斯坦言，自己排遣痛苦的另一种方式就是独处。"孤独并不可怕，"他说，"我认为顺从会让你失去很多东西，我从不顺从别人，也完全不想顺从别人。我从小就不和其他孩子一起玩，我一直不合群。"

这也是米歇尔和菲利克斯管理拉扎德的方式。菲利克斯一直都是华尔街的垃圾债券、过桥贷款以及为企业掠夺者提供咨询（20世纪80年代，第一波士顿和德崇证券等公司为企业掠夺者提供咨询的业务利润虽然丰厚，却缺乏增长后劲）等业务的主要批评者。米歇尔坚决捍卫菲利克斯的立场，让拉扎德远离这些时髦的金融业务，这也是他对别人说"不"的一种方式。"我们很自豪不必被迫做任何事，"米歇尔经常说，"如果你认为自己必须仓促地去做任何事情，这种想法一定是种幻觉。"

出现在非工作场合的时候，米歇尔通常有女性相伴在侧。"我的朋友大多是女性，"他告诉安德鲁斯，"我不太喜欢与男性交往。虽然他们在工作中很有趣，但在生活中，女人则更有趣。"米歇尔经常告诉合伙人们应该把女性的交际手腕用到交易中，这在华尔街是个特例。"米歇尔总是说，如果要成为一位优秀的投资银行家，你需要具有一定程度的女性特质，"罗伯特·阿戈斯蒂内利解释道，"你需要有很强的直觉和敏感度。要知道，很多事情男性通常都搞不懂。"米歇尔对此补充道："男性通常都没什么均衡概念。"安德鲁斯还曾报道过米歇尔的妻子海伦妮·莱希德科斯（Hélène Lehideux）。她出身于曾经显赫一时的法国银行世家，安德鲁斯对她的描述是"一个美丽的女人，和她丈夫一样低调保守。但只要她出面号召，整个巴黎都会积极回应"。一位"巴黎的社交名流"告诉《女装日报》（*Women's Wear Daily*）："她有让所有人都露面的本事。"为了美化米歇尔的形象，这篇文章没有提到他与纽约长岛蝗虫谷上流社会中出名的玛格·沃克（Margo Walker）有着长期婚外情。米歇尔在蝗虫谷有一处房产，周末会在那里度过。不过，4年后，安德鲁斯在另一篇关于拉扎德的爆炸性文章中揭露了米歇尔和沃克的风流韵事。

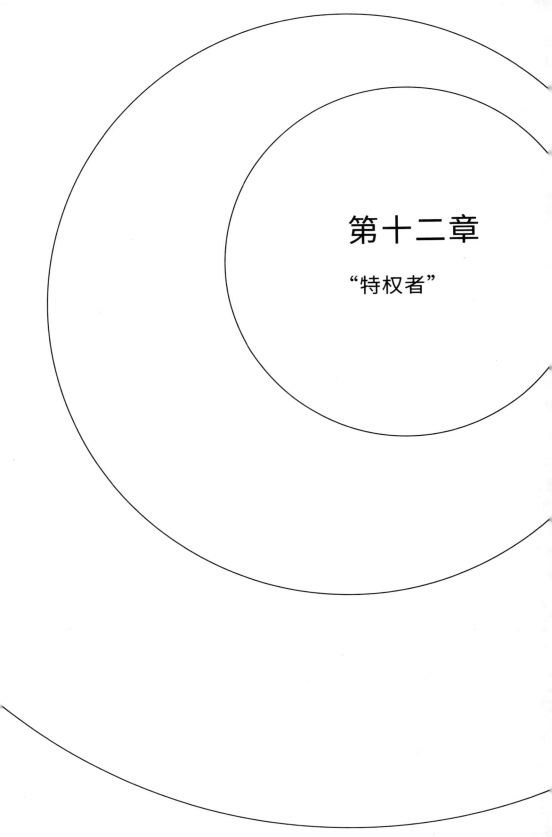

第十二章

"特权者"

传说，印度尼西亚人口最多的岛屿爪哇岛上有一种非常美丽却足以致命的树，当地人称之为"见血封喉"（upas，爪哇语含义是"有毒的"）。这种树会释放含有剧毒的气味，任何生物都无法在其周围存活。1783年，一位荷兰内科医生登上爪哇岛，声称亲眼见到了这种树，写下了这么一段描述："在山谷及周围的群山中，我看不到一棵树或一根草，也没有飞禽走兽乃至任何其他活物生活在附近的迹象。"8年后，与查尔斯·达尔文同样权威的人物——他的祖父伊拉斯谟·达尔文（Erasmus Darwin）也做出了同样的描述。

用"见血封喉"来比喻菲利克斯，用它的效果来描述在他成为投资银行业传奇人物的过程中为他辛勤工作却始终默默无闻的众多（如果不是全部的话）合伙人的命运再合适不过了。菲利克斯惯常的工作方式是，至少安排两位初级合伙人帮助自己完成交易。这些初级合伙人负责交易执行团队的协调工作——尽职调查、处理数据、准备报告、通宵工作等等；而菲利克斯本人则主要负责维护客户关系以及博得董事会的称赞。在菲利克斯手底下干活的银行家们都非常沮丧，他们原以为这份工作能让自己一举成名，却失望地发现菲利克斯的野心没有止境，自己只不过是他的一枚棋子。"（菲利克斯）多年来一直在打压别人，"一位男士在1996年告诉《纽约》杂志，"任何靠近他的人都会被打压。"

其中较为众所周知的例子就是拉扎德前合伙人彼得·杰奎斯（Peter Jaquith）的经历。杰奎斯先后毕业于菲利普斯安多佛中学和达特茅斯学院（Dartmouth），在1970年加入拉扎德之前，曾在华尔街的谢尔曼–斯特林律师事务所担任助理。他在多项交易中都为菲利克斯工作，包括施格兰公司交易。"他是我的得力干将，"在《纽约时报》一篇介绍杰奎斯的长篇报道中，菲利克斯如此说道，"他负责交易中的财务和法律架构。"杰奎斯是拉扎德收入最高的合伙人之一，一度拿到过2000万美元的年薪，但《纽约时报》的这篇报道主要讲述了他堕落成瘾君子和穷困潦倒的悲惨经历。杰奎斯开始厌倦自己一直在拉扎德担任"配角"。他还记得1981年在"21"俱乐部举办的施格兰交易庆功晚宴上，施格兰CEO埃德加·布朗夫曼（Edgar Bronfman）单独向他表示祝贺。20多年前，正是布朗夫曼的父亲建议菲利克斯放弃外汇交易工作，与安德烈一起进行并购交易的。

然而，菲利克斯当时就坐在附近，听到后很不高兴。"我认为菲利克斯嫉妒了，"杰奎斯后来解释道，"从那之后他再也不重用我了。"杰奎斯声称，在施格兰庆功晚宴之后，菲利克斯变本加厉，甚至不再让他参与其他交易。杰奎斯受够了，于1985年离开了拉扎德。菲利克斯则否认了杰奎斯的说法。"我对他的工作很满意，我很遗憾他离开了拉扎德。"他这么告诉《纽约时报》。离开拉扎德之后，杰奎斯先后去了福斯特曼－利特尔公司和贝尔斯登工作，后来还成立了蒂拉尔投资公司（英文名"Tilal"是"There Is Life After Lazar"的首字母缩写，意即"离开拉扎德后仍有活路"）。但傲慢和毒瘾最终断送了杰奎斯的职业生涯，他的身体也垮了。经过多年努力，1997年底，他终于摆脱了酒瘾和毒瘾。他试图重回拉扎德。和米歇尔约好时间后，他去了米歇尔在洛克菲勒中心30层的新办公室。"我们在他的办公室见了面，我对他说，我知道他的一些管理人员离开了，他可能需要人手。"杰奎斯解释道。但结果并不如意。米歇尔给他写了一封信："正如你可能了解的那样，我们一直有一项政策，就是不再雇用离职员工。"但事实并非如此。《纽约观察家》（New York Observer）发表的社论写道："大卫－威尔先生显然缺乏同情心，甚至不愿提供一点点帮助——他不一定要聘用杰奎斯先生，但他肯定可以做一些事情来支持这位前同事。大卫－威尔先生虽然继承了一大笔财富,但他似乎浪费掉了一份更宝贵的资产,那就是他的品格。"如今,杰奎斯独居在帕萨迪纳的一间小公寓里。

还有其他一些为菲利克斯工作的合伙人也感到非常沮丧,但他们的例子远不如杰奎斯具有戏剧性。戴维·苏普诺与杰奎斯一样,曾是谢尔曼－斯特林律师事务所的助理,也为菲利克斯短暂地工作过一段时间。他回忆起自己在初进拉扎德时做的一起交易。当时,菲利克斯的客户查尔斯·雷夫森(Charles Revson)想买下一家波士顿的小型私有企业,菲利克斯便派他去马萨诸塞州做尽职调查。到那之后,苏普诺了解到该公司的CEO希望手中的股票价格能高于其他股东所能获得的价格,具有法律背景的他立刻意识到"这是非法行为",向菲利克斯汇报了这些情况。"菲利克斯明白了我的意思,但第二天就不再让我负责这项交易了。"苏普诺回忆道,还解释说这笔交易最终没有达成。

苏普诺能说一口流利的法语,曾与菲利克斯一起做过几笔早期的法美跨境交易。苏普诺记得,菲利克斯曾明确地表示,只有他才能与CEO交谈,而苏普诺不能。如果CEO给苏普诺打了电话,而菲利克斯又不在旁边,那么苏普诺必须事后向菲利克斯汇报谈话内容。"这就是菲利克斯的做事方式,如果你的行事超出了职责范围,他就会非常不高兴。"苏普诺说,"我记得有一次他给我打电话,说听闻我(跟那位CEO)交谈过,就冲我吼道:'你怎么能这样做? 这真是太可怕了。'"苏普诺得出的结论是,在菲利克斯手底下工作"非常困难,因为一切都是徒劳。他根本不希望你得到客户的好评,也不愿你得到公司的认可。通过与菲利克斯共事,我发现为菲利克斯工作过的年轻合伙人或高级助理出于各种原因都和他闹翻了。他不再让他们与自己共事,于是这些人的职业生涯就结束了"。尽管苏普诺觉得自己的工作"有趣"又"刺激",但他还是认为在菲利克斯手下工作"会让我在公司陷入非常危险的境地",因为"最好的情况是死路一条,最坏的情况是被宣判死刑"。

　　他意识到要在拉扎德生存下来，就不得不"走出一条不受菲利克斯控制的路"。1980年，他接到了安永会计师事务所（Ernst & Young）当时的合伙人阿特·纽曼（Art Newman）的电话，对方邀请他参与美国最大的卡车制造商之一怀特汽车公司（White Motor Company）的财务重组工作，不久前，这家总部位于克利夫兰的汽车公司刚刚申请破产。苏普诺认为，这次的重组咨询业务是自己摆脱菲利克斯的绝佳机会。他抓住了这次机会，并将其做成了华尔街上最优秀的重组业务之一。摆脱菲利克斯之后，他在拉扎德的职业生涯非常成功。但一开始菲利克斯对他做出的这个决定的反应是："戴维，我不明白你为什么要做毫无前途的工作。"苏普诺认为菲利克斯是一个"非常不可靠的人"，他是"最终用户。一旦他认为你没有利用价值，就会像扔掉昨天吃剩的臭鱼一样抛弃你"。

　　路易斯·里纳尔迪尼也知道菲利克斯确实是这种人。不过，他还在拉扎德工作，因此对菲利克斯的描述比从拉扎德退休的苏普诺更圆滑。里纳尔迪尼于1980年进入拉扎德做助理，他马上就察觉到菲利克斯常常找一些聪明伶俐、工作勤奋又野心勃勃的助理为自己工作。"他无意向其他人做解释，"里纳尔迪尼说，"他不想培训任何人，也不想教导别人。他只想要一些能读懂他心思的人。当他问：'你想过这些吗？'——就像电视剧《陆军野战医院》（M*A*S*H）里的人物雷达（Radar）一样——我就会回答：'想过，喏，您不是想问我关于这个情况的分析吗？'我们很合拍，相处融洽，所以他的大部分活儿都是我干的。"

　　但事情并没有这么简单。里纳尔迪尼回忆道，菲利克斯经常会让三四个人去干同样的活儿。"我一直不知道他是有意为之，还是因为他不确定该怎么做，于是让4个人都去试试，看看他们会想出什么法子；也许是因为他忘了曾把任务分派给了3个人，结果又把这事交给了第4个人；又或者，他就是想让4只兔子赛跑，看看哪只跑得最快。可以说，这是一种典型的资本主义做法，如果出价方和要价方达成共识，交易就能做成。"里纳尔迪尼认为菲利克斯不是随意这样做的，因为他非常聪明，且凡事都亲力亲为。"他能告诉你一连串数字，"里纳尔迪尼回忆道，"他能记住。他的记性很好，看一遍就能记住。如果你第二次拿给他看的分析报告和第一次的不一样，他就能发现错误。比如上一份演示报告的每股收益为 1.15 美元，而现在这份里是 1.17 美元，他就会说：'我认为这里应该是 1.15 美元，怎么会发生这种情况？'"当时电脑尚未普及——即便后来普及了，菲利克斯也不用电脑——菲利克斯"会拿出计算尺检查你的数字"，从中找出错误。

尽管如此，里纳尔迪尼还是非常感谢菲利克斯对自己的教导，让他明白 CEO 就像富人一样，与你我"不同"。菲利克斯的合伙人们认为，菲利克斯是他们见过的最精明的 CEO"心理医生"。"他能掌控与对方交流的信息量以及信息的传递方式。"里纳尔迪尼说。

史蒂夫·拉特纳是我见过的唯一一位在这件事上与菲利克斯有同样天赋的人，从他打电话这点上就能看出来。菲利克斯打电话总是非常简洁。他的语言组织能力很好，不会说那些不相干的废话。我认为这是一种综合推理能力。如果你收到 170 条不同的信息，你不会将其中的 167 条放着不管，只说另外 3 条很重要；你会说，综合考虑所有信息后，这些信息是重要的——这个，这个和这个，我们已经考虑了所有因素……菲利克斯就像"雷达"一样。然后他们就会说："太棒了，这就是我想要的。我就是需要一个能够看透所有金融因素的人……然后告诉我接下来的决定该怎么做。"

杰奎斯与菲利克斯闹翻后，里纳尔迪尼就成了菲利克斯的新助手。"他是菲利克斯的小跟班，"合伙人肯·威尔逊说，"他对菲利克斯言听计从。"时代与华纳的合并交易、通用电气与美国无线电公司的交易、MCA 对格芬唱片的收购交易、将海洋世界主题公园出售给安海斯－布希的交易、将MCA出售给松下的交易、将纳比斯克出售给KKR的臭名昭著的交易——所有这些交易以及其他更多的交易，都是由里纳尔迪尼去执行的。他完全处于菲利克斯的控制之下，来自所罗门兄弟公司的威尔逊认为这太过荒谬了。"我非常震惊，像路易斯这样的高级人员似乎不应该对菲利克斯唯命是从。"他说。

但就像他之前的那些人一样，在菲利克斯身边待了10来年后，里纳尔迪尼也变得越发焦躁、沮丧起来。这也是情理之中的。"我与菲利克斯之间唯一的矛盾就是，菲利克斯无法或者说是不愿把自己的客户介绍给年轻人，"里纳尔迪尼解释道，"我想和他谈谈这件事，因此我建议我们俩和杰克·韦尔奇共进午餐，或者在华纳公司选两三个我能负责的业务，否则我是不会有进步的。"和其他从拉扎德成长起来的银行家一样，在为菲利克斯工作多年之后，里纳尔迪尼也成了合伙人。成为合伙人后，里纳尔迪尼需要为公司创造业务，但他十分迷茫，不知该从何入手。苏普诺通过直觉察觉到的这个事情，他吃过一番苦头后才弄明白。"当我成为合伙人时，还不具备相应的商务能力，"他回忆道，"我可以像合伙人一样行事，和世界上任何一位CEO交易，参加任何公司的董事会会议。我知道我永远不会让自己难堪……我已经学会了如何在一家成熟的公司中表现良好，但如果要开拓新业务，要走出去，在没有菲利克斯的帮助下只靠我自己拿到业务会非常困难。"里纳尔迪尼意识到，虽然"我过得非常愉快"，参与了菲利克斯的所有重大交易，"但我必须摆脱对他的依赖，独立做事。但这非常困难，因为我参与了他所有的交易，可大概又做得不是很好，而且我一点都不擅长断绝关系"。

1991年，米歇尔在他位于第五大街820号的公寓里为少数合伙人举办了一次晚宴，在这次晚宴上，里纳尔迪尼对菲利克斯的失望情绪达到了顶点。米歇尔举办此次晚宴，目的是消除一些年轻合伙人对老资格合伙人的失望情绪。当时，年轻合伙人们认为，像菲利克斯这样老资格的合伙人应该放弃对一些令人垂涎的大客户的控制，如此他们才能在业务上有所发展。路易斯·里纳尔迪尼在纽约州新罗谢尔长大，上大学时，他那当医生的父亲把家迁到阿根廷，于是他就成了"火热的阿根廷人"。里纳尔迪尼是一位精力旺盛、口碑极好，且具有"绅士风度"的马球运动员，曾花3万多美元让人为他绘制了一幅6英尺×4英尺的油画肖像。画中，他身穿马球制服，手握球棍，拿着头盔。在拉扎德，大家都知道他非常情绪化，脾气很大。据说，他在气头上时曾把自己宽大的古驰乐福鞋扔了出去，差点砸到他的助理。

晚宴开始时，大家先是单纯地讨论如何帮助年轻合伙人培养商业直觉。里纳尔迪尼有一些强烈的看法，但他并不是唯一这样想的人，其他人也是如此。就在大家喝着拉图尔酒庄的葡萄酒时，达蒙·梅扎卡帕表达了自己的担忧，他认为讨论还不够坦诚。于是大家移步客厅，讨论变得激烈起来。"我认为里纳尔迪尼喝多了，"梅扎卡帕回忆道，"他发表了长篇大论。他轻微地攻击了菲利克斯，还说了很多粗话。出于尊敬，我们在米歇尔面前从来没有这样做过。菲利克斯一直坐在那里。里纳尔迪尼完蛋了。"

里纳尔迪尼向菲利克斯倾吐了过去10年里压抑着的沮丧情绪。据那些在现场的人说，这是让人难以忍受的痛苦时刻。"我很难摆脱菲利克斯的控制，因为每次我想摆脱他自己去做点什么事情时，他就会交给我一堆必须完成的任务，"里纳尔迪尼回忆道，"这些事情很重要。所以我一直在菲利克斯的压制下活着，你必须做这个、这个和这个。公司在这方面没给我提供任何帮助。当你为湖人队效力时，你就不能抱怨，你必须清楚其中的压力。这可不是件好玩的事。我的意思是，我是不可能有职业发展的。我一直都在问自己：'我该怎么办？去和菲利克斯抗争？'该死的，这简直太蠢了，我一定会输。我为什么非得那样做呢？"

回想起来，里纳尔迪尼认为自己过于追求变革，而当时米歇尔和菲利克斯还没有做好变革的准备（如果他们有这个打算的话）。"我认为对米歇尔和菲利克斯来说，我的想法有点太宽泛了，"他说，"就像'你在说什么大话？赶紧回去干活！'"菲利克斯则表示自己对那晚发生的事情没什么印象。不过，自那次晚宴之后，他就不再让里纳尔迪尼参与他的任何交易了。里纳尔迪尼开始独立做交易，在拉扎德又继续工作了10年，之后加入了伦敦的第一波士顿银行。

拉扎德前副总裁杰弗里·利兹（Jeffrey Leeds）在任职的6年里为菲利克斯和史蒂夫做了很多交易。对于自己在菲利克斯手下工作的经历，他与里纳尔迪尼有着完全不同的看法，他的看法更为宽厚。关于与投资银行界的传奇人物共事，许多年轻的非合伙人银行家与他的看法相同，认为在创造交易和赚取酬金方面，米歇尔给他们的压力要小得多。利兹解释道："菲利克斯的观点是，'不好意思，你说的忠诚是什么意思？你是对的，但我在办公室里没有这种意识。我只想在这里干一番大事业，做些有意思的工作。如果我请你和我一起做这个项目，并不意味着我们像结婚一样绑在一起了。没人会说这是一种交易'。他对指导别人毫无兴趣。我为他工作时的情况和我最近对他说的情况一样，'你一点都不友好，你也没什么魅力，但我确实学到了很多东西'……我不觉得谁亏欠了我。其他人可能觉得他们被亏待了吧。"

拉扎德的年轻银行家称菲利克斯为"特权者"，当菲利克斯在某项重大交易中担任的角色曝光后，他们就会郑重地惊叹："多厉害的'特权者'啊！"利兹对此解释道："我认为拉扎德的员工都很清楚，天赋和工作能力是分等级的。只有菲利克斯将球带到一码线，拉扎德团队里的其他人才能触地得分，或者他们会假装把球传给菲利克斯，其他人则在防守队员分布区带球，好像这是他们的得分。但如果把菲利克斯踢出团队，你就会突然发现无路可走，眼前一片迷茫。"

在米歇尔公寓举行的那场合伙人们情绪激动的晚宴上，史蒂夫·拉特纳也在场，但他没有说出心底的想法。他没有里纳尔迪尼的忧虑，他有自己的客户。客户们会聘请他和拉扎德去做很多交易。各个层级的银行家们都意识到，史蒂夫在公司里变得越来越重要。他并不打算贸然进入菲利克斯的圈子。如果菲利克斯要和他一起工作，也得按照他的条件来做事，他和菲利克斯的地位是平等的。史蒂夫之所以能做到这点，是因为他的业务能力足以与任何人媲美，相比之下，卢米斯的贡献就显得微不足道了。菲利克斯曾委派卢米斯参与ITT、国际纸业、莱斯利·埃克斯纳公司以及LTD公司的交易，但挑剔的埃克斯纳公司却将越来越多业务交给其他公司去做。具有讽刺意味的是，早些年卢米斯因在LTD公司交易中的杰出成就而被提拔成拉扎德的合伙人。事实上，在拉扎德，可能只有菲利克斯和艾拉·哈里斯的业务量可与史蒂夫一较高下。

　　越来越多的初级银行家开始嚷嚷着要为史蒂夫干活，在盛行达尔文主义的华尔街，这个迹象表明史蒂夫的势力正慢慢变强。并购通才彼得·艾泽斯基（Peter Ezersky）就是其中之一，他在1990年离开第一波士顿，以副总裁的身份加入了拉扎德。他非常清楚如何才能在拉扎德取得成功，初级银行家们将他的手段描述为"对上溜须拍马，对下横行霸道"。1992年第一季度，他暗地里向史蒂夫和卢米斯表达自己想要加入史蒂夫的媒体业务团队的意向。到了3月，事情到了紧要关头。卢米斯决定把他的想法白纸黑字地写下来，如今，我们不清楚他的这些对未来的筹划到底对艾泽斯基起到了多大的帮助。"作为一位级别仅次于合伙人的杰出通才，你会发现因为一些相关合伙人的生性复杂，你的工作也变得愈加复杂。具体来说就是，合伙人只会让你参与部分决策，却把工作全部丢给你去处理……而这时你发现，史蒂夫·拉特纳才能卓越，拥有良好的沟通能力，能提供很好的指导。在适当的时候，他还愿意将重要的交易委派给别人。这真的太有吸引力了。"卢米斯表示，他认为艾泽斯基应该继续担任通才的角色，但如果艾泽斯基想转岗，自己也会支持。他的说法是，"在此之前，你要深思熟虑，还要再跟米歇尔谈一次"，因为"他已经在考虑提拔你（成为合伙人），从你的角度来说，如果没有得到他的支持就转变角色是很愚蠢的行为。从公司的角度来说，在这种情况下，你也有义务坦率、明确地说出你的顾虑，还要举出具体的例子。你不应该闷声不响地逃到舒服的地方，把所有的不快留给我们……你是拉扎德的人，你应该和我们共同承担"。他将一副沉重的担子放在了一个只想去追求新兴趣的年轻银行家身上。不久之后，艾泽斯基与米歇尔谈了一次话，接着他就进入了史蒂夫的媒体业务团队。于是，拉扎德内部出现了这样的传闻：第32层的两个办公室里的人开始关注史蒂夫在业务上取得的成功以及他在公司中的影响力。

卢米斯聪明地觉察到了脚边的流沙，但他没能迅速清除，直到1992年夏末，他才意识到发生了什么。1992年4月，这个事件正式揭开序幕，卢米斯再次提到了他在20世纪80年代后期最钟爱的话题之一：拉扎德银行业务的管理仍然非常不合理，无法实现生产率最大化。除此之外，拉扎德的业务也很混乱，缺乏一位核心的权威人物来指导各项业务的分配。"如果考虑到合伙人们有效领导主要业务的相关能力存在差异，精力就更加分散。"他在给米歇尔、菲利克斯、梅扎卡帕和史蒂夫的信中写道，"我们可以采用一种更有效的方式，事先就各家公司的整体情况和带头合伙人等重大问题达成一致，再根据先前审核通过的条件来考量其他事情（具有负面倾向的）。"

这一次，卢米斯的看法又是正确的。在拉扎德，没有核心的权威人物来决定合伙人们的时间该如何分配，而且许多合伙人也喜欢保持这种状况。如果像其他公司那样实行集中管理，专业人士都需要承担相应的责任，那么情况将会怎样？但拉扎德与众不同，这里很少有官僚主义作风。卢米斯一直在努力，而且出发点也很好，但他的观点仍然遭到强烈反对。一个星期后，米歇尔、菲利克斯、史蒂夫、梅扎卡帕和卢米斯开了个会，成立了一个非正式的执行委员会（只存在了很短一段时间）。当时的形势已经非常明朗，对于整个并购交易市场来说，1992年将是比较艰难的一年。这意味着，拉扎德将面临一段艰难时期，尽管公司在并购交易领域的市场份额仍在不断提高。这群合伙人开会就是为了想出应付这种情况的对策。

卢米斯再次提到了他最热衷的话题，即拉扎德应该更有组织性。"但菲利克斯是个难题，"一位合伙人回忆道，"因为他不想变得更有组织性。他喜欢公司这种无序的状态。"会议结束后，米歇尔让卢米斯去整理后续会议的书面材料。卢米斯同意了，这可能是他犯下的第一个错误。为了在公司中发挥更大的作用，也在更强烈的责任心的驱使下，卢米斯很快在与菲利克斯之间的冲突中妥协了。他承认自己"为公司内部的进步做出了一定的贡献"，但他又奇怪地加了一句，"如果我为公司做了大量微小而又不起眼的贡献，而且我也不说这些都是我的想法，我认为他们会觉得我是最成功的"。但他也意识到了其他人在背后对他的评价：不管出于什么原因，反正他经手的业务不多。"他们对我能否与客户有效沟通存在质疑，"他写道，"对我来说，帮客户想销售话术、参与诸如雀巢等客户的讨论、与合伙人一起参加董事会会议等等，都要比担任公司小团队的主要合伙人以及与内部人员有效沟通更加容易。"但他的这一番言论引起了诸如菲利克斯、史蒂夫等人的攻击，因为这些事情正是他们在做的。

不过，卢米斯拒绝应对其他人的挑衅。他声称自己无法在管理银行业务方面做得"更多"，除非拉扎德能满足他的以下条件："（ⅰ）对于我提出的'经营方法'达成共识，不要经常改变理论和策略；（ⅱ）菲利克斯必须坚定地支持我，不能摇摆不定，这并非会伤害我的感情，而是会影响我的工作成效；（ⅲ）在银行业务部，米歇尔必须愿意让我与他一起设定除执行委员会成员（包括我自己）之外的银行业务合伙人的薪酬比例，且应该让大家都知道这条非正式的规则。"

卢米斯的提议触到了拉扎德投资银行业务的高压线。尽管在拉扎德的最初几年，他在LTD公司和露华浓公司的项目中都与菲利克斯合作得很好，但一旦涉及公司内部的管理问题，两人就一直冲突不断。现在，卢米斯竟然公开指责菲利克斯。更糟糕的是，他还在备忘录中附上了一份菲利克斯在19年前"黑暗时期"执笔的备忘录副本，这份内容粗俗的文件反应了当时菲利克斯的糟糕状态，它本该永不见天日，因为最初收到它的许多合伙人早已离开拉扎德。可以想见，菲利克斯被激怒了。他不仅拒绝管理银行业务，还不愿让其他人插手，他的态度令卢米斯愈加挫败。

此外，卢米斯还主动提出要协助米歇尔确立公司里除最高级别人员之外的其他银行家的薪酬。员工的薪酬制度向来由米歇尔单独负责（在他之前则由安德烈单独负责），这是他得以维持在拉扎德的地位和权力的主要原因，因此卢米斯越俎代庖的请求无异于自寻死路。卢米斯一定也觉察到了这一点。他在备忘录的结尾狡黠地写道："虽然我在这份备忘录中提出了诸多想法，但其实我很乐意做交易工作。我享受这份工作，对我来说它更容易；即使接下来局面混乱，我也会毫不费力地吸引到最优秀的人才加入我的项目中。我不愿意拿自己的信誉冒险，去做那些没什么价值的公司组织事务，也不愿在没得到各位持续的实质性支持前，去尝试做些艰难的事情。我很乐意与大家私下见面讨论这个话题。"

每年夏天，米歇尔都会去他那幢名为"风中"的豪华海滨别墅度假。在他离开的几个月中，此事似乎沉寂了下来。显然，米歇尔不会同意卢米斯插手薪酬制度的事。但卢米斯有充分的理由提出这一要求，因为要引起公司中银行家的关注，让他们与自己合作，最有效的手段恐怕就是掌控他们的薪酬。作为银行业务的负责人，卢米斯要有效地开展工作就必须握有决定薪酬的权力，这也是华尔街其他投资银行的业务负责人必须手握的权力。如果没有这项权力，卢米斯就无法有效地开展工作，未来的路也就被封死了。如果卢米斯不是在熟知公司的历史后提出了这些要求，那么大家一定会嘲笑他的愚蠢和天真，但事实正好相反，而且卢米斯的要求促使米歇尔开始思考未来的继任人，以及如何更有效地管理不断发展的公司这两个他此前从未考虑过也不可能会考虑的问题。"他从来都是寸步不让，"卢米斯事后谈及米歇尔时说道，"于是，我就说，'您要知道，如果大家都知道他们的薪酬比例由您一个人决定，而且年底您还会单独找他们谈话，聊聊他们的工作情况，那谁还会听我的指挥呢？'"但这就是拉扎德的现状，令卢米斯感到失望的不仅是米歇尔将大权牢牢掌握在自己手中，还有菲利克斯老是在暗中搞破坏。就在史蒂夫和菲利克斯的关系越来越密切时，比尔·卢米斯和菲利克斯开始公开起冲突。"米歇尔把比尔写的东西交给了菲利克斯，于是比尔完蛋了。"一位合伙人回忆道。但卢米斯还在努力推动自己的提议。"我总说我有责任，但没有权力。"他解释道。

后来，卢米斯决定拿达蒙·梅扎卡帕开刀。梅扎卡帕负责的拉扎德资本市场部虽然规模小，但利润可观，他常被誉为拉扎德第三大合伙人，仅次于米歇尔和菲利克斯。1992年8月的前两周，卢米斯写了两份冗长的备忘录——随着时间的推移，一些合伙人已经完全不在意卢米斯做了什么或没做什么，只要他不再在这些冗长的备忘录中指责自己——假借传达其他员工日益高涨的不满情绪为幌子，向米歇尔讲了许多梅扎卡帕（他此时在法国南部）的坏话。卢米斯历数了资本市场部的一系列问题：梅扎卡帕的独断专行导致员工内斗，（在卢米斯看来）无理占用过多资源，缺乏向客户推销拉扎德融资业务的能力，以及"计划和组织欠缺凝聚力"。卢米斯向米歇尔表示，总有一些与资本市场部合作密切的银行家向他诉苦："简直是一团糟。没人知道他们在为谁工作，也不知道合伙人们的态度如何。"

在名为《资本市场（Ⅱ）》的备忘录中——这是卢米斯最近几周写的关于同一主题的第二份备忘录——他的口吻变得强硬起来，开始指名道姓。他举了4个例子，其中3个都向米歇尔提到菲利克斯曾要求他去告诉为肯·威尔逊工作的FIG集团的高级副总裁史蒂夫·涅姆奇克（Steve Niemczyk），拉扎德还不确定要在范-坎彭-梅里特公司（Van Kampen Merritt）（曾是施乐公司旗下的一家全资资金管理公司）的上市计划中扮演什么角色。"一番犹豫之后，史蒂夫向我解释，应该把开会向施乐公司'推销'业务变成例行公事,这样才能确定让谁做主角。"卢米斯写道。但"那次口头报告成了一场灾难,据说是因为无法限制参与人数(没有人可以决定),以及拉扎德内部也没有事先就口头报告进行过任何讨论。开会时,讨论的主题随意地变来变去。路易斯、杰瑞米等6位参会的拉扎德人士向施乐公司表示,拉扎德不会拿资本冒险之类"。虽然拉扎德最终夺得了此次承销的主导角色,但施乐公司却决定以3.6亿美元的价格将这家子公司出售给CD&R公司(Clayton Dubilier & Rice)。

接着,卢米斯还说了一件关于银行业务副总裁乔·梅班克(Joe Maybank)的事情,拉扎德刚成立高收益的资本部门时,曾打算把梅班克调入这一部门,但梅班克担心自己应付不了部门中的内斗,便拒绝了。卢米斯在给米歇尔的报告中说,对于这件事,梅扎卡帕对梅班克说道:"这些人相处得好坏并不重要,因为他们都向我汇报,这个问题我会处理。"接着,卢米斯又举了年轻的银行业务合伙人肯·雅各布斯的例子。在卢米斯的建议下,雅各布斯同意花些时间向客户介绍如何聘用拉扎德进行高收益融资,但当他与拉扎德当时的高收益融资业务负责人阿尔·加纳(Al Garner)谈及此事时,加纳却对此不屑一顾。卢米斯说,加纳是如此回应雅各布斯的:"谁能保证这些想法一定能获利? 你能向我保证那些客户不会把我们的点子拿去卖给别人吗? 这真的是任务吗? 为什么我们要把时间花在这上面而不是其他事情上?"

举了这些例子之后,卢米斯开始归纳这些问题的"根本原因",还认为这些问题"需要公开解决,且肯定会有些摩擦"。此外,他还发现"在一定程度上,梅扎卡帕非常擅长组建业务小组和人才配置。但他有3个缺点",卢米斯最喜欢在背后说人是非。第一,"他觉察到您(指米歇尔)对资本敞口和资本损失的担忧,所以就向手下的人传达了这一点"。第二,他拒绝银行家和他的资本市场团队"共同承担责任和问责"。第三,"一旦业务小组与合伙人发生冲突,他是唯一的调停人,他以此显示自己的重要性"。资本市场部的其他合伙人都"不够强大,都对梅扎卡帕感恩戴德，只有一个人例外……他们虽然缺乏勇气，但如果能有效地引导，让他们在公司中各司其职，他们还是有能力的"。

卢米斯说自己与梅扎卡帕的关系很差一点都不奇怪。"梅扎卡帕觉得我威胁到了他的地位。我们的关系时而紧张，时而缓和，只有当他觉得我同意（至少部分同意）他对某项事务的计划或结论时，他才会把我视为朋友。"卢米斯写道，"说了这些，您可能会觉得我是只疯疯癫癫的达菲鸭（Daffy Duck）[1]，梅扎卡帕一定会反驳，但我肯定摩根士丹利的很多合伙人都同意我的看法。"自这份备忘录之后，卢米斯时不时地在公司里自称"达菲鸭"。他告诉米歇尔，资本市场部只有两条路可走：要么什么都不做，保持现状；要么进行实质性的改革，至于改革的具体细节，卢米斯当时只字未提。

为了进一步说明自己的担忧，卢米斯还给米歇尔看了一份他让合伙人金姆·范尼布雷斯克（Kim Fennebresque）撰写的备忘录副本，内容是近期范尼布雷斯克在一个融资项目中的经历。据《纽约时报》报道，"第一波士顿公司因一笔有问题的过桥贷款而陷入困境"，以此为由解雇了为人高调的范尼布雷斯克。随后，也就是一年前，卢米斯将他招到了拉扎德，因为范尼布雷斯克的妻子黛比（Debby）和他的妻子克里斯汀（Kirstin）是好友，也是因为这层关系，两人才得以相识。如此一来，范尼布雷斯克在备忘录中支持卢米斯的观点——拉扎德资本市场部的状况很糟糕——也就一点都不奇怪了。"拉扎德那些负责集资的人似乎把保护公司资本视为自己的首要任务。"范尼布雷斯克写道。他简要总结了拉扎德的长期战略，而这正是卢米斯急于改变的。"我的老东家第一波士顿公司根本不把这看作一项任务，我完全同意这一点。在现如今这个时代，为客户提供筹集资本的服务将是一项长期重要业务，因此我们应该采用一种更平衡的观点。在拉扎德，人人都将风险资本看成贬义词，

---

[1] 华纳兄弟早期推出的卡通系列之一《乐一通动画系列》里的虚构卡通人物，其性格十分泼辣、疯疯癫癫、极为自信。

这是不对的。"

梅扎卡帕根本不知道卢米斯写了批评自己和资本市场部的备忘录，还拿给了米歇尔看。他们两人一直都合不来。梅扎卡帕形容卢米斯"徒有其表"，是个"满口无稽之谈"的"大骗子""糊涂虫"，还说："卢米斯说话拐弯抹角。他说的话只有米歇尔能明白。大家会觉得他的话里有深意，但其实全都是胡说八道。"

卢米斯虽然内心备受煎熬，但他的政治嗅觉仍然敏锐，他知道西西弗斯的巨石最终会压得他喘不过气来。就在给米歇尔发《资本市场（Ⅱ）》备忘录的前一天，卢米斯给米歇尔写了一封亲笔信，表示自己愿意主动减少未来的利润比例，从1992年的2.5%降至1993年的1.8%。他琢磨了两个月才做了这个决定，而且显然并没有人事先提点过他。除菲利克斯之外，还没有哪位拉扎德合伙人愿意自降利润比例，而菲利克斯这样做是为了保证自己能自由地为公司工作，又可以远离公司内部的政治斗争。卢米斯则恰恰相反，他十分沮丧、满腔愤怒，减少自己的利润比例实际上是一种抗议——不过他没有轻率地辞职一走了之。他一年仍然可以赚到330万美元。"我现在告诉您的目的是，便于您在整体利润比例计算中考虑到这一点。"他向米歇尔解释道。

走了这么不同寻常的一步棋之后，卢米斯开始关心其他合伙人会如何看待此事，因为每年1月，公司都会公布合伙人利润比例清单，谁的比例上升，谁的比例下降，一目了然。"尤其重要的是，我想让您在与其他合伙人谈话之前知道这件事，"卢米斯接着写道，"而不是因为9月谈话之后我才做出这一决定。我的决定与今年秋天的任何谈话或事件都无关。"事实上，卢米斯的决定不太可能是出于自愿，他在公司中受到了更有权势的合伙人的排挤，同时他也一直在孤立这些人。"公司里有一个跟他作对的小团体，"一位合伙人回忆道，"我认为史蒂夫是其中一员，梅扎卡帕肯定也是，还有菲利克斯……在他们看来，卢米斯在公司里是个白拿钱不做事的家伙。"

拉扎德的普通员工对这场类似于18世纪德国的"狂飙突进运动"[1]毫不知情。或许这是正确的。当然,拉扎德的助理们都知道公司的运转出现了问题,它不再是一家商业公司,而更像是一个社会团体。打给同事的电话常常得不到回复。三家分行之间几乎没有任何合作。合伙人之间似乎总在互相怄气,有的人甚至很少说话。合伙人也不经常开会,即使开会也几乎讨论不出什么结果。银行家们都觉得卢米斯厚此薄彼,只提拔自己人,甚至不惜牺牲那些对自己不怎么献殷勤的员工的利益。"这里的员工肯定都崇拜比尔·卢米斯。"金姆·范尼布雷斯克说,这也是初进拉扎德的新员工的普遍想法,"从我进拉扎德的那天起,我就和比尔一起喝饮料庆祝他的成功,我以为人人都会加入,但让我吃惊的是有些人对别人充满敌意。"梅扎卡帕认为,卢米斯一贯的偏心导致一些优秀的人才离开了公司。"我认为比尔确实具有领导才能,"他说,"但谁不支持他,他就整谁,这是领导者的大忌。我记得比尔接管银行业务时,有些人加入了,有些人却立刻离开了。这太不可思议了。作为领导者你绝对不能那样做。"

就像燕子每年都会飞回加州圣胡安卡皮斯特拉一样,劳工节过后,米歇尔也从"风中"别墅返回了曼哈顿。他一回来,就意味着合伙人们又要开始为今年的薪酬卑躬屈膝了。这也是意料之中的事。但与往常不同的是,米歇尔在1992年9月22日向银行业务部发出了一份简短的克里姆林式[2]的备忘录。"在与菲利克斯·罗哈廷磋商后,史蒂夫·拉特纳和金姆·范尼布雷斯克同意承担起协调银行业务部运营的职责,"备忘录的

---

[1] 指18世纪60年代晚期到80年代早期在德国文学和音乐创作领域的变革,是文艺形式从古典主义向浪漫主义过渡时的阶段。其名称来源于剧作家克林格的戏剧《狂飙突进》,但其核心代表人物是歌德和席勒,典型代表作品则是歌德的《少年维特的烦恼》。

[2] 俄罗斯的一种建筑风格。在俄语中,"克里姆林"一词原指城市中心的堡垒,克里姆林式的建筑实际上是一种防御工事。

一开头写道,"当然,这需要我、菲利克斯·罗哈廷及比尔·卢米斯一起完成交接。比尔·卢米斯已同意负责协调三家分行的合作与国际业务,这些工作对我们来说也越来越重要;此外,他还将投入更多时间拓展业务。史蒂夫和金姆都将继续为客户服务,公司中的每位员工都应与他们通力合作。我希望并期待着,当未来的困难时期来临时,我们每个人都有能力面对这一挑战。"

尽管这份备忘录中有很多含糊其辞之处,但拉扎德上下仍然非常震惊。在专制的拉扎德中,神秘莫测的卢米斯是少数几位相对平易近人的领导人之一。他参与了大部分初级银行家的招聘,在大家眼中,他至少是拉扎德极少数几位关心初级银行家的合伙人之一。但这些都无关紧要,无论是由史蒂夫、范尼布雷斯克还是卢米斯经营银行业务,都没有太大关系:非合伙人的中层员工薪酬依旧低于其他华尔街公司,业绩评估制度仍然令人失望。事实上,1991年,有多名助理根本没有收到卢米斯的业绩评估报告,只能根据12月底从洛克菲勒中心ATM机吐出来的银行账户余额需缴的总税额算出自己的年度奖金。"这到底是怎么回事?"范尼布雷斯克还记得自己当时是这样想的。

拉扎德的年度业绩评估总给人一种卡夫卡小说般的怪诞感觉,使得公司越来越没有威信可言。与其他投资银行不同的是,拉扎德从未要求初级银行家(更不用说合伙人)做书面的年度业绩自我评估,初级银行家们也不清楚公司是否要求合伙人们做书面业绩评估。当然,更没有人见过书面业绩评估。年复一年,银行业务的领导人总是对助理们说着同样的话:你的工作非常出色,但不幸的是,你在为"错误"的合伙人工作——言外之意是,拉扎德有一些"大师",但不是表面上的这些大师,你们这些可怜的家伙如果想成为合伙人的话,最好睁大眼快点开始为真正的"大师"工作。当然,助理们是无法决定自己要为谁工作以及做什么工作的,所以他们面临的卡夫卡式的矛盾处境就像《第22条军规》

(*Catch-22*)[1] 中的情节一般。

　　史蒂夫对这个消息表现得非常平静。他回忆说，在菲利克斯"决定解雇比尔"之后，公司就会出现"很大的权力真空"，而因为"我曾做过几笔大交易，他们就让我去主管银行业务。我说我一个人应付不来，要金姆来帮我的忙。金姆与比尔走得很近，因此比尔心里不太高兴。但我觉得从公司内部找个有另一套关系网的人与我一起做会比较好"。当时史蒂夫完全不了解范尼布雷斯克，尽管如今他们是非常要好的朋友。"虽然我当时不确定我们能否合得来，但我还是觉得在这件事上，有个搭档可能会更容易成功。我认为我的看法是正确的，却对如何行动还考虑得不够多。"

　　范尼布雷斯克得知这个消息——他的好朋友卢米斯被降职，而自己将接替他的位置——之后非常震惊，他表现得相当小心。"有人告诉我，卢米斯被赶下了银行业务负责人的位置，我不太相信，我说'不可能'。"范尼布雷斯克说，"虽然我没有事实依据，但我说得很肯定，因为我无法想象比尔会被赶下台。可米歇尔把我叫到他的办公室，对我说：'公司里会有些变动。比尔以后只做银行业务的合伙人，我想让史蒂夫·拉特纳来负责银行业务，但他告诉我，除非你和他一起做，否则他就不接这档子事。'"范尼布雷斯克问米歇尔自己能否考虑一下，米歇尔同意他可以在当天晚些时候再回复。范尼布雷斯克说，他之所以想考虑一下，是因为"我不想做这件事。我真的不想做。我以前也做过管理工作"。

　　当时，范尼布雷斯克还不怎么了解史蒂夫。他们的第一次见面是在第一波士顿。当初，史蒂夫想离开雷曼兄弟，去第一波士顿面试时，范尼布雷斯克是史蒂夫的面试官。而在第一波士顿工作时，范尼布雷斯克就与史蒂夫的妻子莫琳相识，"可能因为我是一个有趣的人吧。"此外，范尼布雷斯克还担心与刚下台的卢米斯之间的友谊。"我差不多每天都

---

[1] 美国黑色幽默派代表作家约瑟夫·海勒创作的一部严肃的、讽刺性极强的小说。在这部小说里，整个社会处于一种有组织的混乱、一种制度化了的疯狂之中，一切只服从"第22条军规"。

去找他，"范尼布雷斯克说，"我们一起抽雪茄，一起聊天。比尔身边都是些阿谀奉承之徒，我很快就成了他最好的朋友。"有人认为菲利克斯不太喜欢范尼布雷斯克，因为他进入拉扎德是卢米斯一手安排的。"这到底是怎么回事？"范尼布雷斯克说，"我去见比尔，他却告诉我：'金姆，我已经告诉米歇尔我不想干了，一个半月前就告诉他了。'当然，我完全不知道这背后的来龙去脉，但他说：'不要再犹豫了。对你来说这是个好机会，你应该去做。而且我也希望你去做。我祝福你。'"

范尼布雷斯克还说，他没和史蒂夫打招呼就立刻离开了公司，因为他担心米歇尔会把他叫回去让他当场接下这份工作。他偕妻子和另一对夫妻会合，共进晚餐。

这顿晚饭我吃得无比郁闷，没有人知道原因，朋友问我："出什么事了？你到底怎么了？"我只是惊呆了。我在拉扎德只待了18个月。比尔太让我吃惊了。这整件事都让我震惊，简直难以置信。我跟朋友说了这件事，他说："太好了！"我说："不，我在拉扎德快待不下去了。"他问："为什么？"我说："因为拉扎德不是那种手握管理权就能任意妄为的公司，特别是在银行业务部。管理公司的人恨不得把自己的名字写在公司大门上。我不打算做他的工作。如果我做了他的工作，就会被踢出去或者被贬回人堆里，又或者会主动离开公司，因为我会很痛苦。我不是一条要去狩猎的狗，我不想做这份工作。"

尽管范尼布雷斯克具有良好的判断力和敏锐的直觉，但他还能有什么选择呢？米歇尔想让史蒂夫做这份工作，而范尼布雷斯克不接受这份工作史蒂夫就不干，所以米歇尔一定会坚持让范尼布雷斯克接受这份工作的。可范尼布雷斯克来拉扎德的时间很短，也没给公司带来太多生意。"史蒂夫·拉特纳是拉扎德的名人，但我不是。"范尼布雷斯克说。他知道自己将遭受许多人的嫉妒，尤其是来自卢米斯的忠实拥护者。（"范尼布雷斯克坐上了那个位置就觉得自己了不起了。"一位与卢米斯关系亲近的合伙人常常这样说。）此外，这项工作本身也困难重重。他说："我认为管理拉扎德的合伙人就像在放养一群猫。我曾向人这样描述，拉扎德银行业务部管理合伙人的工作就是把鱼饵扔进鲨鱼池，然后自己待在船上努力保持船的平稳。"于是出现了这样的情况，尽管公司发布的新闻稿称史蒂夫和范尼布雷斯克两人有着同等地位，但事实相去甚远。"我从未幻想过能与史蒂夫平起平坐，"范尼布雷斯克说，"我们的关系就像蝙蝠侠和助手罗宾一样。我很感谢史蒂夫·拉特纳，他的行事方式总让我觉得好像我们是平等的，对此我将永远感激。"

其实不论谁来坐这个职位，大家都没有期望银行业务部会有太大变化。这个出人意料的消息（除非你已经知道秘密备忘录里的内容）中，真正引起大家谈论的只有两点：一是史蒂夫的平步青云；二是这个名叫范尼布雷斯克的家伙究竟是谁？ 史蒂夫为公司带来了众多业务，他来做这个吃力不讨好的职位并不奇怪，而且他具有极大的自信心和亲和力，升职是必然的。此外，史蒂夫在摩根士丹利学到了最优秀公司的管理技能，他会将其中一些用在拉扎德的管理中。"几乎每位记者都认为自己会成为一名出色的编辑，因为他认为做编辑更有趣。"史蒂夫说，"同样的，几乎每位银行家都认为自己应该管理一些事情。在这方面我并没有任何不同。虽然我没有太大的野心，但当时我已经做了10年的银行家，而且拉扎德显然缺乏管理人员。"

范尼布雷斯克的情况则完全不同。他是20世纪80年代那种（最没有拉扎德气质的）老套的"宇宙的主宰"银行家：身材高大、动作敏捷、能言善辩、幽默感十足且总梳着大背头。他在第一波士顿工作了14年，他说，在那里"布鲁斯一直是统治者"，布鲁斯指的是第一波士顿并购领域的干将布鲁斯·瓦瑟斯坦。范尼布雷斯克是一个极为正派的人，但在市场崩溃中，他的自信心受到了严重打击。他曾被提名为第一波士顿的15名"特权合伙人"之一，却在1990年11月被公司解雇了。"我被解雇的部分原因是我口无遮拦,还有部分原因是第一波士顿出现巨额亏损,内部分裂严重,他们想要一些新鲜血液,而我是旧血,所以他们就把我踢出局了。"他解释道。他当时已经40岁,已婚,还有了孩子——他真的害怕了。1988年,第一波士顿被私有化,当时有人强烈建议他用向公司借来的7位数贷款购买公司股票。后来股票狂跌,但贷款仍要偿还。一时间,他陷入了财务困境。"每个人都觉得自己要死了,"他解释道,"每天早上拿起报纸就会读到美林又裁掉了5000人之类的新闻。这太可怕了。那段时期找工作非常困难。"有一阵子,他一直想找点新事情做,但很快又放弃了,对于未来,他越来越心灰意冷。

多亏他的妻子和卢米斯的妻子有一些私交,卢米斯在1990年11月给他打电话,邀请他去西53街的中国烧烤店吃午餐。他与卢米斯讨论了自己的困境。晚上回到家后,他发现卢米斯给他写了一封长长的亲笔信。"这封信的内容太感人了。"他回忆道。但他仍然认为拉扎德不太可能聘用他,毕竟拉扎德是一家专注做并购咨询的公司,而他在第一波士顿主要做杠杆收购融资——再加上他是被解雇的。两个星期后,卢米斯打电话给他说已经与米歇尔谈过他的事。"我想知道你愿不愿意过来见见他,聊上半个小时?"卢米斯问,"我告诉他,他应该认识一下你,你也应该认识一下他。"范尼布雷斯克告诉卢米斯,他当然会去见米歇尔,但转念一想:"我根本不需要出于礼貌去参加一场面试。我正在找工作,现在找工作的形势很不好,我不能在这上面浪费时间。可比尔·卢米斯一直对我非常友善,于是我去了。"范尼布雷斯克从东52街的第一波士顿的办公室出发,当他在圣帕特里克大教堂前穿过第五大道时,遇到了第一波士顿董事长乔治·辛恩(George Shinn)。范尼布雷斯克非常崇拜辛恩——"对我来说,他是商界唯一的英雄",他说——但已经有好几年没见过他了。他与辛恩谈到了自己的窘迫现状,辛恩告诉他,虽然现在还看不到希望,但一切都会好起来的。"我在一个天主教家庭长大,"范尼布雷斯克解释道,"我现在已经不是天主教徒了,但就像我妻子说的，'信过天主教的人都很迷信'。"他在"约定的时间"走进了米歇尔的办公室，"我坐在沙发上，他坐在椅子上，墙上挂着一个巨大粗糙的——尤其是对于米歇尔这样优雅的人来说——像是从五金店买来的时钟。我4点半到那儿坐下，时钟走了一圈又一圈，当我再抬头的时候才发现已经7点零5分了，我心想，'一个失业的人竟然跟米歇尔–大卫·威尔聊了两个半小时。我这是在干什么呢？'"

范尼布雷斯克一开始就告诉米歇尔，他被第一波士顿解雇了（米歇尔回应道："是的，我知道。"），接下来他们"几乎无话不谈"。范尼布雷斯克回到家后，卢米斯打电话告诉他，米歇尔希望他进入拉扎德当合伙人，但在此之前必须先与菲利克斯和梅扎卡帕见面。第二天，他就见了这两个人。"我和菲利克斯谈了15到20分钟，菲利克斯总是那么亲切和善，我对他的印象很好。然后我又去见了梅扎卡帕，他对我说，'别担心，我也被炒过好多次鱿鱼'，和他谈话非常愉快。到了1月1日，我就去拉扎德报到了。我觉得那是我一生中最高兴的一天。"

去拉扎德上班的前一天晚上，范尼布雷斯克觉得自己应该看看卢米斯给他的合伙人协议复印件。和在他之前进入拉扎德的许多人一样，他也很快就发现这份薄薄的小册子里的第4.1条把所有权力都给了米歇尔。"协议写道，许多事情必须征得第4.1条里的合伙人同意才能做，"范尼布雷斯克说，"第4.1条要这样，第4.1条要那样——于是我给米歇尔起了个绰号叫'4.1'。我记得，第二天我走进比尔的办公室——我一直都有点儿自以为是，我觉得大家都没弄懂那份协议——对他说，'我应该跟谁谈谈我对合伙人协议的看法呢？'我看到他的脸瞬间失去了血色，他的表情似乎在说：我到底为什么要把这个混蛋弄来这里？"

范尼布雷斯克说，在那"30秒"里他弄明白了拉扎德的文化。"如果你在30秒里还没弄明白，那就真的太蠢了……那种感觉就像消防水管对着我喷，又凉又猛，但我根本不在意这事，因为我觉得人类天生喜欢被别人领导。"他立即搞清楚了拉扎德的文化：所有的决定都由米歇尔做，这是米歇尔的公司,"我们都是他的员工"。唯一的例外可能是菲利克斯,这也是范尼布雷斯克在进入拉扎德后不久发现的,有一次,他跟米歇尔、菲利克斯一起去开会,这两人一直用法语交谈。"他不是米歇尔的家庭成员,"范尼布雷斯克在谈到菲利克斯时说道,"但他和这个家庭一起用餐。"

尽管疑虑重重,范尼布雷斯克还是选择就任银行业务部联合主管一职。第二天,米歇尔的秘书阿尼克打电话给他,让他去见"老板",他开玩笑道:"啊,我那个时候不方便呀。"正如他担心的那样,米歇尔坚持让他接受这份工作。"这份工作不能给我带来任何我想要的东西,"范尼布雷斯克回忆道,"一点都不光彩。什么都没有。"他把办公室搬到了洛克菲勒中心32层史蒂夫办公室的隔壁,薪水也涨了。他刚进入拉扎德时,1991年的合伙人分成比例是0.65%(当年相当于约86万美元),和其他合伙人相比算是少的(史蒂夫的比例接近4%,约530万美元)。"天哪,"卢米斯告诉他,"那太低了。"范尼布雷斯克也觉得不多。第一年结束后,米歇尔把他的分成比例提高到0.966643%,此时他成了银行业务部的两位领导人之一,他再次要求加薪。"您能给我涨到1%吗?"他笑着问。米歇尔给了他1.1%,在1992年约合140万美元。

这个活跃的二人组上任后,第一件事情就是处理纽约分行两位重要的高级合伙人的后事:69岁的吉姆·格兰维尔在休斯敦的一起车祸中受重伤去世;另一位意外死亡的是59岁的长期顾问汤姆·穆拉凯,他在1987年中过风,虽然几个月之后又重新回来工作,但中风的后遗症很明显,他像狄更斯的小说中走出来的人物,在公司空旷的大厅里走来走去。最终,他得了脑癌,在纽约长岛蝗虫谷的家中去世。在生命的最后几年里,穆拉凯一直从事慈善事业,这是他在拉扎德职责的自然拓展。多年来,他一次次把公司的合伙人从"死亡"边缘救回来——从ITT-哈特福德案的无数次调查,到罗伯特·威尔基斯因卷入丹尼斯·莱文内部交易丑闻而被判刑。如今，这项任务落到了梅尔·海涅曼头上，他曾是ITT-哈特福德案的律师、穆拉凯的助理，在穆拉凯手底下工作了多年。穆拉凯一走，他便忙得不可开交。

1978年，米歇尔从雷曼兄弟挖来4位合伙人，吉姆·格兰维尔就是其中之一，也是4人中唯一一直留在拉扎德的。他在拉扎德业绩突出，但始终无法适应吝啬的公司文化。而且由于他有反犹倾向，菲利克斯一直对他怀有敌意，这对于任何在拉扎德工作的人来说都不是什么好事。最终，他在公司中留下的遗产只有他和卢米斯的一点交情。卢米斯在他的葬礼上致了悼词。他说，格兰维尔教导他，投资银行业务就是"运用一点儿算术"来做判断和理解别人。他认为格兰维尔并不适合华尔街这个圈子。"吉姆为人直率、智力超群、感情丰富、极有个性。"为了证明这一点，卢米斯重复了格兰维尔最喜欢的一个故事，"有个小伙子买下了一口干井，因此和一群有限合伙人闹得不太愉快，其中一位有限合伙人对他说：'你要知道，我只要花1万美元就可以招个纽约律师，让你蹲5年大牢。'这个得克萨斯小伙子则回道：'你要知道，我只要花25美元，马上就能雇个墨西哥人打爆你的头……'"卢米斯说，格兰维尔非常了解风险投资失败的后果。

与此同时，拉扎德的白衣骑士基金——公司合伙人基金因风险投资损害了公司的声誉，不久，他们就从中学到了教训。该基金的起步并非一帆风顺。它在1987年股市崩盘前夕开始集资，原定募集20亿美元，到1988年8月，只筹到了15.5亿美元，但拉扎德决定停止募集，因为用于募集基金的资金已然枯竭。当时，该基金的首席执行官莱斯特·波拉克（Lester Pollack）想试探基金投资者的耐心，所以直到一年多后，也就是1988年圣诞节，才开始进行第一笔投资。大约在同一时期，特兰斯科能源（Transco Energy）收购了CSX公司旗下一家天然气输送子公司，公司合伙人基金宣布购买特兰斯科能源2亿美元的可转换优先股，作为交易的一部分。事实上，拉扎德已经在此次收购交易中向特兰斯科（格兰维尔的客户）提供了咨询服务，并收取了酬金，这与公司合伙人基金声称要做的业务恰恰相反——首先，特兰斯科与CSX的交易是友好收购，并不需要制造不必要的捣乱分子阻挠交易；第二，拉扎德收取了咨询费。然而，波拉克否认了在这笔交易中存在任何利益冲突，公司合伙人基金也没有背离基金的原定策略。"是他们让我们考虑这样做的。"他说。（公司合伙人基金对特兰斯科的实际投资额为1.20亿美元，最终净赚6500万美元。）

6周后，该基金进行了第二笔投资——宝丽来（Polaroid）价值3亿美元的优先股，这些优先股可转化为宝丽来7.7%的股份。这才更像白衣骑士基金的风格。当时，宝丽来受到了罗伊·E. 迪斯尼（Roy E. Disney）的投资基金三叶草合伙人（Shamrock Partners）的恶意收购，该基金试图控制这家即显胶片公司。公司合伙人基金的投资、将大部分股票出售给一只员工基金、股票回购以及有利的法庭裁决等种种因素综合起来，宝丽来终于成功抵制了三叶草合伙人基金的收购。但此次胜利最终付出了极大的代价。对宝丽来的股东来说，获得三叶草合伙人基金的注资，可能反而更有利。数码摄影问世以后，宝丽来公司的业务日渐萎缩，最终在2001年申请破产。然而，公司合伙人基金却在此次投资中大赚一笔，利润达2.15亿美元。

一年多以后，也就是1991年6月，公司合伙人基金进行了第三笔投资——以2亿美元购买了总部在俄亥俄州的私营低折扣零售商莫氏药房（Phar-Mor）17%的股份（最终投资金额为2.16亿美元）。当时，莫氏药房正处于快速发展期，在28个州开了255家门店，营业额超过20亿美元。这笔投资同样也在公司合伙人基金声称的投资范围之外。莫氏药房是一家私营企业，它宣称公司急需新的资本注入来保持高速增长，而不是用于抵制讨厌的收购者。从一开始，就有人猜测莫氏药房实际上需要拉扎德的钱来向供应商付款，因为供应商们一直在抱怨莫氏药房拖欠货款。公司合伙人基金否认了莫氏药房财务困难的说法。"我们的投资应被视为对莫氏药房的辩白。"公司合伙人基金的副总裁戴维·戈鲁布说道。拉扎德的合伙人乔纳森·卡根（Jonathan Kagan）加入了莫氏药房董事会，当有人问他莫氏药房何时上市——当时其他投资银行家一直在敦促莫氏药房上市——时，他迅速转移话题，说莫氏药房"明确选择与我们合作，因为此时它还不急于上市"。一年后，灾难降临。1992年8月4日，公司突然解雇了创始人迈克尔·莫诺斯（Michael Monus）和财务总监，并宣布联邦调查局和联邦检察院已发起了对莫氏药房的刑事调查。两周后，公司提出破产保护，并宣布莫诺斯和另外3名高管合谋接连从公司骗取了超过4亿美元的资产，"他们从1989年就开始欺诈和侵吞公款"。公司合伙人基金起诉了莫氏药房的审计公司永道事务所（Coopers & Lybrand），控告该事务所以核实错误的审计结果参与了欺诈。永道事务所的负责人则表示，公司合伙人基金"是在试图转移投资人对他们尽职调查不充分和缺乏判断力的指责"。不管是谁的错，事实是公司合伙人基金做出了一笔糟糕的投资，损失了1.39亿美元（总投资额为2.16亿美元）。不幸的是，公司合伙人基金的下一笔投资——对英国食品分销商阿尔伯特·费舍尔集团（Albert Fisher Group）8300万美元的投资也非常失败，损失了4600万美元。

幸运的是，公司合伙人基金后来的业绩有所好转。该基金向第一银行系统公司（First Bank System）［1997年，该公司买下了美国合众银行（U.S. Bancorp）并更名为美国合众银行］投资了1.46亿美元，赚了将近7亿美元。好运再度来临，通过史蒂夫·拉特纳的关系，公司合伙人基金向大陆有线电视（Continental Cablevision）投资了3亿美元。1997年美国西部传媒集团（American West Media Group）收购了大陆有线电视，结果该基金赚了近6亿美元。在首个12年存续期内，公司合伙人基金向9家公司总计投资了13.5亿美元，获得了29.9亿美元的回报，其中包含各项费用和16.4亿美元的附带收益。评估私募股权基金要看其投资项目的长期表现，这一计算方式被称为内部收益率（IRR），公司合伙人基金在其存续期内的内部收益率为15%，不含各项费用和附带收益，即投资者的年化回报率是15%。该基金的回报率跻身于同类基金的前25%。

1992年，比尔·克林顿在总统大选中胜出，给拉扎德带来了另一个意想不到的问题：菲利克斯·罗哈廷开始变得郁郁寡欢、脾气暴躁。民主党人入主白宫，结束了共和党12年的统治期，这一点让菲利克斯很高兴，但当他意识到克林顿的当选让自己与一直渴望的财政部长职位无缘时，就喜忧参半了。

早在里根和布什执政时期，菲利克斯就已是全国知名的人物，他拯救了纽约市，他的文章无人不知，他常常单枪匹马地在报纸上抨击共和党那些他认为会让国家误入歧途的财政和货币政策。事后看来，他也犯了一些显而易见的政治错误，但这些错误与他的世界观是一致的。首先，他支持自己曾经的客户——EDS的罗斯·佩罗。一方面是出于忠诚，另一方面是因为他对佩罗说的一些话深信不疑。虽然直到今天，菲利克斯还一直辩解自己并未大力支持过佩罗，而他对佩罗的忠诚追随，他认为是媒体和佩罗的竞选团队在夸大其词。总之，菲利克斯并不像筹款专家罗杰·奥特曼（Roger Altman）和罗伯特·鲁宾那样，一开始就是克林顿竞选团队忠心耿耿的支持者（虽然他头脑清醒）——1984年，蒙代尔（Mondale）竞选时，私人募集的竞选资金中有20%是这两个人筹到的。当财政部长的候选人名单进一步缩短时，菲利克斯的政治前途更加无望了。菲利克斯在政治上真正的致命弱点在于他对政治筹款完全不感兴趣。他可以慷慨解囊，向民主党捐出大笔款项，却不想费事去开拓财源。其他人抢着去干的事情，他都不屑去做。无论是他在第五大道的公寓，还是位于南安普敦的家里，从来没有筹款人的影子。他从没打电话向人要过竞选资金，也没有为了哪位政客向他那些富有的朋友们施加压力。

他能够这样想确实令人钦佩，但他的做法显然与大环境脱节：在那个年代，谁为竞选出力多，谁就能得到内阁的美差，不按这个玩法来注定会失败。作为全世界最优秀的策略家之一，菲利克斯却没弄明白这个简单的现实，着实令人惊讶。史蒂夫仍记得菲利克斯走进他那狭小的办公室时的情形——史蒂夫搬进这个办公室是为了和范尼布雷斯克离得近些，以便于工作。"菲利克斯喜欢在走廊里散步，这是个好习惯。"史蒂夫说，"1992年大选结束后的某一天，他走进我的办公室跟我说：'你知道吗，我曾经认为一个拯救过纽约市的政策专家应该足以胜任财政部长一职，但我发现除了这些，你还得合群，还得筹款。但我不可能这么做。'我为他感到惋惜。"如果说史蒂夫从菲利克斯的不幸中学到了什么，那就是"政治离不开金钱"的老话。此后，他和妻子莫琳就成了民主党里最高效的筹款人，他还重新开始提笔写文章。克林顿当选后不久，史蒂夫在《纽约时报》上发表了他的第一篇专栏文章——《短期刺激？ 长期错误》。他直言自己是民主党人［虽然他于1987年10月向竞选总统的共和党人鲍勃·多尔（Robert Joseph "Bob" Dole）捐了500美元］，并极力主张新总统应制定长期的经济策略，比如鼓励投资和提高生产力。

对莫氏药房的失败投资以及菲利克斯·罗哈廷的财政部长梦碎，似乎并没有给拉扎德造成多大的打击。《华尔街日报》两名好事的记者又同时开始调查拉扎德一项很小的但突然间又变得非常重要的业务——市政债券承销。自菲利克斯帮助纽约市解决财政危机后，许多城市都开始邀请拉扎德帮助他们渡过财政难关，而拉扎德每月向这些市政府收取固定的咨询费。

自然，菲利克斯本人没时间也不愿意天天忙这些事情。所以，在米歇尔的要求下，拉扎德雇佣了一大批人进入银行业务团队，其中最著名的是市政援助公司的前任执行董事尤金·凯林（Eugene Keilin）和富兰克林·雷恩斯（Franklin Raines，后来成为拉扎德第一位黑人合伙人，再后来出任房利美公司CEO，在房利美，他将因丑闻而声誉严重受损）。向市政府提供咨询服务的一个分支业务是承销市政债券发行。发行市政债券是为了从市场筹集资金，用于医院、学校和道路建设，或用于履行市政府的"一般义务"。从米歇尔开始管理公司起，他就设立了市政融资部门——聘用交易员买卖市政证券，聘用银行家从州政府和地方政府获得债券承销委托书（当时，如果拉扎德受聘为市政府的金融咨询顾问，就不得再同时承销市政债券）。这项业务成本低、利润丰厚，符合典型的拉扎德经营模式。

从1985年开始，情况发生了变化。当时菲利克斯决定聘请纽约州州长马里奥·科莫的办公厅主任迈克尔·德尔·吉迪斯（Michael Del Guidice）管理公司市政金融业务。菲利克斯早在市政援助公司工作的时候以及与科莫州长的多年交往中已与德尔·吉迪斯熟识。德尔·吉迪斯对州政府的权力运作了如指掌,也知道如何获得市政债券的承销权。当然,他以前从来没有在华尔街工作过,也没有管理过银行家团队,但这都不成问题。拉扎德和其他很多华尔街公司一样,喜欢雇佣毫无经验的往届政府官员。"德尔·吉迪斯实际上更像一位政客,而不是银行家,他很为自己不是一个只懂数字不懂人际关系的家伙而骄傲。"拉扎德的一位合伙人评价道。德尔·吉迪斯的上司梅扎卡帕对他的评价则是"一个有自知之明的好人"。他很快雇佣了一些与州政府官员关系密切的新银行家,他知道,有了这些人,公司就能顺利拿到承销委托书,而他本人就是这些人中的一分子。他聘用的人中包括小理查德·波里尔（Richard Poirier Jr.）——一个曾在培基证券（Prudential Securities）工作、喜欢抽烟、身高6英尺的高个子,还有波士顿的超级明星市政融资银行家、34岁的马克·费伯（Mark Ferber）,他曾任职于第一波士顿和基德与皮博迪投资银行。

很快,这两个人的营销才能使得他们在部门里脱颖而出。"费伯和波里尔是全国最优秀的银行家,"一位合伙人回忆道,"他们做了一些前所未有的大交易。他们做起业务来野心勃勃。波里尔更强悍,他的心态是:'就算前面有堵墙,我也要穿过去拿到那笔业务。就算你站在墙前面,我也要穿过去。'费伯则温和多了，他总在琢磨'怎样才能从这个体制中获得最高的杠杆率？'"他们两个都比德尔·吉迪斯更加了解市政融资业务。到了20世纪90年代早期，他们就开始抛开名义上的老板德尔·吉迪斯，独立开展业务。"德尔·吉迪斯手底下有两个比他自己更厉害的家伙。"一位拉扎德合伙人回忆道。

这两人究竟有多厉害？ 1993年5月某天，《华尔街日报》头版出人意料刊登的一篇2800字的文章，恰好说明了这一点。这篇报道主要讲述了与史蒂夫同月加入拉扎德的波里尔是如何使拉扎德成为1992年新泽西州最大的市政债券承销商的，而两年前，拉扎德还没有为该州承销过一笔债券。这篇文章认为，波里尔之所以能做成这笔交易，是因为他的政治人脉，特别是他与新泽西州州长吉姆·弗洛里奥（Jim Florio）以及州办公厅主任约瑟夫·萨莱马（Joseph Salema）的关系。

弗洛里奥任命萨莱马的姐夫山姆·克兰（Sam Crane）担任新泽西州的财政部长，与此同时，拉扎德获得了带头承销该州一笔18亿美元的"一般义务"债券的授权。然而，前任州财政部长反对发行这笔债券，也反对让拉扎德来管理债券发行。在整个承销过程中，拉扎德赚了1000万美元。这篇报道还提及，尽管波里尔在医院债券承销领域毫无经验，尽管医院管理官员还推荐了其他承销公司，但他还是获得了大量的州医院债券的承销权。"本来我们已经选择了保德信金融集团，"一家医院的高管对《华尔街日报》说，"但我们突然接到一个电话。显然是州长办公室在操控这整件事。"波里尔还为拉扎德拿到了另一笔人人垂涎的业务，即在1991年和1992年向新泽西州收费公路管理局发行29亿美元债券提供咨询。为此，新泽西州向拉扎德支付了230万美元的咨询费。

报道还提到，证交会和曼哈顿的美国检察官办公室正在调查波里尔在收费公路债券发售中的行为。《华尔街日报》的记者指出，尽管波里尔在新泽西州的业务非常成功，但他之前与佛罗里达州和肯塔基州政府官员的交往给自己和拉扎德都惹上了大麻烦。拉扎德为佛罗里达州教育委员会主承销了8.61亿美元债券，但发行后不久，就有人质疑债券定价不合理。抗议声越来越大，由此人们不禁发问，为什么一开始会选择拉扎德作为主承销商？答案是凭借波里尔的政治关系。这直接导致佛罗里达州州长劳顿·奇利斯（Lawton Chiles）禁止向该州政府官员提供过政治捐款的华尔街公司承销该州债券。波里尔还在肯塔基州操纵了一笔2.5亿美元的收费公路债券，为此该州官员写了一份长达10页的"措辞激烈"的备忘录，指责他"满口谎言，代表本州进行未经授权的交易，并且漫天要价，向本州多收取了100多万美元"，波里尔却"坚决反对这种说法"。这笔交易"使得很多人回想起了在那个不堪回首的年代里电话交易所的不法证券经纪人的手段"。文章还指出波里尔本人拒绝接受采访。拉扎德的多位合伙人认为，《华尔街日报》这篇严重影响波里尔和公司形象的文章，是一些竞争对手和包括费伯在内的公司同事向媒体爆料的，他们想"报复波里尔"，因为他太盛气凌人了。

这篇文章刊登后，拉扎德写了一封信给《华尔街日报》，抱怨其不该如此损毁波里尔和拉扎德的形象，《华尔街日报》在下个星期一刊登了这封信。"你们在星期五头版发表的文章里竟如此描写本公司市政融资部的合伙人，我们感到非常失望。我们要对这篇报道的主旨及细节提出异议。"信中写道，"我们调查了报道中讨论的事情，并未发现其中存在任何违法行为。从资深的合伙人到最初级的员工，人人都遵守本公司的行为守则，守则中明确阐述了我们的政策，即公司所有业务都必须符合最高的道德要求。我们不允许员工做任何达不到道德要求的事情。"这封信还指出，在《华尔街日报》的记者准备这篇报道时，也采访过拉扎德的员工，但这篇文章中却没有出现采访内容。"本公司的员工每天兢兢业业，致力于找到创新型方案，为本州和地方当局解决其所面临的极其复杂的金融问题，但他们的努力非但没有得到应有的尊重，反而换来了戏剧性的冷嘲热讽，而且这些非议是未加证实的，给本公司及员工造成了恶劣的影响。"信的结尾如此写道。然而，不久之后，拉扎德就为此时写下的这些话后悔不迭。

就在拉扎德的这封信见报的当天,史蒂夫给米歇尔写了一份备忘录,说他已经厌倦了银行业务部联席主管的工作——距离他就职仅过去短短8个月。他每周召开合伙人会议,对一些初级银行家的表现进行评估,试图说服米歇尔接受他们提出的关于合伙人分成比例的意见,却很难改变其想法,他自嘲地说自己的努力是"蚍蜉撼大树"。"当初(在我们那个时代之前)是没有人做银行业务的,"史蒂夫解释说,"比尔是第一个吃螃蟹的人。从某种意义上来说,他对这项业务很在行,但要真的经营出效果,还有很长的一段路要走,这一点比尔比谁都清楚。我和金姆都想把银行业务的经营提高到一个新的水平,但受到了来自公司保守派的巨大阻力,尽管菲利克斯对此并不在意。"因为史蒂夫和金姆的努力很少能影响到菲利克斯的决定。当然,菲利克斯当时还是很喜欢史蒂夫的,也很赞赏他取得的业绩。史蒂夫的挫败感和他的一些想法都与之前作为银行业务负责人的比尔·卢米斯出奇地一致。"您让我明确自己的职责,在协调工作中要满足每个人的需求,"史蒂夫写道,"那么请允许我先重申一下,我首先要做的就是摆脱所有职责的束缚,原因我们之前已经探讨过了。我很清楚,按照这些职责来做事对公司来说没有任何意义,我并不是出于一己私利才做出这样的考量的。"他建议彻底推翻他和卢米斯在过去10年里精心搭建的大部分银行业务的内部架构。史蒂夫非常受挫,他认为是时候"放弃努力了,不想再费尽心思影响公司的发展方向。我已经与您、菲利克斯、梅扎卡帕及梅尔等人谈过多次,我花了大量时间分析银行业务部的规模、盈利能力、生产力等,我已经表达了我所有的想法,我终于可以一身轻松地离开了"。

这份备忘录里的讽刺之意没有几个人能看懂,从表面上来看,这些话也没有产生任何影响。夏天即将来临,这意味着米歇尔又将前往"风中"别墅,大多数其他合伙人通常也会离开公司,去他们位于汉普顿斯、葡萄园、哈德孙山谷、利奇菲尔德县或者怀俄明州等地的高档住宅度假。

在史蒂夫写下这份备忘录之后，范尼布雷斯克回想起来，某个"夏日夜晚"，他在米歇尔的办公室里和米歇尔"闲聊"时，突然谈到了银行业务团队的管理问题。米歇尔一直在纸上涂涂写写，突然对范尼布雷斯克说："你知道吗，问题是你和史蒂夫想好好管理银行业务团队，银行业务团队是公司的核心，而这是我的公司。"听米歇尔这么一说，范尼布雷斯克一惊，然后回应道："'我懂了，老兄。我知道了。我不踩油门了。'嗯，一切都很清楚。"范尼布雷斯克说，自从那晚过后，他在管理银行业务部时比以往更加低调。"我没有任何理由给自己树敌。"他说。他决定让史蒂夫冲在前面，做更多的管理工作。他们还一起面试了一些大名鼎鼎的并购银行家，诸如杰夫·博伊斯（Geoff Boisi）、罗杰·奥特曼、约瑟夫·佩雷拉和汤姆·希尔（Tom Hill）等等（但他们都拒绝了拉扎德的工作邀请），他们还将更多的精力放在了开展公司业务上。

　　和之前的少数几个人一样，史蒂夫很快就发现米歇尔给他的工作吃力不讨好。米歇尔总是指手画脚、暗中阻挠，工作很难进行，这使得他非常郁闷。他觉得试图改革一个固步自封的公司简直是在浪费时间和精力，除非米歇尔能下放财权，菲利克斯不再横加干预。史蒂夫认为，与其愚蠢地浪费时间管理公司内部事务，还不如多在客户身上花时间，这样回报还更大。

　　史蒂夫做出放弃银行业务部负责人一职的决定，显然是向他在拉扎德的榜样——菲利克斯——学习的结果。无论华尔街发生什么变化，或是拉扎德的风云如何变动，菲利克斯始终是拉扎德文化和精神的代表，他从来不去管理任何人和任何事。除了米歇尔，菲利克斯是拉扎德收入最高的合伙人。他就是单纯地做交易，做自己想做的事。的确，菲利克斯喜欢破坏那些为他工作的年轻合伙人的职业生涯，但史蒂夫一点都不担心。他和那些年轻合伙人不同，他有自己的客户，他愿意让菲利克斯参与他的一些重要交易［例如美国电话电报公司（AT&T）对麦考移动电话公司（McCaw Cellular）的收购，他们的酬金是2000万美元］，同时，菲利克斯也愿意让他参与自己的交易。实际上，菲利克斯非常喜欢也非常尊重史蒂夫，他甚至在公司和纽约的社交圈里表示，史蒂夫很有潜力，有朝一日能拥有和他一样敏锐的商业嗅觉。再加上米歇尔最为看重菲利克斯所做之事，因此史蒂夫不难搞清楚自己在公司内外究竟应该做些什么。

范尼布雷斯克对菲利克斯在拉扎德的重要地位看得也很透彻。他还记得，一位记者在2004年打电话给他，说自己正在写一篇关于鲍勃·格林希尔（Bob Greenhill）的报道，当时刚好是在以格林希尔的名字命名的投资银行IPO并取得惊人成功的前夕。"这个家伙不知道自己在胡说些什么，"范尼布雷斯克回忆道，"他说格林希尔是当代最优秀的投资银行家。我告诉他：'你可以说他是顶级的投资银行家，但只要菲利克斯·罗哈廷还活着，你就不能说其他人是最优秀的。你可以说他非常优秀，可以说他令人崇拜，但你就是不能说他是最优秀的。'"

菲利克斯能成为如此出色的银行家，主要在于他与很多行业的企业高管保持着长期的良好关系。菲利克斯懂不懂客户的业务，对于他和他的客户们来说似乎无关紧要，这与其他大型华尔街公司截然不同。其他公司都要求年轻银行家必须精通某个行业和某种产品，菲利克斯则完全不用，他是这个规则中的例外。一些小公司的二流银行家想模仿菲利克斯的风格和做事方法，结果却一败涂地。菲利克斯的优势在于他丰富的交易经验和完美的判断力，以及广泛的人脉关系。无论是公司的CEO、政客，还是拉扎德的前合伙人，都不敢不接菲利克斯·罗哈廷的电话。只要在来电显示屏上看到"罗哈廷，菲利克斯"，即使是拉扎德的男性资深银行家（以及极少数的女性）——他们的年薪已达数百万美元，而这在很大程度上都要归功于菲利克斯——也会瑟瑟发抖，他们会中断与客户的电话，急急忙忙地穿过铺着棕黄色破旧地毯的走廊，直奔菲利克斯的办公室，就和做错事的中学生被叫到校长办公室的反应一样。可想而知，结果也差不多，被痛批一顿。

鉴于菲利克斯的重要地位，公司里那些资历浅的合伙人在做交易时常常会向菲利克斯征询意见，当然，这也是看看自己是否有能力成为像菲利克斯一样的"大师"。其中一件饶有趣味的事是，迈克尔·普赖斯给菲利克斯打电话说，控制菲亚特的意大利实业家阿格内利可能在考虑收购当时苦苦支撑的克莱斯勒汽车公司，但普赖斯马上就意识到自己不该打这个电话，他说："这是个愚蠢的想法吧？好的。"于是就挂断了。菲利克斯借鉴愤世嫉俗的法国道德作家弗朗索瓦·拉·罗什福科（François La Rochefoucauld）的思想，打造了拉扎德的信条——"自己取得成功是不够的，要让其他人全部失败才行"。菲利克斯对拉扎德的合伙人有着巨大的吸引力，更不要说他的客户了。当菲利克斯需要合伙人们为他做些大交易时，他就分给他们相当可观的利润。如果他们有哪怕丝毫怨恨、不忠或倦怠，菲利克斯就不会再给他们派重要业务，并将他们打入冷宫，然后用自己的光芒吸引和影响下一颗冉冉升起的拉扎德之星。在拉扎德，人人都畏惧菲利克斯——就像当初畏惧他的导师安德烈·梅耶一样——却没办法忽视他，因为他为公司带来了80%的交易量和利润。在拉扎德，没人能像菲利克斯那样拥有如此显赫的客户名单、如此多的为公司总裁提供咨询的机会，以及如此高的年薪。菲利克斯总把时间花在最赚钱的地方。他业绩突出，为公司的盈利能力做出了巨大贡献，这意味着他的报酬极其丰厚。1995年，有传言说菲利克斯的薪酬超过1500万美元，全部以现金支付，即便是对于充满股市泡沫的20世纪八九十年代的顶级银行家们来说，这个收入也是相当高的。实际上，菲利克斯可以轻易地提出要求并拿到更高的薪酬，因为他对拉扎德的贡献那么大，那么重要，但他很晚才意识到这一点，而且他从来没有这样做过。

菲利克斯十分享受自己的"大师"地位，也很享受不参与拉扎德日常管理的现状。光线不足、没有任何装饰的昏暗走廊成了他的舞台。他身着西装、布鲁斯兄弟牌蓝白色牛津布扣领衬衫，打着爱马仕领带，故意慢悠悠地在他的两位秘书保镖——黛德丽·霍尔（Deidre Hall）和凯瑟琳·克罗宁（Catherine Cronin）——面前经过，完全是一副"大师"的派头。他总是个性十足，仿佛走进迪士尼乐园的传奇米老鼠。一般来说，如果他来找你的话，准没好事。而他若想要找你，你就无论如何都无法避开。但在狭窄的洛克菲勒中心的走廊里，他却能完全无视别人的注目，装作听不到小合伙人或初级专业人士跟他打招呼，目光冷冷地注视着前方——除非你碰巧是拉扎德里少数几位有魅力的年轻女员工之一，他的态度才会有所不同。他与年轻女员工之间偶有轻率举动的传言闹得沸沸扬扬，但大多都没有事实依据。其实他只是出了名地爱和女人调情，还爱开玩笑罢了。

第十三章

"菲利克斯失势"

　　毫无疑问，史蒂夫对菲利克斯的不断模仿，在1993年11月10日取得了巨大的成功。这一日，《华尔街日报》第三版头条发表了一篇据称未对史蒂夫、菲利克斯和米歇尔进行过任何采访的文章，标题为《拉扎德交易新星——史蒂夫的崛起》。文章探讨了当时已经65岁的菲利克斯"减速"后，拉扎德将会发生什么的问题，并得出了这样一个结论："41岁的媒体领域并购专家史蒂夫·拉特纳的出现促成了当前并购交易的繁荣，笼罩着拉扎德的乌云散开了一点。"一位未署名的"评论家"认为，史蒂夫正在"分享菲利克斯的光环"。据说，史蒂夫为拉扎德赚取的酬金位居公司第二，仅次于菲利克斯，且足足是第三名的两倍。他还继续担任银行业务部的联合负责人，当米歇尔不在公司时，他会主持召开每星期一的合伙人会议（米歇尔也在伺机放弃这项工作）。《华尔街日报》透露，他的年薪超过500万美元，足够他支付以下多项开销：买下俯瞰中央公园的达科他合作公寓，并在公寓墙上挂满安迪·沃霍尔（Andy Warhol）[1]和罗伊·利希滕斯坦（Roy Lichtenstein）[2]的画作；买下康涅狄格州肯特县的"乡间别墅"；乘坐他的八座塞斯纳（Cessna）飞机前往玛莎葡萄园岛的"海滨别墅"度假。该报多次强调史蒂夫对媒体领域的非凡见识，并描述了他与小阿瑟·苏兹伯格之间的亲密友谊。传言说，两人现在还一起去健身房锻炼。最近维亚康姆公司与QVC网络公司为争取派拉蒙传播公司（菲利克斯和史蒂夫为其提供顾问服务）的所有权而

---

[1] 1928—1987年，美国艺术家、电影摄影师，视觉艺术运动波普艺术的开创者之一。

[2] 1923—1997年，美国波普艺术大师。

斗争得如火如荼时，两人还一起到小开曼岛潜水度假。苏兹伯格曾反复说过，史蒂夫是"我最好的朋友"。《华尔街日报》还报道，史蒂夫喜欢通过"与普通人接触"来彰显自己的财富，比如他会乘坐"环城巴士"送双胞胎儿子到以马内利会堂的学校；在家长晚会上，他会拿出手机"接听"派拉蒙CEO马蒂·戴维斯（Marty Davis）的电话，当时交易已经进行到关键阶段。

根据众所周知的拉扎德的不成文规定，《华尔街日报》的这篇报道是史蒂夫的一种自我吹捧式的推销，当时只有菲利克斯和米歇尔才有权这样做（米歇尔只是偶尔这样做，因为菲利克斯也无法压制他）。如果其他银行家敢这样做，就会冒很大的风险。一位前合伙人认为，史蒂夫"显然没有充分意识到菲利克斯对其他人在媒体上吹捧自己的厌恶程度"。无论如何，他还是准备尝试一番。比如说，他至少可以声称自己没有接受过《华尔街日报》的采访，尽管报道中涉及的某些个人信息，除非史蒂夫亲口爆料，否则媒体根本无法获知。这篇报道还表明，史蒂夫在拉扎德"高调"做事是非常冒险的，因为他不是菲利克斯或米歇尔。文章写道，"拉扎德大多数高级银行家都自行选择或在公司的要求下默默无闻地辛勤工作"。因此，达蒙·梅扎卡帕告诉该报，史蒂夫的崛起引起了公司里"许多人的嫉妒和怨恨"。几天后，菲利克斯在《纽约客》中对《华尔街日报》的报道做出了些许回应。这篇题为《菲利克斯·罗哈廷在金秋》的文章对菲利克斯大加赞扬，几周前，他刚从干了18年的市政援助公司负责人的职位上退了下来。文章中，菲利克斯承认，作为拉扎德"交易量最大的银行家"，一旦他决定放慢速度，公司将面临巨大的考验。在他那正对着中央公园的第五大道公寓里，菲利克斯在吃着烤面包当作早餐时向记者透露：虽然他离开了市政援助公司，不再理会投资银行业务的琐事，但他还无意隐退。

事实证明，《华尔街日报》的这篇文章只是媒体吹捧史蒂夫的开端。拉扎德"三巨头"——米歇尔、菲利克斯和史蒂夫都没有接受《华尔街日报》的采访，他们当时都在全力帮助《纽约时报》的前任编辑、作家埃德·克莱因（Ed Klein）撰写一篇介绍史蒂夫的文章，这篇文章将发表在1994年1月的《名利场》杂志上。克莱因之所以写这篇文章，是因为美国电话电报公司与麦考移动电话公司的交易宣布之后他碰巧遇见了菲利克斯并向对方祝贺，结果菲利克斯慷慨地把这笔交易完全归功于史蒂夫。在配合克莱因写作之前，史蒂夫知道自己应该先得到菲利克斯的批准，于是他与菲利克斯讨论了克莱因的想法。"他说：'你工作很努力。你应该得到一些关注，你应该这样做。'"史蒂夫回忆道，"而我当时不明白这并不是他的真实想法，即使他当时认为这是自己的真实想法，事实也并非如此。"

这篇头版文章报道了当时争夺派拉蒙传播公司的激烈并购战，也记录下了当时仿若父子的菲利克斯和史蒂夫之间关系的几度转变。这一次，菲利克斯一反常态，从一定程度上来说，他对克莱因采访史蒂夫一事的评价极其宽厚，还对这位年轻的合伙人给予了前所未有的赞扬。最终，克莱因发表了题为《派拉蒙操盘手》的文章，这是拉扎德及其合伙人首次登上八卦杂志《名利场》的版面。

毫无疑问，克莱因的这篇文章轰动一时，还引发了一系列将永远改变拉扎德的事件。文章一开头的推介页中就预示着麻烦。该杂志用一整页的篇幅刊登了一张史蒂夫的照片。照片里，史蒂夫站在拉扎德办公室里，双臂交叠、眼神凌厉，照片旁印着文章的主题词——"参与派拉蒙收购交易的金融奇才中出现了一位新时代华尔街人士：41岁的史蒂文·拉特纳，前《纽约时报》记者，拉扎德的合伙人，他正迅速成为当代最杰出的投资银行家。他是小阿瑟·苏兹伯格的密友，据传还是传奇人物菲利克斯·罗哈廷的接班人。史蒂夫通常能获得数百万美元计的酬金和奖金，但他告诉爱德华·克莱因，他的目的并不是金钱。"进入正文后，克莱因迅速写到，星期六上午，这位足迹遍及全球的派拉蒙收购交易主角到马蒂·戴维斯的哥伦布圆形办公室里参加了一场仓促安排的战略性会议。当时，维亚康姆刚刚上调了对派拉蒙的最初报价。菲利克斯和纽约著名的辛普森撒切尔（Simpson Thacher）律师事务所负责人迪克·贝蒂（Dick Beattie）也都在场，但这一花絮的焦点人物仍是史蒂夫。文章描述了派拉蒙豪华的办公室，以及菲利克斯与戴维斯紧挨着等待史蒂夫和迪克·贝蒂到来的场景，还叙述了史蒂夫就维亚康姆公司提高报价的技术性问题以及派拉蒙是否承受得住QVC的巴里·迪勒（Barry Diller）的竞标等问题，向派拉蒙管理层提供了一些建议。派拉蒙的内部资料显示，文章还描述了在维亚康姆决定提高报价中的现金比例后，菲利克斯和史蒂夫在派拉蒙董事会会议上做的报告。这篇文章指出，派拉蒙董事会迅速赞同了新的维亚康姆交易。

驻芝加哥的拉扎德合伙人艾拉·哈里斯没有出席会议，他很早就认识来自纽约布朗克斯的马蒂·戴维斯，在1989年海湾西部工业公司（此后更名为派拉蒙）以34亿美元将联合公司出售给福特汽车公司的交易中，他曾与菲利克斯和戴维斯合作过。在拉扎德内部，大家饶有兴趣地发现，菲利克斯将哈里斯踢出了派拉蒙交易，并以史蒂夫取而代之。"拿到派拉蒙交易靠的是哈里斯的关系，"梅扎卡帕说，"但在大家知道这一点之前，菲利克斯就和史蒂夫将交易瓜分了，我想这种事情发生在哈里斯身上肯定不止一次，他对此感到相当愤怒。在他进入拉扎德时，我觉得他肯定认为这里将成为他和菲利克斯两个人的舞台，但事实远非如此。"哈里斯如此告诉合伙人们："公司里每个人都知道是谁带来了派拉蒙的生意。但生活还得继续。"

《名利场》这篇文章用了很大篇幅来描写史蒂夫的私生活，还试图回答一个核心问题：他是否会成为菲利克斯在拉扎德的接班人。克莱因与史蒂夫在《纽约时报》共事过很长一段时间，他似乎正在用这篇文章推动史蒂夫的事业："如今，当首席执行官们想要做一些重大的媒体交易时，他们不再拿起电话寻求20世纪80年代的交易明星格里彻斯（Gleachers）、希尔斯（Hills）和瓦瑟斯坦等人的帮助，虽然他们在90年代或多或少仍有一定的活跃度，"他写道，"他们往往会首先想到给史蒂夫·拉特纳打电话。"文章中自然也少不了史蒂夫的权贵朋友小阿瑟·苏兹伯格对他的推崇。此外，文章还收录了有关菲利克斯对史蒂夫的认可的话语，通常他极少给予别人这样的认可。"安德烈·梅耶曾说过，你可以向人们解释一些事情，但你无法代替他们去理解这些事情。"他告诉克莱因，"这意味着，如果你要向重要人物提供建议，你不仅要有智慧给出正确的建议，还要有威信让他们听取你的建议，让他们将你看作同伴。史蒂夫显然具备这些能力。"

这篇文章还透露，史蒂夫迄今为止收获甚丰。1993年，他的年薪已经涨到"约800万美元"（比《华尔街日报》一个月前预测的数额高出60%），而1982年他担任《纽约时报》记者时的年薪仅为6万美元。当时，史蒂夫基金会旗下资产为200万美元（现在的公共记录是300多万美元）。文章还再次描述了史蒂夫的奢华生活：未经装修的达科他公寓中收藏着现代版画藏品，包括埃德·拉斯查（Ed Ruscha）[1]、罗伯特·马瑟韦尔（Robert Motherwell）[2]、罗伊·利希滕斯坦和安迪·沃霍尔等人的画作，而且藏品还在不断地增加。当然，还有那架无处不在的双引擎塞斯纳421飞机，后来史蒂夫对它进行了改良升级，克莱因还曾乘坐这架飞机陪同史蒂夫前往普罗维登斯参加布朗大学的董事会会议。文章还谈到了史蒂夫购于玛莎葡萄园岛的房子，不过没有提及他在康涅狄格州肯特镇的房产。在克莱因笔下，史蒂夫和莫琳这些惹眼的奢侈消费却变成了"比尔·克林顿和希拉里·克林顿时代正直、节制精神"的典范，然而这种说法很快将变得充满讽刺意味。莫琳解释，她没有兴趣重返华尔街，"因为我们不需要增加收入"，"现有的财富已经让我们生活得很好，我也不想要更多钱"。她说等孩子们长大后，她会去做一些"对社会更有益的

---

[1] 生于1937年，美国艺术家，涉足油画、版画、摄影、电影等多个艺术领域，与波普艺术运动联系紧密。

[2] 1915—1991年，美国画家、版画家、编辑，纽约画派中最年轻的一位。

事情"。

史蒂夫对"节制"的话题做了进一步阐述。"有时候,"他说,"我会想:我做这一切是为了什么? 不管为了什么,我认为我都不会放弃,也不会什么都不做,因为这会给我的孩子们树立一个糟糕的榜样……我们过着舒适的生活,自从孩子们出生以来,我们几乎没有刻意改变生活方式,很大程度上是为了防止他们的价值观受到不良影响。"说到这里,他再次提到了一个细节,据说这是有人故意向《华尔街日报》爆料的——"虽然我们供得起私家车和司机,但我还是乘坐 M72 巴士送两个儿子去学校。孩子们的衣服都是莫琳从折扣目录里买的,而不是从时髦的麦迪逊大道精品店……我经常坐地铁上下班,部分原因是我觉得一个人如果没有普通人的生活体验,他就无法对这个城市的问题发表正确的看法。"不过,这篇文章中也有一些明里暗里对史蒂夫的警告。他的一位"最好的朋友"称他为"投资银行业的迈克尔·J.福克斯(Michael J. Fox)[1]",而吞云吐雾的米歇尔则把史蒂夫列为公司仅有的几位重要合伙人之一。不过相比于史蒂夫的话题,他更愿意告诉克莱因拉扎德的三家分行运转得多么良好,却避而不谈公司的继承人和未来。菲利克斯和米歇尔的一位"共同朋友"告诉克莱因:"对米歇尔来说,菲利克斯一直都是个难题。菲利克斯确实为公司带来了大量业务,但如果你是这家公司的所有者,那么你也会犯嘀咕,'菲利克斯这个家伙控制了太多业务,万一他被车撞了怎么办?'因此,米歇尔已经在试图废除公司的明星体制,通过注入新鲜血液和将三家分行整合成一个网络,实现业务的多元化。"

史蒂夫在这么短的时间内就能取得如此突出的业绩,似乎让米歇尔依稀看到了他所急需的保障,如果菲利克斯有朝一日决定离开,那么公司有史蒂夫在还能继续保持良好的经营。菲利克斯也意识到了这一点,因此在对史蒂夫大加赞扬的同时也提出了警告。"在像我们这样的公司

[1] 1961年至今,加拿大演员、作家、制作人、社会活动家,曾5次获得艾美奖、4次获得金球奖,代表作为电影《回到未来》三部曲和电视剧《家族的诞生》《旋转城市》等。

里，谈论继承人的话题是没有任何意义的。"菲利克斯说，"我在1948年进入这家公司，当时安德烈·梅耶是高级合伙人。自1948年以来，公司先后有两位领导人——安德烈和米歇尔。1961年，米歇尔和我在同一天成为高级合伙人，然后我们回到了安德烈统治的年代。我们的关系非常密切。我们有类似的欧洲背景。现在我65岁，他60岁，我们还会在公司待很长一段时间。我的背景和我与米歇尔的关系都无法转移到其他人身上。"接着，菲利克斯更明确地说道："因为你正在写的这篇报道，我们都开始为史蒂夫担心。我在史蒂夫这个阶段也有过类似的报道。虽然当时的公司规模小得多，但这种文章还是不可避免地导致了公司内部的紧张氛围。现在的并购交易已经变成一种个人秀了，并购中也出现了明星交易员。如果一切运行良好，成为明星当然不错。但这也会让你成为众矢之的。一旦你稍有差池，人们就不会原谅你……这确实令人头疼，还有点吓人，每一个明星身旁都有10个跌得粉身碎骨的失败者。"

《名利场》的编辑格雷顿·卡特（Graydon Carter）将杂志样刊送到了菲利克斯手上，菲利克斯看完后将它重重地摔在了办公桌上。他知道自己曾高度赞扬过史蒂夫，但他还是极为愤怒。文中所描写的董事会会议室场景，史蒂夫创造的最高业务额，以及他装出来的谦逊都让他火冒三丈。"菲利克斯疯了，发疯了。"当时的一位拉扎德合伙人说道。另外一位则说："菲利克斯当然很生气。"还有一位说："那笔交易是菲利克斯做的，而不是史蒂夫。"史蒂夫和菲利克斯将近5年的亲密关系就像撒哈拉沙漠里的雨水一样迅速蒸发了。"他对人忽热忽冷。"一位合伙人谈到菲利克斯时说道，之前也曾有人这样描述过菲利克斯对他人态度的变化。"史蒂夫一度是他的宠儿。他到处告诉人们：'史蒂夫是我挑中的人，我退休后，他就是我的接班人。'但后来《名利场》的那篇文章出现了。"于是，他们在拉扎德的亲密关系随之结束。菲利克斯事后说道，《名利场》的文章"糟糕透顶"，"我和米歇尔都很震惊"。

让菲利克斯如此愤怒的并不仅仅是史蒂夫毫不谦虚的自吹自擂。派拉蒙交易是菲利克斯近10年中最重要也是最复杂的一笔交易，而媒体对史蒂夫的报道必然会使大家对菲利克斯的关注度下降，至少菲利克斯是这样想的。此外，报道还泄露了董事会会议室的内部机密。看完样刊后，菲利克斯马上让人给马蒂·戴维斯打电话并告诉对方文章的内容。接着，马蒂·戴维斯给正在亚利桑那州开会的史蒂夫打了个电话。"马蒂勃然大怒，"史蒂夫回忆道，"但他完全有理由这样做。当时我们的交易才进行到一半，他却突然打电话来对我大喊大叫。他一贯如此，因此我也就见怪不怪了。"史蒂夫否认了自己泄露董事会会议室的情况，但菲利克斯还是将一切都怪罪到史蒂夫头上，还曾公开表示："史蒂夫表现得好像他和董事会会议室泄密事件完全无关一样。"公开质疑合伙人的忠诚和正直是最恶劣的职业侮辱。史蒂夫再次表示信息不是他泄露的。"他在胡说八道。"菲利克斯却坚称。（史蒂夫依然坚称自己没有泄露消息，并表示如果仔细重读这篇文章就会发现谁是泄密者。之后，《名利场》又刊登了一篇关于马蒂·戴维斯的文章，他称史蒂夫"口无遮拦"。）

《名利场》的文章发表时，派拉蒙交易正在进行当中——如今菲利克斯认为这笔交易进行得"极不愉快"，是"我做过的最糟糕的交易之一"——菲利克斯觉得有必要采取行动对付这位年轻的合伙人。"史蒂夫差点儿因为这件事被开除。"菲利克斯说，"在这笔交易中，我给他降了职，提拔鲍勃·洛夫乔伊去负责。我没有把他彻底踢出交易的唯一原因是，那样做可能会引起大量的媒体报道。"高级合伙人一致认为，不论对史蒂夫还是对公司而言，《名利场》的这篇文章都是个错误。"我很尊重史蒂夫，"达蒙·梅扎卡帕说，"我觉得他是个聪明的家伙，非常坦诚，至少和我在一起时他是这样的。而且他还很直率，很真诚。我很崇拜他。但当《名利场》发表了那篇文章之后，我大骂了史蒂夫一顿，我告诉他，我认为那是一件愚蠢的事，我对他真的很恼火。他觉得很吃惊。他认为那会对公司有利，但其实只是对他有利罢了。"拉扎德那些资历尚浅的银行家早就习惯了顺从和层级意识，在他们看来，《名利场》的报道对史蒂夫的野心而言是一记警钟。特别是史蒂夫在文中谈到自己乘坐穿城巴士送孩子们上学时说的那句话——"虽然我们供得起私家车和司机"——引得全城议论纷纷。这种高调的炫耀再次将神秘莫测的拉扎德变成了一个嘈杂的公开战场。

这次事件立即引发了一系列后果。第一个受影响的人是金姆·范尼布雷斯克，尽管他与这篇文章毫无关系，甚至文中完全没有提及他。范尼布雷斯克觉得他再也无法忍受公司内部的激烈争斗了。菲利克斯因史蒂夫的知名度提高而愈加烦恼，卢米斯因下台而变得焦虑，总之，在这里工作已经毫无乐趣可言。而且卢米斯的拥护者还攻击他，以此显示自己的忠诚。在公司里，范尼布雷斯克的知名度虽然变高了，但他业绩平平，因而成了一个现成的靶子。此外，他从一开始就知道，当上银行业务部联合负责人"就等于被判了死刑"。后来他又跟卢米斯闹翻了。在接手这项工作的几个月后，卢米斯认为范尼布雷斯克"对他不忠诚"，因为范尼布雷斯克不再像以往那样经常向他寻求管理银行业务部的建议。"但我真的没做什么，"范尼布雷斯克解释道，"我只是在帮助史蒂夫。我不想成为英雄。"从那以后，卢米斯和范尼布雷斯克就再也不交谈了。1994年初，范尼布雷斯克接到一个猎头的电话，对方正在为瑞士联合银行（Union Bank of Switzerland）驻纽约的投资银行业务高级职位寻找合适的人选，年薪数百万美元，合同期长达数年。范尼布雷斯克"纯粹为了钱"和资金保障努力争取到了这份工作，他对欠第一波士顿7位数债务一事依然记忆犹新。他没有向卢米斯告别就离开了拉扎德，不过他一直对此耿耿于怀。"在拉扎德的前18个月里，我过得非常愉快，"他说，"我为自己能成为一名拉扎德合伙人而自豪。这个头衔非常光鲜。我喜欢'我的合伙人'这个词，我喜欢这一切。然后有一天晚上，米歇尔说'你能做这份工作吗？'，我的舒服日子就到头了。我再也高兴不起来，我知道这是一个定时炸弹。我拿到它的那一天就知道它是一个定时炸弹，总有一天它会爆炸，炸毁一切。"

米歇尔没有费力挽留范尼布雷斯克，虽然这非他所愿。"我猜最后他也不在意了。"范尼布雷斯克说。他给史蒂夫打了电话，告诉他自己决定离开。史蒂夫说他"预料到了"。莫琳哭着给范尼布雷斯克打来电话，当时范尼布雷斯克的妻子正怀着第4个孩子，莫琳对他说："你和黛比现在有时间和金钱去真正享受生活了。"他说："对拉特纳家和范尼布雷斯克家来说，这个时候真是苦乐参半。"

之后，史蒂夫独自管理银行业务部，不过他已经成功地把许多偏行政方面的职责丢给了副总裁史蒂夫·朗曼（Steve Langman）——他一直就都这么做——因此他有了更多时间去做交易和发展业余爱好。他差不多放弃了改革。"我第一次管理银行业务时犯了一个错误，当时我认为只要努力就能完成既定目标。"他说，"卢米斯很擅长做这份工作，部分原因在于他明白在这家拥有150年历史的公司中做事情有什么局限。拉扎德在伦敦、巴黎和纽约有三家分行，米歇尔、菲利克斯就像封建领主一样，情况错综复杂。我真是太天真了。"此外还有一些小麻烦，例如菲利克斯的怒火还没有消退。但史蒂夫与范尼布雷斯克不同，他有能力赚取巨额酬金，因此在唯利是图的拉扎德几乎没人能管得了他。但他也很快意识到，如果没有菲利克斯的支持，他便再也无法有效地管理银行业务部。

公司中人人都看得出，史蒂夫的心已经不在这儿了，虽然他在客户面前和在社交场合中仍表现得魅力十足，但他一进拉扎德就变得神情冷漠、态度冷淡、疏远众人。他开始对一些长期合伙人敷衍塞责，对非合伙人的年终评估也马虎了事，在短短5分钟的会议上，对非合伙人来说，最精彩的部分就是能近距离看史蒂夫办公室墙上挂着的安迪·沃霍尔的版画真迹以及老纽约城的黑白蚀刻版画。史蒂夫几乎不再与人交谈，也很少与下属有眼神交流，即使要回复别人，也只是简单地说几个字。他以超然的态度履行着自己的职责。他曾表示他当时认为自己并不擅长管理银行业务。"我一直都不喜欢和这种人交谈，他们总要揣摩谈话对他们有什么好处，"他说，"但我确实享受推动公司前进、吸纳优秀人才、思考业务和经营战略以及发展客户的过程。"

1994年的奖金和业绩考核期过后，史蒂夫不再担任银行业务部负责人，米歇尔让肯·威尔逊接替他的工作。"史蒂夫刚来到公司时，菲利克斯拥抱了他，"梅扎卡帕还记得，"他很年轻，完全可以当菲利克斯的儿子。他极有才华，非常聪明。我觉得他是最聪明的人。一切都很好，直到媒体开始报道史蒂夫——因为根据公司规则，你不能这样做，只有菲利克斯可以被媒体报道——菲利克斯很不高兴，从那时起，他们的关系就变得紧张起来。但史蒂夫并没有退缩，他有自己的客户，他不像其他人那样非得依赖菲利克斯的施舍。当然，他之所以没有退缩，还有一个原因是背后有米歇尔的默默支持，因为米歇尔喜欢看合伙人之间存在分歧，那样他就有机会插手对大家说：'看吧，没有我，他们是不行的。'"

公司内部，《名利场》文章的影响仍在继续，拉扎德市政融资部门的恶疾也还在蔓延。1993年，《华尔街日报》如实报道了理查德·波里尔在新泽西的不光彩行径，与此同时，《波士顿环球报》也发布了一篇报道，称波里尔的合伙人马克·费伯带着其他8名员工一起离开拉扎德波士顿办事处，加入了当地的第一奥尔巴尼经纪公司（First Albany Corporation），职位是副主席兼联合首席执行官。"这个家伙是个好人，"一名拉扎德的员工告诉该报，"他不是个无关紧要的角色，但他的离开和菲利克斯·罗哈廷无关，因为当时他只是一位资历尚浅的合伙人。"

《波士顿环球报》从费伯的许多对手——包括波里尔在内——那里获得了一些精心设计的消息，因此他们凭直觉意识到，费伯离开拉扎德不像表面看起来的那么简单。费伯此前很有名望，他先是离开基德与皮博迪投资银行去了第一波士顿，又从第一波士顿来到拉扎德，每一次跳槽，他都将马萨诸塞州大量的金融业务带到新东家。这样的业绩对银行家来说非常可观，在解释自己成功的原因时，费伯一直坚称是因为他对州政府的复杂体系非常了解以及他与州领导人的关系不错，不存在任何私下交易。正如预料的那样，费伯离开拉扎德仅过了几天，第一奥尔巴尼经纪公司就成了马萨诸塞州政府债券的承销团成员。接着，媒体又曝出负责清理波士顿港的马萨诸塞州水资源管理局通过投票决定不再与拉扎德合作，转而与第一奥尔巴尼经纪公司签订金额高达237.5万美元的为期4年的咨询合同。因此，这家排名甚至没有进入经纪公司前100位的第一奥尔巴尼经纪公司每年将通过提供金融咨询而获得近60万美元服务费。马萨诸塞州监察长罗伯特·塞拉索里（Robert Cerasoli）对这一决定提出了质疑，因此马萨诸塞州水资源管理局负责人道格拉斯·麦克唐纳（Douglas MacDonald）向他写了一封信，解释了团队为何做这一决定："在我们看来，同时也是从金融服务业的总体情况看来，我们之所以将咨询顾问从拉扎德投资银行转变为第一奥尔巴尼经纪公司，是因为这样可以帮助第一奥尔巴尼经纪公司成为全国最具资格的金融顾问公司之一。"但塞拉索里仍然担心从州政府合同中获得利益和奖励的个人和各家公司之间可能存在潜在利益冲突，因此他要求州立机构的所有顾问披露存在潜在利益冲突的全部协议。他仍然不相信第一奥尔巴尼经纪公司有资格获得这项业务，也不认为该公司应获得与拉扎德相等的报酬。

为了符合监察长的要求，1993年5月27日，费伯给客户马萨诸塞州水资源管理局写了封信。这封信仅有一段话，却披露了拉扎德与马萨诸塞州水资源管理局的主承销商美林公司之间存在一份合同。根据这份合同所披露的协议，费伯和拉扎德向马萨诸塞州政府推荐聘用美林公司担任其融资和利率掉期的服务商，作为回报，美林公司同意与拉扎德分享600多万美元的酬金及佣金。此外，美林公司还向拉扎德支付了280万美元的"咨询费"，而作为回报，费伯则"要将美林介绍给他在政府机构的熟人"，以期这些机构会选择美林公司担任其债券和其他金融交易的承销商。

费伯和拉扎德本应向客户马萨诸塞州市政当局提供公正而独立的建议，但他们却与美林联手。这份拉扎德-美林公司协议的有效期为1989年12月到1992年12月，在此之前，拉扎德从未向水资源管理局披露过这份协议，这不禁让人联想到20世纪60年代拉扎德与米兰投资银行的私下交易。6月21日，《波士顿环球报》曝光了此事：在合同有效期内，拉扎德帮助"有关市政当局选择美林公司作为债券承销商，并且一直参与监督美林公司的工作"。该报写道，问题的核心在于，"拉扎德和美林公司之间的酬金分账协议是合法的，这表明市政金融行业缺乏监管，政治关系往往比承销商的提案内容更能带来收益，而且这个行业中还隐藏着大量的冲突"。

《波士顿环球报》记者请费伯就他主导达成的拉扎德-美林公司协议发表看法，他说："我不是说这是件多漂亮的事，但它绝对没有违背我的受托义务。"道格拉斯·麦克唐纳听说了拉扎德与美林公司之间的合同后非常不高兴，但他仍向《波士顿环球报》表示，他认为水资源管理局的"利益得到了保护"，因为费伯早前向该局财务总监菲利普·夏皮罗（Philip Shapiro）口头透露过这份合同的事儿。罗伯特·塞拉索里却是从《波士顿环球报》的报道中第一次知道这份合同的存在。两天后，他给道格拉斯·麦克唐纳写信说，他发现"尤其令人担忧"的是，3个多月前，当他找夏皮罗谈话调查此事时，夏皮罗并未透露自己知道这份合同的存在，而道格拉斯·麦克唐纳却对《波士顿环球报》说费伯曾向夏皮罗"口头透露"过这份合同。于是，塞拉索里行使职权，对费伯的行为展开了全面调查，而道格拉斯·麦克唐纳也意识到自己受到了蒙蔽。

于是，马萨诸塞州水资源管理局决定不再与拉扎德、美林公司和第一奥尔巴尼经纪公司合作。一个月后，争议仍在继续，第一奥尔巴尼经纪公司董事会投票决定"不再聘用"费伯。《波士顿环球报》还透露，由于拉扎德和美林公司之间有合作协议，作为曾是马萨诸塞州债券的承销商，第一奥尔巴尼经纪公司向拉扎德和费伯总共支付了17万美元的公司财务咨询费。1993年9月，《商业周刊》的封面故事对这一争议做了特别报道，文章将费伯描写为"按自己的原则行事的投资银行家"。证交会委员理查德·罗伯茨（Richard Roberts）告诉《商业周刊》，费伯的附带交易行为"违反了金融顾问应当遵循的所有原则：公正、客观以及寻求第三方的建议"。费伯并不同意这一说法，声称："这份合同当时由纽约一家大型律师事务所起草，并经过拉扎德总顾问的审核，没有违反任何法律法规，也没有违背金融顾问的道德标准和受托义务。"但拉扎德的发言人努力撇清公司与此事的关系，说"这份合同内容显然包含了费伯会向客户披露相关信息这一默认条款"，而且费伯本人也"向我们保证他已经这样做了"。美林公司则认为合同"正规、合乎道德标准、合法"。而检察长塞拉索里在1993年的整个夏天和秋天都在继续调查此事。

在拉扎德内部，高级合伙人正与华尔街最优秀的律师一起采取合法策略来应对不断蔓延的丑闻。9月9日，卢米斯给梅尔·海涅曼写了份备忘录，并向米歇尔提交了一份副本。在备忘录中，他建议聘请科雷弗斯（Cravath, Swaine & Moore）律师事务所与拉扎德的常驻外部顾问沃切尔立普顿律师事务所合作，他写道："我相信我们最宝贵的资产就是我们的特权，或者说是声誉，以及我们的领导人米歇尔。如果我们陷入一场漫长的消耗战中，那么我们所拥有的这些资产可能将遭到侵蚀，我们的实力将会被削弱，我们将变得不再独特，很容易成为对手的攻击目标。"他建议立即关闭市政金融部门，并成立一个高级委员会来审查拉扎德在市政金融领域乃至华尔街的行为，他写道："我们在业务实践中所引发的问题相当普遍，其他公司必然也有，如果我们能率先想出解决的办法避免这些问题，那么我们就能掀起一场行业革命。"但他的建议一直都没有得到重视，直到事情一发不可收拾。

12月16日，塞拉索里披露了调查报告，他提交给马萨诸塞州州长威廉·威尔德（William Weld）并附了一封信，他在信中写道，他发现了一些"非同寻常且引人注目"的问题，因此觉得有必要对此事进行公开披露，并"强调有必要从以往的协议债券销售模式向公开竞价投标模式转变。这是全国性的问题，而非马萨诸塞州水资源管理局独有"。检察长塞拉索里12月公布的报告显示，美林公司和拉扎德在向马萨诸塞州水资源管理局提交的披露声明中没有如实描述彼此之间的关系。报告还透露，费伯曾指导美林公司的银行家们如何赢得政府业务，此外还披露了其他有关承销商为赢得政府业务而提出的建议等有用信息。更糟糕的是，"尽管美林公司发布了免责声明，但有证据表明，费伯之所以支持美林公司担任马萨诸塞州水资源管理局的承销商，是为了从美林公司的其他交易中获得一些利润丰厚的业务，其中还包括一些州外交易"。文件显示，费伯告诉他在美林公司的联络人，他"会四处替美林公司说好话"，作为回报，他希望能从美林公司拿到业务。这些文件进一步披露，费伯曾向美林公司的这位银行家发出"警告，如果他的投资没有回报的话，他将让我们受到伤害。等我再想想，我可以更详细地讨论这个问题——现在我的脑子一团浆糊"。后来，美林公司不仅向费伯和拉扎德提供了马萨诸塞州以外的业务——他们在华盛顿特区、印第安纳波利斯、阿肯色州、佛罗里达州和密歇根州的交易上共同合作，并一起为美国邮政局提供服务——还与拉扎德签订了咨询顾问合同，合同规定，1990年，美林公司应向拉扎德支付年费80万美元，1991年和1992年的年费则增加到每年100万美元。塞拉索里还记录了一些其他案例，费伯曾向其他投资银行施压，让其为他提供业务，以此换取他所代理的市政当局的优待。这份报告称，高盛答应了费伯的要求，于是获得了承销业务；雷曼兄弟对他不理不睬，于是就被踢出了承销团。美林公司是费伯计划的热心参与者，美林公司的银行家杰里·凯里（Jeff Carey）曾给他的上司写信："我们要想办法'联系'费伯，大家都知道他不仅能影响马萨诸塞州水资源管理局的评估流程，还能影响财务委员会和董事会对债券承销商的选择。"

接着，检察长的报告详细说明了这两家公司之间存在的其他违规行为，以及它们应当对马萨诸塞州公民承担的受托责任。塞拉索里写道：

总而言之，我之所以向你们提供这些信息，是因为这些信息与美林向马萨诸塞州水资源管理局所披露的信息互相矛盾。美林公司称，与拉扎德的契约关系"与其向马萨诸塞州水资源管理局提供的服务或预期提供的服务没有任何关联……"但事实正好相反，这些信息中最令人担忧的一点是，美林公司并没有在其披露的声明中将实情告知马萨诸塞州水资源管理局（即美林公司希望费伯鼓励当局将业务交给美林）。同样重要的一点是，拉扎德作为马萨诸塞州水资源管理局的受托人本应忠于管理局，结果却使得管理局遭受了不公正待遇，并将其置于危险境地。马萨诸塞州水资源管理局与拉扎德签订合同，聘用拉扎德担任其支持者，并向拉扎德支付每年约60万美元的金融咨询费，尽管一些董事会成员对合同金额存在疑虑，但高额服务费并没有换来高质量的服务。相反，拉扎德把马萨诸塞州水资源管理局视为筹码，以此向该管理局的承销商们获取业务、增加利润。

这份报告对拉扎德和费伯进行了极其严重的指控——而仅仅6个月前，即1993年5月，《机构投资者》杂志还在封面故事中奉承拉扎德和米歇尔，称他们致力于成为华尔街道德行为的典范。一旦失去苦心经营的独立公正金融顾问的声誉，拉扎德就会关门大吉，但米歇尔和总顾问梅尔·海涅曼都没有针对塞拉索里的报告发表公司声明。事实上，根本没人讨论这些指控，至少拉扎德的普通员工中没人讨论。

《波士顿环球报》一直在跟踪报道这件事，并利用塞拉索里的报告大做文章。12月17日，报纸在头版披露了报告中的谴责内容，并透露美林公司和拉扎德之间的这些"交易"已经成为"联邦和州政府的调查重点"，调查人员正在审查"数千页"文件，进而"判断费伯因自己与美林公司的关系，违背了他作为马萨诸塞州水资源管理局和其他市政机构财务顾问的受托责任"。费伯的律师称，检察长的报告"错得离谱、不完整、断章取义"。但马萨诸塞州水资源管理局的执行董事道格拉斯·麦克唐纳说，这个报告"真的令人难以置信。如果这些文件的内容是真实的，那么我们正在谈论的就是一个非常严重的全州性问题，而不仅限于马萨诸塞州水资源管理局"。

媒体对塞拉索里报告的报道再次给拉扎德及其市政金融部门带来了霉运。当时，美邦银行公共金融部门的高级投资银行家迈克尔·莱萨克（Michael Lissack）正在佛罗里达州度假，读到了有关该报告的一篇文章，他立刻意识到，马萨诸塞州调查人员漏掉了包括拉扎德在内的众多华尔街公司的市政金融部门不断涌现的违法行为中的另一个重要而复杂的部分。他离开海滩走到一部付费电话旁，给亚特兰大的美国检察官办公室打了一个匿名电话，"让政府了解一下华尔街污秽不堪但可带来丰厚利润的小秘密"，他因这种背叛行为成了数百万人心目中的"告密者"，在华尔街再也交不到朋友了。他告诉检察官办公室，数年来，投资银行为了配合某些市政债券的交易，一直在系统性地提高全行业的债券价格，华尔街已经通过这些交易赚到了数亿美元的非法利润。莱萨克强调，这些过高定价行为——即"收益燃烧"（yield burning）[1]——才是华尔街真正的丑闻，因为全国的数千笔交易中均存在这种做法，几乎市政债务的每一位公开发行人都脱不了干系。"收益燃烧"对美国财政部、债券市场和纳税人的损害要远远超过任何市场分账协议的损害。

莱萨克这通电话，又让拉扎德立即卷入了另一桩丑闻，即所谓的"收益燃烧丑闻"。与此同时，波里尔和费伯也在接受调查。大家都有一种不好的感觉，尽管拉扎德极负盛名，获利丰厚，但已越过危险的边界，出现了种种渎职犯罪行为，因此联邦当局开始与拉扎德高级合伙人和公司律师就市政金融部门的异常举动进行定期交流也就毫不奇怪

---

[1] 指承销商为减少债券收益而提高债券价格的行为。

了。根据《反诈骗和腐败组织法案》（*Racketeer Influenced and Corrupt Organizations Act*，简称RICO），拉扎德可能会被起诉，甚至可能因此停业。一位合伙人悲伤地回忆道："联邦调查人员告诉拉扎德，'嘿，瞧，伙计们。你们有两位差劲的员工，费伯和波里尔。基德与皮博迪银行倒闭了。德崇银行倒闭了。我们努力对这样一个事实保持敏感，那就是我们能让公司倒闭，因为我们知道自己只要提建议就可以做到这一点。你们知道的，只要用《反诈骗和腐败组织法案》。所以我们现在只是告诉你们'。于是我们只能卑微地合作。可是突然间又出现了'收益燃烧'问题。我的感觉就是'天啊，我们被逼上了绝路'。我们针对客户所做的宣传并没有引起他们多大的兴趣：我们一直都是靠与客户之间的信任和密切关系来获得交易的。我们也没有太多的资本。我们快完蛋了。"

直到那时，纽约的媒体尚未报道此事。直到1994年5月，《纽约时报》刊登了一篇3400字的文章，给费伯和拉扎德造成了毁灭性打击。文章并没有透露任何新内容，但因为是《纽约时报》的报道，所以拉扎德觉得有必要做出回应。《纽约时报》的文章发表后过了两天，拉扎德的合伙人和副总裁们收到了一封以米歇尔的名义写就的备忘录（但很明显是律师写的），明确反驳了该文章的内容。"你们中的许多人读完关于费伯的报道后必定很受挫，"米歇尔写道，"虽然那篇文章只是旧事重提，而且尽管我们已经尽力向那位记者说明了情况，但文章里还是出现了一些错误，也没有体现我们所解释的几个要点，因此我们觉得有必要指出这些错误和要点。"

正如米歇尔的备忘录所阐述的那样，拉扎德的观点就是："拉扎德和美林公司于1990年签订的合同是经过纽约合伙人批准的，他们相信这份通过法律顾问审核的合同，不存在任何不当之处。合同规定，马克·费伯会向美林公司提供顾问建议，以改善美林公司的市政掉期交易的销售表现（以此获得年度佣金），拉扎德和美林公司将联手向拉扎德的市政债券承销客户推销掉期交易（两家平分市政客户的酬金）。我们认为，费伯就该合同进行了公平的谈判，而且该合同遵循的是以合法的咨询服务换取适当的报酬这一公平交换条件。"米歇尔否认曾对这份合同刻意"保密"，并称拉扎德曾坚持要求在该合同中添加相关的披露条款，以确保费伯向客户解释，"拉扎德与美林公司在掉期交易方面有一定的关系，美林公司可以向拉扎德的财务咨询客户推销掉期交易"。米歇尔写道，费伯已经"以书面和口头方式"告知纽约的合伙人，"当美林公司向拉扎德的咨询客户推销掉期交易时"，他都对这些客户恰当地披露了拉扎德与美林公司的关系。至于马萨诸塞州监察长对费伯的指控（目前公司已无法联系到费伯），米歇尔写道，拉扎德已向《纽约时报》的记者"强调"，"我们被这些指控弄得心烦意乱"，如果指控所述属实，费伯违背了对公司客户的受托责任，那么我们对他的行为也"无法容忍"。此外，米歇尔还补充道："我们对此事的态度一直很坚定，却失望地发现报道并没有反映这些。"米歇尔在结尾写道，拉扎德将静候两起事件的调查结果，并表示："在此期间，我们将继续竭尽所能协助他们。"

米歇尔的这种笛卡尔式逻辑像往常一样无可挑剔。但事实是，尽管公司对此做了清楚的解释，但拉扎德与竞争对手达成的这项不同寻常的协议明显对客户造成了伤害，对于以提供公正独立的咨询服务而闻名的拉扎德而言，这是一个非常严重的过错。"你很少会看到两家全国性企业共同推销业务，"另一家公司的总裁告诉《纽约时报》，"你可能会看到一家地区性企业和一家全国性企业联手，但很少有两家全国性的企业会联手。"1994年10月，证交会通知拉扎德、美林公司和费伯，证交会将对他们提出诉讼，理由是他们之间"存在一份分享数百万美元债券酬金的秘密合同"。1995年1月，为了避免他们与哥伦比亚特区的交易遭到起诉，拉扎德和美林公司同意各自支付180万美元与证交会和解。1995年年中，证交会和美国检察官办公室还在调查理查德·波里尔和费伯如何为拉扎德获取业务，但此时波里尔决定从拉扎德辞职。

虽然因为《名利场》的文章，史蒂夫和菲利克斯之间的仇恨越来越公开化，加上拉扎德内部充斥着对不断涌现的市政融资丑闻的担忧，公司情况愈加复杂，但史蒂夫的交易量丝毫不减。有趣的是，这些交易大多源于他的个人关系——这与安德烈的工作方式大同小异。第一笔交易是，1993年年底，史蒂夫担任他的朋友克雷格·麦考的代理人，将麦考移动电话公司以139亿美元的价格出售给美国电话电报公司（酬金为2000万美元），这项重大交易将美国的无线电行业从创新型行业永久地转变为高风险且资本雄厚的基本服务行业。接着，1994年7月，在康卡斯特公司进行几笔大胆的变革性交易之初，史蒂夫担任他的朋友康卡斯特公司CEO布赖恩·罗伯茨的代理人，与自由媒体公司（Liberty Media）合作，对家庭购物网站QVC进行恶意收购，成功挫败了QVC和哥伦比亚广播公司的合并。这项交易为康卡斯特公司带来了极其丰厚的利润。2004年12月，自由媒体公司以近80亿美元的价格购入康卡斯特公司所持有的QVC 57.5%的股份，而康卡斯特公司当初在史蒂夫的帮助下仅以19亿美元买进这些股份。1994年9月，就在美国电话电报公司与麦考移动电话的交易即将结束之时，纽约的齐夫家族[特别是史蒂夫的朋友迪尔克·齐夫（Dirk Ziff）]聘请史蒂夫和拉扎德谨慎出售家族旗下的美国顶级计算机杂志出版商——齐夫戴维斯出版公司（Ziff Davis Publishing Company）。不久之后，史蒂夫联系了福斯特曼-利特尔公司，很快，该公司优先出价，以14亿美元的价格买下了齐夫戴维斯出版公司95%的股份。福斯特曼-利特尔公司出手迅速而果断，其他买家根本没有机会介入。不过仍有一些不死心的买家，这笔交易完成后仅过了10个月，日本软银公司正式向福斯特曼-利特尔公司表达了收购齐夫戴维斯出版公司的意愿，最终以21亿美元的价格买下来，福斯特曼-利特尔公司因此净赚7亿美元。这是20世纪90年代最令人震撼且利润最丰厚的收购交易之一，在这次交易中，史蒂夫向福斯特曼-利特尔公司提供了咨询。此外，史蒂夫还担任另一位朋友阿莫斯·霍斯泰特（Amos Hostetter）的代理人，帮助霍斯泰特将他持有的大陆有线电视公司以108亿美元的价格出售给美国西部电话公司（US West）。

与此同时，菲利克斯也在忙于各项交易，其中包括软件先驱企业莲花开发公司（Lotus 1-2-3 和 Lotus Notes 的开发者）的标志性出售交易。最终，IBM 以35亿美元现金买下了莲花开发公司，在当时是软件行业的最大交易。这桩交易在当时之所以如此出名，还有另一个原因。1995年6月5日，美国企业中最优秀的蓝筹股企业 IBM 出人意料地以每股60美元的现金报价对莲花开发公司发起恶意收购，收购溢价近100%。IBM 的报价如此之高，所有人都认为莲花开发公司已是它的囊中之物。然而，对计算机一窍不通的菲利克斯却与合伙人杰瑞·罗森费尔德（Jerry Rosenfeld）一起操纵了莲花开发公司的收购交易。罗森费尔德曾在信孚银行（Bankers Trust）工作过，于1992年加入了拉扎德。他与莲花开发公司 CEO 吉姆·曼齐（Jim Manzi）曾在麦肯锡（McKinsey & Company）待过并相识，于是他特意将菲利克斯介绍给曼齐，以此进一步巩固莲花开发公司与拉扎德的关系。

IBM 发起恶意收购时，曼齐给罗森费尔德和菲利克斯打了电话。在初步拒绝 IBM 的纯现金出价后，拉扎德和莲花协商将 IBM 的报价从每股60美元提高到64美元，而拉扎德将获得900万美元的酬金。具有讽刺意味的是，在 IBM 发起恶意收购的6个月之前，曼齐就担心会出现这种情况，并向菲利克斯吐露了自己的担忧。"我有点担心 IBM 可能会对我们发起恶意收购，"曼齐声称自己曾这样告诉过菲利克斯，"这还是6个月之前的事儿。菲利克斯则说：'别傻了，他们绝不会那样做，那不是他们的行事方式。'反正他的意思就是这样。"如今，他们仍会拿世事无常来开玩笑。

在菲利克斯和史蒂夫这两员大将的带动下，拉扎德成了华尔街首屈一指的媒体和通信行业的咨询公司。但天堂里也并非风平浪静。这两个人就像职业拳击手，在拳王争霸赛中谨慎地绕着对方转圈，挑战者以逸待劳，不断伺机反攻，在年事已高的冠军的眼下弄出了一道血淋淋的伤口。1995年初，菲利克斯曾一度考虑彻底离开拉扎德。他和妻子在奥地利风景如画的小村庄川斯滑雪时，接到了好友罗杰·阿尔特曼（Roger Altman）的电话。阿尔特曼是克林顿的亲信，数月前辞去了美国财政部副部长的职务，但仍与克林顿保持着密切关系，被克林顿委派来劝说菲利克斯接替刘易斯·普雷斯顿（Lewis Preston）担任下一届的世界银行行长。普雷斯顿得了癌症，将不久于人世，不久前向克林顿请辞了。罗哈廷一家与普雷斯顿一家的关系非常好，菲利克斯早已知道普雷斯顿的病情，也知道普雷斯顿已经告诉克林顿他将会辞职。阿尔特曼告诉菲利克斯："你知道，克林顿真的很喜欢你，他认为你会成为一位优秀的世界银行行长。财政部长罗伯特·鲁宾不喜欢这个职位的主要候选人詹姆斯·沃尔芬森（James Wolfensohn）。如果你告诉我们你对这个职位感兴趣，你就能获得任命。但请记住，如果你同意任职，你必须承诺连任两届，也就是12年。"

菲利克斯请阿尔特曼给他几天时间考虑。他很感兴趣，原因有好几个，其中一个是他对拉扎德内部发生的变化深感失望。但他没有任何的管理经验，更别说管理像世界银行这样的大型官僚机构了。他说："我从来不喜欢管理庞大的官僚机构。"而且他的妻子伊丽莎白也坚决反对。因为如果菲利克斯一旦担任这一职务，那么他们不仅必须搬到华盛顿去，还要在世界各地跑来跑去参加大量沉闷的会议。12年任期的承诺也是一大问题，如此一来，等菲利克斯期满离职时，就快78岁高龄了。菲利克斯打电话告诉阿尔特曼自己不愿意干，于是沃尔芬森得到了这份工作，在这个职位上干了10年。很少有报道提及菲利克斯曾是世界银行行长候选人一事。即使有，这些报道也暴露了菲利克斯的一个性格缺陷——他曾在报道中说道："我不想去世界银行，但我差点去了，如果那样的话，吉姆·沃尔芬森就不会当上行长。"

但这一情况足以说明菲利克斯在拉扎德已经坐立不安，因此公司内部发生了明显的转变：预想了多年之后，菲利克斯时代终于要结束了。拉扎德的银行家们再也无法对史蒂夫的强大视而不见。史蒂夫无疑也意识到了这一点，在1994年放弃了银行业务部负责人这一职务，变成了一个没有任何行政职责的资深"交易员"。他甚至将自己的长期助理凯西·米尼奥内（Cathy Mignone）换成了更为高挑迷人的萨莉·沃伦纳尔-蒙特斯（Sally Wrennall-Montes）[她原是拉扎德一位不那么有权势的合伙人克里斯蒂娜·莫尔（Christina Mohr）的助理]。肯·威尔逊接替史蒂夫成了拉扎德6年间的第5任银行业务部负责人，普通的银行家们从中看到，也许是内部纷争使拉扎德变得难以管理。而菲利克斯决定拒绝世界银行的工作后，当年他对史蒂夫的强烈怨恨必定会加剧，所有参与其中的人都为此感到痛苦。

无论是出于有意还是无意，史蒂夫知道如何让菲利克斯抓狂。他通过为《纽约时报》撰写一些"时事评论"短文，提升自己的知识分子形象。他还和妻子莫琳开始提升他们的社会和政治形象。作为计划的第一步，夫妇二人和4个有着淡黄色头发的孩子——丽贝卡（Rebecca）、双胞胎丹尼尔（Daniel）和戴维（David），以及伊兹（Izzy）——把家从中央公园西边时髦优雅的达科他搬到了中央公园东边第五大道998号第9层的私家公寓。为此，他们花费了近1000万美元，放到现在来看，这简直太便宜了。这座建筑建于1912年，由麦金姆-米德-怀特建筑事务所（McKim, Mead & White）设计，是第五大道上第一幢赶超第59街的豪华公寓楼，即使以上东区的标准来衡量，它也相当时髦。这里曾是阿斯特家族（Astors）[1]、

---

[1] 美国知名的房地产家族、经济世家，做贸易起家。1786年，约翰·雅各布·阿斯特成立美国皮草公司。虽然当时他也在纽约购置房产，但在他的儿子威廉·B.阿斯特手上，家族的房地产事业才开始真正扩张。

古根海姆家族（Guggenheims）[1]以及诺贝尔奖得主、政治家兼律师伊莱休·鲁特（Elihu Root）[2]的住所，鲁特是第一位从市中心搬过来住的名人，为此每年需支付2.5万美元的租金。这栋豪华公寓楼都是整层的，非常巨大，每套公寓面积约5000平方英尺。史蒂夫在《纽约时报》的老同事迈克尔·沃尔夫（Michael Wolff）拜访后抑制不住羡慕之情，在文章中如此描述史蒂夫的公寓："刚走出电梯就来到了宽敞的前厅，往里走是一个更为宽敞的休息室（这里所有的房间都相当于别人家的两居室公寓那般大），接下来就到了正对着中央公园和大都会艺术博物馆的主廊。房间经过精心布置，色调柔和、充满活力，还有精美细致的墙面装饰。"他却没有提及公寓里的大理石装饰。

他们的新邻居中有一位叫约瑟夫·佩雷拉，他是会计师的儿子，也和史蒂夫一样，爬到了投资银行业的顶峰。一开始，他在第一波士顿工作，后来和布鲁斯·瓦瑟斯坦成立了瓦瑟斯坦－佩雷拉公司。1993年，他与布鲁斯·瓦瑟斯坦分道扬镳，拉扎德曾盛情邀请他加入，但他最终选择了摩根士丹利。史蒂夫一家申请搬进这栋大楼时，拉扎德一位合伙人的妻子自发写了一封信贬低史蒂夫和莫琳，不过史蒂夫一家的申请还是获得了批准。［除了玛莎葡萄园岛的房子外，他们在威彻斯特县（Westchester County）上游、纽约北塞勒姆镇还拥有一个马场。他们先是卖掉了威彻斯特县芒特基斯科（Mount Kisco）的房子，搬到了贝德福德镇；接着又将贝德福德镇的房子以780万美元卖给了黑石集团的一位合伙人，然后买下了这个马场。］

史蒂夫向母校布朗大学捐助了大笔资金，还加入了布朗大学董事

---

[1] 美国知名的采矿业和冶炼业家族。19世纪，古根海姆家族拥有的财富位于世界先列。可追溯的最早家族成员是1847年到达美国的迈耶·古根海姆。后期，该家族以对慈善事业、现代艺术和航空业的贡献而闻名于世，其中包括古根海姆基金会、古根海姆航空试验室和位于纽约西奈山医院的古根海姆艺术馆。

[2] 1845—1937年，美国律师、政治家，在西奥多·罗斯福任职总统期间担任国务卿，在西奥多·罗斯福和威廉·麦金利任职总统期间担任战争部长，于1912年获诺贝尔和平奖。

会。他还是纽约公共电视台第13频道的理事会成员（亨利·克拉维斯下台后，史蒂夫成了理事会主席）。史蒂夫收集了大量的当代绘画作品，如今还住在大都会博物馆的街对面，于是他和米歇尔一样，也加入了大都会博物馆的董事会。在朋友小阿瑟·苏茨伯格的邀请下，他加入户外拓展训练（Outward Bound）的董事会，并待了一段时间。他还是享有盛誉的美国外交关系协会的成员。该委员会对成员的身份异常挑剔，自1921年在前拉扎德合伙人弗兰克·阿特休尔的帮助下成立以来，该委员会已经成为美国外交政策领域最强大的私人组织。菲利克斯也是该委员会成员。史蒂夫还是华盛顿的公共政策研究机构——新美国基金会（New America Foundation）的董事会成员，该机构的使命是"为我们国家的前沿论调提供极富价值的新声音和新想法"。他还在一些公共委员会任职，包括国际货币基金咨询委员会（International Monetary Fund Advisory Committee）、总统资本预算研究委员会（President's Commission to Study Capital Budgeting）以及国际竞争政策咨询委员会（International Competition Policy Advisory Committee）等。

莫琳兑现了自己的承诺，尽量把时间和精力都投入公共服务事业中。她一直担任民主党全国委员会的财务主席，直到2006年离任。她在自传中写道，她是"国内和国际人权的积极倡导者"。她还是联合国儿童基金会的美国政府代表，以及受武装冲突影响儿童领导委员会的主席。这对夫妇是民主党最大的筹款人之一，与克林顿夫妇关系密切，特别是在克林顿的第二个任期。他们还曾在大名鼎鼎的白宫林肯卧室待过，还经常到克林顿夫妇在戴维营的家中做客。公开记录显示，他们向民主党及民主党全国候选人捐赠了几十万美元，其他报道则称他们捐献了数百万美元。2005年秋天，史蒂夫夫妇公开支持纽约市长迈克尔·布隆伯格（Michael Bloomberg）[1]连任竞选，曾引起了一时轰动，因为布隆伯格

---

[1] 1942年至今，分别于2001年、2005年和2009年三度出任纽约市长，他还是彭博有限合伙企业和彭博慈善基金会的创始人、联合国气候行动特使。

是共和党人。史蒂夫之所以公开支持布隆伯格,是因为他认为布隆伯格是继拉瓜迪亚(La Guardia)[1]之后最优秀的市长。

史蒂夫还在继续吸引——或许说寻求,取决于你怎么看——媒体的报道。1995年9月,《广播与有线电视》(Broadcasting & Cable)杂志采访他之后撰写了一篇有关媒体和电信行业并购状况的文章,分两部分发表。"这个题目极具争议性,而且他的思考方式非常全面又富有价值,因此编辑们决定将专访分成两部分,分别发表在这一期和下一期杂志上。"该杂志解释道。杂志在封面上刊登了一张史蒂夫的照片,他穿着保罗·斯图亚特牌衬衫,衣领敞着,帅气地打着爱马仕领带,显得自信又高深莫测。这篇专访表示,一聊到媒体和电信行业的交易,史蒂夫马上变得极其健谈和机敏,就像人们料想的那样。他做了一些大胆而正确的预测:电信服务供应商之间的激烈竞争将导致一场金融血洗,有线电视和广播行业将会进一步整合,视频点播将成为一股强大的力量。他沉思着:"如果你打个电话就能在5分钟内获得任何想看的电影,还可以随意播放、暂停、快进、回放,试问你为什么还要跑去录像带商店呢?"请记住,当时还只是1995年。这篇专访完全没有提到拉扎德,这进一步激怒了菲利克斯,除了出于嫉妒,我们难以想到其他原因。《广播与有线电视》杂志的这篇专访发表后的一个周末早晨,菲利克斯打电话到米歇尔家里向他抱怨。据说,米歇尔是这样回应的:"哦,菲利克斯,快回去睡觉吧。"

但媒体给菲利克斯的致命一击发生在1995年10月,当时《名利场》刊登了一篇50位"新一届最具影响力人物"的文章,再次对史蒂夫进行了专访,而包括菲利克斯在内的其他拉扎德人士均未入选。史蒂夫排名第43位,位于信息通信业权威人士埃斯特·戴森(Esther Dyson)与著名的媒体及娱乐业投资人戈登·克劳福德(Gordon

---

[1] 1882—1947年,美国政治家,1934—1945年担任纽约市第99任市长,被誉为美国历史上最伟大的市长之一。

Crawford）之间。照片上的他面带微笑，双臂交叉在胸前，显得非常自信。（之后在百大"新一届最具影响力人物"名单中，他的排名滑落到第99位。）"华尔街有很多年轻又成功的投资银行家，但在电信和媒体业务领域，史蒂夫·拉特纳是最炙手可热的一位。"该杂志夸赞道。但对于史蒂夫在拉扎德不断增多的敌人而言，这段仅有250字的话大有看头。其中最具煽动性的是下面这句话："他像牧师一样保守秘密，他能让年长的人感到安心。"（如果相信菲利克斯所说的话，那么这两点都不是真的）。"他的人际关系网非常强大，他在玛莎葡萄园岛举办的派对的客人名单，往往能让他的客户大吃一惊，也能帮助他赢得业务和媒体报道。他开着私人飞机，他与朋友斯特劳斯·泽尔尼克（Strauss Zelnick）、迪尔克·齐夫和卡莉·西蒙（Carly Simon）共同投资了玛莎葡萄园岛的一家迪斯科舞厅，他还收藏了众多昂贵的艺术品，但他却说金钱不是他的动力。"这篇文章最重要的部分是下面这句话："一些同事恶意中伤他，声称菲利克斯让史蒂夫参与了他的交易，史蒂夫却不愿与菲利克斯分享自己的交易。"尽管这些话不完全正确，例如史蒂夫曾让菲利克斯参与了麦考移动电话公司的交易，但两人此时已经彻底不跟对方说话了。后来，菲利克斯丝毫不带讽刺意味地说："最近那篇文章对这里的年轻人有不好的影响。"可他实际上从未对拉扎德的年轻银行家们表示过丝毫的关心。"这会损害士气。一些渴望媒体宣传和曝光的人并没有意识到，这在业务上有多危险。客户不希望我们将他们的交易公之于众。"

在与玛莎葡萄园岛的邻居们打交道的过程中，史蒂夫似乎充分体现出了一些人在他身上看到的一面——漠然、充满优越感、缺乏平易近人的品质。玛莎葡萄园岛是马萨诸塞州南部海岸的两个昂贵的岛屿之一，外人很难到达，美得令人窒息。1989年4月，史蒂夫刚进入拉扎德不久，就和莫琳在西蒂斯伯里的欧倍德·达戈特（Obed Daggett）路买下了一栋木瓦风格的住宅。房子就在海边，占地面积近32英亩，建于1930年，共有5间卧室，当时的购入价格为199万美元。玛莎葡萄园岛的一位长期居民说，这个价格"听起来便宜得就像从沃尔玛买来似的，按照今天的标准来看确实太便宜了"。1990年12月，史蒂夫把这块地产分成了两部分，带房子的那部分占地10.88英亩，另一部分则是21.09英亩的未开发土地。[2001年，他把这两块地产转到了妻子莫琳的教名——帕特丽夏·M. 怀特（Patricia M. White）——的名下，如今它们的估值达到了2320万美元。]

1994年夏天，史蒂夫在两件事情上与邻居们发生了争执，一件是他引发的，另一件与他无关，但都在当地引起了不少争议。1994年6月，他提出要在兰伯特海湾的自有地产上建一个110英尺长的、季节性开放的木制码头，建成之后，它将成为这个岛屿北部海岸的第一座现代码头，而且还是一个浮动船坞，如此一来，他就可以把船只停泊在那里了。他想修建码头是为了解决这样一个问题——"我们的沙滩上有很多石头，船靠岸后，我们的4个孩子上下船会很困难，而且还存在潜在风险，浪大的时候尤其如此"。但思想保守的玛莎葡萄园岛居民强烈反对史蒂夫建码头。在这一提议等待最终批准期间，邻居们抗议的呼声越来越大，于是史蒂夫提出，如果他那十几位邻居能签署一项协议，不在北部海岸线建造任何一座码头，那么他就同意放弃这项提议。尽管该协议一直没签署，但他还是决定先搁置建造码头的计划。

几个月之后，史蒂夫又面临另一个问题。他东边的近邻玛格丽特·史密斯－伯克（Margaret Smith-Burke）和卡里·哈特（Cary Hart）想要开发位于葡萄园海湾的81英亩土地。他们计划把81英亩的土地划分为4个地块，3块地上将各建1幢房子，另1块地则建2幢房子。1995年，西蒂斯伯里规划委员会批准了这个计划，但史蒂夫一直对此持反对态度。

就在规划委员会做出了不利于史蒂夫的裁决之后，史蒂夫采取了进一步的行动，于1995年10月4日向杜克斯县高等法院对该规划委员会、史密斯－伯克和哈特提起了民事诉讼。史蒂夫的诉讼依据是，土地分块后的新住宅业主将使用通往他的房子的土路，而这条土路也是他回家的必经之路。他抱怨说，这条土路承受不了这些额外的交通负担。这个案子进行了4年，最后史蒂夫想出了一个独一无二的好办法：在史蒂夫的建议下（这是毫无疑问的），他的老朋友兼客户——康卡斯特公司的布赖恩·罗伯茨买下了整块地产，结束了这场争端。1999年7月，两名费城的律师代表罗伯茨以1200万美元的价格从史密斯-伯克手中买下了这块81英亩的土地，后来罗伯茨在上面建了一座由建筑师罗伯特·A. M.斯特恩（Robert A. M. Stern）[1]设计的1.6万平方英尺的住宅。

这件事情圆满解决之后，2000年3月，史蒂夫重燃了建造那个具有争议性码头的想法，这次他想把码头的位置往东推320英尺，长度延伸到130英尺。毫不奇怪，新的码头项目再次引起了很多的反对声音。"他对此充耳不闻。"史蒂夫的一位玛莎葡萄园岛邻居谈到此事时说道。在2000年10月举行的公开听证会上，史蒂夫决定将计划中长130英尺的码头缩短为24英尺，如此新码头就能与他的一座季节性使用的浮动金属码头相连。他说，有了这个新码头，在涨潮时他的家人就"不需要蹚过3英尺深的水"才能到达浮动码头了。在听证会上，史蒂夫是唯一发言支持建码头的人。那些反对者都直言不讳，还递交了一份由200个反对修建码头的人签名的请愿书。据说，连他的新邻居布赖恩·罗伯茨也反对这个项目。最终，2000年12月，玛莎葡萄园岛委员会以9比1的投票结果反对建造这个哪怕已经是缩短之后的码头。

然而，史蒂夫再次通过法律体系寻求支持。2001年1月初，他的律师向杜克斯县高级法院递交了一份长达5页的诉状，要求撤销委员会的决定，批准码头项目。2001年6月，委员会再次投票反对建码头。史蒂夫继续积极主张建码头的过程中，不经意间激起了一股前所未有的团结

---

[1] 1939年至今，美国建筑家，国际建筑设计巨匠，现任耶鲁大学建筑学院院长。

力量，大家一致反对未来在玛莎葡萄园岛北海岸修建任何延伸到海中的码头或船坞。靠近北海岸的4个城镇的保护委员会通过投票达成了不在海岸线上建任何码头和船坞的决定，以保护海岸线。之后，玛莎葡萄园岛委员会也一致投票赞成这一做法。逐渐地，4个城镇的所有投票人都坚定地通过了这一决定，史蒂夫的家乡西蒂斯伯里也在2002年3月以59比7的投票结果批准了此项措施，成功阻止了史蒂夫建造码头的努力。

2004年夏天，史蒂夫再次向邻居发起挑战：他提出了一个粗略的方案，想在自己的地产上建一所新的大型住宅，由他的兄弟唐纳德（Donald）来设计。为了符合玛莎葡萄园岛房屋不能高过树木线的严格规定，建筑商提议"挖掉和运走大量泥土"，只要拉走约500卡车泥土，就能降低新房子的地基，如此新房子就不会高出树木线。只要建筑高度和建筑后退红线距离达标，玛莎葡萄园岛对独栋住宅的大小没有限制，因此，尽管西蒂斯伯里规划委员会试图通过向玛莎葡萄园岛委员会反映情况来阻挠这个项目，但还是阻止不了工程的实施。西蒂斯伯里规划委员会的诉求是让史蒂夫"限制自己的地产"。2006年9月，玛莎葡萄园岛委员会以10比3的投票结果，同意拉特纳一家将其现有住宅移到旁边，再在原址上建一栋"招摇的新房子"，新房子总面积达15575平方英尺，俯瞰葡萄园海湾。

《名利场》杂志第二次发表史蒂夫的专访后，过了数天，拉扎德的市政金融丑闻事件终于有了结果。1995年10月26日，联邦大陪审团以63项罪名起诉费伯，包括欺诈、蓄意勒索和在强迫多家华尔街公司向拉扎德提供业务以换取推荐它们成为市政债券承销商的计划中受贿等。历经3个月，审判终于在1996年8月全部结束，费伯有58项罪名成立，被判处到宾夕法尼亚州布拉德福的麦基恩联邦监狱服刑33个月，同时被处以100万美元的罚款。

就在费伯被起诉的同一天，拉扎德和美林公司各自同意向证交会支付罚款达成和解，因为他们故意违反了市政债券规则制定委员会（Municipal Securities Rulemaking Board）的G-17条规定，该条规定要求所有证券公司"与所有人进行公平交易并且……不得有任何欺骗、虚假或不公的行为"。证交会指责拉扎德没有采用一套"程序"来准确判定费伯是否已告知纽约的合伙人他已向客户披露拉扎德与美林公司之间的合同。和解协议中写道，拉扎德的合伙人已经知晓拉扎德与美林公司之间的合同，并且知道该合同"至少对拉扎德构成一种潜在的利益冲突"，而"拉扎德并没有采取恰当的措施来保证马克·费伯会履行披露该合同的本质和内容的义务"。证交会谴责了拉扎德，最终拉扎德与美林公司同意支付2400万美元的罚款——各支付1200万美元——以了结指控，达成和解。这是当时市政金融行业金额最大的一笔罚单。拉扎德发表了承认达成和解协议的声明，并指出调查"没有发现任何证据可以表明拉扎德的其他合伙人知晓、参与或批准了任何此类错误行为"，还指出"在披露拉扎德与美林公司的合同一事上，费伯主动误导了拉扎德的其他合伙人"。拉扎德还表示，"对费伯先生公然违反公司道德标准的行为感到心痛"。不可避免地，市财政金融丑闻的许多报道都提到了菲利克斯，因为菲利克斯曾拯救了纽约，这相当于他所就职的拉扎德曾拯救了纽约，而如今它居然卷入了牵涉全国各大州市的重大丑闻中，这太具有讽刺意味了。"他的名字居然出现在众多这样的新闻报道里，这让他心烦意乱。"一位合伙人如是说。1995年11月30日，在卢米斯提出解散公司市政金融部门的建议的数年后，拉扎德终于解散了这一部门，并停止了这类业务。

拉扎德在因市政金融部门的丑闻付出高昂的代价之后进行了内部调整，菲利克斯对此大失所望，而且在与史蒂夫激烈的霸权争夺中，他也深感受挫，于是，1996年2月他开始争取美国联邦储备委员会副主席一职。所有人都认为这个职位远远低于他的地位和成就。在参议院共和党人看似无休止的抗议下——而且在这段煎熬时期，克林顿也没有对他表示任何公开支持——菲利克斯仅过了约一周就迅速抽身，结束了这一场不明智的努力。

菲利克斯之所以对美联储的这个职位产生神秘的渴望，一部分原因是他本身就野心十足，以及他对于自己没能当选克林顿政府的财政部长而感到沮丧；另一个原因是，他迫不及待地、煞费苦心地想要离开拉扎德，只要能在政府中获得一个与他的身份地位相配的职位，他就满足了。

20世纪90年代中期，菲利克斯一直密切关注着美国的经济状况。当时，美国经济已经从海湾战争造成的萧条中复苏，但还未进入90年代后期的爆发性增长阶段，白宫的经济学家们通过建模计算出美国经济的年度增长率为2.5%，但菲利克斯认为实际增长率会高于这个数值，因此艾伦·格林斯潘将1994—1995年的利率提高一倍（6%）来减缓经济增长的金融政策是错误的。事后看来，在12个月内将利率翻倍且不给市场任何提示的这一金融政策确实很糟糕，这导致债券市场暴跌，成立于1865年的老牌投资银行基德与皮博迪以及加利福尼亚州奥兰治县和墨西哥的经济因此都遭受了致命打击。（现在，美联储会提前数月公布金融政策。）

一直以来，美联储副主席艾伦·布林德（Alan Blinder）在诸如利率和缺乏职业晋升空间等众多问题上对格林斯潘感到非常失望，因此在1996年初，即他两届任期期满之时选择不再连任，而是回普林斯顿大学任教。这给菲利克斯提供了一个机会。国家经济委员会负责人劳拉·德安德里亚·泰森（Laura D'Andrea Tyson）就布林德接班人的问题向菲利克斯征求意见时，菲利克斯立即毛遂自荐。劳拉十分惊讶，但她努力说服菲利克斯不要这么做，并向他解释了布林德对格林斯潘感到失望的原因、这个职位的内在缺陷、其从属地位，以及担当这个职务需要参加无聊的会议等问题。总之，这个职位根本不适合菲利克斯这样一位富有经验和名望，以及有自己脾气的"大师"。菲利克斯在任何场合都喜欢吸引所有人的关注，因此他与格林斯潘的矛盾将不可避免，但这种场面可不好看。而菲利克斯就格林斯潘的问题向劳拉解释道："我们是朋友，我们已经认识很久了。情况会不一样的，因为我们是朋友。我将能发挥更大的影响力。"

克林顿十分支持菲利克斯，因为他急于解决实际增长率的一系列问题——当然了，在竞选期间，债券市场崩溃可不是个好消息。克林顿私下说过："我们将展开一场有趣的辩论，让美联储主席和副主席就这个问题做一场全国辩论。"从政治方面来讲，克林顿也十分赞同任命菲利克斯担任这一职务。克林顿未必能有机会再度任命格林斯潘为美联储主席，因为那时他的任期只剩下几个月，因此如果自己阵营里的菲利克斯能当选，那么他就能密切关注格林斯潘这位难以控制的共和党美联储主席。劳拉试图说服克林顿在美联储内部挑起经济战毫无意义，但无济于事。最后，她把总统的支持告诉了菲利克斯。得到克林顿的支持后，菲利克斯开始给他那些企业领导人朋友打电话寻求支持，这些人都表示会为菲利克斯去游说他们在华盛顿的熟人，但菲利克斯没有告诉米歇尔他想去美联储。"这让米歇尔很不高兴。"一位评论家说道。

后来，布林德打电话问菲利克斯："你为什么要这样做呢？""我要离开这里，因为我受不了了。"布林德向菲利克斯表达了与劳拉一样的意思：美联储的一切都围着格林斯潘转，员工只是在全力执行主席的命令。鲍勃·伍德沃德（Bob Woodward）在《大师：格林斯潘的美联储与美国繁荣》（*Maestro: Greenspan's Fed And The American Boom*）一书中写道："除非格林斯潘赞同，否则任何异议或其他想法都会受到压制。"菲利克斯的妻子丽兹也强烈同意布林德的看法。"你疯了吧，"她对丈夫说，"他们不把你关在厕所就算你走运了。没人会再见到你。你当市政援助公司主席时，如果休·凯里安排艾伦·格林斯潘当副主席，你会是什么感觉？你会高兴吗？"菲利克斯答道："不会，可能不会。"

但劳拉、布林德和丽兹都低估了菲利克斯想要实现两个愿望的迫切性：逃离拉扎德，以及像让·莫内一样影响全国政治辩论，即使他只能发挥些许影响力。然而，菲利克斯再次错判了当时的政治形势。

1996年1月19日，《华尔街日报》报道，克林顿很有可能会提名菲利克斯担任美联储副主席，文章照例大肆吹捧了一番菲利克斯的投资银行业务能力，并写道："与之前几任美联储副主席不同，罗哈廷先生可能会被视为格林斯潘先生的接班人——如果这位美联储主席离任时总统还是民主党人的话。"参议院银行委员会的共和党人迅速出面强烈反对提名菲利克斯：来自佛罗里达州的共和党参议员康尼·麦克（Connie Mack）马上公开抨击菲利克斯，称他是一个危险的、大政府主义的自由派干涉主义者；参议院银行委员会主席、纽约的共和党参议员阿尔·达马托（Al D'Amato）就更不用说了，菲利克斯曾考虑与他同台竞争，并在1992年反对过他的连任。国会的共和党成员给参议员康尼·麦克发来一份抱怨的备忘录："简言之，罗哈廷就意味着滞胀。"滞胀指的是20世纪70年代的经济低增长、高通胀。菲利克斯陷入了一个政治旋涡，其中的情形对于即使像他这样一个经验丰富的人来说也难以想象。当时，共和党人控制了参议院，在党派色彩浓厚的克林顿政府中，民主党总统对任何民主党人的提名都显得相当可疑，因此共和党人的强烈反对也在预料之中，并且还能轻易掩盖掉他们一些更为隐秘的幕后阴谋。伍德沃德认为，事实的确如此，他在书中声称，对于委任菲利克斯担任美联储副主席一事，鲁宾和格林斯潘都表现得非常冷淡，事实上，他们用这种方式把这次委任扼杀在了摇篮中。这一事件中，共和党人格林斯潘微妙地向共和党参议员们表达了自己对此事的漠不关心，而鲁宾则在中间担任了传信人。

"如果我们向你们提名格林斯潘担任主席，罗哈廷担任副主席，会怎么样？"鲁宾问犹他州共和党参议员罗伯特·班纳特（Robert Bennett）。

"我们会立即确认格林斯潘的任命，"班纳特回答道，"但委员会不会通过罗哈廷的提名。"

"但他们是一起的,"鲁宾答道,"我们会把他们的提名一起送上去。"

"我们瞬间就可以把他们分开,"参议员回答,"格林斯潘的任命将会得到确认……但只要康尼·麦克还有一口气在,他就会阻挠罗哈廷的任命。"

鲁宾获得了他想要的东西。

接下来是一场必要的、精心策划好的媒体攻势,以挑战菲利克斯关于经济增长率的看法。1月29日,《华盛顿邮报》头版报道,对于更高的增长率,包括格林斯潘在内的许多经济学家都表示怀疑。之前为斯坦福大学经济学家、现为《纽约时报》专栏作家的保罗·克鲁格曼(Paul Krugman)在《纽约时报》杂志上写道,像"金融专家菲利克斯·罗哈廷"这类更高增长率的支持者简直是生活在"美妙的童话故事"里的人。他接着写道,"事实上,他们的追随者大大高估了所谓的管理、信息技术和全球化革命"。

事情的经过大概就是这样。2月12日,菲利克斯向克林顿递交了退出竞选的信函,还将此事告诉了鲁宾和格林斯潘。

这件事结束后又过了几天,菲利克斯接到一个从白宫打来的电话。对方告诉他,克林顿将于2月15日在纽约喜来登酒店出席一场入场费为1000美元的筹款晚宴,届时想公开感谢他。结果,菲利克斯当天到达喜来登酒店,碰到副总统阿尔·戈尔(Al Gore)后,对戈尔说,他因有别的事情而无法留下用餐。尽管克林顿总统从未公开表示过支持菲利克斯,尽管菲利克斯的提名已经泡汤,但克林顿在喜来登酒店严厉斥责了共和党人在菲利克斯提名一事上玩政治游戏。"在座的大多数人想必对这件事情都很熟悉,我本有意提名菲利克斯·罗哈廷担任联邦储备委员会副主席,不料有人却对此事进行了肆无忌惮的政治打击。"克林顿请菲利克斯站起来向大家鞠躬,但他已经离开了。有人站了起来，然后人们开始鼓掌。

正如媒体所报道的那样，菲利克斯沐浴在总统褒奖的短暂光芒之下，但从许多方面来说，美联储事件对于菲利克斯和拉扎德而言，都是一个丑陋的事件。当时，高级合伙人之间的诸多内部争论对拉扎德员工都是保密的。但菲利克斯在美联储事件上的惨败让大家都知道了菲利克斯想要离开拉扎德，而且年轻的合伙人们也希望他离开，否则还能如何解释他积极寻求一个似乎远远配不上他的抱负和能力的次要职位的行为呢？一位合伙人注意到，"米歇尔一直在巩固自己的实力"，为菲利克斯的离开做准备。"而美联储事件也表明他这样做是多么的正确。现在，菲利克斯基本上已经公开表态自己想要离开拉扎德了。"虽然对菲利克斯来说，美联储副主席一职没什么重大意义，但他还是因为没能获得任命而感到不高兴。他变得脾气暴躁，闷闷不乐。流言四起，说他一有机会就随时随地说史蒂夫的坏话。"菲利克斯生气了，满腹牢骚，"史蒂夫听到流言时告诉一个朋友，"他没能优雅地老去。"

最终，火山爆发了。1996年3月的第二个星期，《纽约》杂志记者苏珊娜·安德鲁斯再次对菲利克斯发起攻击。她在《纽约》杂志上发表了一篇封面报道，刊登了一张菲利克斯不太讨喜的特写照片。照片中的菲利克斯一脸怒容，照片下方用72号黑色粗体字印刷着文章标题——《失势的菲利克斯》。这篇文章披露，菲利克斯和史蒂夫之间的矛盾已经大到不可调和的程度。安德鲁斯第一次生动描述了菲利克斯对《名利场》那篇报道史蒂夫的文章、对派拉蒙泄密事件、对别人误将史蒂夫称作他的"门徒"的愤怒，以及他对史蒂夫在社交和政治方面不断向上攀爬的嫉妒。安德鲁斯写道，拉扎德是一个"卑鄙"的地方。情况确实如此。

这篇文章的出现也是巧合。为了给《机构投资者》杂志1996年3月刊撰写一篇关于华尔街公共关系泰斗、菲利克斯的老朋友格申·凯克斯特（Gershon Kekst）的报道，安德鲁斯在菲利克斯位于洛克菲勒广场30层毫无拉扎德风格的豪华新办公室（据说那里的地毯是米歇尔挑选的）里采访了他。凯克斯特曾深度参与派拉蒙－维亚康姆交易，因此安德鲁斯想与菲利克斯谈谈凯克斯特在这笔交易中扮演了什么样的角色。

当时，菲利克斯对于《名利场》杂志专访史蒂夫的文章以及史蒂夫在派拉蒙交易中的活跃表现依然怒气未消，但安德鲁斯对此并不知情，她只不过是个导火索，引燃了菲利克斯对史蒂夫的怒气。"我相信菲利克斯没想到这篇文章成了对他的公开攻击。"大约10年之后，安德鲁斯解释道，"我想，如果我当初顺着菲利克斯的想法去写，那么我就会成为另一位给史蒂夫泼脏水的记者，我会报道史蒂夫·拉特纳是如何在拉扎德遭受攻击的，他也许还会失去工作，因为他搞砸了派拉蒙交易。尤其是，那篇报道中根本不会出现菲利克斯。我相信这就是他所期望的，这也是他从来不在私下或非正式场合接受采访的原因。我认为他跟记者们玩惯了这些把戏，但他已经忘记了基本规则。"

在这次关于凯克斯特的正式采访过程中，菲利克斯主动地道出了他对史蒂夫的怨恨。"史蒂夫是个偏执狂，"菲利克斯在愤怒中脱口而出，"他想在克林顿政府任职。他想最终成为财政部长，他正试图通过获得媒体的关注和趋炎附势来获得这一职位，却不做任何公共服务。他应该做公共服务，但他对任何事情都漠不关心，他不关心音乐、艺术和政治。他只想往上爬。"菲利克斯还告诉安德鲁斯："史蒂夫在公司的地位绝不稳固。"安德鲁斯把这些都记录下来了。大约一天后，安德鲁斯在初花饭店偶然遇到了正在吃寿司作为午餐的史蒂夫，并将此事告诉了他。史蒂夫说："我希望你扔掉你的笔记本。"当然，她并没有那么做。最终，她不落俗套地写出了一篇有史以来最具煽动性的揭露拉扎德的文章。

投资银行业玩的是信任游戏。二战以后，没有任何一家公司比拉扎德更擅长持续利用和控制新闻——无论是出于机缘还是处心积虑——来打造其在道德和智力上独一无二的、无与伦比的形象。事实证明这非常有利于公司发展业务，因为这一形象对客户相当有诱惑力。尤其是，许多精心编造的拉扎德神话又具有一定程度的真实性：拉扎德与其他华尔街公司不同。在很长一段时间里，拉扎德都能吸引最成功、最聪明、最特别的银行家。年复一年，公司都能向它的合伙人们支付比其他华尔街公司多得多的现金，而公司原始资本却一直是华尔街公司中最低的。拉扎德真的具有魔力，能将它的合伙人的关系网和建议转化成巨额财富，而且除了声誉方面的风险，几乎没有任何其他风险。此外，在其他公司还没意识到的时候，拉扎德早就意识到了国际金融及其内在关联的重要性，并在三大全球货币中心——巴黎、伦敦和纽约建立了备受尊敬的本土化分支机构。而且只有拉扎德才拥有安德烈·梅耶和菲利克斯·罗哈廷这两位过去50年里最强大、最成功的投资银行家。

但童话故事走向了阴暗。在米歇尔的领导下，历来人员稀少的拉扎德开始大幅增员，公司的收入和盈利能力也得到了显著增长。但作为管理人员，米歇尔并不像安德烈那样事必躬亲，情况开始失控：公司出现了一系列问题，从内幕交易和市政金融丑闻，到合伙人们为了获得米歇尔的青睐而内斗不断。除此之外，还有不可避免的继承人问题。米歇尔只有4个女儿，她们的兴趣都不在金融领域，而且拉扎德也不是适合女人待的地方。菲利克斯没有兴趣管理公司，却一直阻挠那些试图这样做的人。随着菲利克斯和米歇尔都已步入花甲之年，年轻的合伙人们不可避免地焦躁起来，开始在公司中奋力争取更多的职责与话语权，为前途做打算。但他们缺乏协调能力，也或许是米歇尔和菲利克斯动用手中的权力打乱了他们的计划，抑或两者兼而有之，总之，年轻合伙人们的这些无组织、不成熟的努力大部分都功亏一篑。拉扎德不是一个让人快乐的地方。安德鲁斯是对的，这就是一个卑鄙的地方。自米歇尔从安德烈手中接过权杖以来，只有史蒂夫通过他日益提升的收入和公众形象第一次有能力向菲利克斯提出挑战。安德鲁斯在《纽约》杂志中揭露出了一个真理：华尔街的运行基于人与人的结盟与敌对。

安德鲁斯表示，菲利克斯之所以做出争取美联储副主席一职的惊人举动，似乎是为了离开拉扎德，她评论道："过去几年中，拉扎德已经开始朝着脱离菲利克斯控制的方向转变——不仅公司的业务组合发生了变化，新一代年轻合伙人的影响力也变得越来越大。"她援引了一位未署名的"年轻合伙人"的观点，"大家都认为，菲利克斯本身就是问题的一部分"。这位合伙人还向她复述了公司内部流传的一个笑话："上帝和菲利克斯·罗哈廷有什么区别？上帝不认为他是菲利克斯·罗哈廷。"文章将史蒂夫描述成"雅痞版"的菲利克斯，他在交易上极其成功，获得了媒体的关注，有着庞大的关系网。文章接下来又描写了人们"大都渴望"被史蒂夫邀请到位于第五大道的公寓里去做客，因为在那里他们会遇到像米基·坎特（Mickey Kantor）[1]、瓦登·格里高利（Vartan Gregorian）[2]和亨利·路易斯·盖茨（Henry Louis Gates）[3]等名流；或者希望受邀参加他们每年在玛莎葡萄园岛举办的8月鸡尾酒盛会，因为克林顿夫妇经常与哈维·韦恩斯坦（Harvey Weinstein）[4]和布莱恩·罗伯茨等好友一同出席。安德鲁斯写道，1995年7月，拉特纳夫妇曾到林肯卧室待了一会儿，"知情人士都知道"。她还指出，当时他们还与克林顿夫妇进行了"私下交流"。

　　史蒂夫曾是菲利克斯门徒的说法也被挖了出来，他们两人曾一度积极肯定这种关系。菲利克斯的一位未透露姓名的朋友主动爆料，菲利克斯"从来都不想要"什么门徒。"你得了解，"这位朋友继续说道，"菲利克斯向来独来独往，根本不屑于选择接班人。"菲利克斯认为史蒂夫太出格了。"菲利克斯工作非常努力，"菲利克斯的另一个坚定的支持者

---

[1] 1939年至今，美国前商务部长、首席贸易谈判代表，MBP咨询公司高级合伙人。该文发表时米基·坎特正为美国第11任首席贸易谈判代表。

[2] 1934年至今，伊朗裔亚美尼亚籍美国学者，从1997年起担任卡内基基金会主席，1989年—1997年曾担任布朗大学第16任校长。

[3] 1950年至今，美国文学评论家、教授、历史学家、电影制作人、公共知识分子。现为阿方斯·弗莱彻大学教授项目成员、哈佛大学哈钦斯非洲和非裔美国人研究中心主任。

[4] 1952年至今，制片人、导演、编剧、演员，TWC的老板、米拉麦克斯的创始人。

说，"他受过战争的苦，还在安德烈的手下煎熬过。他创办了市政援助公司。我认为，把史蒂夫·拉特纳视为他的继承人，从感情和理智上来说都是对他的侮辱。"我们很难忽视菲利克斯对史蒂夫的仇恨。"我不明白像菲利克斯这样的人，做了那么多的好事，也得到了认可，为什么就没法过得心平气和呢？"一位提供消息的人士告诉安德鲁斯："史蒂夫是个优秀的银行家。但从他做的交易类型来看，他的经验非常有限，而且他在公共服务领域还没取得多少成就，为什么菲利克斯觉得必须打倒他呢？"史蒂夫的另一位朋友告诉安德鲁斯："也许史蒂夫想当布朗大学校长或纽约大都会博物馆馆长，也可能他会在华盛顿当个副部长，但我认为他说想在15年之内当上财政部长这事也不是玩笑。"

当然，在《纽约》杂志的这篇文章中，菲利克斯完全不承认，在这场万众瞩目的高风险游戏中，与自己十分相像的史蒂夫的表现和使用的策略也许都超过了自己。可能，承认这一点需要清晰的自我认识，而那正是菲利克斯所欠缺的。不过，即使是一位业余心理学家也能立即得出结论：菲利克斯在20世纪90年代中期的行为——公然斥责史蒂夫，指责史蒂夫在职业道德方面不检点，考虑去世界银行工作，争取美联储副主席职位——都是嫉妒和受挫的明显表现。一位自称非常了解史蒂夫和菲利克斯的人说："儿子太成功了，父亲除跟在他身后质疑他所做的事情之外还能做什么呢？"另一位自称是两人"共同的朋友"则说："我非常了解史蒂夫和菲利克斯，我认为他们是同一种人。"

不出所料，小阿瑟·苏茨伯格在《纽约》杂志上发表了一篇文章为史蒂夫辩护。有两个人公开发表文章支持史蒂夫，苏茨伯格是一个，而另一个也是史蒂夫的朋友——他在《纽约时报》的前同事保罗·戈德伯格（Paul Goldberger）。"如果《名利场》的文章会帮助或伤害任何人的话，那简直就是犯罪。"苏茨伯格说。接着他提到了菲利克斯指责史蒂夫将派拉蒙会议室的消息泄露出去这件事儿。"这就像问你《午夜杂志》（*Midnight Magazine*）里的故事会不会影响你一样，太没有意义了。伤害拉扎德违背了史蒂夫的信念。可菲利克斯也不管有没有其他泄密者就公开指责史蒂夫，我相信成年人都不会这样处理事情。"他还解释，史蒂夫处理媒体事务的高超才能是他担任多年记者的自然结果，而菲利克斯则不同，他必须努力培养和诱导记者。"史蒂夫不会笼络人心"，这位《纽约时报》出版人继续说道，"他只是吸引大家。我在媒体上看到菲利克斯的次数比史蒂夫多多了。你不能光指责史蒂夫靠媒体往上爬，却丝毫不提他和《纽约时报》的出版人共事了两年半，而且他们的办公桌还紧挨着。史蒂夫善于利用媒体，因为多年来他在这方面一直非常有才华。他和菲利克斯以及许多其他为了自己特别的目的而不得不学习如何利用媒体的人完全不同。"

大约10年后，回顾菲利克斯和史蒂夫在拉扎德的代际之争，苏兹伯格如此评论道：

改变文化很难。这种改变在任何机构里都很困难。史蒂夫当时试图将拉扎德的文化提升到与时代情况相一致的水平。20世纪50—70年代的大公司文化都是由那帮在20世纪30—40年代做交易的人推动的。可20世纪30—40年代的经历是什么？大萧条和第二次世界大战。因此，这代人在50—60年代开始工作，在70、80和90年代初成为权威人士。他们的逻辑是："我经历了大萧条。如果你不解雇我，我就不会要求个人的满足……"但全新的一代人已经成长起来了，他们生于20世纪60年代。他们的理念是："等等，我的一生要追求更多的自由，更大的灵活度。而且我生在富足年代，我可以到街对面找到另一份工作；如果我不喜欢，我还可以过个马路再找一份。因此我想要快乐。我要得到满足。我希望你们听到我的声音。"所以，当发生领导权的更替时，这两种文化就会产生摩擦。这不是拉扎德独有的问题，也不是《纽约时报》独有的问题。这是这个国家必然会发生的文化转变。

《纽约》杂志的这篇文章确实曝光了两代人之间的代际冲突和文化冲突的问题，但它本身也是史蒂夫为了自身利益而操纵媒体的杰作。史蒂夫在初花饭店听到安德鲁斯说一轮针对他的攻击即将来临之后，从这篇文章里我们可以清楚地看出他动用了一切力量来减轻这轮攻击对他的伤害，其中包括一些我们已知的力量，如他在《纽约时报》的朋友苏兹伯格和戈尔德伯格，另外自然还有许多未知的力量在帮他。在这些人的影响下，安德鲁斯对史蒂夫的评价远远高于菲利克斯对他的评价。事实上，《失势的菲利克斯》这一文章标题本身就表明，《纽约》杂志的编辑们认为菲利克斯的判断力值得质疑。文中巧妙地暗示马蒂·戴维斯是《名利场》发表的文章《派拉蒙操盘手》中董事会会议室的泄密者，从而使菲利克斯声称因此事对史蒂夫大为恼火的理由基本站不住脚。此外，文中还援引了多位拉扎德现任及前任合伙人的话，这些人谴责了菲利克斯多年来对待他们的恶劣态度。其中一人说道："拉扎德的成功与机能失调，与菲利克斯有很大关系。他对管理、教导和领导都不感兴趣。当有人违规时，他就把他们打倒，然后转身离开。"

当时还出现了一些混淆视听的八卦文章，例如有篇文章首次曝出了米歇尔的婚外情八卦：他在纽约一直谨慎地与"社交名媛"玛格·沃克保持着长期的婚外情。沃克住在（现在也住在）长岛蝗虫谷，与米歇尔的住所仅隔一个拐角。她的房子原先为小J.P.摩根的儿子朱尼厄斯·斯宾塞·摩根（Junius Spencer Morgan）所有，米歇尔在1994年为她买下了这处地产。当然，这则八卦传递出的信息是：鱼都是从头开始腐烂的。

第十四章

"这是白种男人
的天下"

拉扎德年鉴中有一则众人热议的故事：拉扎德一重要客户的首席执行官偕妻子和米歇尔夫妇、卢·帕尔玛特夫妇一起搭乘私人飞机前往美属维尔京群岛的肯奈尔湾参加聚会。"当时，他们飞到了2万5千英尺的高空中。"拉扎德的一位合伙人说。

这是三对颇为奇特的夫妇。这位首席执行官是个好人，来自中西部地区，相貌英俊，穿着领尖带扣的白色衬衫。就是你能想到的那样。大家不知怎么就聊到了美国大学难进的话题。这位首席执行官说起了自己的两个儿子，一个17岁，一个18岁。他那个18岁的儿子正准备参加SAT[1]测试，他们请了一位家庭教师每周为孩子补习一到两次英语和数学。总之，他们从儿子上学的私立学校给他请了位老师。一天晚上，这位首席执行官和妻子外出，可后来妻子觉得不舒服，想早点回家，于是大概在离家45分钟后他们回到了家，结果撞见孩子跟他的家庭教师睡在一起。这位首席执行官有点儿向大家敞开心扉的意思。卢·帕尔玛特觉得这个故事太不可思议了，不知道该说些什么才好。但米歇尔打破了沉默，向首席执行官表达了法国式的安慰。他是这样说的："我认为这样的经历对于年轻人而言是非常宝贵的。"卢说，从这件事中我们恰好能发现米歇尔对性骚扰的看法：这是一个开放的年代，这是生活中的一部分。你要知道，拉扎德里的所有人都持这种看法，这也导致了全体员工

---

[1] 全称为Scholastic Assessment Test，学术能力评估测试，其成绩是世界各国高中生申请美国大学入学资格及奖学金的重要参考，俗称美国高考。

缺乏纪律和责任感。

可悲的是，这是对拉扎德女性员工所处困境的准确描述。尽管非常难堪，但我们可以肯定，多年来，拉扎德之所以如此对待女性员工，原因在于公司大部分高级合伙人的欧式浪漫情结。安德烈有过许多风流韵事，皮埃尔·大卫-威尔也是如此。米歇尔谈起他的父亲时说，他"与生俱来"就备受女性青睐，因为他自信十足，非常有魅力。"我从没见过任何人像他一样。"他解释说，"我父亲觉得这很正常，道理再清楚不过了。如果他遇见一位漂亮的女士，还非常喜欢她，为什么不上床呢？为什么不？我认为女性在某种程度上意志坚定，又没有攻击力，她们的反抗毫无用处。因此他在这方面的确非常有天赋。"米歇尔的继母对他父亲的所作所为大感恼火，但多多少少还是只能接受。"我的意思是，这就是生活。"他说。多年以后，米歇尔再次谈到那位客户的儿子时说道："他是一位幸运的年轻人。"

米歇尔的家在长岛蝗虫谷的维京湾，从他家沿直线飞行不到一英里就是摩根岛。摩根岛占地140英亩，像靴子一样伸入长岛海湾，位于格兰湾的正北方，毗邻水域面积为110英亩的潮汐湖——多叟瑞斯湖。摩根岛，当地人称之为东岛，经由一座石桥与长岛相连，而这座石桥是小J.P.摩根利用从曼哈顿哈莱姆大桥上拆下的石头建造而成的。1929年，为了证明在市场崩盘后J.P.摩根公司仍有大量现金可供支配，小J.P.摩根的儿子朱尼厄斯在西岛（亦称达纳岛）上建造了祝福公馆（Salutations Mansion）——一座拥有40个房间的石头豪宅。西岛是一个占地88英亩的心形海岬，与东岛相隔甚近，摩根的儿子和孙子在离长岛黄金海岸不远的这两个相邻的岛屿上过着王公贵族般的生活。许多学者认为，F.斯科特·菲茨杰拉德（F. Scott Fitzgerald）[1]在《了不起的盖茨比》（*Great*

---

[1] 全名为弗朗西斯·斯科特·菲兹杰拉德，1896—1940年，美国作家、编剧，代表作《了不起的盖茨比》《夜色温柔》等。

Gatsby）[1]里描写的西卵和东卵，就是以这两个岛屿为原型的。1960年4月，担保信托公司（Guaranty Trust）与J.P.摩根公司合并一周年之际，朱尼厄斯邀请了800位客人在祝福公馆共同庆祝。6个月后，他在安大略省的一次狩猎之旅中得了溃疡，不幸去世，享年68岁。1993年，朱尼厄斯的遗孀路易丝（Louise）离开人世，这所宅子作为她的遗产被拍卖。

最后的买家是米歇尔多年的情妇玛格·沃克，她用"几百万美元"买下了这座豪宅。西岛一共有5处房产，在此之前，在米歇尔的帮助下，她已经买下了其中的3处。祝福公馆室内室外各有一个游泳池和一个网球场，还有多个美丽的花园，从花园往长岛海湾望去，景色无比优美。2000年，沃克买下了岛上的第5处房产，成了这个岛及岛上所有房产的主人。她把这些房屋租给了一些人得了她眼的有钱人，如从2004年开始担任花旗集团副主席的斯蒂芬·沃克（Stephen Volk），以及时代华纳HBO电视网的高管理查德·普莱普勒（Richard Plepler）。拉扎德一位媒体领域的合伙人杰夫·西科莱斯特（Jeff Sechrest）也从她手里租了一幢房子。而过去几年里，有3位拉扎德前合伙人租过沃克的房子，分别是罗伯特·阿戈斯蒂内利、史蒂夫·朗曼和路易斯·里纳尔迪尼［现为自己创立的格罗顿合伙人咨询公司（Groton Partners）的负责人］。这些重要的租客曾多次提出想买下房产，但沃克从未松口。

驱车驶过一座小小的石桥，租客们就来到了一扇封闭的铁门前。若要进门，他们必须在电子监控系统中输入密码，如此大门才会打开。祝福公馆路和池塘路蜿蜒伸到岛屿的岬角之上，而租客们要想驶上这两条路，也必须知道开启大门的密码。人们对沃克的印象都不是太好。"她让鸟在房子里到处乱飞。"沃克的一位"朋友"在1997年告诉《名利场》杂志。一位"纽约时尚编辑"也对该杂志说："她是个性情古怪的

---

[1] 菲兹杰拉德创作的一部以20世纪20年代的纽约市及长岛为背景的中篇小说，出版于1925年。以一个穷职员尼克的角度出发，讲述了主人公詹姆·盖茨比为挽回失去的爱情，从一个穷小子奋斗成大富翁，但最终梦幻破灭，沦为上层社会的牺牲品的悲剧故事。

人。她会穿着尖头细跟的高跟鞋带你参观她的房子。沃克一定有——什么？——50岁了？但她看起来依然身材丰满、活力十足，而且总是精心打扮自己。"沃克跟前夫戴维·沃克（David Walker）一共生育了两个孩子。

自然而然地，左邻右舍开始纷纷猜测，作为一名当地的房地产经纪人，沃克哪儿来那么多钱购买这些房产？（米歇尔曾想让他的合伙人迪斯科聘用沃克，但迪斯科拒绝了，尽管米歇尔反驳了这种说法）。据说，这些房产总价值如今已高达1亿美元左右。条条大路——正确地——通向米歇尔。一位拉扎德前合伙人嗤之以鼻地说："这是米歇尔为她提供的服务支付的佣金吧。"同时要应付妻子和情人，米歇尔难免偶尔会出现一些古怪的、不合情理的行为。拉扎德的一位合伙人讲述了他经历过的一件事情：有一天，他在米歇尔的办公室外面等候被接见，无意中听到米歇尔的秘书阿尼克正同时应付两个女人打来的电话。一个是沃克，阿尼克正在安排一架私人飞机带她去莫斯科，花费高达10万美元；另一个则是米歇尔的妻子伊莲娜，她提醒阿尼克归还租借的录像带，以免被录像店收取两美元的滞纳金。我曾多次采访过米歇尔，有一次，我在巴黎他那豪华的家中问起了他与沃克的关系。而不一会儿之前，伊莲娜穿过我们见面的豪华客厅时，他还介绍我们认识。伊莲娜是一个50岁的瘦削女人，看起来有点阴郁。尽管《纽约》杂志曾在1996年披露过米歇尔与沃克的婚外情，但米歇尔似乎明显对这个问题感到恐惧，并让我关掉录音机。我采访过他很多次，这还是头一遭。他解释道，虽然美国人可能很难理解，但他一直都能与这两位女性保持亲密关系。他说自己既爱着伊莲娜——他4个女儿的母亲，也爱着沃克——他们在一起大概有25年之久了。她们都对这种安排表示理解，尽管他承认也许伊莲娜的认可度要比沃克低。他说，沃克知道他永远不会离开他的妻子，但同时也相信"任何其他人都不及米歇尔的一半好"。这真是非常具有法国风情的想法。

　　他对这个问题很敏感，这点完全可以理解。可根据他的说法，这不是出于羞愧感，而是因为他对妻子的爱。他说，伊莲娜在他的婚外情曝光之后痛苦不已，还得忍受纽约朋友的闲言碎语。（他说，伊莲娜那些在巴黎的朋友反倒更能接受此事。）他很担心自己的"妻子，她并不是一个神经兮兮的人，却对这件事非常敏感"，他还说："我深深地爱着她。"米歇尔说，他为妻子在这件事上所遭受的痛苦而感到痛心，但沃克同样也是他生活中重要的部分。他与沃克的事情曝光后，两人仍然一起周游世界，领略异国风情，在长岛的"乡下"约会。只不过，米歇尔过去偶尔会和沃克一道出现在纽约市区，如今他们在社交方面更谨小慎微了。他解释道，他的确"出资"帮沃克买下了西岛上的房屋，但朱尼厄斯·摩根的房子是一个很好的投资"机会"，因为当时它是作为摩根夫人的遗产被贱卖的。在这一点上，米歇尔的想法相当正确。一个十分熟知米歇尔与女人打交道手段的人说："他很爱他的女人们，他是法国人，所以你知道，他就是那样的人，他给女人们提供吃穿，然后跟她们发生关系。"

　　还有一个可能是杜撰的故事，说的是菲利克斯和某个女性发生的不检点行为。那是20世纪70年代，菲利克斯还没有再婚，是众所周知的花花公子。这个特别的传闻说，有一天，安德烈·梅耶到菲利克斯的办公室找他，却发现门锁了。这在当时可是件不同寻常的事。安德烈是个急性子，他立刻一边敲门，一边大叫着菲利克斯的名字，但无人应答。他又继续敲，但还是没人应。最后他大喊大叫，声音大到整层楼都能听到："菲利克斯，你怎么不像其他合伙人一样去酒店开房?！"的确，当时拉扎德的许多合伙人都在酒店长期开房，这个要求完全合情合理。有传闻说，菲利克斯和女演员雪莉·麦克莱恩躲在紧锁的门后。还有人表示自己清楚地记得这件事，说当时菲利克斯是跟一位女秘书在一起，而这位女秘书不久之后就进了一所商学院——自己没花一分钱——后来又回到了华尔街工作。

　　后来在一次采访中，菲利克斯说自己也多次听说过这个故事，但他很讨厌被问及此事。"不，没有这回事，"他坚称，"我不需要在办公室里跟人上床。"尽管有很多关于他们的绯闻，但菲利克斯却说他从未与雪莉·麦克莱恩约过会，也许和芭芭拉·沃尔特斯在一家中餐馆约会过"一次"，不过当时霍华德·斯坦因夫妇也在场。1977年，大约在菲利克斯再婚的前一年，他搬出了阿尔瑞酒店。据传，他在那儿过着单身生活。接着，他搬进了派克大街770号12层和13层的一套复式公寓里。拉扎德合伙人阿兰·麦克法兰当时是合作公寓委员会的主席，是他帮菲利克斯搬进这幢大楼的。"我费了好大的劲儿才把他弄进我们的大楼，"麦克法兰说，"我得帮我那当遗嘱执行人的朋友一个忙，把房子卖给菲利克斯。"菲利克斯搬进派克大街770号后，麦克法兰目睹他"结束了单身生活，娶了丽兹，在我的大楼后面这套宽敞的公寓里创建了自己的事业"。但显然，菲利克斯并没有完全安定下来。按照一位前合伙人的说法，一天晚上，两名妓女同时出现在派克大街770号的门厅里，声称是来找菲利克斯的。最终，菲利克斯和麦克法兰不得不一起到门厅解决这桩麻烦事。菲利克斯是个积习难改的花花公子，这在整个纽约和拉扎德都是出了名的。"我在拉扎德时，他的名声就很糟糕，我的意思是他有很多风流韵事，还喜欢跟女人搭讪，"一位1990年前后在拉扎德工作的年轻女士说道，"我的意思是，他真有点声名狼藉了。"

毋庸置疑，这种轻视女性、恣意放荡的行为自上而下影响了整个拉扎德。拉扎德里流传着这样一个令人震惊的故事：债券部门有一位魅力十足的女秘书，罗伯特·阿戈斯蒂内利还在哥伦比亚大学上学时，碰巧和她约会过。"和其他漂亮的年轻女孩一样，她也渴望创立一番自己的事业。"一位拉扎德的合伙人回忆道，"她毕业后在拉扎德找到了一份工作。她长得非常好看。我敢肯定她之所以能得到这份工作是因为她美丽的外表，虽然她也很聪明。"总之，一天晚上，她给阿戈斯蒂内利打了个电话，当时阿戈斯蒂内利在伦敦为雅各布·罗斯柴尔德工作，几年后才进入拉扎德。

在此之前，阿戈斯蒂内利偶尔和她聊天时，曾试图提醒她要小心华尔街的银行家们。"果然不出所料，她被两个银行家——一个家伙来自拉扎德伦敦分行，另一个来自拉扎德纽约分行——带去参加一个派对，据说他们在聚会期间强暴了她。"一位拉扎德的银行家说，"他们在她喝的酒里混了麻醉药，把她带到其中一个家伙的派克大街公寓里，邪恶地强奸了她。"然而，这两名拉扎德银行家并没有遭到起诉。"这是拉扎德一贯以来的处事方式，他们都被体面地打发走了。"一位熟悉该事件的人士解释道。比尔·卢米斯将拉扎德对待女性员工的可耻行为归结为多种原因，他说："我认为公司规模小，一直没有给予女性同等待遇的传统——这也是华尔街普遍存在的情况。"但拉扎德根本没有任何基本的规章制度和任何政策来处理诸如性骚扰、种族差异、人员招聘和监督等问题。一些像高盛和摩根士丹利这样规模更大、体制更完善的公司就能比拉扎德更快地集中精力解决这些问题。拉扎德向来不喜欢以任何官僚主义形式来处理这种问题。事情发生了，也就过去了。卢米斯说："我们只是把事情堆在一起，却不加以控制。"

卢米斯还说，情况开始慢慢发生变化，但进展并不总是很顺利。除了女秘书，拉扎德没有其他女性专业人士——直到1980年8月左右公司聘用了刚从哈佛商学院毕业的米娜·戈若文。资历较深的拉扎德员工还隐约记得，在戈若文之前，公司曾聘用过另外一名女性专业人士。"她只待了几个月，"有人回忆道，"我猜她是忍受不了这里的残酷待遇才走的。"虽然自《1964年民权法案》颁布以来，法律规定禁止雇主歧视女性员工，但拉扎德并没有因此放下偏见，尽管拉扎德在戈若文身上做了些许努力来改善这种状况。戈若文与安德烈·梅耶是姻亲，做过律师，还曾是哈佛商学院的贝克学者[1]。她在瑞士的雀巢公司工作过，会说流利的法语。在从史密斯学院（Smith College）[2]毕业之前，她就转进阿默

---

[1] 哈佛商学院授予MBA的最高荣誉，每个毕业班只有5%的学生能获此殊荣。

[2] 一所位于美国马萨诸塞州北安普敦的独立私立女子文理学院，创立于1871年。

斯特学院（Amherst College）[1]，成了该校的首批女学员之一。1980年夏末，她来到拉扎德，被安排与彼得·马丁利（Peter Mattingly）共用一间办公室。他们的办公室位于洛克菲勒广场1号32层，这一层都是合伙人的办公室。毫无疑问，所有人都能看到她的身影。"这是一家非常小的公司，"戈若文回忆道，"我怀疑即便算上勤杂女工，员工人数可能还不到三百。你可以分到一张办公桌，所有数字都得手动输入。你还能拥有一个惠普牌的小计算器。就是这样，没有电脑，什么也没有，不过倒是有大量的纸张和手工做的模型。"各式合伙人主动向她提供了许多关于如何在拉扎德生存的建议，但这些建议对她来说并没有任何用处，尤其是对于进入公司几个星期后她遇到的一件事。当时她被指派到工业中心地带与客户一起工作，虽然这根本无法发挥她积累的国际工作经验。一天早上，她与公司的一名助理小约翰·格兰布林（后因多次从北美多家银行窃取总额达数百万美元的资金而坐了几年牢）同乘一部电梯。当时格兰布林与菲利克斯一起共事，正在处理法国汽车制造商雷诺公司的生意。当电梯里只剩她与格兰布林两人时，格兰布林开始抚摸她，紧紧搂着她。她吓坏了。"我让他滚开。"她说。从那时起，她就明白自己需要变得更坚强一点。她决定用自己的方式来对付格兰布林。"我冷冰冰地看着那个混蛋，"她说，"他妻子一星期前刚生了孩子。我对他说：'来呀，就像你迫不及待地想要拿到法国人的那笔生意一样。'我当时不知道还有其他这种情况。我只是以为这个家伙没搞懂状况。"事情发生后不久，有一次她在32层的走廊里看到菲利克斯与雷诺公司的一位高管谈话，她走过去，用完美的法语表示自己愿意在这笔交易上提供帮助，而格兰布林根本不会说法语。接下来，她做成了这笔交易，而格兰布林只能灰溜溜地离开。

从这以后，她为雷诺达成了多项交易。在这期间，雷诺逐步收购

---

[1] 一所位于美国马萨诸塞州的文理学院，也是全美排名最高的文理学院之一，创立于1821年，建立之初为男子大学，1975年改为男女同校。

了麦克货车公司（Mack Trucks）——一开始，雷诺拿下了麦克货车公司10%的股份，接着是20%，然后是40%，最后麦克货车公司成了雷诺旗下的全资子公司。这是一项极具挑战性、十分艰难的工作，她将全身心都投入到了工作上。她直接与菲利克斯和戴维·苏普诺一起工作。1983年，雷诺在麦克货车公司的股权增加到40%之后，拉扎德获得了巨额酬金，大约高达800万美元，是公司有史以来赚到的最高的酬金之一。即使如此，菲利克斯也从未对戈若文的辛勤付出表示过感谢。

当然，戈若文遭受的侮辱还不止这些。有一次，苏利文－克伦威尔（Sullivan & Cromwell）律师事务所的合伙人阿兰·查宾（Allan Chapin）（几年后，查宾曾短暂担任拉扎德的合伙人）在曼哈顿东区的一家私人俱乐部举办了一场晚宴，以庆祝一笔麦克－雷诺交易圆满结束。然而，那家俱乐部不接受女性会员，更不可思议的是，甚至不允许女性入内就餐。戈若文试图进去参加晚宴，却被拒之门外。这件事令雷诺的首席财务官大为不满，此次晚宴就是为他举办的。戈若文回忆道："他听说那件事之后说：雷诺是一家法国国营企业，我们为员工提供公平而平等的机会。我们不能吵吵嚷嚷，所以我要和米娜去吃晚餐。"于是这位尊贵的客人离开了晚宴，去跟戈若文共进晚餐。"他是这样对查宾说的：'纽约有一千家餐厅。[1]你这个蠢货，你非要订这家吗？'于是他和我去吃晚餐，其他人则去了阿兰·查宾的晚宴。第二天早上，我向乔治·艾姆斯（George Ames）解释了晚宴上发生的事情。但我没想到这个家伙把这件事告诉了米歇尔。"

米歇尔觉得，这件事让拉扎德的声誉遭到了质疑，此后很短的时期内，他将苏利文－克伦威尔律所打入冷宫，但并没有持续多久。"这些事真的发生过吗？"戈若文反问道，"当然发生过。我告诉过你，'永远不要让他们看到你哭泣'。确实，不管事情多糟糕，我都不会哭。我只

---

[1] 原文为法语，Il y a mille restaurants au New York。

是压着怒火,一个人生闷气。"她还经常感觉到,男性银行家不想做的工作就会派她去做。还有一个问题就是,有些合伙人不愿与女性一起工作。她说:"我只要一走进他们的办公室,他们就浑身冒冷汗。"她解释道。她曾为沃德·伍兹办了些事,后来在年终总结会上,伍兹拐弯抹角地表扬了她,这就是她获得的最好待遇。但她并非亲耳听闻,而是从别人那儿听来的:"我不知道她为什么会在这里。我也觉得我们不该让女人来这里……但你们知道吗? 如果我们非得招她们进来,那我不得不说她的工作表现相当出色。"戈若文回忆说:"这家伙我倒是不讨厌。"

戈若文在拉扎德工作了几年后,公司决定再聘请一位女性银行家琳达·珀斯(Linda Pohs)。珀斯之前一直在第一波士顿银行工作。一次合伙人会议上,大家提到了聘任珀斯的话题,吉姆·格兰维尔却问道:"我们为什么要解雇米娜? 她已经慢慢上手了。工作表现似乎也不错。我不明白你们为什么要解雇她,然后雇一个我们不了解的人。"另一位合伙人随之向格兰维尔解释了事情的真相。"于是终于有人说话了,'我们不是要解雇米娜'。"戈若文记得,有人在会后这么告诉她。"我们要再聘用一位女性。而格兰维尔的回答则是,'我以为平等就业机会(EEO)意味着我们只能招一位女性',这下你应该了解拉扎德的基本情况了。"

1985年8月,戈若文的哥哥在一次飞机失事中不幸遇难。这个噩耗使她开始重新审视自己的人生目标,并考虑自己究竟想过怎样的生活。过去5年中,她把一切都献给了拉扎德,可除了痛苦,她几乎什么也没得到。"这太残酷了,"她说,"我的意思是,哥哥的死才使我意识到——你知道吗?——我需要生活。之前我把生活都给了这些家伙。"两个月后,比尔·卢米斯邀请她一道去吃午餐,她也迎来了人生的转折点。"最近你的业绩不是很好啊。"他说。"我说:'我哥哥两个月前去世了。我们还在找飞机,要把它打捞起来。'事故发生在布洛克岛附近。而这家伙看着我说:'已经过去两个月了。'这句话真是一语惊醒梦中人。"之后,她被调去了另一个部门。大约一年后,她离开拉扎德去了添惠公司

（Dean Witter）负责重组咨询工作。这家公司后来与摩根士丹利合并了。一位老资历的合伙人回忆道，戈若文在拉扎德的日子确实很艰难，部分原因在于她自身，部分原因在于华尔街对待女性员工的态度转变得非常缓慢。"从一开始，她就过得不太愉快，"他说，"她与其他合伙人合不来。坦白说，我觉得女性在当时真的很不容易。但我认为当时并非仅仅因为她是女性，更多的是她没处理好同事关系和工作。当时，和华尔街一样，拉扎德非常盛行沙文主义[1]。"

也许，戈若文已经为拉扎德其他女性银行家铺平了道路，但她们的苦差事一点也没减少。20世纪80年代末，琳达·珀斯离开拉扎德后不久，就嫁给了戴维·苏普诺。另一位女士迈克尔·卡莫迪（Michael Carmody）在珀斯之后进入拉扎德，但离开得比珀斯还早。据说，吉姆·格兰维尔、路易斯·里纳尔迪尼和菲利克斯等人不仅从未履行过对卡莫迪的承诺，还会对她进行性骚扰。她怀孕后，拉扎德的一位合伙人对她说："你为什么不回家去做你最擅长的事，好好生孩子呢？"遭到公司解雇后，卡莫迪威胁要起诉公司，于是拉扎德聘用了瓦切尔·李普顿律所来解决此事。据说，她从拉扎德获得了100万美元的赔偿金，如今已移居南非。

桑迪·兰姆（Sandy Lamb）来自纽约互惠银行（Mutual of New York），克里斯蒂娜·莫尔来自雷曼兄弟，凯西·凯利（Kathy Kelly）曾在第一波士顿和罗斯柴尔德工作过，珍妮·沙利文（Jenny Sullivan）、玛丽·康维尔（Mary Conwell）和苏珊·麦克阿瑟（McArthur）都是后来加入拉扎德的女性员工。20世纪80年代，华尔街掀起了聘用女性员工的浪潮，根据卢米斯的建议，拉扎德也应该行动起来，于是他们聘用了这些女性员工。"我们是一个团队，公司建立在我们的辛勤工作之上，"凯西·凯利说，"如果我们能共享成果就好了。但我认为公司并没有这么做。"公司的变化非常快，以前白种男人见面讨论的是如何解决并购企业的社会

---

[1] 原指极端的、不合理的、过分的爱国主义，如今也囊括其他领域，主要指盲目热爱自己所处的团体，并经常对其他团体怀有恶意与仇恨。

问题，而现在他们见面讨论的是如何解决金融和社会问题。新聘用的雇员精通电脑程序，他们运用这些程序进行相对估值和摊薄的分析工作。这些分析成为业务交易中一个全新而不可或缺的部分。"就这样，我开始了生命中最美好的7年，"凯利说，"我甚至开心得泪如泉涌。虽然这里简直是不折不扣的地狱，但我每天醒来都很快乐，因为每天都要面临智力和思维能力的考验。每一天都充满挑战。周围的同事都非常聪明。你会明显感受到你与他们之间存在智力上的差距。我是说，这种差距非常显著。"一位新员工认为，所有新员工，不论男女，都是"跑龙套的"，"是机器上的齿轮"。拉扎德的问题变成了，随着这些"跑龙套的"新员工不断进步，显示出成为银行家的潜能后，公司该拿他们怎么办呢？"这显然是个问题，"当时的一位女性员工解释道，"因为你已经不再是个跑龙套的，那么就出现了这样的问题，你会给公司锦上添花，还是会威胁到公司的利益？又或者你只会白白浪费公司的钱？你明白我的意思吗？从他们刚开始跑龙套到后来头发花白的这段时期内，你该如何对待这些人呢？不好好思考这一点的话，这会是个麻烦。这么说吧，在这段漫长的时期里，你得为自己争取点东西。"

想要在拉扎德获得成功，女性银行家甚至得比男性更需要想方设法做好业务，因为这是"拉扎德王国"的通行货币。有些男性银行家通过为菲利克斯的交易效力、"为他拎包"获得了丰厚的报酬和升职机会，不过担任这种角色也要付出某些代价；还有些男性银行家则做着主动找上门的业务；但对于拉扎德仅有的几位女性银行家来说，她们似乎无法通过这两种更为传统的方式来获得成功。菲利克斯从未选择过任何一位女性来接手自己的工作，尽管她们中的许多人都表示菲利克斯喜欢与她们调调情，也会偶尔和她们一起工作。拉扎德的绝大多数女性都不知道该如何玩这场游戏，有的人干脆失去了尝试的兴趣。"这里是白种男人的天下。"其中一位曾说道。举个例子，凯西·凯利放弃了社交生活约7年之久，希望因此获得事业上的成功，然后有一天，她以为自己终于要晋升为合伙人了，却遭到了解雇。

她说："我相信比尔·卢米斯完全是站在我的立场上为我考虑的，他让我离开再正确不过，但我也相信，如果我是个男人，他就不会赶我走。"克里斯蒂娜·莫尔也为工作拼尽全力。她把自己变成了一个坚强、不说废话的华尔街战士，并且拒绝向拉扎德的男人们低头。她就是华尔街那种典型的冷酷无情的成功女性，偶尔还会抽雪茄。生完孩子还不到两天，她就回到了办公室。没有人工作比她更努力，可是工作并没有为她带来多大的乐趣。她在拉扎德打拼出了一片自己的天地，获得了一群小众市场——零售和消费品领域——的客户，这是拉扎德其他人不屑一顾的。颇具讽刺意味的是，这一领域是门外汉和移民的传统行当。她开始为公司带来客户和赢得业务。她还尽力为公司中为数不多的几位更年轻的女性员工提供指导，成了她们的榜样。1990年，她成了拉扎德并购业务领域的第一位女性合伙人。"我记得米歇尔曾对我说过，如果公司中每个人都认为我能做合伙人的话，那么一年后我就能正式成为一名合伙人。"莫尔回忆道。卢米斯补充道："我认为克里斯蒂娜·莫尔是一个典型的例子。要想以女性合伙人的身份在拉扎德获得成功，你就必须比其他男同事更加优秀。"

还有一件关于玛丽莲·拉马尔奇（Marilyn LaMarche）的事。她在拉扎德不受重视的证券联合部门工作了多年，性情有点古怪。20世纪70年代末80年代初，外界认为拉扎德是一家华尔街大型股票承销商（现在看来简直有点荒谬）。尽管拉扎德当时并没有做过几次主承销商［拉扎德在1986年是亨利集团（Henry Group）IPO的主承销商，这也是史上最大规模的IPO之一］，却在几乎所有的股票承销团中都占据一席之地，这是因为它用对了方式——那时候，多家公司一起做股本承销比与客户保持良好的关系以及资本多少要重要得多。拉马尔奇让拉扎德与那些购买股权的机构投资者建立起关系，使公司大赚了一笔。因此，1987年，52岁的她被任命为合伙人。拉扎德的一位合伙人对于拉马尔奇为什么得到这种特殊待遇发表了自己的看法："她主要是走了狗屎运。"

另一名女性桑迪·兰姆与戴维·苏普诺共同做了几笔重组交易，于1992年成为拉扎德银行业务的第二位女性合伙人。当时，传统的并购业务发展速度放缓，苏普诺的重组团队对公司的利润产生了巨大的影响。20世纪90年代初期，拉扎德在女性员工的待遇方面似乎慢慢取得了一些进展，公司请了一位名为南希·库珀的女性来创建和运营人力资源部，这是公司首次做出这样的努力（可惜结果非常失败）。库珀甚至曾一度担任公司的合伙人。

然而，自公司从备受推崇的宾夕法尼亚大学沃顿商学院招聘了一位年轻漂亮的女大学生后，这些进展很快就彻底停止了。她叫凯特·博纳（Kate Bohner），身材健美高挑，长相妩媚动人，有着一头金色长发，双腿修长结实。1987年，还在宾夕法尼亚大学念大三的博纳，碰巧参加了一个在纽约举行的情人节晚宴。她正好坐金姆·泰帕尔（Kim Taipale）旁边，泰帕尔当时是拉扎德一位前途光明的副总裁，居住在东村。两人开始聊天。泰帕尔问博纳大三升大四的暑期准备干些什么。博纳说想去高盛实习，于是泰帕尔力劝她到拉扎德工作。当时米歇尔刚刚决定对拉扎德伦敦分行进行洗牌，并在那里安插一个由拉扎德纽约分行的银行家组成的团队，想让英国人学学美国人的并购技巧（英国人自然对此嗤之以鼻）。米歇尔要求罗伯特·阿戈斯蒂内利、史蒂夫·朗曼和泰帕尔一同前往伦敦，在拉扎德伦敦分行建立一个纽约分行的前哨基地。"米歇尔是派我们去捉弄他们。"其中一人说道。泰帕尔问博纳，他们团队需要一名暑期分析员，不知她对这份工作有没有兴趣。

于是，整个夏天，博纳都待在伦敦分行与这三个纽约人一起工作。他们的工作环境简直像牛栏，四个人的办公桌呈斜对角排列，当时刚满20岁的博纳坐在前排。这个小团队的行事方式完全由罗伯特·阿戈斯蒂内利说了算。博纳说："因为没有围墙隔开，所以我可以听到他们商议的内容。耳濡目染，我学到了很多东西。"对博纳来说，这是一次美好的经历。在此之前，她从未涉及过国际金融领域。她在特拉华州的威尔明顿长大，父亲是特拉华州立大学英语系主任，母亲也是英语系的诗歌教授。博纳在威尔明顿上高一时参加了学校的长曲棍球队。15岁那年，她的母亲离开了她的父亲，和她的长曲棍球教练走到了一起，而这位教练也是个女人。"意外的是，这件事并不像人们料想的那样令我不愉快，"博纳后来写道，"这段经历让我认识到一种新鲜宽容的多元主义，那是我以前从未经历过的。"

博纳也许没有完全意识到自己对男人究竟产生了多大的影响。1988年，她从沃顿商学院毕业，8月，她来到纽约成了拉扎德的全职员工，随之加入了一个为期两年的分析师培训项目。对于她来说，选择拉扎德这种无人管束、病态的达尔文式工作环境也许是一个严重的错误。她像猫薄荷一样极具诱惑力。"我那时太天真了，"她解释说，"我太年轻了，非常天真。我根本不知道自己进入了怎样的环境。我的意思是，要知道我不是在纽约长大的，我的父母又都是教授。"她说，许多合伙人——包括阿戈斯蒂内利和卢米斯在内——都竭力"保护"她，不让她遭受骚扰。"但他们都没能保护我，因为大家都无能为力，"她说，"公司里并没有约束那种恶习及明目张胆的性骚扰的文化。"

1988年感恩节前不久，以前在伦敦一起工作过的同事给她打了个电话，让她当天晚上就搭飞机去伦敦，与阿戈斯蒂内利、朗曼和泰帕尔一起完成一笔交易。她本来以为只需要工作几天，没想到最终花了6个月时间才完成任务。这期间，他们住在伦敦一家豪华的酒店里，订了客房服务和昂贵的香槟——全部费用都由客户支付。"那时候我想，我要是客户的话，看到我们的花销金额，一定会吓坏的。"她说。她在纽约的室友帮她把衣服送到拉扎德，然后她的秘书通过联邦快递把衣服寄到伦敦。"我在克拉里奇酒店住了6个月，"她说，"我的账单大概是8.7万英镑。他们说我可以回家过感恩节，但最后我连圣诞节和复活节都没回家过。我一直住在酒店里，大概从早上8点工作到晚上10点，因为克拉里奇的客房服务只到晚上10点半。我每天都是这样度过的。"华尔街流行着一句说给新晋员工听的老话:"你无法了解你的儿女,但你会非常了解你的孙子。"博纳很快就明白了这句话的含义。她的职业和社交生活都围绕着伦敦分行里的同事打转。没过多久,她就和当时的副总裁、后来成为合伙人的史蒂夫·朗曼约会了。直到博纳离开拉扎德前,他们一直在约会。当时朗曼还决意离开他的妻子,尽管她当时已有约8个月的身孕。据说,博纳还曾与派头十足的阿戈斯蒂内利约过会,阿戈斯蒂内利坐头等舱出国时会请大厨为他准备餐食,还会安排人在他抵达之前将芙蕾特床单快递到下榻的酒店房间。

回到纽约后,博纳被分配到石油和天然气业务团队,与高级合伙人吉姆·格兰维尔及沃德·伍兹一起工作。事后证明,这种安排对她来说非常危险。她开始参与斯特林化学公司(Sterling Chemicals)的IPO工作,这是一家私营企业,总部位于休斯顿,老板戈登·凯恩(Gordon Cain)是一位特立独行的投资者。一天傍晚,博纳搭格兰维尔的车与他一起前往机场,赶乘最后一班飞往休斯顿的飞机,去处理一些跟此次发行股票有关的工作。当时格兰维尔已年过花甲,体态肥胖,满脸皱纹。根据博纳的说法,他让司机在皇后区假装迷路,等到明显赶不上最后一班飞往休斯顿的飞机时,提议他们可以搭乘第二天早上的第一班飞机。"我压根不知道他是在跟我搭讪,"她说,"当时我太天真了,真是不可思议……第二天他就给我送花,因为我没有门房,所以花就送到了办公室里,我(从休斯顿回来后)打开卡片一看,我的感觉就是,'我的天哪!'我把卡片撕碎扔掉了,跟大家说花是我哥哥送的。"

当博纳出现在休斯顿的会议上时,斯特林化学公司的首席执行官J.维吉尔·瓦格纳(J. Virgil Waggoner)将她训斥了一番:"我搞不明白像你这样的女孩为什么在做这些事情。你这么漂亮,为什么不结婚?"博纳说,她等瓦格纳发表完这番评论后,就和他一道在会议室的桌前坐下来。"我认真地回答了这个问题,我说:'噢,我真的很喜欢我的工作。'

你能想象这种情况吗？"后来，博纳在打印机前整理斯特林IPO的招股说明书时，斯特林的首席财务官叫她去给他冲一杯加奶油和糖的咖啡，首席财务官后来为自己将身为交易团队成员的博纳错认为秘书而向她道歉。"这种事情层出不穷。"她说。显然，石油和天然气团队不是博纳该待的地方，沃德·伍兹是所有人中唯一了解她这种处境的人，于是向卢米斯建议把她调到另一个团队，伍兹对卢米斯说："再这样下去，她会被害死的。"

但这些闹剧并没有消停。当时，杰米·肯普纳与博纳一起在做斯特林IPO的工作，还是她的导师，于是年轻的拉扎德合伙人迈克尔·普赖斯和肯普纳开玩笑，问他是否与博纳发生过性关系，结果遭到了比尔·卢米斯的严厉训斥。普赖斯的言论不仅不恰当，而且粗暴无耻，因为肯普纳一直婚姻幸福。卢米斯警告普赖斯，公司无法容忍他的这种行为。克里斯蒂娜·莫尔曾将博纳介绍给一位所罗门兄弟的年轻银行家认识，当时莫尔正与他合作一项交易。莫尔的想法是，博纳应该认识一些同龄人。传闻他们约了几次会，还在拉扎德的小图书馆里发生了关系。接着，办公室里又传出了流言蜚语，说她与主管夜间文字处理部门的双性恋家伙，以及同事分析师马克·平卡斯（Mark Pincus）和路易斯·里纳尔迪尼发生了关系。博纳曾在洛克菲勒中心32层短暂地办公过一段时间，那时候菲利克斯经常到她的办公室里和她聊天。公司的普通员工忍不住暗笑，因为即使是那些在公司待了多年的员工，菲利克斯几乎不知道他们的名字，却特意花时间跟博纳聊天，而她只不过是个22岁的金融分析师。然而，谣言并不会自行消散，即使有些显然是捏造的。

博纳回忆道："每当有女员工拿自己和菲利克斯之间的传言问我的态度时，我说：'你不会因此被解雇，你只会获得晋升的机会。'这就是为什么公司里总有谣言，我对此非常恼火。我厌倦了这些闲言碎语，我再也无法忍受了。"博纳和拉扎德银行家们之间的谣言，俨然成了公司员工乐此不疲的话题。"全公司和博纳睡过觉的人多达15人。"一位前合伙人说道。

有关菲利克斯追求公司年轻女员工的许多故事，其实是毫无根据的捕风捉影。"如果我或者琳达·珀斯、迈克尔·卡莫迪认为自己要跟雪莉·麦克莱恩或芭芭拉·沃尔特斯去抢菲利克斯的话，那就太荒谬了。"凯西·凯利说，"菲利克斯是不是曾把手搭在你的肩上然后靠近你？是的，那就是菲利克斯的风格。他很热情。但那并不是性骚扰。他喜欢调情。不过那是该死的工作需要。你知道这是为什么吗？因为你对客户也是这样做的。你也得调情。"菲利克斯则声称，"乐天派的自己并没有意识到"拉扎德多年来根深蒂固的性骚扰行为，还说他甚至想不起诸如戈若文、珀斯、卡莫迪、凯利、莫尔、麦克阿瑟和博纳等人的名字。"我这么说并不是在批评谁，"一位女银行家解释道，"但我认为那时拉扎德里存在一些黑暗势力。而且我确实觉得那时公司里有几个人做事不公平，对我并不太好。因为在拉扎德，你会觉得日子很难熬。我会想我现在几岁，我什么时候才能熬到55岁？我看着这些人，心想：'也许我该去个更好的地方待个10年，而不是在这里被这些家伙挑三拣四。'"

还发生了更多糟糕的事情。拉扎德有一位高级副总裁原本是颇有希望成为合伙人的。博纳搬到30层后，他就经常出入博纳的办公室。这位高级副总裁会过去跟博纳聊聊天，毫无疑问，他肯定是看到菲利克斯就是经常这么做的。随着他越来越频繁地探望博纳，卢米斯有点担心了。卢米斯的办公室就在博纳的隔壁，这是他保护博纳的一种方式，为的是让人们知道他在关注着一举一动。然而，这位高级副总裁已婚，还有了孩子，卢米斯开始深切意识到，博纳对拉扎德的男性产生的影响是巨大的。

各种花边新闻传遍了公司。卢米斯带博纳出去吃午饭——洛克菲勒中心楼下的汉堡——他想博纳意识到，他注意到这位高级副总裁去找她的次数越来越频繁，他很是担忧。大约两个星期后，拉扎德驻芝加哥办事处的一位银行家玛丽·康威尔（Mary Conwell）来纽约参加克里斯蒂娜·莫尔的婚礼，住进了博纳的公寓。那天晚上，康威尔一个人在博纳的公寓里，结果那位高级副总裁敲门要找博纳。他醉醺醺的，也许还吃了安眠药，神智更加不清。康威尔告诉他博纳不在家，让他离开。他确实离开了，结果再次去喝了一两杯酒后又回来了。这次博纳已经回家，于是让这位高级副总裁进了房间。博纳说，他紧接着就"把我按到一面砖墙上"。他简直有病。据说他向博纳宣称自己爱上了她，想离开他的妻子和孩子。

博纳当时惊呆了，但她还是说自己永远不会把这件事说出来，因为她觉得自己虽然是个受害者，但可能会因这件莫名其妙的事而遭到指责。"如果我去找比尔·卢米斯说，一位高级副总裁跌跌撞撞地来到我的公寓，把我按到一面砖墙上，这对我的职业生涯没有任何好处，"博纳解释道，"公司里有很多人会说这是我的错。"但康威尔不这么想，她向肯·雅各布斯和卢米斯报告了这件事。"从道德角度来看，我认为这件事极不公正。"康威尔解释说。卢米斯与这位高级副总裁对质后，公司立即开除了他。拉扎德的女性员工遭受性骚扰长达数十年，卢米斯已经看够、听够了。这位高级副总裁为自己的错误判断付出了代价，也成了在他之前那些行为不检点的拉扎德银行家的替罪羊。博纳说她原谅了这个男人。在他离开公司多年之后，她甚至还对他取得的成就表示祝贺。而且，这个小插曲也并未影响到卢米斯和这位高级副总裁之间的友谊。卢米斯依然与他有业务往来，两人因为社交和工作还经常见面。

这位高级副总裁事件之后，博纳已经受够了拉扎德——反之亦然，她简直是公司里的一股极具破坏性的力量。"坦白说，公司里的局面让我非常尴尬，"她说，"我能感觉得出，从那之后，公司同事对待我的方式就变了。我非常沮丧，我觉得自己要被撕裂了。确实有些人支持我，但我觉得有些人就像是在闹事。天哪，我不清楚，因为从来没有人真正对我说过些什么。之后我就有点被冷落了。"几个月后，两年合同期满，她就离开了拉扎德。"他们迫不及待要赶我走。"她说。离职那天，拉扎德前合伙人、贝塞麦证券的首席执行官沃德·伍兹打电话给她，邀请她去贝纳丁餐厅共进午餐，那是纽约最好的餐厅之一。当时，伍兹的妻子住在爱达荷州太阳谷的家中，于是伍兹和博纳开始了长达4年的婚外情。根据伍兹昔日合伙人的说法，他英俊迷人、魅力十足，但在两性关系上一直运气不佳。他曾在拉扎德一家石油和天然气领域的客户公司的酒店套房中与人幽会。伍兹和博纳的交往成了大家谈论的话题。他们一起出入派对和餐厅，一起住在伍兹第五大道的公寓中，伍兹的门卫和司机都非常熟悉博纳。每周五，他们在贝纳丁餐厅共进午餐，连伍兹私人飞机的飞行员也熟知她。

对于卢米斯而言，公司在对待女性员工方面实在拿不出什么值得自豪的记录。"在女性员工的待遇方面，公司存在一系列困境，从男女平等到恰当行为，米歇尔、我和其他人都不太满意。"他回忆道。但他坚持认为，随着时间的推移，拉扎德在这方面确实有所改进。（情况还能更糟吗？）"我得说，如果公司在1980年要制定一项政策，那应该会是不招女性合伙人。"卢米斯说，"然而在1990年，如果公司要制定一项政策，应该就会是'你知道，我们需要更多的女性合伙人'。"

但对于拉扎德的另一位合伙人来说，公司在女性员工待遇这个问题的处理上，一直很尴尬和隐秘，也可以说是非常失败，因为高级合伙人对那些恶劣行为采取了容忍态度。"有一天，博纳走进我的办公室，"这位合伙人说，"她边哭边说：'我不知道该怎么办……我不知道是否要起诉拉扎德。'我说：'博纳，你为什么不好好想想呢？'"他还去见了米歇尔，与他讨论这种日益恶化的局面。"于是我去见了米歇尔，对他说：'米歇尔，事情可能会变得很难看。'那时，高盛正面临一起诉讼——还记得吧，他们被人起诉，对方要求赔偿1.5亿美元。高盛的一位秘书起诉了公司，事情闹得很大。我告诉米歇尔，要花一大笔钱才能摆平这种事。米歇尔是这样对我说的：'我真不知道美国父母是怎么养大女儿的。'我大吃一惊，我不知道他这话是什么意思。好像他那些掠夺成性的合伙人完全没错似的，他反倒有点责怪那些女员工的意思。"

　　尽管如此，高盛的官司还是戳到了米歇尔的痛处。"然后他突然说我们必须阻止这种行为，"这位合伙人解释道，"虽然他没有发出备忘录，但大家都明白不应该再这样做了。可问题并未解决，许多非常优秀的女性员工因遭性骚扰而离开了公司。"拉扎德努力将自己打造成具有最高道德标准、无可指摘的独立顾问公司。"一直以来，拉扎德将自己的形象塑造成行业中的佼佼者，"这位合伙人说，"可实际情况根本不是这样。"

　　20世纪80年代，拉扎德的做法——在围绕凯特·博纳的种种事件中达到高潮——产生的后果最终对公司造成了多年负面影响。20世纪90年代中期，一名纽约警探来到洛克菲勒广场1号32层逮捕罗伯特·阿戈斯蒂内利，因为他违反了自己的妻子申请的临时禁令。显然，这起家庭纠纷起源于阿戈斯蒂内利与一位女士的婚外情，而这位女士就住在东72街阿戈斯蒂内利的公寓里。他还与一个芝加哥女人有染，据说是个脱衣舞娘。据说，他每个月的美国运通账单高达20万美元。[阿戈斯蒂内利和第一任妻子帕斯卡尔（Pascale）离婚后娶了一个欧洲女伯爵，更名为罗伯托·阿戈斯蒂内利（Roberto Agostinelli）]。20世纪90年代中期，克里斯蒂娜·莫尔离开拉扎德，去所罗门兄弟公司（现为花旗集团）担任常务董事。尽管桑迪·兰姆在20世纪90年代末由合伙人降为副总裁，但她在拉扎德一直工作到2002年。后来她创立了自己的咨询公司——兰姆咨询公司（Lamb Advisors），主要与非营利组织合作。

　　而凯特·博纳离开拉扎德后，获得了大名鼎鼎的《读者文摘》奖学金，去了哥伦比亚大学新闻学院念书。1993年毕业后，她成了《福布斯》杂志的一名记者。1994年，博纳与迈克尔·刘易斯结了婚。刘易斯是《说谎者的扑克牌》一书的作者，这本书描述了他在所罗门兄弟公司的短暂工作经历，是描述华尔街的经典之作。在《福布斯》杂志工作期间，由于沃德·伍兹提供的消息以及丈夫的帮助，博纳写了一篇关于米歇尔臭名昭著的女婿爱德华·斯特恩（Édouard Stern）的文章，并在斯特

恩去世之前发表，这也是少数几篇以英语写作的关于爱德华·斯特恩的
文章之一。尽管编辑对这篇文章大动手脚，并将它从杂志封面撤了下
来，但它还是在拉扎德和华尔街引起了轰动。虽然刘易斯曾撰文赞美博
纳完美的臀部，但他们的婚姻只维持了18个月。1997年，离开《福布
斯》杂志之后，博纳与唐纳德·特朗普（Donald Trump）共同撰写了《特
朗普：东山再起的艺术》（*Trump: The Art of the Comeback*）一书，该书
登上了1997年11月的畅销书榜。随着互联网泡沫膨胀，她成了CNBC[1]
电视频道的一名实况转播记者，专门报道商界名人。但她在1998年并
没有与CNBC续约。她去了伦敦，担任一家互联网公司——创业资本公
司（Startupcapital.com）的主席。这家公司由英国风险投资家斯蒂芬·莫
里斯（Stephen Morris）投资成立，然后博纳开始与斯蒂芬·莫里斯约会。
1999年6月，两人的关系结束了，她在伦敦的职业生涯也随之结束。随后，
她成了商业新闻网站JAGfn的总编辑，不过这家互联网企业只存活了很
短的一段时间——那时互联网泡沫已经发展到高峰时期。之后，她跳槽
到电子商务金融公司（E*Trade Financial Corporation，简称E*Trade）担
任数字金融媒体部门的总编辑，这一部门是对CNBC的夸张模仿，只存
在了很短一段时间。在曼哈顿中城麦迪逊大道的一间租金昂贵的玻璃工
作室里，博纳主持了一档时长一小时的财经广播节目，可以在E*Trade
网站上收听。《时代周刊》和《纽约观察家报》都对她进行了专访。随
后，市场崩溃，她失去了大部分积蓄——约7万美元。最后，博纳成了
一家医疗设备公司负责营销和内容的执行副总裁，这家公司由风投机
构投资成立，在纽约和新泽西都设有办事处。但她还是离开了。2006
年秋天，她创立了一家媒体咨询公司凯特·博纳制作公司（Kate Bohner
Productions），总部设在佛罗里达州的波卡拉顿。她至今仍未再婚。

---

[1] 美国NBC环球集团持有的全球性财经有线电视卫星新闻台，是全球财经媒体中的佼佼者。

第十五章

法定继承人

　　显然，苏珊娜·安德鲁斯发表在《纽约》杂志上的文章，对菲利克斯和拉扎德造成的伤害要比对史蒂夫的伤害大得多，这是因为史蒂夫精通媒体，且有一帮十分愿意帮他转变安德鲁斯想法的朋友。

　　《纽约》杂志的文章完全是负面报道。毫无意外，这篇文章激起了米歇尔的反应，他迅速且低调地提醒大家将丑闻公之于众的危险性，他在一份《给全体执行董事和副总裁的备忘录》中写道：

　　我们的核心是一家私营公司，现在的环境对私营公司越来越不利。我们经常在媒体上看到或读到有关竞争对手的问题和冲突的细枝末节。我们自己也有过同样的经历，媒体对此大加评论，甚至歪曲报道、断章取义，完全不放其他本来能起到平衡舆论作用的评论，给读者留下了错误印象。鉴于我们从事的行业，我们有义务对我们的日常事务进行保密，保护其隐私性。我们可能偶尔会做不到这一点，但只要持续做下去，我们终将可以防止自我毁灭。因此，我们应当避免在媒体上以任何形式讨论公司的内部运作以及公司员工。

　　最后一句话尽管不只是针对菲利克斯的，但也肯定是对他的一个警告。对于这位世界顶尖媒体操纵者以及自身形象操纵大师来说，这是米歇尔对他的一次极不寻常的反驳。

　　3天后，在米歇尔的坚持下，菲利克斯针对《纽约》杂志的文章做了辩解，他写道：

本星期《纽约》杂志刊登了一篇非常糟糕的文章。我觉得它完全没必要发表。尽管苏珊娜·安德鲁斯是在另外的情境中采访我的，但我向她发表的言论确实不太明智，关于史蒂夫·拉特纳的说法也并不恰当、准确。事实上，史蒂夫是一位有着非凡才华和成就的严肃的专业人士，他的工作得到了我和公司中所有员工的认可。特别的是，我知道米歇尔·大卫-威尔一直对史蒂夫怀着最高的敬意，而且他的这份敬意将持续下去，期待着史蒂夫能与拉扎德建立一段长期且相互满意的合作关系。我希望我写的这些话能结束这个不幸的篇章，这是完全没有必要存在的，造成了不必要的痛苦。

这篇文章发表后，即使过了10年，依然刺痛着菲利克斯的神经。但他也清楚意识到是自己判断失误了，愿意指出自己所犯的错误。"完全没有任何借口，"他说，"你不能这样批评一位年轻的合伙人。你不能公开这样做。你不能对记者说这些。"这篇文章"不是我的得意之作"，他接着说这篇文章有助于让他确信"我在这里待了太久。当你开始犯那样的错误时，你就应该做点别的事情。那件事情太糟糕了。我以前从来没有那样做过，我发火了"。有一次，他又谈起了这个话题，他想让大家都知道他犯过的错。"看，"他说，"事已至此。我并不以此为傲。它不应该发生。我相信对他（史蒂夫）来说是非常痛苦的。对我来说也是。可能，对于全公司上下来说也是如此。"

史蒂夫谈到菲利克斯和这件事时说："他是个复杂的人。我对他的认知和其他人一样，了解得不多，我不知道他的脑子里到底在想什么。他打开开关，一股脑地说出所有想法，他是第一个说那些话的人。他刚说出来就意识到自己犯了一个可怕的错误，但已经收不回来了。接下来的事大家都知道了。"

抛开对菲利克斯的心理分析和他近乎道歉的说辞，米歇尔和拉扎德正面临一个巨大的问题：毋庸置疑，媒体刚刚放出了对公司及其两位最杰出的银行家的负面报道，给拉扎德的竞争对手们提供了所需的全部弹药。这些竞争对手开始向各家企业的首席执行官们说，他们严重怀疑拉扎德提供的顾问服务质量。而此时，并购交易市场再次升温。

理所当然，菲利克斯离开拉扎德的时候到了。他需要规划自己什么时候离开以及离开后要做什么等细节。尽管菲利克斯显著加剧了拉扎德长期以来的机能失调，但没有人真的希望他离开。每个人都知道，尽管史蒂夫有望赶上他，但他非凡的业务能力无法被轻易取代。显然，谋求美联储职位失败的尴尬和《纽约》杂志的文章让菲利克斯十分痛苦，他从未遭受过这样的挫折。此外，史蒂夫在拉扎德平步青云，业务能力也令人惊叹，肯定不会离开公司。"我们俩在公司都被视为重要的收入来源，"史蒂夫说，"我认为包括我自己在内的任何人都不希望菲利克斯离开。我认为菲利克斯是自己想离开了。"过去，每当米歇尔被问及如果公司没了具有巨大创收能力的菲利克斯时，将如何应对，他都会引用第一次世界大战中法国总理乔治·克里孟梭（Georges Clemenceau）[1]的话："墓地里躺满了不可或缺之人。"[2]

《纽约》杂志文章发表后，又过了几个月，一次偶然的机会，菲利克斯和丽兹在巴黎与美国驻法国大使帕梅拉·哈里曼（Pamela Harriman）共进晚餐。"她是个很难对付的女人，"菲利克斯说，"是我遇到过的最顽固的女性之一。"尽管《美国宪法第一修正案》保证了公民的言论自由，但哈里曼在就餐期间做的第一件事情就是向丽兹抱怨备受推崇的作家萨莉·比德尔·史密斯（Sally Bedell Smith）在《得自他人的荣耀》（*Reflected Glory*）一书中对她的描述有损其形象，而纽约公共图书馆竟然允许萨莉在图书馆赞助的一次活动中公开朗诵该书内容。丽兹最近刚

---

[1] 1841—1929年，法国政治家、新闻记者，在第一次世界大战期间担任法国总理。

[2] 这句话应为前法国总统夏尔·戴高乐所说，此处为作者错误引用。

当上纽约公共图书馆的主席，她迅速转移话题，不回应哈里曼不恰当的攻击。菲利克斯也认为有必要转变话题，于是把话题扯回到哈里曼身上，谈起了在她担任大使期间，法国驱逐了包括中情局局长在内的5名中情局特工一事。这5名中情局特工被指控进行政治和经济领域的间谍活动。

接着，他们进入了这次晚餐的主题。哈里曼告诉罗哈廷夫妇，她已经告诉克林顿自己"想回家"，不想再多做一任大使了。"这不是事实，"菲利克斯说，"她是想连任的，但他们决定不让她继续做。"出人意料的是，那天晚上，哈里曼问菲利克斯是否愿意接手她的工作，作为她的继任人选。菲利克斯回忆了她当时说的话："他们应该找个像你这样有欧洲背景的人出任驻法国大使。目前这一职位的人选只有你和另外一个人，你感兴趣吗？"另一个人叫弗兰克·威斯纳（Frank Wisner），是职业外交官，当时正担任美国驻印度大使。"我说：'嗯，你知道的，我从来没想过要当什么大使。'这是真的。我又对她说：'但如果我要当驻外大使的话，我只会考虑法国，因为我认为我真的能做一些事情。但我还不清楚，让我考虑一下，我会和丽兹谈谈我们接下来要做的事。'"

菲利克斯又回忆了他与妻子的谈话经过。"我问丽兹：'你觉得怎么样？'她说：'你觉得自己真的喜欢这份工作吗？'我说：'我不确定，但我真的认为我们应该离开拉扎德。'因为自从发生史蒂夫和美联储的事情之后，我的心已经不在公司了。"他接着说道，"丽兹劝我离开已经不是一天两天的事了，但她说：'你不必为了前途去当驻法大使。'我说：'是的，但我觉得我们应该试试。'她的反应非常激烈。她讨厌这个想法。因为她最近刚当上纽约公共图书馆主席，这可是件大事，她非常努力地在工作。而且她刚有了一个小孙子，如果这时候要搬家，去做驻法大使的妻子的话，她觉得太糟糕了。但她也认为我能离开是好事……所以我告诉帕梅拉：'是的，我感兴趣，但你得向总统推荐，我才同意。'她则说：'很好，当然了，我们会的。'"

就像美联储的任命一样，菲利克斯可能以为他到巴黎接替哈里曼的位置是板上钉钉的事。毕竟，他能讲一口流利的法语，在法国做了几十年生意，还为一家由法国家族创办的公司工作了几十年。而且，仅在1995—1996年，他就向民主党捐赠了36.25万美元的软钱[1]。但情况并非如他所想。他从巴黎回来后没多久，第一个麻烦出现了。某天，他接到了詹尼特·霍华德（Janet Howard）的电话。霍华德曾担任哈里曼的助理长达20年左右，但两个女人后来关系失和，霍华德被解雇了，因此她一直对前老板哈里曼心怀怨恨。菲利克斯还记得，霍华德是这样告诉他的："你知道，罗哈廷先生，我必须告诉你，背地里发生了一些可怕的事情，帕梅拉并非真的想让你去接替她的职位。她心中的人选是弗兰克·威斯纳。"

随后，菲利克斯打电话给他的朋友、克林顿的老友弗农·乔丹（Vernon Jordan）和厄斯金·鲍尔斯（Erskine Bowles），他们表示会帮他弄清楚到底发生了什么。后来，乔丹告诉菲利克斯，哈里曼出卖了他。哈里曼已经决定召集她在国务院的朋友们大张旗鼓地讨论只有像威斯纳这样的职业外交官才是驻法大使的合适人选。乔丹还告诉菲利克斯，哈里曼曾暗示菲利克斯与法国总统雅克·希拉克（Jacques Chirac）的政敌、法国总理爱德华·巴拉迪尔（Édouard Balladur）的友谊会让两国关系不必要地复杂化。菲利克斯听到乔丹的回复后十分不快，尤其是，他与巴拉迪尔并不算真正认识。菲利克斯说，他与巴拉迪尔只见过两次，第一次接触是在几个月前，当时他是应哈里曼的要求，才会在这位法国总理访问纽约期间安排他与美国企业界的首席执行官们会晤。为了感谢他安排的这次会晤，哈里曼还给他写了一封"热情洋溢"的信，他甚至留有感谢信的副本。菲利克斯给乔丹寄了一份这封感谢信的复印件。"我把它交给了弗农，我对他说：'你知道吗，这事有点蹊跷。'"

几个月过去了，菲利克斯仍心神不定地等待华盛顿方面迟迟未做出

---

[1] 原文为 soft money，不受法律约束的竞选捐款。

的决议。就在此时，命运之神显灵了。1997年2月5日，哈里曼在走出巴黎丽兹酒店的顶楼露天游泳池时，毫无预兆地中风，后因抢救无效去世了，享年76岁。美国为她举行了国葬。葬礼结束后，菲利克斯和丽兹决定去伦敦过周末。菲利克斯决定，如果近期内他仍无法获得去巴黎工作的邀请，他就将自己的名字从候选人名单中撤回。

就在罗哈廷夫妇准备离开的前一天晚上10点半，菲利克斯接到了鲍尔斯从白宫打来的电话。鲍尔斯告诉他："巴黎的人选现在还没有定下来，但总统希望你能去东京。"菲利克斯目瞪口呆，他问道："在犹豫了6个多月是否派我去巴黎后，总统居然想让我去东京？"随后他与弗农·乔丹通了电话。"弗农建议我再跟鲍尔斯谈谈。"菲利克斯说。

鲍尔斯很直接。他说："菲利克斯，总统认为，你代表我们在东京定能做出巨大的贡献。日本金融形势非常糟糕。他们需要帮助。他们了解你，他们会听你的。如果你告诉我你愿意去的话，我有权告诉你总统明天就会授予你去东京的任命书。"我无言以对。"厄斯金，"我说，"我在金融领域干了50年，可在这50年里，我在日本待了不超过两星期。在我谈判的两三百起并购案中，涉及日本公司的最多只有5起。我一句日语也不会说，我在那里几乎没有任何关系，我一点儿也不了解日本的历史。我完全无法胜任。如果我答应了，在确认听证会上，我会让自己和总统难堪的。"鲍尔斯非常坚决："总统认为你能胜任这份工作。"我问道："那么巴黎呢？"他说："巴黎的情况很复杂。你还是有机会的，只是机会不大。但东京是只要你开口就一定能去。"

在与鲍尔斯进行下一次谈话之前，菲利克斯私下里听说威斯纳打算退休。于是再与鲍尔斯谈话时，菲利克斯谢绝了日本的职位，但表示自己仍对巴黎的职位感兴趣。关于威斯纳，他什么也没说。他继续等待。最终，1997年4月，他接到了美国国家安全顾问桑迪·伯格（Sandy

Berger）打来的电话，得知自己得到了驻法大使一职。在得到正式任命之前，他什么都没说。他虽然接受了这个职务，但转念一想又觉得"非常可怕"。"这是什么职位？大使要做些什么？"他完全不知道。他突然回想起来，自己曾以为大使只是形象被美化了的管家。

1997年9月11日，美国国会参议院以97：0的投票结果，一致同意菲利克斯担任美国第30任驻法大使。许多热切关注拉扎德的评论家多年来心中都有一个猜疑，夏末的这一天，参议院的投票结果也证实了这个猜疑：在拉扎德漫长的任期中，作为公司业绩最突出的首要银行家，"大师"菲利克斯虽然为自己与合伙人们都创造了惊人的财富和名望，但不论他是否意识到，他的毫不妥协，他的不安全感，以及他的专横傲慢，导致曾经无比杰出的金融巨子慢慢走向衰落，最终差点毁了自己。

米歇尔有意让拉扎德的继承人问题——也就是菲利克斯和他离开后谁领导公司——变得错综复杂且充满危险性。纵观20世纪90年代初，菲利克斯的业务量日益减少，于是谁能接替他成为公司资深的交易缔造者的问题开始反复出现。大家讨论的焦点通常是为纽约分行找到另一位如菲利克斯那般优秀的银行家，因为美国过去一直是世界上最大的并购市场，而纽约分行迄今为止也一直是三家分行中最大的。但要找到像菲利克斯这样有能力的银行家并不容易。菲利克斯每年都能产出惊人的业务量，像他这样的银行家非常罕见，就像哈雷彗星一样，每76年都未必出现一个。此外，华尔街的情况最近也发生了变化，公司的重要性开始凸显，个体银行家的地位退居其次。当然，在《名利场》杂志发表关于史蒂夫的文章的前几年里，史蒂夫经常被人视为菲利克斯的门徒和潜在的接班人，但在这篇文章发表之后的几年里，这一说法逐渐消失匿迹，只剩下一个模糊的概念：包括史蒂夫、肯·威尔逊、杰瑞·罗森费尔德和艾拉·哈里斯在内的一群人联合起来可以取代菲利克斯。一些拉扎德内部人士——甚至米歇尔——对这个想法十分中意，因为它能大大减少公司对任何一个员工的能力的依赖。对于米歇尔来说，菲利克斯就像是毒瘾，他要想办法戒掉。

一直以来，拉扎德都靠"大师"来维持或重塑它的企业精神。因此，尽管米歇尔了解到他在20世纪80年代末到90年代初招募的一批年轻银行家的业绩已经越来越好，他本可以更加高枕无忧，但他仍没有找到像菲利克斯那般杰出的人来接替其位置。米歇尔的努力也许是竹篮打水一场空，但他仍在继续寻觅。20世纪70年代初，皮特·彼得森离开了尼克松政府，当时拉扎德曾不太诚心地试图招揽他，但他最终去了雷曼兄弟，后来又创办了黑石集团。1988年，布鲁斯·瓦瑟斯坦和约瑟夫·佩雷拉考虑从第一波士顿银行辞职，当时拉扎德也曾与两人有过短暂的接触。但后来他们组建了瓦瑟斯坦-佩雷拉公司。1993年，佩雷拉决定离开瓦瑟斯坦-佩雷拉公司，米歇尔再次试图招募佩雷拉，但两人之间从未产生过什么化学反应，因此佩雷拉最终去了摩根士丹利也就不足为奇了。（佩雷拉否认他曾在1988年或1993年考虑过加入拉扎德。）1995年春，米歇尔试图招揽高盛顶级的并购银行家之一约翰·桑顿（John Thornton），但菲利克斯让桑顿明白，他不应抱有很快就能掌管拉扎德的想法，于是他立即对拉扎德失去了兴趣，继续留在高盛，最后成了高盛的联合主席。

拉扎德遍寻"大师"的目的是想找到菲利克斯的潜在接班人。但公司中还有一件非常重要的事情却很少被人谈论，甚至很少被人提起，那就是谁将成为米歇尔的接班人。米歇尔及其家族是公司的主要所有者，虽然培生公司、安德烈·梅耶的继承人、一家法国控股公司、安东尼·伯恩海姆和让·居约等几位法国合伙人以及少数几位纽约分行的老合伙人也持有公司部分所有权，但毫无疑问，几乎是米歇尔一个人控制了公司。在职合伙人的年薪非常丰厚，但他们的分成比例只取决于每年米歇尔同意给他们多少税前利润以及他们在哪个分行，是纽约、巴黎还是伦敦，与他们持有的股份无关。毕竟，正如长期合伙人弗兰克·皮扎托拉经常提醒大家的那样："拉扎德不是一家合伙企业。它是一家有着独特利润分成的独资公司。"包括菲利克斯在内的大多数合伙人，在公司里都一无所有，因此才会一直存在米歇尔去世后谁将获得公司所有权的问题。大卫·大卫-威尔在其父亚历山大·威尔死后获得了公司的所有权，大卫·大卫-威尔去世后，其子皮埃尔·大卫-威尔拥有了拉扎德的所有权，而米歇尔则在父亲皮埃尔·大卫-威尔去世后获得了拉扎德的所有权。这个历史架构已经良好运转了将近150年，但米歇尔并没有自然继承人来延续这一架构。

这就是为什么当米歇尔38岁的女婿爱德华·斯特恩———一位杰出又冷酷无情的银行家———在1992年5月1日以合伙人的身份加入拉扎德时，全公司的人都纷纷猜测米歇尔让干劲十足的斯特恩加入是想让他成为自己的指定接班人。斯特恩并非要接替菲利克斯成为杰出的交易大师，而是要接替"太阳王"成为公司的所有者与经营者。不管米歇尔邀请脾气暴躁的斯特恩进入公司是要做何打算，这个决定已经让许多原本就坐立不安的拉扎德合伙人更加神经紧张。即使按照拉扎德残酷的达尔文主义标准来说，才能卓越且脾气暴躁的斯特恩也是非常引人注目的。由此，拉扎德开始了一段长达10年的解决继承人问题的艰难征程。戴维·布伦斯维格（David Braunschvig）至今仍是拉扎德的合伙人，他和斯特恩一起在巴黎长大，是斯特恩最亲密的朋友之一。他们俩都喜欢赛摩托车、打高尔夫以及追女孩。布伦斯维格很早就看出了他的朋友身上有一些特别之处。"他极有魅力，"布伦斯维格说，"几乎让人无法抗拒。当他走进某个房间开始说话时，他能吸引全屋人的注意。他并非故意这样做。到场的也都是些知名人物。他在很早之前就有这种魅力。"

斯特恩的经历中至少有3点让拉扎德的合伙人们印象极深。其中一点是，他在22岁时取代父亲成为斯特恩银行（Banque Stern）负责人的传奇经历。斯特恩银行是斯特恩家族所持有的一家商业银行，成立于1823年，宗旨是迎合"法国贵族的需要"。据说，斯特恩家族与罗斯柴尔德家族都来自美因河畔的法兰克福犹太人区，曾有一段时间，斯特恩家族也有与罗斯柴尔德家族类似的抱负。斯特恩家族居住在艾菲尔铁塔附近的一栋豪宅中。斯特恩的父亲安东尼·斯特恩（Antoine Stern）管理着斯特恩银行，但他是个平庸的管事者，是个在巴黎招摇过市的半吊子。他在巴黎郊区举办过一年一度的山鹑、野鸡、野鸭狩猎活动。他没能把斯特恩银行经营成一家业绩良好的金融公司，而是把它作为一种扩大社交的工具。到1977年，这家银行已经濒临破产。

对于安东尼来说，解决办法很简单：以60万美元的价格把银行出售给罗斯柴尔德家族。但爱德华·斯特恩却对他说，别那么着急。作为一名法国高等经济商业学院（ESSEC，欧洲顶级商学院之一）的毕业生、空手道黑带高手以及国际象棋冠军，在安德烈·梅耶的帮助下，爱德华·斯特恩说服了他的两位叔叔菲利普（Philippe）和杰拉德（Gerald）以及祖母爱丽丝（Alice），使他们相信，与他那毫无工作激情的父亲相比，他可以更好地经营这家银行。他的叔叔和祖母决定支持他，并明智地放弃了将银行出售给罗斯柴尔德家族的想法。爱德华·斯特恩聘请罗斯柴尔德银行（Banque Rothschild）时任CEO弗朗西斯·卡里斯（François Cariès）做斯特恩银行的主席，而自己担任副主席。"我知道这样才能学到怎么做生意。"他后来说。据说，因他对父亲极其不屑并将父亲踢出了公司，法国媒体给他贴上了"坏孩子"的标签。"在报纸上，他简直就是个恶魔。"斯特恩家族的一位朋友说。当被问到斯特恩银行内部究竟发生了什么时，一贯对媒体避而远之的爱德华·斯特恩在1995年接受《福布斯》杂志采访时说道："的确，这是我的祖辈在1823年创办的家族银行。的确，它曾差点倒闭。我只是做了必须要做的事情。"

克里斯汀·范里尔（Kristen van Riel）是爱德华·斯特恩的长期律师，按照他的说法，真相可能没那么阴暗。"大家都说爱德华从他父亲手中窃取了这家银行，但他根本不可能那样做。"范里尔在2005年向作家布莱恩·伯勒（Bryan Burrough）解释道，"因为他手中根本没有任何股票。这是他祖母和两个叔叔做的！他们把他父亲踢出局！爱德华得到任命来拯救这家银行时，他父亲已经快要离开了。他就做了这些。"然而，在接下来的15年里，斯特恩没再和父亲说过话，直到他父亲临死前，父子俩才和好。

斯特恩和卡里斯一起，戏剧性地扭转了斯特恩银行的困境。到1982年，斯特恩银行的收入已经从最初的600万美元左右增长到约1.1亿美元。卡里斯离开后，爱德华请来斯特恩家族的老朋友、法国前总统吉斯卡尔·德斯坦（Valéry Giscard d'Estaing）的特别助理克劳德·皮埃尔-布罗索利特（Claude Pierre-Brossolette）接替他的位置，还聘请了一些法国顶尖的商人和金融家。1984年，斯特恩把斯特恩银行以相当于约6000万美元的价格卖给了一个黎巴嫩投资者，但他保留了继续使用"斯特恩银行"名称的权利。同年，29岁的他娶了27岁的比阿特丽斯·大卫-威尔（Beatrice David-Weill）。比阿特丽斯是米歇尔的长女，是卢浮宫的一位艺术史学者，据说十分漂亮。她在15岁时就与斯特恩陷入了热恋。但只有在她和第一任丈夫离婚后，他们俩才有可能结婚。爱德华·斯特恩是"她一生的挚爱"，米歇尔解释道，"她一直爱着他。"

个人生活暂时安顿下来后，斯特恩开始着手用斯特恩银行的名字建立一家新银行。与他的岳父那家更为知名的银行一样，这家新银行致力于提供并购和投资建议，但行事作风更加激进和无情。据他当时的一位同事回忆："爱德华每天早上走进办公室时就像一阵龙卷风，他心里总想着'今天我们要让谁流血？'"有一个臭名昭著的例子。他曾想恶意收购里瓦德集团（Groupe Rivaud），这家综合企业集团在两名法国贵族手中经营得半死不活。虽然斯特恩最终没有获得里瓦德集团的控制权，但仍从这笔交易中赚了3000万美元。到1987年，新的斯特恩银行已经生机勃勃，斯特恩认为出售它的时候到了。"我认为我们正在向大型投资银行发展，"斯特恩的同事让·佩雷勒瓦德（Jean Peyrelevade）说，"但这不是爱德华的个性，他非常急功近利。"佩雷勒瓦德从1986年开始担任斯特恩银行的负责人，直到银行被出售。斯特恩迅速安排与瑞士银行公司（Swiss Bank Corporation）（现在是瑞银集团的一部分）接洽，据报道，这个新斯特恩银行的售价为3.37亿美元，而斯特恩个人从中获得了一笔惊人的收入——1.7亿美元。因此，他移居日内瓦，以规避法国的高额税收。从1988年8月到1989年7月，这段时间内，斯特恩见了许多拉扎德合伙人，包括比尔·卢米斯和罗伯特·阿戈斯蒂内利，与他们谈论了自己作为合伙人加入拉扎德的可能性。他还与瑞士银行洽谈成为该银行并购顾问的事宜。

但是，斯特恩既没有加入拉扎德，也没有加入瑞士银行，而是选择尝试自己能在多长时间中将1.7亿美元变成5亿美元。事实证明，他只用了4年。这使他的经历又增添了新的一抹传奇色彩。他效仿著名的英国企业掠夺者、远方表亲詹姆斯·戈德史密斯爵士（Sir James Goldsmith）的做法，并与戈德史密斯合伙在越南购买了大量酒店的产权。这家私人合伙企业到底有多成功，众说纷纭，据说，他们两人平分了2.5亿美元的收益，而投资额只有区区7500万美元。斯特恩还买入了一家法国控股公司——爱丽舍投资公司（Elysée Investissements）的股份，他的朋友克里斯汀·范里尔就在该公司董事会任职，据说此次投资他获得了两倍的回报——1.5亿美元的分红。毫无疑问，爱德华在非常年轻的时候，已证明自己是个十分精明的投资者。他凭借自己的本事成了一个非常富有的人——曾在法国400个最富有的家族中排名第38位——最难得的是，他是靠白手起家取得了如此成就。对于米歇尔来说，这一点更增添了斯特恩的光彩。"米歇尔在爱德华身上看到了自己。"大卫-威尔家的一位朋友表示。一方面，米歇尔总是对外宣称自己对白手起家的人没什么好印象，例如提起安德烈时，米歇尔的父亲就常常说道："要小心那些白手起家的人，因为他们总是认为这是他们的错。"米歇尔认为他父亲的这句话是至理名言，说得太对了，因为这至少不是他的错。但另一方面，米歇尔喜欢拥有巨额财富的人围绕在自己身边。此外，爱德华高超的投资才能也给他留下了深刻印象。

爱德华·斯特恩涉猎广泛，他在食物、性与风险上胃口不凡，而且行事反复无常。他特别喜欢在Nobu餐厅就餐，这是纽约一家价格昂贵、菜品美味的知名寿司餐厅。"爱德华最独特和最不寻常的地方在于他能吃很多寿司，"斯特恩的财务合伙人之一杰弗里·凯尔（Jeffrey Keil）说，"他能一口气吃掉50到70个寿司。我可不是在开玩笑。我们轮流付账。通常一顿饭要花掉三四百美元。"坊间流传着这样一个虚构的故事：20世纪90年代初，斯特恩在巴黎一家餐厅的私人包间里举办了一场晚宴。所有的客人都忙着聊天，完全没动面前的汤，最后汤都凉了，于是他们决定把汤倒回桌子中间的汤碗里，重新加热。当侍者走过来准备端走汤碗的时候，斯特恩阻止了，并从座位上站起来，找了一把银制小刀，在左手食指尖上划了一个小口，往汤里滴了一滴血。据说，他看着所有的客人，说了下面这番话："你们如果相信我，待会儿就喝吧。"瑞银集团驻伦敦的操盘手乔恩·伍德（Jon Wood）还记得，有一次他在英国航空公司从迈阿密飞往巴黎的航班上遇到了斯特恩，当时头等舱里只有他们两位乘客，而斯特恩刚在巴哈马参加完他祖母的葬礼。"爱德华在飞机上溜达，"伍德回忆道，"接着他开始打响指说'我想看这部电影，我想吃这个，我想穿上睡衣'，他发疯似的跳起来。他把录像带扔到地上。他也没系安全带。他要求和机长对话，他说他想下飞机。我心想，'真是个讨厌鬼！这个家伙是谁？'"

伍德看到了斯特恩傲慢与喜爱炫耀控制欲的一面。"他太特立独行了，所以无法融入刻板的架构之中。"佩雷勒瓦德回忆道。布伦斯维格早在15岁时就看到了这一点。"他总想挑战事物的既定规则，"他回忆道，"他眼中没有禁忌。从美国人的角度来看，这或许没什么不寻常，但法国的中学教育比这里严格，纪律更严厉，学习时间也更长，这导致许多孩子变得腼腆内向。但爱德华总是直言不讳、桀骜不驯，那是因为他很早之前就具备了这种自我意识——他不会被任何既定规则吓倒。他创造自己的规则。"

这种冒险精神促使斯特恩进入了投资领域。但他因一笔投资成了英国贸易工业部（DTI，相当于美国的证交会）调查的一起内幕交易的核心人物。1989年2月，斯特恩买下了英国联合金矿有限公司（Consolidated Gold Fields）32万股的股票，价值约470万英镑。当时，联合金矿有限公司与密诺科公司（Minorco）正在打一场收购战，密诺科公司是南非黄金综合集团旗下的一家卢森堡子公司，为富有且显赫的奥本海默（Oppenheimer）家族所有。奥本海默家族一直与拉扎德保持往来，一开始是通过安德烈，后来是通过菲利克斯。在竞购联合金矿有限公司时，密诺科公司仍持有美国恩格尔哈德公司（Engelhard Corporation）30%的股份，而这些股份是在20世纪70年代通过拉扎德做的一些交易获得的。1986年，菲利克斯在密诺科公司董事会任职了一年，之后由吉姆·格兰维尔接替。到1987年，比尔·卢米斯成了拉扎德在密诺科公司董事会的代表。在密诺科公司出价29亿英镑恶意收购联合金矿有限公司71%的股权交易中，卢米斯和拉扎德合伙人阿戈斯蒂内利担任密诺科公司的代理人。而在1988年11月的一次会议上，阿戈斯蒂内利向斯特恩谈起了拉扎德向密诺科提供咨询一事，据说他只是在说起公司参与的交易类型时举了这个例子。

英国贸易工业部注意到米歇尔和斯特恩之间的亲缘关系后，调查人员开始"关注他们的关系是否以任何方式影响了"斯特恩购入联合金矿有限公司股票的行为。面对质询，斯特恩表示，他从来没有与米歇尔、卢米斯和阿戈斯蒂内利谈论过拉扎德担任密诺科顾问一事。但调查人员一开始就对斯特恩避而不谈自己与米歇尔的关系感到不满，因此他们想从米歇尔那里寻求一些答案。米歇尔通过律师回应，他从未与斯特恩讨论过密诺科公司的竞购一事，将来也不会这样做，此外，他并不知道斯特恩已经买下了联合金矿有限公司的股份。英国贸易工业部的调查人员在公开的调查结果中总结道：斯特恩"故意不确认"自己购买联合金矿有限公司股份的相关信息是否已正确上报，此外，他与拉扎德及瑞士银行公司都有关系，因此"我们惊讶地发现，他在购买股票前并未考虑到其中的牵连，从而审慎采取行动"，"对于斯特恩先生购入联合金矿有限公司股票的交易，没有证据表明密诺科、拉扎德（纽约和伦敦分行）、大卫-威尔先生或瑞士银行公司中的任何一方有任何了解……我们不会对他们提出批评"。无论如何，在密诺科对联合金矿有限公司的投标失败后，斯特恩的这笔投资亏损了。另一家英国企业集团汉森集团（Hanson）于1989年8月买下了联合金矿有限公司。

虽然斯特恩遭到了英国贸易工业部的调查，但米歇尔依然决定在公司里"考验"他。米歇尔说，他读了英国贸易工业部的报告后，觉得内容"没有问题"。"我把它看成是一种学习经历，"米歇尔说，"爱德华鲁莽冲动。他很早就成功了，要考虑到这一点。我能体谅他。"但大西洋两岸拉扎德分行都有人反对斯特恩的加入。"巴黎的一些人不喜欢他，主要是不喜欢他对待他父亲的方式。"米歇尔说，"纽约也有些人不喜欢他，因为他们质疑他的行为是否严谨。"而伦敦的合伙人们则认为，让一个如同恶棍般的人进入拉扎德是极不恰当的。比尔·卢米斯就是其中一位反对者，他对斯特恩到纽约任职并不高兴，因为通过密诺科-联合金矿有限公司一事，他对斯特恩印象不佳。一位合伙人说："我觉得斯特恩进入公司对比尔个人有很大的影响，因为从第一眼见到斯特恩起，比尔就不喜欢他。"其他人则对斯特恩反复无常的脾气保持警惕。"他绝对可以成为最有魅力的人，他极有魅力，"一位从小就与斯特恩关系不错的银行家说，"他很机智、博览群书，是个讲故事高手。但他也十分残忍，可以让比他年长20岁的员工哭着离开他的办公室。"拉扎德伦敦分行的一位合伙人在谈到爱德华时说："只有一个人能让我的寒毛竖起来，那就是爱德华。"佩雷勒瓦德还补充道："当事情不能完全按照他的预期发展时，他就会展示出非凡的语言暴力能力。"

然而，米歇尔还是坚持己见，他也一直有资格这么做。"如果必须在法国为公司挑选一位天生的领导者，那么从理论上来说，不可能有比爱德华更合适的人选了。"他解释道。

他是个非常有进取心的家伙，极其聪明，工作努力。他在美国如鱼得水，他英语说得非常完美，比我好得多。他和美国人相处得也不错。他们很快就理解他了，也不认为他是个外国人。他非常富有，这对一位银行家来说非常有帮助，如此他就能保持一定的独立性。他还继承了银行业的优良传统，比如他祖父的一些好品质。我很喜欢关于他祖父的一个故事。他的祖父是巴黎银行（Banque Paribas）董事会的成员，耳朵很聋。有一次，他们正在审查贷款，其他人说："我们要贷款给奥斯曼帝国1亿法郎。"他祖父说："什么？什么？""斯特恩，我们要贷款给奥斯曼帝国1亿法郎。"他祖父转身说："1亿法郎？我才不会把这么多钱借给自己！"我在谈论银行业务时经常引用这个故事，因为银行家们往往会忘记有些钱是不应该贷出的，即使借款人是他们自己。这时你应该说的是："这太荒唐了。"的确，斯特恩是娶了我女儿，奇怪的是居然没人相信，但这其实并不能说明什么。

米歇尔的判断是正确的，但拉扎德里也没人相信斯特恩进入拉扎德是出于除亲缘关系之外的任何其他原因。"如果他是我儿子，也许我会觉得不一样，因为我和他的关系不同。但他对我来说只是个普通同事，"米歇尔接着说道，"就和我的其他合伙人一样。不会因为他和我女儿睡在一起就有什么差别。不会的，真的不会。但没人真的相信，他们总是这样，他们都认为事情似乎没有看起来的那么简单。不，现在我只是在评估他，我知道这个家伙没在投资银行受过训练。他更像个企业家，基本上，他自己也这么说。他的生命中有两位"母亲"：我和詹姆斯·戈德史密斯。他不知道自己想走哪条路，是詹姆斯·戈德史密斯的路还是米歇尔的路。"在拉扎德的头两年里，斯特恩大部分时间都在纽约办公，但也常常去巴黎。他在纽约的办公室位于洛克菲勒广场1号的31层，挨着梅扎卡帕的资本市场业务部，楼上则是他的岳父和大部分其他银行业务合伙人。他在办公室里装了一个保险柜，并用螺栓将它固定在地板上。即使按照拉扎德的标准来看，这种做法也十分怪异。每天晚上，他都会把文件锁进保险柜里。据说他还在里面放了一套换洗内衣。

自从进入拉扎德后，斯特恩就非常忙碌，但他主要做的是私募股权投资，而非并购咨询。在公司合伙人基金投资的莫氏药房发生灾难事件之后，斯特恩立即募集了一只资本为3.5亿美元的新私募股权基金——朱庇特合伙人基金（Jupiter Partners），专注于管理层的收购业务。一位合伙人在谈到公司合伙人基金的两位负责人时说道，当"大家纷纷质疑莱斯特和阿里的判断"时，斯特恩终止了他们筹集第二只公司合伙人基金的努力，并让莱斯特卷铺盖走人。朱庇特合伙人基金的大部分资金都来自拉扎德的合伙人，他却从公司外部聘请了一个以约翰·斯普瑞格（John Sprague）为首的管理团队来经营这只基金，斯普瑞格是福斯特曼－利特尔早期合伙人之一。在互联网泡沫期间，朱庇特合伙人基金做了几笔糟糕的投资，虽然它存活了下来，却从来没有达到大家的预期。"对公司来说，朱庇特合伙人基金就是一场彻头彻尾的灾难，"一位合伙人说，"完全是个灾难。"于是一些合伙人开始质疑斯特恩终止公司合伙人基金的二期融资转而发展规模小得多的朱庇特合伙人基金的决定是否明智，虽然公司合伙人基金有些麻烦，但它本来募集的资金能达到20亿美元。

斯特恩为拉扎德在亚洲的发展制订了战略。事后证明，这对拉扎德而言也是一场灾难。斯特恩建议拉扎德在新加坡和北京分别设立办事处，米歇尔同意了，两个办事处都由他的亲信领导。"这传递出了一个清晰的信息，"一位拉扎德合伙人认为，"米歇尔很信任斯特恩。"斯特恩还与法国大型银行法国农业信贷银行（Crédit Agricole）成立了一家名为CALFP的合资公司，为客户构建复杂的衍生金融产品。CALFP的风险投资总额为7500万美元，法国农业信贷银行投入了5000万美元，剩下的2500万美元由拉扎德投资。斯特恩担任CALFP主席，并获得了公司部分股权。由于他在密诺科与联合金矿有限公司交易中的罪名，英格兰银行不允许他担任这家合资公司的CEO，他便从美国国际集团挖来菲利普·马吉斯特雷蒂（Philippe Magistretti）领导CALFP，他还聘任伯纳德·圣－多纳特（Bernard Saint-Donat）来管理该公司的纽约分部。但这家合资公司的业务很少，而且圣－多纳特和马吉斯特雷蒂从一开始就争论不休。圣－多纳特认为CALFP"就是个灾难"，它对外宣称的宗旨虽然是帮助拉扎德的客户获取法国农业信贷银行庞大的资产负债表数据，但实际上只是为拉扎德创立的一只"赚大钱"的对冲基金。圣－多纳特向斯特恩抱怨说公司运转得不太好，马吉斯特雷蒂知道后大为光火，立即解雇了圣－多纳特。随后，斯特恩为圣－多纳特在拉扎德纽约分行安排了一份新工作。

后来，CALFP为墨西哥最大的媒体公司Televisa做了一笔重大交易，从中赚了大约5000万美元，但CALFP在这笔交易之后就停止经营了。斯特恩想出售他在CALFP的股权，神奇的是，米歇尔和妹妹伊莲娜（Éliane）居然同意以5000万美元买下他的股份，而他当初没花一分钱就拿到了这些股份。此后不久，CALFP被迫关闭，米歇尔和他的妹妹损失了全部投资。"我不确定我一定会失败，"米歇尔在谈到这笔投资时说道，"虽然在我看来，做这笔投资，亏钱比赚钱的可能性更高。"

拉扎德决定将整个欧洲资本市场的业务整合进伦敦分行，米歇尔将这一任务交由斯特恩领导，但在这件事上，斯特恩又犯了一个大错。欧洲资本市场的负责人有两个人选，长期担任拉扎德伦敦分行执行董事的安东尼·诺斯罗普（Anthony Northrop）和从公司外部招聘的伯纳德·普瓦尼昂（Bernard Poignant），结果斯特恩选择了普瓦尼昂。普瓦尼昂上任后，诺斯罗普辞职了，拉扎德伦敦分行的团队极其恼火。"我不得不给斯特恩收拾烂摊子，"梅扎卡帕说，"显然，斯特恩有点误导了他们两人。"据说，斯特恩未经授权就私下向自己的密友做出了颁发奖金的承诺。还有一次，拉扎德纽约分行累积了大量的欧洲隧道公司（Eurotunnel）的不良资产债券，这家公司是伦敦与巴黎之间隧道的建造商与所有者，时常濒临破产，斯特恩却决定利用他与欧洲隧道公司CEO的关系，让该公司聘请拉扎德担任其在破产过程中的财务咨询顾问，这种做法不正当，也显然造成了利益冲突。接着，斯特恩又打电话给一位不良债券交易商，他告诉对方，如果他本人能够作为委托人从拉扎德在欧洲隧道公司不良债券的业务中分一杯羹（他的想法是，以比票面价值低得多的价格买入这些债券，以期之后升值），那么他就不再争取让欧洲隧道公司聘用拉扎德。斯特恩的这一要求涉嫌贿赂，严重冒犯了这位交易商。这位交易商立即打电话给米歇尔说了斯特恩与他的谈话内容。米歇尔却替斯特恩将这件事压了下去。尽管如此，斯特恩还是与法国农业信贷银行谈成了一笔交易。梅扎卡帕对这笔交易印象极为深刻。"斯特恩跟法国农业信贷银行谈成了一桩大买卖，"他告诉《福布斯》杂志，"他因此得到了很多赞扬。他在自己所做的事情上非常成功。但如果他要管理公司的话，他得放松一点。"

斯特恩在纽约工作了两年后，米歇尔决定让他去巴黎分行积累经验。这是米歇尔一贯的策略，他会给予一些有才能的年轻合伙人到不同国家工作的机会。但这个决定马上造成了严重的后果。第一个后果就是年轻且雄心勃勃的法国合伙人让-马利·梅西耶离开了拉扎德。20世纪80年代后期，米歇尔聘请32岁的梅西耶担任拉扎德巴黎分行的合伙人。在进入拉扎德之前，梅西耶曾是法国总理爱德华·巴拉杜尔的高级私人顾问。梅西耶的到来向巴黎分行的年轻一辈银行家们传达出了一个信号，使他们看到了一个希望，即使在等级森严的巴黎分行，他们也有可能踏入合伙人行列。而之前在很长一段时间里，巴黎分行合伙人的任命一直由伯恩海姆、居约和布鲁诺·罗杰等老牌合伙人组成的决策机构主导。在到巴黎工作之前，梅西耶在纽约工作了一段时间，在此期间，他非常迅速地取得了极大的成功。拉扎德内部有人说，他可能就是真命天子。

拉扎德巴黎分行的一些人甚至把他视为第二个安德烈·梅耶，认为他就是那种大卫-威尔家族一直鼓励加入拉扎德的优秀外来人员，他的杰出才能可以带领公司走向光明的未来。

梅西耶被人称为"黄金男孩"和"绝佳的杀手"，米歇尔认为他是"这一代人里最优秀的商业银行家"。从纽约回到巴黎后，梅西耶设立了一只3亿美元的杠杆收购基金，取名为伙伴基金（Fonds Partenaires），资金都来源于拉扎德的合伙人和有限合伙人。当时，它是欧洲最大的杠杆收购基金，运作得相当成功，其中最值得一提的一笔投资是1992年对新邮公司（Neopost）的投资。新邮公司相当于美国的必能宝公司（Pitney Bowes）[1]，于1999年上市，当时股价为每股15欧元，如今已涨到每股82欧元左右。逐渐地，梅西耶除了做自营投资工作，还成了法国一流的并购顾问。"他是个并购咨询天才。"帕特里克·萨耶尔（Patrick Sayer）回忆道。梅西耶还在拉扎德期间，萨耶尔曾在他的手底下做过几笔投资和咨询交易。萨耶尔还记得梅西耶能力十分出众，说服了贷款给新邮公司的各家银行给公司更多时间来解决财务困境。令人惊讶的是，问题最终解决了。拉扎德的一些合伙人说，梅西耶当时唯一的缺点就是回复电话太慢，这当然违背了安德烈和米歇尔制定的一条重要规则——随叫随到。"这说明他完全专注于正在做的事情，稍微有点忽略了其他应该做的事情。"米歇尔说，"对于一位银行家来说，这会有点麻烦，因为银行家是为客户服务的，他不能只顾着一位自己正在服务的客户而忽视其他客户，否则那就是他的错了。如果一定要说的话，他在专业上的缺点就是这个。除此之外，他是我见过的最优秀的银行家之一。"基于这一点，拉扎德设立了"让-马利·梅西耶奖"，每年颁发给回电话最不及时的拉扎德合伙人。

但在1994年斯特恩到达巴黎分行后的几个星期内，梅西耶就辞职

---

[1] 美国一家提供全球电子商务解决方案、运输和邮寄产品、客户参与和客户信息管理解决方案的供应商。

了。许多合伙人深信，斯特恩的到来让梅西耶确认是时候离开拉扎德了，因为只要米歇尔的女婿在公司一日，他就无法实现有朝一日掌管拉扎德的雄心。但米歇尔并不确定是否如此。"这个问题可以讨论，"他说，"但我也没有答案。我猜想梅西耶先生自己也没有，他也不知道斯特恩的到来对他做出离开公司的决定是否重要。但显然接班人的问题又出现了。只要大家感觉会出现一位接班人，原本合作无间的人就开始彼此不信任，他们会认为：'他有机会，而我没有。'"

梅西耶做出离开公司的决定后，米歇尔和他讨论了几个星期。直到此时，米歇尔才清楚地意识到，梅西耶的确想要管理公司。"我应该知道这点，可我并不知道，"米歇尔后来说，"但我也没有感到震惊，因为他是那么聪明和优秀。"可米歇尔觉得梅西耶身上的法国气质可能太过浓郁，无法成为这家全球化公司的领导人。"有一点非常重要，我们选的人必须和美国人相处得来，我认为梅西耶做不到这一点。"米歇尔说。

当初，梅西耶的到来和成功鼓舞了拉扎德的年轻银行家们，而他的突然离开也伤透了他们的心。"米歇尔一度不得不在爱德华·斯特恩与梅西耶之间做出抉择，一个是他的女婿，一个是优秀的银行家。"拉扎德前合伙人、如今掌管法国花旗集团的让-米歇尔·斯蒂格（Jean-Michael Steg）回忆道，"对我来说，一切都结束了，我知道我要离开了。我当时看清了我正在为一个家族工作。他们选择的道路是延续一个王朝，而不是挑选最有才能的银行家去建立一家能够一直存活下去的咨询公司。"另一位法国合伙人在梅西耶离职后这样描述巴黎分行："那里的合伙人看起来就像老照片里观看劳动节游行的老迈的苏联领导人。"

正如人们预料的那样，事实证明斯特恩确实是个难以管束的人。尽管他不是一位传统意义上的并购顾问，但他一到巴黎就在这方面展现出了惊人的智慧。梅西耶离开之后，他和几位重要客户谈成了几笔大交易，重振了巴黎分行。他为拉扎德获得了法国政府的授权，出售法国电影公司米高梅（MGM），随后米高梅被柯克·科克莱恩（Kirk Kerkorian）以13

亿美元收购。他为欧莱雅提供咨询，帮助欧莱雅以7.54亿美元从布鲁斯·瓦瑟斯坦控制下的一只并购基金手中收购了美宝莲。他还在法国铝业公司佩希内公司（Pechiney）私有化过程中担任拉扎德的首席银行家。"起初，大家对斯特恩存有很多质疑，只因为他是米歇尔的女婿。"一位合伙人认为，"后来，他在巴黎的生意场上获得了巨大成功，大家开始尊敬他。"

拉扎德开始纵容斯特恩——它还有什么选择吗？——他开始对私募股权、远东地区以及拉扎德未能成功进军的金融衍生品领域倾注热情。米歇尔让斯特恩加入一个三人监督委员会，该委员会负责直接将公司和合伙人的钱投入私募股权，每年投资金额不少于1500万美元。菲利克斯甚至提名斯特恩担任公司的执行委员会成员。法国媒体将他称为"难以管教的驸马爷"。

1995年11月，斯特恩在拉扎德的影响力达到了巅峰，当时，拉扎德前金融分析师博纳在《福布斯》杂志上发表了一篇斯特恩的专访文章。他们约在巴黎总统府附近优雅的洛朗餐厅共进晚餐，当博纳问及关于他父亲和家族银行之间的风波时，斯特恩说出了那句著名的口头禅："我只是讨厌无能的人。"他还补充道："我的缺点是没什么耐心，脾气也不好。"他还告诉博纳，他的无情是他成功的关键。"有个好名声是不够的，"他说，"我在生活中有时候会很无情。我唯一感到遗憾的是我给别人造成的印象已经几乎无法改变。这就是生活。我必须接受它。"尽管斯特恩与拉扎德众人关系不和，但米歇尔还是在《福布斯》的文章中为他辩护。"我认为每个人都夸大了他们所谓的对爱德华的敌意，"他说道，"我认为爱德华只是认为自己不受欢迎，但他很享受这种想法。"

在菲利克斯与美联储纠缠不清的那段时间，没有人提及斯特恩将会成为菲利克斯的继承人，尽管当时公众纷纷猜测如果菲利克斯最终离开拉扎德会发生什么。然而，安德鲁斯在《失势的菲利克斯》一文中提到了斯特恩是米歇尔的继承人这个话题。文中还刊登了一张斯特恩的照片，他看起来咄咄逼人，坐在拉扎德巴黎分行的一个会议室里，头顶是一幅拉扎德创始人的肖像。菲利克斯却认为斯特恩不会成为拉扎德未来的掌门人。"我认为爱德华不会掌管拉扎德。"菲利克斯告诉安德鲁斯，"米歇尔认为，在他离开之后让爱德华留在公司很重要，因为这样可以保持他们家族在公司里的连续性，但我认为米歇尔并不想让爱德华掌管公司。"菲利克斯在接受安德鲁斯的采访时还补充道："爱德华让人讨厌。"一位不愿透露姓名的人士披露，米歇尔曾向合伙人们询问关于斯特恩的看法，结果得到的是大家直言不讳的反馈："如果提拔斯特恩，会有很多合伙人离开纽约分行。"

拉扎德的许多人认为，米歇尔无疑把斯特恩看作了自己的继承人，但斯特恩的急躁鲁莽使他走上了一条自我毁灭的道路。大约在这个时候，斯特恩和比阿特丽斯的婚姻开始崩溃，据说他的风流韵事数都数不过来。尽管米歇尔否认了这一点，但据说他曾对一位合伙人说："如果比阿特丽斯与爱德华离婚，她会过得更好。"在斯特恩掌管巴黎分行期间，一大批前途光明的年轻合伙人相继离职。由于斯特恩的行事风格以及巴黎分行的保守势力一直把控着客户资源，整整一代年轻的未来领导人离开了巴黎分行。

斯特恩掌管巴黎分行后，聘请了37岁的安妮·罗维容（Anne Lauvergeon）。罗维容曾是法国总统弗朗索瓦·密特朗的经济顾问，在纽约工作几个月后，于1995年1月成了巴黎分行合伙人。她是巴黎唯一的女性合伙人，当时整个拉扎德也总共只有4名女性合伙人。一年后，刚完成私有化改制的法国铝业巨头佩希内公司的CEO要求罗维容加入公司董事会。对于银行家来说，这个邀请是一种荣誉，尤其对于一位年轻的合伙人来说更是如此。但斯特恩被激怒了，一直以来，他都担任佩希内公司的顾问，他认为董事会的这个位置应该是他的。

一些人认为，佩希内公司让罗维容出任董事一定是背地里得到了米歇尔的支持，因为米歇尔很清楚自己女婿的爆发点，他知道这个决定肯定会激怒斯特恩。米歇尔是对的。于是"眼镜蛇"——斯特恩的巴黎同事们给他起的绰号——准备发起攻击。1996年11月，斯特恩狡诈地解雇了罗维容，向米歇尔发起了一系列正面对抗，但这也导致他自己在拉扎德迅速倒台。就在斯特恩对罗维容大发脾气后不久，巴黎媒体获知了这场内斗的消息。某次，在接受《世界报》采访时，米歇尔提到了这件事并称赞了罗维容："自从进入拉扎德后，罗维容女士凭借专业能力和个人素质为公司做出了很大的贡献，我很赏识她。"11月13日，《时代周刊》转载了这篇访谈，并报道斯特恩上个星期与米歇尔发生了"激烈争执"，即将离开拉扎德。但拉扎德否认了这一说法。

关于他们两人之间究竟发生了什么，众说纷纭，但主要说的是米歇尔对于斯特恩擅自解雇罗维容且在飞到纽约向他赔罪的10天里在巴黎到处宣扬一事感到十分不满。在纽约分行米歇尔的办公室里，两人进行了一次决定性会面，米歇尔告诉斯特恩"别管罗维容的事"，斯特恩一下子就爆发了。"不管我会不会当上老板，"据说斯特恩如此说道，"是您选了我来管理公司，如果我不能做主的话，我就不干了。"在一位合伙人的记忆里，此次会面则是另一幅场景——斯特恩对米歇尔说："我希望您能退休。我想掌管公司。我在巴黎已经坐上了这个位置。您不能解雇我，我也不会再听您的。我会继续管理巴黎分行。"米歇尔还记得斯特恩走进他在洛克菲勒广场30层的新办公室试图发动感恩节起义的情形。"我像对待儿子一样对待他，"米歇尔说，"他却像对待他的父亲那样对待我！"

一些拉扎德合伙人曾推测，斯特恩之所以想推翻米歇尔的统治，部分原因是米歇尔病了。当时米歇尔看起来身体不太好，也不常来公司。米歇尔否认了这一点，可拉扎德的合伙人们仍然常常怀疑他是否健康。当米歇尔在巴黎待了几个星期回到纽约后，纽约的合伙人们就会到某个办公室里闲聊："你见到米歇尔了吗？我刚刚看到他了。他看起来不太好。你怎么看？"一直以来，米歇尔看上去都不是很健康，他的脸色经常苍白苍白的，还长了许多斑。他吃法棍时喜欢涂上黄油，撒上盐。他无时无刻不在抽古巴雪茄，却从不锻炼身体。他的紧身衬衣凸显出了肚子上的赘肉。有一次，他乘游艇沿尼罗河旅行，游艇前端有一块用湿稻草覆盖着的木跳板，他不小心在木跳板上滑倒了，摔断了胳膊。"米歇尔确实知道很多药物知识。"卢米斯揶揄道。有一回，卢米斯感冒了，米歇尔对他说："你知道需要做什么吗？你需要抽雪茄。"卢米斯照做了，但他的感冒并没有好转。第二天，他见到米歇尔时跟他说了这事。"哦，你必须坚持一个星期。"米歇尔告诉他。

我们可以肯定地说，每篇报道米歇尔·大卫-威尔的主要文章——多年来有很多这类文章——都在某种程度上描述了他对雪茄的喜爱，而且每次的描述都几乎一模一样。采访刚开始时，如果地点是米歇尔在纽约的办公室，那么记者就会看到他从木制雪茄盒里拿出具有标志性的古巴雪茄；如果地点是在纽约第五大道或者巴黎的家中，他就是从镀银雪茄盒中拿出雪茄。他会先用银质雪茄刀切断雪茄的一端，然后点燃，深吸一口气，向四面八方喷云吐雾。他会先抽几口，确保雪茄完全点燃，再开始说一大段话回答记者的提问，似乎这个答案已经经过一番深思熟虑。而这时，雪茄就在一旁慢慢燃烧着。在这个过程中，他会将雪茄重新点燃一两次，然后把它扔进烟灰缸，通常，这支雪茄都只抽了四分之一。然后在某个时候，他又拿出另一支雪茄，重复上述整个过程。从来没有人提及这些雪茄的价格——每支约20美元。而且，大多数人抽雪茄只不过是"抽"雪茄，把烟吸进嘴里再吐出来，米歇尔却是真正地把烟"吸"进肺里。"在所有我认识的人当中，米歇尔是唯一一把雪茄吸进去的，"金姆·范尼布雷斯克说，"他还在黄油上加盐。他真有种，我就不行了。"奇怪的是，虽然媒体多年来记录下了米歇尔对雪茄的喜爱，但他却在1995年拒绝了《雪茄迷》杂志的采访，当时该杂志想撰写一篇关于抽雪茄的CEO的文章。米歇尔的一个发言人指出，米歇尔虽然"喜欢雪茄”，却“不喜欢”与人谈论抽雪茄的话题。

与隐秘、无情和金钱一样，抽雪茄也是拉扎德基因中的一部分。洛克菲勒广场1号拉扎德的老办公室是出了名的破烂，还充斥着相当浓烈的雪茄味。即使闭上眼睛，你也能判断出自己身在拉扎德。安德烈·梅耶抽雪茄，他有张很有名的黑白照片，照片中的他坐在办公桌后面，周身雪茄烟雾缭绕。米歇尔偏爱古巴雪茄，如好友牌逍遥贵族1号（Hoyo de Monterrey Epicure No.1），但古巴雪茄无法从美国市场上合法购买。据范尼布雷斯克说，米歇尔在日内瓦的杰拉德父子雪茄店（Gerard Père et Fils）“大批量”购买雪茄，然后让人把雪茄运送到他的办公室。或者更准确地说，他之前一直都是让人把雪茄运送到他的办公室的，直到某天美国海关在纽约机场拦下了他的一大批雪茄——大约1500支。米歇尔没有收到雪茄，却收到了一封海关的公函，公函里写着如果他想取回这些雪茄需要做些什么。快速咨询了瓦切尔律所的马蒂·李普顿之后，米歇尔决定对这封信置之不理，也不去领回这批雪茄。“所以，某个波多黎各人就在皇后区的公寓里，坐着抽约25美元一支的雪茄。”范尼布雷斯克笑着说。

之后米歇尔就让梅尔·海涅曼帮他留意送雪茄的事情。海涅曼离开拉扎德后，他又采取了另一种方法——每当朋友们来纽约拜访他时，他都会让对方带些珍贵的雪茄。美国海关似乎允许个人携带少量古巴雪茄入境，但有一次米歇尔却因此被抓了，雪茄也被没收，此后他便不再这么做了。“法律很奇怪，”他对此评论道，“当我翻开一本杂志时，我最近看到——这是真的——美国媒体上刊登了一则从加拿大购买古巴雪茄的广告。所以我真的搞不明白……他们有那些出售雪茄的欧洲商店名单，如果他们看到这些店运出了什么东西，就应该马上阻止。”

与拉扎德的许多习俗一样，安德烈和米歇尔的所作所为对合伙人的行为产生了巨大影响。“拉扎德就像20世纪80年代早期的华尔街，”一位知情人士在几年前说道，“刚到早上10点，整层楼就充斥着雪茄的浓烟。他们都在抽烟。"（菲利克斯从来不抽雪茄，但他年轻时每天都要抽掉好几包香烟，后来他尝试戒烟，其间又抽起了烟斗。现在他已经完全不抽烟了。）罗伯特·阿戈斯蒂内利、金姆·范尼布雷斯克、阿尔·加纳、比尔·卢米斯、迈克尔·普赖斯、路易斯·里纳尔迪尼和迪克·托利肯（Dick Torykian）等高管都抽雪茄。（史蒂夫·拉特纳偶尔跑步，不抽烟。）抽雪茄的习惯自然而然向下渗透到了雄心勃勃的副总裁层级之中。现为花旗集团伦敦分行的重要人物卡马尔·塔贝特（Kamal Tabet）过去也常常一支接一支地抽雪茄。在拉扎德参加交易员培训期间，塔贝特便完全不理会办公室同事让他别在狭小的办公室里抽烟的请求，于是一位神经质的同事弄来几个电风扇正对着他，把烟吹回去。最后，塔贝特被调到另一层办公（员工经常搬来搬去，这并不罕见），还得了溃疡，医生叫他别再抽雪茄。蒂姆·柯林斯是另一位爱抽雪茄的副总裁。他常常在早上8点30分就开始吞云吐雾，看上去就像是在模仿安德烈。他的办公室墙上还挂着安德烈那张有名的抽雪茄照片。柯林斯现在是个亿万富翁，也是并购基金利普伍德控股公司（Ripplewood Holdings）超级成功的领导人，还是赫布·艾伦（Herb Allen）举办的太阳谷峰会[1]的常客。

对于一些合伙人来说，他们太过于专注模仿米歇尔抽雪茄的习惯，以至于做出了一些奇怪的事情。举个例子，米歇尔说抽雪茄能缓解流感症状，卢米斯居然听信了这个匪夷所思的建议，还一度增加了抽雪茄的量来验证米歇尔的说法。

肯·威尔逊还记得一件关于罗伯特·阿戈斯蒂内利和雪茄的稀奇事。当时，威尔逊是银行业务的负责人，会时不时地审核合伙人们的开支情况。1996年，艾拉·哈里斯通过与美容产品公司海伦·柯蒂斯实业（Helene Curtis Industries）CEO罗恩·吉德维兹（Ron Gidwitz）的交情，为拉扎德

---

[1] 原文为Sun Valley Conference，每年7月，那些在政治、经济、科技等领域有很大影响力的大佬会云集美国爱达荷州太阳谷，参加一年一度为期一周的会议，这既是一次媒体大腕的交流会，同时也是各界人士交际的场合，还将促成商业交易。

拿到了出售该公司的业务。阿戈斯蒂内利被指派负责这笔交易，因此常常往返于纽约和芝加哥。威尔逊说："阿戈斯蒂内利的女友在芝加哥。他的开支不对劲。他和女朋友过个周末，账单就足以买辆豪华轿车。引起我注意是他给罗恩·吉德维兹买了几盒古巴雪茄一事。这事恰好发生在我去格罗夫（Grove）[1]期间，罗恩是我朋友的朋友，当时我和他一起在他的营地里。我对罗恩说：'罗恩，你肯定爱死那些古巴雪茄了。'他说：'你是什么意思？'我说：'我们要为这些雪茄付钱。我刚刚审批了两盒高希霸（Cohiba）雪茄和三盒别的牌子的雪茄的账单。'他说：'你是什么意思？我从来没有见过那些该死的雪茄。'我说：'我们为这些雪茄付过钱了。'他气疯了。原来这些都是阿戈斯蒂内利和他女友的开支。"最终，阿戈斯蒂内利与罗恩达成了和解，并在2006年罗恩竞选伊利诺伊州州长期间向他捐赠了1.5万美元，虽然罗恩最终没有当选。

还有一次，金姆·范尼布雷斯克邀请他的朋友、共益金融公司（Beneficial Finance）的主席在拉扎德纽约分行的餐厅与米歇尔共进午餐。拉扎德有一个传统，用餐结束后，侍者会给客户和银行家们递上雪茄。但这次米歇尔在场，他坚持让侍者去拿他自己的雪茄。"他让人去拿自己的存货，因为要是他不在，合伙人餐厅里放的雪茄基本上都是垃圾玩意，"范尼布雷斯克回忆道，"我的意思是，就和卷起来的骆驼粪没什么差别。只有米歇尔在，他们才会把好东西拿出来。米歇尔给那位客户递了一支，但对方谢绝了。我就坐在那儿，面带微笑地大概说了句'我想来一支'。米歇尔把雪茄递给我时，表现出来的样子就像是他的一位不听话的该死员工——就是我——居然恬不知耻地要抽一支他的雪茄。那一刻有趣极了，我永远不会忘记。"米歇尔的秘书阿尼克·珀西瓦尔也从米歇尔的雪茄上获得了些许乐趣。米歇尔前往巴黎、伦敦或"风中"别墅后，她会允许她喜欢的合伙人——范尼布雷斯克是其中一位——进

---

[1] 格罗夫即波希米亚格罗夫，一处位于加利福尼亚州蒙特里约的非常高级的占地2700英亩的场所。——作者注

入米歇尔的办公室（也是他储存雪茄的地方）享用雪茄。"她会打电话给我，"范尼布雷斯克说，"于是我去米歇尔的办公室拿一些雪茄，因为等他回来后这些雪茄也变味了。"

可有时候范尼布雷斯克——现为一家上市投资银行科恩集团（Cowen Group）的CEO——等不到米歇尔出城就想抽他的古巴雪茄。每星期一早上的合伙人会议上，范尼布雷斯克都会非常诧异地观看米歇尔进行那一套经典的抽雪茄仪式。"我过去常常观察米歇尔，"他说，"他抽雪茄时，会先点上一支，抽了差不多只有八分之三英寸长后，就会把剩下的雪茄扔进烟灰缸里，再点燃另一支。我觉得这太荒谬了，所以在开完合伙人会议后，总是想办法最后一个离开。我会把烟灰缸里的雪茄两头都剪掉，再拿走它们。这样一来，每个星期一我都能得到两支15美元的雪茄。从来没有人知道。"

当"眼镜蛇"斯特恩企图在1996年末发起攻击时，米歇尔断然否认了自己生病的传闻。米歇尔说："你知道，在你的一生中，总会有人时不时地给你制造点麻烦。然而，他们所说的话是有道理的，因此你必须认真对待。"但对米歇尔来说，斯特恩的行为让人无法理解，而且没有任何逻辑可循。"毫无道理可言。即使我同意了也不可能发生。"哪怕米歇尔同意斯特恩的要求，合伙人也会立即站出来大加反对。而且对于像米歇尔这样讲究逻辑的人来说，他采用的是渐进的方式来改变公司，而非采取激进的变革，因此斯特恩的行为在他看来简直无法忍受。"我们并不喜欢发动革命，"米歇尔在1993年曾说过，"当你不得不这样做时，多多少少也意味着你已经失败了。所以我们更喜欢采用进化的方式。"有一次，米歇尔在巴黎时被满腹狐疑的年轻合伙人吉勒斯·爱特利拉德（Gilles Etrillard）问及是否还记得拉扎德曾免除了某位客户5000万美元的债务，米歇尔回答道："如果我不确定是否免除的话，我应该能回想起一些事情来；而如果我什么也想不起来，那说明是确定的。（"英明。"

目击了这一场景的人都如此认为。）

米歇尔接着说道："爱德华非常没有耐心，而且喜怒无常，我甚至不确定他做这件事之前是否计划过。你知道吗？我觉得他认为自己现在的处境不太好，而我也开始对他感到有点灰心，于是他说：'好吧，我要跟你摊牌，如果你不这样做我就走人。'我说：'那你走吧。'"事情就是这样。斯特恩被迅速免除了在巴黎分行和纽约分行的两个主要运营委员会的职务。虽然他仍是拉扎德的合伙人，但只做私募股权投资业务。公司正在处理斯特恩离职的相关事宜。纽约分行的拉扎德合伙协议授予了米歇尔绝对权力，他可以自行决断合伙人的去留。但在巴黎分行，从理论上讲，他要开除一位合伙人则没那么简单，除非所有合伙人一致投票通过这个决定。但事实上，米歇尔在两家分行一直都为所欲为，只不过，他在巴黎分行做成一件事需要花更多的时间，但正如他所言，"人们基本上都尊重我的决定"。离开拉扎德后，斯特恩仍然保留了巴黎分行的股份，这在日后为米歇尔带来了一些麻烦。

尽管拉扎德否认了一切类似斯特恩政变未遂的说法，但这个消息实在太劲爆了，不可能压得太久，尤其是它还打乱了公司内部的政治动态——菲利克斯可能会离开，拉特纳和卢米斯明显靠边站了（这次卢米斯自我放逐到了遥远的旧金山，他在那里重建了一个拉扎德办事处，这也是拉扎德一百年来第一次出现在这座城市）、梅西耶正在离职过程中，局面已经相当混乱。而斯特恩的离开必然会使公司出现巨大的权力真空。虽然一位清楚事情原委的合伙人形容斯特恩当时的心态是"要么杀人，要么被杀"，但拉扎德仍然避免谈及此事，并对外宣称这只是一次"被夸大了的"争执，但1997年1月的头几个星期，这件事终于被曝出来了一些细节。《金融时报》在1月11日发表了一篇对米歇尔的正式采访，在这篇文章里，米歇尔通过评论有关新闻报道实在好笑的方式，间接承认了最近发生的这件事。"让我惊讶的是，法国居然有传言说斯特恩先生显然且肯定会成为我的接班人，"他说，"这说明法国人在心理上都是保皇党[1]。"然后他又补充道:"斯特恩先生是个很有天赋的人,但他对自己职业生涯的思考未免太过于大张旗鼓。"米歇尔表示,一家成功的投资银行不可能不发生动荡。"任何一家投资银行都必然有大量高度紧张的员工,因为赢得客户所需的才能包括两个方面,一是自信,二是不安全感,而这两点同样重要。"他不承认自己曾考虑过离开拉扎德,但他承认自己确实在考虑任命一个"不超过五位拉扎德合伙人组成"的新管理委员会,来管理这个三家分行日益紧密的全球化公司。

拉扎德朝着全球化方向努力的另一个举措是:1996年,三家分行同意分享它们各自的部分利润,尽管伦敦分行的许多银行家认为这项协议造成的税务问题令他们大为头疼。米歇尔说:"拉扎德迟早会变成神圣的三位一体[2],它有三家分行,它也是一个统一的整体。"(三位一体的理念反映出了米歇尔的天主教成长背景,而在接下来的几年里,"三位一体"成了他的口头禅)。关于如何实现这个目标,米歇尔承认已经有了一个计划:米歇尔和一些法国合伙人控股的私募股权公司欧瑞法国(Eurafrance)持有价值3.6亿英镑的培生集团的股份,如果如传言所说,培生新任CEO美国人马乔里·斯卡迪诺(Marjorie Scardino)决定出售培生持有的拉扎德股份的话,那么他们将愿意用这些股份换回培生在拉扎德三家分行的股份。米歇尔是在培生任职时间最长的董事会成员,他必然十分清楚斯卡迪诺的想法。米歇尔一直宣称,针对鲁珀特·默多克多次收购培生的情况,他多年来累积的培生股份将是份保险,以防在默多克掌控培生后决定出售其所持有的拉扎德股份而导致拉扎德发生什么意外。而这一天似乎近在咫尺。

菲利克斯即将出任驻法大使,米歇尔和斯特恩关系破裂,这些消息

---

[1] 法国大革命之后波旁王朝的支持者。

[2] 又译为圣三一、三一神论等,是基督教的神学理论,基督教三大派别天主教会、东正教会与基督新教的基本信条。其内涵为圣父、圣子、圣灵为同一本体(本性)、三个不同的位格。此处用以比喻拉扎德三家分行既为一个统一的整体,也有各自的特色。

得到证实后，苏珊娜·安德鲁斯又发表了一篇攻击拉扎德的文章。拉扎德简直成了流言工厂。安德鲁斯在《名利场》杂志1997年3月刊上发表了一篇长文，标题措辞巧妙，叫《冬天里的后裔》，"看起来魅力十足、令人敬畏的"米歇尔坐着接受了"一次前所未有的专访"，谈论了他需要面对的与日俱增的诸多问题。文章还重提了米歇尔与玛格·沃克的婚外情。实质上，安德鲁斯将拉扎德的许多困境——其中包括米歇尔与斯特恩的争执、菲利克斯和史蒂夫的负面报道以及安东尼·伯恩海姆决定离开巴黎分行——都归咎于米歇尔。"米歇尔处境堪忧，"一位不愿透露姓名的"杰出"银行家告诉安德鲁斯，"他倾向于大事化小，但只要他还在意继承权问题，那么这件事就很严重。"另一个人也提出了类似的看法："米歇尔总想只呈现事情最好的一面，我觉得他太操心了，他操心斯特恩会毁了自己，操心梅西耶离开，操心拉特纳不忠诚。米歇尔犯了一个错误，他听任这种人人自危的文化发展起来，但我觉得他现在正在努力改变。"

安德鲁斯描述了两个不同的米歇尔：一个是人们最常见到的米歇尔，他一直慷慨地拿出自己的时间，比如花几个小时与潜在的新合伙人或客户闲聊艺术或政治；而另一个米歇尔则乐于让合伙人之间互相争斗，以此凸显自己的重要性，还非常享受与那些在并购交易中胆敢不聘用拉扎德的客户作对。第二个米歇尔被描述成令人毛骨悚然的、卑鄙的和操控欲强的人。一位认识米歇尔多年的高管说道："他喜欢权力和行使权力。"另一个人则说："要当心他。他极其无情。"安德鲁斯的这一描述其实揭露出了一个一直存在的情况，这种情况即使在1997年仍然没有减少，那就是在盛行达尔文主义的投资银行世界里一直有一个肮脏的小秘密：在对待客户、媒体界及有吸引力的女性时，投资银行家们往往表现得魅力十足、充满耐心、殷勤周到，可他们碰到一起时就变得气量狭小、冷酷无情、没有安全感，还会暗箭伤人。一位顶级的投资银行家践踏过的同事数量估计会令一支海军相形见绌。博学的文学家托马斯·

品钦（Thomas Pynchon）[1]用笔下一个特立独行的小人物恰如其分地嘲讽了这一行为："那些始终以世上的权力为目标之人，只乐于行使权力而对他人毫无同情之心，他们的目标自然是要凌驾于所有权力之上。他们每个人都将其他人视为一群受到蒙骗的傻瓜。"

米歇尔还告诉安德鲁斯，在未来很长的一段时间里，他将继续管理拉扎德。原本，一些合伙人认为米歇尔不放权已经阻碍了公司的发展，而米歇尔的这一决定无疑扭转了这些人的想法。他们齐聚米歇尔位于第五大道满是艺术品的豪华公寓里，米歇尔还第一次邀请了一位媒体界人士。"如今有一股风气，"米歇尔边抽雪茄边说，烟雾弥漫在他的周围，"大家习惯性地认为上市公司的高管到了一定年纪就会退休。但我没打算退休。1961年我成为拉扎德合伙人的时候，安德烈·梅耶63岁；我在1977年成为公司高级合伙人时，他79岁。对吧？因此，我想我还能继续工作很长一段时间。"

为了撰写《名利场》的文章，安德鲁斯去米歇尔的公寓进行采访，在她刚踏进公寓门槛的那一刻，米歇尔就已经开始试图影响她的文章。米歇尔一开始就对安德鲁斯发表在《纽约》杂志上的文章表示不满。安德鲁斯回忆道："他说他读了那篇文章后感到很失望。他看着我，扬起眉毛说，本来期望我写得更好。他还说：'这不是你的水平。'"拉扎德的一些合伙人认为，《名利场》的文章有点太过了——过多的曝光，过多的坦白，还有过多的米歇尔。"出于某些原因，他决定接受《名利场》的专访，"一位合伙人说，"这篇文章谈的都是拉扎德、他的私人生活、他的两个'妻子'——妻子和女友——他的家庭、他和孩子们的关系。这一切都让我们感到震惊。他本是一个极其注重隐私的家伙。这让我想起菲利克斯曾在多个不同场合说过米歇尔已经丧失理智了。从《名利场》发表那篇文章的那天起，米歇尔就丧失理智了。我想，这是米歇尔第一

---

[1] 1937年至今，美国后现代主义文学代表作家，代表作《万有引力之虹》《拍卖第四十九批》等，曾获福克纳文学奖、美国国家图书奖等多个奖项。

次让自己的曝光度盖过美国其他所有合伙人。我想，这也是真正让菲利克斯伤脑筋的地方。"

不管合伙人们怎么想，米歇尔都说话算话。6个星期后，斯特恩离开了拉扎德。就在同一天,克林顿总统宣布任命菲利克斯担任驻法大使。随即，法国媒体曝出斯特恩将离开拉扎德，自己创办投资公司，而部分启动资金来自拉扎德。1997年5月1日，拉扎德正式公布了斯特恩离职的声明，他不再担任一般合伙人，仅在拉扎德巴黎分行保留少量有限的合伙人股份。斯特恩创办的新公司总部位于日内瓦，在巴黎和纽约设有办事处，公司的名字很尴尬，叫投资实际回报公司（Investments Real Returns），简称IRR，这个名字用到了私募股权投资中内部收益率的基本概念。IRR最初的投资股本是6亿美元，其中3亿美元来自现在的欧瑞泽基金（Eurazeo），这是一家法国大型上市私募股权基金［由欧瑞法国基金和艾泽基金（Azeo）合并成立］，由米歇尔控制；剩下的3亿美元则来自斯特恩自己和他的朋友们。对于欧瑞泽基金的出资一事，米歇尔当时是这么解释的："斯特恩是个非常优秀和有才能的投资者。"但事实是欧瑞泽基金出资3亿美元是拉扎德让斯特恩和平离开以及不提起诉讼而开出的价码。"他每离开一个地方总能赚到钱。"米歇尔说。就在此时，爱德华和比阿特丽斯决定离婚，但没人知道。事实上，他们将分手的消息隐瞒了"数月"，即便对米歇尔也是如此，以避免对斯特恩离开拉扎德一事造成干扰。比阿特丽斯和3个上学的孩子——玛蒂尔德（Mathilde）、路易斯（Louis）和亨利（Henry）——依然住在纽约中央公园西路，斯特恩则搬去了日内瓦，但他在巴黎有一套公寓，在法国乡下还有一个庄园。在法国庄园里，斯特恩保留了许多动物标本，他有一段时间热衷狩猎，而这些标本则是那时留下的证据。

两人分手的消息慢慢地泄露出去了——虽然他们将离婚的消息很好地隐瞒了多年——于是拉扎德内部的阴谋论者纷纷猜测，斯特恩当初与比阿特丽斯结婚只是为了接近米歇尔，以实现自己的职业抱负。在斯特恩的"感恩节政变"失败以及他与比阿特丽斯分手之后，这个猜测愈演愈烈。可事实上，斯特恩一直是个尽职尽责的父亲，经常到纽约看望孩子们。而且他几乎每天都和孩子们以及比阿特丽斯聊天。他们一家人还常常一起去度假。离婚后，斯特恩告诉他的姐姐："我依然爱着比阿特丽斯，也十分尊重她。她养育了我的孩子，给了我很多照顾。"

　　关于菲利克斯被任命为驻法大使一事，米歇尔向媒体发表了一份声明："35年来，菲利克斯·罗哈廷一直是我的合作伙伴，我怀着激动的心情祝贺他获得这一重要任命。菲利克斯一直是拉扎德杰出且重要的一分子，这一任命认可了他的领导才能、他的洞见以及他对祖国的热爱。我们祝福他一切顺利。"

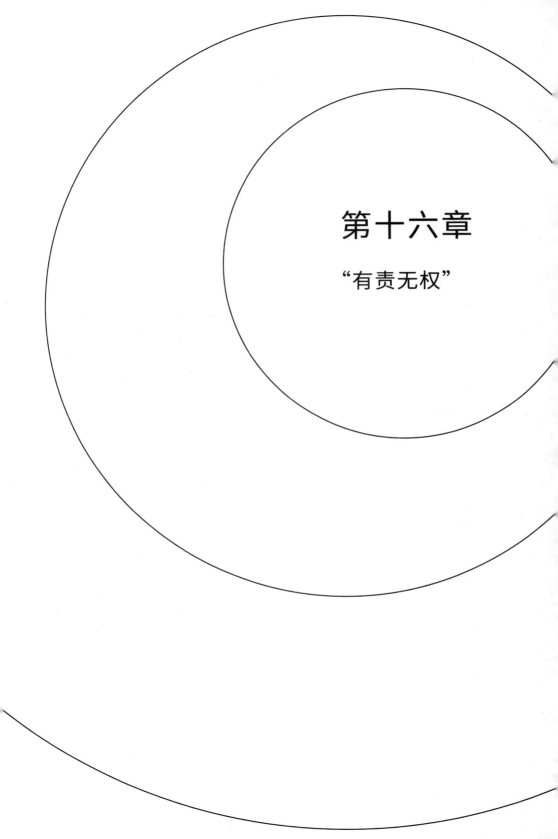

第十六章

"有责无权"

斯特恩走了，菲利克斯也即将离开，媒体开始纷纷猜测谁将填补拉扎德的领导权真空。但令人惊讶的是，拉扎德内部却充斥着一种满足感。1996年是公司有史以来盈利最多的一年，全球税前净利润总额达到了3.79亿美元，略高于上一年的3.57亿美元。斯特恩在公司时并没有把心思放在银行业务上，还带来了极大的破坏性，因此大家对他的离去并不感到惋惜；而菲利克斯的离开虽然对公司而言绝对是一大损失，但也在大家的意料之中。

事实上，所有人都不觉得惋惜，大家反而觉得年轻一代合伙人们大放光彩的时候终于到了。就在得知菲利克斯被克林顿提名为驻法大使且即将离开公司后不久，以史蒂夫为首的许多高级合伙人要求米歇尔与他们开会，想方设法让米歇尔放松对拉扎德的独裁掌控。"我们要求他一定得出席，"一位合伙人告诉《欧洲货币》杂志，"实际上，我们把他硬拉进会议室，对他说了我们的想法。我们说：'不能这样管理公司——再这样下去公司会垮掉！'"

集合起来的合伙人们向米歇尔提出了三个要求：第一，米歇尔应该解释他究竟对拉扎德的未来做何打算，因为当时有许多传言说他试图再次招揽瓦瑟斯坦-佩雷拉公司的CEO布鲁斯·瓦瑟斯坦。合伙人们强烈反对，一位银行家还记得有人如此告诉米歇尔："您根本不了解布鲁斯，他与我们公司文化完全不合。"第二，合伙人们想让米歇尔别再遮遮掩掩地行事，比如与个别合伙人达成单独交易，比如把他的女婿爱德华·斯特恩弄进公司，并且表现得仿佛斯特恩就是名正言顺的继承人。第三，合伙人们表达了对米歇尔继续单枪匹马管理公司的能力的怀疑，过去10年间，米歇尔一直独断专行，已经导致公司人心涣散、丑闻不断（当时拉扎德还面临两大市政融资丑闻，开销应该不小）。

正如一些合伙人所担心的，米歇尔的确另有打算。某天，米歇尔在"21"俱乐部吃午餐时看到布鲁斯·瓦瑟斯坦就坐在餐厅的另一边。瓦瑟斯坦−佩雷拉公司的办公室就在"21"俱乐部向西100码[1]处，因此这家餐厅成了布鲁斯的食堂。对于像菲利克斯、史蒂夫和布鲁斯这样的成功银行家来说，在四季酒店、"21"俱乐部或者类似的地方吃午餐正是一个展示自身实力的大好机会。他们总是选好一个地方，成为那里的常客，然后互相吹捧。一位幽默人士指出，在这些地方"衡量一个人的社会等级不是看你吃了什么，而是看你跟谁一起吃饭以及你面朝哪个方向"。一些不那么重要的拉扎德合伙人则青睐另一处午餐地点，即神秘的洛克菲勒中心俱乐部。该俱乐部成立于1934年，位于洛克菲勒中心30号65层的彩虹屋之中（现在位于拉扎德办公室楼上3层）。这里提供极美味的自助餐——讲究的沙拉、鲜虾和菲力牛排等等；能远眺曼哈顿下城南部的风光，没有任何建筑物遮挡；还能与众多公司CEO、华尔街的银行家和律师培养私人友谊。这里没有账单，也没有菜单，只有主人的温暖问候和无人打扰的安静与舒适。也许洛克菲勒中心俱乐部的吸引力就和菲茨杰拉德所说的"百万富翁们令人安慰的亲近感"差不多。但米歇尔出现在"21"俱乐部极不寻常，因为他极少在公司外面吃饭。这不仅是因为这么做不符合他的风格，还因为他的家中就有全纽约最好的法国厨师，所以何必麻烦地出门呢？事实上，世界上最好的用餐地点之一可能就是奥斯曼大道上的拉扎德巴黎分行中镶嵌着木板的安静餐厅。在那里，身着白色制服的侍者麻利地为少数幸运儿奉上最好的法国葡萄酒和美味佳肴。除此之外，米歇尔在午餐时往往只简单地吃点涂着法式黄

---

[1] 1码≈0.91米。——编者注

油和盐的法棍面包。

据说，就在米歇尔罕见地去"21"俱乐部吃午餐的那天，布鲁斯走到他身边与他短暂地交谈了一会儿。之后，布鲁斯便同意了米歇尔一直以来考虑的想法。回到洛克菲勒中心后，米歇尔走进菲利克斯的办公室宣布："我们要尝试与瓦瑟斯坦－佩雷拉公司合并。"菲利克斯十分震惊。虽然他认为聘用布鲁斯·瓦瑟斯坦、加里·帕尔（Gary Parr）（一位备受好评的金融机构银行家）以及瓦瑟斯坦－佩雷拉公司其他一些有才华的银行家还存在一定的合理性，但在拉扎德仍然笼罩在联邦当局调查其市场金融部门的阴云之下时，两家公司根本不可能合并，即使他们可以就此进行谈判以及宣布合并消息。还有人担心瓦瑟斯坦－佩雷拉公司的大多数银行家根本达不到拉扎德的标准，甚至就连布鲁斯本人身上也没有传统拉扎德银行家的印记，更不用说若拉扎德与布鲁斯的公司全面合并，无疑狠狠地给了那些一直耐心等待菲利克斯离开（现在他即将离开）的年轻拉扎德合伙人一记耳光。这些年轻的合伙人一直期待着菲利克斯的离开，因为他的离开就像原始森林中倒下一棵高大的花旗松，终于有一点点阳光能照到森林的地面上。此外，据说瓦瑟斯坦－佩雷拉公司尚未赚到一分钱。加之事实上拉扎德从来都不是通过收购来发展的。因此，这些不得已的理由导致米歇尔心血来潮的合并计划最终失败了。菲利克斯对米歇尔说："你知道的，你不能跟瓦瑟斯坦－佩雷拉公司合并。大家都会反对。"

但"4.1先生"（指米歇尔）无论如何都想继续推动这项计划。他秘密派遣一个小组去审查瓦瑟斯坦－佩雷拉公司的账目和记录，该小组由总顾问梅尔·海涅曼、曾担任证交会副总会计师的合伙人史蒂夫·戈鲁布（Steve Golub）以及曾在FIG团队为肯·威尔逊工作的年轻合伙人史蒂夫·涅姆奇克组成。菲利克斯和肯·威尔逊随时跟进他们的调查。史蒂夫·拉特纳则被完全蒙在鼓里。"菲利克斯一直不看好这个合并计划。"威尔逊还记得，"查看瓦瑟斯坦－佩雷拉公司所做的业务后，我认为他们每笔业务的平均酬金大约是25万美元。我的意思是，它是个小公司，做的都是小生意，员工收入微薄。它的资本市场部门就是个笑话。"威尔逊还说，尽职调查显示该公司的钱快用完了，而他们没有多少存货和应收账款。他说："这个公司不太行。"潜在合并消息在公司中传开后，威尔逊向米歇尔建议召开合伙人会议，"把这事摆到桌面上谈谈"。一个星期五的下午，米歇尔邀请纽约最重要的一群合伙人在洛克菲勒中心30号62层的会议室开了一个临时会议，讨论合并的可能性。"大家都到了。这很好。"回忆起此事时，威尔逊露出了一丝苦笑。参加了此次会议的另一位合伙人谈到米歇尔时说："要引起他的注意太难了，但在某一刻他清醒过来了。和我们所有人一样，他试图把事情掩盖起来。但他迟早会变成一个现实主义者。他意识到，他无法逃避这个问题。"

米歇尔以潜在的合并以及合并之后可以节约公司成本这个话题率先拉开了会议的序幕，但大多数时候，他都在说布鲁斯是拉扎德的下一位"大师"。米歇尔解释道，布鲁斯一直以来都很喜欢拉扎德，并按照拉扎德的形象打造了瓦瑟斯坦-佩雷拉公司。他还告诉合伙人们，这是一个让布鲁斯加入公司的大好时机。令人难以置信的是，米歇尔竟然对合伙人们的希望和梦想漠不关心，提出了一个完全击碎他们梦想和希望的合并建议。肯·威尔逊回忆道，米歇尔的"观点与现实相去甚远，现在是时候让他依次听听其他合伙人的意见了"。坐在米歇尔旁边的杰瑞·罗森费尔德首先开口。

威尔逊记得杰瑞·罗森费尔德的陈述十分直白："于是米歇尔面向杰瑞。杰瑞说：'这是我听过的最愚蠢的交易。我们不会在这些人里聘用任何一个。我们永远不会在街上和他们聊天。这个交易根本没意义。'接下来发言的人也都持反对意见。"史蒂夫·拉特纳回忆道："一个接一个的，每个人都反对米歇尔。他大吃一惊。"所有与会人员都记得，反对阵线形成后——合伙人们团结起来一致反对米歇尔是个极其难得的案例——太阳王做出了让步。"我不再继续推进了。"米歇尔平静地说。就这样，与瓦瑟斯坦－佩雷拉公司的交易泡汤了。对于一些合伙人来说，这次取得的胜利相当于恺撒渡过卢比孔河[1]。"米歇尔在会议开始时说的话完全脱离了现实，搞得他信誉扫地。"威尔逊说，"我（从摩根士丹利）招来的（合伙人）比尔·克内塞尔（Bill Kneisel）是个不错的人，会议结束后，我和他一起走出去，他转头对我说：'你知道的，威尔逊，这位国王没穿衣服。今年秋天我要和儿子一起去多看几场橄榄球比赛，我要离开这里。'"（没过多久他就离开了，回到了摩根士丹利。）威尔逊回忆道，克内塞尔的反应非常典型。"每位普通合伙人离开会议室时都说：'到底发生了什么？'这个会议根本毫无逻辑可言。而当米歇尔试图解释时，他的话听起来很糟糕。"

史蒂夫对于米歇尔在会议刚开始时提出的合并方案感到相当恼火。米歇尔不仅没有跟史蒂夫说清楚发生了什么，而且当史蒂夫去他办公室向他问起听到的谣言时，他也矢口否认了。"我只知道接下来他就和菲利克斯关着门开会了。"史蒂夫说。菲利克斯不计后果地离开了公司，但他还记得这次会议"在公司内部掀起了一场真正的革命"。对于在菲利克斯和斯特恩的离开、秘密接洽布鲁斯以及市政融资丑闻造成公司开支激增（最终拉扎德花了1亿美元巨资才摆平此事）的共同影响下发生的这件事，史蒂夫也用了同样的语言描述。"这是一场革命，"他说，"它不是米歇尔的主意。米歇尔不想这么做。他答应得不情不愿。但这是一场革命。"有人将拉扎德计划与瓦瑟斯坦－佩雷拉公司合并的讨论经过以及最终放弃的消息如实泄露给了《华尔街日报》，5月2日，该报报道了这一新闻，刚好在斯特恩离开拉扎德的第二天。

对于布鲁斯来说，拉扎德这些反复无常的讨论简直莫名其妙。一个了解布鲁斯的人说："布鲁斯说，那场讨论是他一生中最超现实主义的经

---

[1] 西方的一句经典成语，意为"破釜沉舟"。卢比孔河是一条分界河，根据罗马共和国的法律，任何将领不得率军渡过卢比孔河，否则就会被视为叛变。公元前49年，恺撒带兵跨越卢比孔河，返回罗马境内与格奈乌斯·庞培展开内战，并最终获胜。

历之一。我的意思是说，米歇尔来找布鲁斯，向他提出了合并计划。布鲁斯问他：'那纽约分行所有的合伙人怎么办？我可以和史蒂夫一起工作，也可以和威尔逊一起工作。我会尽一切努力和那些家伙一起工作。'米歇尔却对他说：'你不必那样做。我才不在乎那些家伙。'这并不是米歇尔第一次这样说。所以，你知道的，当米歇尔说这事泡汤后，布鲁斯目瞪口呆。他们都回来后，布鲁斯宣布'交易告吹'。这事有点耐人寻味。"

事实上，一直担任布鲁斯顾问的迈克·比昂迪（Mike Biondi）根本不认可拉扎德关于此次合并不成功的说法。他说，瓦瑟斯坦－佩雷拉公司的财务表现良好，发展速度也比同期的拉扎德快。他在拉扎德的会议室里解释道："拉扎德的说法与事实相反。"具有讽刺意味的是，比昂迪现在成了拉扎德的合伙人。根据比昂迪的说法，这次合并其实是菲利克斯提出的，虽然他要离开拉扎德去巴黎，但他仍想影响公司的未来。"我们感觉他不想把这个地方交给公司中任何一个可能靠不住的人手里，"比昂迪说，"菲利克斯和史蒂夫及其他人之间存在很多隔阂，这种隔阂拉扎德早已有之。菲利克斯宁愿把拉扎德拱手交给外人，这是因为：第一，这在某种程度上确实是他的行事风格；第二，他对与自己每天相处的同事们没有信心。"在米歇尔的安排下，米歇尔、菲利克斯、海涅曼、涅姆奇克（代表拉扎德）与布鲁斯、比昂迪、克雷·金斯伯里（Clay Kingsbury）（代表瓦瑟斯坦－佩雷拉公司）在瓦切尔－李普顿律所的曼哈顿办公室里进行了一系列谈判。据比昂迪称，高管们很快达成了一致，拉扎德和瓦瑟斯坦－佩雷拉公司将进行无溢价的"对等合并"，布鲁斯将出任这家纽约合伙公司的CEO。之后，拉扎德还将合并三家分行，这也是米歇尔期待已久的事，而届时布鲁斯将在这家全球化的公司管理委员会中占有一个席位。

"我认为，1997年拉扎德的合并计划流产是出于一个原因，而且只有一个原因。"比昂迪说。

这个计划之所以流产，是因为大家开始讨论布鲁斯成为CEO究竟意味着什么。布鲁斯和我的想法都是，这意味着我们将有能力给员工发工资以及提拔一些员工。除了我们得做个预算以及在公司的架构下行事，我们将不受干扰地做这类事情。布鲁斯将成为纽约公司的最后决策人。而且我们非常强烈地感觉到，如果要调整拉扎德棘手的文化，让大家更有团队精神，在工作中彼此合作，那么大家就得明白布鲁斯是管事的。布鲁斯是认真地在贯彻同僚精神与团队合作，但米歇尔说："不行，我要投反对票，我反对这些做法。"我记得非常清楚，我和布鲁斯、克雷·金斯伯里进行了一次坦诚的交流，我说："这不行，这肯定不行。大家会绕过我们继续去找米歇尔，这将会是一场噩梦。我们凭自己的力量能做得更好。"布鲁斯是个聪明人，他也明白这一点，因此这笔交易没有做成。

比昂迪和布鲁斯相信，米歇尔会明智地回到他的合伙人身边，宣布无论如何都要与布鲁斯达成协议，然后再与合伙人达成妥协。在那场可轻易预见的风暴来临之后，米歇尔似乎听进去了合伙人们的要求。之后，有人将拉扎德合伙人的反抗故事泄露给了媒体，将之作为交易终止的原因。"你跟在米歇尔身边有很长一段时间了，"比昂迪最后说道，"你认为米歇尔会在乎拉扎德的合伙人们说什么吗？这笔交易在这事发生之前就已经失败，因为我们不想做了。"

不管事情真相如何，在接下来的几个星期里，洛克菲勒中心30号62层米歇尔的大办公室被弄得即使不像巴士底狱，也算得上是纽约分行革命热情喷薄的中心。经过那次星期五下午的合伙人会议之后，米歇尔亲身体验到了《美国宪法第一修正案》保障言论自由与和平集会的危险性，他决定再也不与合伙人们就重要问题开展小组讨论。相反，他与主要合伙人逐一见面，试图与他们在菲利克斯离开之后如何管理公司一事上达成共识。"米歇尔喜欢与人单独见面，"一位前合伙人说道，"他讨厌大型会议，因为人们能联合起来反对他。"经过这些讨论，大家渐渐意识到，米歇尔不能再单方面管理拉扎德了。一直以来，拉扎德都实行扁平化的公司架构，从银行业务到资产管理、资本市场和房地产业务，基本上每个人都直接向米歇尔汇报，因为他独自一人决定合伙人的薪酬和晋升，但他们认为这种架构如今已不再奏效。公司已经发展得太大，业务线也太多，非米歇尔一人之力可以管理。而且，虽然大多数高级合伙人没有说出口，但情况已经显而易见，拉扎德看上去似乎逐渐失控了，他们认为，无论是从智力上还是从心理上来说，米歇尔都已没有能力每日管理拉扎德的经营。

抛开这些折磨人的讨论不谈，我们在史蒂夫·拉特纳身上同时看见了法国大革命时期丹东（Danton）[1]、马拉（Marat）[2]和罗伯斯庇尔（Robespierre）[3]的影子。自从肯·威尔逊在1995年接任银行业务负责人一职之后，史蒂夫就只做自己的交易。菲利克斯已于4月30日退休，如今，史蒂夫成了公司最大的业务生产者。史蒂夫回忆说："每个人都对米歇尔说：'米歇尔，你得做点什么啊！'米歇尔说：'什么？'于是他们都提到了我。坦白说，我可能是公司最后一个撑得起来的人。很多人说：'呃，我不知道。他从来没管过什么。他只管过银行业务，没有给所有人都带来好处，但谁知道呢？'一些重要人物，包括资产管理部门的梅扎卡帕和一些高级银行家说：'史蒂夫可能不是完美的，他做这些可能

---

[1] 乔治·雅克·丹东，1759—1794年，法国大革命初期的领导人物和第一任公共安全委员会主席。在革命爆发时丹东的角色一直有争议，很多历史学家形容他在"推翻君主制和建立法兰西第一共和国过程中是主导的力量"。

[2] 让-保尔·马拉，1743—1793年，法国大革命时期著名的活动家和政论家。原本是一名医生，1774年发表《奴隶制枷锁》一书，抨击英国的君主制。法国大革命爆发后，他积极投身革命，创办《人民之友》报，批评《人权宣言》只是富人安慰穷人的诱惑物。

[3] 马克西米连·弗朗索瓦·马里·伊西多·德·罗伯斯庇尔，1758—1794年，法国大革命时期的政治家，雅各宾专政时期的实际最高领导人。

也没有充足的经验'——我当然没有——'但没有其他人了。如果你不让他来做这些事情，我们就真的非常危险了。'"

史蒂夫也赢得了卢米斯的支持。卢米斯当时仍在旧金山，即将回到纽约生活，他为史蒂夫给米歇尔写了一封长信。但当时的问题在于，虽然大家都想让史蒂夫来管理纽约分行，但史蒂夫正在考虑是否到克林顿政府中任职。史蒂夫和莫琳一直与克林顿政府的高官有所接触，并为克林顿政府提供了财政上的支持。1996年，作为华尔街筹款联合主席，史蒂夫为克林顿筹集了数百万美元。克林顿第二届任期的就职典礼过后不久，拉扎德内部的革命热情不断高涨，此时史蒂夫获悉第二任克林顿政府正在考虑给他一份"相当有趣的工作"。他没说政府要给他什么工作，因为他不希望最终获得这份工作的人认为他或莫琳曾是第二候选人。他只是说："我不会成为财政部长。否则，我将接受那份工作。6个月前，我还在做银行业务，而接下来我将开始考虑要么去哥伦比亚特区的华盛顿工作，要么继续待在拉扎德。"

合伙人们已经提名由史蒂夫来管理纽约分行，因此史蒂夫就他将要做的事情与米歇尔展开了"一连串痛苦的谈判"。史蒂夫说，如果米歇尔不给他管理纽约分行的"一些实权"，他就不打算接受这份新工作。而在谈判期间，菲利克斯与史蒂夫的关系出现了缓和的迹象，菲利克斯曾问史蒂夫是否愿意搬到他的办公室去。史蒂夫告诉菲利克斯"不想"——但他的意思其实是"现在还不想"。经过一系列谈判之后，米歇尔和史蒂夫达成了一份"模糊的"协议。这份协议从未形成正式合同，虽然史蒂夫说"我们确实写下了一些内容并签了字"。根据协商的结果，在米歇尔与合伙人逐一见面决定他们的年度利润比例时，史蒂夫也会在场——这曾是卢米斯极度渴望得到的职位，但米歇尔之前从未批准。公司还设立了一个新的执行委员会，史蒂夫既参与制定议程又担任委员会主席，还负责主持召开每星期的合伙人会议，就算在米歇尔也出席的情况下也是如此。史蒂夫决定搬到菲利克斯的办公室去。"这么做会让人们觉得，'哇，这家伙或许真的有一些职权'。"史蒂夫解释道。奇怪的是，不知该给他一个什么头衔。史蒂夫向米歇尔建议，他的头衔可以是纽约分行总经理兼首席运营官，米歇尔的头衔则是公司董事长兼CEO。但米歇尔反对这个提议。这是米歇尔的"怪癖"之一，史蒂夫解释说。米歇尔告诉史蒂夫："你不能当总经理，因为在法国，总经理是做所有工作的那个人，我的朋友会以为我已经退休。我可不能这么做。"史蒂夫承认，他更在意的是他能做什么事情而不是什么头衔。之后两人达成一致决定，史蒂夫将担任纽约分行副首席执行官。当时的一位合伙人说，米歇尔把史蒂夫视作"一位业务极佳的银行家，有条不紊、克己自律、雄心勃勃。他会为公司做一些好事，也会成为一位好的领导者。他是整个团队中能力最强的人。也许我能控制他，即使不能，我也总能除掉他。当时米歇尔把史蒂夫视为一个得力的人，但从长远来看，他肯定没把史蒂夫当成潜在的接班人。"

1997年5月22日，拉扎德罕见地举行了一次新闻发布会来宣布新的管理团队。发布会的前一天晚上，米歇尔在纽约分行举办了一场鸡尾酒会，以祝贺菲利克斯退休。米歇尔和菲利克斯发了言。"他们给了我个花瓶还是什么，"对此事无动于衷的菲利克斯在8年后回想起那次敷衍了事的聚会时说道，"不对，实际上，他们给了我一只玻璃做的老鹰，一只美国鹰，让我带去法国。"拉扎德还给菲利克斯提供了每年100万美元的养老金，直到他去世，交换条件是菲利克斯签署一份竞业禁止协议，他从巴黎回来后，3年内不得重返投资银行业。5月23日，《时代周刊》发表了一篇报道，称史蒂夫被任命为拉扎德的副首席执行官意味着，"经过数月的激烈内部争吵之后"，史蒂夫"继承了菲利克斯的衣钵，成了拉扎德最重要的银行家"。评论虽然略显夸张，却清楚地反映了事态的发展。史蒂夫将负责公司的日常管理并直接向米歇尔汇报，4位新上任的副主席将帮助他一起管理纽约分行，他们分别是：银行业务负责人肯·威尔逊、资本市场负责人达蒙·梅扎卡帕，以及拉扎德470亿美元资产管理业务的共同负责人诺曼·艾格和赫布·古尔奎斯特。史蒂夫·戈鲁布被任命为首席财务官——这是拉扎德首次设立的职位。米歇尔、史蒂夫、威尔逊、梅扎卡帕、古尔奎斯特、艾格以及公司首席行政官兼总顾问梅尔·海涅曼组成了纽约分行的新管理委员会。

"我们希望巩固和扩大纽约分行的管理基础。"米歇尔说。而史蒂夫在新闻发布会上谈及米歇尔时说道:"我们的目标是分担他的重担,帮他解决一些忧虑。"米歇尔解释说,虽然新的管理委员会将致力于达成"一致的"决策,但他仍保留一票否决权。米歇尔的个人野心是继续让3家分行更紧密地合作。他随后说道:"我已经提过'三位一体'这个词。我们必须成为一个整体,我们也必须作为3个部分各自运作。有一点令人十分满意,3家拉扎德分行的所有合伙人都非常相信我们的这一理念,他们相信这一理念不仅可行,还会使我们更加成功。"

新闻发布会结束后,史蒂夫和菲利克斯去了"21"俱乐部,在菲利克斯那张"招摇的餐桌"上高调地共进和解午餐。《新闻周刊》简短地报道了史蒂夫的晋升,猜测这位"金发银行家"是不是也会接替米歇尔。史蒂夫谢绝了采访。不过他发表声明称:"这些是公司的变化,而不是我的变化。我们是一个团队,一起前进。"尽管如此,米歇尔照例觉得有必要杀杀这位新任副首席执行官的威风,他说:"拉特纳先生的职位很重要,他是计划中的继任人选。"《商业周刊》问米歇尔,史蒂夫现在是否已经成为"法定继承人",他说:"事情只有发生了才算事实。他当然是有可能的。"一位关注拉扎德现实政治的敏锐评论家对此补充道:"这家公司是米歇尔的。他想怎么经营就怎么经营。"面对《商业周刊》,史蒂夫决定谈谈他对公司变得更为民主化的愿望以及米歇尔在这一转变中的角色变化:"米歇尔将减少一点国王的做派,变得更像一位总裁。"菲利克斯也插话道:"这个行业不再适合超级明星的存在了,而且公司将比我们做超级明星生意时更加多元化和规模化。"

菲利克斯认为华尔街明星银行家的时代即将结束,一如他将要离场一般。但米歇尔完全不同意这种看法，他依然想找一位超级巨星。《新闻周刊》的文章透露，拉扎德与瓦瑟斯坦-佩雷拉公司的合并失败后，在米歇尔与史蒂夫的谈判正进行得如火如荼之时，包括史蒂夫在内的一些拉扎德高级合伙人接触了交易经验丰富的鲍勃·格林希尔，希望他到拉扎德担任高级合伙人。格林希尔曾在摩根士丹利工作了31年，一度是史蒂夫的上级，于1996年1月创立了自己的同名公司。他们想的是让格林希尔将他的小公司并入拉扎德，如此一来就能在菲利克斯离开公司后巩固高级合伙人的队伍。

史蒂夫认为这是可行的。"是我去找的格林希尔。我并没有任何傲慢情绪，"他说，"只要对公司好，我什么事都愿意做。"但格林希尔拒绝了拉扎德的邀请。在《新闻周刊》的文章中，米歇尔对拉扎德试图与瓦瑟斯坦-佩雷拉公司以及格林希尔公司合并的行为进行了辩护，哪怕这些合并会让年轻的合伙人们大为受挫。"事情总是这样，没什么是一帆风顺的。"他说。他还加上了那套复杂的逻辑，称招募大名鼎鼎的外部人士的努力为史蒂夫的上升"提供了风力"。米歇尔向《机构投资者》杂志说起拉扎德试图招募布鲁斯时说："谈判失败是因为事实证明两家公司合并需要花大把的钱。如果布鲁斯·瓦瑟斯坦先生和他的一些同事以个人方式加入我们公司，我们会非常高兴。"关于这一件事，米歇尔则是这样告诉《财富》杂志的："当然，顶尖人才是永远招不够的。"他强调，史蒂夫的任命是"大家共同协商"的结果，"肯定没有赢家，也无输家"。

当然，这并非事实。任何权力真空的出现都不可避免地使潜在竞争者们进行痛苦的政治斗争。尽管米歇尔并不愿意承认，但任命史蒂夫为拉扎德副首席执行官还是在公司里激起了不小的波澜。与菲利克斯走得最近的合伙人——肯·威尔逊、艾拉·哈里斯和杰瑞·罗森费尔德——最为不满。他们三人曾在所罗门兄弟公司一起共过事，是菲利克斯花了大力气将他们挖到拉扎德的。他们在拉扎德做得很成功，业绩非凡。然而，菲利克斯离开后，史蒂夫成了他们实际意义上的新老板，因此很多人认为，他们迟早会跟随导师的脚步离开。

对于威尔逊来说，这颗苦果可能是最难下咽的。他管理银行业务已有两年，在大多数公司里，这意味着他应该是史蒂夫的领导。从理论上来说，史蒂夫本来应该向他汇报工作，但史蒂夫升职后，他得向史蒂夫汇报工作。但拉扎德的职权界限从未分明，米歇尔仍然单独决定合伙人的薪酬，银行业务负责人做的工作更多的是名义上的以及行政管理方面的，不具备任何实权，涉及其他合伙人的薪酬与管辖时更是如此。

例如，在未经咨询威尔逊的情况下，米歇尔就让史蒂夫去研究拉扎德规模很小的资本市场业务是否重要，该业务当时由史蒂夫的盟友兼朋友达蒙·梅扎卡帕经营。拉扎德的许多合伙人认为，米歇尔让史蒂夫进行这项研究，是为了帮助史蒂夫复兴他在公司的事业。"梅扎卡帕和拉特纳串通一气，因此这项研究得出的结论是资本市场业务相当重要也就毫不奇怪了。实际上，除了死人，公司里每个人都知道那个部门毫无价值。"威尔逊说，他更倾向于大幅度缩减该部门规模，"菲利克斯曾这么评价过拉扎德的资本市场业务：'我们为什么不站到街角卖可卡因？'"威尔逊的业务能力很强，但史蒂夫的业绩更好，因此在拉扎德这个奉行达尔文主义的世界里，史蒂夫具备了更多与米歇尔谈判的砝码。

米歇尔最终选择了史蒂夫。"很明显，公司里有两个阵营、两个党派、两帮人马，米歇尔必须在史蒂夫和我之间做个选择。"威尔逊回忆道，"老实说我有点热情不足了，不想战斗了，因为即使能获胜，也要付出惨重的代价。你知道的，米歇尔哪儿也不会去。我突然意识到，正如他们以前在军队里常说的那样，总有10%的人永远搞不清楚状况。"威尔逊曾在美国陆军特种部队服役，去过越南，他常常走到拉扎德的初级银行家们面前问："你们很紧张吗？"他还记得公司里的权谋愈演愈烈。"公司里爆发了各种混乱、明争暗斗和冲突，"他继续说，"当时我去巴黎参加一个会议，米歇尔让我过去看望他。我在他家里待了几个小时，他想方设法要让我和史蒂夫一起工作。老实说，那会儿我的心思完全没放在这件事情上，因为我觉得这根本不可能。菲利克斯走了。在我看来，这就是他的行事风格和方式。米歇尔哪儿都不会去，你得承担所有的责任，但一点权力都没有。"这些话听上去很像比尔·卢米斯说的。

作为专做金融机构业务的全球顶级银行家之一，威尔逊敏锐地意识到，拉扎德在竞争中的处境将会变得越来越艰难。他强烈建议公司进行重大的战略变革——包括关停资本市场业务、停止股票研究、终止不良债务交易、将并购业务重新聚焦到六七个行业上，以及不再培养通才型银行家。"我觉得拉扎德真的发展得有点儿太大了，"他说，"它需要变得更有活力，需要更明确目标，服务质量也有待提高。我已经在尝试招募一些人才，但这个地方的政治色彩太浓，他们会被拒之门外。"米歇尔和他的家族每年从拉扎德拿走的钱接近公司总利润的40%，威尔逊认为这使得他们几乎不可能招到最优秀的银行家，因为不生产任何业务的人拿走了太多的利润，剩下的钱根本不够给那些优秀银行家支付报酬。他觉得米歇尔只应抽走2%左右的利润。他也绝对不想让菲利克斯离开。显然，威尔逊倡导的变革对米歇尔来说太具革命性了。"米歇尔以及忠于他的核心合伙人团队对我的提议毫无兴趣，"威尔逊解释说，"米歇尔执着地安于现状，因为他觉得如此才能体现他的才能。米歇尔肯定更中意史蒂夫或者某个做派更老套的人。"

时至今日，仍有一些合伙人认为，米歇尔无法让史蒂夫和威尔逊和平共处，共创佳绩，是他的一大错误。很多人认为威尔逊天生具有领导才能，他睿智、魅力十足、具有粗鄙的幽默感和良好的洞察力，还十分了解华尔街的竞争动态和拉扎德在其中所处的地位。两年来，威尔逊将银行业务管理得很好。"事实上，肯·威尔逊和史蒂夫同在一个人的领导之下，但米歇尔没办法让他们合作，反而让他们渐行渐远，真是令人难以置信，真是作孽。"一位合伙人说。另一位合伙人还记得，米歇尔拒绝让史蒂夫和威尔逊一起管理纽约分行，这是米歇尔丧心病狂地奉行马基雅维利主义[1]的另一个无可辩驳的证据。"我认为，米歇尔基本上认为威尔逊是个好领导人，如果他把这个位子交给威尔逊将会很难收回。"这位合伙人说，"如果他选择了史蒂夫，威尔逊就会离开。如果威尔逊离开了，他能留下史蒂夫。届时史蒂夫已经筋疲力尽，他就能重新收回掌控公司的大权。我认为他基本上就是这样做的。"不过，在宣布任命史蒂夫为公司副首席执行官的新闻发布会上，威尔逊还是扮演了忠诚的士兵角色。他同意眼下会继续管理银行业务并向史蒂夫汇报，同时他还被任命为公司的副主席。

在所罗门兄弟公司时，杰瑞·罗森费尔德与威尔逊同在一个办公室工作，他俩还常常一起抽雪茄，因此史蒂夫的上任也让罗森费尔德很不痛快。他在拉扎德的表现一直不错——尽管有些合伙人认为夸大其词了——20世纪90年代中期，他最引人注目的举动是帮公司拿到了IBM与莲花的交易，并执行了这一交易。在威尔逊与史蒂夫的竞争中，罗森费尔德一直是威尔逊的一位重要且高调的支持者。威尔逊败北后，他开始考虑自己下一步要做什么。他一直对私募股权投资感兴趣。事实上，早在几年前决定离开所罗门兄弟时，他就曾试图与自己的客户施乐公司合作，设立一家私募基金，但最终没有成功。于是他去了信孚银行（如今是德意志银行的一部分），领导私募股权和杠杆融资业务。后来，信孚银行将业务重心从私募股权调整到了金融衍生品领域，在菲利克斯的帮助下，罗森费尔德跳槽到了拉扎德。他与爱德华·斯特恩交好，后来成了好友。他们是一对极其怪异的组合。斯特恩是千万富翁，冷酷无情、派头十足、阴郁、冲动、怪异；罗森费尔德则是理智的应用数学博士、前大学教授和麦肯锡顾问，低调腼腆、头发蓬乱。罗森费尔德差点到IRR与斯特恩一起工作，但鉴于米歇尔和斯特恩之间的奇怪关系，他认为这样做并非明智之举。

---

[1] 马基雅维利（1469—1527）：意大利政治家和历史学家，以主张为达目的可以不择手段而著称于世，马基雅维利主义也因之成为权术和谋略的代名词。

1997年11月，就在罗森费尔德做出艰难的决定之后不久，米歇尔和史蒂夫宣布任命他为银行业务负责人，立即接替肯·威尔逊的工作。和之前所有担任这一职位的人一样，威尔逊也对在没有任何相应权力的情况下管理银行业务感到相当头疼和厌烦，因此在史蒂夫得到任命之后，威尔逊就告诉米歇尔他想放弃这个职位。不过，他仍然担任副主席、管理委员会成员以及拉扎德金融机构团队的领导人。罗森费尔德也被任命为公司管理委员会的成员，这也许是对他没有追随斯特恩而去的奖励。但打从一开始，他的心思就不在工作上。"于是我成了投资银行业务的负责人，只要在拉扎德就成，"他说，"一切都好。很好。非常好。我试着去帮助别人。这是件好事，不管怎样。"

菲利克斯离开之后，拉扎德试图安抚那些忠于他的人，但彻底失败了，尤其是在1997年底支付完合伙人奖金之后，这一事实已经变得显而易见。1998年1月，59岁的哈里斯第一个离开。他在2005年2月谈及自己为何从拉扎德辞职时这样告诉《彭博市场》杂志："我对米歇尔·大卫-威尔彻底失望了，对拉扎德的管理方式也非常不满。"两个月后，肯·威尔逊也离开了公司，成了拉扎德主要竞争对手之一——高盛的合伙人，并担任该公司金融机构团队的负责人。当时，高盛内部正对公司是否上市这一问题争论不休。最后，高盛在1999年11月IPO，因此许多长期合伙人的身家达到了3.5亿美元。威尔逊是在IPO的18个月前去的高盛，据说他获得了价值约5000万美元的股票。他的一些前合伙人认为，这是精明的威尔逊做过的最好的一笔交易（如今，威尔逊所持有的高盛股票价值接近1.5亿美元）。在威尔逊离开拉扎德的两星期之后，罗森费尔德也宣布自己即将离开，去经营一只新成立的私募股权基金，资产为6亿美元，所有资金均来自总部位于北卡罗来纳州的夏洛特市新近合并的银行业巨头——国民银行蒙哥马利证券（NationsBanc Montgomery Securities）。罗森费尔德只做了4个月的拉扎德银行业务负责人。

12个月之内，菲利克斯、艾拉·哈里斯、肯·威尔逊和杰瑞·罗森费尔德相继离开对拉扎德的并购业务造成了巨大冲击，无论是对名誉还是对业务。尽管他们的离职早在大家意料之中，但在这家极少有合伙人主动离职（如果有的话）的公司，高产的银行家们纷纷离开还是让史蒂夫和米歇尔不得不面临巨大的挑战。罗森费尔德离开后，史蒂夫花了几个星期与高级合伙人一一单独开会，重新分配他们的职责。"代际更替期一开始总是非常困难的，"米歇尔说，"但改变本身总是好的。"米歇尔和史蒂夫没有安排某个人来接替罗森费尔德，而是决定组建一个新的委员会来监督银行业务。史蒂夫担任委员会负责人，其他成员则有比尔·卢米斯——标志着他再次崛起——以及新人肯·雅各布斯，这位年轻的合伙人是阿戈斯蒂内利在1988年从高盛挖过来的，尽管雅各布斯与卢米斯的关系并不融洽；此外还有鲍勃·拉夫乔伊，他之前是华尔街达维律师事务所的并购合伙人。

公司还宣布将增加自营投资业务，这不仅是对安德烈·梅耶留下的遗产的肯定；更重要的是，针对当时其他公司会向高级银行家提供私募股权、股票期权和限制性股票的情况，这也是一种提高合伙人薪酬的方式。由于拉扎德不是上市公司，无法向其银行家提供股票或期权，因此他们不得不另寻办法提高员工薪酬，以防他们跳槽到其他公司，同时还可以吸引新合伙人加入。除了斯特恩创立的朱庇特合伙人基金之外，如今还有LF资本合伙人基金（LF Capital Partners），该基金投资1.3亿美元购买了一些小公司的少数股权；此外，拉扎德还在新加坡设立了一只资本为5亿美元的亚洲基金；一只资本为1亿美元的拉扎德科技合伙人基金（Lazard Technology Partners）；以及第二只资本为15亿美元的房地产基金，在此之前，第一只资本为8.1亿美元的房地产基金大获成功。史蒂夫还聘用了自己的老朋友、投资银行家哈罗德·坦纳（Harold Tanner）之子大卫·坦纳（David Tanner）领导一只新的但仍需筹集资金的私募股权基金，资本总计为7.5亿美元，该基金将专注于规模较大的交易。坦纳将与从黑石集团跳槽到拉扎德的托马斯·林奇（Thomas Lynch）一起工作。而对于出售拉扎德或让公司上市这两种能让拉扎德合伙人获得更多薪酬的方式，米歇尔在接受《纽约时报》采访时说道："我永远不会这样做。"

1997年的奖金季之后，并非所有人事消息都是坏消息。在米歇尔的坚持下，公司在1998年2月进行了一项非常重要的招聘工作，即聘任米兰投资银行曾经的二把手杰拉多·布拉吉奥蒂（Gerardo Braggiotti），请他负责公司除英国和法国之外欧洲地区的投资银行业务。米兰投资银行是一家非常有影响力的神秘意大利投资银行，自20世纪50年代以来，一直与拉扎德有密切的关系。加入拉扎德之后，布拉吉奥蒂也成了在巴黎分行、伦敦分行和纽约分行都持有股份的极少数合伙人之一。和史蒂夫·戴维·维利一样，布拉吉奥蒂也被任命为拉扎德合伙人基金的副主席。该基金是一家控股公司，在3家拉扎德分行都持有财务权益和所有权权益。布拉吉奥蒂搬到了斯特恩在拉扎德巴黎分行的老办公室，就在米歇尔办公室的隔壁，两个办公室的家具甚至都一样。和要求许多巴黎合伙人的做法一样，米歇尔也要求布拉吉奥蒂签署一份日期栏为空白的辞呈，如此将来解雇布拉吉奥蒂时将更容易一些。理所当然，布拉吉奥蒂觉得自己受到了冒犯，他在辞呈上签了字，并填上了当天日期，表示他在拉扎德开始工作之前就愿意辞职。他把辞呈亲手交给了米歇尔，此后再也没听米歇尔谈过这个话题。"我已经看出拉扎德下一代的轮廓了。"米歇尔说。他说的是40来岁的拉特纳、维利和布拉吉奥蒂。

抛开高调的人员招聘、离职以及那些传言不谈，史蒂夫获得了管理纽约分行的终身职责，当时纽约分行的利润占拉扎德全球所有公司总利润的近一半。据说，他似乎非常关心自己会不会成为米歇尔的接班人，只是他上任后要做的事情太多，根本没有精力担心这个问题。史蒂夫把改变公司几十年来克里姆林宫式僵化的管理方式，带领公司进入20世纪后期当作自己最迫切的任务。就如苏联的戈尔巴乔夫[1]，他决心实行开放政策。"他现在的工作是领导一个组织，"史蒂夫的朋友小阿瑟·苏兹伯格解释道，"你不能光把自己推到前面。这是拉扎德整个公司的事，不是史蒂夫·拉特纳一个人的事。"

史蒂夫一开始就面临着许多挑战，尤其是公司市政融资部门的另一起仍在蔓延的丑闻。1997年11月21日，证交会指控拉扎德前合伙人理查德·波里尔涉嫌欺诈，在他的授意之下，拉扎德向顾问纳特·科尔（Nat Cole）秘密支付了83872美元，接着纳特·科尔将一半的款项转给了斯蒂芬斯公司（Stephens Inc.）的一位银行家。从理论上来说，这位银行家是佐治亚州富尔顿县的独立顾问，但他最终帮拉扎德赢得了两笔业务：1992年为富尔顿县以及1993年为富尔顿-德卡尔布医院管理局（Fulton-DeKalb Hospital Authority）分别承销一笔债券的发行。证交会还指称，在争取两个州的承销业务期间，波里尔向两位州长的竞选活动提供了总计62500美元的政治捐款，而拉扎德为他报销了这些钱。政府还指控波里尔在佛罗里达州也做过类似交易。这一指控让人联想到此前马克·费伯的违法行为。证交会还指控拉扎德的一位前副总裁詹姆斯·伊顿（James Eaton）也参与了此次欺诈。最终，伊顿与政府达成和解，缴纳了1.5万美元罚金，并承诺终生不再从事证券行业。一个星期后，亚特兰大州的检察官以远程诈骗、合谋等罪行起诉了波里尔。就在同一天，拉扎德与证交会及亚特兰大州美国检察官办公室就波里尔和伊顿的罪行达成和解。拉扎德的法律总顾问梅尔·海涅曼解释说，和解方案明确认定，不当行为"仅限于"波里尔和伊顿，并且他们"欺瞒了公司"。海涅曼接着说："和解方案也表明了政府的看法，即波里尔先生和伊顿先生交给公司的大量发票是虚假的且具有误导性，他们以此挪用公司资金并进一步

---

[1] 1931年至今，全名米哈伊尔·谢尔盖耶维奇·戈尔巴乔夫，俄罗斯人，1985年至1991年担任苏联总书记、总统，提出开放政策，推动苏联的经济、政治和军事等多项领域体制改革。1991年12月25日，宣布辞去苏联总统一职。

开展不正当活动。"尽管公司被认定无罪，但拉扎德还是同意向政府缴纳1100万美元罚款，并且"退回在有待裁决的交易中赚取的利润"。

市政融资丑闻结束后，只剩下"收益燃烧"这桩事情有待解决。史蒂夫派新任首席财务官史蒂夫·戈鲁布尽力澄清拉扎德出了名的不透明会计系统。从来没有人真的知道，或许甚至连米歇尔都不清楚，公司的各种业务是否赚钱。出于某种原因，公司的会计系统全年均以现金结算——收入和支出均以现金方式，到了年底又变成了权责发生制——合同签订后但尚未收到相应现金时即确认发生了收入和支出。多年来，这种做法都非常符合米歇尔的利益，因为在现金收付制度下，他可以用年底收到的现金向合伙人们支付报酬，而不必依赖签署的、尚未完成交易的审计委托书。史蒂夫和戈鲁布想改变这种陈旧的会计方法。"这种方法完全行不通，"史蒂夫说，"根本没法拿出来说。"更糟糕的是，资本市场部的员工认为是他们在养活公司，而银行业务部则认为资本市场部根本没业绩。据说，公司的一半利润都来自资产管理部，却没人知道。由于米歇尔自行决定每年支付给合伙人们的报酬是多少，所以是否了解拉扎德的利润来源不是那么重要。但如果你心里想的是如何管理公司，那么必须对哪些部门赚钱以及赚了多少钱有一定的了解。

史蒂夫要求戈鲁布弄清楚账目，看看是否有些许可能让公司按照证交会对公开上市公司的要求根据公认会计原则（简称GAAP）来发布财报。"现行的做法太让人惊讶了，"史蒂夫回忆道，"倒没有欺诈，只是太过愚蠢。"戈鲁布就发现了一个"愚蠢"的"小"例子，拉扎德纽约分行与另外两家分行在新加坡合资成立了一家公司，而非合伙企业，如此一来，相当于每年有上百万美元的资金被困在当地，无法流回美国抵销税款。史蒂夫说："我们的税没少交，可公司每年都白白浪费掉了一两百万美元。"

史蒂夫认为，发生在拉扎德有名的房地产部门的一个错误才更为惊人。从安德烈·梅耶时代开始，房地产自营投资和房地产并购咨询一直是拉扎德的重要业务。拉扎德和安德烈还培养出了华尔街最厉害也最鲜为人知的房地产领域人才之一——迪斯科·迪恩。20世纪60年代，迪恩在安德烈的严密监视下建立了拉扎德的房地产公司——贵族地产公司（Peerage Properties），接着又创立了全美最早的房地产投资信托基金之一的公司——地产投资者基金（Corporate Property Investors，简称CPI）。渐渐地，拉扎德的许多房地产投资都流入了CPI，包括后来独立出去的贵族地产公司，这让迪恩变得非常富有。根据菲利克斯的说法，迪恩是他的"死对头"。20世纪70年代，迪恩一度被视作安德烈的接班人，管理拉扎德所有分行。但迪恩在20世纪70年代后期说："你可能会问，为什么我对拉扎德没有更多兴趣？ 为什么我没有向安德烈·梅耶点头哈腰，听从他的吩咐去管理公司？ 答案就是钱。1964年我来到拉扎德时的现金净资产是200万美元。你知道今天我的净资产是多少吗？ 猜猜看。7000万美元。依我看，菲利克斯的净资产只有500万美元。"现在，哪怕捐出1.5亿多美元之后，迪恩的净资产——他也十分乐于告诉别人这点——还有10亿美元。他在玻利维亚拥有8万公顷土地，部分用于石油开采，部分是农业用地。他还在布鲁克林拥有6000个单元的小星城（Starrett City）建筑群，最近该地产挂牌出售，售价高达十亿美元左右。20世纪90年代初，迪恩偶遇正在麦迪逊大街上散步的戴维·苏普诺，他立即停下来抓住前合作伙伴的衣领问道："戴维，你明白复利的力量吗？"然后没等对方开口回答又快步走上了人行道。2004年8月，尽管迪恩不是经济学家，却写信提名自己为诺贝尔经济学奖候选人。他现在还认为米歇尔违背了要给他拉扎德股份的承诺。

CPI从拉扎德分离出去后，米歇尔决定让公司重拾房地产生意，于是劝诱迪恩在CPI的两位合伙人保罗·泰勒（Paul Taylor）和哈维·舒尔维斯（Harvey Schulweis）回到拉扎德工作。舒尔维斯留着胡子，曾是会计师，他的房地产知识都是通过审计房地产开发公司学到的。泰勒和舒尔维斯共同承担经营拉扎德房地产业务的职责，但后来这项业务被拆分，泰勒负责LF地产投资公司（LF Property Investment Co.），投资现有商业地产；舒尔维斯则负责经营拉扎德房地产公司（Lazard Realty），这是一家更大胆、风险更高的公司，旨在开发空地或寻觅破旧的建筑加以修复。两人关系不算好，导致了房地产业务出现了一些严重错误。

1981年，舒尔维斯策划在曼哈顿东区59街大桥附近的长岛市购买3座相邻的老厂房。他最初的想法是将它们翻修后作为写字楼租出去。但由于写字楼需求低迷，他想出了一个新计划：创建国际设计中心（IDC）。这是一个大规模重建项目，他的想法是，中心建成之后，室内设计师和与家居装饰有关的企业将从曼哈顿搬迁到这个皇后区附近的新综合建筑群中。购买和翻新建筑群的费用预估为1.5亿美元，其中拉扎德出资3000万美元。舒尔维斯的对手泰勒在一开始就不看好IDC，他说："我们本该把这儿的钥匙放进办公桌里。"结果这个项目完全成了一场灾难，导致拉扎德损失惨重。公司因此解雇了舒尔维斯。

1989年，阿特·所罗门（Art Solomon）从德崇证券来到拉扎德，负责管理房地产咨询业务和专注于投资房地产的数十亿美元的私募股权基金。他原本直接向米歇尔汇报工作，如今史蒂夫成了副首席执行官，于是这位房利美前任首席财务官、哈佛大学经济学博士就得向史蒂夫汇报工作。但所罗门不想加入史蒂夫阵营。所罗门负责的第一只房地产基金在1996年成立时只有8.1亿美元资本，但这只基金经营得很好，年回报率超过了25%。于是他又成功募集了资本为15亿美元的第二只基金。1999年初，所罗门效仿迪恩的做法试图拆分拉扎德的房地产业务，还想重新协商与公司之间的协议，获得更大的馅饼，但史蒂夫并不买账，他对所罗门说他不会考虑这样做，除非所罗门更加了解公司房地产业务是如何运作的。

为了了解公司的房地产业务，史蒂夫让戈鲁布对新的房地产基金——资本15亿美元的LF战略房地产二期基金（LF Strategic Realty Investors II Fund）进行内部审计。史蒂夫得知该基金成立9个月后的回报率达到了29.07%。作为一名投资者，他还记得自己当时觉得这个数字非常奇怪，它为何能如此精确？这激起了他的好奇心，最终审计结果显示，所罗门"自以为是地对基金进行了重新估值"，史蒂夫说，"这完全是空中楼阁。整件事情都是偷工减料的"。戈鲁布还发现该基金投资了大量护理中心，但投资急剧贬值之后该基金损失了将近4亿美元。所罗门对这一调查结果提出了异议。

所罗门并非将这只基金仅用于购买地产，他还购买了一些公司的控股权，例如向ARV护理公司（ARV Assisted Living Inc.）投资了2亿美元，而当时ARV股票暴跌80%。他还作为这只基金的委托人对一家大型连锁电影院进行投标，与此同时，史蒂夫也代表并购公司KKR竞标该公司。在此之前公司没有做任何内部协调工作。事情出来之后，史蒂夫想他该如何向KKR联席董事长亨利·克拉维斯解释拉扎德的房地产基金会与KKR竞标同一个地产项目，不过幸好事情没有发展到这个地步。史蒂夫很不高兴。这些违规行为发生之后，他解雇了所罗门的两个同事，并将所罗门降职为房地产部门的非执行主席。所罗门当然不会善罢甘休。1999年4月初，他组织了一个会议，邀请史蒂夫与拉扎德房地产基金的几个大投资人共同参加，但他事先没有告诉史蒂夫会有投资人参加。所罗门邀请了GM投资管理公司（GM Investment Management Corporation）的汤姆·东布罗夫斯基（Tom Dobrowski）、宾夕法尼亚州公立学校雇员退休系统的约翰·莱恩（John Lane）和有影响力的养老基金投资顾问芭芭拉·康邦（Barbara Cambon）。

投资人一到会议室，所罗门马上请史蒂夫与会，这无异于一场伏击。投资人说，既然所罗门已被降职，两个副手又被解雇，那么史蒂夫就该向他们解释清楚他们的钱的去向，以及该基金的领导层究竟发生了什么。"如果我们早知道拉扎德有这么多麻烦，就绝不会投资。"其中一位投资人说。史蒂夫请求投资人给他几天时间考察情况。客人们离开后，他就把所罗门请进他的办公室，"因故"解雇了所罗门。于是所罗门聘请白领诉讼律师斯坦利·阿尔金（Stanley Arkin）提起了激烈的仲裁诉讼，"腔调与小报的语言如出一辙"，指控拉扎德"违反合同、诽谤，还有一些其他绘声绘色的指控"。在向纽约证券交易所提交的法律文件中，所罗门写道，他"被剥夺了过去10年中用心耕耘和培养的基金的管理权。这无异于一场高级抢劫"。他还认为史蒂夫是一名"记者兼投资银行家"，其"膨胀的个人野心和高高在上的举止"导致了大批公司高层离职。

许多在所罗门手底下工作的员工都很纳闷，为什么所罗门能在拉扎德待这么久。"我们无法相信这事居然到现在才发生。"拉扎德房地产部门的一位前成员说。达蒙·梅扎卡帕非常赞成史蒂夫"清理房地产部门这堆破事"，因为"这些家伙在道德上太过分、太疯狂了。"他又补充道，史蒂夫也因此付出了代价，因为解雇所罗门一事着实让米歇尔心烦意乱。"米歇尔十分不悦，"他说，"但米歇尔完全错了。不管对错，他也真的对我们解雇这些家伙感到心烦意乱。"

1999年6月，拉扎德与所罗门达成庭外和解，（再次）支付了1100万美元。这是华尔街公司向员工支付的有史以来最高的赔偿金之一。"太糟糕了，"史蒂夫说，"这是缺乏管理的后果。"房地产基金的崩溃还立即导致了另一个后果：拉扎德试图筹集另一只广义上的独立私募股权基金的计划失败了。承销商告诉史蒂夫，房地产基金的混乱严重损害了拉扎德在管理资本方面的声誉。

史蒂夫在努力解决阿特·所罗门一事时意识到，米歇尔与合伙人们达成的所谓的附带交易必须全部公之于众。这将是整体开放政策的一部分，尽管他本人在天意媒体的业务中也与米歇尔达成了回报丰厚的秘密协议（除90万美元年薪和公司税前利润的4.75%外，他还能拿到代理佣金的8.25%），他的主要盟友达蒙·梅扎卡帕也不例外（除90万美元年薪和公司税前利润的3%外，他还能拿到资本市场部税前利润的3%）。正如最高法院法官路易斯·布兰代斯（Louis Brandeis）所说，这些交易都将被置于阳光之下。

公之于众的附带交易有一些非常惊人，特别是涉及非银行业务的合伙人。举例来说，共同经营资产管理业务的诺曼·艾格和赫布·古尔奎斯特与米歇尔签订的合同是，公司每年还需向他们每人支付资产管理部门15%的净利润。1998年，他们各自分到了1580万美元。合同还规定，他们退休后的3年内将继续分得部门15%的净利润。杰克·多伊尔（Jack Doyle）和戴夫·塔什健（Dave Tashjian）共同经营拉扎德刚刚起步的高收益债券业务，除了薪水和公司税前利润的分成权益，两人在1998年分别获得了部门总利润482.6万美元的16.5%——约合80万美元。哈兰·巴特鲁斯（Harlan Batrus）经营着毫无起色却一直盈利的企业债券部门，他与米歇尔达成的附带交易是，除了薪水和公司税前利润的分成权益，他还将分到部门总利润的20.2%——100多万美元。阿特·所罗门也曾与米歇尔达成协议，他能拿到房地产咨询总收入的3%、在扣除支付给其他人的分红后房地产基金总利润的33%，以及拉扎德第一只房地产投资基金代理佣金的15%，所有分成协议加起来，他在1998年的总收入达823.5万美元。

总之，史蒂夫调查出了大约20起附带交易。一些毫不起眼、业绩平平的合伙人动辄就能拿到数百万年薪。"史蒂夫让这些事情全部见光了，"一位前合伙人说，"不会再有私下交易。"颇具讽刺意味的是，米歇尔一直坚称他并未与绝大部分并购银行家达成任何附带交易。"事实上，附带交易并不像大家认为的那么糟糕，"米歇尔说，"确实存在一些附带交易，但不像人们想象的那么多。我之所以这么做，部分原因在于交易不透明，我的办法就是使它们透明化。如果我不敢看着你的眼睛告诉你为什么某位银行家能得到2000万美元分红，那么他就不应该分到这么多。换句话说，如果他有资格得到这些钱，那么我就能在你或其他合伙人询问我时为他辩护。"史蒂夫说服米歇尔将他个人在纽约分行所占的利润分成比例从每年的15%降低到10%，除了显而易见的象征意义，这么做的好处是，能用这多出来的5个百分点招聘新合伙人和奖励业绩好的合伙人。他还说服米歇尔降低一些其他"资本家"的利润分成，并制定了对待老有限合伙人的政策——每人每年可以获得7.5万美元薪水，独享一个办公室，配有一名秘书，还可以从利润中拿到一小部分提成。史蒂夫谈到米歇尔时说道："在某种程度上，他并不怎么关心钱。他最关心荣誉、地位和权力。米歇尔有许多精彩的言论，其中一句是'所有美国人都关心金钱，所有英国人都关心生活方式，而所有法国人则关心荣誉'。"

史蒂夫提倡团队合作。他与米歇尔共同确定合伙人的薪酬；他设立了管理委员会的周会制度，主持召开重大的合伙人周会，探讨现在的业务线及其发展前景；他还设立了客户拜访报告来跟踪银行家们约见客户的情况；他让各大行业团队的银行家与管理委员会的合伙人定期共进晚餐；他还坚持要求合伙人们每天共进午餐，以此改善公司中众所周知的合伙人之间的冷淡关系。

在他做出这些改变之前，合伙人都在自己的办公室用餐。拉扎德有一个可爱又简单的传统——配有两名全职的法国女厨师。其中一位会为合伙人现场准备单人午餐，例如配上第戎油醋汁的尼斯沙拉。两位厨师身着式样保守的深色制服，在洛克菲勒广场1号32层一个偏僻的小房间里做好这些准备工作（公司搬到洛克菲勒中心30号后，有一层单独做厨房），然后在午餐时间把盘子端到每位合伙人的办公室里。她们会在上午先确认哪些合伙人不外出。在拉扎德，常常能见到这种场景：合伙人在类似巴黎小餐馆的区域内大吃大喝时，坐在他们对面的副总裁们不仅一口饭也吃不到，还要忙着记下最新的交易指令。如果哪位副总裁被合伙人邀请到办公室一起用餐，且还能单独拥有自己的食盘，将十分罕见。

史蒂夫还大大放低了自己的公众形象，成了一个只是"急于自我推销的家伙"。关于20世纪90年代中期的这一形象，他后来说道："有一部分是现实的反映，也有一部分是大家的感知。但现实并不重要，因为说到形象时，感知到的就是现实。"他意识到，为了领导拉扎德的新老交替，自己必须做出改变。他在2001年说道："我非常清楚，我得做两件事，第一，我必须尽我所能地放低姿态，这也是在过去几年里我尽最大努力去做的事；第二，如果我想成功改变拉扎德，让大家更为注重团队合作的话，我就必须以身作则……实现这两点的唯一途径是我要尽可能地改变自己的行事风格。"

在掌管纽约分行的第一年里，史蒂夫风风火火地做了很多事。他在公司内部实施了许多变革，还承诺将要做出更多。公司的利润依然非常可观，1997年全球三家分行的总收入约为4.15亿美元，但在备受关注的并购排行榜中，拉扎德的位置从上一年的全球第6名下滑到第10名，这一情况反映出全球银行业竞争加剧与精英人才的流失给拉扎德造成了双重打击。在面对媒体时，史蒂夫选择对这一情况轻描淡写。"我们在集中精力做高附加值业务，为我们的客户提供高质量的服务，"他告诉《财富》杂志，"在这种情况下，市场份额并不是我们的主要关注点。"但私下里他其实非常关心。"我曾相信，而且即使现在回想起来我也仍认为，当时自己做的事情是正确的。公司在苟延残喘，"他说，"当时世界已经变了，公司却还在用一套陈旧的商业模式，根本毫无效果。"他还记得，当时他看到一份行业内杂志按照华尔街公司为客户提供的价值对其进行排名。排名的标准有很多类别，比如"你会找哪家公司做并购咨询？""你会找哪家公司做融资？"等等。拉扎德唯一排进前10名的类别是：你认为哪家公司估值过高了？"这也是我的感觉，"他说，"我们在业务上投入不足。一直在苟延残喘。"

1998年6月，拉扎德成立150周年，这为评估后菲利克斯时代公司业绩提供了便利背景。在史蒂夫的指示下，公司在大都会艺术博物馆令人叹为观止的丹铎神庙里举行了一场盛大派对（与安德烈当初基本上忽略公司成立100周年的做法形成了鲜明对比）。三家拉扎德的合伙人们从世界各地赶到纽约参加庆典，还有数百名身着晚礼服的嘉宾受邀参加，从公司总裁到政界和文化界领袖，他们共同进餐，举杯庆祝公司成立150周年。菲利克斯也从巴黎赶回来了。米歇尔和史蒂夫发表了演讲。但米歇尔在讲话中完全没有对菲利克斯和巴黎分行的老合伙人安东尼·伯恩海姆为公司做出的贡献表示感谢。"投资银行家们聚到一起参加这种派对真让人尴尬。"一位当时在现场的人说。著名女高音歌唱家杰西·诺曼（Jessye Norman）[1]在舞台上唱歌，一首接一首。"她手舞足蹈，但唱太久了。"一位合伙人回忆道。有些合伙人认为，不论是豪华的排场还是对历史的回顾，这次的活动都做得非常不妥。"那是亲爱的老史蒂夫·拉特纳最糟糕的时刻，"有人说，"因为那次派对有点像是对史蒂夫·拉特纳歌功颂德，真的。"有些合伙人反对把庆祝服装公司成立150周年的活动搞得像投资银行成立了150周年一样，毕竟拉扎德投资银行直到19世纪50年代末才在巴黎成立（关于它的起源有多种不同的说法），伦敦分行成立于1870年，而纽约分行直到1880年才成立。据说，当一些合伙人指出这一点时，史蒂夫的回应则是："不要让历史干扰了一个好故事。"于是，拉扎德继续宣传它的传奇。

公司发行了750本名为《拉扎德兄弟投资银行：第一个150年》（*Lazard Frères & Co.: The First One Hundred Fifty Years*）的薄册子，采用昂贵的皮面装订。这本薄册子记载了公司的历史，但做了大量删节，作者不详，可能是公关部的某个人。作者最后写到，米歇尔认为公司150周年标志着"收缩和再次集权"的时代即将到来，他"乐观"地认为这可以实现。这本书中写道："他意识到，他现在的工作就是让公司为下一代做准备。戴维·维利和他的合伙人们已经在伦敦成功了；史蒂夫·拉特纳在纽约实行的具有前瞻性的团队合作决策也在成功进行中。与巴黎分行保持充分协调，让三家分行彼此充分合作的举措每个月都取得了进步，且进步不断。大卫-威尔说：'我相信，不管谁在这儿掌权，这个

---

[1] 1945年至今，美国歌唱家，世界第一女高音。

地方都有一种独立的精神。每一代人都面临着同一个问题：你很幸运，你有优秀的员工。但接下来会发生什么呢？我相信只要精神不灭，人们就会重建。'"

全球大多数顶级合伙人都在纽约参加庆典，因此米歇尔邀请其中的24位到洛克菲勒广场30号参加会议。数天前，高盛的合伙人投票结束了高盛为期129年的私人合伙企业经营历史。在这次不寻常的拉扎德会议上，有两个重要议题被提出来讨论：一、三家分行是否应该合并？正如公司史中所写的那样，迈向最终目标的步伐"每个月都在进步"。二、是否应当首次给予合伙人公司的实际股份？拥有这些股份之后，合伙人们不仅将分到收益，还能对公司的重大事项进行投票表决，比如公司上市或寻求合并。与高盛不同，拉扎德的合伙人在这两件事情上没有任何发言权。

几位当时在场的合伙人说，那次会议"没有结果"。事实确实如此，但遗漏了一件大事——史蒂夫轻率地提出公司应该考虑上市。米歇尔的反应大家都知道。史蒂夫回忆道："我们与管理委员会成员在63层的餐厅里开会，有个家伙是通过电话参加会议的。这个会议开得非常艰难。我记得我说：'我们有一个选择就是上市。'米歇尔发疯似的说：'绝对不行。'他在房间里边走边说：'我不需要你，我不需要你，我不需要你。'然后他指着电话说：'我也不需要你。'"

尽管如此，大家还是在一件事情上达成了共识。在米歇尔的首肯下，以及史蒂夫的催促下，公司聘请了顶级管理咨询公司麦肯锡帮忙整合三家分行，协调彼此的合作，让它们像一家公司一样运转。拉扎德还想创建一套新的管理系统，规范员工的升迁、薪酬和问责制度，而这些都是华尔街其他公司正在做的最优秀的事情。

鉴于拉扎德独特的独裁管理历史，麦肯锡的改革建议确实显得颇为激进。当时，纽约、巴黎和伦敦三家分行同时打电话告知麦肯锡，它们已经开始实施内部改革。全球有46个总裁接受面谈，分享了合伙人的薪酬状况。麦肯锡还将拉扎德的管理方式与行业内最优秀的管理方式进行比较。三家分行的关键合伙人似乎都热情高涨，认为麦肯锡的研究将成为重要的催化剂，可以促使拉扎德在管理方式方面做出变革，从而使拉扎德在市场竞争中拥有更高的竞争力。

史蒂夫完全支持合并三家分行，却对将公司实际股权分给合伙人的观点持谨慎态度。"许多高层人士都是从别的公司过来的，"麦肯锡的合伙人罗杰·克莱恩（Roger Klein）回忆道，"因此他们根本不必费劲想出另一种办法来管理公司。他们只需记住摩根士丹利或高盛或其他公司是什么情况就可以了，这样一来，他们在朝那个方向前进时就不会那么担忧，因为他们知道那种方法有效。拉扎德当时基本上用的是其他公司20年前过时的管理模式。"

当然，还有一个大家都没有提到的事实是：在拉扎德的权力与控制的零和博弈[1]世界里，麦肯锡提出的任何分享权力的建议都是在削弱"太阳王"米歇尔的权力。不过，至少在一开始，米歇尔表面上似乎还是很热忱的，承认必须做出一些改变。例如，麦肯锡在9个月的受聘期内，曾建议拉扎德设立全球并购业务的联合负责人，因为几乎每一家华尔街大公司都已经这样做了。拉扎德从未有过并购业务负责人，这是因为并购业务是公司银行业务的一部分，且是银行业务的大部分来源，多年以来，拉扎德有过几位银行业务负责人——卢米斯、拉特纳、威尔逊和罗森费尔德，若是另外设置一位并购负责人便会显得有点多余，还会形成不必要的官僚主义作风。但麦肯锡认为拉扎德有必要设置新的联合负责人，为客户提供跨行业和跨地域的专业产品建议，即并购建议，如此一来，新的联合负责人也可以像其他绝大部分公司一直做的那样，能很好地协调这些服务的提供。1998年8月，在各地避暑的拉扎德合伙人和在

---

[1] 又称零和游戏，是博弈论的一个概念。指参与博弈的各方，在严格竞争下，一方的收益必然意味着另一方的损失，博弈各方的收益和损失相加总和永远为零，双方不存在合作的可能。

公司的麦肯锡员工召开了一个电话会议，讨论这个话题。克莱恩在征求客户的允许后，重述了当时的谈话内容，他回忆道："在我们介入之前，米歇尔一直都很抵触这个想法。他在电话里说：'我认为那样做行不通。'我说：'这种方法在很多公司里都成功了。'我给他举了3家公司的例子，还说出了那些家伙的名字。他说：'哦。'"于是拉扎德决定首次设立这个职位。史蒂夫非常感激麦肯锡让米歇尔接受了这一改变。

在麦肯锡研究拉扎德和为拉扎德推荐改革建议时，《机构投资者》和《财富》杂志分别发表了一篇或多或少带有主观性色彩的文章——《寻找自我的拉扎德》和《拉扎德还能成功吗？》。两篇文章都试图捕捉拉扎德发生的所有变化，以此判断它是否仍有价值。一如既往，两篇文章都提出了谁会接替米歇尔的问题。有些令人惊讶的是，虽然当时史蒂夫正担任纽约分行副首席执行官，但这些文章——显然是基于报道——却将他排除在接班人之外。据说，他太渴望获得政府的高位，如果阿尔·戈尔2000年能当选总统的话，他就能实现这个愿望。但《财富》杂志也提出，伦敦分行和巴黎分行的合伙人们不会同意史蒂夫管理整个公司。《机构投资者》则引用了一位匿名客户的说法："只要米歇尔还在管理公司，我就会强调拉特纳的'副'职头衔。"两篇文章都提到了一个相当惊人的可能性，即米歇尔还没有完全放弃有朝一日让爱德华·斯特恩或布鲁斯·瓦瑟斯坦来管理公司的想法。《财富》杂志向斯特恩提问他是否有可能回去拉扎德时，斯特恩回答道："不是我。"瓦瑟斯坦则没有回应。

1998年秋天，拉扎德——特别是史蒂夫——遭受了另一个打击：一直将公司的电信业务经营得十分成功的40岁的迈克尔·普赖斯突然宣布要离开公司，去第一标记通信公司（FirstMark Communications）担任联席CEO。第一标记通信公司是一家当时被炒得很火的欧洲初创通信公司，总部位于麦迪逊大道。在拉扎德工作时，普赖斯拜访了许多电信公司，因为没有其他人去做这件事，也"因为它们都是大公司"。普赖斯性格古怪、勇敢无畏、工作勤奋，在不依赖史蒂夫的情况下取得了成功，但他也确实从史蒂夫的崛起中受益了。史蒂夫给了他丰厚的报酬，还允许他创办并经营公司的新私募基金——拉扎德科技合伙人基金。两人关系十分融洽。20世纪90年代末，许多银行家以及其他各行各业的人都将互联网兴起视为通往财富和名誉的稳妥之路，尽管普赖斯在新泽西州克劳斯特市过着相当简朴的生活，但他和这些人一样还是无法抵挡互联网财富的诱惑。他告诉《华尔街日报》："我一辈子都在向最优秀和最聪明的人提供建议，看着这些人，我心想：'我为什么不这样做呢？'"[第一标记通信公司后来在电信业崩盘中破产，如今，普赖斯为罗杰·奥特曼的并购公司工作，并持有价值约为4000万美元的艾维克公司（Evercore）股票。]

鉴于普赖斯与史蒂夫的友谊，以及两人在事业上取得的成就，普赖斯的离职对史蒂夫而言是巨大的个人损失。不仅如此，普赖斯的离职还标志着拉扎德正面临着另一个更加普遍的问题：在拉扎德，合伙人们除了都能喝到公司提供的酷爱的饮料，与公司财务没有任何其他关联。在互联网时代，竞争对手提供的薪酬轻易就能达到甚至超过拉扎德给合伙人的薪酬，此外还提供股票期权、限制性股票、私募股权以及风险资本等投资机会，增加对人才的吸引力，拉扎德根本无法与之竞争。过去，由于成本低廉而利润高，拉扎德的薪酬是华尔街公司中最高的，且都以现金支付；但现在情况变了。除了普赖斯，拥有20年从业经验的长期合伙人迈克·所罗门也离开公司，创办了自己的私募股权基金。与此同时，拉扎德的一个10人可转换债券团队也离开了，跳槽到荷兰的一家大型银行——荷兰银行（ABN AMRO）。1999年1月，另一个巨大打击随之而至，公司副主席、业绩颇佳的交易高手约翰·尼尔森（John Nelson）也离开公司投入了拉扎德的竞争对手瑞士信贷第一波士顿银行的怀抱。

"拉扎德没有任何东西能把大家凝聚在一起，"史蒂夫解释道，"没有股票。华尔街的其他公司都有这些金手铐，但我们什么都没有。每个人都可能为了下一笔交易或签约奖金而离开公司,他们也真的这么做了。

这使情况变得更加困难。"史蒂夫的动力变得异常明确,他认为应该立即采取所有必要措施,将三家分行重组及合并成一家跨国公司,为公司内的专业人士提供有竞争力的工作条件,以及创造财富的机会。简单地说,就是让他们赚到"更多钱"。

1998年8月,史蒂夫准备在玛莎葡萄园岛年度盛大聚会上招待克林顿总统——当时克林顿正处于莫妮卡·莱文斯基(Monica Lewinsky)事件[1]最糟糕的时候——在这之前,他召集了管理委员会成员,对他们说了他对于三家分行可能合并的看法,"特别是强调了对所有权和财富创造的担忧"。史蒂夫写了一则声明,揭示了拉扎德眼下危机的严重程度。史蒂夫认为,"糟糕的合并"所带来的"后果会非常严重"。他批评了麦肯锡拟定的初步合并提案,认为其中的公司治理条款"不合逻辑",尤其抨击了"居住在纽约、一直以来为集团贡献了大部分收益"的合伙人在各种管理委员会中"代表名额不足"的"不公正"现象。史蒂夫准备将合并计划推迟一年,先继续"专注于改善三家分行之间的关系"。在声明的最后,他重申了在互联网泡沫时代扭转拉扎德竞争劣势的重要性:"今年年底,公司在所有权、财富创造和管理问题方面取得实质性的进展至关重要,届时我们的许多同事将重新评估职业选择。"

1998年整个秋天,在麦肯锡作为临时"顾问"的情况下,拉扎德的高级合伙人们都在研究三家分行最佳的合并方式。据说,为了构想出一个能让三家分行顽固的合伙人都满意的公司架构,麦肯锡吃了不少苦头。有人认为,因为有太多人提意见,所以麦肯锡的工作成果不佳。"你最终看到的架构是一锅大杂烩,一点儿也不比我们现有的架构更好。"一位对麦肯锡的工作十分熟悉的员工回忆道。不过,大西洋两岸仍在讨论5个不同版本的提案。史蒂夫回忆道:"委员会设计了所有提案,这个委员会,那个委员会。米歇尔仍然掌控着整件事情,再加上我们在纽约看

---

[1] 指1998年美国前总统克林顿与白宫实习生莫妮卡·莱文斯基发生性行为的丑闻。

到的情况，真是一团乱麻。我们了解这家公司是如何经营的，与杰克·韦尔奇告诉我们该如何经营公司的那一套方法完全相反，完全背道而驰。这根本毫无意义。"他接着说道："有些欧洲人希望保持原状，他们知道如果我们改变了什么，他们的地位就会下降，会比纽约人低得多。"在各种各样的草案在公司里传阅期间，米歇尔对史蒂夫表示，他可以接受这些变化，但他认为法国人和英国人接受不了。米歇尔还说，提案可能会失败，不是因为他，而是因为那些欧洲人。他们一直在兜圈子。

1998年11月的第一个星期，三家分行的控股公司拉扎德合伙人基金在巴黎召开了一系列预先安排好的会议。11月5日，米歇尔在圣纪尧姆大街的宅邸举办了一场晚宴，会议就此拉开序幕。此次季度会议，与会人的妻子也受到了邀请，因此莫琳陪同史蒂夫一起到巴黎参加此次晚宴。第二天早上，莫琳返回纽约，而拉扎德的合伙人们在巴黎分行一间温度过高的会议室里召开了会议，巴黎分行位于奥斯曼大道121号，建筑外观平平无奇。那天是星期五，史蒂夫参加了上午10点的会议。在此次会议上，史蒂夫心情复杂，三家分行全面合并这件事情既复杂又重大，而与会者却吵闹不堪，对于合伙人能否达成一致决定，史蒂夫感到十分担忧。

史蒂夫随即得出一个结论：他在拉扎德的职业生涯已经接近尾声。最近，他和莫琳一直在谈论这件事。这份工作中的挫折——米歇尔的铁腕和拒绝改变的态度——把史蒂夫拖垮了，因此当米歇尔在会议室里走来走去想让大家对草案发表意见时，他并没有抱多少期望。当其他人谈论合并应该如何进行时，他只是在记事簿上做些笔记。他想最后一个发言，他感觉到米歇尔也想让他最后一个发言。他并没有事先准备好发言稿，但当米歇尔最后叫到他时，他突然情绪激动，觉得有很多话要讲。据说，当时他慷慨激昂，强烈要求合并，而且要采用"正确的"合并方式，而不是按照麦肯锡提出的"太过狡猾"的方法，因为他们做出了各种不切实际的让步。史蒂夫发言道："我们必须成为一家公司，我们必须朝着一个方向前进，如果有一只手被绑在背后，我们就无法打这场仗。只有一条正确的路可走，那就是合并！我们必须要相互尊重。"根据一名与会人员的说法，史蒂夫发完言之后，每个人都盯着他，然后说道："你是对的，你为什么不这样做呢？我们应该抓紧干。"

突然出现的转机使得史蒂夫头晕目眩，他不敢相信有了改革公司的可能性。几秒钟之后，所有人都离开了闷热的会议室，米歇尔把史蒂夫拉到一旁，而后把他带进自己空旷的办公室里，里面只有一张长沙发、一幅珍贵的维亚尔所画的米歇尔祖父画像和一张空桌子。米歇尔带着法国口音开始说话，史蒂夫至今还能想起他说的每一个字，史蒂夫回忆道："他说：'瞧，我只有两个问题。第一，你打算怎么安排维利先生？巴黎分行现在没有人能管理公司。布鲁诺·罗杰不想管，他年纪有点大了；年轻人又都还没做好准备。这对我们有利，但维利是个问题。你知道，不管你做的决定是什么，你都应该考虑考虑维利先生。他是个好人，如果你让他下不来台，他就会离开。你应该给他弄个职位。'于是我说：'我都明白。第二件事是什么？'他说：'我！你知道，我想我还能帮上忙。'我说：'您当然能帮忙，我也希望您能帮忙。'"

史蒂夫觉得，与米歇尔的这次会谈着实奇怪，他预感到以后可能会发生一些事情，尽管如此，他还是十分愉悦。他打电话给莫琳说了发生的事情，还对她说，按照现在的情形看，他可能要实现自己在拉扎德的职业抱负了。他觉得自己再次充满活力，立即着手起草第六版《管理框架》。"我对自己说，如果我从头开始，想把这件事做好，我该怎么做？"那个周末，史蒂夫没有休息，他给自己的助理萨利·兰纳尔-蒙迪斯（Sally Wrennall-Montes）来来回回地发各种《管理框架》的版本，告诉她该如何修改和重写让人不满意的第五版草案。在史蒂夫的改革蓝图里，原先的拉扎德合伙协议将被废弃，米歇尔不再拥有绝对权力，取而代之的是，建立一个更加传统的公司管理架构。这无异于在拉扎德内部进行民主化改革。

"我计划让合伙人们推选出一个董事会，再由董事会挑选出一位CEO。"史蒂夫说，"董事会主要由做实际工作的合伙人构成，有权力解雇CEO。基本上，我时刻准备着按照合伙人们的意愿留或是走。这个提案梳理了CEO的基本职责，如果合伙人们不高兴，就可以投票让你滚蛋。"尽管合并后新的拉扎德集团（Lazard Group）不设典型的董事会，但会设一个拥有12名成员的监事会，成员包括3位"资本家"（拉扎德股权的实际所有人：米歇尔和他的妹妹，以及培生集团）和9位"做实际工作的合伙人"。监督董事会每年召开两次会议。米歇尔将成为监事会第一任主席，首个任期为5年。监事会享有许多权力，包括聘用和解雇CEO，批准公司的出售、兼并和IPO，等等，尽管米歇尔在担任主席的第一个五年任期里仍有权独自否决这些大事。

按照史蒂夫的构想，公司还将设立一个9人管理委员会。该委员会每周开一次会，由CEO主持。管理委员会决定所有员工的薪酬、晋升、聘用和解雇。而合并后的拉扎德集团的第一批高管有：董事长米歇尔、总裁兼CEO史蒂夫，还有诺曼·艾格、古尔奎斯特、梅扎卡帕、维利和布拉吉奥蒂。1998年圣诞节，史蒂夫参加了三家分行合并协议的正式发布会，并将新千年的第一天定为"全面落实的日期"。那个星期天，他将修改后的条款清单发给了相关人员。

在将条款提交给纽约分行的管理委员会时，史蒂夫还附上了一份备忘录，陈述了对自己提出的新提案的一些想法。"我在条款清单里描述的组织架构是为了弥补拉扎德集团目前存在的缺陷，以更好地应对公司目前面临的竞争威胁。"他写道。他想削弱米歇尔权威的意图已经非常明显。

史蒂夫马上就遭到了背叛。事实上，史蒂夫甚至没来得及觉察背叛的发生。星期一上午，米歇尔让巴黎分行合伙人布鲁诺·罗杰给史蒂夫的纽约办公室打电话。在史蒂夫的眼里，罗杰是一位"才华横溢的银行家，明显把米歇尔视作自己最重要的客户"。打从一开始，罗杰就在电话里向史蒂夫抱怨这份条款清单存在很多问题。他还在通电话期间用传真给史蒂夫发了一份清单，这份清单上列有所有反对意见。"米歇尔看过这份提案，"史蒂夫回忆道，"他意识到自己将会被边缘化，于是告诉布鲁诺那份提案是个坏主意，还列出了所有反对理由。他让布鲁诺打电话给我，有点像是'从巴黎分行的角度'告诉我为什么它是一个坏主意。"当然，罗杰照米歇尔的吩咐与史蒂夫通了电话。史蒂夫后来才从布拉吉奥蒂的口中得知事情的真相，布拉吉奥蒂告诉史蒂夫，米歇尔"破坏了提案"，还让罗杰当他的信使。

那一刻，史蒂夫清醒地意识到自己在拉扎德的游戏结束了。他彻底看清了，彻底失望了。"我认为米歇尔想平衡两件事情，"史蒂夫后来说道，"他想在什么对公司好和什么对他好之间寻求平衡。问题在于，什么对他好这边总是胜出。虽然我认为他知道我们得做一些像我提议的那些事情，但他从不乐意真的去做。这一刻终于来了，而在这之前他还一直在说'我喜欢这个提议'，或是'我没问题，但法国人肯定不会接受，英国人也不会'。因此我们开了那个会议。会议上，每个人都说那个提案'很棒'，就连在会议中一直很沉默、可能会反对的维利都这么说。可到了真正打算开始执行的时候，米歇尔不得不露出真面目了，他说：'这是我的问题。和英国人无关，和法国人也无关。这是我的问题。'"一位高级合伙人认为，米歇尔不希望再多给史蒂夫哪怕一丁点儿的权力，他补充道："那就是他让布鲁诺打电话的原因。"

另一位合伙人也觉得这件事难以置信，他回忆道："米歇尔向布鲁诺口授了传真内容，布鲁诺发出了传真，他甚至不否认这件事。这基本上说明这件事失败了。"与史蒂夫关系密切的盟友达蒙·梅扎卡帕还记得，自己和史蒂夫在巴黎会议后有多兴奋。在会议之前，梅扎卡帕曾告诉几个人他正考虑离开公司，他还告诉史蒂夫，如果史蒂夫能领导公司，他就会改变主意。"我们之所以兴奋是因为我们认为能把三家分行合并到一起，非常高效地经营它们，"梅扎卡帕说，"一旦合并，拉扎德的潜力实在非常巨大。"可没高兴多久，他就听说了罗杰打来的那通电话，"整件事都毁了，一切都结束了"。

对于那个星期五上午在巴黎发生的转变，戴维·维利一点儿都不高兴。他和史蒂夫一样雄心勃勃。过去10年里，他一直担任拉扎德伦敦分行的负责人，聘用了一大批才华横溢的银行家，鼓励他们取得了卓越的成绩，重振了伦敦分行。但他的薪酬不像史蒂夫那么丰厚，部分原因是伦敦分行的利润比纽约分行低得多，例如1996年伦敦分行赚的钱只有纽约分行的一半，那一年维利的收入是350万美元，而史蒂夫的收入接近900万美元。但维利喜欢为CEO们提供咨询，他仍然自豪地记得，1997年10月的一天，《纽约时报》报道称当天在欧洲宣布的6笔大型并购交易中，拉扎德伦敦分行参与了其中5笔。根据史蒂夫的说法，维利和他是"友好的竞争对手"。坦白说，维利也想当拉扎德的CEO，尽管他对搬去纽约没有兴趣——纽约是二战之后的拉扎德权力中心。维利怀抱一点希望，米歇尔会继续让他经营伦敦分行。维利蔑视史蒂夫的美国中心思维，明显说明了他不了解公司的历史，也不了解包围着两家欧洲分行的外部势力。

位于伦敦的培生集团，是英国一家大型出版综合集团，自1997年1月得克萨斯州人马乔里·斯卡迪诺成为培生集团CEO以来，该集团就一直在考虑出售其持有的拉扎德股份。1998年5月，培生以46亿美元买下了西蒙-舒斯特（Simon & Schuster）的教育出版业务之后，这个谣言再度升温。1998年11月，巴黎会议之前，米歇尔一直在和斯卡迪诺讨论有关出售的事宜。维利是培生集团的董事，他认为史蒂夫没有考虑到斯卡迪诺会对他的合并提案做何反应。此外，还有许多与拉扎德有关联的、名字听起来很滑稽的法国控股公司（一些是上市公司，一些是私人公司），都持有米歇尔（和其他人）在拉扎德的一部分股票，维利还认为史蒂夫也不了解如何才能把这些控股公司合并进来。那个上午，大家在巴黎会议上通过史蒂夫的提案击碎了维利的抱负，但维利还没试着纠正"拉特纳暴动"之前，米歇尔就已经奋起反击了。

回顾这个出人意料的事件时，史蒂夫完全明白米歇尔复杂而又明显的行事逻辑。"那个时候，他想让我走人，"史蒂夫说，"因为那次在巴黎召开的会议虽然并不激烈，但它就像法国大革命一样极具影响力。米歇尔第一次把我看作一个能纠集军队的人，他认为我不仅能在纽约纠集军队——他已经亲眼证实了这一点——甚至能在全球范围内做到，他觉得这危及了他的统治。就这一点来说，不论我为公司创造了多少收入都不重要。对米歇尔而言，他对公司的统治比公司的成功更加重要。他没有解雇我，但他对于我接下来可能会在公司里搞出什么事来感到惊恐万分。"菲利克斯已经离开了，米歇尔是公司唯一能阻止史蒂夫的人，他也确实那样做了。

当时，史蒂夫没有辞职，甚至还继续担任副CEO，因为他和米歇尔都很关心纽约分行内部的反应。"他不想让我离开，因为他知道我在纽约有很多支持者，"史蒂夫说，"他担心我一离开，纽约分行就会崩溃。"史蒂夫知道自己提出的"民主"合并提案已经失败，但合并的必要性并没有因此有丝毫的减少，他认为，自己如果能在当时的位子上再坐得久一点，哪怕被边缘化，也能对最终不可避免的合并产生一些影响。"我觉得我应该尽全力促成一个令人满意的解决方案，这对各方来说都很重要。"他说。可事实上，接下来的大约6个月时间里，史蒂夫颇有点像跛脚鸭。

例如，1999年3月，他在四季酒店第一次组织了纽约合伙人聚餐。表面上，这次聚餐是为了慰劳几位新合伙人，但当史蒂夫站起来说"真心"话时，尽管他的发言很鼓舞人心，听起来却像临别赠言。史蒂夫说道："大概在两年前，我们一起踏上了一段伟大的探险之旅，想试试能否成功地在公司里进行一些根本性的变革。"变革无关公司的商业策略和公司架构，也无关米歇尔（关于这一点，史蒂夫又说："我很感激他允许我们将这个实验进行下去，尽管有时我确定他存在一些疑虑。"）。史蒂夫还告诉合伙人们，他要着手修补合伙人之间的关系以及合伙人与公司的关系。"我们伟大的探险已经开始，首先就是要为这个房间里的人打造真挚的合伙人关系。"他说，"真挚的合伙人关系意味着互相合作，互相尊重。大家将认识到，在适当的情况下，我们联合起来协调工作的整体力量将超过仅把每个部门的力量相加起来。"

他继续发表这个话题的相关内容，却一点儿也没有把公司前两年的成功都归功于自己，他特别感谢了管理委员会成员，还对优秀的普通员工赞不绝口。"我感谢你们所有人，"他最后说道，"我知道，很多优秀的同事目前还不是这个团体的一部分，但是他们将来会从我们手中继承这家公司，他们也应该感谢你们。我们所有人一起工作吧，拉扎德纽约分行的1000多名兄弟姐妹，让我们使公司在未来更上一层楼！"当时史蒂夫的状态一流。

1999年的整个春天，史蒂夫一直在参与合并公司的讨论。4月，拉扎德合伙人们进行了一大堆讨论，但没有得出任何结果。5月的第二个星期，拉扎德在巴黎豪华的布里斯托尔酒店举行了一次会议，这家酒店就在美国大使馆附近。"这是我的最后一搏，我想做些明智的事情。"史蒂夫说。但是，"#9.2草案"与他在前一年11月提出的草案并没有太大不同，主要的区别是关于米歇尔的，而不是他或维利。在新的草案里，米歇尔将成为合并后公司的董事长兼CEO，首个任期为6年。

但是，在布里斯托尔会议上，米歇尔依然没有批准这个提案，这使得史蒂夫无法从维利或布鲁诺·罗杰那里赢得支持。"米歇尔打算将公司合并成一个无头妖怪，"史蒂夫说，"在我看来，他想做的很多事情都是错误的。我说：'瞧，如果您想那样做，那很好，但我不想参与。我想我在纽约的工作做得相当不错，我想我能这样做。我很高兴参与了一些有意义的事情，但这没有任何意义。'两年来，我一直在白费力气，现在我已经筋疲力尽。"

不幸的是，接下来发生的事情可能会让史蒂夫更头疼。因被卷入"收益燃烧"市政融资丑闻中，在证交会的指示下，亚特兰大美国检察官办公室当时正在考虑是否起诉拉扎德。自1993年12月以来，政府一直在调查这些丑闻。当时，媒体报道了马克·费伯在马萨诸塞州的违法行为，这促使美邦银行的银行家迈克尔·莱萨克给亚特兰大美国检察官办公室打了电话，向他们讲述了更大的秘密丑闻——"收益燃烧"。如果拉扎德被起诉，公司可能会面临破产。（2002年3月，安达信咨询公司被指控销毁与安然公司破产相关的文件，之后不久，该公司就倒闭了。）米歇尔非常担心真的会发生这个情况，他把这种恐惧传递给了他的合伙人们。

这是拉扎德有史以来面临的另一个极其严峻的时刻。"就像加州的地震。"卢米斯解释说。拉扎德需要说服亚特兰大检方接受这一观点：公司市政融资部门的少数银行家的行为是孤立事件，并不能表示拉扎德所有员工都可能会违反《反诈骗和腐败组织法案》。为了完成这个至关重要的任务，史蒂夫、米歇尔、卢米斯和诺曼·艾格飞到亚特兰大与检察官会面。会面之前，米歇尔独自一人待在一间套房里，其他合伙人则待在另一间套房里。然后米歇尔把史蒂夫召到他的房间，而其他人则在另一个房间里继续整理思绪、保持镇静。此次会面，拉扎德团队与检察官面谈了几个小时。"很明显，那次会谈很艰难，"卢米斯回忆道，"你面对的是一群愤世嫉俗的听众。他们非常愤世嫉俗，很难搞定。"史蒂夫和比尔·卢米斯主要向检察官们讲述了拉扎德的历史、价值观以及拉扎德如何经营业务，出乎意料的是，检察官们居然渐渐被说服。最终，拉扎德没有被起诉，双方很快达成了和解——这是第四次也是最后一次——这个困扰了拉扎德10年之久的丑闻终于靠缴纳1亿美元的罚款和法律费用解决了。

1999年4月22日，证交会宣布与拉扎德达成和解协议。根据协议，拉扎德将另外缴纳1100万美元罚款，其中750万美元交给美国财政部，剩余的350万美元返还给5家市政债券发行人，其中包括通过拉扎德发行了定价错误的证券的西雅图、匹兹堡和印第安纳波利斯。与拉扎德达成的和解是"联邦政府在收益燃烧丑闻上第一次与一家主要的华尔街公司达成全面解决方案"。最终，21家华尔街公司总共花费1.71亿美元与证交会达成和解，解决了"收益燃烧"丑闻。拉扎德死里逃生。正如拉扎德一位前合伙人所说，美国司法部已经了解到拉扎德的一位合伙人销毁了与该丑闻相关的重要文件，但在达成和解的过程中，司法部选择忽略这一事实。卢米斯说，拉扎德差点被起诉。史蒂夫也不确定公司有多接近于被起诉。"整个市政丑闻事件增强了我的信念，那就是拉扎德传统的管理方式让公司的生意无法再继续进行下去。"史蒂夫说。

米歇尔极其不安。事实上，在困扰公司的所有丑闻中，市政丑闻给米歇尔造成的伤害最深，虽然他在很大程度上应该对此事负责，因为管理市政融资部门的人是向他汇报工作的。"这件事让我非常受伤，有那么多人认为那是做生意的唯一途径，"米歇尔说，"但显然并非如此。那是个很糟糕的方法。他们竟然以公司的名义做'不正当生意'，我个人对此感到非常伤心、厌恶……公司里有许多人都在盯着这件事，我不是在为自己开脱，我觉得我有责任。但是出于显而易见的原因，我很少关注这个领域。市政和美国当地的政治生活息息相关，我不是美国人，我不能算作其中一员。"

米歇尔列出了他认为应直接对此事负责的人员名单，除了费伯和波里尔之外，还有德尔·吉迪斯——"菲利克斯聘用了他"，"负责该部门"的梅扎卡帕，以及市政部门的长期合伙人。"那件事真的让我很恼火，"米歇尔说，"真的很严重。我们原本可能……我是说，如果一家公司被起诉了，它就完蛋了。"米歇尔还说，在这个丑闻刚刚爆出来的时候，他想承认错误并交出公司里负责此事的人——这个想法跟卢米斯在1993年9月提出的建议很相似。"我清楚地记得，当我第一次知道市政问题时，就在那个周末打电话给我们在周五才挑好的律师。我说：'为什么不说我们做错了？为什么我们不说，瞧，公司里的一些员工做错了事。如果客户认为自己受到了伤害，我们会和对方解决这个问题。'但那个律师说：'您一定是在做梦吧。不能那么做。您不能那样做。'真是太有意思了。这件事完全是人为的，我时刻准备说'我们错了'，可他们却想让我闭嘴。"

到此时此刻，史蒂夫准备放弃副首席执行官一职就一点也不奇怪了。史蒂夫和卢米斯进行了一次谈话。尽管卢米斯自我放逐多年，但是鉴于前两年高层合伙人纷纷离职，他实际上是纽约分行中唯一能接替史蒂夫的合适人选。4月23日，也就是拉扎德解决了"收益燃烧"丑闻的第二天，史蒂夫和卢米斯一起吃了一顿午餐后，给卢米斯写了一封信："在我们共进午餐后，我感觉你我之间的关系越来越好了。我非常高兴地从你那儿得知，无论发生什么事情，我们都会互敬互爱。不论事情如何发展，我都会继续竭尽全力支持你。"当时，史蒂夫正在考虑何时辞职，而卢米斯设法说服他暂时先别离开。

但是几个星期后，史蒂夫告诉卢米斯："忘了这回事吧。"阵亡将士纪念日[1]假期前后，为了解决管理危机，纽约分行再次陷入疯狂的混乱之中。6月7日，拉扎德准备解释公司的有关变动。米歇尔宣布，史蒂夫"决定不再担任纽约分行副首席执行官"一职，比尔·卢米斯将接替其职位，任命从9月1日起生效，而史蒂夫今后只担任公司副总裁。米歇尔还宣布，三家拉扎德分行打算"合并成投资银行界的一股全球性力量"，而这个过程需要6到9个月的时间。实际上，拉扎德将再次从头开始讨论三家分行的合并事宜，但这次由米歇尔亲自指导讨论。虽然合伙人们没有挑开说，但大家都心知肚明，谁要是想削弱米歇尔的权力，就等着被流放

---

[1] 5月的最后一个星期一。

到西伯利亚吧。对此，一本杂志刊登了这一大字标题："要么服从大卫－威尔，要么卷铺盖走人"。

拉扎德发出的新闻稿掩盖了公司里真实发生的一些饶有趣味的事情。"尽管我们十分希望史蒂夫继续担任副首席执行官，但我们下一阶段的工作是整合全球性业务，我们理解并尊重他希望从该运营职责中抽身的愿望。"拉扎德宣布，"此次管理层的变动，将使史蒂夫能继续维持本公司最资深银行家的地位，此外还能让他追求投资银行业务以外的其他兴趣。"

史蒂夫的"退位"和拉扎德的合并计划成了重磅新闻。整个20世纪90年代，可能除了菲利克斯，美国还没有哪一位投资银行家像史蒂夫那样将自己的公众形象打造得如此知名与成功。史蒂夫像为客户提供大型合并交易咨询一样营销自己的职业生涯，手段十分高明，20年来，逐渐成了他那一代奋发进入华尔街的代表人物。他的职业生涯几乎可以用平步青云来形容，难道现在突然就毫无起色了？ 培生集团持有一半股权的《经济学人》披露，合并宣言是米歇尔"在消息泄露后"于6月7日"仓促公开"的，但该杂志也认为米歇尔"一直梦想着合并三家分行"。《经济学人》还妙语暗示，培生集团持有的拉扎德合伙人基金的股票估值在3.5亿到4亿英镑之间，可以轻易换取米歇尔持有的培生集团7%的股份——价值约5亿英镑。《商业周刊》报道称，米歇尔"再次失去了一位经过精挑细选的继任者"。

但是像往常一样，米歇尔对此持乐观态度。"想不到一个小小的内部决定居然引起了这么多的媒体报道。真是件怪事。"他说，"拉扎德拥有极其强大的品牌，蕴藏着不可思议的神奇力量。一直以来我们都刺激着大家的神经，因为我们从未真正改变过什么。我们自始至终都在思考一个问题：我们怎样才能保持竞争力？"关于长期存在的继承人问题，米歇尔像往常一样说，合并之后将会更容易解决，并且"在未来几年里"会变得明朗起来。他说："公司建立一个统一的架构之后，从中找到一位CEO或主席来管理公司，要比我们试图让一个人接替我来经营几家独立的公司要容易很多。我之所以能做到这一点，是因为我是公司的主人。"

拉扎德许多年轻的合伙人在史蒂夫身上倾注了对自己前途和对公司未来的雄心壮志，因此史蒂夫的退位给了他们重重一击。"有相当多的人——就像几年前巴黎分行的梅西耶一样——认为史蒂夫的管理给公司带来了新鲜空气。"一位前合伙人说。但也有人认为史蒂夫作为领导者是失败的，他本应该采取任何必要的方式组织一条变革联合阵线来对抗米歇尔。"所有试图凭借一己之力与米歇尔抗衡、试图改变米歇尔的方式的人都不会成功。"路易斯·里纳尔迪尼解释道——他是持这种观点的代表人物，"我认为米歇尔不会主动改变，他是一个非常聪明的人，而且根据合伙协议，作为高级合伙人，他手握全部权力。我觉得米歇尔的想法肯定是：'真是滑稽。如果我想改变，早就改变了，还有什么可讨论的？ 我不想改变。我只想按照目前的方法来管理公司。'我认为这很明显。我觉得，从这个角度来看，米歇尔的想法虽然有误，但他是诚实的。"

里纳尔迪尼继续说道："因此，如果说可怜的小史蒂夫·拉特纳应付不了，我认为这种说法不公平……米歇尔清楚自己想做什么，他做的事情正是他想做的事情，合伙人协议也给了他能这么做的所有权力。这样三番五次之后，你就知道他能这么做并非完全靠自己的力量，这就像查理·布朗（Charlie Brown）和橄榄球[1]。但当米歇尔第三次把橄榄球踢出来时，你就应该知道他下一次还会这么做。"

史蒂夫承认里纳尔迪尼的说法在某些方面还是有道理的。"我第一

---

[1] 查理·布朗为查尔斯·舒尔茨创作的《花生漫画》中的卡通人物。因为总是中露茜的圈套，查理·布朗在漫画里没有踢中过一次她手中的橄榄球。虽然经常遭遇这样那样的不幸，查理却屡败屡战，虽时有抱怨，但绝不放弃。这里比喻米歇尔像查理·布朗一样绝不放弃打压任何试图削弱他权力的人。

次管理银行业务时，手里的工具只有实际做这项工作所需工具的1/4。我做得不太好，但我认为当时也没人能做成这事。我当时就想，如果我当上了副首席执行官，我可能拥有做这项工作所需的一半的工具。"

米歇尔说他和史蒂夫的关系并不好。"他和我相处得不太融洽，"米歇尔说，"我认为这不是我的错。我也不是说这是他的错。生活就是这样。我想我让他心烦意乱。"米歇尔清楚地意识到了史蒂夫的设想威胁到了他的权力。当史蒂夫在1998年6月随口说出拉扎德应该考虑IPO的建议时，他就意识到了这一点。1998年11月，在巴黎分行那个湿热的会议室里，他肯定再次意识到了这一点。米歇尔认为，史蒂夫和他那一伙人最终想要强行卖掉公司。米歇尔的一个朋友在《欧洲货币》杂志中总结了他的想法："米歇尔知道那就是史蒂夫想要的。一旦他知道了，就认定史蒂夫是他的敌人，就得除掉他。他也确实这样做了。史蒂夫挑起了战争，却以失败告终。当史蒂夫身后聚集了一些支持者之后，他觉得与米歇尔争夺权力的机会来了。一些人看到了赚大钱的可能性，于是怂恿他这么做。我猜想，这些人的内心深处是这样想的：'如果我们真的想在这里赚大钱，就要卖掉这家公司。'从某种程度上来说，这其实导致了混乱，因为经济利益最大化根本不是米歇尔的最终动力，他从来就不是一个纯粹的商人。"

史蒂夫也承认，他本来可以做一些不一样的事情，但不会太多。他否认想完全卖掉公司的想法，他说自己的目标只是想实现公司现代化。史蒂夫在公司内部的支持者们也认为，在米歇尔搞得史蒂夫元气大伤之前，他确实只做了这些。"现在回想起来，我或许原本可以跟他相处得更愉快一点，但我不确定这样做有没有效果。正如卢米斯所证实的，你只有两种选择，"史蒂夫说，"要么站在合伙人那边，要么站在米歇尔那边，别想站在中间两边都不得罪。而我选择了和合伙人们站在一起。"

第十七章

"他点燃一支硕大的雪茄，对着我们的脸喷云吐雾了半小时"

虽然距离史蒂夫离开拉扎德还有9个月的时间，但在6月7日晚举行的新闻发布会上，他还是向拉扎德临时聚集起来的员工发表了"告别演讲"。他告诉同事们自己即将离开，"很遗憾我无法与大家一起走完这段旅程"。他解释说，他离开的原因"很复杂""难以描述"，其中包括他希望在工作与家庭之间取得更好的平衡，以及他在职业上遭受的挫折（不过他从未公开批评过米歇尔，事实上，他还把"过去两年取得的成功"都归功于米歇尔）。然而，将矛头指向米歇尔并没有错。"我希望你们都能感受到，"史蒂夫说，"过去两年里，我所做的一切并非为了我自己，而是为了公司。自从接手这份工作以来，我就从来没有为自己要求过任何东西，没有要求更高的薪酬，没有要求更重要的头衔，也没有要求公众的认可……我只是想探寻振兴公司的方式。我不会因为在探寻过程中求胜之心太盛而道歉——这是属于胜利者的行业。"讲话即将结束时，史蒂夫还对新近盛行的合伙人精神表达了深深的感谢之情，并明确表示，他希望在自己离开后公司能继续取得成功，不要"陷入混乱"。"你们给了我太多的帮助，如果日后我能以任何方式报答你们，我希望你们可以毫不犹豫地来找我。"他最后说道，"我深怀感激，希望你们未来一切都好。我永远不会忘记我们共处的时光，我衷心地感谢各位给了我为你们服务的机会。"

在接下来的几个星期里，史蒂夫给"100位最亲密的朋友"写信解释了自己的"声明和未来的打算"。他之所以这么做，部分原因在于希望获得"共鸣"。"我将去哪里，老实说我也不清楚。"他在信中写道。

他还补充道，他没有给这个过程设置截止期限，也没有做任何预设。"但在过去几天里，我接到了很多有趣的电话，其中包括一些我从未想到过的人打来的。"他继续写道，"我可能最后会在商界做点别的事情，也许会去一家企业。此外，非营利领域对我也有吸引力（在政府任职绝不是我唯一的兴趣，甚至未必是我最感兴趣的）。"与此同时，年薪超过1500万美元的史蒂夫再次开始做交易。他再次担任自己在康卡斯特公司的朋友布赖恩·罗伯茨的代理人，并以90亿美元的价格帮助康卡斯特公司从第一媒体（MediaOne）手中收购了一些优质的有线电视资产。康卡斯特公司初次打算收购这些资产时，被美国电话电报公司挫败了整个计划，导致这些资产落到了对方手中。此外他帮助CMP媒体（CMP Media）以9.2亿美元的价格将公司出售给了联合新闻媒体公司（United News & Media）。1999年成了史蒂夫最赚钱的年份之一。

对于比尔·卢米斯再次上位这件事，史蒂夫并不感到惊讶。"从米歇尔的角度来看，这完全符合逻辑，"史蒂夫说，"他把我视作威胁，把比尔当成朋友。看到在我身上发生的事情之后，他只想找个完全忠于他的人，而比尔把米歇尔视为自己的客户。"但其他拉扎德的老员工对此很不高兴。有人说，当他得知米歇尔任命卢米斯接替史蒂夫后觉得"难以置信"，因为卢米斯只是一个对米歇尔"唯命是从的人"，他"一事无成，却很走运"。史蒂夫不说废话的实用主义再次被卢米斯莫名其妙的说教打败了。卢米斯的说教充满了米歇尔长期持有的戴高乐主义[1]的观点（如今已被卢米斯全盘采纳），即拉扎德不仅仅是一家特别的公司，它本身就是一种独特的想法。

同样是在6月，卢米斯在一次合伙人会议上进行了第一次说教。"我在1978年第一次目睹了关于拉扎德的构想，当初的构想已经成为现实，"

---

[1] 戴高乐主义的核心观点是独立自主，这里是说米歇尔一直抱持公司的独立性、私人化，不寻求上市，而史蒂夫提出的所谓的"民主"改革与其不符。

卢米斯表示，"那一年，米歇尔凭借自己的远见卓识重振了拉扎德。"卢米斯还说，这种远见使得拉扎德的净收入从1978年的约500万美元增长到1998年的5亿多美元。最后，卢米斯对史蒂夫表示了感谢，还说道："现在就看我们的了。我们能成功，还能从中得到乐趣，我们能放开手脚去做点不一样的事情。作为拉扎德的合伙人，我们可以做任何事情。"

　　一位合伙人毫不留情地指出，米歇尔指示卢米斯用"米歇尔的方式"合并三家分行，来满足他的"王朝野心"。值得注意的是，米歇尔没有让卢米斯成为自己的继任者，甚至没有让他成为公司CEO。虽然同为公司的干将，卢米斯显然无法替代菲利克斯和史蒂夫，尽管他与这两人同样神秘。毫无疑问，卢米斯听命于米歇尔。他告诉合伙人们，他不仅要把时间花在客户身上，还要投入大量精力成功合并三家分行。

　　要合并三家分行以创建米歇尔所谓的"一体化公司"，合乎逻辑的第一步是，在有可能的情况下，收回未被米歇尔或拉扎德合伙人持有的拉扎德股份。他们不希望有任何第三方出来阻止米歇尔的"王朝"计划，这里的第三方指的就是培生集团。显然，拉扎德需要从培生集团手中回购其持有的拉扎德合伙人基金50%的股份，这些股份被转化成拉扎德伦敦分行50%的股份，纽约分行7.6%的股份，以及巴黎分行8%的股份，而这也是拉扎德早已有之的计划。曾有一段时间，许多拉扎德合伙人认为培生集团最终会买下整个拉扎德。但是斯卡迪诺不这么想，她想变卖培生集团的外部资产，让公司专注于出版业。斯卡迪诺的盘算很简单。她告诉拉扎德的银行家们，培生集团不会阻碍三家分行的合并，她只是想让拉扎德全价购买培生集团持有的拉扎德股份。"那个时候，一大笔钱开始转移出去。"维利说。

　　1999年6月，就在米歇尔告诉《商业周刊》杂志他希望培生集团能作为拉扎德的股东"留下来"的3天后，拉扎德和培生集团宣布双方已达成交易，在此之前没做任何宣传。与斯卡迪诺协商之后，米歇尔同意通过其在法国的欧瑞泽私募股权基金以4.10亿英镑或6.49亿美元现金的初始价（后来减到3.95亿英镑或约6.25亿美元），外加1500万英镑的股息购买培生集团持有的拉扎德股份。两人的谈判是在米歇尔位于第五大道的公寓里进行的，当时他们就坐在高雅的书房里的沙发上，沙发上方悬挂着毕加索1932年创作的名画《睡觉的裸女》。多年后，米歇尔指着这幅他认为价值已经远远超出1000万美元的毕加索画作谈起了斯卡迪诺："她一直在说，'瞧瞧，如果您把这幅画给我，我的开价就大不相同了'。"付给培生集团的价格如此之高，意味着拉扎德的估值达到了约37.85亿美元。这种估值方式后来成了众所周知的"培生价格"。拉扎德没有上市，因此对于那些想私下出售所持有的拉扎德股份的董事总经理（不论是常任的，还是有限的）来说，"培生价格"就是重要的法定估值基准。当时，巴黎里昂信贷银行的一位分析师在对比了拉扎德与其竞争对手的收入之后，给拉扎德的估值是51亿美元。维利认为，与培生的谈判"坦率地说，相当痛苦"。作为交易的一部分，他和米歇尔同意离开培生集团的董事会。

米歇尔不像安德烈那样，只将艺术视作舞台布景的一部分，一直以来，他都对艺术品和艺术品收藏充满热情。毫无疑问，米歇尔继承了其祖父对艺术的热爱，虽然不像其祖父那样每天都有购买艺术品的冲动——毕竟，相对而言，当今艺术品价格比80年前高出许多，即使是像米歇尔这样拥有大量财富的人，也不得不小心谨慎。"（艺术品）经销商的反应很迅速，"米歇尔解释说，"当他们知道你在市场上的行动减少后，他们就会大大减少邀请你的次数。而一旦你再次在市场上活跃，他们又会再次频繁地邀请你。"每当有机会阐述自己拥有的世界级艺术品收藏时，米歇尔就变得相当健谈，他的收藏品每年都被《艺术新闻》（*ART news*）杂志列为全球200个最佳艺术收藏之一。"当你看到米歇尔正在看一幅画或谈论一幅画时，他不仅仅是在了解它，"艺术品经销商盖伊·威尔顿斯坦（Guy Wildenstein）解释说，"是的，他有着惊人的知识储备，但他不只是在调用自己的知识储备。你可以看看他是怎么看画的——我可以说，他看画就像罗伯特·派克（Robert Parker）[1]品尝葡萄酒，你明白吗？ 他每分钟都在享受……他有能力购买一些非常昂贵的东西，但他也会买一些不是很贵的东西，只因为他喜欢。他唯一的标准就是自己是否喜欢这样东西。他买艺术品不为投资，不为跟随潮流，也不为给来访者留下好印象。他买下一样东西只是因为他喜欢。这真的非常重要。"

米歇尔位于第五大道的公寓可以俯瞰中央公园，置身其中，犹如来到了一个兼收并蓄、非常独特的小型私人博物馆。墙上挂着华贵的挂毯，地上铺着豪华的地毯。内置灯照亮了法国文学巨著的第一版纸质书以及不为人知的古董。每一样东西都经过千挑万选，连细节都无可挑剔，只有真正的富豪才能做到这一点。从放古巴雪茄的银质雪茄盒到火柴盒上的家族徽章，每一件东西都恰如其分。当然，对于公寓里的豪华藏品，米歇尔表现得很谦虚。"你要明白，我不认为自己是个收藏家，"在我们参观他公寓里的一部分藏品时，他如此说道，"我觉得自己就是个业余爱好者。两者的不同之处在于，我会想办法把我自己觉得美丽的和我喜欢的东西摆在身边，我认为它们摆在一起很和谐。它们各有渊源，以不同的形式呈现艺术，提升了你的思想和感受。有两个法语单词可以来形容这种感受，我不知道该怎么把它们翻译成英语：愉悦和优雅。这是创造带来的愉悦和优雅，感觉上带有一些宗教气息，是外部给予你的东西。这就是我试着去做的，一部分源于我受过的训练，一部分源于家庭熏陶，还有一部分源于我在博物馆的工作经历。我的品味非常多元，收藏带给我很多乐趣，但我也遇到了很多困难。"

和做所有的决策一样，米歇尔在购买艺术品时几乎从不征求别人的意见。"不论对错，我喜欢自己做选择，"他解释说，"我买的东西必须能唤起我的某种情感，我很少问别人的意见……可能我完全错了，但是我对自己的感觉有一定的信心。有时我会很开心。比如说，大都会"——

---

[1] 1947年至今，美国葡萄酒评论家，被世人誉为欧美地区的"红酒教父"。

他于1984年加入了大都会董事会——"曾经有一幅非常棒的中年圣母画像，我（对策展人）说：'它很漂亮，但我不知道为什么她头上的皇冠让我有点不太自在。'结果那个家伙说：'噢，是的，那是1900年才加上去的。'我很高兴我能凭直觉感受到有些东西并不是完全正确的。"

一想起祖辈的艺术藏品的悲惨遭遇，米歇尔就会情绪激动，尤其是他父亲和祖父的艺术藏品曾遭纳粹洗劫。"祖父的品位一直令我印象深刻，"他说，"他是一位伟大的收藏家。因此我时不时就会把一些原本属于他的东西再买回来。"他曾从一位经销商手里买下一块1932年出产的俄罗斯水晶，这块璀璨的水晶是经销商在他祖母去世后买下的。他还有一些来自亚洲大草原的老古董：公元前1500年前后来自现今伊朗西部洛雷斯坦省的一个马衔扣；公元前2800年苏美尔人用来建造寺庙用的纪念钉，上面记载着当地的历史。他还有一张让·奥诺雷·弗拉戈纳尔的素描《白牛》（曾为其祖父所有）。《白牛》油画的真迹曾为米歇尔的祖父所有，后来传给了他的父亲皮埃尔。皮埃尔去世后，米歇尔和妹妹继承了这幅油画，并将它捐给了卢浮宫。米歇尔说："所以后来当我看到这张素描时，我就把它买回来了。"米歇尔还有一幅亨利·德·图卢兹－罗特列克（Henri de Toulouse-Lautrec）的肖像画，画的是第一位能辨认法国银器上标记的法国人。米歇尔的祖父热衷于银器收藏，十分喜欢这幅画的主题，因此买下了这幅画。如今米歇尔是这幅画的主人。米歇尔的祖父收藏了大量银器，一部分到了米歇尔手里，其中有一套非常珍贵的路易十四时期的银质餐具。这类银质餐具很少流传下来，因为大量的银制品都被融化了，用于支持法国众多的军事行动。这套讲究的银质餐具是一个英国家族保存下来的。"因此我认为这是现存的唯一一套路易十四时期的典型银质餐具。"米歇尔说。公寓的餐厅里还有两幅曾属于他祖父的莫奈画作。而他的卧室里挂着一幅弗拉戈纳尔的欢快的画作，画的是一位正在看情书的少女。"我喜欢乐观的事物，"米歇尔解释说，"我不喜欢破坏性的艺术。"这幅画原先为米歇尔祖父所有，后来被弗里茨·曼奈海默（Fritz Mannheimer）买走，可能和他买下夏尔丹的画作《肥皂泡》（*Soap Bubbles*）时间相同。曼奈海默去世后，将弗拉戈纳尔的画作留给了妻子简·恩格尔哈德（Jane Engelhard）。米歇尔礼貌地恳请恩格尔哈德将那幅画卖给他，如果她愿意的话。恩格尔哈德后来同意了。如今，《肥皂泡》挂在大都会博物馆里。

　　显而易见，米歇尔收藏艺术品的一个方向是不断地努力回收其祖父的藏品，此外还有一个同样清晰的收藏主题，那就是情色作品。在他的书房里，就在他最喜欢的那张焦糖色山羊皮长沙发上方的墙上，挂着毕加索的名作《睡觉的裸女》。这幅画以立体主义的手法描绘了一位正在睡觉的裸女，画面细腻优雅，是众人争相收藏的珍品。他是为自己买的。"我买了这幅画，我认为它非同凡响。毕加索的作品就是纯粹的愉悦享受，"米歇尔说，"是对女性身体之爱的狂欢。"米歇尔认为，"对人体的热爱"是西方艺术赖以构建的支柱之一。他这样解释了艺术史上人体呈现方式的演变："在呈现人体的同时还能呈现它的方方面面，真是太奇妙了。"接着他指着最近一幅收藏品说："自从我没赚钱后，我的购买量急剧下降。"这是一幅安格尔的裸体女人小画，刚好可以放在书房里长沙发和椅子之间的一张茶几上。"非常非常迷人，也比较色情。"谈到安格尔的这幅画时，他说道，"他的每一幅画或者说许多画都有故事。这一幅画很有可能是为一位住在巴黎、偏好色情作品的土耳其人创作的。他曾收藏过安格尔的《土耳其浴室》和居斯塔夫·库尔贝（Gustave Courbet）[1]的一幅名作《世界的起源》。《世界的起源》描绘的是一位女性的性器官，现在被收藏在巴黎奥赛博物馆里。有趣的是，库尔贝受人委托画了这幅画，后来却到了画家德加手里。"米歇尔的祖父曾收藏过《土耳其浴室》，现在这幅画收藏于卢浮宫。毫无疑问，《土耳其浴室》

---

[1] 1819—1877年，法国画家，写实主义的代表人物。代表作包括《戴贝雷帽系红领带的库尔贝》《世界的起源》等。

和《世界的起源》是19世纪法国艺术史上最色情的两幅作品。

米歇尔对情色作品的喜爱，可以在他的卧室和卧室后面的更衣室里找到更多例证。他的床边有一幅让-安东尼·华多（Jean-Antoine Watteau）[1]的作品，他指着这幅画说："这幅画也非常迷人。你看这个家伙正大胆地向女孩求爱，他把手放在女孩的胸脯上。女孩不是很害羞，没有反抗，只是有点害羞。同时华托在背景上做了相反处理。女孩把手搭在男人的身上，由此制造了一种华托式的神秘色彩。我喜欢法国画的原因之一是，画中的所有女性看起来都很聪明。而在大多数其他国家的绘画中，女性都显得非常愚蠢。在法国画里，特别是18世纪的法国画，她们总是显得聪明伶俐。"更衣室也是米歇尔看电视的地方，里面挂着一幅巴尔蒂斯的巨大少女画。"在我看来，它画的是一个少女，少女知道自己正在慢慢变丑，"他说，"当然，这根本不是一幅色情画，对吧？它让人心碎。"旁边是一幅勃起的裸体男性画像。"那是一幅色情作品，一个德国超现实主义画家的作品。"正当我们转身准备回客厅时，他连忙说道。

一个月内，史蒂夫下台、米歇尔和斯卡迪诺谈判成功，这两件事情使大家清楚地意识到——如果之前有人还存在任何疑问的话——米歇尔重新牢牢掌控住了拉扎德。不过，作为与培生集团交易的一部分，米歇尔首次为自己制定了退休时间表：他担任拉扎德CEO到2005年，也就是他73岁时。届时，他将担任董事会主席，并任命一名接班人，虽然这个人是谁现在尚未可知。"一旦你开始考虑退休，你也许真的该退休了。"他当时对《机构投资者》说道，"不过在我们合并三家分行期间，没人可以取代我的位置，因为只有我知道如何才能把这些碎片拼凑在一起。"

他一再反复说明，三家分行合并后，找到新的领导人会变得更加容

---

[1] 1684—1721年，法国洛可可时期最重要、最有影响力的一位画家，代表作《舟发西苔岛》《热而桑的画店》等。

易。"只要合伙人们觉得合适就行。"他说。尽管米歇尔虚张声势地夸大自己的重要性，但他仍在继续四处寻找下一位"大师"。据说，当时他甚至把手伸向了菲利克斯，邀请菲利克斯作为资深前辈回到公司。"我和米歇尔是老朋友了，我希望他能有好运，但是我们没有讨论过这个话题。"身为大使的菲利克斯如此告诉《机构投资者》。但事实并非如此。他们曾不止一次地在大使馆官邸谈到菲利克斯回拉扎德的话题。米歇尔一直建议菲利克斯重回拉扎德，在将来的监事会任职，但菲利克斯认为这简直是在侮辱他，拒绝了米歇尔的请求。

与此同时，公司里的合伙人们开始担忧合并将会如何进行。尤其是纽约的合伙人越来越关注这个问题，因为长达10页的合并提案里并未阐明全球利润如何分配。"在纽约分行，大家都恐惧薪酬问题。"一位合伙人解释道。米歇尔却说："我认为合伙人们都会觉得这是一个很大的进步。"卢米斯劝说合伙人们不要紧张，耐心等待合并细节出来。他说："不解决这个问题，合并公司就是在自杀。"

然而，坏事最终还是发生了。这个持续最久的威胁来自拉扎德外部，而且似乎超出了米歇尔的控制。在拉扎德长期合伙人、人称"法国的菲利克斯"的安东尼·伯恩海姆的帮助下，47岁的法国企业家兼投资人文森特·博洛雷（Vincent Bolloré）在1999年春末（就在拉扎德与培生集团的交易最后敲定并宣布期间）开始悄然大量收购里昂皇家街公司（Rue Impériale de Lyon）股份。里昂皇家街公司是米歇尔和几个法国合伙人花费多年心血创立的4家法国上市控股公司之一，持有拉扎德股份。博洛雷对米歇尔轻易达成的所有权计划（一年多后才会公开）发起了进攻，使得拉扎德问题变得更为复杂，同时也影响到了米歇尔对拉扎德的控制权。"他被自己的角色和传奇困住了，"博洛雷在瞄准了敌人之后说道，"他的团队将来可能会面临一些问题。"伦敦的一家报纸把这场斗争描述成"就像罗马市议会对梵蒂冈发出了清拆令"。

博洛雷身上一直带着法国20世纪80年代公司掠夺者的风格，但与大多数掠夺者不同的是，他拥有自己的企业帝国。伯恩海姆建议博洛雷投资几家欧洲私人投资银行，对拉扎德的间接投资只是其中一笔，他还投资了罗斯柴尔德和米兰投资银行。伯恩海姆鼓动博洛雷投资拉扎德显然是出于私心，其中一个原因是，在意大利忠利保险公司（Generali）于1999年4月免去他的主席职位时，米歇尔没有挺身为他辩护，他觉得自己受到了冒犯；另一个原因是，1998年6月在大都会博物馆举办的拉扎德150周年纪念派对上，米歇尔没有感谢他对公司做出的贡献，对此他也耿耿于怀。不过米歇尔否认了他与伯恩海姆关系不和。"伯恩海姆先生确实喜欢博洛雷先生，并与他走得很近，"2000年11月，米歇尔对伦敦的一家报纸编辑说，"话虽这么说，但安东尼·伯恩海姆对拉扎德和我都是绝对忠诚的。"

1999年夏天，博洛雷史无前例地下了一笔赌注——拉扎德的控股公司将会进行重组，他这么做是为了大赚一笔。据他估计，那些控股公司重组后，股票估值大约只有其账面价值的75%，是一个极好的套利机会。除此之外，他还密切关注拉扎德神秘的公司管理制度，这与他当初投资罗斯柴尔德和米兰投资银行时的做法如出一辙：随着欧洲共同市场不断发展和成熟，欧洲公司所有权的相关规则开始越来越接近美国的规则，即变得更为简单。拉扎德的公司架构几乎是所有公司中最为复杂的。他决定通过买入大量的如同木质俄罗斯套娃般环环相扣的公司股份后，催生一场变革。他的想法是，如果他成了米歇尔非常讨厌的人，那么这个老头就会一如往常地想办法让他走人，届时他的第一个愿望——大赚一笔——就能部分实现了。

博洛雷下的这个赌注是明智的，事情的发展正如他所料。里昂皇家街公司间接持有拉扎德15.8%的股份，他用约3亿欧元资金逐渐买入了里昂皇家街公司31%的股份。不过，事实证明，在博洛雷投资里昂皇家街公司的前几年，瑞士联合银行集团负责自营交易的英国人乔恩·伍德

（Jon Wood）似乎更为聪明，他也打着和博洛雷完全一样的主意，买入了拉扎德控股的上市公司的股票。"多年里，米歇尔·大卫－威尔和他的朋党一直在阻碍法国分行的发展，"伍德说，"他们非常差劲，完全以自我为中心，连买面包的钱都不会施舍给别人。"在博洛雷投资之前，瑞银一直对其投资拉扎德的行为保持沉默，而实际上它已经拥有拉扎德三家控股公司相当可观的股份。伍德说博洛雷是"一个非常有趣的人，肯定会支持我们计划要做的事情"。伍德开始在背后对米歇尔步步紧逼，迫使他简化公司架构、合并部分公司或回购股票。他发起了一场圣战。"有些人可能会说，我们的使命就是让欧洲公司所有的不规范行为全部消失，让股东们获得公平的股价。"伍德告诉《福布斯》杂志。

接着，博洛雷开始买入另一家拉扎德控股的上市公司欧瑞法国的股票，以补充他拥有的里昂皇家街公司的股份。米歇尔感到四面楚歌，于是邀请博洛雷到他的"风中"别墅一谈。米歇尔劝博洛雷立即卖掉股份，因为他认为这是一笔糟糕的投资。米歇尔还气愤地告诉博洛雷，他通过另一家私人控股公司奥斯曼·佩西耶公民社会公司（Société Civile Haussmann Percier）将他与拉扎德四大创始家族之间的股东投票协议延长了10年。"我不在乎协议，"博洛雷说，"协议是可以违背的。"博洛雷没有被米歇尔吓倒，相反，他探到了新的机遇，买下了更多里昂皇家街公司的股票。他说他决心"分解拉扎德帝国，把它的各个部分卖给出价最高的竞标者"。

2000年夏天，米歇尔会见了一些机构投资者。9月，一位当时在场的投资者告诉《福布斯》杂志："他极其傲慢，不给我们任何帮助。他点燃一支巨大的雪茄，对着我们的脸喷云吐雾了半小时。他对我们置之不理，就好像我们是无关紧要的人。事实上，多年来我们一直是他公司里的大股东。"米歇尔还给瑞银董事长马塞尔·奥斯佩尔（Marcel Ospel）写了一封私人信件抱怨伍德，要求奥斯佩尔管好自己的交易员。但奥斯佩尔拒绝听取米歇尔的建议。法国知名的股东激进主义人士索菲·拉赫利亚斯（Sophie L'Hélias）——其客户拥有拉扎德控股公司的股份——对《福布斯》直言不讳："这个王国没有正义和公平。大卫－威尔和他的追随者们利用控股公司来让其合伙人的腰包鼓起来，却牺牲了股东们的利益。"

2000年11月，为了化解博洛雷造成的危机，米歇尔再次邀请他到巴黎共进早餐。谈到与米歇尔的这次会面时，博洛雷说："他不是很高兴。他不相信我居然敢买入那些股票。"米歇尔边吃早餐边和博洛雷讨论将欧瑞法国与另一家拉扎德控股的公司艾泽基金合并，成立欧瑞泽基金公司的计划（后来这一计划实现了）。米歇尔是在伯恩海姆的建议下与博洛雷共进早餐的，他对此次会面的看法是"买股票显然是博洛雷的权利。但他在买入大量股票之前，没有跟我或里昂皇家街公司的管理层有过任何接触"。

在衡量了博洛雷的能力之后，米歇尔意识到自己处于劣势，于是向法国各界的高层朋友们寻求帮助。他首先联系了欧瑞法国，欧瑞法国提出以每股90欧元的价格买断艾泽基金，几乎是艾泽基金一年前交易价格的两倍；接着，米歇尔联系了法国大型银行——法国农业信贷银行，在此之前，拉扎德通过爱德华·斯特恩与该银行共同成立了一家衍生金融产品合资公司CALFP。2000年11月底，在米歇尔的推动下，法国农业信贷银行开展了人称"绿票讹诈"（greenmail）的行动，以5.95亿欧元的价格从博洛雷手中买下了里昂皇家街公司的股权。博洛雷仅用了18个月，就获得了近2.90亿欧元的利润。"米歇尔成功"摆脱了博洛雷，拉扎德合伙人阿德里安·埃文斯（Adrian Evans）对此表示肯定。不过，也有人赞赏博洛雷的胆识。"天才知道如何把握机会。"伯恩海姆如此评价他的这位客户。博洛雷自己补充道："可以说，除了我没有人敢对大卫－威尔这么粗鲁。"伍德之前批判过欧瑞法国和艾泽基金合并方案中的估值，在米歇尔同意让欧瑞法国回购一些股票以抬高自身股价后，伍德也同意与米歇尔休战。瑞银没有参与法国农业信贷银行的交易，据说他们对博洛雷的背弃行为感到非常恼火。

"米歇尔·大卫－威尔卸下简化公司架构的重压后，瑞银发现自己陷入了孤军奋战的局面。"一位研究分析员说。尽管如此，在 2000 年，伍德和瑞银从米歇尔和拉扎德那儿获得了丰厚的"圣诞分红"——高达 2.50 亿多欧元，相当于瑞银税前季度利润的三分之一。一位瑞银观察员认为："通常，投资银行之间不会互赠礼物，但这次瑞银从拉扎德获得了不少分红。"伍德补充道："米歇尔现在得到的只是他过去三四十年给予别人的东西。"他继续说道："我们要时刻保持清醒。我们要提醒自己击倒米歇尔绝非易事。"然后他厌恶地说："我必须承认米歇尔是个非常可悲的家伙。他易怒、傲慢又狡诈。他具备法国商界里的所有坏品行。他是个糟糕透顶的人，让人讨厌。他放弃了一个绝佳的机会。一直以来，拉扎德都在向客户提供建议，教他们如何对所有股东负责，结果现在却背弃了这一点，真是莫大的讽刺。"之后不久，伍德离开瑞银，创办了自己的对冲基金。

讽刺的是，在米歇尔驱逐内部竞争对手、收紧对拉扎德的控制时，博洛雷－瑞银事件暴露出了他和他精心构建的帝国在面对外界攻击时是多么的脆弱。事实上，拉扎德仍在史蒂夫决定辞去纽约分行负责人一职的余波里苦苦挣扎。史蒂夫在 1999 年 9 月成为公司副总裁的同时，已经将一只脚踏出了拉扎德的大门。同一时间，史蒂夫在统治拉扎德两年期间的主要盟友之一——达蒙·梅扎卡帕也决定兑现承诺，从公司退休。9 月 7 日，拉扎德宣布梅扎卡帕将在年底退休，并将纽约资本市场团队的管理权交给戴维·塔什健。塔什健是拉扎德一个做垃圾债券的小部门负责人，除担任纽约资本市场部负责人之外，他还将与英国人杰里米·西莱姆（Jeremy Sillem）共同兼任拉扎德全球资本市场部的联合负责人。梅扎卡帕认为，在某种程度上，米歇尔将市政融资丑闻怪罪于他。"如果有人得离开的话，米歇尔希望那个人是我，"梅扎卡帕说，"我想他有一些压力。我觉得像肯·威尔逊和杰瑞·罗森费尔德这些家伙都在指责我，但他们不会当面说，而是在背地里说。我肯定是采取守势。"

史蒂夫在公司中推行透明化行动期间，梅扎卡帕与米歇尔的附带交易曝光了，使得他在公司的政治问题更加复杂。梅扎卡帕最近几年的年薪都在1200万美元以上。合伙人们惊讶地发现，他与米歇尔的合同还规定，未来3年内，他还将继续获得3%的合伙人份额；如果3年期满之后协议没有延期，那么接下来的5年里，他将自动获得2%的合伙人份额；而5年期满后，在接下来的4年里，他的合伙人份额每年减少0.5%。这意味着，梅扎卡帕与米歇尔签订了一份前所未闻的、长达12年的合约。除此之外，梅扎卡帕还能领到一份与其他顶级高管相同的薪水，外加公司合伙人基金代理佣金的2%。合伙人们对梅扎卡帕与米歇尔达成的薪酬协议感到震惊，许多人原本以为梅扎卡帕一年最多拿600万美元，艾拉·哈里斯就是其中之一。"艾拉发现梅扎卡帕的这件事之后差点疯了。"一位合伙人说。另一位合伙人说当他看过梅扎卡帕的协议后，自己的反应是："梅扎卡帕就是个小偷。他双手双脚都用上了，只要能捞到好处，他一个人也不放过。他两手并用。他就是个该死的小偷。"

梅扎卡帕则解释道："协议曝光之后，有人去找米歇尔。但米歇尔并没有说'那是我安排的，'他没有。他全怪在我头上。有个叫哈兰·巴特鲁斯（Harlan Batrus）的家伙对这件事忿忿不平，认为我偷了他的钱，但这根本不是真的，因为钱根本不是从他的利润中抽取的。我痛恨米歇尔没有站出来说话。他让我承担全部责任。现在整个资本市场部，只有哈兰还怒气冲冲，但米歇尔还是不会说'是我与梅扎卡帕达成了这笔协议，钱不是从你的利润里抽取的'，他不会那样做。他只是耸耸肩。"梅扎卡帕对史蒂夫的公开支持成了他最后一根救命稻草，但在1998年11月事件之后，他也因此成了米歇尔的眼中钉。"我的地位不再了。"他承认。

到1999年10月，三家分行的合并大纲仍不完备，于是米歇尔发出了一份前所未有的邀请函，邀请拉扎德全球200位顶尖银行家到他位于长岛的房产附近静养，共同探讨公司未来。此次会议在拿骚县的一个会议中心举行，会议议程不仅包括讨论悬而未决的合并事宜，还讨论了拉扎德这家小型咨询公司如何在这个被跨国巨头公司主导的金融世界里保持竞争力——这些新合并的跨国金融巨头都可为客户提供多种产品。就在花旗银行与旅行者保险（Travelers）合并成花旗集团之后，大通银行（Chase）与 J. P. 摩根宣布合并，瑞士信贷第一波士顿银行和帝杰证券（DLJ）合并，瑞银和普惠公司（Paine Webber）合并，这些大规模并购震动着华尔街。面对这些交易，米歇尔一如既往地不为所动。他向《彭博商业周刊》（*Bloomberg Magazine*）表示："我们的客户越多地光顾拥有庞大官僚体制、主营资本交易和资金筹集的大公司，就会越想要一个独立的金融顾问。"还有一个持续了多年的问题也同样有待讨论，那就是谁将接替米歇尔。为此，4 位潜在内部候选人在会议上做了陈述：纽约分行的负责人卢米斯、伦敦分行的负责人戴维·维利、巴黎分行的负责人布鲁诺·罗杰以及欧洲其他地区市场的负责人杰拉多·布拉吉奥蒂。但是像往常一样，米歇尔将决策时间一推再推。

当天日程的最后一项是，合伙人们去米歇尔位于"维京湾"的 3 层楼高、180 英尺长的维多利亚式砖砌宅邸里吃晚餐。这座宅邸坐落于蝗虫谷附近的莱亭顿村，正对长岛海湾，远眺时能将海湾约 700 英尺长的海岸线尽收眼底。维京湾紧挨着孔雀大道（Peacock Lane），占地 12 多英亩，这幢宅子包括土地在内，估值约为 9000 万美元，"极其奢华，门厅衣帽架上方的墙上挂着一副马蒂斯的画"（米歇尔正在出售这幅画）。米歇尔曾让他的助理阿尼克在车库上面的一间房间里住过一阵子。1979年 10 月，米歇尔以 27.5 万美元的价格买下了这幢宅子。

从本质上来说，米歇尔无法成熟地解决谁将成为他的继任者这个问题，但他深知如果没有"大师"来接替在菲利克斯之后离开公司的那些优秀的银行家，那么拉扎德很快就会被"边缘化"，还将面临无法保住公司重要地位的风险。"私人小公司其实非常有吸引力，"一位合伙人说，"他们不来拉扎德的唯一理由是包袱太多。"确实有很多包袱。拉扎德是在有史以来最具挑战性的招聘环境中试图招募新合伙人的。然而，除了互联网行业看似无限的财富使许多银行家深受诱惑，华尔街上的大公司不仅可以为他们开出巨额薪酬，还会额外提供限制性股票和期权——这些都是拉扎德这家私人公司无法做到的。就在这个关键时刻，主要是在卢米斯的建议下，拉扎德开始打破公司与合伙人之间神圣的历史性协议：公司首次向新聘用的合伙人提供固定薪酬，外加他们个人业绩收入的一定比例的提成，而不是像过去一样只提供薪酬加利润比例分成。在卢米斯的建议下，1999年7月，拉扎德聘用了来自德意志银行（Deutsche Bank）的巴里·雷丁斯（Barry Ridings）和特里·萨维奇（Terry Savage），期望他们能重振拉扎德之前的世界一流业务，即向面临财务重组或濒临破产的公司提供咨询。20世纪90年代初，米歇尔做出了逐步减少重组业务的决定，这一决定备受争议；而到了90年代中后期，在戴维·苏普诺退休之后，拉扎德索性彻底不做重组业务了。雷丁斯和萨维奇与拉扎德签订了一份报酬丰厚的合同。拉扎德承诺给予他们重组业务一定比例的收入提成，外加一定比例的公司利润。对于拉扎德的并购银行家来说，这是一种新模式，拉扎德首次区分了个人利益和集体利益。事实证明，拉扎德聘用雷丁斯和萨维奇是明智的，因为在互联网和电信行业的泡沫破裂之后，拉扎德再次拿到了大量重组业务，获得了丰厚的报酬。拉扎德还从瓦瑟斯坦-佩雷拉公司挖来了保罗·海格尼（Paul Haigney）和罗伯特·古德曼（Robert Goodman），让他们分别做互联网和保险业务。

不过，1999年最引人注目的是聘任弗农·乔丹（Vernon Jordan）。乔丹是一名律师，还是华盛顿政界的核心人物。"在那么多高级人员离职之后，他成了少数几个通过电话就能直接联系到各大企业CEO的人之一。"拉扎德的一位高管表示。乔丹是克林顿和莱温斯基丑闻中的主要人物之一，也是一位新移民。当卢米斯开始接触乔丹，想让乔丹加入拉扎德时，他想的就是利用乔丹的"白金名片盒"及其庞大的企业关系网（当时乔丹在10家企业的董事会任职），让拉扎德与各大企业CEO建立密切关系，从而使公司重返史上最活跃的并购市场。乔丹此前没有任何投资银行从业经验，但这与聘用他的目的毫不相干。乔丹只是一块最大的敲门砖，这就是米歇尔和卢米斯希望他在拉扎德做的工作。卢米斯解释说，无论有没有投资银行的工作经验，"就凭他的身份"，乔丹就应该是一位高级合伙人。"弗农·乔丹就是我们寻找的那种人的代表，"米歇尔在1999年12月说，"我们想要强大的人，这就是公司运作的方式。"那时候，乔丹是拉扎德唯一的黑人董事总经理。"但我每天走进拉扎德时不会说我要做这一层唯一的黑人，"他告诉《纽约时报》，"而是说我有工作要做。"

在大量员工离职之后，拉扎德迫切需要乔丹来重振士气。"在他刚进公司的头两三天里，他叫来准合伙人，让他们觉得在这里工作是种荣幸，"卢米斯谈到乔丹时说道，"他会对公司内部产生重要的影响，还会带来新业务。"在充斥着令人疲惫的条条框框的拉扎德，乔丹的积极态度极具感染力。奇怪的是，米歇尔和卢米斯拒绝向合伙人们公开米歇尔与乔丹签订的合同详情，合伙人们不由得想起了史蒂夫时代之前的拉扎德遮遮掩掩的旧制度，为此感到十分恼火。"对乔丹的这种特殊待遇意味着他们又开始用老一套做生意了。"一位不愿透露姓名的拉扎德前合伙人于2000年1月对《华盛顿邮报》表示。乔丹本人也对此保持沉默。《华盛顿邮报》的一位记者专程到他位于洛克菲勒中心30号62层的大办公室采访他，结果他对记者说："你在这么冷的天来这儿就是为了谈论谣言和暗讽吗？你知道当（八卦专栏作家）劳埃德·格罗夫（Lloyd Grove）问我的薪酬时，我是怎么回答的吗？我说：'关你屁事。'"拉扎德在披露所有合伙人薪酬的内部清单上故意没放乔丹的薪酬情况，因为他们担心，万一消息泄露，其他合伙人和媒体会小题大做。但后来消息还是不胫而走。据说，当时64岁的乔丹和拉扎德签署的是一份5年期合同，年薪500万美元（一位拉扎德内部人士透露是400万美元），外加0.5%的公司利润，以及丰厚的住房津贴。乔丹每星期有4个晚上住在派克大街

540号丽晶酒店"昂贵的套房"里，周末才回到他在华盛顿的家。

或许，鉴于乔丹独特的地位，他确实是个特例。但无论如何，这还是拉扎德第一次与合伙人签订这样的合约：不论合伙人业绩如何，公司都会付给他酬劳。这自然让一些合伙人感到困惑。就在此时，大家都期待的三家分行的合并有了新的进展，这意味着公司将迎来一个新的开始，但事情的发展并非如此，一切看起来像是旧事重演。

拉扎德在新千年的第一要务是实现米歇尔期待已久的统一三家分行的"王朝"雄心。三家分行合并之后，在合伙人（140人）、员工（2745人）和利润（全球5亿美元）方面都实现了显著增长，但三家分行的专业人员在业务上的交流却少得令人惊讶。因为拉扎德既没有既定规则，也没有经济动力来驱使三家分行的银行家们互相交流。而本该发挥出公司优势的跨境咨询业务，最终因酬金分配问题掀起了公司内部的政治斗争。1984年，米歇尔创立了拉扎德合伙公司，为大约16年后如何合并三家分行建立了框架，但直到1997年，米歇尔才朝着真正的统一迈出了试探性的第一步，从三家分行的利润中分别拿出30%作为奖励基金，并根据跨分行交流情况予以嘉奖。同时，他还整合了伦敦分行和纽约分行的资产管理业务，巴黎分行的资产管理业务仍然保持独立。不久之后，拉扎德又将纽约分行和伦敦分行的资本市场业务部合并成为一个"全球"业务部门。至此，米歇尔自然而然地将三家分行看成是神圣的"三位一体"。从20世纪90年代后期开始，拉扎德的合并势头就愈演愈烈，只是在1998年11月被史蒂夫的"民主"愿景带偏了轨道，因为这个想法对于崇尚霸权主义的米歇尔来说太过激进。

与史蒂夫不同，卢米斯热切地遵照董事长兼CEO米歇尔的详细指令完成三家分行的合并。有些合伙人认为，这会导致一场避免不了的灾难。"我们在没有管理部门的情况下就合并了，"有人回忆道，"我们的做法有点像欧元，你知道的，它是一种通用货币，却没有共通的管理部门，甚至连个中央银行都没有。"2000年2月16日，卢米斯写了一封信给公司所有董事总经理，并随信附上一份文件让他们签字，只要他们一签字，"拉扎德三家分行就正式合并"。"优秀的士兵"卢米斯以自己优异的文学天赋表达了他对合并的无条件支持。他写道："拉扎德的特性和架构与我们竞争对手的公司文化截然不同。我们依赖的是一群重要的人，这群人虽然国籍不同，但信仰同一种经营理念。这就是拉扎德。"

卢米斯解释说，公司一旦合并就会有逾2500名雇员，预估税前利润将超过5亿美元。公司将从全球利润中拿出一部分给所有董事总经理支付薪酬，还将建立一个评估、晋升和委任的"全球共同体系"。虽然大多数其他公司都是这么干的，但对于拉扎德来说，这是有史以来的第一次。卢米斯还与合伙人们分享了极为重要的初始转换比例，即如何将他们之前在纽约分行的合伙人分成比例转换成新的全球合伙人分成比例。例如，纽约分行的一位合伙人以前持有纽约分行1%的利润分成比例，现在则能享有合并后的拉扎德0.5%的利润分成比例。假设合并后的拉扎德2000年全球税前利润为5亿美元，而一位合伙人持有拉扎德0.5%的利润分成比例，那么这一年他就能拿到250万美元的报酬。虽然纽约合伙人的利润分成比例减半了，但只要整个馅饼的规模翻倍，纽约合伙人就不会计较。这个算术很简单。让谁少拿一点儿都会有麻烦。

协议催生了新公司，就是现在的拉扎德有限责任公司（Lazard LLC），一家位于特拉华州的有限责任公司。毫无疑问，整个过程非常复杂。然而，正如许多合伙人担心的那样，协议条款都是一些高层关着门讨论出来的，再由拉扎德聘用的凯威律师事务所（Cravath, Swaine & Moore）的律师起草。凯威律师事务所将这些文件打印出来，连同签名页一起寄给世界各地的合伙人，要求他们立即签字，以免耽误合并。对此，许多合伙人感到非常不满，这是可以理解的，因为他们认为自己拿到的是"制式合同"，只能被迫签署，否则将失去他们在公司积累至今的经济利益。这类合同使用的是典型的保险单语言模式，例如，合同由一方起草，另一方要么接受，要么放弃，几乎没有讨价还价和修改条款的机会。没有任何一位有自尊的并购银行家会允许他们的客户不做彻底的审查和谈判就签署这样的文件。

毫无疑问，米歇尔为自己保留了为合伙人们设定薪酬、利润分成比例以及为非合伙人设定奖金的权力。董事会则享有许多典型的权力，包括批准或反对任何实质性的合并、收购、出售或让与，任何公开或私下的证券发行，以及董事会主席、执行委员会主席和三家分行负责人的选任。董事会还享有一些非典型的权力，包括开除米歇尔之外的任何主席的权力，以及批准或反对非工作合伙人股权转让的权力。此外，文件中还有一些"毒丸"条款，例如要求除了米歇尔和他在天然气与水公司（Gaz et Eaux）或欧瑞法国的朋友，如果任何人持股超过20%，那么他们购买所有合伙人的股份的价格应与此前购买20%股份的价格相同。这些文件条款还使得合伙人几乎无法转让或出售自己的股权，在职合伙人"通常"没有这个权利，而非在职合伙人和投资人只有在得到拉扎德董事会的批准后才能转让或出售，并且"他们若想将股份分给其他成员，也必须按转让的条件进行"，这些规定简直让人一头雾水。

合并之后，米歇尔直接拥有拉扎德有限责任公司略低于10%的股份（9.9545%），这还不包括他的家族和附属公司所拥有的。如果拉扎德有限责任公司2000年的利润达到卢米斯预估的5亿美元，那么米歇尔将获得大约2200万美元的酬金——许多人认为，米歇尔和他的家族在1999年从拉扎德分到了大约1亿美元；而卢米斯作为副首席执行官却只能拿到略高于520万美元的年薪。不幸的是，合并合同刚签署完不久，市场就已见顶，泡沫破灭了。

尽管如此，米歇尔仍然对三家分行之间的合作十分狂热。他对《华尔街日报》说："很明显，这是一个好主意，而且是有必要的。对于我们来说，这是一次重建，我们希望公司能作为一个整体行事，但又保留各国的特质。"银行业务的新负责人肯·雅各布斯对拉扎德的权力十分狂热。"董事会的声誉和信誉就是我们的资产。"他对《华尔街日报》说道。阿德里安·埃文斯狂热地吹捧米歇尔，他说，要是没有米歇尔"难以置信的好脾气和意志力"，此次合并不可能实现。就像大家都简称著名歌手麦当娜·西科尼为麦当娜一样，拉扎德有限责任公司此后就被简称为"拉扎德"。

对于此次合并实现了什么，还存在一种负面看法，巴黎分行新负责人布鲁诺·罗杰是米歇尔公开承认的顾问，他在巴黎新闻发布会上说："拉扎德又成了法国人的。"罗杰牢牢地把持着巴黎分行，用独特的法国方式把微妙性和复杂性结合在一起。"他从来不直截了当，向来出人意料，"一位合伙人说道，"他极具洞察力，非常注重细节，这都是一位顾问身上应该具备的非常优秀的品质。他对事情总是持悲观的看法，但他也会做大量的细节研究。他认为，任何可能出错的事情最终都会出错……如果你做了最坏的打算，那么一旦坏事发生，客户会因为你所做的准备而万分感激；如果坏事没发生，客户也会很高兴。有些人觉得他有点古怪，因为人的本性是期待好消息的，你活着不可能总是为最糟糕的情况做打算，他却能这么做。"瑞银的乔恩·伍德说，罗杰"是你一辈子遇到的最不诚实的人之一"。

整个1999年下半年，史蒂夫·拉特纳都在寻觅下一步要做的正确的事情。虽然拉扎德在卢米斯接任副CEO时，没有公布史蒂夫要离开的决定，但在合并结束后，有传言说他的合伙人分成比例只有一级权益的0.125%。从这一点我们能明显地看出些苗头，这个比例太过寒酸，远远低于史蒂夫原先所得，甚至比许多最初级的董事总经理的比例还低，这也反映出了史蒂夫当时所处的"跛脚鸭"地位。史蒂夫采取了和多年前从《纽约时报》离职时一样的做法，即与一些"重要"人士吃了一系列的早餐和午餐，寻找自己接下来将何去何从的答案。

新千年的第三个月，史蒂夫做出了决定，此时拉扎德刚刚完成合并。

几天后，纳斯达克市场达到顶峰。尽管史蒂夫几乎没有自营投资经验，但他宣布在他离开拉扎德后将组建一家资本为10亿美元的私募股权公司，名为四方集团（Quadrangle Group），主要致力于媒体和电信行业的投资。令拉扎德震惊的是，史蒂夫还带走了3位拉扎德合伙人：他的亲信、40岁的彼得·艾泽斯基，35岁的乔希·斯坦纳（Josh Steiner），以及42岁的大卫·坦纳。当时，大卫·坦纳刚加入拉扎德不久，为公司重新启动了自营投资业务。（史蒂夫还曾试图说服拉扎德前合伙人让-马利·梅西耶加盟四方集团，但没有成功。）虽然史蒂夫没有运作基金的经验，甚至没有担任过其他投资者的受托人，但他做了许多成功的个人投资。拉扎德内部有传言称，20世纪90年代初，史蒂夫以个人名义投资了他多位客户的不良债券，赚了大钱。

作为一只私募股权投资基金，四方集团是否能成功还有待观察，但不管该基金的未来表现如何，史蒂夫再次上了头版新闻。作为当时民主党最大的筹款人之一，史蒂夫因创立10亿美元的基金放弃了争夺阿尔·戈尔内阁位置的机会——如果这位副总统在2000年能赢得总统选举的话。4位合伙人离职之后，公司收回了他们的一级分成比例，未来将重新分配。

2000年3月10日，市场泡沫破灭，纳斯达克指数当天触及5132点，创了历史最高位，对华尔街造成了严重冲击。成千上万的投资银行家丢了工作；而那些没失业的银行家，报酬也大大减少了。雄心勃勃的纽约州总检察长（现任州长）艾略特·斯皮策（Eliot Spitzer）精心策划了14亿美元的华尔街调查解决方案，于是检察官们开始接连不断地对包括安然公司、世界通信公司（WorldCom）、阿德尔菲亚（Adelphia）和南方保健公司（HealthSouth）等企业在内的高管提起诉讼。

毫不意外，史蒂夫顺利地筹到了10亿美元的收购基金，尽管他之前没有投资经验，而且当时股市已经崩盘。在收购融资中介标石集团（Monument Group）的帮助下，史蒂夫联合他之前的媒体客户和他们的朋友以及他自己的朋友凑足了钱。他和3位合伙人承诺向该基金投资至少2000万美元，他们的家人也同意投资1000万美元。尽管投资者名单没有公开，但是《谈话》杂志（*TALK*）推测有史蒂夫·凯斯（Steve Case）[1]、莫特·朱克曼（Mort Zuckerman）[2]、小阿瑟·苏兹伯格、迈克尔·奥维茨、安德鲁·海沃德（Andrew Heyward）[3]、亚历克斯·曼德尔（Alex Mandl）[4]、史蒂夫·布里尔（Steve Brill）[5]、罗恩·迈克尔斯（Lorne Michaels）[6]和哈维·韦恩斯坦等人。四方集团咨询委员会由马克·安德森（Marc Andreessen）、巴里·迪勒（Barry Diller）、阿莫斯·霍斯泰特、克雷格·麦考和罗伯·格拉泽（Rob Glaser）组成——他们都投资了该基金（我也投资了，这是公开的）。和其他大多数私募股权基金一样，四方集团的投资人也向史蒂夫等普通合伙人支付酬劳，年度酬劳为该基金注资的1.75%，提前一个季度支付。简言之，这是收购基金行业的一贯做法，史蒂夫的朋友和投资人们每年支付给他和他的同事们将近2000万美元的投资服务费。如果投资获利，他们就需要支付更多。

三家分行成功合并后的几个月里，拉扎德冒出了诸多问题，许多合伙人的兴奋感被恐惧感取代。史蒂夫打算离开是众所周知的，但是他带走了艾泽斯基、斯坦纳和坦纳，给公司的媒体和电信业务造成了致命打

---

[1] 1958年至今，美国企业家、投资人、商人，美国在线前任CEO和主席。

[2] 1937年至今，美国媒体企业家、杂志编辑、投资人。美国最大的房地产投资基金之一波士顿地产的联合创始人、执行主席和前任CEO。

[3] 1950年至今，CBS新闻的前任总裁。

[4] 1943年至今，著名的奥地利裔美国商人，曾被《福布斯》杂志评为"美国最有影响力的商人之一"。

[5] 1950年至今，美国律师、记者、企业家，创办了月刊杂志《美国律师》和有线电视频道《法庭电视》。

[6] 1944年至今，加拿大裔美国电视制作人、作家、演员、喜剧演员，最知名的事迹为创造和制作了《周六夜现场》，以及制作了《深夜秀》系列节目。

击。接着，美国公开市场下滑接踵而至，严重影响了拉扎德在纽约的盈利能力。一直以来，纽约分行的税前利润约占公司税前总利润的60%，这使得纽约分行在合并时的估值约为伦敦分行和巴黎分行的3倍。因此当纽约分行的业务收入在2000年急剧下滑时，欧洲的员工对原先的估值以及美国人所占的合伙人比例越来越不满。除此之外，在2000年夏天，市场上有传言称，博洛雷和伍德买下了控制拉扎德的4家公开上市的法国控股公司的大量股份，使得米歇尔把精力从合并后的拉扎德的运营上转到了这两人带来的威胁上。

多位重要的欧洲合伙人再次用实际行动做出了自己的选择：伦敦分行的奈杰尔·特纳（Nigel Turner）在6月跳槽到了荷兰银行，巴黎分行的皮埃尔·塔特泰文（Pierre Tattevin）去了罗斯柴尔德，而（与纽约的肯·雅各布斯一道）新上任的全球并购业务联合负责人大卫·道特里莫（David Dautresme）"退休"了。据一位知情人士透露，继去年约翰·尼尔逊离开之后，奈杰尔·特纳的离开对于伦敦分行并购业务而言，意味着"世界末日即将到来"。每年利润一直维持在1亿美元的资产管理部门也出现了一些流言蜚语，部门联合负责人艾格和古尔奎斯特跃跃欲试，想把这项业务从拉扎德剥离出去。

更糟糕的是，对于拉扎德而言，合并没有起到什么作用，这一点愈发显而易见。"合并已经过去6个月了，还没有出现该有的整合，"一位合伙人说，"没有后台技术。承销委员会也没有统一的标准。你要用纽约的资本在巴黎做承销很难，而且直到事情结束好几个星期了纽约的人才知道这件事。我的意思是说，公司没做一些常识性的事情。"此外，还有一个一直都存在的问题，那就是在无法提供上市公司所能提供的股票或者期权的情况下，如何向合伙人们支付更有竞争力的薪酬？米歇尔继续对IPO的请求持反对态度。"我们可能得改变薪酬支付方式，"米歇尔在2000年9月对《福布斯》说，"不仅要支付金钱，还要给他们希望。"高级合伙人们很快得出结论，在没有想到更好的方法之前，不能再让米歇尔负责公司的日常运营。正如史蒂夫两年前所预见的那样，公司需要一位真正的CEO。

2000年6月，戴维·维利首先向米歇尔提出了这个建议。很显然，他这么做并非没有职业风险，尤其是在合并协议保证米歇尔可以一直担任CEO到2005年的情况下。维利回忆道："在飞往多伦多的航班上，我对米歇尔说，我们得有一位CEO。他对我说：'他必须是美国人。'我说：'我不在乎这个，就这么做吧。我们必须要有一个准备好能当CEO的人。'他说：'好吧，这个人一定得是卢米斯。'"

另一位资深合伙人记得自己听到维利还对米歇尔说了这些话："我也一直想做这份工作，但是布拉吉奥蒂、布鲁诺还有美国的那帮家伙不会接受我，因此唯一能做这件事的就只有卢米斯了……从20世纪90年代初开始，您就没有管理过公司，即使您现在是CEO，您也不了解这些人。您对公司业务也不了解。您以前也从来没管理过这么复杂的事情。"这位合伙人说，维利知道大家不会接受他当拉扎德CEO，但这也使他赢得了其他合伙人的尊重，也算是苦乐参半。在之后的一段时间里，维利极大地影响了米歇尔。

拉扎德再次出现了领导人危机，再加上博洛雷和伍德此时在欧洲引发的冲突，事态变得更为复杂了。虽然拉扎德要在几个月之后才会正式宣布任命卢米斯为拉扎德第一位合法CEO（11月15日在巴黎宣布了对他的任命），但从2000年夏天到初秋，卢米斯已经开始接手公司中越来越多的日常事务。不出所料，他给执行委员会写了一份内容紧凑、长达10页的宣言，题为《我们的未来道路》，落款日期是2000年10月24日。在这份宣言里，卢米斯阐述了自己得到委任后的想法。他在开头写道："你们每个人都支持我当拉扎德的CEO，我对此十分感激。我对于我们的专业性也十分自信，让我们为了公司的利益共同努力。强大的主席米歇尔体现了我们这家合伙企业的精髓，在他的参与下，我们将继续从努力中受益。最后，我也认识到我必须做出最艰难的抉择，提升公司的业绩。对此，我责无旁贷。"

接着，卢米斯概述了他计划采取的一系列具体步骤，来实现他对公司的愿景，这个愿景他已经断断续续地改进了大约20年之久，但一直没有权力付诸实践。为了不让公司走上"简单"的出售道路，他提出了一系列雄心勃勃的新措施：从招聘"杰出的"新合伙人，提高优秀合伙人的薪酬，到创造一种类似股票的复杂证券将合伙人的长期经济利益与公司的发展捆绑在一起。卢米斯还想创立一只8亿美元的新基金来重振公司的私募股权投资项目，合伙人们可以自愿投资该基金，增加自己的财富。卢米斯说，公司还需采取一些严厉的措施：他想将合伙人队伍中表现最差的淘汰出去，还打算在2001年的第一季度解雇拉扎德全球10%的员工，即275人。他还表示，米歇尔与艾格和古尔奎斯特谈判后，公司欠下这两人的债务，他需要从现有的拉扎德投资人手中筹集1亿美元来偿还这笔债务。

这些措施是否反映了米歇尔对公司的战略思想，我们不得而知。但有一点显而易见，那就是卢米斯只不过是米歇尔的傀儡。巴黎的新闻发布会上，米歇尔在宣布卢米斯的晋升之后说道："我仍然担任主席，这样我的权力相对更大了。"他后来总结了卢米斯将接替他的情况："我离开以后，卢米斯成为继任者很正常。"一位评论员对此的评价是，这话相当于"卢米斯一上任就被砍掉了双腿"。卢米斯似乎很清楚大家对他的期待。"我们经历了一段动荡的时期，如今需要稳定，"他告诉《商业周刊》，"没有米歇尔的全力支持，我不可能取得成功。他真实描绘了公司的远景。"不过，伦敦的负责人马库斯·阿吉乌斯（Marcus Agius）告诉《华尔街日报》，公司仍然动荡不安。他说："大家的情绪都很糟糕。"

在拉扎德宣布任命卢米斯为公司第一任CEO之前，欧洲有传言称，德意志银行正在和拉扎德谈判收购事宜，但两家公司都否认了这个谣言，而且收购交易从未发生。"我们根本不想卖掉公司，"米歇尔当时说，"我们没这个必要。"卢米斯在就任CEO的第一次演讲中就接过了老板手中的火炬，这也是意料之中的。他说："我们选择了成为一家独立的私人公司，它也会一直保持下去。我们不会卖掉公司，也不会上市或者卖掉主要业务。"作为与博洛雷和瑞银达成和解工作的一部分，安永会计师事务所给拉扎德估值为40亿美元，略高于37.85亿美元的"培生价格"。当《商业周刊》问米歇尔40亿美元是否代表公司的潜在出售价格时，米歇尔重申自己无意出售公司，但他又笑着补充道："如果我们要出售公司，只卖到这个价格我会非常失望。"

与此同时，布鲁斯·瓦瑟斯坦在2000年9月宣布他将瓦瑟斯坦-佩雷拉公司以近13.70亿美元的价格加上1.90亿美元的保留资金出售给德国的德累斯顿银行（Dresdner Bank）。这个价格自然引起了拉扎德高层的关注，多年以前，他们拒绝了与瓦瑟斯坦-佩雷拉公司的合并，原因之一就是它不赚钱。"这个价格很无耻。"独立研究分析师艾伦·韦伯（Alan Webborn）告诉彭博社。

卢米斯成为CEO的两个星期后，米歇尔宣布法国农业信贷银行已同意购买博洛雷持有的里昂皇家街公司的股份，博洛雷因此获得了2.90亿欧元的利润。拉扎德内部认为，这不仅是一次可怕的资金转移，也是一种毁灭的象征。"博洛雷在1999年和2000年搅得米歇尔和他的法国合伙人心烦意乱，"一位美国高级合伙人说，"瑞银也是如此。人人心烦意乱，只是表现方式不同而已。首先，这些家伙之前一直秘密地掌控着拉扎德，而其实他们手里只持有欧瑞泽基金、所有的关联公司和拉扎德相对较少的股份，我认为他们现在显然再也无法这么做了；其次，这件事给拉扎德在欧洲大陆的盔甲上划出了一条裂缝，或许这一点是最重要的，因为我认为这严重影响了拉扎德在法国的地位。这表明你很脆弱。我的意思是，当你的权力大到充满神秘色彩和光环的时候，你却突然受到了攻击，还被打败了，那么大家就会觉得你不像他们以为的那么强大。在法国，这很重要。"

对于拉扎德而言，更大的问题还没有得到解决：公司该如何有效地与老对手高盛和摩根士丹利竞争？这些竞争对手已经重组成资本雄厚的全球金融服务公司，用最高的薪酬和最好的平台来吸引最优秀的银行家。1999年，拉扎德罕见地滑出了并购排行榜前十名，而高盛和摩根士丹利分别位居第一名和第二名。人才的竞争是如此激烈，以至于比尔·盖茨都说，微软最大的竞争对手不是另一家软件公司，而是高盛。"这是智商问题，"盖茨说，"你得靠智商取胜。只有投资银行在与我们比拼智商。"《经济学人》杂志对拉扎德进行了预测："对所有投行来说，最关键的一点就是争取到最优秀的人才。讽刺的是，该公司的一位资深银行家表示，可能需要一个熊市才能解决拉扎德的问题，才能确定拉扎德是否还能在未来保持独立。如果市场持续下滑，那么其他投资银行的股票期权价值将会随之下跌，届时，拉扎德所提供的薪酬与其他公司相比，差距就会缩小，如此该公司作为独立实体的预期寿命就能延长。这真是让一家银行偏好熊市的好理由。"

2000年即将结束的12月11日，拉扎德执行委员会第一次与CEO卢米斯开会，审议公司2001年的财务预算。但正如一位合伙人所指出的，"拉扎德根本没有审议预算的机制和文化"。纽约分行和巴黎分行此前从来没有做过预算，因此专门审议2001年预算的这部分议程被推迟到了第二年1月中旬，届时高级合伙人们将有时间更为彻底地审议和审查预算文件。执行委员会成员阿德里安·埃文斯了解到，虽然2000年是公司历史上收入最高的一年，但由于花费无度（特别是纽约分行），利润反而不如往年。他吐露道："虽然这一年业绩很好，但显然公司的经济状况并不景气，我想知道'拉扎德的衰落'是否会成为未来哈佛商学院学生们津津乐道的案例。如果我们不想看到这种情况的话，就必须解决纽约分行的问题。"

第十八章

"拉扎德可能会像泰坦尼克号那样沉没!"

　　毫无疑问，大约在2000年底2001年初，华尔街全面进入熊市，尽管经济学家日后才确定这一点。几乎从接任拉扎德CEO的那一天起，卢米斯就一直想方设法解决纽约分行面临的难题，但这对他来说并不容易，他和米歇尔所做的努力没有让事态好转。正如菲利克斯担心自己接受管理拉扎德的工作后会发生的事情一样，一些合伙人认为，从米歇尔宣布卢米斯为CEO的那一刻起，卢米斯就丧失了权力。"那是结束的开始。"一位合伙人说道。

　　尽管有点夸张，但这位合伙人说的与事实相差不大。"比尔·卢米斯刚上任的几个星期内，米歇尔就开始一步步削弱他的权力。"另一位了解当时情况的合伙人说道，"在召开董事会会议之前，米歇尔会私下里和布拉吉奥蒂谈话，还干了一些其他的事情来削弱比尔的权力。试想，如果你要放权给一位CEO，又怎会做出这些令人费解的事呢？"不过，在此之前，卢米斯做一些决定时也没有进行自救。他在一开始就提出一个给予所有合伙人时髦的、类似股权的"业绩优先"证券的激励计划，如果事后证明这个计划无法实施（不久就被证明），那么将会采取一些其他的激励计划，因此，合伙人们对此充满期待。

　　说句公道话，米歇尔知道比尔·卢米斯打算把某种形式的股权证券分发给合伙人们，而且他似乎通过提名卢米斯担任CEO默认并赞同了这一想法。"事实上，比尔创造了一个通过某种方式向合伙人提供长期价值的平台，"拉扎德的一位老员工回忆道，"无论这个方式是通过私人股权，还是通过某种公司可以回收和回购的部分所有权。因此，米歇尔的默认激起了大家的一点期待。"

为了实现自己在声明中提到的另外两点——从资本家手中拿回一些钱来聘请新合伙人和向部分老合伙人支付更丰厚的报酬，以及让资本家买下新的1亿美元优先股——卢米斯前去巴黎"朝圣"，与大卫-威尔家族之外的资本家们梅耶家族、让·居约和安东尼·伯恩海姆交流。卢米斯成功完成了这两项任务，却付出了巨大的代价。一位合伙人说："他们明确地告诉比尔：'行，我们会买优先股，但你以后再也不要来见我们或提任何要求。'那些人早已不在这里工作了。公司里所有人都知道这件事。"虽然在职合伙人们认为卢米斯的这次努力成果有限，但他消除了银行家们的一些不安。"我的意思是，人们认为这还远远不够，因为它无法真正让我们继续走下去，"一位合伙人回忆道，"不过它足以让我们挨过年底，并招到新的合伙人。"

卢米斯面临的第二个挑战涉及科技领域的银行家保罗·海格尼。拉扎德在1999年9月从瓦瑟斯坦-佩雷拉挖来了海格尼，让他以合伙人的身份加入了备受推崇的合伙人理查德·爱默生（Richard Emerson）负责的旧金山办事处。2000年，海格尼只有0.625%的股份，地位处在合伙人的中层（这意味着他能获得大约300万美元年薪）。2000年2月，海格尼将互联网门户网站公司莱科思（Lycos）CEO罗伯特·戴维斯（Robert Davis）介绍给了特拉网络公司（Terra Networks）CEO，特拉网络公司是拉扎德客户、西班牙大型电信服务提供商西班牙电信公司（Telefónica）的子公司。2000年5月，特拉网络公司和莱科思宣布了高达125亿美元的合并交易。这笔交易将在10月结束。

与此同时，海格尼得知微软正在以微软企业发展与战略部门的高级副总裁这一职位积极招揽他的好友、拉扎德合伙人爱默生。2000年12月初，就在卢米斯成为CEO的两个星期后，微软宣布38岁的爱默生将离开拉扎德加入微软。"理查德·爱默生是个才华横溢的银行家，拉扎德最优秀的传统在他身上体现得淋漓尽致。"卢米斯告诉媒体。正如海格尼所深信的那样，爱默生的离职对拉扎德来说又是一个重大打击，尽管拉扎德后来成了微软的临时顾问。

海格尼看准这个时机，要求公司与他签订一份完全以现金支付的3年保障性合同，这是拉扎德有史以来第一次有年轻的经营性合伙人提出这样的协议。海格尼威胁卢米斯，要么跟他签合同，要么他离开。拉扎德执行委员会就海格尼的要求进行了讨论，鉴于海格尼的出色表现，以及再去找个人来代替一位科技领域顶尖的成功银行家非常困难，没有人想让海格尼离开。但执行委员会却一致团结起来坚决反对让步，因为他们担心这一要求与拉扎德长期以来的薪酬文化相冲突，而且毫无疑问，如果同意的话，也会导致其他类似的要求相继出现，考虑到拉扎德业绩表现不佳，公司将无法轻易满足这些要求。因此执行委员会投了反对票。"但是比尔坚持要我们接受要求，然后我们就妥协了。"一位合伙人回忆道。海格尼得到了他要的3年保障性合约，据说每年大约为400万美元现金。

2001年1月31日的执行委员会会议纪要上记录了批准与海格尼签订合同的事情，却没有提及此事引发的满怀愤懑的争论。执行委员会的另一名委员虽然反对这个决定，但也承认当时这么做是有一定道理的。"现在，你得记着当时是在电信、媒体和科技行业一派欣欣向荣的背景下，"他解释说，"华尔街合伙人的薪酬失控了。我们想请的人叫什么来着？对，是科雷弗斯（Cravath）公司的罗伯·金德勒（Rob Kindler）。据说，大通给他的年薪是3000万美元。我们彻底没戏了。那是个天文数字。华尔街的发展好得惊人。人们分到了巨额奖金。2000年秋天，帝杰证券的家伙们带着从瑞士信贷第一波士顿获得的一大笔财富招摇过市。2000年秋季，瓦瑟斯坦的公司以16亿美元的价格出售，然后这时候如果每个人都发现拉扎德的这位合伙人获得了一份保障性合同，剩下的人会怎样呢？"

卢米斯的决定是一个分水岭。"我们所有人都知道，一旦比尔这么做，堤坝就会坍塌。"一位合伙人回忆道，"当时我们不能聘用任何人，因为我们没有钱，整个局面就这样形成了，并在2000年进一步恶化。但当这位合伙人提出要得到保障性合同，而且比尔竟然批准了，堤坝就彻底崩溃了。在这整件事情中，公司里的每个人都感觉自己落伍了。他们觉得如果不去其他地方的话，自己的职业生涯就会被耽搁。"

大约在同一时间，也就是2000年圣诞节前夕，卢米斯在伦敦主持召开了一个合伙人会议，会议的目的是交流公司的财务状况，并谈论大家在这一年中所做的事情。这次会议也成了一场灾难。许多合伙人都非常气愤。欧洲人认为，他们在2000年挑起了公司重担，并使公司利润保持增长，但根据三家分行的并购协议，他们的利润分成比例在几年内并不会改变，因此欧洲人非常不满意。美国人也不满意，因为公司整体收入下滑，他们的利润分成减少了一半。"每个欧洲人都想得到更多利益，"一位高级合伙人回忆道，"每个纽约人都觉得自己的薪酬过低。因此会议毫无效果。"2001年1月2日，米歇尔在安提贝海角[1]用"风中"别墅的信笺亲手写了一封信，通过传真发给了卢米斯。"比尔，"他写道，"在2001年的第一个工作日，我想让你知道我非常期待你的成功。从孩提时代起，我一生都为这家公司感到自豪，谢谢你赋予公司未来新的信念。你的合伙人，米歇尔·大卫-威尔。"但米歇尔和整个公司的乐观精神将在2001年受到严峻考验。

事实上，在接下来的几个星期内，拉扎德的领导人们越来越清楚地意识到公司出现了财务危机。拉扎德高级合伙人们原定于1月初在纽约召开一个会议，以讨论2001年的预算，在准备这个会议的过程中，伦敦的高级合伙人们认为纽约"有5000万美元的超额支出，只为拉扎德贡献了18%的利润，却获得了大约40%的分红；而巴黎、伦敦和欧洲其他地区则恰恰相反：贡献了大约40%的利润，却只获得了18%的分红。这

---

[1] 位于法国东南角地中海沿岸，法国著名的滨海旅游度假区。

个消息尚未向所有合伙人公布，但不可避免会被公之于众，届时将引起一场风暴"。英国人相信"需要采取一些措施"来进行补救，例如，在2001年，纽约分行通过将所有合伙人的年薪一律削减至20万美元以弥补这5000万美元的超额开支，或将"很大一部分合伙人分成比例"转让给欧洲分行，或者同时采取以上两个措施。"这将会是一个好的开始。"伦敦合伙人阿德里安·埃文斯在写给卢米斯的信中说道。

埃文斯在日记中记录了自己与卢米斯的这次交流，卢米斯向他做出了解释。"比尔与米歇尔讨论了这些数字，米歇尔认为，现在削减纽约的开支会有危险，因为没有大人物可以依赖；相反，许多不那么有影响力的人还在做交易。"埃文斯接下来写道，"（卢米斯）认为要解决开支问题（他也认为超了5000万美元），不管用什么方法都势必要解雇很多优秀的年轻人，他显然（而且可以理解）害怕这一点。"

为了解法国方面对公司日益增多的问题的看法，埃文斯和法国长期合伙人让－克劳德·哈斯在吃早餐时进行了"一贯以来的坦率谈话"。法国人只想不受干扰，因为他们的业务表现一直良好，而且法国合伙人们一致认为，他们从三家分行的合并中得到的好处极少，或者说根本没有得到任何好处。考虑到这些，埃文斯立即得出结论："我们要么作为一个单独实体运作，要么走上绝路。"然后他反思了公司为何会身处如此困境。"思考我们为何会处在现在的位置上非常有趣，"他写道，"我们之所以能取得巨大的成功主要是因为米歇尔，他身上奇特地混合了花衣魔笛手[1]与路易十四的气质。但我们的问题——混乱且无人管理的纽约分行和傲慢寡言的巴黎分行——也因他产生。伦敦当然并不完美，其他

---

[1] 欧洲古老民间传说中的人物。相传，德国普鲁士的哈梅林曾发生鼠疫，死伤极多，居民们束手无策。后来，村里来了一位法力高强、身穿红黄相间及地长袍的魔笛手，自称能铲除老鼠。村长答应给他丰厚的财宝作为答谢，魔笛手便吹起神奇的笛子，将全村的老鼠引至河里，全部淹死。但见利忘义的村长没有按照承诺付给他酬劳。为了报复，花衣魔笛手又吹起神奇的笛子，将全村的孩子带走，消失得无影无踪。

分行都认为伦敦分行孤立、贪婪且充斥着官僚主义，但我知道伦敦分行会改变，它也确实渴望改变，但这要等到拉扎德制定出简单可靠的策略之后。"执行委员会总结道，公司2000年的表现足以让各家分行合并到一起，但2001年将是关键的一年。

在接下来的一个星期里，高级合伙人们在纽约又开了两天的预算会议，算是为即将于1月31日在巴黎召开的备受期待的执行委员会会议预热。开了几个小时会之后，埃文斯开始对卢米斯及其管理风格做出评价。"卢米斯玩了一次有趣而谨慎的游戏，"他写道，"我清楚地看到他想在会议上做出改变。他显然已经下定决心要管理混乱的纽约分行，他也真的会这样做。"这意味着，"所有人都同意"纽约分行"需要削减大量成本，意味着一些合伙人不得不离开"。在为1月31日的会议做进一步准备时，欧洲合伙人中间开始流传着这样一个消息：据说米歇尔"深感沮丧"。原因显而易见，公司内部存在严重分歧。很多人（如果不是所有人）在海格尼事件之后对领导者失去了信心，而且并购市场似乎出现了严重衰退。米歇尔告诉一位法国合伙人，由于担心"再次面临辞职威胁"——这次是瑞银华宝（UBS Warburg）试图招揽乔治·拉里（George Ralli），并向他提供了一份年薪1000万美元的3年期保障性合同，而拉里辞职的部分原因是"每个人都不高兴"——他已经单方面决定让乔治·拉里加入执行委员会。于是，公司内部的绝望气息变得更为浓厚，也使得巴黎会议上将出现更加严重的意见分歧。

1月31日，执行委员会就2001年的预算讨论了4个小时，预算记录显示，银行业务开支削减了1700万美元（美国减少2000万美元，除巴黎和伦敦之外的欧洲地区增加了300万美元）。纽约的合伙人们"进行了大量的自我辩解"之后，委员会最终批准了预算，"大幅削减"纽约的开支。会议上，卢米斯发表了一番带有警告的言论。"简言之，"埃文斯写道，"他说如果执行委员会的个别成员很贪婪，只关心他们自己的口袋，那么公司就不可能取得成功；如果大家互相都说拉扎德无法成功，那么也可能把公司弄垮……"几个合伙人注意到，卢米斯在说话时手颤抖得比平时更厉害。接着，在米歇尔宣布会议结束的前5分钟，卢米斯没有跟大家商量就宣布他已经决定让乔治·拉里、戴夫·塔什健和威廉·鲁克（William Rucker）加入执行委员会，还说米歇尔也已经批准了。另外，卢米斯还宣布他单方面制定了一个新的"权益计划"，米歇尔也同意了。根据这一计划，卢米斯选出23位顶级合伙人，给予他们相当于他们的利润分成比例一半的拉扎德股权，条件是他们至少在公司待满5年，并且不去为拉扎德的竞争对手工作。该计划的目的是保留"公司的核心管理团队"。

这意味着约20%的拉扎德股权将被永久地掌控在23位顶级合伙人手中。事情就是这样。卢米斯根本没有广泛分配股权来激励整个公司或给予公司的在职合伙人们真正的权力。显然，这是卢米斯与他的支持者米歇尔达成的妥协。暂且不论这个计划的优点和其哲学基础——由于时间有限，这些都没能进行讨论——合伙人们对卢米斯的建议迅速地做出了本能的反应。

肯·雅各布斯明显对卢米斯没有事先与自己商量而感到不快，他"以极为激动的声音"要求知悉这一切将如何推行，以及何时能对这一方案进行讨论，因为在过去的6个月里，他一直在"费力做计划，但都没有被采纳，什么效果也没有"，而现在却有个已经拟定好的计划摆在他面前。卢米斯被雅各布斯的斥责激怒了，双手开始剧烈地颤抖。埃文斯回忆起接下来发生的事情："比尔看上去生气了，他提高嗓门说，这个计划已经得到了米歇尔的同意，而且他已经把能得到股权的人的名单列出来了。卢米斯从公文包里拿出名单扔到了桌子上。"会议立刻结束了。在奥斯曼大街上没有任何标识的拉扎德办公室前，埃文斯偶然碰到了资产管理部门的联席主管之一诺曼·艾格，他向艾格询问对于卢米斯的这个计划有什么想法。"后面会有麻烦。"艾格预测道。他"眼睛里闪着光，咧嘴笑着"继续说道："我们有30亿美元的业务体量，但那份名单上只有我一个人的名字。"

接着，埃文斯去了巴黎北站，和合伙人威廉·鲁克一起乘火车回伦敦，并花了"3个小时思索这场出人意料的大戏"。他们一致认为卢米斯的计划"相当荒诞"，因为它只锁住了公司20%的股份，用一批资本家取代了另一批资本家而已。此外，它还存在一个"将引来众人指责"的问题，那就是名单上的23个人中有13个是美国人，只有2个是法国人。

然而，更大的问题是卢米斯的行为举止。"比尔的行为违背了执行委员会的意愿，"埃文斯后来写道，"迄今为止，他一直都遵从集体的意愿，行事慎重保守（虽然毫无效果）。现在比尔采取的新方法是，他自己在前面做出指示。很难看出他下一步会如何行动。我猜他会后悔做得这么过分。"维利的看法则是，给予在职合伙人"终身"权益，将不可避免地导致公司很快被出售，或进行IPO，因为如果要"货币化或更新"那20%的权益，就需要有"局外人"的参与。维利也很沮丧，因为他在成功地领导了拉扎德伦敦分行10年后，却"在新的拉扎德里没有了位置"。他说他宁可"不惜任何代价"辞职，也不愿看着拉扎德因为一个不明智的股权计划而被出售。埃文斯回忆说："维利根本无法面对那些人，他把他们招进来，与他们聊过天，对他们讲述过自己的拉扎德理想——将拉扎德打造成一家由独立的人经营的独立的公司。"埃文斯劝维利花点时间"冷静思考"，"等到局面可以掌控"。可拉扎德似乎就要四分五裂了。

几天后，执行委员会的成员们总算消化了在巴黎发生的事情，然后他们达成了一个共识：这次会议"让人无法接受"，会"引起分裂"，"可能对公司造成损害"。在没有和卢米斯商量的情况下，执行委员会成员决定在下一次常规会议前再召开一次特别会议。由于巴黎会议之后卢米斯度假去了，他们便通知了卢米斯的秘书。维利还给米歇尔和卢米斯写了一封信，由埃文斯执笔。他在信中指出，巴黎会议"令人遗憾"，他在拉扎德工作了30年，对公司的忠诚是不能被"收买或卖出"的。他还说，会上提出的股权计划是出售拉扎德的"第一步"，因此公司应当"以适当的方式"出售。他还表示，卢米斯单方面任命3名新的执行委员会委员的做法"让人无法接受"，而且委员会成员仍然对卢米斯单方面否决委员会反对与海格尼签订保障性合同的事情耿耿于怀。卢米斯得知这一计划之外的执行委员会会议后十分愤怒。他与米歇尔聊过之后，一起打电话给法国合伙人，成功地分化了欧洲人。无论他们说了什么或做了什么承诺，他们的努力奏效了，特别会议最终取消了。

2月20日，执行委员会在纽约再次召开了一次会议，为期两天。此次会议刚开始时，卢米斯就低调地承认自己"认识到"了他在巴黎提出的"终身"股权方案不受欢迎。随之而来的笑声打破了几周来形成的紧张气氛。接着，米歇尔问是否有人愿意发言支持提议的股权计划，没人说话。于是米歇尔主持了一个冗长的讨论会，鼓励大家各抒己见。乔治·拉里坐立不安，一度把钢笔扔到了地上。最后，米歇尔发表了一番鼓舞人心的讲话。从字面上看，这些话似乎语无伦次，杂乱无章，但也许现场说出来的会更好一些。"我们在世界上享有卓著的声誉，"他对高级合伙人们说道：

我们有重要的业务和宝贵的人才，但有人却质疑我们的生存能力。你们虽然在公司中身居高位，却也普遍存在这种疑惑。我正试图给你们提供所有银行家梦寐以求的最佳机会。未来5年内，拉扎德的盈利至少能翻一番，在我看来这是显而易见的。我们在资产管理业务上能净赚2亿美元，在资本市场业务上能赚1亿美元，在并购业务上能净赚5亿美元，总利润将能达9亿美元。我坚信这些目标都可以实现。显然，我们也可能会经历不景气的年份，但你们有能力做一些事情。我必须承认，对于一些合伙人来说，采取终身所有权或一些其他形式的激励措施至关重要，但这毕竟是次要的，当务之急是全力以赴做好业务。我们都认为比尔·卢米斯果断勇敢，他能领导公司，但他需要大家积极的配合。

此次会议被埃文斯称为"承诺集会"，在这个会议结束之前，合伙人们又对爱德华·斯特恩新近双管齐下的攻击展开了讨论。斯特恩威胁要起诉拉扎德，因为他是拉扎德拥有的小型私募股权基金LF资本合伙人最大的投资人之一，他认为该基金经营不善害他亏了钱。他很不高兴，想得到1000—1500万美元的"封口费"（总之他起诉了拉扎德，最后问题得到了解决）。他还想破坏欧瑞法国和艾泽基金即将进行的合并。"米歇尔明确表示已经受够斯特恩了，"埃文斯表示，"很明显，布鲁诺非常关注这件事，因为他最容易受到冲击。"难怪布鲁诺·罗杰在会议上一直闷闷不乐。埃文斯说，还有人担心老爱捣乱的爱德华·斯特恩"可能会影响那些基金向拉扎德的非传统投资活动做出承诺的时机"。

会议结束之后，埃文斯在米歇尔的办公室里与米歇尔单独见了面，他们一致认为，经过此次会议，公司情况好转了一些，大家已与公司"捆绑"在一起。这时，已从巴黎归来的菲利克斯顺路过来打了个招呼。几个月来，埃文斯和米歇尔一直在讨论菲利克斯是否会回拉扎德。当菲利克斯离开办公室后，埃文斯告诉米歇尔，假若菲利克斯回归，那么斯特恩的惨败事件将会重演。米歇尔似乎同意埃文斯的看法。

2000年11月大选之后又过了一个月，菲利克斯驻法大使的任期期满。2001年1月，他坐在第五大道公寓的书房里接受了《纽约时报》的采访，两只叫面条和诺布的拉布拉多犬陪伴在侧，除此之外再无他人。他告诉《纽约时报》杂志记者，自己无意重回拉扎德，还反复强调自己想写回忆录——一本"关于我的生平见闻的好书"，以及也许会和几位助理成立一家小型咨询公司。他还说自己将到康卡斯特、菲亚特和其他几家未提及名字的公司董事会任职。他还加入了外交关系协会。2001年5月，他告诉《机构投资者》杂志："我认为我不会以全职身份回到拉扎德，因为不论对拉扎德还是我自己来说，这都没有好处。"然而，就像作家安东尼·特罗洛普（Anthony Trollope）所说，即使是在职业生涯的

"夕阳"时期，菲利克斯也"从未"想过悄悄退休。

在菲利克斯担任大使的3年时间里，米歇尔曾不止一次地邀请菲利克斯回拉扎德，尽管菲利克斯否认了这一点。不过，早在菲利克斯担任大使初期，米歇尔就多次请他回来，但他认为米歇尔是在信口开河，因而没有理睬。另一个原因是，他担心妻子丽兹能否战胜乳腺癌。在他们抵达巴黎后不久，丽兹就被诊断出了乳腺癌（后来她的确战胜了病魔）。考虑到这些情况，菲利克斯说自己曾多次告诉米歇尔："不，你知道我不能这样做。我不能回去。"任期结束之后，菲利克斯再次拒绝了米歇尔的邀请，但他请求米歇尔豁免他的竞业禁止协议中的一个条款，即他在3年之内不能为拉扎德的竞争对手工作。考虑到退休金总额达数百万美元，菲利克斯在1997年4月离开拉扎德时签署了这份竞业禁止协议。回到纽约后，菲利克斯收到了大量的工作邀请，虽然正如他告诉米歇尔的那样不会接受其中任何一个，但他还是希望自己至少可以自由地考虑这些机会，而不必担心可能会违反竞业禁止协议。他还告诉米歇尔，他怀疑这个竞业禁止协议里的条款是否具有法律效力，但无论如何，他很高兴在他想回来时，第一个跟他沟通回归条件的公司就是拉扎德。

米歇尔决定折磨菲利克斯一番，于是对他说："好吧，但我们不能那样做。我得让执行委员会投票表决。"根据菲利克斯的说法，米歇尔是通过"特别程序"，向拉扎德其他高级合伙人征求是否同意解除他——地位仅次于公司历史上最重要的人物安德烈·梅耶——的竞业禁止协议条款。菲利克斯怒气冲冲，他告诉米歇尔："我可以去法庭，5分钟之内就能拿到判决。但我不会那样做……去投票吧，然后看着我的眼睛告诉我结果。"对此，米歇尔显然不为所动，但也没有流露出一丝一毫的讽刺。后来，米歇尔向菲利克斯报告说，在2月召开的执行委员会会议上，合伙人们决定不就菲利克斯提出的要求进行投票。菲利克斯说，米歇尔告诉他："如果他们投票决定豁免，那看上去就像是他们想摆脱你，但他们不想这么做。"据说，投票最终没有进行，但执行委员会一致达成了回绝菲利克斯的请求的决定。他们向菲利克斯传达了两点：第一，他们不会"单方面"废止他的竞业禁止协议；第二，他们欢迎他回到拉扎德。尽管只有米歇尔赞同第二点。艾德里安·埃文斯在日记中记录了这件事："另一件奇怪的事情是，菲利克斯·罗哈廷请求我们废除他的竞业禁止协议条款。如此一来，一旦他离开巴黎，就能决定自己之后将去哪里执业。我们的观点是不应废除（所有人一致同意），也不应鼓励他来拉扎德（米歇尔反对这点）。无论如何，他都不大可能来这儿。如果他来了，他将在公司中造成巨大的混乱。"最后，菲利克斯的竞业禁止协议没被废止，他也没有重回拉扎德。

相反，为了履行合同义务，从2001年4月起，菲利克斯在洛克菲勒中心30号第50层的一套办公室里待了三年。这套办公室由拉扎德付费，向上第10层就是拉扎德办公楼层。菲利克斯挂出了自己的招牌——罗哈廷联合公司（Rohatyn Associates），为各家企业提供顾问服务。拉扎德内部的一份备忘录显示，当时，菲利克斯成了拉扎德的"高级顾问"。此外，他还将经营自己的罗哈廷联合公司，以及将一些时间投入管理自己的家族资金和慈善活动中。对于这些工作，菲利克斯详细阐述了自己的安排："我的想法是，在与那些仍和我有往来的客户打交道时，拉扎德可以用我的名字，而且无论在哪里，只要我能做到，我仍然会尽力为拉扎德带来生意，尽管我完全可以用我想要的任何方式独立自主地做生意，甚至可以与拉扎德的竞争对手合作。我们确实做到了，而且做得很好。我有自己的客户，有自己的员工。我在法国担任3家公司的董事。我努力让拉扎德做成一些交易。一方面我认为自己成功了，但另一方面我觉得自己毫无收获。但事情就是这样。我唯一的义务就是诚心诚意地给拉扎德带来业务，3年结束后，他们付钱给我。就是这样。"除了自己公司赚的钱，菲利克斯在2001年从拉扎德得到了250万美元酬金。

菲利克斯重回拉扎德引起了争议。当然，卢米斯根本不想跟菲利克斯扯上任何关系，他对自己在20世纪90年代初与菲利克斯的争斗仍然记忆犹新。而那些更年轻的、喜欢在互联网聊天室聊天的银行家们，似乎对菲利克斯毫不在意。菲利克斯在拉扎德担任新角色的备忘录传开之后，一位匿名者在聊天室写道："菲利克斯回来了，有人见过他吗？猜猜他会造成怎样的影响？一方面，他似乎给自己留好了后路，创办了自己的公司；另一方面，他是上世纪下半叶最有名望的银行家之一。我认为这只对拉扎德有好处，但我很有兴趣听听别人怎么说。"

结果出现了很多声音。"菲利克斯不是七十多岁了吗？"有人问，"我对他的动机很好奇。我怀疑他是否有热情凭借自己的力量重振拉扎德。拉特纳、威尔逊等人的离开给公司造成的困境，也许连老菲利克斯也难以克服。"这番话激起了回应："即使他回来也不意味着什么。拉扎德不是过去的那个拉扎德了。拉特纳离开之际，就是这条船开始沉没之时。公司维持下去的唯一办法就是出售。所有大人物都离开了。哦，对了，弗农·乔丹带来了很多钱，不是吗？哈哈哈！！！"一个爱说笑的家伙写道："我认为请菲利克斯回来对公司根本没有任何帮助……这就好比把爷爷从养老院接回来经营业务，但他说的却都是他感觉膀胱有多胀痛。"另一个聪明人也没能看明白菲利克斯对公司有什么帮助。"似乎，菲利克斯掌控了洛克菲勒中心30号的第50层，"他写道，"他大约有10名雇员消耗拉扎德的一些资源。我想这些雇员的工作分配是这样的：两个人给他擦厚厚的眼镜片（一个人擦一片）；一个人把他说的话输入电脑，因为他不会用电脑；两个人当情人（一个是菲利克斯的，一个是米歇尔的）；剩下来的5个恶棍是阻止他去掐死弗农·乔丹的！拉扎德的前途掌握在了合适的人手中。"

对于这些人的喋喋不休，当时仍在微软工作的菲利克斯的前合伙人理查德·爱默生激烈地为菲利克斯辩护道："从他对细节的分析到对宏观问题的把控，再到董事会对他的尊重来看，菲利克斯是我见过的最优秀的银行家。他极其勤奋积极。那些对他评价不好的人肯定没在他身边待过，肯定也没赢得他的尊重。能被称为他的合伙人，我感到非常自豪。"

有一段时间，菲利克斯除了做交易之外，还致力于撰写回忆录。这部回忆录暂命名为"金钱游戏：1950—2000年我的美国资本主义之旅"。维亚康姆传媒集团（Viacom）旗下的西蒙–舒斯特图书公司签下了这本书的出版权，由备受尊重的爱丽丝·梅休（Alice Mayhew）担任编辑，梅休是鲍勃·伍德沃德（Bob Woodward）[1]和詹姆斯·史都华（James Stewart）[2]等作者的编辑。菲利克斯和两位代笔人一起撰写这本书，但他在完稿之后重读此书时发现，书中关于交易和他本人的笔墨实在太多，于是他把书稿藏进一个抽屉里，至今仍未出版。弗农·乔丹说，菲利克斯之所以决定不出版这本书，是因为他在书中过多地抨击了拉扎德的合伙人们。菲利克斯把这本书的预付款退给了出版商。后来，阿特拉斯图书（Atlas Books）的创始人兼作家詹姆斯·阿特拉斯（James Atlas）一直想让菲利克斯出一本精简版的回忆录，但菲利克斯没有同意。如今他正在写一本关于美国历史上重大投资的书，诸如路易斯安那购地案（Louisiana Purchase）[3]和州际公路系统案。菲利克斯创办的一度蓬勃发展的咨询公司——罗哈廷联合公司如今也搬到了派克大街280号的一套办公室里，与儿子尼克共用这套办公室。尼克原本是J.P.摩根的高级银行家，如今经营着一只5亿多美元的对冲基金，2000年12月，他花了740万美元买下了曼哈顿的一座40英尺宽的豪宅。2006年8月，菲利克斯几乎关闭了罗哈廷联合公司，加入雷曼兄弟，担任CEO迪克·富尔德

[1] 美国记者、作家。1972年，与另一名记者卡尔·伯恩斯坦通过内线"深喉"的情报及协助，率先披露了水门事件丑闻，从而迫使总统尼克松下台，一时名噪新闻界。两人也因此获得了1973年的普利策新闻奖。

[2] 1908—1997年，美国著名影视演员。奥斯卡最佳男主角奖、奥斯卡终身成就奖、金球奖最佳男主角奖、金球奖终身成就奖及其他多个主要电影组织的终身成就奖得主。代表作包括《天堂电影院》《街角的商店》《迷魂记》《后窗》《浮生若梦》《费城故事》等。

[3] 1803年，美国以大约每英亩三美分的价格向法国购买超过529911680英亩土地的交易案，该交易的总价为1500万美元。购地所涉土地面积是如今美国国土的22.3%，与当时美国原有国土面积大致相当。

（Dick Fuld）的高级顾问兼国际咨询委员会主席。他在派克大街280号和第七大道上的雷曼兄弟都有办公室。讽刺的是，菲利克斯已经准备好在罗杰·奥特曼的艾弗考尔公司（Evercore）进行IPO前把自己的小公司并入艾弗考尔，好从中大赚一笔。但他在最后一刻放弃了，因为他发现奥特曼居然允许其合伙人乔纳森·科尼（Jonathan Knee）写一本关于他在华尔街经历的书。

1月31日的会议上，为了增加公司的利润，执行委员会决定采取一个最直接的方法——裁员，这是拉扎德以前从未做过的事情，哪怕是在最艰难的时期。例如，米歇尔在1977年掌管公司后发现公司几乎一片混乱时，也只是解雇了7位合伙人。拉扎德从未有过必须全面裁员的情况，这与华尔街其他几乎所有的公司形成了鲜明对比。但是现在情况变得越来越令人绝望了。卢米斯成为CEO后，首要目标就是用三到四个月的时间使全球员工至少减少275人，现在是时候执行这个计划了。2001年初，裁员开始。拉扎德做出了一个似乎奇怪的决定，解雇大约50名信息技术人员，相当于该部门总人数的三分之一，而他们的薪酬加起来才勉强达到一位合伙人的所得。拉扎德之所以这么做，是想将信息技术部门的开支减少900万美元。

但是，这个相对简单的方法在公司内部引发了抗议浪潮，许多人在互联网聊天室发泄挫败感。当时，互联网聊天室这个大家还一知半解的新事物成了各行各业员工匿名发泄积压的挫败感的出口。"我们看到了不祥之兆，"一位员工在3月评论道，"这是结束的开始吗？？？ 拉扎德纽约分行可能会像泰坦尼克号一样沉没！！！"另一位匿名作者在标题中呐喊道："拉扎德今年将被出售！！！""米歇尔即将退休，可他的家族没人愿意接替他继续解决拉扎德的经济问题和管理冲突……这个情况已经持续很久了，只要看看公司知名的前任董事总经理们离开的历史就知道了，他们很了解情况，而且从这里离开了。那些像我一样还留在公司的人都快跑吧，越快越好。"几天后，另一个人也告诫大家："在接下来的两个星期内，拉扎德的所有部门都会受到冲击：交易、银行业务和资产管理，特别是高收益、固定收入、应付账款等部门。相信我的话，没有人是安全的。别冒险，开始投简历，收拾办公用品吧。"

拉扎德本就不高的士气变得更加低迷。一位银行家说："有很多传言说要裁员，但到目前为止公司还没有一个人被解雇，这制造了一定程度的恐慌。不到裁员真的开始或公司明确表示不会裁员，这恐慌就不会消失。而且此时又恰逢整个华尔街的并购交易量较上一年显著减少，还有传言说拉扎德正被出售……眼下，整个公司都陷入了恐慌，大家都担心可能会发生一些非常现实又非常不好的事情。"另一位心存不满的员工吐露："首先，对于那些失去工作又要养家的后台人员，我真的感到非常难受。很遗憾拉扎德没有哪位董事总经理有勇气或好心放下马爹利酒主动要求降低自己的报酬。我认为拉扎德是时候认识到公司真正的价值所在了，但是很显然，世上所有的钱都买不到常识。"一个"已经准备好跳槽简历"的员工写道："拉扎德已经不再是一家精英公司。进去后你跟员工们谈谈，四处看看，就会看到公司里留下的只是一群等着被宰杀的羊。和其他所有公司一样，拉扎德不再独一无二，变得极为普通。"另一个人写道："想象一下，你穿着一双水泥浇铸的鞋子，腰上别一个锚，被扔进海里，会有什么感觉？绝望。这就是我在拉扎德待着的感觉。"另一位被解雇的员工欣喜若狂地写道："上个星期我接到了比尔·卢米斯的电话。在去他的办公室之前，我先得打电话给朋友让他们安排一场派对。如果他们在找志愿者去卢米斯的办公室，那么我愿意整晚在外露营好排在队伍的第一个。当拉扎德那些不幸的人每天走进办公室，坐在那里假装拉扎德还有生意可做时，我可以去非洲待上3个月（带薪），然后在7月开始新工作。"如果让拉扎德员工给公司的士气打分，分值从1到10，那么其中一位银行家打了负10分。他写道："真要命。想象一下，你每周工作时都得琢磨老板喜不喜欢你（没有任何标准，而是看你有多会拍马屁）。一到星期二人人都焦虑不安，没有人在工作。我们为什么会这样？ 那些懦夫没胆量快刀斩乱麻。这与市场无关。他们肯定已经知道了，但是太胆小，不敢一次性解决。"

就在第一波裁员浪潮在拉扎德涌动时，一个坏消息传来了，一位在纽约工作的欧洲金融分析师坐在办公桌前突发心脏病去世。"公司里的每个人都知道这件事，"一位拉扎德员工说道。他接着说道，公司对这件事遮遮掩掩，"试图隐瞒实情，撇清责任"。据说，拉扎德还要求网站 Vault.com 将为员工提供发泄渠道的拉扎德论坛关闭。

公司内部的紧张气氛愈演愈烈。"首先，你有心理预期。你知道，我们是合伙人，都想从公司获得一些永久性的东西。"一位合伙人解释说，"接着，你的业务发生了转变。2001 年的商业环境变得非常萧条。我们原计划是这一年要实现 9 亿美元的收入。米歇尔在 2000 年底说，他为拉扎德设定的 2001 年目标是从 2000 年的 7 亿多美元收入增加到 9 亿美元，他相信能实现。然而刚进入 2001 年，业务就消失了，什么都没做成，一切都在终结。到了二三月份，那些凡是在这个行业里待过一段时间的人都明显意识到我们这一年能实现六七亿美元的收入就已经很幸运了。"然而，冬去春来，米歇尔似乎仍然完全不了解现实情况。一位合伙人回忆道："到了 3 月，米歇尔还说，'我从事这个行业已经很久了，我们今年将会和上一年完全一样'。然而，到三四月份的时候情况已经非常明显，我们能实现 5.5 亿美元的收入就算很幸运了。顺便说一下，到当年年底，我们的收入只有 4.35 亿美元。"

在这种背景下，拉扎德内部要求米歇尔认真考虑出售公司的呼声越来越高。当然，对于米歇尔来说，仅仅是想到上市就已经无法忍受，于是他做了一番长篇演讲，反对任何在市场上出售公司股票的计划，鼓励大家拿出勇气重振公司。他也反对被称为"S 方案"的建议，该方案是以另一种方式让拉扎德上市，就是将拉扎德与欧瑞泽基金合并。他告诉执行委员会成员："我们上市之日就是麻烦开始之时。看看华宝敲诈我们的方式，我就再也不相信上市公司的控制能力了。"他指的是瑞银华宝的乔恩·伍德曾对拉扎德发起的攻势。

3月15日，巴黎召开的执行委员会会议上，公司的领导们再次谈到了"谁拥有拉扎德以及拉扎德的财富为谁经营"这一核心问题。米歇尔、维利和其他人的观点相当保守，他们认为无论采取怎样的股权计划，拉扎德都必须保持独立经营。不过，这不是理论上的讨论。紧接着，卢米斯再次就分配股权问题进行了讨论。这一次，他与拉扎德资产管理部门的领导人沟通，决定将股权分给"重要玩家"，防止他们离开。但艾格和古尔奎斯特告诉委员会，他们觉得自己受到了"不公正对待"，卢米斯想在他们身上实施"分而治之的计划"。

公司内部又出现了对峙局面。"如果卢米斯继续推行LAM股权计划，"埃文斯写道，"我怀疑维利会辞职。如果执行委员会阻止卢米斯的计划，那么卢米斯可能会辞职（尽管我不是很了解他，不能肯定这一点）。无论如何，如果取消看起来相当明确的LAM股权计划，无疑会导致其中一些人或所有人辞职。游戏还在继续。"最后，LAM股权计划推迟到4月24日在伦敦举行的会议上进行讨论。

在伦敦会议上，卢米斯概述了一个为LAM提供股权激励计划的想法，这个计划极其复杂，包括减少向艾格和古尔奎斯特支付巨额合同金，利用公司对冲基金的收益让公司的收入免税。卢米斯说，他认为应该进一步完善该激励计划，为6月的会议做好准备。他还告诉同事们，公司想留住艾格和古尔奎斯特，并在协商此事，因为米歇尔说过LAM无法"妥善处理艾格和古尔奎斯特不愉快地离开公司的谣言"。米歇尔还说，LAM的联合负责人希望在有序地交接工作的同时继续经营业务。

此次会议上，维利发现自己大多数时候都与米歇尔的观点不一致。埃文斯和维利都认为"这是糟糕的一天，没什么参与感"。米歇尔在回家之前，前往伦敦分行看望埃文斯和维利，埃文斯认为他之所以这么做，部分原因是"经过意见分歧的一天后",他想以"友好的方式"和维利分别。第二天早上,维利告诉埃文斯他已决意辞职。当时,罗斯柴尔德和嘉诚投资银行都接触过维利,但他觉得只有辞职才能"体面地考虑接下来的去处"。

5月9日,就在执行委员会召开下一次会议的前一天,维利飞到纽约向米歇尔和卢米斯辞职。有人猜测,米歇尔可能会辞去董事长职位,把位子让给维利,但剧情并没有照此发展。5月10日,维利辞职,对公司来说,这又是一个严重的打击。维利当时年仅五十,在拉扎德待了28年,做了许久的拉扎德伦敦分行负责人。尽管维利公开支持三家分行合并,支持卢米斯担任CEO,但无疑他觉得卢米斯上任后自己的权力被削弱了,而且他一直想得到CEO这个职位。维利是位非常优秀的英国银行家,在执掌拉扎德伦敦分行的10年里,他放弃做交易,专注于管理工作,使拉扎德伦敦分行重新赢得了大家的尊重。由于他吹毛求疵,同事都称他为"狄更斯式人物",他的一位合伙人还说他"爱钱如命"。对于维利离开公司的原因,米歇尔说是因为他没有任命维利当CEO。他说:"我和戴维之间的问题在于他想把拉扎德作为一个整体来管理,而且我认为他根本不会飞到纽约来工作。这不是我的错。这是事实。"米歇尔补充道,维利是"一个很好的人。我喜欢他"。公司还没有决定是否接受维利的辞职请求。米歇尔回忆起1996年培生集团邀请维利担任公司CEO的事情,当时维利拒绝了,选择留在拉扎德。维利在拒绝那份诱人的工作时,对培生集团的布莱肯海姆(Blakenham)勋爵说:"我的忠诚首先献给米歇尔·大卫-威尔。"多年以后,米歇尔回忆起当时维利表现出的忠诚时,仍然"非常感动"。

无论如何,生活还得继续。维利辞职后,米歇尔让在1972年与维利同一天加入拉扎德的马库斯·阿吉乌斯接替维利,成为拉扎德伦敦分行的负责人。很快,阿吉乌斯的所作所为就让大家觉得米歇尔的这个决定十分明智。在哈利法克斯集团(Halifax Group)与苏格兰银行(Bank of Scotland）高达280亿英镑的合并交易中，阿吉乌斯向哈利法克斯集团提供了顾问服务，而这项合并是过去5年中欧洲最大的交易之一。维利辞职后的第二天，布鲁诺·罗杰给埃文斯写了封信表示支持。"在这艰难关头，你的专业和个人品质显得如此重要，"罗杰用蹩脚的英文写道，"我希望你放心，我和巴黎的整个团队都完全支持你。"埃文斯深受感动，他心怀感激地回信道："在我看来，拉扎德的特点在于我们非凡的团队精神（差不多是个大家庭）。你友好的来信也证明这一点。"但5月的会议记录里根本没有提到维利的辞职。

会议记录里也没有记录那次会议上做出的另一个重要决定：认真考察出售拉扎德事宜。不过，出售公司还存在一个问题，根据2000年三家分行的合并条款，如果拉扎德被出售，伦敦的合伙人将无权获得任何商誉，只有纽约和巴黎的合伙人和"资本家"才有这一权利。如果与伦敦合伙人的分歧得不到解决，那么就无法严肃地讨论出售事宜。此外还需要准备一个备选方案，因为一旦出售失败，公司就要在经过全面审查之后进行彻底的内部重组。

维利突然辞职的两个星期后，卢米斯出现在拉扎德的监事会面前，对一些越来越尖锐的问题发表了含糊的看法，包括：公司积累的业务正在流失；无法实现米歇尔不切实际的收入目标，而且结果会相差很大；公司的首批裁员开始了；维利离开了，以及有传言说巴黎分行的布拉吉奥蒂和乔治·拉里不久之后也会离职；资产管理部门的联席主管鼓动大家争取部门独立；招聘前景黯淡，拉扎德无法再支付高额薪酬；以及他为了留住合伙人而把股权分配给顶级合伙人的两次努力——第一次是计划分给23位顶级合伙人，第二次是计划分给LAM的顶级合伙人——都陷入了尴尬的境地。

此外，人们似乎达成了一个共识，即卢米斯可能无法胜任管理公司的任务，当然，只要米歇尔还在位，这对任何人来说都不是件容易的事。有报道称，当事情发展不顺或者米歇尔不支持卢米斯的倡议时，卢米斯就会十分气愤，而且脾气来得很快。他曾给其他合伙人写电子邮件诉说他在工作中是多么的沮丧和愤怒，并把这些都归因于米歇尔。有些合伙人注意到，卢米斯在他们面前会明显地颤抖，他们寻思难道卢米斯酗酒更凶了吗？"他完全失去了对局势的控制，"一位拉扎德高级合伙人说，"他对米歇尔很好，但在其他方面他完全失去了控制。他从来没做过任何事情。你应该听听他的演讲。他说得都对，都在点子上，但是接下来什么也没有发生。我不知道他脑子里在想些什么。我的意思是，他肯定有问题，精神问题或别的问题。"

卢米斯在 5 月 25 日对监事会发表的讲话又是一个光说不做的例子。"我们需要更有活力的激励措施来留住和吸引优秀合伙人，"他说，"拉扎德的商业模式没错，但经济模式需要更新。我们需要在留住人才和招聘新人上花更大的力气，以更好地适应我们的商业模式。实施强化的长期激励措施必不可少。我们将在今年内实现这个目标，否则我无法向你们交代。如果我们优秀的在职合伙人的薪酬比那些在无趣的银行里工作的同行拿得少，那么我们的观点就无法让人信服。"

他继续发言，给大家描绘了一幅令人印象深刻的蓝图，把真正的股权分配给当前和未来的合伙人；如果该计划行不通，还可以实施极具争议的公司重组计划。这意味着，纽约分行将解雇大多数合伙人，只保留人数很少的高级合伙人核心团队（据说，卢米斯的目标是保留 10 个人，但他对这个数字提出了异议），以及一小部分的支持人员。不过卢米斯注意到，激进的重组计划是行不通的，因为公司最想留住的人未必会留下来。

6 月底，卢米斯终于得出了结论：公司唯一切实可行的路子就是出售。他开始寻求大家的支持。但对于他来说，事情变得艰难起来。"不和之家难长存。"卢米斯在写给埃文斯的信中援引了林肯于 1858 年 6 月发表的著名演讲中的话。埃文斯回信道："的确如此，但你也应该想到，在发表完这番讲话之后的一两年内，林肯进行了一些相当大的'改革'。"——不难看出埃文斯宁愿"改革"也不愿出售公司。"只有在管理上进行改革之后，家庭才会和睦，才会进入黄金时代。我们来谈谈吧。"卢米斯要么是没有理解埃文斯的意思，要么就是故意忽略了。他回信道："事实上，林肯接下来进行了美国历史上最血腥的一场战争，一场内战。"一位伦敦合伙人把他们两人交流的内容透露给高层同事："美国人通常没什么幽默细胞，我认为这些交流应当高度保密。"

7月4日的美国独立日假期过后，在米歇尔的要求下，卢米斯继续研究如何重组才能奏效，而他此时已经得出了公司应当对外出售的结论。不过，他仍然花了两天时间做出了重组的"经济分析"。接着，他接到了米歇尔的一通电话，这使得他变得更为焦虑。米歇尔向他传达了3条信息：第一，乔治·拉里在米歇尔位于长岛的家里待了5个小时，一直抱怨卢米斯作为CEO的"失败"；第二，"重组"首先应该主要在纽约分行进行而不是整个公司（卢米斯后来写道："这是不切实际的。"）；第三，布拉吉奥蒂不会来纽约见米歇尔（这说明他想离开拉扎德），米歇尔将飞去伦敦见他。

挂断电话后，卢米斯十分恼火。"我连睡觉时都在认真地问自己，为什么我要为这样一个机制不健全的公司付出这么多的努力，这个公司根本不认同普遍被大家接受的观点，即职责和权力之间存在联系。"他在给埃文斯的信中写道。但无论如何，他还是坚持了下来，"今天早上我还是起床了，决定把那份文件改回原来的样子，或者缩减到只有5页（而不是25页，满是文本和图表）。我感到很受伤、沮丧，也很愤怒。但我不放弃，这就是我仍待在拉扎德的原因。我只能向你保证星期四的会议氛围会很活跃。我有这勇气"。这次痛苦的沟通激起了埃文斯对卢米斯的真心同情。如今，卢米斯的领导能力受到了公开质疑，但埃文斯告诉他，不管怎样，伦敦的合伙人都会支持他担任CEO，但"如果其他人想毛遂自荐，那就让他们星期四提出来吧，我们还是会考虑他们的请求。不过，在星期四之前，我们必须选定谁是我们应该支持的老板，然后拿出一个行动计划，而那些不想留下来的人，不论是谁都必须离开"。埃文斯向卢米斯保证，他会做所有必要的事情，直到事情得到解决，哪怕要花上整个周末。"我们几乎把拉扎德的未来抛到了脑后，我不希望成为那个不光彩的组织中的一员。"给卢米斯回了信之后，埃文斯就前往托斯卡纳过周末，他还劝卢米斯"周末过得开心"，把下个星期四的会议想象成"你参演过的最棒的校园剧之一"。

7月12日，埃文斯在伦敦召开了至关重要的执行委员会会议。会议一开始，他就提醒合伙人们想想历史上拉扎德在面对危机时三家分行团结一致的时刻——可能大家都遗忘了：20世纪30年代初，巴黎分行和英格兰银行帮助伦敦分行渡过难关；纳粹分子被打败后，纽约分行和伦敦分行帮助巴黎分行东山再起。他告诉合伙人们，现在纽约分行处境艰难，失去了许多高产的合伙人，还背负着高昂的架构成本。"也许我们将不可避免地进行一次风险高、难度大的重组，"他告诉合伙人们，"我们面临的危险是内部的分裂，大家走出门去，然后就消失了。"

接下来是卢米斯发言。他说"公开里和私下里"都有很多针对他的讨论，但是他从2000年11月才开始管理公司，而且米歇尔让他"不要急于抛头露面"。他变得激动起来，甚至哭了。他说，不管他们决定重组还是出售，"我们都必须共同努力。如果我们之间存在冲突，那么出售必将变得更为复杂。重组同理"。为了达到这个目的，卢米斯设定的目标是在"9月初"告诉公司的合伙人们"我们要做什么"，为此他建立了两个团队：埃文斯、戈鲁布、艾格、雅各布斯和拉里主要负责重组（被恰当地命名为"达尔文项目"）；米歇尔和他"单独"负责公司出售。

重组团队开始改进"达尔文项目"。但不到一周，卢米斯就大受挫折。他取消了一个原定于7月19日召开的会议，但为了取得实质性进展，他要求埃文斯亲自到纽约来。按照指示，埃文斯飞到了纽约，继续改进"达尔文项目"的分析工作，为7月24日的视频会议做准备。7月20日下午，埃文斯还待在纽约，他向伦敦的高级同事透露了米歇尔打给他和卢米斯的一连串令人头疼的电话的内容。

在"先吃饭再看书"的告诫下，埃文斯说，星期四（7月19日），米歇尔从"风中"别墅打来电话，通知他如下情况：巴黎所有的年轻合伙人都"将离开"；合伙人退休时，"我们"必须向他们支付现金分红，这些资金的来源可能会令人震惊——"资本留存"，即扣下合伙人年薪的10%。第二天，也就是星期五，米歇尔又打来电话说布拉吉奥蒂邀请拉里一起去"风中"别墅见他，要求卖掉公司。拉里拒绝了。接着，埃文斯转述道，当米歇尔对卢米斯说，公司想将所有管理信息系统整合到一个叫仁科软件公司（PeopleSoft）的新平台上这件事让他很烦恼时，卢米斯尖叫起来。埃文斯接着说道，布鲁诺·罗杰告诉他，巴黎分行的状态处于"分裂与叛乱"之间，因此他十分"烦恼"（"这个词显然很有感染力"），因为巴黎没人来纽约帮忙实施"达尔文项目"。最后，埃文斯说，他被要求与卢米斯、艾格一起尽力"解决LAM、艾格和古尔奎斯特问题"。他说："这虽然'让人烦恼'，但会很有意思。"

米歇尔决定8月2日在巴黎确定拉扎德将何去何从。与此同时，负责重组工作的高管们得出结论，为了让拉扎德的待遇更具吸引力，应向享有1%利润分成比例的合伙人支付400万美元。换句话说，为了让该计划得以正常运行，公司需要赚到4亿美元的税前利润，用于合伙人分成。在正常情况下，公司在2001年只能挣到大约1.4亿美元，因此不仅需要解雇40位合伙人（腾出15位合伙人利润点分给其他人），还需要通过节约成本或提高收入来筹集另外的7500万美元至1亿美元，保证这个机制的运转。埃文斯写道："7000万美元不太可能实现。因此我们需要相信，重组后的拉扎德可以更好地运营，以增加公司的收入。"

就在那个星期六（7月21日），埃文斯又向伦敦的同事们报告他和卢米斯再次接到了米歇尔的电话。此次电话会议，米歇尔让布鲁诺·罗杰也参与了。在发表完长达15分钟的"关于巴黎的孤立感的演讲"之后，米歇尔重新提出向某些欧洲的董事总经理支付固定现金奖金的想法。看上去，拉扎德合伙人让-雅克·吉奥尼（Jean-Jacques Guiony）明确希望获得现金保证，其他巴黎分行合伙人的想法也类似。多年之后，罗杰说，他认为直到2001年7月，米歇尔仍未兑现他在2001年初提出的向合伙人分配商誉的承诺，这在巴黎引发了一场叛乱。"你对合伙人说，5月底之前我会给你份礼物；可到了9月，你什么都没给；到了12月，还是什么都没给。这样你就招来了叛乱。"罗杰解释说，"米歇尔是国王，掌握权力。每个人都想拥有商誉，可米歇尔还没有决定给不给，于是他招致了一场空前的叛乱……这不是个人的叛乱，而是集体的。不用读马基雅维利的书也能知道会出现一场自发的叛乱。这是一个典型案例，哈佛商学院的案例。"

在与卢米斯通话过程中，米歇尔再次抱怨在选择仁科软件公司时自己没有参与其中。在埃文斯看来，这实在太过荒诞。"想象一下，让米歇尔参与此事就像让碧姬·芭铎（Brigitte Bardot）[1]掌管北大西洋公约组织一样。"他在给伦敦同事的信中写道。像往常一样，他在落款前再次把拉扎德暗讽为上演荒诞剧目的剧院："这个惊人的场景以后不可能重现，无论如何我也不能错过。"

7月23日，也就是星期一的早上，卢米斯给米歇尔写了一封十分严肃、相当于"摊牌"的信，目的是为8月2日的会议做准备。他想让米歇尔知道，他虽不情愿但非常确定公司必须出售。在这场旷日持久、毫无缓和迹象的动乱中，这位身处困境的CEO给董事长写这封长达7段的信，其实是绝望的呼喊。"我们需要对拉扎德的现状做出坦率的评估，就像我们需要保持理智一样。"他写道。卢米斯描述道，公司正经历一场风暴——"长期积累的分歧加上在最近极其糟糕的市场环境下进行的合并"——米歇尔的帝国统治此时已经临近尾声。他雄辩道："我们就像在一个毫无遮蔽的平原上遭受内外夹击，我们的出发地和目的地都无法

---

[1] 1934年至今，法国著名女演员、歌手。

为我们提供任何庇护。"他继续写道："人们已经对公司脆弱的体制失去了信心，重组也无法弥补这一点。根本没有'权宜之计'能挽救2001年的业绩。实际情况不仅不好看，而且十分棘手。我们要准备出售，同时继续勤勉地致力于重组。巴黎会议一结束，我们就立即与其他人开展讨论。"

仅仅用了区区600字，卢米斯不仅严厉地指责了他的合伙人们，还一下子抹去了他们在公司重组及安抚资产管理团队方面所做的努力。他决定出售公司，批准了合伙人们在5月10日会议上第一次通过的计划。一位合伙人在谈到卢米斯对这个决定的想法时说："这是唯一的前景，以后谁还会追随他呢？"另一位在此时开始找新工作的合伙人说："我想说，我那个时候开始认真地怀疑公司能否成功，因为我感觉大家已经意识到我们没有足够的收入，资产管理部门的家伙们都在争取自己做交易，我们也没有一位能代表整个公司说话的领导人，而且，坦白说，公司很快就没有那么多收入留住员工了。"

直到几个月之后，米歇尔才对卢米斯这封不寻常的信做出详细回应。与此同时，他最初的反应在合伙人中间逐渐传开了。鉴于金融服务公司在市场上的表现每况愈下，法国人似乎认为公司"现在上市或出售都是荒谬的"。一位法国合伙人解释道："现在不是出售的好时机，因此有必要进行重组。"还有人讨论让米歇尔取代卢米斯担任CEO——这是伦敦分行所谓的"米歇尔再任命"想法——但是这位法国合伙人反对，因为他认为这样做不太可能有效。"我们可能更希望重组，但我们缺乏人力和精力。"他说道。他还预测米歇尔会操纵出售过程（事实证明完全正确），因为米歇尔不想出售公司。"因此什么事都不会发生。"他说。接着他补充道，米歇尔想"在3个月内找到一位大师"取代卢米斯。

另一个迹象也表明米歇尔对卢米斯信中所写的内容持反对立场：对于公司未来的发展方向，他们存在严重的分歧。米歇尔曾建议，在考虑出售公司之前应先解雇一些合伙人，并与他们签署一份聘用终止合同，承诺在公司出售后给他们一笔赔偿金。他想解雇的合伙人之一是汤姆·哈克。哈克是纽约证券交易所前负责人的儿子，到当时为止，已经担任银行业务合伙人约25年，再也找不到比他更好的人了。虽然哈克的薪水比不上那些高级合伙人，但也还算丰厚，而且他受之无愧，因为他每年都为公司赚取不少酬金。尽管如此，米歇尔还是想解雇他。"您的意思是，我们9月'开除'哈克，并向他承诺，如果公司在两年内出售，就付给他一笔赔偿金，"卢米斯写道，"然后我们探讨出售的问题。因此，我们要制造一场对任何人都没好处的动乱，任何买家都会被纽约分行裁员的情况吓呆，他们会认为您对忠于您多年的人毫无信用。事情会变得一团糟，会导致公司被强制出售，因为每个人都会恨这个地方的管理者。然后，不论是根据您的建议还是我们面临的仲裁，我们都得向哈克支付赔偿金。（我们还得找个人来解雇他，在这种情况下，我不会去做这件事。）"卢米斯在这封信的结尾写道："明天我将去见您。我对这次谈话感到悲观，对明天的谈话尤其如此。怀着遗憾的比尔。"

根据埃文斯的说法，8月2日的会议充满了"怒火和争吵"。米歇尔接受了卢米斯的建议，即探索出售拉扎德的可能性。"他是经理，是CEO，有权去做他想做的事情，在我确定那是错误的之后我可能会说'不'，但在此之前我不会限制他的想象。"米歇尔说，"我有否决权，我可以否决别人的意见——但我认为董事长，特别是一位相对活跃的董事长，不会阻止管理层研究解决方案。"

拟议的出售计划表明，公司管理层出人意料地承认，公司不能再由现任领导层管理，公司的将来和过去——包括公司非凡的成就和神话——最好交由其他组织管理。"我认为他对自己管理公司的能力失去了信心，"米歇尔谈到卢米斯时说道，"他对由自己之外的其他人来管理公司也没有信心。我不确定这是不是人身攻击。他只是觉得我们都没能力管理。"米歇尔又补充道："毫无疑问，公司正处于混乱之中。坦白说，这让我想起了我刚来拉扎德那会儿。一切都在重演，几乎一模一样。我1977年刚来公司时也一片混乱。2001年的情况和当时有点相同，在这种情况下，他基本上放弃了权力，管理的权力，如果卢米斯没有达到目的，他想收回管理权就很难了。这个地方一直都在变化。"

当然，这些导致2001年成为拉扎德灾难之年的因素，也使得其他公司难以认真考虑收购拉扎德，尤其是米歇尔的报价据说高达40亿—50亿美元。几家大型全球公司要么觉得没必要收购拉扎德或者对拉扎德没兴趣，如高盛、摩根士丹利和美林（尽管美林给米歇尔打电话并表示有兴趣）；要么还在消化它们自己最近完成的几笔大交易，如花旗集团、摩根大通和瑞士信贷第一波士顿。不过，也有一些潜在的候选买家，比如德意志银行，它曾想过帮助拉扎德解决博洛雷难题，并全力启动其全球性并购业务；法国农业信贷银行也是个不错的买家，因为它已经间接持有拉扎德约10%的股份，而且还在7月份公开宣布想再买入20%；瑞银也拥有欧瑞泽15%的股份，但它还在处理潘恩韦伯公司的合并事宜。

不过，出于多方面原因，最大的潜在买家是雷曼兄弟。过去10年间，雷曼兄弟极出色的CEO迪克·富尔德改革了公司内部架构。2001年8月，雷曼兄弟市值约为180亿美元，这主要归功于其强大的固定收益部门，以及他们对交易的渴望。当时，雷曼投资银行业务特别是并购业务远不如后来那般强大，因此拉扎德会是一个很好的补充，特别是拉扎德还拥有雷曼尚未开始积极进军的欧洲业务。此外，雷曼还觊觎着拉扎德的资产管理业务。

两个方案在8月2日争吵不休的执行委员会会议上获批：为了确定法国农业信贷银行或雷曼是否有兴趣买下拉扎德，米歇尔将联系法国农业信贷银行，卢米斯则会与雷曼接洽。当然，米歇尔已经策划了法国农业信贷银行购买博洛雷股份的计划，他信心十足，认为法国农业信贷银行一定会感兴趣。而卢米斯在来拉扎德工作之前曾在雷曼工作过，而且两家公司的往来历史可以追溯到安德烈吓唬博比·雷曼的年代。尽管法国农业信贷银行不如雷曼富有，却愿意让拉扎德几乎完全自治，于是对于米歇尔及其法国合伙人来说，公司被法国农业信贷银行买下是极富吸引力的解决方案之一。米歇尔从来没有为把拉扎德卖给一家美国公司而感到兴奋，因为他担心美国人会抹杀公司的法国特色。

接下来的8月，米歇尔和卢米斯将开展调查工作，并于8月29日在执行委员会会议上汇报调查结果。8月2日会议结束之后，卢米斯打电话给富尔德，但没有说出自己的想法，因为富尔德说他8月的大部分时间都要外出，他们应该能在9月初见面。因此，在8月底的会议上，大家只能看到米歇尔有关法国农业信贷银行的调查报告。米歇尔还坚持让卢米斯和埃文斯分头为重组做准备，作为出售不成功的退路。

米歇尔还有另一个绝密的锦囊妙计，只有卢米斯知道，让-克洛德·哈斯可能也知道。2001年8月，米歇尔再次秘密地与布鲁斯·瓦瑟斯坦接洽，让其担任拉扎德CEO，他还是想在公司之外找到一位大师。由于发生了各种反常和出人意料的事情，瓦瑟斯坦终于再次与米歇尔自由地讨论这种可能性，因为在2001年4月，即他把瓦瑟斯坦-佩雷拉出售给德累斯顿银行的3个月之后，德国一家大型保险公司安联公司（Allianz）以200亿美元现金买下了德累斯顿银行80%的股份。当时，瓦瑟斯坦与他在安联的新老板有一些争执，正在考虑离开以他的名字命名的公司。

8月29日，米歇尔向执行委员会报告了他与法国农业信贷银行CEO让·洛朗（Jean Laurent）讨论出售公司事宜的最新情况。米歇尔提出了一个美妙的并行计划——"公开出售公司不仅效率低下，而且极度危险"，但是"可能会有两个非常感兴趣的买家"：法国农业信贷银行和雷曼兄弟（还提到了美林证券，因此可能有3家公司感兴趣）。对于法国农业信贷银行，米歇尔报告说："我们和他们一直有交流，因此非常了解他们的想法。"米歇尔说他8月与洛朗在比亚里茨见了两次面，尽管"他们迫切地想和我们一起做点什么"，但由于法国农业信贷银行已经进入上市流程（2001年12月完成），他们更倾向于先购买拉扎德的少数股权，之后再慢慢增加持股，而拉扎德的高管将留下继续管理公司。米歇尔告诉合伙人们："就我个人而言，我不反对。"但和往常一样，他有所担忧："唯一的问题是，法国农业信贷银行表示'我们不想管理公司'，因此我们不得不管理。"可米歇尔已经不确定拉扎德的领导者是否还能管理好公司。总而言之，对于法国农业信贷银行是否会买下拉扎德，他表示存疑，尤其是考虑到拉扎德的要价高达约50亿美元。

拉里提出了自己的看法，他认为美林和雷曼"完全一样"，不论哪一家公司买下拉扎德，他都会离开。肯·雅各布斯回应道："你会被收买，留下来继续努力工作。"雅各布斯争辩说收买是行得通的，因为"我们都是一样的血肉之躯"。拉里则回应："不，我不会努力工作。"

2001年9月初，卢米斯在世界金融中心的雷曼兄弟餐厅与富尔德共进午餐时，向对方提出了合并的想法。富尔德说，他在卢米斯8月给他打电话时，就已经猜到了卢米斯想说的事情。富尔德对这个想法很感兴趣，并安排在9月10日进行第二次会面，届时会有更多的人参与讨论此事。很明显，米歇尔知道卢米斯已经接触过富尔德，他甚至已经想好了拉扎德的出售价格。

"我了解情况，但我没有批准，"3年后，米歇尔如此说道，"这是有区别的。我告诉他'如果你想讨论那就讨论'。"对于当时两家公司就合并事宜的讨论有多严肃，大家各持己见：有人说富尔德的出价是提供雷曼1/3股权，当时价值约为60亿美元；另一些人则认为这是荒谬的，富尔德绝不会向拉扎德报出如此高的价格；卢米斯手下的一些合伙人则认为，卢米斯并不知道如何有效地出售公司，因此他们的谈话还没有进展到那么重要的阶段。"我的意思是，尽管他们去和雷曼谈要卖掉公司，但是他们并不清楚卖的到底是什么，"一位合伙人说，"他们不清楚。我的意思是只是谈谈，没有人会真的采取行动。情况不可控，完全不可控。"他认为卢米斯应该授权菲利克斯出售公司（当时菲利克斯仍在第50层监视着拉扎德的情况）。"要是交给菲利克斯，可能早就做成了。"他说。

而其他一些与富尔德关系密切的人则淡化了雷曼兄弟对这桩交易的兴趣。"还不清楚雷曼兄弟与拉扎德的讨论进展到了哪一步。"肯·威尔逊在高盛行政楼层属于自己的办公室里解释道，他既是富尔德的朋友，也是拉扎德前任合伙人，"有些人会说进展得很好。迪克·富尔德不会告诉你的。卢米斯曾经真的认为有人在背后推动这件事，因此他也在努力推进。但我认为迪克·富尔德的想法和他不一样"。米歇尔回忆说，8月底9月初，富尔德打电话到"风中"别墅，与他讨论合并的可能性。米歇尔还记得自己当时告诉富尔德，"很高兴"与他见面，但也许"等到年底"再见最好。不过，在卢米斯与富尔德在世界金融中心首次共进午餐之后，拉扎德内部对公司将与雷曼兄弟合并一事持乐观态度。9月4日，根据经营协议的7.03条款，拉扎德做出了详细的财务模型，让各个合伙人团队——纽约、巴黎、伦敦和世界其他地区——分摊商誉。他们甚至还提议新公司的名字应该叫拉扎德雷曼（Lazard Lehman）。

在没有米歇尔参与的情况下，卢米斯与富尔德单独推动此事。2001年9月10日，两家公司的讨论达到顶峰，当天，卢米斯和戈鲁布会见了富尔德和雷曼兄弟当时的投资银行业务负责人布拉德·杰克（Brad Jack），勾勒出了合并之后带来的潜在协同效应。拉扎德团队展示了一切将如何运作，但是没有表明或讨论具体的估值。大家都同意继续讨论。卢米斯明白自己可能很快就会失去工作，因此很有先见之明地与米歇尔签署了一份只有两段话的协议，该协议规定，如果他被解雇，那么在接下来的一年里，他还可获得固定比例的拉扎德利润，以及公司的部分股权。

虽然两家公司计划继续讨论合并一事，但是第二天发生的事打乱了合并计划以及卢米斯的银行生涯。9月11日，一个清新的早晨，米歇尔正在他那第62层宫殿般的办公室里，而恐怖的景象就出现在窗外的3英里之处。他的许多合伙人能清楚地看到南边的风景，因为没有任何遮挡物。他们看到了两架喷气式飞机撞上双子塔[1]，但米歇尔没有看到，他只看到火球从双子塔上喷出。他独自一人惊骇地看着两座110层的大楼燃起熊熊大火，然后倒塌。"我是一个永恒的乐观主义者，我当时的第一个念头是，这是一个多么疯狂的意外啊，"他回忆道，"天气这么好，怎么会发生这种事情？"就像其他人一样，他开始慢慢地了解到所发生的事情的严重性。但与别人不同的是，他冷静地完成了早上的工作——主持巴黎美国医院的董事会会议。最后，几乎所有人都离开大楼之后，在长期助理阿尼克·珀西瓦尔的坚持之下，米歇尔才乘上电梯下楼，到了洛克菲勒广场。卢米斯和弗农·乔丹与米歇尔在一起，他们一起往上城走的过程中，米歇尔借用弗农的手机——因为他自己没有手机——试图联系上妻子海伦妮。但因为袭击，手机服务中断，没能联系上，于是他去了位于第五大道820号的公寓等妻子回来。卢米斯则回到了格林威治。

弗农则回到了丽晶酒店的套房。之前，他与秘书透过洛克菲勒中心30号的窗户"惊骇地"看到了第二架飞机撞上南塔的过程。"那天剩下的时间里，我与你们中的许多人一样，一连几个小时看着这场灾难的发生。"差不多两个星期后，他在亚特兰大第一公理会教堂所做的一场扣人心弦的布道中讲到。

和你们一样，我也看了有关幸存者的采访，那些幸运儿及时逃出了燃烧的双子塔。我在街道上走着，每一个角落都有人悲伤地拿着自制海报恳求大家提供信息，上面有失踪人员的名字和照片。幸存者和海报上的受害者有白人也有黑人；有亚洲人、拉美人，也有阿拉伯人；有基督徒、犹太人，也有穆斯林；有高层管理人员也有门卫，有官员也有信差；有富人也有穷人；有年轻人、老年人，也有中年人；有共和党人

---

[1] 曾经纽约的标志性建筑，纽约金融区的世界贸易中心的两座高达110层的大厦。在两座大厦内，有很多著名的大公司，楼顶有电视台的发射塔。该塔毁于2001年9月11日的恐怖袭击。

也有民主党人。在政治上，有些人是极右分子，有的则是极左分子，还有人甚至可能会同情恐怖主义者。但他们都是美国人。在恐怖分子的眼中，他们都代表着对美国根基至关重要的价值观，而这就足以让他们成为被攻击的目标。正如你们和我以及我们所爱之人都成了被攻击的目标一样。

　　正当美国努力应对此次最具毁灭性的袭击之时，米歇尔却泰然自若。第二天早上，他做的第一件事就是象征性地回到办公室，恢复日常行程。"我表现古怪是因为我童年时战争不断，灾难是常态。"他解释说，"相比而言，和平反而奇怪。但是灾难！啊，我认为这样反而回归到了常态！"事实上，米歇尔没有什么时间关注市区遭受的灾难，因为在拉扎德，他那笛卡尔式的秩序——过去25年间在他的独裁统治之下精心构建起来的秩序——完全分崩离析了。

　　袭击发生后，9月13日，米歇尔和卢米斯召开了执行委员会电话会议。世界贸易中心的倒塌给位于西街对面的世界金融中心的雷曼兄弟总部造成了巨大的损失。雷曼兄弟有618名员工在双子塔工作，除一人之外，其他人都脱离了险境。雷曼总部不得不疏散人员，不能再将大楼作为办公室。雷曼的员工被分散到城市各地，许多人在酒店房间里工作。米歇尔暗示，即使雷曼仍感兴趣，在他看来，与雷曼的任何交易已经不那么可取了。原因显而易见，拉扎德的管理层将被完全裁掉。米歇尔想知道伦敦、巴黎或米兰的员工是否愿意为像雷曼这样的公司工作。他还想知道，如果最终公司的名字有所调整将会有什么不同，公司的价值是否会受影响？米歇尔非常担心，雷曼对拉扎德出价之后会大大稀释自己的收益，从而导致雷曼股价下跌，拉扎德获得的雷曼股票的价值也会因此下跌。

　　"我并不完全反对与雷曼做交易，"米歇尔说，"你知道我很传统，而雷曼是我工作过的第二个地方。从传统上来说，雷曼和拉扎德是同类型公司,何乐而不为呢？ 但事实是,你只要看看它的价格,它的市盈率、账面价值倍数,就知道不可能做成任何交易。这是不可能的。他们会很高兴地开出这个价格的三分之一或是一半,但他们完全出不起更高价了。我的意思是,否则公司就会因为收益稀释而垮掉,最终倒闭。所以这是行不通的。”

卢米斯明白了米歇尔的暗示,给富尔德写了一封中止讨论的信。他还担心“911事件”之后,两家公司之间的相对估值会发生不利于拉扎德的变化。米歇尔也给从未谋面的富尔德打了个电话。他说:“瞧,你知道我从来没有参加过你和卢米斯之间的会面。”米歇尔终止了合并讨论,富尔德也没有理由再在意这件事,雷曼正在为生存而战。

9月11日之后,拉扎德也遇到了一些问题。尽管拉扎德没有员工在袭击中丧生,但由于他们的办公室在洛克菲勒中心高层,视野良好,许多人目睹了市区恐怖事件的发生过程,遭受了心理创伤。有一阵子,公司甚至有一半的员工没来露面,因为他们“不确定太阳是否还会升起”,一位合伙人解释说。

9月11日的那个夜晚,5位美国的拉扎德合伙人被困于伦敦,他们虽然没有面临任何人身危险,却迫切地想要返回纽约见到家人,但由于美国政府要求所有商业飞机停飞3天,想要回家并不那么容易。不过,他们运用了投资银行家的一点点聪明才智——签发无限额支票——从瑞士找到了一架私人湾流喷气式飞机。他们可以包租这架飞机回纽约,价格是7.5万美元。其中一位合伙人打电话给他在纽约分行的上司肯·雅各布斯,请他安排拉扎德付账。“我们有5个人被困在这里,”他告诉雅各布斯,“我们不想再待在这里了。我不知道我们什么时候才能坐上商业航班。我找到了一架飞机,我们可以离开这里了。星期五启程,我想我们星期五就能离开。我要包租这架飞机。”雅各布斯犹豫了。考虑到那时公司面临的开支压力,7小时航程耗资7.5万美元的账单让他迟疑了。“他说:‘呃,我不知道。’”这位合伙人回忆道,“我说:‘肯,该死的。

我要包租这架飞机，你们付账吧。'"雅各布斯告诉他，可能还有另外一种方法回纽约。"我说：'你在说什么？'他说：'米歇尔有架飞机。'然后，故事开始了。"

2000年7月，一架协和飞机在巴黎郊外失事，造成113人丧生。这件事不仅导致协和飞机停飞，还引起了毫无事实根据的谣言——据说当时担任大使的菲利克斯就在那架飞机上。由于再也无法便利地搭乘协和飞机，米歇尔开始像那些亿万富豪一样搭私人飞机出行，他租了一架G4湾流飞机，以方便自己便捷地往返于纽约、巴黎和伦敦之间。9月11日之后，就像奥萨玛·本·拉登（Osama bin Laden）的家属获准从美国乘坐私人飞机返回沙特阿拉伯一样，米歇尔的妻子也被允许于9月13日乘坐米歇尔的飞机从纽约飞往巴黎。之后，米歇尔的飞机将获准返回纽约大本营。

这位合伙人接着回忆道："我说：'好吧，肯，这事很简单。你只要派他的飞机到伦敦来接我们就行。反正它要回美国。'"但肯不会这样做。

我真的非常生气。肯打来电话说："呃，这行不通。米歇尔不会这样做的。"我说："你们去死吧。我们要包租这架飞机。"长话短说，我和米歇尔的秘书阿尼克是朋友，她是个名人。她认为米歇尔的做法不对。她知道这件事之后就威逼米歇尔答应了我们的要求。

肯又打来电话，说："米歇尔同意让你们坐他的飞机回来，但你们不能告诉任何人。"米歇尔不想让任何人知道他有架飞机，但每个人都知道他有架破飞机。肯说："不过这架飞机还要在伦敦接个人。"我们到了伦敦卢顿机场，在休息室，我看见了一个大学同学。他叫蒂姆·巴拉凯特（Tim Barakett），在伦敦经营一家对冲基金，米歇尔的好朋友罗斯柴尔德家族是这家对冲基金的大投资人之一。我说："蒂姆，你在这里干什么？"他说："我要坐这架飞机回去。"我说："哦，我们也是。你要去哪儿？"他说："好吧，我只是在等这架飞机的主人。"

这是米歇尔的飞机。而这该死的人花了一天时间和我们——他的合伙人们——就搭他的飞机回去一事进行谈判。不过，不管怎样，它都是要飞回去的。它不仅要去巴黎，还要去伦敦接罗斯柴尔德家族投资的对冲基金的一个职员。

他们乘坐米歇尔的飞机一起回到了纽约。这几位拉扎德合伙人一方面很生米歇尔的气，另一方面又对能搭乘豪华的私人飞机回家而高兴，他们还喝了米歇尔珍藏的葡萄酒。

随着纽约的生活慢慢回到"新的常态"，拉扎德也恢复了正常。如今，卢米斯的压力似乎更大了，尽管几个问题看似已经得到解决。比如，9月21日（星期五）下午，埃文斯给执行委员会发了一封电子邮件，说爱德华·斯特恩在几年前与法国农业信贷银行建立的经营金融衍生品的合资企业CALFP，在2001年的亏损将高达1500万美元。卢米斯给埃文斯回了信（星期天上午12点21分），并抄送给米歇尔。他痛斥了埃文斯一番，而且从这封信中能明显地看出他强忍着愤怒。"长期以来，我一直关注着CALFP，也清楚地表达了我对CALFP的看法，包括要求（延迟）审查。"他写道，"我们居然直到现在尤其还是在一个周末才发现它出了严重问题，而你发现后仅仅是马上发了一封电子邮件把这个问题丢给整个执行委员会。你的所作所为把我弄得一团乱，也动摇了我对你的信心。我知道你星期一要去打鸟，如果到时候你能找到部电话打给我，我会感激不尽（别在星期天给我打电话）。"

卢米斯并不是唯一一个行为反复无常的人，当时米歇尔的情绪也很不稳定。9月11日之后，又过去了两星期，米歇尔到了伦敦。伦敦分行的合伙人发现，米歇尔"爱开玩笑"，而且看起来"很高兴"。这一情况传到了巴黎，巴黎的一位合伙人表示非常惊讶。"很有意思，很奇怪。令人困惑的是，你会发现那个人居然兴高采烈……我今天看见他了，发现他已经听天由命，平静地接受了这样的想法：结局迟早会来，无可逃避。即使不是明天，也为时不远。当然，他可能还能享受几天假装的快乐，就好像……我觉得就像是小男孩在玩假扮士兵的游戏，他知道下午5点妈妈会来接他们回家，给他们洗澡：游戏结束了。

如今，卢米斯处境艰难，因为在大力推动出售拉扎德之后，他不得不说明为什么拉扎德现在应当保持独立，维持其私有性质。在米歇尔的支持下，卢米斯转变为坚决反对出售公司，因为恐怖袭击之后，拉扎德的估值大幅下降，变得不再有吸引力。然而，执行委员会的几位成员——史蒂夫·戈鲁布、肯·雅各布斯和戴夫·塔什健——仍在努力争取出售公司，卢米斯自然不同意，还把委员会的重点重新放到争议越来越大的重组计划上。这意味着，纽约分行要进行大幅裁员，关停绝大部分的资本市场业务。而关闭资本市场业务将意味着解雇许多人，包括该部门负责人戴夫·塔什健。10月15日晚上，卢米斯告诉塔什健，他打算第二天向大家提出关停资本市场业务的建议。卢米斯不但不希望塔什健对此持反对意见，还希望他辞职，甚至希望他考虑不出席会议。卢米斯承诺，如果塔什健静悄悄地离开，公司将为他提供一笔可观的退休金。

塔什健很不高兴。他并不是一个容易对付的人。他立即打电话给米歇尔，向米歇尔转述了卢米斯所说的话。米歇尔告诉塔什健，作为执行委员会的成员，他有权出席第二天的会议。塔什健还给戈鲁布和雅各布斯打了电话。为了反对卢米斯关闭资本市场业务的建议，他们连夜谋划，到第二天早上，已经有了计划。

塔什健去参加会议，当卢米斯建议淘汰他的团队时，他提出了反对意见；戈鲁布赞同他的观点，说公司的资本市场业务部虽然不大，但对于并购业务来说至关重要，因为银行家们能用资本市场业务的例子告诉客户，市场将对他们的交易做出何种反应；接着，戈鲁布又说辉瑞（Pfizer）非常欣赏拉扎德回购其股票的能力，而辉瑞是戈鲁布和拉扎德最重要的客户之一；雅各布斯也赞成戈鲁布的观点，说另外两个客户微软和亚马逊也非常欣赏公司的资本市场业务部所做的工作。"从根本上来说，如果你关闭资本市场业务，纽约的银行业务将会崩溃。"雅各布斯说。于是卢米斯和雅各布斯开始辩论。

根据埃文斯的描述，雅各布斯用一种"充满威胁性的"声音说："坦白说，我们采取的某些措施将会赶走我们中一些最优秀的人，这是其一。我该怎么解释呢？我聘用的人，比如说制药行业的员工，将会在一年内离开。"卢米斯气愤地回道："每次我们讨论这个问题时，你总说银行业务会崩溃。"关于撤销资本市场业务的讨论结束了，卢米斯输了。午餐时间，塔什健走近卢米斯，伸出手想要和解，尽管结果如此，他还是希望两人能继续一起工作，不要有任何不愉快的情绪。排队取餐时，卢米斯经过塔什健身边时说，他没有任何不愉快——可接着他就解雇了塔什健。执行委员会中没人知道发生了什么事。塔什健也非常震惊。

下午会议继续，卢米斯提议实施大规模的重组计划，将纽约的合伙人数量减少到10—15人。一位高级合伙人称之为"无正当理由的暴力"。执行委员会也同样强烈反对这一做法。不过为了适应骤减的收入，公司确实需要削减开支。为此，10月16日会议结束后，拉扎德宣布公司计划淘汰纽约分行200位投资银行家中的60位，即总人数的30%。

裁员切实表明拉扎德——以及整个华尔街——的情况有多糟糕，而且事态还在急剧恶化。裁员期间，拉扎德公开宣布2001年全年利润将为约1.5亿美元，比2000年下降约75%（1999年，仅纽约分行就赚了3亿美元）。

现金不足，年终奖也就没有指望了，于是卢米斯说服米歇尔将真正的股权分配给在职合伙人——这是"拉扎德历史上"一个分水岭，而米歇尔却说"这也是一个错误"。10月16日的会议上，由于难以承受内外压力，米歇尔极不情愿地同意了卢米斯的这一要求。"在一家合伙企业中，"米歇尔认为，"合伙企业的所有权是虚的。的确，它属于合伙人们，但当你们这么说时，合伙人们依靠的又是谁？它随着合伙人的改变而改变。这个体系很不公平？当然，每个体系都是不公平的。因为如果公司被出售，那么获得股份的人不是那些真正为公司做出贡献却离开的人，而是那些在出售时正好在公司工作的人。"如何分配股权以及分配多少股权都有待确定，但卢米斯和米歇尔达成的基本协议是，按照70%的转换率将利润点转变为所有股权。换句话说，如果你是一位合伙人，持有1%的利润点，那么你将获得0.7%的股权。拉扎德2001年业绩不佳，合伙人的现金报酬将大大减少，因此分配股权给了大家留下来的理由。

所有这些事情——财务表现恶化，与雷曼谈判失败，"911事件"，解雇银行家，关闭资本市场业务所引发的对抗，欧洲明显的不满情绪，以及米歇尔吝于分配股权——都给卢米斯造成了很大的负面影响。他根本睡不好觉，如果还能睡着的话。他解释道："我得出的结论是：我要考虑米歇尔和执行委员会成员的意见，可我协调大家的意见的能力有限，于是我举步维艰……我想到了两点：一是，我认为，以我目前的处境，我不可能把工作做好；二是，我如果要继续下去，我会感到越来越失败和难过，而且"——他停顿了一会儿——"米歇尔已经通过重组公司的方法来限制我能做哪些事和不能做哪些事。"还有就是，米歇尔已经开始和布鲁斯·瓦瑟斯坦沟通。卢米斯已经知道了这件事。

米歇尔是个玩牌高手，除了卢米斯（也许还有哈斯），他没有让任何人知道他正在和布鲁斯沟通。卢米斯也没有告诉其他任何人，包括他的妻子。因此当合伙人、当时的并购部门负责人肯·雅各布斯——在社交场合中与瓦瑟斯坦混得很熟，而且两人的妻子都是法国人，非常要好——告诉米歇尔，布鲁斯似乎离开了安联和德累斯顿，并询问米歇尔是否想再和布鲁斯交谈时，米歇尔鼓励雅各布斯为他们安排一次会面。"那时候，我知道布鲁斯已经离开了DKW，"雅各布斯指的是德利佳华投资银行（Dresdner Kleinwort Wasserstein），雅各布斯解释说，"我问布鲁斯他是否对去拉扎德感兴趣。他显然很有兴趣。于是我对米歇尔说，我认为布鲁斯可能会对来拉扎德感兴趣。"米歇尔当然已经知道了这个消息。卢米斯也一样，他说："所以米歇尔在重组公司方面限制我的行动。特别是欧洲人都在说纽约必须重组。成本太高了。我的决策权受到了限制，因为他正在与布鲁斯·瓦瑟斯坦交涉。"

米歇尔同意于10月20日星期六上午9点半在自己位于莱亭顿村维京湾的宅邸和卢米斯会面。此次会面的前一天下午，卢米斯已经提出了会面的日常议程，包括给布拉吉奥蒂的赔偿金、如何应对之前提出抗议的新合伙人人选、拉扎德资产管理业务，以及阐明自己在银行业务中的角色。那天早上，卢米斯从他位于格林威治、俯瞰长岛湾的家驱车前往莱亭顿村。他和米歇尔的房子都临海，直线距离大概只有9英里。那是个温暖的秋日早晨，卢米斯却要开大约45英里才能抵达目的地，中途还要经过交通最拥堵的一些路段，对于卢米斯来说，这段路程简直无穷无尽。他去见米歇尔，是为了听取米歇尔关于众多尚未解决的问题的建议。他得到了建议，以及更多：他被解雇了。

此次会面，米歇尔回避了卢米斯提出的议程，他告诉卢米斯，他在纽约和欧洲都失去了支持，已经无法发挥作用。毫无疑问，他失败了。卢米斯回忆道："他建议我坚持到布鲁斯上任，别做任何让合伙人们——重要的合伙人，例如执行委员会成员——心烦的事情，因为他们可能会离开。实际上，我已经失败了。我对米歇尔说：'好吧，我是为了您才接受了这份工作，既然您已经对我失去信心，那么我也就没兴趣继续做这份工作了。重要的是，我在拉扎德一直都过得非常愉快。'我看过那些痛苦的人，还有离开的人的样子，我不想和他们一样。"他记得，在那次对话中，他情绪激动，非常紧张，但没有哭。

在驾车回格林威治的路上，卢米斯在脑海中一遍遍地回忆他与米歇尔的对话。米歇尔不仅撤了他的职，还叫他袖手旁观，与大家达成妥协，以及让他等待其与布鲁斯达成协议，好让布鲁斯来取代他。拉扎德与法国农业信贷银行做交易的可能性已经很小了。米歇尔还顺便对他说，在这段过渡期里，千万别惹怒公司内任何重要的人物，特别是布拉吉奥蒂和雅各布斯。在拉扎德，卢米斯似乎没有任何容身之处了，他甚至连个银行家都算不上。"也许你曾是个银行家，但其他人现在不会把你当作银行家看。"米歇尔告诉卢米斯。难道这个千载难逢的机会仅仅持续了11个月就消失了？"这不可能。"卢米斯想到。第二天，他对他与米歇尔的那场对话思考得更深，然后突然明白了："我星期天还在想那场对话，然后我突然明白了自己有多蠢。"——说到这里，他嘲笑起曾经的自己："你知道，我刚被炒鱿鱼了。'哦。现在我才明白。'"卢米斯认为最佳选择就是辞职。"否则，一旦被认为是失败者，而且没有任何决策权的话，我只会受人侮辱和欺负，最终大家都不高兴。"

星期一早上，卢米斯到办公室后，已经决定辞职。他的位子岌岌可危，他和他的合伙人们都非常清楚这一点。一直以来，他都任由米歇尔摆布，而米歇尔现在认为他无法再胜任这个职位。此外，米歇尔看上了华尔街传奇人物布鲁斯·瓦瑟斯坦。12年来，米歇尔一直想招揽布鲁斯，如今他刚好成了他们之间的障碍。星期一，卢米斯与公司年轻的总顾问斯科特·霍夫曼（Scott Hoffman）私下碰面（拉特纳离职后，米歇尔就赶走了梅尔·海涅曼），一起起草了必要的辞职信及遣散文件。所有人都认为解雇卢米斯是有好处的，而他在6个星期前，也就是9月10日拟定的新赔偿协议现在派上了用场。

我们不清楚米歇尔是否真的认为卢米斯会在此时辞职。在决定辞职的那天早上，卢米斯收到了一封来自伦敦分行负责人阿吉乌斯的电子邮件，说他与米歇尔谈过，米歇尔认为重组计划"在纽约进行得不够彻底，他希望你（卢米斯）坚持下去，而且他会支持你！！！我问他，如果你变得更加激进，肯·雅各布斯的反应会怎样，他说他认为'事情会继续发展'。我不知道发生了什么事情，但总觉得其中大有深意。你去弄明白吧！"

当天下午，在合伙人会议上，卢米斯宣布他将在年底离开公司。他还说："我得事先告诉你们，我不会说辞职的原因，也不会对此说长道短，请不要来我的办公室问'究竟发生了什么事'，我不会回答的，而且你们的问题只会让我不舒服。"晚上，卢米斯在离开办公室之前，向米歇尔提议公司应该给埃文斯至少1%（已缩水的）利润分成比例，"可能的话，最好给到1.25%"。（"不管拿到多少利润点，你都是个了不起的合伙人。"他告诉埃文斯。）

10月24日，星期二，也就是合伙人会议的第二天，拉扎德向外界宣布卢米斯将辞去CEO的职务，这标志着米歇尔寻找继任者的努力再次失败了。公司表示，卢米斯将成为一位有限合伙人，"他将与客户合作，并把重心放在其他事务上"，并于两个月后，也就是2001年底离开拉扎德。事实上，卢米斯差不多在宣布辞职之后就立刻消失了，很少到办公室，而是让其他人——特别是肯·雅各布斯——处理年终薪酬的相关事宜。拉扎德没有让卢米斯和米歇尔与媒体接触，讨论此次人事变动。相反，米歇尔让雅各布斯来做这件事。雅各布斯向外界宣布，卢米斯的离开"完全是他个人的决定"。拉扎德还宣布暂时取消CEO职位，创设首席运营官一职，并提名由伦敦分行的元老阿德里安·埃文斯出任。埃文斯将与米歇尔以及执行委员会密切合作，共同经营公司。

媒体把卢米斯的离开归咎于与薪酬和削减成本有关的政治内斗，以及欧洲合伙人在全球并购业务中所占份额（约为77%，2000年为59%）首次远超美国合伙人，他们希望重新调整股权分配。一位欧洲合伙人说："如果米歇尔不得不摘掉卢米斯的脑袋，作为与他们达成和解的条件，那么他会这样做的。"不过，主要还是因为公司收益骤减加剧了大家对卢米斯领导能力的不信任。"他一直躲在大卫－威尔的阴影下，如果米歇尔停下来，他就会撞上他，"一位观察员说道，"他是米歇尔的克隆版。"卢米斯与史蒂夫完全相反，史蒂夫选择以合伙人的利益为中心，以牺牲米歇尔的利益为代价；而卢米斯则以米歇尔的利益为中心，以牺牲合伙人的利益为代价。讽刺的是，事实证明，这两种策略在拉扎德都会引发灾难。

如今回想起来，尽管米歇尔很喜欢卢米斯，但他还能保持理智解雇卢米斯。（现在他们在加利福尼亚和纽约的一些社交场合仍会见面，卢米斯在加利福尼亚大学圣塔芭芭拉分校攻读美国历史学博士学位。）"一个人的成功难以持久，"米歇尔用他最喜欢的一句话解释道，"因为6个月之后情况通常已经明朗了，行不通了。"米歇尔说，卢米斯的辞职是顺应时势；而卢米斯表示，自己是被迫离开的。

卢米斯辞职之后，米歇尔有埃文斯在一旁辅佐，曾一度尝试再次经营公司。然而，米歇尔在任命史蒂夫担任副CEO之前，一直没有参与纽约分行的日常管理；而他在巴黎参与公司管理也是早在1992年之前的事儿了，1992年他任命爱德华·斯特恩经营巴黎分行；至于伦敦分行，他从未真正掌管过。一位纽约合伙人说，可以预见，米歇尔的回归"是一场灾难"。"对这里来说是一场灾难，对欧洲也是如此。一切都乱了套。根本没有任何计划。我们都不知道何去何从，也不知道该如何走出困境。我们什么都不知道。"米歇尔承认，他回来担任拉扎德CEO是有问题的。"有些人很难理解时光倒流，对他们来说，统治者回归并不是一件好事……我们有问题，这毫无疑问，我们提出了太多的想法却没有解决方案，因此我们需要某种有转折性意义的事件发生。"

与此同时，拉扎德在并购排行榜上的地位急速下滑，特别是在美国的排名。2001年11月1日，拉扎德在美国交易咨询榜上的排名从去年的第10位下降到第17位，而全球排名则从去年的第8位下降到了第12位。拉扎德"任何一位CEO的任期从来就没长过。"高盛前合伙人、现任纽约大学教授的罗伊·史密斯（Roy Smith）解释说，因为米歇尔"从未退休"。还有报道称，瑞银已增持拉扎德控股的各家公司的股权，瑞银自营交易员乔恩·伍德和从前的盟友博洛雷在巴黎见了布鲁诺·罗杰，他们想把米歇尔排挤出去。8月，《经济学人》杂志刊载了一篇题为《落水者》的文章，提出了一个这样的问题：对于拉扎德来说，这些所有的"高调离职"意味着什么？"是不是老鼠在逃离一艘快要沉没的船？"

就在这时，米歇尔决定实施他精心策划的方案。11月8日，他在巴黎召开了执行委员会会议，戈鲁布和雅各布斯身在纽约，通过视频参与了此次会议。会议议程很全面：2001年公司表现、2002年预算、2001年薪酬提议，以及持续进行的成本控制。他们还谈到了如何给合伙人们分配商誉比例。

接着，米歇尔宣布他已与布鲁斯·瓦瑟斯坦进行了紧张的谈判，并在他位于巴黎的家中讨论让布鲁斯接管拉扎德的事宜。米歇尔告诉高级合伙人们："公司需要改变：要么聘用布鲁斯·瓦瑟斯坦，要么出售。"米歇尔解释，他曾在1997年尝试聘用布鲁斯，但没有成功，因为当时拉扎德必须买下布鲁斯的整个公司。"现在我们只需要聘用他这个人，"他用推销的方式说道，"他热爱拉扎德。他非常国际化，生活在伦敦，以曾在牛津大学（实际上是剑桥大学）学习而自豪。他和德国颇有渊源，明白法国人对拉扎德的重要性。他总在四处走动。他会是个负责任的领导人。"米歇尔告诉合伙人们，他已经和布鲁斯进行了粗略的谈判，布鲁斯当面告诉他"我们的要求基本上都没问题"，然后通过律师"提出了不可能达到的要求"。尽管如此，米歇尔的想法已经足够明确，而且必定能够实现，他告诉执行委员会：最终达成的交易是，布鲁斯将担任拉扎德负责人，任期为5年；他将担任执行主席，并任命6名董事会成员；布鲁斯将担任执行委员会主席，并任命5名董事会成员。米歇尔还说，布鲁斯已经接受如下薪酬协议：薪酬比例在4%—7%之间，具体视公司的盈利状况而定——如果公司只赚了1.5亿美元，那么布鲁斯将获得4%的薪酬（也就是600万美元），如果公司赚了4亿美元，那么他将获得7%的薪酬（也就是2800万美元）。

布鲁斯还想获得拉扎德7%的商誉或股权，并将这些权益立即放入他的家族信托基金中，如果他提前一年离开公司，那么他会把2%的商誉免费转让给公司，自己保留剩下的5%。"他认为他的到来会提高我们的商誉（价值），"米歇尔说，"我们不用买下他的公司，我们雇他是占了便宜。"最后，米歇尔说布鲁斯打算（从他手中）购买拉扎德5000万美元的股票，在拉扎德整体估值为35亿美元的情况下，布鲁斯将额外占有公司1.4%的股份。此外布鲁斯还打算聘用一批新合伙人来重振公司。

米歇尔问合伙人们："与出售公司相比，这个做法更好还是更差？这个问题不应该去问布鲁斯·瓦瑟斯坦，而是要问问我们自己：我们还能留在这个房间里吗？"米歇尔告诉执行委员会，"我明白我不能再继续经营公司，我本可以继续。这关乎我们如何看待世界，我们是胜利者吗？"于是，执行委员会开始就布鲁斯提议中的"最棘手的条款"进行讨论，比如他只能获得他提出的一半的商誉。不过委员会最终得出结论，不管情况如何，"这笔交易都要进行下去"。回顾过去，米歇尔唯一的遗憾是，2001年11月，法国农业信贷银行和雷曼出于不同原因退出了，布鲁斯成了他当时唯一切实可行的选择，这使得布鲁斯手握与他实力相比过大的筹码。"好吧，我不得不说，他是我唯一的选择。"他说。这个情况是否影响了他与布鲁斯的谈判？"当然，"他在停顿了好一会儿之后说道，"是的。我非常确定。"

这是一场完美风暴，布鲁斯·瓦瑟斯坦轻而易举地走入风暴之中，完美地填补了空缺。对他来说，他与米歇尔重新谈判的时机再有利不过。事实上，不管布鲁斯如何努力，他也不可能把2001年发生的事情导演得更好。

2001年初，这个来自布鲁克林一个犹太家庭的银行家迅速且毫无愧意地把以他名字命名的公司卖给德国的德累斯顿银行，获得了价值13.7亿美元的股票。半个世纪前，德累斯顿银行为建造奥斯威辛集中营的建筑公司提供了资金，并拥有该建筑公司的一小部分股权。3个月后，2001年4月，德累斯顿以200亿美元现金价格卖给了德国大型保险公司安联。安联与德累斯顿之间的罕见交易使得布鲁斯持有的约为6.25亿美元的德累斯顿股权立即转换成了现金，这出乎所有人的意料，因为比预计时间提前了数年。假定布鲁斯最初持有的瓦瑟斯坦－佩雷拉公司股票价值为零或接近零，那么2001年4月，他突然之间获得了6.25亿美元巨额资本。本来，德累斯顿银行希望布鲁斯留在美国扩展其在美国的投资银行业务，以作为对蒂姆·沙克洛克（Tim Shacklock）在伦敦建立的成熟的投资银行业务的补充。

然而，在其他人弄清楚其所作所为及原因之前，布鲁斯立即搬到了伦敦，许多人说他是想通过变更住址，以避免向纽约市和纽约州支付他从安联获得的6.25亿美元现金收入总计12%的资本增值税。（布鲁斯无法逃避缴纳联邦资本利得税，因为美国公民无论居住在哪里，其在全世界范围内的收入都得缴税。）假设布鲁斯原先持有的瓦瑟斯坦－佩雷拉公司的股票本金非常低（布鲁斯是白手起家创立了这家公司，因此这个假设很合理），那么6.25亿美元的12%是7500万美元。不过，多年来布鲁斯在他的合伙人们离开公司时从他们手中回购了股票，例如在佩雷拉离职时他就回购了，因此他持有的股票本金实际上高于零，为了方便讨论，我们假设本金是1亿美元（即使这个假设不准确），那么他应纳税的收益仍高达5.25亿美元，纽约市和纽约州将拿走6300万美元，在发生"9·11事件"的这个财年里，纽约市政府和纽约州政府一定非常乐意得到这笔钱。

就连米歇尔也说布鲁斯的这出妙计让他十分震惊。显然，布鲁斯聘请辛普森－撒切尔律所的律师哈罗德·汉德勒（Harold Handler），是为了在纽约州的税法中找到确切、合法的漏洞，如此他就能避免缴纳一笔巨额税款。2005年4月，此事首次公开之后，布鲁斯的一位发言人向《名利场》杂志表示："这完全是胡扯，如果他想避免在纽约州纳税，那么他完全可以搬到新泽西州或佛罗里达州。"不过，布鲁斯的一位前合伙人注意到，在特定情况下，布鲁斯有利用自己的优势挑战极限的恶习——包括法律上和财务上的极限，他在2001年为避免向纽约州和纽约市支付大笔意外之财的税款所做的事情就是例子之一。这位前合伙人说："这是布鲁斯的典型做法。一旦他拿到筹码就不会满足于51：49的小小胜利，而是会去努力争取99：1的全胜。"

作为将公司出售给德累斯顿银行交易的一部分，布鲁斯还为自己及他在瓦瑟斯坦公司的一些合伙人保留了瓦瑟斯坦－佩雷拉公司20亿美元的私募股权业务，他仍然拥有并掌控着这些业务。可瓦瑟斯坦－佩雷拉公司的许多前合伙人为此深感不安，他们认为布鲁斯会迫使他们接受他的条款或者给他们一份毫无价值的协议，然后卷走这只并购基金。不可避免的事情发生了，傲慢的瓦瑟斯坦与德国人立即在战略方向上起了冲突。德国人想让他花更多时间为公司在美国发展并购业务，但他极不情愿，因为他不想冒险为他的巨额意外收入和2500万美元的年薪向州政府和市政府纳税。据说，在他到美国的极少数时间里，他指挥私人飞机在非常精确的时刻降落和起飞——晚上11点59分——以尽可能避免在这个国家多待"一天"，因为如果他一年中在纽约待的时间超过183天，就会成为一位应纳税的居民。据说德国人曾承诺任命他担任从公司分拆出去的一家上市投资银行的CEO，这是他一直以来觊觎的职位，但德国人犹豫了。到2001年7月底，德国人取消了DKW的IPO，并宣布裁员17%。对此，布鲁斯焦虑不安，据说他还对安联的做法"十分恼火"。当时，新闻报道说他自认为是"自由人"，但他通过一位拉扎德发言人——十分注意法律影响力——否认了自己当时存在这种想法。

《华尔街日报》报道，布鲁斯告诉德累斯顿投资银行的负责人莱昂哈德·费舍尔（Leonhard Fischer），他们违反了与他签订的合同，因此"他有权自由离开公司"。据报道，他接触了拉扎德、摩根士丹利和J.P.摩根，想知道是否有人对他的服务感兴趣。拉扎德一位发言人说，布鲁斯记得是在7月下旬消息宣布之后，菲利克斯代表米歇尔打电话给他（而非他主动打的电话），想了解将拉扎德和DKW合并是否行得通。（菲利克斯完全不记得这件事。）当时，拉扎德内部还流传着另一个消息：菲利克斯推动罗斯柴尔德投资银行或汇丰银行（HSBC）考虑与拉扎德达成交易。[菲利克斯说他确实与汇丰银行的庞约翰（John Bond）谈过，但对方没有兴趣；不过他想不起来自己曾与罗斯柴尔德交流过。]布鲁斯则回答菲利克斯说，当前没有什么可谈的，但在不久的将来进行这种讨论可能会有意义。布鲁斯曾在科雷弗斯律所做过律师，因此他当时分外小心，避免做出任何会危及他与DKW的3年期合同的事，而这份合同给了他2500万美元的年薪。

米歇尔和布鲁斯已经有过多年合作，但当时拉扎德的情况变得非常糟糕，以致布鲁斯看起来像是个拯救者。虽然布鲁斯作为并购银行家的名声在20世纪90年代已经大大下降——亨利·克拉维斯甚至称他为"老新闻里的人物"——但他仍然有很高的知名度，是公认的十分杰出的银行家，经营了自己的投资银行并以高价出售。此外，米歇尔身边再也没有人能站出来告诉他布鲁斯是否适合拉扎德了。事实上，米歇尔现在将向他的合伙人们展示他们4年前反对他聘用布鲁斯是大错特错的。

米歇尔与布鲁斯深入谈判了两个月，地点多半是在巴黎，还经常去米歇尔位于圣纪尧姆大街的家中。狡猾的布鲁斯聘请了对拉扎德非常熟悉的瓦切尔-李普顿律师事务所的律师亚当·钦（Adam Chinn）为他谈判。亚当·钦参与了多项有史以来规模最大的公司财务合并交易，曾在瓦瑟斯坦-佩雷拉公司出售时向布鲁斯提供咨询。拒绝接受采访的亚当·钦认识许多拉扎德的合伙人和前任合伙人，在布鲁斯与米歇尔的谈判中，他采用了一些他们的建议。这就好像布鲁斯在拉扎德内部安插了一个间谍，这个人能不断地提醒他哪些是米歇尔的敏感问题。布鲁斯还广泛地与他认识的拉扎德合伙人及包括史蒂夫·拉特纳在内的前合伙人进行交谈。（一天，布鲁斯在四季酒店与史蒂夫共进午餐时，甚至问史蒂夫是否会回到拉扎德；史蒂夫拒绝了，但他意识到，对布鲁斯来说，拉扎德是"没做完的生意"。）

可以理解，合伙人们的目标是确保布鲁斯能拿到他需要的所有武器来有效地经营公司，以防止再次出现多年来困扰公司的继承失败问题。"在布鲁斯开始与米歇尔讨论经济因素或任何类似的事情之前，他跟每个人都谈了一遍——包括史蒂夫和其他曾担任过这个职务的人——得出了这个结论：唯一重要的是合同中'对原因的定义'。"一位熟悉布鲁斯与米歇尔谈判内容的高级合伙人解释道。他指的是合同"因故中止协议"。"这是他们谈判的第一件事情，也是唯一的事情。布鲁斯对这件事感到满意后，其他事情都好办了。事情就是这样。如果这件事没有谈妥就没有权力。最讽刺的是，在布鲁斯之前，所有人都没有这个权力——无论是在这儿，还是在欧洲。他们都以为自己有权力，直到他们真的尝试去做某件事才发现，一旦这件事情违背了米歇尔的意愿，他们就得下台。"米歇尔则聘请科雷弗斯律所的一位名叫乔治·洛伊（Goerge Lowy）的律师来与布鲁斯谈判，但在大多数情况下，他像往常一样有着自己的看法——有人说，米歇尔找了个傻子律师。

媒体还在不断放出关于拉扎德领导人的假消息，即使米歇尔与布鲁斯的谈判已经接近尾声。11 月 12 日，《商业周刊》刊登了一篇题为《有人能经营拉扎德吗？》的文章，称布鲁斯拒绝了米歇尔的邀请。"谁将接下这份工作呢？"该杂志援引了米歇尔的一位"亲密盟友"的话："布鲁斯会要求绝对的控制权，但我认为米歇尔不会同意。"11 月 14 日，费舍尔给布鲁斯两天时间决定是去拉扎德还是留在 DKW。如果布鲁斯决定留下，那么费舍尔就会要求他将更多的时间花在美国，与客户打交道，为公司"带来业务"，并放弃对"保证奖金"的要求。布鲁斯请求费舍尔给他一天的时间考虑。事实上，他当时正在等待与米歇尔最终谈判的结果，他想要全面的执行权力和拉扎德的大量股权。

现在，米歇尔非常有信心能与布鲁斯达成协议。米歇尔要求卢米斯打电话告诉雷曼兄弟的迪克·富尔德，拉扎德即将聘用布鲁斯来接替自己，以及拉扎德与雷曼之间中断的讨论真的结束了。当然，如果雷曼有兴趣购买拉扎德，那么是时候明确表态了，米歇尔是在这一选择和聘用布鲁斯之间认真地做权衡。富尔德不再感兴趣，他告诉卢米斯，米歇尔聘用布鲁斯是犯了大错，但卢米斯已经不再关心此事了。第二天，布鲁斯给费舍尔发了一封传真。"亲爱的莱尼（Lenny），"他写道，"非常遗憾，我马上就要辞职了。"不知为何，为了让布鲁斯悄悄离开——他已经成了个大麻烦——德国人把合同约定的余下金额，即5000万美元付给了布鲁斯。（此后，德国人把瓦瑟斯坦的名字从DKW中除去，就是如今的德利佳华投资银行，该公司的纽约办事处——最初的瓦瑟斯坦-佩雷拉公司——开始慢慢解体。）

发出传真的几个小时之后，布鲁斯在巴黎露面，出现在米歇尔的身旁。69岁的米歇尔宣布，53岁的布鲁斯已经被任命为"拉扎德负责人"，接替他的"执行地位"，2002年1月1日起正式生效。米歇尔仍担任拉扎德有限责任公司董事长和拉扎德董事会主席。这个公告听起来好像是米歇尔最终放弃了对公司的管理控制。"我当了25年的拉扎德管理负责人，我很高兴现在有一位继承人继续领导拉扎德这家杰出的独立银行。"米歇尔说，"我认识布鲁斯已经很长时间了，我知道他是一位非常独立且富有创见的顾问。这也是全世界拉扎德银行家们所展现出来的品质，也是客户对我们公司的期望。布鲁斯不仅得到了我的认可，还得到了我们整个领导团队的全力支持。"

布鲁斯也一样激动。"我很高兴能加入拉扎德，"他说，"15年来，我与米歇尔屡次讨论这个可能性。我创办自己的公司时，就期望它能发展得像拉扎德一样好。拉扎德拥有无与伦比的业务，有一批才华横溢的合伙人，我非常期待与所有新同事一起工作。"他还说："自去年8月以来，有许多公司接触过我，但最重要的事情是米歇尔决定找一个人来接替他担任负责人。"大约4年后，布鲁斯回想起这个时刻时说，他接管拉扎德的目的只有一个："让一家有潜力的公司成为一家伟大的公司，发挥其潜能并使之能适应任何环境。"他以局外人的角度观察到，拉扎德是一家"伟大的公司"，但正面临着"代际转换"问题。"这是典型的小公司问题。"他毫不留情地总结道。

事实上,布鲁斯从米歇尔手中赢得了比其他任何人都多的权力,这清楚地表明米歇尔迫切希望能凭借一位外来名人使拉扎德恢复往日光彩。一位高级合伙人证实道:"这显然是一笔绝望的交易。"

布鲁斯的对手给他起了个绰号叫"抬价老手"("不靠这个名号我也能活下去。"他曾说),他是个技艺高超的交易策略家,也是一本820页大部头著作的作者(书名叫《大交易:美国领先公司的控制权之战》),还挫败了拉扎德的敌人。"这行中最有意思的事情之一就是,你看到人人都处于如履薄冰的状态。"布鲁斯在他1998年出版的一本关于并购行业的书中写道。他来到拉扎德后,送给每位合伙人一本他写给第三任妻子克劳德(Claude)的书《我的爱情与灵感》(他为三任妻子各写了一本书。)

布鲁斯与米歇尔达成的交易使得他在截至2007年1月的5年合同期内,可以在没有米歇尔干涉的情况下负责公司日常经营。他有聘用、解雇人员以及设定薪酬的绝对权力。在投资银行业,没有比这些更重要的激励手段了。最后,布鲁斯花了大约3000万美元从米歇尔手中买入公司1%的股份;米歇尔又通过稀释在职合伙人——而不是资本家——的股份,免费给了布鲁斯7%的股份,如此一来,布鲁斯总共持有公司8%的股份,仅次于米歇尔的9%,成了拉扎德第二大私人股东。(米歇尔还拥有其他间接股份。)媒体错误报道了——或者更有可能是被欺骗了——布鲁斯对拉扎德的投资金额,声称他花了1亿—2亿美元来购买拉扎德的股份。这完全是虚构的。甚至就连米歇尔从报纸上多次看到这一报道时也在怀疑,他说:"我有两个想法,不是回应,而是两个想法。第一,可能我和他谈得还不够充分,看起来,像他那样的人投资1亿或1.5亿美元是很正常的。记住,这可是个大数目,也许我本该强行让他投入1亿或1.5亿美元。这是我的第一反应。我的第二反应或想法是,我想知道他是不是在幕后动了手脚,让自己看起来重要一点。"

布鲁斯让拉扎德为他包租了一架湾流喷气式飞机，他不仅乘坐这架飞机飞往拉扎德在全球的29个办事处，还搭乘它前往波士顿或华盛顿做短途旅行。他仍然是并购和风险投资基金瓦瑟斯坦公司的主席。不过，对于拉扎德是否上市或合并的决定权，米歇尔似乎在谈判中胜过了布鲁斯。米歇尔单方面保留了这些权力，还保留了在2007年更新与布鲁斯合同的权力，此外他还控制了11个拉扎德董事会席位中的6个。

拉扎德巴黎分行比伦敦分行和纽约分行更加保守，那儿的几位长期合伙人告诉米歇尔，他与布鲁斯谈判达成的交易简直就是自杀。米歇尔倾听了这些意见，但还是保留了自己的看法。"我知道大家对布鲁斯的公司一直有不太好的看法，"他说，"但我知道拉扎德是他一生的梦想。我相信他会更加专注于拉扎德，毕竟这是他一生的梦想。我相信，对他来说这不是一份工作，而是一种感召。"米歇尔曾经尝试起用史蒂夫，他是一位年轻傲慢、精力充沛的超级明星，正确地看出脱离米歇尔获得独立比任何事情都重要；米歇尔也曾尝试起用过谄媚的卢米斯，他是一位爱说教的忠臣，似乎从一开始就优柔寡断、无所作为；还有正如米歇尔总喜欢说的那样，他甚至曾尝试任用爱德华·斯特恩。斯特恩是米歇尔的女婿，反复无常、性情古怪、脾气暴躁（用米歇尔的话形容是"周期性的"），尽管他从未真正掌管过拉扎德，但他的思维和行动像极了拉扎德的主人。在拉扎德，他们三人都被一个人控制：米歇尔。然而，在谈及自己在他们的失败中所扮演的角色时，米歇尔只承认："如果你不是老板，就很难管理一家私人公司。"

当然，米歇尔和布鲁斯会相处得怎样还有待观察。"他们两人都是杰出的银行家，都曾克服重重困难建立企业，"《华尔街日报》写道，"但他们都很霸道，过去常常为所欲为，这可能会导致他们产生冲突。"两人在一开始就阐明了各自的立场。他们一起接受了《华尔街日报》的电话采访，布鲁斯说，他的"工作和米歇尔原来的一样"，也拥有"相同的行政职能"。米歇尔插话说，他是董事会主席并且保留了"否决权"。布鲁斯则解释道，"只有当我想以特殊交易出售公司时"，董事会才有否决权。米歇尔承认他终于准备好让布鲁斯管理拉扎德，但又补充道："我不会对拉扎德不闻不问。我希望在接下来的几个月里，能找到一种恰如其分的方法，为公司提供一些帮助。"

　　布鲁斯被任命为拉扎德负责人之后，接受了美国和英国媒体的采访，他明确表示，他已经掌管拉扎德，之前那些充斥着犹豫不决、明争暗斗和放任自流的日子已经结束。"人们应该操心客户而非权术，"他对《金融时报》说，"那些日子在拉扎德结束了。有些人将进来，有些人将离去，但是对权术的关注——谁将会得到什么工作———都结束了……客户、客户、客户是三大要务。第四要务是结束权力斗争。"布鲁斯说，他的愿景是使拉扎德成为节省智力资本的企业。"我的目标不是使拉扎德成为最大的企业，而是期望它能提供最高质量的咨询服务，"他说，"世界越来越需要高质量的咨询服务。"至于公司是否有一天会被出售，他说没有过多地考虑。"我现在的重点是放在自然地发展公司上，"他说，"我没考虑任何其他事情。"当被《商业周刊》问及是否会与米歇尔分享权力时，布鲁斯明确回应道："当前没有分享权力的情况。我拥有全部权力，除了他是董事会主席，有权否决合并。话虽如此，我还是很期待得到他的建议。我没有受到任何威胁。他也想提供帮助。他知道我唯一感兴趣的工作就是他的工作，他早就知道了这一点。这是他的决定……这取决于他，这就是为什么这个工作邀请对我来说如此有吸引力。"但这种说法并不完全正确。

　　对于任命布鲁斯一事，拉扎德内部大体上都是赞同的，至少一开始是这样。大家似乎普遍认为，卢米斯时代是个彻底的失败，米歇尔的回归也只带来了混乱，因此任何变化都会比当前局面好——或许布鲁斯可以结束这种惨状，吸引新的合伙人。一些合伙人将布鲁斯的到来誉为振兴这家濒临崩溃的企业的最后机会。一位评论家说，布鲁斯"继承了一艘有着一群桀骜不驯的船员的船只"。的确，拉扎德的合伙人们曾以各种方式将公司前10年形容成一系列无休止的厮杀，也有人清晰地认识到，让拉扎德的合伙人们"做同样的事是不明智的……因为他们可能最终会两败俱伤"。伦敦分行副主席尼古拉斯·琼斯（Nicholas Jones）说："从外面进来的人有一个好处，就是带着自己的主张。"负责公司小规模西海岸业务的合伙人保罗·海格尼是布鲁斯在瓦瑟斯坦–佩雷拉公司的前任合伙人，他非常欣赏布鲁斯从一位投资银行家变成了拉扎德CEO。"有一位极具创造力又务实的投资银行家来掌控全局，我们公司的状况将会很不一样，"他向《华尔街日报》表示，"让我们期待吧。布鲁斯的名字能为我们开启许多机会之门。"

不过，拉扎德的其他在职合伙人对于布鲁斯进入公司的看法并不那么乐观。一位合伙人将米歇尔对布鲁斯做出的有条件的让步比作二战时日本裕仁天皇的战败投降。还有一些人甚至对此持怀疑态度。一位合伙人说："这不仅会带来一场文化冲突，还会产生不同自我意识之间的冲突。"另一位合伙人补充道："布鲁斯非常擅长为自己做交易，但他不是能拯救拉扎德的人。"不过，有一位合伙人非常清楚米歇尔和布鲁斯之间发生的事情。他说："米歇尔十分明白自己必须做什么。显然，布鲁斯已经卖掉了自己的公司。他还总是表现得十分珍视拉扎德的名声，并且对成为这家公司及其文化的一部分充满崇敬。你知道的，就像少年向往《花花公子》杂志插页上的小姐一样，我想这就是布鲁斯的愿望。我认为，事实是，米歇尔或许做了他唯一力所能及的事……公司甚至有一半的人没来上班，大家都崩溃了，就在此时，布鲁斯抓住了这个机会。"

第十九章

抬价高手布鲁斯

　　布鲁斯·瓦瑟斯坦可谓投资银行业的哈维·维恩斯坦。和维恩斯坦一样，身材高大的瓦瑟斯坦傲慢无礼、言行粗鲁，有点让人害怕。他是一个富有创造力和进取精神的天才，家财万贯，意志坚定和脾气暴躁也是众所周知的。也有人说，他的相貌和举止都与老安德烈·梅耶极为相似。他是个怪人，深受一小群富有的银行家爱戴——20世纪八九十年代，当他在华尔街大出风头时，这些人就已经勤勤恳恳地追随他；他还深受他挚爱的且才能出众的家人们的爱戴，这也是出了名的。不过，除此之外，很少有人喜欢他。布鲁斯的妹妹、普利策奖最佳编剧温迪曾说过："布鲁斯非常有创造力，他会告诉你他做的事情和我做的事情，事实上并没有太大差别。当然，我能告诉你他促成了某笔三层交易，却说不出到底是什么交易。"

　　在布鲁斯上高中之前，瓦瑟斯坦一家人住在布鲁克林米德伍德的犹太人聚居区。这个地方是布鲁克林行政区的中心地带，就在展望公园南边。他们住在N大街街角的独栋红砖房子里，这栋房子是荷兰殖民时代留下的建筑，一共有18个房间。这是一个靠勤奋工作取得成功的家庭。1947年圣诞节，布鲁斯出生在布鲁克林，一份公开发布的报告称，他是那个圣诞节出生的第一个犹太婴儿。"他的公关机器从他一出生就开始运转了。"他的第一任妻子曾说。布鲁斯有4个兄弟姐妹——哥哥艾伯纳（Abner）和3个姐妹：最小的妹妹温迪、在佛蒙特州开了一家旅馆的乔吉特（Georgette），以及被温迪称为"美国企业中的女性先驱"的桑德拉·梅耶（Sandra Meyer）（瓦瑟斯坦家的第3个儿子出生后一周就夭折了）。

布鲁斯的父母是莫里斯（Morris）和罗拉·瓦瑟斯坦（Lola Wasserstein），有人曾说他们俩"有点像佩恩（Penn）和特勒（Teller）[1]：一个能言善辩，一个沉默寡言"。一个认识他们的人说："莫里斯是一个极其温和、安静、不爱交际的人。我认识他之后很少听到他说话。他非常安静。罗拉则是一个不折不扣的话匣子。"他们的爱情故事美好而漫长。根据1930年手写的美国人口普查记录记载，少言寡语的莫里斯·瓦瑟斯坦是在1927年从波兰经过埃利斯岛（Ellis Island）移民到纽约的。瓦瑟斯坦家的三兄弟——杰里（Jerry）、泰迪（Teddy）和莫里斯——一起在西18街创办了瓦瑟斯坦兄弟丝带公司（Wasserstein Brothers Ribbons）。该公司的标语十分巧妙：丝带联结你我。莫里斯很有生意头脑，投资了房地产和股票，拥有西18街上丝带公司的那幢大楼和如今的SoHo大楼。"他们是做丝带生意的，有机会涉足房地产业务。"布鲁斯的表兄伊万·科恩（Ivan Cohen）说道。

20世纪40年代中期前后，莫里斯的长兄乔治（George）去世。在世时，他和罗拉·施莱弗（Lola Schleifer）结为夫妻，育有两个孩子，老大叫艾伯纳，小的是1937年出生的桑德拉。乔治去世之后，按照流变后的东欧犹太人传统，莫里斯娶了哥哥的遗孀。"他们在一起时是那么快乐，我们都应该像他们一样。"一位家庭成员回忆道。他十分赞成此事。于是，莫里斯成了桑德拉和艾伯纳的"父亲"。莫里斯和罗拉的亲生子女是1944年元旦出生的乔吉特（以其已故伯伯的名字命名）、布鲁斯和1950年出生的温迪。布鲁斯直到20多岁才知道艾伯纳和桑德拉是伯伯乔治的儿女。

艾伯纳在5岁之前一直是个聪明伶俐、精力充沛的孩子。5岁那年，一位表兄从加州来布鲁克林看望他们，艾伯纳不幸被传染了脑膜炎。这

---

[1] 佩恩和特勒为美国魔术师和戏剧表演者，从20世纪70年代末就开始搭档，将魔术和喜剧结合起来表演。在演出中，佩恩的角色是叙述者，特勒则不说话，使用肢体语言。

种疾病侵蚀了他的大部分大脑，从此他智力有了缺陷，还患上了癫痫。虽然随着年龄增长，艾伯纳的其他生理特征发育正常，但他经常受癫痫发作的困扰。可想而知，久而久之，罗拉被艾伯纳的问题压垮了。20世纪60年代早期，瓦瑟斯坦一家从布鲁克林搬到曼哈顿，他们认为让艾伯纳参与纽约州管理的一个项目，就能使其得到更好的照顾。艾伯纳住进了纽约北部罗切斯特附近的一个集体之家，只能借助轮椅活动，最近，他的身体里被植入了一个装置，以预知他的癫痫何时发作。

自从艾伯纳搬到纽约北部之后，布鲁斯就再也没见过他。家人对艾伯纳的态度似乎也非常不明确。1997年12月，桑德拉去世了，讣告中根本没有提及艾伯纳；2006年1月，温迪去世后，瓦瑟斯坦家族在《纽约时报》上刊登了一篇付费声明，里面提到了她所有的兄弟姐妹，唯独漏掉了艾伯纳。

毫无疑问，父亲的不择手段和母亲的特立独行影响了布鲁斯。他非常早熟，极其渴望成为兄弟姐妹里最聪明的一个，而且迫切地想让大家知道这一点。布鲁斯是在J大街的弗拉特布什东正教犹太学校上的学，但这并非因为瓦瑟斯坦一家是虔诚的教徒，而是因为布鲁斯的父母认为这所学校的教育方式最为严格，教育水平最高。但是布鲁斯的才华使得他与其他学生格格不入，这也恰好吸引了那些寻找天才学生的人的注意。"妈妈说布鲁斯是个天才，他刚好出生在圣诞节前夜，可能是个弥赛亚[1]。"温迪在2002年告诉《纽约》杂志。乔吉特还记得，有一次，她和布鲁斯一起坐地铁去曼哈顿，布鲁斯望着高耸入云的天际线说："总有一天，这里将属于我。"虽然温迪写的剧本里有很多人物都是以她的家庭成员为原型，但她从来没有以布鲁斯为原型塑造过任何一个角色。布鲁斯的长女帕姆（Pam）向她问及此事时，她说："亲爱的，他自己就是一部剧啊！"

---

[1] 古犹太语，希伯来文"救世主"的意思。

据说,布鲁斯十分敏感。1954年经济不景气时,布鲁斯和父亲一样,十分担心这会影响到他们家的生活,当时他才6岁。"这件事对他影响很大,"桑德拉谈到弟弟时说道,"我们意识到,我们可能会失去金钱及其带来的一切。"据说,就是在这一年,布鲁斯开始一本本地看《福布斯》《商业周刊》和《巴伦周刊》(*Barron's*)——尽管这可能只是杜撰的故事。和父亲一样,他开始密切关注股市,并想象自己炒股的场景。"他一直是那种认为自己会掌控全世界的孩子。"桑德拉说。

布鲁斯从小就创造力十足。他将创造力运用在重新阐释游戏上。在和温迪玩"大富翁"游戏时,他制定了一套自己的规则,把游戏变成了小型房地产巨头之间的激烈竞争。游戏一开始,他就将所有房契分配出去,然后在资产组合中引入大量金融杠杆,玩家可以通过向银行借钱来补充初始现金以及从其他人手里获得现金。每处地产最多可以建3家酒店,而非传统规则规定的那样只能建一家。他假装自己是个真正的房地产大亨,就像曼哈顿的那些房地产大亨一样。布鲁斯的第一任妻子很恼火他制定的"大富翁"规则,她拒绝跟布鲁斯和温迪玩这个游戏。布鲁斯还拿过象棋比赛的冠军。温迪后来说:"小时候,我的生活是围绕着哥哥转的。"

布鲁斯在犹太学校一直读到12岁,之后去布鲁克林伦理文化学校上了一年学。一家人搬到曼哈顿东77街后,他在菲利克斯的母校麦克伯尼学校上完中学,曾担任校网球队队长(和菲利克斯一样)和校报编辑。担任编辑时,他爱写押韵的标题,如《理事会的花言巧语:戒烟吧》[1]与《绿队和白队在橄榄球赛首秀中遍体鳞伤》[2]。还有《啦啦队小妞》[3],虽然这个标题不押韵,但布鲁斯认为它"有一种爱尔兰的时髦感"(原文如此)。然而,麦克伯尼学校的领导并不喜欢布鲁斯的幽默,一个复活节假期期

---

[1] 原文为Council's Coax: Give Up Smokes。

[2] 原文为Green and White Turns Black and Blue in Football Debut。

[3] 原文为Chicks to Cheerlead。

间，他们解除了他的编辑职务。布鲁斯后来写道："这件事好笑的地方在于，我们赢得了哥伦比亚大学的一个奖项，校长不停地以此炫耀。"

16岁时，布鲁斯高中毕业，大约比同龄人早两年，之后他去了安娜堡（Ann Arbor）的密歇根大学念书。虽然他不太热衷学习，比如他没有语言天赋，但由于他的实习学分很高，而且课程安排得十分紧凑，他在3年内就完成了大学学业，19岁就获得了政治学荣誉学位。在安娜堡上学期间，布鲁斯对新闻工作的热情与日俱增，他渴望改变世界。当时像他这样的人不在少数。

1966年1月，布鲁斯成为学校备受推崇的报纸《密歇根日报》（*Michigan Daily*）的二把手——执行主编。《密歇根日报》此前从没有过执行主编这个职位，布鲁斯用他典型的做法说服了上一任编辑委员会［由拉里·克什鲍姆（Larry Kirshbaum）领导，他是未来布鲁斯在华纳出版社（Warner Books）的出版人］设立了这个职位，并由他出任，这一年他18岁。《密歇根日报》成了布鲁斯的乐园，一个由他创造的虚构游乐场。他拥有一个每周专栏，名叫"国内外公共事件报"，这是1690年在北美波士顿创办的第一份独立报纸的名字，该报纸只出版了1期，短短4页，就被英国人关停了。他会不定期撰写署名社论，报道一些他感兴趣的话题。他是编辑委员会成员，但不负责报纸的日常发行。和布鲁斯同在《密歇根日报》工作过的哈维·沃瑟曼（Harvey Wasserman）回忆道："他聪明绝顶又与众不同，总能跳出固有的思维模式，我非常佩服他能想出执行主编这个职位。"这个职位给了布鲁斯一个平台，他可以对自己感兴趣的任何话题发表评论。他也确实这样做了。他的评论话题非常广泛，从加州州长罗纳德·里根（Ronald Reagan）解雇加州大学校长克拉克·克尔（Clark Kerr），到平息1966年纽约市的公交系统大罢工的必要性等等。他还提倡在教员选拔问题上给予学生重要的发言权，为所有学生创造平等的机会，以及加强对人数众多的大学体育系的监管。他还讨论了诸如种族歧视、社会地位不平等和贫富差距这些引发民权运动的沉重话题。

《密歇根日报》是密歇根大学的反传统中心。布鲁斯积极鼓励同学寻求激进的措施来实现他支持的变革。受到密歇根州政治学教授阿布拉莫·奥根斯基（Abramo Organski）的启发，布鲁斯在一个名叫"原始力量每次都打倒旧制度"的专栏中探讨"如何打倒旧制度"。他还曾公开支持学生在教员选拔委员会中发声。但如果"教员机构"反对怎么办？你会怎么做？布鲁斯的解决办法十分直截了当，他参照了美国激进主义之父索尔·阿林斯基（Saul Alinsky）的做法：

首先，选择一个大部分学生是自由主义者的系，比如社会学系。接着，让这个系的所有学生都别去上在特定日期（学生们在这天提出了参与教员选拔的要求）之后聘用的某位教授的课。再让"喉舌"（一个学生反战组织）的人去监视学生，劝阻那些优柔寡断想要去上课的。还要让学校里最邋遢的学生在老师家附近设立纠察线。假设这位老师住在一个美丽、安静的中产阶级社区，他就会感到邻居施加的压力。当然，系主任的家附近也必须派驻纠察队。这样一来，社会学系聘用的老师将无学生可教，他在安娜堡也会过得很惨。而且可以肯定的是，他会接受去伯克利教书的邀请。遗憾的是，所有人都得受苦，但这是政治的本质。正如奥根斯基在一开始就指出的那样——权力是冷冰冰的。

除了专注于在《密歇根日报》上发表文章，布鲁斯还把大部分精力转移到了一位特别的临时助理编辑身上，她叫劳拉·琳恩·基林（Laura Lynne Killin），来自纽约拉奇蒙特郊外的韦斯特切斯特郡，出生于一个长老会家庭，父亲是扬·罗比凯（Young & Rubicam）广告公司的高管。基林记得，有一天，她走进校报办公室时看到了布鲁斯，很快被他的聪明才智和对橄榄球的不屑一顾吸引，于是他们成了安娜堡极不寻常的一对情侣。布鲁斯是基林的第一个男朋友。令双方父母——苏格兰裔的基林夫妇和犹太裔的瓦瑟斯坦夫妇——震惊的是，他们两人竟然于1968

年6月30日在拉奇蒙特（Larchmont）结婚了，当时基林刚从密歇根大学毕业，而布鲁斯刚在哈佛法学院念完第一学年，还不满21岁。虽然罗拉经常向布鲁斯灌输早婚的明智之处，但她也没想到布鲁斯比她预想的更早结婚。双方父母都反对他们荒谬的结合，尽管后来基林改信犹太教后，布鲁斯的父母对她的态度有所缓和，但她的这一决定差点逼疯了自己的父母。根据基林的描述，当时的布鲁斯"不修边幅"、身材肥胖、头发凌乱、衣衫不整。"我这么说吧，"她说，"有一次在伦敦，我们被一家酒店赶出了大堂，因为我们看起来很不像样。"

念了一年法学院之后，布鲁斯觉得自己有足够的时间和兴趣攻读哈佛大学法学博士和工商管理硕士学位。"冬天骑自行车在两个学院之间来回上课的经历，有助于塑造我的性格。"他曾说。布鲁斯是首批加入法学博士—工商管理硕士双学位项目的学生之一。4年后，也就是1971年，他以优等成绩从法学院和商学院毕业，还获得了商学院的贝克学者奖。一年夏天，他在自己的出生地布鲁克林的两个贫困地区——贝德福德-斯都维森和欧申希尔-布朗斯维尔做扶贫工作。但他不喜欢这个工作，因为同事们都认为他只是个能给他们钱的富有的犹太小子。在法学院上学期间，布鲁斯加入了《哈佛公民权利—公民自由法律评论报》（*Civil Rights–Civil Liberties Law Review*）的队伍，之后很快被任命为执行主编。通过这个职位，他开始与消费者权益维护者、ITT公司的对手以及未来的总统候选人拉尔夫·纳德打交道。纳德有个颇有名气的研究小组，布鲁斯是这个小组的活跃分子。布鲁斯后来会攻击纳德的公司，实在令人难以相信。

布鲁斯与马克·J.格林（Mark J. Green）共同编辑了《为一些人争取公道：年轻律师对法律的控诉》（*With Justice for Some: An Indictment of the Law by Young Advocates*）一书。格林是纳德的头号攻击者，也曾在《哈佛公民权利—公民自由法律评论报》担任编辑。这本书出版于1970年11月，收录了法学院的学生和毕业生撰写的13篇论文，是布鲁斯献给妻子"劳拉·琳恩"的礼物。她对这本书的评价是:"如果他让我来打字的话,肯定会更好。"那年夏天,纳德见过布鲁斯几次。他回忆道:"他总是有很多事情要忙,他目标明确,有你想要的一切优秀特质——自信满满、兼收并蓄、意志坚定、雄心勃勃。当时他的目标是成为证交会主席。"基林还记得,那时布鲁斯不仅想"获胜",还渴望创建一个王朝,留下不朽的遗产。她说:"我记得他曾说过——那时我们还没结婚,他还在上学——他想被500年后的人记住。他想建立一个像罗斯柴尔德家族一样的王朝。"

1972年,在纳德的赞助下,布鲁斯与格林再次合作出版了一本关于反垄断执法的书——《封闭的企业制度》(*The Closed Enterprise System*)。在本书中,他们认为,反垄断法执法不严,导致供求系统效率低下,商品和服务价格过高。书中还有一部分内容批评了菲利克斯、吉宁和ITT试图规避美国反垄断法一事,而且他们还把菲利克斯单拎出来批评。

从哈佛法学院和商学院毕业后,布鲁斯拿到了诺克斯旅行奖学金(Knox Traveling Fellowship)。他用这笔奖学金去了剑桥大学,研究经济学和英国的并购政策。1972年,他获得了经济管制法比较研究的研究生文凭。1973年,他在《耶鲁法学杂志》(*Yale Law Journal*)上发表了一篇长达34页的论文《从美国人的角度看英国并购政策》。这篇论文是他基于自己在国外的一年时间里对该课题的研究所撰写的,尽管令人费解、意义含糊,但它还是透露出布鲁斯赞成加大对大西洋两岸并购交易的监管力度。不管布鲁斯对于20世纪60年代并购浪潮所带来的经济和社会效益的想法如何,毫无疑问,在1973年全世界所有25岁的年轻人之中,他在并购和收购方面的学识是最渊博的,当时大多数和他同龄的孩子都在考虑如何避免被征兵以及如何改变世界。

布鲁斯和基林刚从英国回到美国,就和姐姐桑德一起思考他应该做什么工作。他通过了律师考试,曾考虑在阿拉斯加当律师;也曾想过去一个小城市当报纸编辑。但是他雄心勃勃、才华横溢，对做生意有着超乎寻常的兴趣，于是选择了一条更加传统也更加赚钱的道路——进入纽约的精英律所凯威律师事务所做一名助理。凯威律师事务所的高级合伙人山姆·巴特勒（Sam Butler）将布鲁斯招至麾下，据说，他在看到布鲁斯的实践行动后，还承诺过几年就提拔布鲁斯做合伙人。对于布鲁斯选择去凯威律所工作，纳德的看法更加简单：尽管布鲁斯有着非凡的天赋以及对正义的渴望，他还是被华尔街"万能的金钱"所吸引。布鲁斯成为一名银行家之后，纳德曾给他写过一封信，责备他放弃公共服务和监管改革的工作而去华尔街谋求财富。布鲁斯复印了这封信，还将它裱起来，放在了位于东汉普顿的那个富丽堂皇的家里。

大约就在这个时候，布鲁斯与基林的婚姻关系开始恶化。基林回忆道："他是我第一个真正的男朋友，我喜欢有头脑的人，布鲁斯很有头脑。当他把头脑用来追求一个人时，这太美妙了。在很多年里，这真的非常美妙——好吧，不是很多年，是很长时间。但是发生了一些事情，至少布鲁斯身上发生了，如果你和他的观点不一致，他要么认为你很愚蠢，要么直接忽视你。他一点都不知道变通，这就是他的方式；或者像一些人说的，这就是他的路子。你忍受了一段时间，然后你就会说：'等等。我是一个独立的人。我不是要跟你竞争，你必须正视我。'他会告诉你他是一个很难相处的人。"导致他们的婚姻出现问题的原因有两个。第一，基林解释说，她虽然曾和温迪十分友好，但她很不满意温迪在话剧《没有女人能这样》中对她的描写。基林以前喜欢收集岩石，在这部创作于1974年的不落俗套的话剧里，温迪将她描述成坐在地毯上玩石头，就好像在玩大理石一样。"她取笑我的石头，我觉得这很愚蠢。"基林说。

看过这部话剧后不久，夫妻二人在填纳税申报表时大吵了一架。"我们正要报税，布鲁斯希望我像个主妇待在家里。乖乖待在家里。"她说。

但是如果我们一起外出，他就会向别人介绍我是个珠宝设计师，就好像做珠宝首饰和我做石头一样。我的意思是，我们别谈这种事情，好吗？布鲁斯从来不会核对账目，实际上，他甚至经常不记账。他想让我来做这些事情。他希望我做很多纳税的事情。于是我爆发了，我说："你明明拿到了那些该死的学位，你自己做！"这种事情一件接着一件，我们的婚姻出现了问题，但他拒绝接受心理咨询，而我当时居然不知道没有他的同意我也能离婚。我想得到咨询。我想接受进一步的心理治疗，但他基本上只会说："我不会去做。如果你不喜欢就走。"于是我离开了。当时我没有意识到也许我可以跟他协商，他就是那么一个强硬的人，可我不是。我有自己的性格和人格，仅此而已。在某个时候，你会说："够了。"我们在一起不快乐。我已经有很长一段时间都不快乐了。但他没有。他也没有注意到我的不快乐。

1974年8月，他们在分居18个月后离婚了。

他们没有孩子。基林从布鲁斯那里总共得到了3000美元，她用这笔钱完成了在哥伦比亚商学院的学业。她曾在美国电话电报公司工作了很长时间，后来被解聘了。现在她在亚马逊上卖二手书，赚点外快，网名叫"杀死瓦瑟"。离婚后，她只跟布鲁斯说过一次话，那是他们快要过50岁生日的时候。她遗憾自己没有再婚。

1976年秋天，第一波士顿新成立了并购部门，来自新泽西州纽瓦克的31岁会计师约瑟夫·佩雷拉当上了该部门的负责人，但他当时只是个光杆司令。就在第一波士顿宣布他即将掌管并购部门的那周，菲利克斯为了挽救自己糟糕的名声，想方设法让自己登上了《商业周刊》的封面。佩雷拉后来说："我记得，看完这个报道后，我对菲利克斯在交易中收取的酬金印象极深，心想：'天哪，这个行业真棒……'我对菲利克斯·罗哈廷登上《商业周刊》封面的印象也十分深刻，我对自己说：'只要努力工作，有朝一日我也能上杂志封面。'"

1976年秋天，美国燃烧工程公司（Combustion Engineering）聘请第一波士顿协助其收购格雷工具公司（Gray Tool）。当时，格雷工具公司遭到恶意收购，美国燃烧工程公司对它提出了友好收购，成了它的救星。佩雷拉给凯威律所的山姆·巴特勒打电话求助，凯威律所当时刚好有空，于是接下了这个案子。巴特勒带着助理布鲁斯·瓦瑟斯坦一起出席了与美国燃料工程公司开的第一次会议。佩雷拉回忆道："我想，会议开了还不到20分钟，布鲁斯就控制了全场，从律师的角度告诉大家这个交易该怎么做，我对自己说：'天哪，世上居然有这么厉害的家伙。'我知道我遇到了一个稀罕人物。布鲁斯能把他了解的法律知识转化为实际行动，帮助客户实现目标。"最终，美国燃烧工程公司成功收购格雷工具。这一年，佩雷拉邀请布鲁斯来第一波士顿和他一起做并购业务，他开的薪水是布鲁斯当时赚的两倍——10万美元。到1977年1月为止，他们两人合作完成了两笔交易，赚到了300万美元酬金，在当时可不是个小数目。就这样，他们开始了共同创造财富的道路。

在佩雷拉的要求下，1979年4月，布鲁斯·瓦瑟斯坦成了并购团队的联合负责人。佩雷拉对布鲁斯职业发展的帮助不止这一次。几年后，佩雷拉在一次度假回来后决定把并购团队的日常管理交给布鲁斯。

当时，第一波士顿不断发展成了为客户提供并购顾问的少数华尔街公司中最进取的公司之一（其他几家主要是拉扎德、高盛和摩根士丹利）。第一波士顿取得空前的成功是因为他们在交易中采取游击战术。由于没有固定客户，第一波士顿出了名地善于用高超的战术（大部分归功于布鲁斯）抢夺别家的生意。一段时间之后，他们还允许杠杆收购集团运用第一波士顿的资产负债表来动摇美国企业界。布鲁斯（一个不修边幅的犹太恶霸）和佩雷拉（一个当过会计师的有教养的意大利人）强强联合，主导了这种赶尽杀绝的策略。

"20世纪70年代末，第一波士顿的并购业务才开始真正崭露头角，"布鲁斯后来写道，"我们研究了如何打破拉扎德、高盛和摩根的垄断市场的局面。解决办法很简单：找到市场漏洞，然后在竞争中以比别家更专业的手段来提高赌注。"佩雷拉发现和提拔了布鲁斯，因为他知道布鲁斯拥有出色的能力，在一定程度上，他也知道自己需要布鲁斯的天才来获得成功。到1981年，第一波士顿的并购部门做得风生水起，比如它帮贝奇证券公司（Bache & Co.）找到了友好的收购方保诚保险公司（Prudential Insurance），从而摆脱了恶意收购；还帮圣乔矿物公司（St. Joe Minerals Corporation）摆脱了施格兰公司的掌控。

1981年，第一波士顿的并购部还做成了一笔突破性的交易。当时，杜邦公司、美孚石油公司和菲利克斯代理的施格兰公司共同竞标康菲石油公司，虽然美孚石油公司和施格兰公司的出价咄咄逼人，但最终布鲁斯和佩雷拉为杜邦公司提供咨询，帮助该公司以76亿美元成功收购康菲石油公司。《纽约时报》曾报道："这笔交易的体系非常复杂，因此人们给它起了个绰号'大鲁布'（Big Rube），这是美国漫画家鲁布·戈德堡（Rube Goldberg）所画的一种构造极其复杂的机器的名字。"

此次交易中，布鲁斯的点子并不新颖，他只是凭借自己的洞察力认为，应该在这笔史上最大的并购交易中使用强制性双边要约收购。他建议杜邦公司向早早出让康菲石油公司股票的股东支付一笔现金，外加溢价，而给那些没有出让股票的股东一些未定值的杜邦股票。当然，这个策略不仅能惩罚那些不出让股票的股东，还能通过高价购买康菲石油公司股东的股票，迅速拿到该公司的投票控制权。这个战术奏效了，杜邦赢得了康菲石油公司。新闻报道将杜邦的成功描述得扣人心弦，称赞布鲁斯是个足智多谋的天才。就这样，继菲利克斯被奉为业内最优秀的人物之后，媒体又将布鲁斯捧成了战术上的反叛者。

其实，大约在3年前，布鲁斯就写下了这个策略的蓝图。1978年，布鲁斯出版了《企业融资法：高管指南》（Corporate Finance Law: A Guide for the Executive），这本书可以说是关于公开融资、接管和收购领域的晦涩难懂的规则、法规及策略的最早和最全面的参考资料之一。

其中有一节详细介绍了如何运用要约收购发起收购战；还有一节讲述了反垄断法在兼并中扮演的角色以及他在进华尔街之前的一些观察所得。他还趁机挖苦了曾经的良师益友拉尔夫·纳德。

布鲁斯在撰写这本书时——他在周末和假期写作——还只是第一波士顿的副总裁；该书出版时，他才30岁。他将这本书献给了第二任妻子克里斯（Chris），她是心理治疗师，身材高挑纤瘦，有着一头红发。这本书不仅完全符合布鲁斯的初衷，是一本对企业高管十分有用的指导手册；还是一则极其聪明的广告，向大家展示了作者的职业技能：布鲁斯·瓦瑟斯坦，交易经验丰富的投资银行家和前律师，对交易策略在法律上复杂的细微差别有着敏锐的理解力。"警告：在企业金融交易中，不懂法律的代价可能十分高昂，"这本书的腰封上写道，"无论你在交易中是什么角色，高管、公司董事、银行家、律师、经纪人、会计师，你都得了解法律对交易的影响。"

在引言部分，布鲁斯将交易的世界描述成像战场一样令人兴奋又危机四伏，没有保护措施不得进入。"遗憾的是，交易业务中充满了危险的雷区，"他写道，"政府的层层规章制度错综复杂，肆意横冲直撞一定会招致灾难。诀窍就是踮起脚尖，小心翼翼，才不会惹祸上身。还需要一样非常宝贵的东西，那就是在遵守规则的情况下进行创新。有时，有人会说，差劲的律师发现不了问题，合格的律师能发现问题，而优秀的律师则能解决问题。据说，J. P. 摩根是这样评价他的律师伊莱休·鲁特（Elihu Root）的：'我雇过很多律师，他们都只告诉我不能做什么。鲁特先生是唯一告诉我该如何去做我想做的事情的律师。'"布鲁斯既是律师也是银行家，他也能告诉第一波士顿的客户该如何去做他们想做的事情。此外，布鲁斯虽然比其他同事都年轻，但他是华尔街第一批成功从律师转行成为投资银行家的人之一（他引领了其他律师纷纷效仿的潮流），开辟了投资银行家不仅精通估值而且熟稔法律知识和战术的时代。

布鲁斯的本事几乎正好与菲利克斯相反。菲利克斯长于客户关系、打造个人声誉，还具备极高的交易智慧，把法律事务全部交给律师；布鲁斯则在外交手腕、公众形象和交易经验上略逊一筹，但他才华横溢，拥有并购法方面的渊博知识。有时候，布鲁斯会公开质疑并购律师提供给客户的建议。尽管这种做法令人恼火，但他知道如何在当前有限的条件下把事情办成，而且在他觉察出某件事情有能办成的迹象后，就不再理会别人告诉他这件事办不成这类话。

布鲁斯的行为举止，也与典型的明星投资银行家截然不同。在他的职业发展之初（有人说早在他还在凯威律所工作时），他就决定以高超的技巧将自己臃肿邋遢的书呆子形象打造成辨识度高、令人难忘的职业资产。一位非常了解布鲁斯的人说道："他雄心勃勃、自信满满，知道如何培养个人的风度和举止。那种不修边幅是他刻意为之的，他喜欢人们把他看成爱因斯坦或者'肥佬教授'[1]。"

1980年5月，《纽约时报》经济学专栏作家罗伯特·梅茨（Robert Metz）用整个栏目讲述了布鲁斯关于恶意要约收购是否会复兴的观点，布鲁斯的知名度因此得到了大幅度提升。人人都关心一位32岁、刚刚当上第一波士顿董事总经理的年轻人对这个问题的看法。这也证明了布鲁斯很早熟。梅茨的文章也标志着布鲁斯与媒体界开始建立一种互有助益的共生关系，这种关系也是20世纪末的投资银行家最重要的资产之一。菲利克斯和史蒂夫都拥有这种资产，身为《密歇根日报》的前执行主编，布鲁斯·瓦瑟斯坦也有。他们都利用媒体来增加自己的利益。

1982年4月，《华尔街日报》头版发表了一篇关于布鲁斯和佩雷拉的长篇报道。这篇文章对布鲁斯刻意为之的形象添砖加瓦，将他描述成邋里邋遢、肥胖版的爱因斯坦——这次说他有着一头红发（一年前《时

---

[1] 原文为Nutty Professor，1996年上映的美国科幻喜剧电影《肥佬教授》中的主人公，原名金斯，是威尔斯大学的生物学教授。他是一个超级大胖子，学术高明、心地善良，但因为体形问题一直是大家的笑柄。某天，金斯研制的减肥药实验成功了，他在自己身上做了实验并取得惊人效果，摇身一变，成了人见人爱的大众情人。

代周刊》对布鲁斯的描述是"体格魁梧、金发白肤碧眼")——还把佩雷拉描述成着装考究的布鲁斯的陪衬者。"布鲁斯最擅长弄清楚客户应该做什么，而佩雷拉最擅长让客户这样去做。"一位竞争对手评论道。《时代周刊》称他们为"并购界的西蒙和加芬克尔（Simon and Garfunke)[1]。他们一个是诗人，一个是单人乐队；一个是粗鲁聪明的战术家，一个是十分可爱的推销超人，他的货架上只有一件主要商品：布鲁斯·瓦瑟斯坦"。"我是那种在面临危机时才会发挥最佳状态的人。"布鲁斯告诉记者。他继续说道，将一个新的收购防御系统概念化"就像下象棋，每走一步，规则都在变化"。这篇文章的记者还引用了一些匿名人士的话，他写道："有人说"布鲁斯"非常自负"；一位未署名的竞争对手面露惊愕地挠着头说，"布鲁斯是个天才"；一家竞争对手公司的并购负责人则说，"但是当我看到他合并的一些公司时，我真怀疑他有没有一点儿常识"。

无论如何，到1981年底，第一波士顿成了仅次于摩根士丹利的全球第二大并购交易咨询公司，这为该公司赢得了一大笔炫耀资本。布鲁斯与佩雷拉掌管的并购部门扩张到了36人，两人年薪一样，都是7位数，大办公室也都在第一波士顿位于东52街的市中心写字楼42层，大小完全一样。一时间，第一波士顿变得炙手可热。

布鲁斯也开始走华尔街新贵的老路子，在曼哈顿购置房地产，以及物色一位花瓶妻子。第一段婚姻失败后，布鲁斯一直住在东82街240号。在那里，他和《密歇根日报》的前同事克拉伦斯·凡托（Clarence Fanto）重新熟识起来，经常结伴在上东区的各家酒吧里流连。一天晚上，他们一起去一家俱乐部。"我一眼就看到一个高挑的红发女人穿过房间，她非常苗条、身材婀娜，"凡托说，"我记得我对布鲁斯说：'哦，快看她。只不过，对我来说她太高了，但你可能会想和她聊聊。'因为我很矮，但布鲁斯对这种事情从来不胆怯。我记得他当时径直走过去跟她说话。"

---

[1] 保罗·西蒙和阿特·加芬克尔是成立于20世纪60年代后期的经典二人组合，也是流行音乐史上的著名重唱组合。

凡托比布鲁斯先离开俱乐部，后来布鲁斯打电话给他。凡托回忆道："他的声音听起来非常兴奋，他说很高兴能遇见她，令我吃惊的是，他们很快就建立了关系。"那天晚上，布鲁斯要到了克里丝·帕洛特（Chris Parrott）的电话号码。他们的恋情发展得很快，没多久就结婚了。婚后，他们住在东尾大街，但随着财富越积越多以及增添了新的家庭成员，布鲁斯也开始沿着曼哈顿东区的社交阶梯向上攀爬——首先搬到了第五大道的1087号，后来又搬到了第五大道的1030号。

第一波士顿的并购业务不断扩大。很短的一段时间里，布鲁斯为一系列交易提供了咨询：德士古公司（Texaco）以100亿美元收购格蒂石油公司（Getty Oil）的极具争议的交易，为此，格蒂石油公司撕毁了与鹏斯石油公司（Pennzoil）达成的交易；西方石油公司（Occidental Petroleum）以50亿美元收购城市服务公司（Cities Service）的交易；以及美国钢铁公司以66亿美元收购马拉松石油的交易，马拉松石油因此成功避开了美孚石油的恶意收购。布鲁斯这些史无前例的成功引起了《时尚先生》（*Esquire*）杂志对他的关注，1984年5月，该杂志在月刊上发表了一篇题为《并购大师》的长篇文章，详细介绍了布鲁斯。在这篇文章里，布鲁斯特意向记者指出，他是唯一参与了美国有史以来4笔最大交易的投资银行家——就连菲利克斯在1984年都没资格这样说。公众第一次充分地了解了布鲁斯（这样的机会着实不多），并对他投以奉承的目光。"在公司的董事会会议室里，身材肥胖、不修边幅的布鲁斯·瓦瑟斯坦备受其他同事的尊敬，他如同一位在大战前指挥作战的将军，指挥大家做交易。"记者保罗·考恩（Paul Cowan）写道。毫无疑问，布鲁斯为《时尚先生》的关注着迷，他确信自己可以利用媒体宣传来进一步实现自己的职业目标，于是开始对采访放下戒备。

为了避免引起对方哪怕一丁点儿的怀疑，布鲁斯向考恩表现出他早已将年少时对普通人的同情抛到了一边。两人讨论了布鲁斯的客户马拉松石油公司的总部所在地俄亥俄州芬德利（Findlay）3.5万名居民的命运。如果美孚成功收购马拉松石油公司，那么美孚将关闭其位于芬德利的公司总部。为了把马拉松从美孚手中"拯救"出来，布鲁斯找到美国钢铁公司，建议其买下马拉松石油公司。作为并购协议的一部分，美国钢铁公司同意不在芬德利"大量裁员"。布鲁斯对考恩说道："从该镇居民的角度来看，这当然是件好事；但从企业角度来看，为什么要把一家全国领先的石油公司放在芬德利而不是休斯顿？这毫无道理。"如果这笔交易意味着要在芬德利裁员，布鲁斯还会支持吗？考恩感到好奇并提出了这个问题。"当然，我会支持。"布鲁斯回答，然后他紧张地"嗬嗬低笑"。"实际上，我觉得所有人都应该——"布鲁斯看了一眼考恩的录音机。"哦，我们还在录音，"他接着说道："抱歉。我相信俄亥俄州的芬德利。我真的很喜欢俄亥俄州的芬德利。"

回想起来，在与乔治·奥威尔作品同名的1984年里，布鲁斯的并购技巧可能发展到了巅峰。1月4日，格蒂石油公司和鹏斯公司公开宣布一项价值约90亿美元的交易，鹏斯将以每股112.5美元的价格收购格蒂。当晚8点，德士古公司聘用布鲁斯和第一波士顿帮其分析能否阻止鹏斯的交易，买下格蒂。布鲁斯至少等了6个月，才等到这一刻，他马上开启交易模式——二十四小时连轴转，进行一系列谈判，召开一系列策略会议——他建议德士古公司，如果想击败竞争对手，就必须迅速采取行动，提高收购价格。德士古采纳了布鲁斯的建议，同意以每股125美元的价格收购格蒂。不出所料，这个价格赢得了格蒂最大的股东戈登·格蒂（Gordan Getty）的支持，尽管他刚刚同意与鹏斯达成交易。后来，为了满足格蒂石油公司另一个大股东格蒂博物馆的要求，德士古又将价格提高到每股128美元，总计约100亿美元。

德士古-格蒂并购交易是美国公司史上最大的并购案。作为交易的一部分，德士古同意承担格蒂因撕毁与鹏斯的交易而承受的一切法律后果。这是个坏主意。鹏斯立即起诉了格蒂，要求其解释与德士古达成交易的理由，因为在此之前格蒂已经和鹏斯达成协议，尽管双方在公开宣布之前经过充分协商的并购协议尚未生效。这场官司闹得很大，双方在鹏斯的地盘休斯顿进行陪审团审判。1985年11月19日，美国公司史上最令人震惊的时刻之一到来了，陪审团要求德士古向鹏斯支付105.3亿美元赔偿金，是此类陪审团审判中金额最大的赔偿之一。后来，加上累计利息，此案的法官把赔偿金额提高到了111亿美元。官司一直持续到1987年春天，当时最高法院裁定德士古必须为这一判决缴纳110亿美元保证金。此后不久，德士古公司申请破产保护，成了公司史上最大破产案之一。

大多数并购银行家（包括布鲁斯在内）一点都不关心像德士古 - 格蒂交易这类的案子能否为委托人带来好处，他们做业务只是提供咨询服务，然后拿酬金，宣传自己，再进行下一笔交易。银行家们为什么能通过提供这种带有保护层的建议就能获得数百万美元酬金仍然是个不解之谜。但交易确实会对涉及的利益相关者产生影响，如公司股东、员工、债券和股票投资者，以及管理层。为什么即使事后证明投资银行家们的建议是错误的，他们仍然能够口袋里装满钱置身事外，不需要承担任何风险？当然，银行家们整天都在谈论他们的声誉是如何的神圣不可侵犯，提供糟糕的建议只会损害自己的声誉，影响其未来赢得新业务。布鲁斯就在1987年说过："我想，布鲁斯·瓦瑟斯坦做交易的特征就是，客户从他那儿得到了很棒的建议，不管他们得到的是不应该做一笔交易，还是应该做这笔交易而且要多付一点钱。从长远来看，他们都会感激我的。"但是，布鲁斯本人就是一个活生生的例子，证明即使并购银行家给出了糟糕的建议，其所受的影响也很小，除了会有一点点的负面报道。事实上，布鲁斯最终成了亿万富翁。

最终人们会发现，德士古的这笔交易将为布鲁斯的声誉带来大麻烦，但这需要一些时间才能显现出来。此时，布鲁斯因战术高明和为公司赚取了越来越多的酬金而在公司中备受大家尊重。1986年2月，他和佩雷拉被任命为第一波士顿投资银行业务部的联合负责人。对他们来说，这是一次大晋升，他们得以掌管公司所有的企业关系，同时掌控并购团队。

但是，到了20世纪80年代中期，迈克尔·米尔肯及其成立的公司德崇证券突然出现，再次彻底打破了并购领域的和谐局面。根据详细资料记载，米尔肯通过发明和使用高收益的垃圾债券革新了企业融资方式。德崇不仅为那些无法从传统渠道——银行、保险公司和公众股票市场——获得融资的公司承销垃圾债券，还率先使用这些证券来为卡尔·伊坎（Carl Icahn）、T. 布恩·皮肯斯（T. Boone Pickens）一类的企业掠夺者以及科尔伯格－克拉维斯－罗伯茨公司（Kohlberg Kravis Roberts）一类的杠杆收购公司提供资金。没过多久，原本毫无名气的德崇证券就开始为这些企业掠夺者和杠杆收购公司无节制的并购交易提供咨询和融资，德崇也因此赚取了巨额酬金。针对这一情况，拉扎德的反应显得软弱无力，只是让菲利克斯大声（且正确地）抗议米尔肯的罪恶行径，并坐等其自取灭亡。不同于拉扎德的做法，布鲁斯和第一波士顿率先奋起抗击，决定与米尔肯一争高下。虽然勇气可嘉，但这一举动导致第一波士顿后来差点破产，公司也因此失去了独立性。当然，布鲁斯依然毫发无伤地置身事外。

激起布鲁斯与米尔肯较量的雄心的人极有可能是罗伯特·坎佩（Robert Campeau），一位60多岁的鲜为人知的加拿大房地产商。虽然坎佩毫无零售业方面的经验，但他有个想法——收购美国几大零售业巨头，让它们落户在那些他想开发的美国购物中心。1986年初夏，在潘恩韦伯公司规模不大的投资银行业务部门的帮助下，坎佩试图友好收购当时美国的第六大零售商——联合百货公司（Allied Stores Corporation），它是安泰勒（Ann Taylor）、布鲁克斯兄弟、乔丹玛什（Jordan Marsh）、好商佳（Bon Marché）和斯特恩（Stern）等备受赞誉的百货商店的母公司。坎佩开的是家无足轻重的小公司，年收益约为1000万美元，但就像其他许多房地产开发商一样，他也觉得自己可以借到所需的绝大部分资金，买下收益约3亿美元的零售业巨头联合百货公司。他的如意算盘打得没错。由于米尔肯的涉足，融资市场进入了无节制发展时期。但到1986年9月为止，坎佩对联合百货公司的友好收购进展甚微，于是他认为是时候进行恶意收购了，并决定聘用一位在这方面经验丰富的新并购顾问。

坎佩聘用了第一波士顿。布鲁斯建议坎佩以每股66美元的价格向联合百货公司发起恶意要约收购，这个价格比该公司两个月前的股票交易价格高出50%。但是到了10月24日，布鲁斯又建议坎佩放弃要约收购，让他以每股67美元的价格在公开市场上购买联合百货公司的股票。这个被称为"扫街"的战术十分高明，坎佩在30分钟内就购得了联合百货公司53%的股票（此后这种做法被证交会禁止了）。多亏布鲁斯和第一波士顿史无前例地答应向坎佩提供18亿美元过桥贷款，坎佩才得以购入联合百货公司的股票，进而掌控这家公司（后来，花旗银行介入，贷给坎佩需要的剩余资金，最后，坎佩只用了第一波士顿提供的资金中的8.66亿美元）。万圣节那天，坎佩和联合百货公司签署了价值36亿美元的并购协议。出于税务方面的原因，坎佩需要在1986年底之前完成交易，为此他需要投入3亿美元股本。但坎佩当时没有这笔资金。借钱过程既惊喜又刺激，直到12月31日，坎佩才从花旗银行借到1.5亿美元，他把这些钱作为"股本"投资到了这笔交易中，剩下的1.5亿美元则是他从之前与他竞争联合百货公司的旧金山房地产开发商爱德华·迪巴特洛（Edward DeBartolo）那儿借来的。

交易终于达成。布鲁斯做成了一件史无前例的事：使一个名不见经传的加拿大人（后来人们发现此人曾患有精神病，玩弄女性）不掏一分钱就收购了一家美国零售业巨头，并使该公司背上了巨额债务。此外，布鲁斯还向金融界引入了一个理念，即并购顾问可以利用公司的资产负债表帮助客户赢得交易——布鲁斯告诉《华尔街日报》，这个理念将"改变华尔街"。布鲁斯对自己的表现以及自己在联合百货公司交易上取得的胜利感到十分高兴。"这笔交易引发了许多争议,"他在1987年6月告诉《机构投资者》,"我们的竞争对手到处散播我们遇到的困难。但是在过桥贷款一事上,我们从来没有遇到过任何困难。一切都照着计划进行。"

从技术层面来说,仅就第一波士顿收回其发放的巨额贷款这个狭隘问题而言,布鲁斯是正确的。1987年3月,第一波士顿为坎佩的联合百货公司成功承销了11.5亿美元的垃圾债券,偿还了第一波士顿提供的过桥贷款。不过,联合百货公司对这笔贷款的成功再融资终结了公司好消息不断的局面,并最终酿成了史上最大的零售公司破产案。

1987年夏末,坎佩和布鲁斯开始制定另一项策略,即坎佩收购布鲁明戴尔百货公司(Bloomingdale)的母公司、总部位于辛辛那提的零售业巨头联邦百货公司(Federated Department Stores),再将它与联合百货公司合并。这又是一个大胆的想法,特别是当时坎佩收购联合百货公司的交易尚未成功,以及他根本没有钱买下联邦百货公司。就像当初没钱购买联合百货公司但最终还是买下它一样,坎佩按照布鲁斯制定的策略,在1988年1月25日对联邦百货公司提出每股47美元的全现金出价,比联邦百货公司1个月前的股票交易价格高出将近50%,从而引发了他与美国零售业标杆梅西百货公司(Macy's)之间一场惊心动魄的竞购大战。1988年愚人节,坎佩以每股73.5美元现金的出价赢得了联邦百货公司,总计65亿美元。这笔资金中的大部分都是坎佩借来的,包括第一波士顿和德威公司、潘恩韦伯这两家不太靠得住的小投资银行提供的另外一笔20亿美元过桥贷款。

1990年1月15日,不到两年时间,坎佩的整个零售王国就向辛辛那提的美国破产法院申请破产保护,是当时史上最大的破产案。第一波士顿是联邦百货公司最大的债权人之一,高达数亿美元。"该破产案将长久地留在人们的记忆里,这种记忆是绝望的。"6个月后,《福布斯》杂志在一篇题为《史上最大最疯狂的交易》的长文中报道了坎佩的惨败。

该杂志评论道："血流成河。"第一波士顿公司只剩下联邦百货公司面值
3亿美元的垃圾债券和2.5亿美元的过桥贷款。这些票面价值一美元的债
券如今只值几美分。此外，第一波士顿还因其在破产案中扮演的角色而
面临诸多诉讼。

然而，事情发生时，布鲁斯却毫发无伤地置身事外了，且早就从联
合百货公司和联邦百货公司的交易里赚得盆满钵满。他自然不会再与媒
体谈论这笔交易。他告诉《财富》杂志，他只在不具名的前提下就此事
发表评论，《财富》杂志拒绝了。在1986年2月升任投资银行业务部的
联合负责人，以及运用自己制定的策略帮助坎佩在当年万圣节不可思议
地赢得了联合百货公司后，布鲁斯确信自己有朝一日——而且很快——
能坐上第一波士顿的第一把交椅。但他并不会玩弄权术，其他合伙人也
对他当一把手持怀疑态度。其中一人后来说："他不明白，虽然他做交
易很优秀，但并不适合管理一家企业。"布鲁斯开始在办公室里转悠，
自顾自地琢磨为什么第一波士顿的管理层把奖金发给了别人，而不是
他。自然而然，在第一波士顿这样一家提供全方位服务的公司里，布鲁
斯的这种论调开始让他的合伙人们感到神经紧张——CEO彼得·布坎南
（Peter Buchanan）曾是一名债券交易员。当时布鲁斯的一位朋友说："布
鲁斯在第一波士顿有着令人难以置信的影响力，但他运用方式不当，导
致他永远得不到他想要的权势。这就像他掐住了第一波士顿的喉咙，还
到处炫耀，公司的管理层自然十分不满。"

眼看接管第一波士顿的可能性越来越低，布鲁斯十分沮丧。1987年
春天，他开始在市场上观望别的机会，还想带走包括佩雷拉在内的几位
并购银行家，他的这个想法在第一波士顿内部被称为"布偶闹剧"。布
鲁斯与菲利克斯接触，谈及去拉扎德和德威公司工作事宜，他还考虑创
办自己的公司。有关他想离开第一波士顿的消息不胫而走，CEO布坎南
打电话给佩雷拉，说他听说布鲁斯想跳槽去拉扎德。"我告诉他，我觉

得布鲁斯做得太过分了。"布坎南说。之后,佩雷拉给第一波士顿董事长阿尔文·舒梅克(Alvin Shoemaker)打电话,请求他别让布鲁斯离开。"如果你开枪打他,子弹也会穿过我的身体。"佩雷拉对舒梅克说,"是我在1979年决定与布鲁斯合作的,我也会考虑什么时候和他分道扬镳。"最后,布鲁斯和他的追随者们决定暂时留在第一波士顿。作为留下来的条件的一部分,布鲁斯向布坎南提交了一份他在第一波士顿的"个人目标"清单,包括一年内接替布坎南担任CEO,5年内成为第一波士顿董事长。见完布坎南之后,布鲁斯认为与对方达成了自己想要的职业发展的协议。"那是空谈,"第一波士顿的一位银行家当时对《财富》杂志说,"但布鲁斯表现得像个恋爱中的人,只听得进他想听的话。"

布鲁斯既没有创办自己的公司,也没有去拉扎德,而是在1987年秋天重回第一波士顿做交易。他在一桩交易中再次与菲利克斯交手,此次交易使他变得声名狼藉。1987年,公司掠夺者罗恩·佩雷尔曼想收购所罗门兄弟公司的母公司所罗门公司,这是一家专注于债券交易的华尔街大型投资银行。布鲁斯同意为佩雷尔曼提供咨询。

按照佩雷尔曼的一贯做法,如果他能成功获得所罗门公司的控制权,就会裁掉该公司的所有高层管理人员。事实上,所罗门公司内部有个传言:如果佩雷尔曼成功了,他就打算让布鲁斯·瓦瑟斯坦当所罗门公司的一把手。虽然佩雷尔曼否认了这个传言,但所罗门公司的高管们仍然十分担忧。这确实是史无前例的。华尔街史上从未发生过这样的事情:两家互为竞争对手公司的银行家联起手来,试图恶意收购另一家华尔街公司,而且还让其中一位并购银行家当目标公司的CEO。当《说谎者的扑克牌》的作者、前所罗门公司证券交易员迈克尔·刘易斯就该传言质问布鲁斯时,布鲁斯"垂下眼睛,放低声调"(一点都不像他平时的行事风格)回答道:"我不知道这传言是怎么来的,这怎么可能是真的?宣布投标时我在日本。"最终,沃伦·巴菲特(Warren Buffett)介入,拯救了所罗门公司,佩雷尔曼失败了。不过,布鲁斯一直与佩雷尔曼保持着良好关系，而且两人都是公开上市的肾脏治疗公司（Nephros）的股权合伙人。

在"布偶闹剧"事件之后，第一波士顿聘请麦肯锡咨询公司分析公司业务，提出改革建议。在等待麦肯锡报告结果期间，布鲁斯再次与坎佩合作，试图恶意收购联邦百货公司。同时，他还通过与麦肯锡的顾问们一起工作的委员会中的几位并购银行家监视麦肯锡的工作情况。当时，第一波士顿CEO向全公司发出的备忘录都打印在黄色纸上。迈克·比昂迪（Mike Biondi）还记得，1988年1月22日上午，"备忘录发下来了，纸上写着：'报告出来了。顾问们都赞同。我们的策略是正确的。我们不需要做出任何改变。顺便说一下，我们决定让布鲁斯和佩雷拉一起接管房地产和高收益融资部门，他们都非常优秀。'"比昂迪如遭雷击。他刚被提升为副总裁，在报告出来的那一天第一次参加员工会议。他记得在会上见到过布鲁斯和佩雷拉，他们没说一句话。更糟糕的是，公司宣布将裁掉10%的员工，而当时第一波士顿有5500名员工。当时，比昂迪的妻子刚刚生下第一个孩子。他说："我真的气疯了。我的意思是，我一直很尊敬这些家伙。我无法相信他们竟然接受这个安排。这完全是乱来。"

媒体将布鲁斯掌控高收益和房地产金融业务一事报道为"政变"，但实际上布鲁斯和佩雷拉私底下十分气愤。"瓦瑟斯坦的处境非常尴尬。"布鲁斯的一位朋友告诉《财富》杂志。他们本想接管整个公司。第二天，比昂迪接到了上司查克·沃德的电话。"查克显然在按律师给他的剧本行事。他说：'嗨，迈克。我们决定辞职了。我现在在瓦切尔-李普顿律所，如果你想和我们聊聊，就来会议室找我们吧……'然后电话就挂断了。通话内容基本就是这样。"

这一次，没有任何犹豫，瓦瑟斯坦和佩雷拉决定创办自己的公司。麦肯锡报告发布的3天后，坎佩对联邦百货公司发起每股47美元的要约收购。尽管第一波士顿的管理层一片混乱，布鲁斯还是抽空为坎佩提供咨询，但他没有告诉坎佩自己正在认真考虑离开第一波士顿。2月2日早上，布鲁斯先参加了儿子本·丘吉尔·瓦瑟斯坦（Ben Churchill Wasserstein）就读的道尔顿学校（Dalton School）的董事会会议。（在布鲁斯的坚持下，据说也是为了便于记忆，他5个孩子的名字都是简短有力的单音节，并且都用历史人物的名字作为中间名。）之后，他与佩雷拉在瓦切尔－李普顿律所的办公室里碰头。看过瓦切尔－李普顿律所为他们拟的备忘录之后，瓦瑟斯坦、佩雷拉、沃德和布鲁斯在并购交易上的军师比尔·兰伯特（Bill Lambert）一起走进布坎南的办公室，提出了辞职。布鲁斯将成为新公司的总裁兼CEO，佩雷拉则将担任董事长。

布鲁斯宣布辞职之后的两天里，第一波士顿10亿美元的总市值下跌了约13%，即1.27亿美元，可见当时他的影响力和名气。即使是布鲁斯的竞争对手，一开始也不得不承认布鲁斯的新公司一定会成功。"他们只要打几个电话，10分钟内就能有1亿美元的进账，半小时内就能拿到5亿美元。"一位对手银行家说道。第一波士顿的并购团队对布鲁斯和佩雷拉十分信任，一个月之内，包括比昂迪在内的20位银行家都进入了这家雄心勃勃的初创公司——瓦瑟斯坦－佩雷拉公司就职。布鲁斯大学时的一些朋友自然也饶有兴趣地关注他的发展。布鲁斯在密歇根州时的朋友丹·奥克伦特（Dan Okrent）回忆道：

当时我在波士顿参加一个新闻发布会，（作家）贝琪·卡特（Betsy Carter）也在那里，她是我十分要好的朋友，也是布鲁斯的好友。我当时住在酒店，早上醒来去门外拿报纸，看到新闻里说布鲁斯离开了第一波士顿，创办了瓦瑟斯坦－佩雷拉公司。我约贝琪去楼下吃早餐。我问："你知道这事吗？这是真的吗？"她说："是的，布鲁斯几天前就告诉我了。"我问："他为什么要这样做？"她说："他对我说，'我认为现在是时候赚些真钱了'。"你要知道，对于像我这样一个没用的记者来说，当时还是20世纪80年代末，你要知道，他前一年足足赚了700万美元。能赚这么多钱的人并不多。这是在美国高管的高薪通胀之前。然而他现在想赚些真钱。我意识到，他生活的世界与我截然不同。

瓦瑟斯坦-佩雷拉公司在西52街31号的一栋写字楼里营业了，这里曾是赫顿公司（E. F. Hutton & Co.，现已不存在）的总部。新公司计划提供并购咨询，并筹集10亿美元私募股权基金用于杠杆收购。从公司成立之初，大家就很清楚布鲁斯是发号施令的人，从门上名字的顺序到公司标记的颜色和形状等等，都是他在做主。谈及公司的名字时，佩雷拉说道："我不在乎，就算叫米老鼠，我也没关系。布鲁斯就是这种性格，他要把自己的名字放在最前面，要用他的标识设计（一棵柏树），用他的颜色（蔓越莓色）做树的颜色，等等。"

起初，公司进展一切顺利。公司协助菲利普·莫里斯公司（Philip Morris）以130亿美元收购卡夫公司（Kraft），协助时代公司以150亿美元收购菲利克斯代理的华纳公司。杠杆收购巨头亨利·克拉维斯聘用瓦瑟斯坦-佩雷拉公司帮助他们出售纯果乐公司（Tropicana）。随后，克拉维斯聘请布鲁斯就KKR对纳贝斯克公司（Nabisco）进行的250亿美元传奇性杠杆收购提供咨询，瓦瑟斯坦-佩雷拉公司因此获得了2500万美元酬金，而布鲁斯则在媒体上获得了"战略之王"的称号。坎佩要求布鲁斯在联邦百货交易中做自己的"战术顾问"。虽然第一波士顿尽力防止布鲁斯在专业问题上过多介入，但布鲁斯仍在该交易的每一步中担任坎佩的主要顾问，并获得了1000万美元的酬金。

从布鲁斯成立新公司之初，就有许多外国企业渴望投资。不到6个月，瓦瑟斯坦-佩雷拉公司与东京的野村证券（Nomura Securities）谈判，获得了1亿美元现金投资，野村证券获得了该公司（估值5亿美元）20%的股权。一切似乎都进展得非常顺利。"18个月以来，我们运转得极好，"佩雷拉回忆说，"我们做梦都想不到会这么成功。到第18个月月底，我们的银行账户上有2亿美元现金,还有10亿美元未用完的私募股权资金,我们在并购排行榜上排名第二,而且我们没有任何负债。"

很难说到底是什么原因导致瓦瑟斯坦-佩雷拉公司的美好时光结束了。该公司的声誉,特别是布鲁斯的声誉,高度依赖公开和私营金融市场的持续繁荣。1987年的股市崩盘并没有让布鲁斯停下来片刻,因为他和佩雷拉为公司制定了新战略。事实上,此次崩盘仅让布鲁斯的客户将愿望清单上的目标收购公司砍掉了"3成"。1989年秋天,花旗银行为60亿美元收购美国联合航空公司管理层的交易发起的联合融资以失败告终,瓦瑟斯坦-佩雷拉公司的好时光也因此到了头。布鲁斯成了没有抢到椅子的人。突然之间,他那高调的、战术高超的高杠杆交易手段遭到惨败。

布鲁斯的声誉也与他和佩雷拉积极追求的、长期累积下来的大量有利宣传密切相关。多年来,布鲁斯奉行激进策略,这也使他理所当然地成了众矢之的。至少有12年,布鲁斯一直是谄媚的媒体追捧的焦点,他也一直都在追求和鼓励这种宣传,但现在却遭到了众多媒体的冷嘲热讽。起初,他还对批评奋起反击,要么声称他当时的建议是正确的,要么声称没有人强迫客户接受他的建议(这更糟糕,而且显然是一个无赖最后的借口)。很快,一度声名狼藉、喜欢向媒体透露消息的布鲁斯完全不再与媒体交流,记者们都注意到了这个可笑之处。

1989年7月,麻烦出现了。《新闻周刊》上的一篇文章指出,特拉华州最高法院最近"谴责"了布鲁斯。一年前,布鲁斯曾为准备出售公司的麦克米伦出版公司(Macmillan Publishing)董事会提供咨询。法院指责布鲁斯对董事会"犯了欺诈罪",因为他"暗中给予一家投标者(KKR)的信息多于另一投标者(罗伯特·麦克斯韦尔(Robert Maxwell)"。按照法院的说法,此"情报"使得KKR知悉了麦克斯韦尔对麦克米伦的倒数第二次出价,KKR因此赢得了竞标。布鲁斯对自己所受的种种非议漠不关心。他说:"麦克米伦的股东获得了可观的价格。"《福布斯》杂志另有想法。"瓦瑟斯坦将消息透露给KKR集团会有什么好处呢？"该杂志疑惑道，"我们不知道。但我们知道大约一个月后，KKR在以250亿美元收购雷诺兹-纳贝斯克公司（RJR Nabisco）的交易中聘用了瓦瑟斯坦-佩雷拉公司。瓦瑟斯坦-佩雷拉公司从中获利2500万美元。"

《新闻周刊》还报道了一场正在进行的战斗：派拉蒙传播公司出人意料地对时代-华纳合并协议提出挑战，对时代公司提出每股200美元的高额报价。时代公司与华纳公司原先的交易是无债务原始股合并，为了抵抗派拉蒙的竞价，布鲁斯将交易调整为时代对华纳发起高杠杆收购。当时的时代公司副主席杰拉尔德·莱文（Gerald Levin）称，布鲁斯"差不多是最好的"顾问，还说"布鲁斯是个大胆又出色的拉拉队队长"。弗雷德·西格尔（Fred Seegal）当时是雷曼兄弟的银行家，曾在时代-华纳合并案中与布鲁斯共事，后来被布鲁斯招募到瓦瑟斯坦-佩雷拉公司。回忆起布鲁斯在那笔交易中的表现，西格尔认为如同作秀。他说："那是我第一次真正见到布鲁斯工作，他走上临时演讲台，说：'很好，你来放一下这盘录像带，你来做这个，你来做那个'，官腔十足。时代公司的那些家伙显然不懂他在说什么。我也不懂。但他就是有这种神秘感。"大约17年之后，合并后的时代华纳仍然负债累累，当初他们就是听取了布鲁斯的建议而背上了这些债务。与此同时，莱文当上了时代华纳公司的CEO，并在2000年策划了与美国在线（AOL）的灾难性合并，之后没多久他就与世长辞了。

3个星期后，也就是8月的第一个星期，媒体对布鲁斯发起全面攻击。当时，经常采访布鲁斯的《福布斯》杂志在封面上刊登了一张他的照片——大腹便便、穿着考究、黑发，旁边放了一个令人印象深刻的标题："抬价高手布鲁斯"。就像尼古拉斯·冯·霍夫曼起的标题"幕后黑手菲利克斯"一样，人们也会牢牢记住《福布斯》的这个标题。像菲利克斯一样，布鲁斯也讨厌这个绰号，尤其是因为，作为自己公司的CEO，他在1989年的知名度要远远高于菲利克斯在1972年的知名度。和其他报道过布鲁斯的出版物一样，《福布斯》杂志也无法忽视布鲁斯一直以来的巨大成功，他不仅策划了时代与华纳的合并，还协助麦考移动电话公司以61亿美元价格收购了林氏广播公司（LIN Broadcasting）。除此之外，布鲁斯还做成了3笔大交易，总成交额约320亿美元。"这些交易都是同时进行的，而且全靠布鲁斯·瓦瑟斯坦的专业知识。"该杂志写道。

《福布斯》这篇文章试图揭示布鲁斯是如何做成这一切的。它给出了一个坦率的答案：布鲁斯"精心塑造的形象"成了他公司"最强大的卖点"。布鲁斯赞同这一结论。但文章没有说明他是否同意另一观点，即布鲁斯是个媒体操纵大师。《福布斯》写道："瓦瑟斯坦在操纵报纸记者方面确实非常有才华，他给自己塑造的形象——强大的朋友和危险的敌人——令人印象十分深刻。"《福布斯》认为，是时候质疑布鲁斯的标准演讲（《敢于做了不起的人》）了，这种演讲一次又一次地成功鼓动他的客户以越来越高的价格去赢得交易（客户毕竟只有两种选择，要么赢要么输）。《福布斯》杂志提出质疑："如果一些交易额高达成百上千亿美元的并购案最终以灾难结束，我们该指责谁？ 是瓦瑟斯坦之流，还是那些被梦想的光环遮蔽了双眼，看不清现实的公司董事会成员和高管？"

尽管《福布斯》得出的结论是"最终责任仍在客户本身"，但在20世纪80年代末期，布鲁斯的行为还是引发了一场前所未有的讨论：为什么高薪银行家不必为他们的建议负责？ 1989年12月，《华尔街日报》加入辩论。"瓦瑟斯坦先生因在一些大型收购战中的行为，受到了来自法院、股东，甚至几位客户的不寻常的批评。"该报纸以指责的口吻声称，"他被指控操纵估值、撺掇客户支付过高价格购买公司，以及将公司高管的利益置于股东利益之上。"就连布鲁斯在哈佛商学院的老教授塞缪尔·海斯（Samuel Hayes）也因坎佩的惨败谴责布鲁斯。海斯说，布鲁斯"当时是主要架构师，还对此引以为傲。他无法逃脱大家对他定价过高的指责"。布鲁斯完全遵从自己对媒体采取的新策略，拒绝接受《华尔街日报》的采访。

那时候，布鲁斯的许多交易都已失败或即将失败。以一家名为英特科（Interco）的公司为例，该公司之前叫国际鞋业公司（International Shoe Company）。经过长时间的积累，英特科发展成了一家跻身世界500强的综合企业集团，旗下有匡威（Converse）、伦敦雾（London Fog）、富乐绅（Florsheim）和伊桑艾伦（Ethan Allen）等知名品牌。1988年夏天，来自华盛顿特区的史蒂文·拉勒斯（Steven Rales）和米歇尔·拉勒斯（Mitchell Rales）兄弟俩以每股64美元、总价24亿美元对英特科发起了全现金恶意收购。之后，拉勒斯兄弟将出价提高到每股70美元，随后又上调至每股74美元，总计27亿美元。在兄弟俩提出报价之后，英特科聘请了瓦瑟斯坦-佩雷拉公司提供咨询服务。

布鲁斯一开始认为英特科的股票每股价值68—80美元，后来又认为每股价值74—87美元，英特科董事会听从布鲁斯的建议，拒绝了拉勒斯兄弟的交易。接着，布鲁斯制定了一项极具争议的应对策略——一项被称为"帝国计划"的复杂的资本重组计划。为此，英特科将借款29亿美元用于购买其在市场上的大部分流通股。布鲁斯预估，改头换面之后的股票，价值为每股76美元，比拉勒斯兄弟的出价高出2美元。KKR和美林的一只基金也有意并购英特科，但它们在评估之后认为，自己的出价达不到布鲁斯每股76美元的估值。"我认为英特科的估值达不到以7开头。"KKR合伙人保罗·拉瑟（Paul Raether）告诉布鲁斯。虽然布鲁斯并没有强迫英特科董事会听从他的建议，但不管怎样，董事会还是拒绝了拉勒斯兄弟的收购，选择支持布鲁斯设计的高杠杆资本重组。布鲁斯对存根股权（stub equity）的估值为每股5美元，但实际上，成交价从未超过4美元，而且到《福布斯》的文章发表时，成交价仅为2美元。新发行的高收益债券的价格也迅速下跌，债券投资者因而蒙受了损失。更糟糕的是，为了筹集资金偿还新债务，英特科的管理层决定出售两家富乐绅制鞋厂的设备，640名制鞋厂的老员工因此失业了。

埃德温·博尔（Edwin Bohl）是被裁员工之一，当时已经58岁，在鞋厂工作了37年。博尔高中毕业后就进入鞋厂工作，慢慢做到了主管的位子。1988年圣诞节的两星期前，他失业了，丢掉了年薪19000美元的工作。博尔回忆道："我们刚吃完午饭回来，他们把我们这些主管叫到一起……有个人向我们宣读了文件，跟我们说所有人都没工作了……他们告诉我们，因为重组，他们不得不关闭工厂……他们得筹集资金……他们告诉（我们）不是因为质量问题。我们的质量和成本都是控制得最好的……我们根本不知道会发生这种情况。"英特科给他们提供了两条路，他选择了较容易接受的一条：为了让英特科继续支付医疗保险，博尔选择减少养老金。博尔的妻子说："我们原本以为这会是我们生活中最美好的时光，现在都不知道他什么时候才能休息一天。你要么拿着保险，但退休的日子不好过；要么拿着退休金，但要自己付很高的保险费。"被裁员后，博尔在当地一家叫西方汽车制造公司（Western Auto）的门店里找了份工作，每小时挣4美元。而根据《纽约时报》报道，当时布鲁斯"每年大约赚600万美元"，佩雷拉的年薪则约为500万美元。

4个月来，坎佩和他的团队一直深受流言和财务危机的困扰，事情发酵到1990年1月终于达到高潮——联合百货公司和联邦百货公司破产了。至少，事实证明布鲁斯对这两个交易的设计无疑太过复杂，他的客户难以执行。还有一些人指责布鲁斯让坎佩为联邦百货公司多支付了5亿美元。在庆祝顺利完成联邦百货公司交易的晚宴上，坎佩对云集在东区高档天鹅餐厅的银行家和律师们说："我十分感谢你们所有人的帮助。如果没有你们，我做不成这笔生意。"然后他转向布鲁斯，半开玩笑地说："布鲁斯，你让我多花了5亿美元啊。"为了增加坎佩的胜率，布鲁斯让坎佩把竞价从每股68美元提高到73.50美元。布鲁斯后来反驳说："这个点子是为了达成交易。"

但《福布斯》杂志根本不听布鲁斯的辩解。该杂志记者在坎佩申请破产的两星期后写道："瓦瑟斯坦明知道那家公司的价值，却故意没有阻止他的客户支付高于其价值的钱。布鲁斯真是个抬价高手。"与此同时，在走破产法律程序期间，一些资深的高薪律师得出结论：布鲁斯通过鼓励坎佩出售联合百货公司的两项资产——布鲁克斯兄弟和安泰勒，精心策划了"欺诈性转让"联合百货公司"财产"的计划，他建议坎佩用变卖后的收入及另外一些钱（总计6.93亿美元）来偿还其为购买联邦百货公司股票而从蒙特利尔银行和巴黎银行借得的贷款。

尽管布鲁斯曾经迫不及待地想将坎佩的成功归于自己——他在1988年告诉《纽约时报》"那就像玩三维象棋"，但在坎佩的两家公司申请破产保护后，布鲁斯又试图撇清关系，把失败的责任推给别人。他告诉《商业周刊》，他离开第一波士顿后与坎佩达成了协议，该协议禁止他进行资产出售或再融资。他还说，第一波士顿"没有及时融资"，"资产价值就是那么多"。但坎佩对布鲁斯大加指责。"据说坎佩在多伦多总部大发脾气，就像荒野中的李尔王[1]，他大骂布鲁斯是他所有灾难的始作俑者"。《纽约时报》杂志写道。在这场辩论中，布鲁斯也试图转移责难。"罗伯特·坎佩本应该做3件事，但他没做。"他说，"哪怕只做了其中任何一件，他都能得救。第一，能发行新的垃圾债券时他没发行；第二，在花旗集团愿意接受他的资产抵押时，他没抵押；第三，他没有出售资产。不管怎样，我当他的顾问还不到一年半的时间。"

"人们杜撰了一个简单易懂的故事，来说明我们如何参与这些交易，"布鲁斯对《纽约时报》阐述了并购咨询中令人费解的陈腔滥调，"经营不是投资银行家的工作。我们的工作是为客户提供选项，帮助他们弄清他们要做的事情的风险和回报。但我们不做最终的决定。"

毫无疑问，这个计划十分高明。布鲁斯的出谋划策加上第一波士顿

---

[1] 李尔王为莎士比亚四大悲剧之一《李尔王》的主角。故事梗概是：年事已高的李尔王将王国分给虚伪的大女儿和二女儿，将诚实的小女儿远嫁法国之后，受到两个女儿的怠慢而一怒之下跑到了暴风雨中的荒野。小女儿从法国率军前来讨伐，却被杀死，最后李尔王伤心地死在她身边。

的资产负债表，使得一位名不见经传的加拿大房地产开发商将几家最大的零售商聚集到同一屋檐下；而且就目前所能确定的情况来看，坎佩几乎没花一分钱就获得了控制权。正如大家所说，他们太聪明了。一切结束之后，人们都认为，如果坎佩只买下联合百货公司，好好经营，他可能会有足够的时间来让这笔交易达到预期效果。对于坎佩而言，他买下联合百货公司物有所值，没有多花钱，而且后来也全价出售了布鲁克斯兄弟和安泰勒。但当他在布鲁斯的建议下把手伸向联邦百货公司时，问题出现了。与梅西百货的竞标大战必然导致他出价过高。合并后的两家公司也从未完全融合，发挥出协同效应。经济增长放缓后，他们深陷债务深渊，再也没有翻身的机会。

然而，当坎佩将出售布鲁克斯兄弟和安泰勒的资产所得用于收购联邦百货公司，而非用来偿还联合百货公司的债务时，他实际上是失职了。这相当于是坎佩掠夺了联合百货公司的资产，去购买另一家负债过高的零售连锁公司，这也成了联合百货公司的债券持有人声称布鲁斯进行"欺诈性财产转让"的依据。这一指控证据确凿。而且事实证明，作为联合百货和联邦百货重组计划的一部分，联合百货的债券持有人获得的收益比他们应得的高出了大约2.25亿美元。作为重组计划的一部分，也为了终结由布鲁斯的建议引起的诉讼，第一波士顿为破产财团提供了数百万美元。

布鲁斯所谓的"人们杜撰了一个简单易懂的故事，来说明我们如何参与这些交易"的说法并不正确。对于布鲁斯来说，麻烦的是，他事实上与联合百货及联邦百货的破产有直接关系，却没有承担一丁点儿的责任。他早就将数百万美元酬金存入银行，继续做业务了。第一波士顿的高层甚至无法惩罚他，因为破产案发生时，他已经不在第一波士顿了。这就是那些所谓的精明的企业CEO支付数百万美元获得的建议吗？

不管布鲁斯如何胡编乱造，破产申请就是确凿的证据，证明了糟糕的并购建议有多危险。当时，一位投资银行家如此评价布鲁斯："他一直都很擅长让董事会失去理智。"问题远甚于此。大约在联合百货公司和联邦百货公司提交破产申请的两星期前,《华尔街日报》从记者布莱恩·伯勒(Bryan Burrough)和约翰·赫莱尔(John Helyar)撰写的《门口的野蛮人》一书中选取了一篇5500字的摘录发表了。这本畅销书记述了KKR以250亿美元收购纳贝斯克公司的过程,截至2006年11月,这笔交易是史上最大的杠杆收购。在这篇文章以及这本书里,两位作者报道,KKR联席董事长亨利·克拉维斯指责布鲁斯[以及德崇证券的杰夫·贝克(Jeff Beck)]不仅向《华尔街日报》和《纽约时报》泄露了KKR打算参与对纳贝斯克公司的竞购的消息,还向两家媒体透露了克拉维斯的竞购计划。如果此事属实,那这就等于布鲁斯昧着良心背叛客户。克拉维斯勃然大怒。《门口的野蛮人》还直白地描述了,在交易期间,克拉维斯如何将布鲁斯排除在最重要的会议之外,以及如何聘用布鲁斯以防止他为其他竞标者提供咨询,并为此付给他2500万美元酬金。

布鲁斯奋起反击。他要求《华尔街日报》撤稿,但对方并没有这么做。相反,该报将他的242字否认函刊登了出来。《门口的野蛮人》作者伯勒和赫莱尔是调查纳贝斯克公司事件的记者,他们声称消息来源可能永远无法告知,但布鲁斯质疑他们的说法,他写道:"他们肯定知道是谁把消息泄露给了《华尔街日报》,他们也知道不是我……如果我是他们宣称的泄密者,那么我在此豁免贵报以及其他任何报纸为揭露此事而违反保密承诺的责任。"伯勒表示,他到死也不会透露消息来源,这也是他应该做的。大约18年后,伯勒说,他发现,对于克拉维斯的指控,布鲁斯的"反击只是一场作秀","煞费苦心地向现有客户和潜在客户展示"他仍然值得信任。另一位记者无法理解布鲁斯是如何从克拉维斯的指控中恢复过来的。"克拉维斯必然了解他对布鲁斯的指控会给布鲁斯造成怎样的影响,"1991年5月,现为《时代周刊》专栏记者的乔·诺切拉(Joe Nocera)在《GQ》杂志上发表了一篇关于布鲁斯的文章,"投资银行业务是建立在信任的基础上的。收购则依赖于保密。对布鲁斯来说,世人对他的看法如果与华尔街长期以来对他的看法一致，认为他是个不值得信任、不受约束、随心所欲的人，那么他必将走向毁灭。"

媒体都将枪口对准了布鲁斯。此时，即便布鲁斯能找到一个友善的肩膀大哭一场，结果对他也没有任何好处。例如，1990年2月，《纽约》杂志财经专栏记者克里斯托弗·拜伦（Christopher Byron）饱含同情地写道，因坎佩的灾难而斥责布鲁斯可能是个"错误"，但他也毫不留情地指责布鲁斯曾唠唠叨叨地拒绝接受采访。他写道："我要求采访，但采访请求被转到一家外包公关公司，然后重重阻碍就出现了。"此外，布鲁斯只允许拜伦到他位于27层的办公室私下聊聊"那些对他所做交易的报道中夸张和扭曲的部分"，但效果并不太好。"我们想让布鲁斯谈谈那些针对他的攻击，哪怕只是谈谈背景，但他只沮丧地拿出一页又一页的文件，证明他的行为是正当的。"拜伦写道，"他拿出了清单、新股票上市发行公告、内部备忘录和分析报告。钻研这些东西时，他会变得非常兴奋。他有点儿像个疯狂的教授，缩着身体凑到你旁边，一点也没有意识到自己已经脱掉了一只鞋，心急火燎地挠起脚趾。"最后，拜伦得出结论："华尔街10年来无拘无束做交易的行业状态遭到了强烈抵制，布鲁斯成了公众发泄失望情绪的便利出气筒。"就连一贯谄媚的M公司也在1990年9月发表的纽约年度最有权势的经纪人文章里抨击了布鲁斯，说他"陷入了低谷"（菲利克斯和米歇尔仍然位列其中）。

在美国联合航空公司收购失败以及联合百货–联邦百货破产后，美国爆发了所谓的信贷紧缩，交易活动几近停滞，重组活动站到了舞台中心。尽管如此，1990年底，日本工业巨头松下以66亿美元成功收购好莱坞强大的MCA公司，仍然使交易者们看到了一丝希望。从投资银行的角度来看，这笔交易证明了，继20世纪80年代提供全面服务的、资本充足的华尔街公司占据主导地位之后，专门做并购的小公司的重要性日益凸显。在此次交易中，菲利克斯和拉扎德为MCA公司提供咨询；

艾伦公司（Allen & Co.）和创新艺术家经纪公司当时极具影响力的主席迈克尔·奥维茨为日本人提供咨询。大公司全都被排除在这笔1990年最大的交易之外。1990年11月底，《华尔街日报》报道，据一位未透露姓名的人士的说法，在艾伦公司和奥维茨都不知情的情况下，瓦瑟斯坦-佩雷拉日本子公司的3位日本银行家暗地里为松下的高管提供了咨询，他们没有参加与交易有关的任何会议就提供了"有关价格和架构的第二套意见"。《华尔街日报》的消息来源者称，松下的管理层不想因瓦瑟斯坦-佩雷拉公司的参与而"干扰到奥维茨"，"但他们很高兴能获得第二套意见，因为如此一来，他们可以做出更公正的判断"。1990年，瓦瑟斯坦-佩雷拉公司在并购排行榜上的排名有些惨淡，只位列第11名——从前几年的顶级梯队跌了下来。参与MCA的交易可以使公司1990年的并购酬金翻倍，并且将排名提高到第9位。

但这个故事（以及瓦瑟斯坦-佩雷拉公司的参与）却是一个令人尴尬的骗局。经过进一步调查，《华尔街日报》发现自己被骗了。参与MCA交易的其他银行家也公开质疑瓦瑟斯坦在此次交易中担任的角色。按照证交会的要求，交易方要提交参与交易的银行家及其酬金的文件，当该文件提交后，大家才发现其中并没有瓦瑟斯坦-佩雷拉公司的名字。《华尔街日报》和其他媒体带着几乎毫不掩饰的喜悦报道了此事。"总而言之，该事件使原本令人生畏的瓦瑟斯坦显得有点儿不顾一切：不顾一切地想和一起充满吸引力的大交易扯上关系，不顾一切地要恢复昔日的一些好名声，不顾一切地想被外界视为重要的参与者。"诺切拉在《GQ》杂志的文章中写道，"我看到了那篇报道，我觉得布鲁斯·瓦瑟斯坦完了。只要稍微想一想，你就会惊讶地发现，这事发生在瓦瑟斯坦身上是多么富有戏剧性。从头到尾，他居然都没有将粗短的手指伸向松下-MCA这笔如此引人注目的交易，这真令人难以置信。"

此时，许多"宇宙的主宰"都会屈服于猛烈的批评，或者至少会开始怀疑自己的信仰。但布鲁斯不会，他把自己视为尼采所说的终极"超人"。他的游戏规则与其他人都不同。他不让反对者影响到自己，也不让他们因为得逞而心满意足。他深入挖掘自己的世界，然后努力证明批评者都是错的。他的一位朋友说："尼采所有的假设都基于存在某些超人，他们超越了冲突和常规限制。布鲁斯相信自己就是超人。如果你相信这一点，就不会被寻常的道德束缚，就会异常雄心勃勃，充满热切的期待，不会被世俗阻挡。"瓦瑟斯坦决定做一些改变。

布鲁斯离开了第二任妻子克里斯及3个孩子，搬到了麦迪逊大道拐角的韦斯特伯里酒店，而他的家人则继续住在第五大道1030号公寓。几个月前，在布里奇汉普顿的一次派对上，布鲁斯遇到了活泼机灵、有着一头金棕色头发的美女罗琳达·阿什（Lorinda Ash），当时她在为资深艺术经纪人拉里·高古轩（Larry Gagosian）工作。阿什曾和亿万富翁伊莱·布罗德（Eli Broad）交往过，伊莱·布罗德热爱艺术，还曾请埃里克·菲什尔（Eric Fischl）绘制了一幅阿什的肖像画（虽然被一位纽约收藏家抢先买走了）。布鲁斯立刻就爱上了比他年轻很多的阿什，对她展开了疯狂的追求。一位十分了解布鲁斯和克里斯的人解释道："布鲁斯非常果断，甚至在离开妻子这件事上也是如此。他没有来来回回地高谈阔论'我该怎么办'，他无法忍受不快乐。"1992年，他离婚之后马上就和阿什住到了一起。他们最初住在东61街，后来搬到了第五大道817号。虽然布鲁斯仍然胃口不减，但在阿什的建议下，他开始运动，减掉了50磅。他还放弃了愚蠢的框架眼镜，改戴隐形眼镜，那曾是他蠢笨的着装标志之一。他刻意营造的呆头呆脑的形象慢慢褪去了。阿什向还布鲁斯介绍了一些时髦的年轻艺术家和他们的作品。但大家一致认为，对布鲁斯来说，艺术似乎只不过是展示他投资手段的另一种资产。在阿什的影响下，布鲁斯购买了高古轩画廊许多艺术家的作品，包括大卫·萨利（David Salle）[1]、安迪·沃霍尔、理查德·塞拉（Richard Serra）[2]、彼得·哈雷（Peter

---

[1] 1952年至今，美国画家、版画家、摄影师、舞台设计师。

[2] 1939年至今，美国极简主义雕塑艺术大师。

Halley)[1]和罗伊·利希滕斯坦。在遇到阿什之前，布鲁斯也曾买下莫奈和马蒂斯的一些印象派画作。不过，他的一位朋友说："对于布鲁斯而言，艺术品只是另一种收购形式。这根本就是富人综合征——我有钱，我要过得高级，我得有些艺术品。"其实，布鲁斯一直很倾慕具有创造力的人。他喜欢和艺术家泡在一起，他鼓励阿什邀请艺术家共进晚餐，或者争取获得艺术家的邀请，去他们的工作室拜访。20世纪90年代初，艺术品市场十分不景气，这个时候，布鲁斯竟然花100万美元买下了马克·罗斯科（Mark Rothko）的一幅画作。不过，从投资角度来看，这是笔极佳的买卖。（据说，这幅画现在至少值1500万美元。）

　　瓦瑟斯坦-佩雷拉公司也开始在业务上做出改变。公司的并购咨询业务几近枯竭，于是布鲁斯开始集中精力振兴公司举步维艰的杠杆收购基金。该基金总共筹集了11亿美元，其中有1.2亿美元来自内部合伙人。布鲁斯早期确实取得了一些重大成功，但游泳池制造商KDI申请破产使该基金损失了1400万美元的投资。布鲁斯还向英国的门户超市集团（Gateway）投资了3.50亿美元巨额资金，但更名后的公司等边集团（Isosceles）最终破产，基金因此损失惨重。一位前合伙人告诉《名利场》杂志："尽管所有合伙人都反对，但他还是执意这么做……后来所有人都离开了公司。"该基金对家居建材和汽车零件制造商威克斯公司（Wickes）1亿美元的投资也惨淡收场，还陷入了巨幕连锁影院IMAX的泥潭。除此之外，布鲁斯还遭逢另一场灾难，他在独立唱片公司红蚂蚁（Red Ant）上损失了大约8000万美元。这家公司是他创立的，但他把它卖给了联盟娱乐公司（Alliance Entertainment），然后又在联盟娱乐公司申请破产后将其买回。

　　一位了解布鲁斯的人说，在管理瓦瑟斯坦-佩雷拉公司的商业银行

[1] 1953年至今，美国艺术家，20世纪80年代新观念艺术运动的中心人物。

基金期间，布鲁斯作为受托人的能力令人怀疑。他说："事实证明，一旦布鲁斯获得特权，就会随心所欲地滥用。他会越过受托人的界限，但不会越过法律界限。"按照尼采的标准来看，这样做是有道理的。布鲁斯的一位前同事说："在投资方面，布鲁斯身上有聪明人都会犯的毛病，那就是从来不觉得自己错了。然而，在这个行业里，你需要说'好吧，我错了'，然后减小损失……可他反而会继续下更大的赌注来证明自己是对的。"

接着，布鲁斯与长期合伙人佩雷拉之间出现了一个更大的问题。有传言称，布鲁斯在第一波士顿时曾在背后对当权者说佩雷拉的坏话，以及佩雷拉是被迫退居次席的，只能将第一把交椅让给更有野心的合伙人布鲁斯。佩雷拉一直都十分憎恶这些传言，也会偶尔表达一下自己的不满。1990年1月，《纽约时报》发表了一篇有关该公司的报道，在这篇报道中，佩雷拉向记者透露，他越来越担心自己在布鲁斯面前"黯然失色"，却要遭受与布鲁斯同样的责难。其实，佩雷拉的业绩十分优秀。"我突然明白过来，我只是个副手，"他说，"突然之间，我明白过来我就是加比·海耶斯（Gabby Hayes）[1]。瞧瞧，我白手起家，从零开始，一个人创办了这家公司。"据说，佩雷拉"反复无常"，而且十分古怪，大约从1989年12月开始，他就不止一次地认真考虑要离开公司。1992年，佩雷拉的妻子艾米（Amy）被诊断出霍奇金淋巴瘤（后来被治愈），促使他开始反思自己将要如何度过余生。

毫无疑问，公司目前的问题使佩雷拉更为忧虑：在1992年并购顾问的排行榜上，公司排名骤跌至第20位；公司的保险银行家加里·帕尔要求加薪；而最大的潜在威胁是，野村证券有权在1995年过后的任何时间里要求公司归还其1亿美元的投资。人们真的越来越担心，如果野村证券提出要求，瓦瑟斯坦－佩雷拉公司会退不出这笔钱。

---

[1] 1885—1969年，本名乔治·弗朗西斯·海耶斯，美国演员。他最知名的角色是在一系列西部电影中饰演牛仔明星豪帕隆·卡西迪和罗伊·罗杰斯的搭档温迪·哈利迪。

最终，1993年7月23日，佩雷拉宣布将于9月1日离职，结束与布鲁斯近20年的合作关系。近20年来，他们两人共同走过了在凯威律所和第一波士顿的日子，共同创办了这家公司，经历了各种起伏。佩雷拉履行了在公司5年的最初承诺，事情就是这样。布鲁斯的一位前合伙人说："如果你觉得我可悲的话，我想说佩雷拉比我更可悲。"

与此同时，与阿什一起生活了3年的布鲁斯，突然仓促地向阿什宣布，两人的关系结束了。《名利场》报道，他们的分手"很无情"，阿什把自己的衣物打包好后，就搬出了第五大道和东汉普顿。（后来阿什嫁给了协助史蒂夫·拉特纳创办四方集团的彼得·艾泽斯基。）布鲁斯对比他小15岁的高个黑发美女克劳德·贝克尔（Claude Becker）一见钟情。克劳德是哥伦比亚广播公司一位成功的制片人。两人在1995年结婚了。两人的一个朋友告诉《名利场》："克劳德非常有魅力，而且十分风趣。她知道布鲁斯不擅社交，于是开玩笑说，她不得不到处给他清理'小麻烦'。"婚后，两人打算购买第五大道834号和东67街2号的两套公寓，但都失败了，之后他们搬到了第五大道927号的复式公寓，一直住到现在。

第二十章

内战

　　毋庸置疑，布鲁斯做交易的方式与拉扎德所信奉和采用的方式完全不同。但在一系列匪夷所思的事情的共同影响下，布鲁斯在 2002 年 1 月掌管了拉扎德大权，成为第二大个人股东。

　　布鲁斯立即着手在拉扎德留下自己的印记。甚至在正式接管公司——2002 年 1 月 1 日——之前，他就发出独裁声明：他不仅让大家把重点放在客户身上，还坚持要求像布鲁诺·罗杰这样的在职合伙人放弃在拉扎德控股的上市公司里的董事会席位。他还希望合伙人们有意识地在他和米歇尔之间做出选择。

　　瑞银的乔恩·伍德再次向拉扎德发起攻击，但布鲁斯对此置之不理。上任后的第三天，他对一家英国报纸表示："我一点都不在乎，即使他们买下了拉扎德所有的控股公司，也只占拉扎德 40% 的股份，除了能阻止交易，没有任何权力。即使他们拥有 100% 的股份，那也没有关系，因为我现在拥有拉扎德内部的否决权。"对于布鲁斯，伍德评价道："他太自负了，甚至不和我说话。"对于拉扎德历史悠久的内战，布鲁斯表明了自己的态度："拉扎德的政治斗争结束了。它毫无意义。如果有人想说服我，他唯一该做的事就是赚更多钱，而且我一点都不喜欢政治斗争。"如果合伙人们还是选择继续耍政治手腕呢？"他们可以选择离开。"他说。

　　对于有人批评他身为银行家早已过气，布鲁斯正面回应道："说这种话的人完全不了解情况，我做过时代华纳-美国在线合并案、瑞银-潘恩韦伯交易，以及摩根士丹利-添惠合并案。这样说的人是吃不到葡萄说葡萄酸。我们这行的主要产品是建议咨询，年轻并不是资本。"但是布鲁斯的前同事说，他与时代华纳－美国在线的交易毫无关系，况且，不管从哪方面来说，这桩交易都是极其失败的。而且，摩根士丹利前CEO菲尔·珀塞尔（Phil Purcell）担任添惠的CEO时，在将添惠出售给摩根士丹利的交易中，故意把布鲁斯从谈判中排除出去了。这笔交易也收效甚微，还导致珀塞尔在2005年丢掉了摩根士丹利负责人的位子。至于在德累斯顿和安联期间的工作情况，布鲁斯解释道，依照法律规定，他不能透露与此有关的任何事情，然后他说道："那首法国歌叫什么来着？我一点都不后悔。"在伦敦接受了一连串的媒体采访后，布鲁斯飞往纽约与合伙人们会面，并宣布让肯·雅各布斯负责北美的业务。一位当时在场的合伙人回忆道："他做了自我介绍，还说'我无法容忍平庸'，'我们会做得很好，我们还有很多改造工作要做'。然后他转身就说，'这些工作由肯负责。他将代表我在纽约工作'。"第一年，布鲁斯在伦敦经营公司。

2001年感恩节前后，拉扎德兑现承诺，按照阿德里安·埃文斯之前的声明，将公司实际股权分配给了全球147位合伙人。2001年夏末，卢米斯和米歇尔首次讨论了这件事，当时他们的想法是：拥有1%利润的合伙人将获得大约0.7%的商誉比例。但这只是一个想法。2001年底，米歇尔实际分配商誉时，拥有1%利润的合伙人实际上只获得了0.44%的商誉比例。布鲁斯将没有分给在职合伙人的商誉用来聘用新合伙人。对于股权分配计划临时变更这件事，肯·雅各布斯评价道："比例缩减了，但计划还没破产。一起期待吧。"

2001年底，商誉或股份的分配对留住合伙人变得异常重要。"这是件大事，因为我觉得如果不分配的话，没有人愿意为布鲁斯留下来。"雅各布斯解释说，"这么说吧，如果不分配股份，就一定不会成功。"2001年，公司税前利润约为1.45亿美元，比上一年降低了三分之二。因此，即使是像雅各布斯这样通过谈判提高了2001年利润比例的合伙人（从2000年的1.375%提高到2001年的1.7%），2001年获得的薪酬（250万美元）也远低于2000年的（将近600万美元）。事实证明，商誉比例弥补了大幅下降的薪酬。至少现在,分到股份(2002 年初给一半,一年之后再给一半)后,合伙人们就可以暗暗期待公司出售或上市之后能拿到一笔钱。

2001 年,除了实际分到的股份,许多合伙人还获得了现金"补贴",这进一步减少了公司可供分配的薪酬总额。雅各布斯解释说:"旧的薪酬体系崩溃了,大家已经对这个体系完全丧失信心。这就是布鲁斯来到公司之后完全废除这一体系的原因。现在的体系我们称之为绩效薪酬。"长期合伙人再也无法知晓自己每年能获得多少薪酬,这在拉扎德是史无前例的。米歇尔的整个薪酬体系都被废除了。公司会与新加入的合伙人签订为期数年的薪酬保障合同,而老合伙人的薪酬则只取决于他们每年的业绩。甚至合伙人的概念也不复存在。

一夜之间,拉扎德变得和其他华尔街公司一样,至少在薪酬体系方面如此。此外,大约是 50 年来头一次,拉扎德的合伙人们根本不知道各自在做什么。旧制度是有缺陷,在史蒂夫推动公开所有合伙人的薪酬之前,没有人知道合伙人的实际收入到底是多少,但人们至少可以估计出大致的薪酬范围。然而,这一切都结束了。布鲁斯废除了整套体系,他将完全自行决定所有人的薪酬,没人知道他在打什么如意算盘。

很快,有人离开了公司。卢米斯和塔什健两位合伙人大受打击,在布鲁斯到来之前就已宣布要离开公司。卢米斯承诺会给塔什健一大笔遣散费,是根据之前的利润分成体系计算的。但问题是——人们很快就发现了——尽管米歇尔给布鲁斯的合伙人利润是 4%—7%,布鲁斯为公司盈利越多他的利润分成就越高,但为了重建已被废弃的合伙人等级机制,并获得创造长期股权价值的机会,布鲁斯很可能会牺牲公司的短期盈利能力。这与他在瓦瑟斯坦-佩雷拉公司采用的方法完全一样。瓦瑟斯坦-佩雷拉公司几乎没有什么收入,有人说,该公司当时要是再不出售,过不了几天就付不出工资了。然而,就在这种情况下,布鲁斯仍然给公司创造了巨大的股权价值。

旧的薪酬制度废除后,塔什健发现自己能拿到的遣散费并不高(如果有的话），他打电话给卢米斯，大骂对方欺骗了自己。事实上，卢米斯根本不知道塔什健在说什么，因为他越来越少在公司露面了，根本不知道旧的薪酬制度已经被废除，利润比例不值钱了。现在轮到卢米斯坐立不安了，因为他与米歇尔新签订的协议中的遣散费，也是基于之前的利润比例计算的。卢米斯让塔什健冷静下来之后，给身在"风中"别墅的米歇尔打了个电话。卢米斯向米歇尔表达了自己的不高兴，他想知道为什么没有人告诉他薪酬制度已经发生改变。他维护了塔什健的利益，为这个他最近解雇的人争取到了更高的遣散费。然后他告诉米歇尔他想要什么：用过去两年的平均利润乘以他的平均利润点，无条件一次性以现金支付给他所有的遣散费。这笔钱大约有500万美元。数天后，米歇尔给卢米斯传真了一份已经签好字的协议，答应了卢米斯的要求。

更多的问题接踵而至。拉扎德前合伙人金姆·范尼布雷斯克（曾是布鲁斯在第一波士顿的合伙人）告诉《纽约观察家》杂志：

拉扎德的问题在于它一直采用"大师"战略。他们不提供资本，只提供"大师"的建议。一直以来，拉扎德都有一批"大师"稳定地坐镇公司。以菲利克斯为首，加之史蒂夫·拉特纳、肯·威尔逊、艾拉·哈里斯——这个名单可以拉得很长。他们非常善于在商界推销自己和他们的地位，以及他们所提供建议的质量。一旦你失去了所有"大师"，问题就出现了。的确，布鲁斯是位"大师"，有着无与伦比的智慧，极具商业头脑。但问题是华尔街已经变了。如果说有人能让拉扎德恢复"大师"战略，那么这个人就是布鲁斯——但问题在于，拉扎德还有其他"大师"吗？因为到头来，除了合伙人们的智力资本，拉扎德完全无法提供其他服务。

不用说，许多拉扎德合伙人认为范尼布雷斯克的评论让人十分反感，但他的确说到了点子上。

　　就在这篇文章发表后的几个星期里，布鲁斯不得不面对他就任以来的公司内部第一起严重纠纷。拉扎德在欧洲的三大银行家——杰拉多·布拉吉奥蒂、乔治·拉里和让-雅克·吉奥尼因收到瑞银华宝或德意志银行发出的担任高级职务的邀请，再次威胁说要离开公司。据说，对于米歇尔把大权授予布鲁斯，他们感到十分不满和愤怒，也对公司没有重新调整纽约和欧洲之间的利润分配而恼火。他们认为布鲁斯粗鲁无礼。尤其对布拉吉奥蒂来说，他八成十分沮丧，因为米歇尔选择了布鲁斯而不是他。对于53岁的拉里来说，这已经是他一年中第三次或第四次威胁要辞职。

　　另一件事也使得情况变得更为复杂，2001年早些时候，米歇尔向拉里承诺让他负责巴黎分行，但倘若如此米歇尔就不得不把他的亲密盟友布鲁诺·罗杰晾到一边。然而，米歇尔还未兑现承诺，罗杰就被刚进入公司的布鲁斯解雇了。罗杰觉得自己"公开受到了侮辱"，而在巴黎，没有什么比公开受到侮辱更糟糕的事情了。让-克劳德·哈斯说，米歇尔"十分不满"罗杰受到如此对待，"甚至就连那些讨厌罗杰的人也感到震惊"。于是，罗杰生拉里、米歇尔和布鲁斯的气，而拉里又生罗杰、米歇尔和布鲁斯的气。虽然拉里觉得人们已经厌倦了罗杰，但布鲁斯的到来以及他对罗杰的公开侮辱都是对巴黎分行荣誉的侵犯。哈斯告诉阿德里安·埃文斯，拉里可能会离开，这将"是一场灾难"。

　　时年49岁的布拉吉奥蒂于1998年加入拉扎德，此前在米兰投资银行工作了17年，做到了副总裁。在拉扎德，他是负责意大利市场的主要并购银行家，仅在2001年就完成了22笔交易，占据意大利60%的市场份额。据说，布拉吉奥蒂拥有意大利最佳的人际关系网。尽管轮胎制造商倍耐力是米兰投资银行的投资方，但在其以70亿欧元收购意大利电信（Telecom Italia）的交易中，它聘请了布拉吉奥蒂为其提供咨询服务。而在意大利能源（Italenergia）以50亿欧元收购蒙特爱迪生（Montedison）的交易中，布拉吉奥蒂为前者提供了咨询。

　　布鲁斯无法承受失去布拉吉奥蒂、吉奥尼或拉里的损失，特别是此时他刚上任不久。拉里作为3人的代表向比他更资深的合伙人吉勒斯·爱特利拉德提出了一份要求清单。爱特利拉德将清单转给了埃文斯。他们的要求之一便是将巴黎分行交由巴黎人（而非布鲁斯）管理。

2001年12月初，布鲁斯与巴黎合伙人们见了面。他告诉他们："现在我是老板。"此次会面的结果相当糟糕。举例来说，布拉吉奥蒂认为布鲁斯与公司签订的合同意味着公司"控制权变更"，因此他要求与公司签订一份保留合同，否则就离开。他还说服拉里和吉奥尼与自己联合起来——不管是去是留。布拉吉奥蒂和拉里分别与瑞银和德意志银行见了一次面，但这只是迫使布鲁斯就范的手段。布拉吉奥蒂当时并不打算离开拉扎德。拉里本已打算离开，但他提出的大部分条件都得到了满足，最后还是留了下来。布鲁斯屈服了。他同意签订协议，把法国的一切权力交给拉里，把欧洲（英国以外）其他地区的所有权力交给布拉吉奥蒂，并以此取代了新的经营协议中的相关内容。吉奥尼与布鲁斯也达成了新的交易，继续担任法国的并购业务负责人。3年内，布鲁斯不允许去法国和欧洲其他地区。布拉吉奥蒂和拉里有权开设或关闭办事处、有权决定是否承接业务以及聘用或解雇专业人员，布鲁斯对此无权过问。一位欧洲合伙人曾说："布鲁斯别无选择。他不可能在12月或是随便什么时候宣布自己加入了拉扎德，又在同一天宣布自己失去了欧洲分行。因此他别无选择，只能这么做。"此后，布鲁斯时不时地想试图在他的势力范围（美国和英国）之外指挥事务，但布拉吉奥蒂和拉里根本不把他放在眼里。布拉吉奥蒂倒是对布鲁斯做出过一次让步：一次，布鲁斯抱怨米兰办公室的电话"等待"音乐不好听，布拉吉奥蒂同意更换。

1月3日，布鲁斯正式接管拉扎德，并宣布成立新的管理团队。原来的大部分高级管理人员没有发生变动，这表明布鲁斯有意将权力分配到各个地区，也反映出了几个星期前欧洲人的策略取得了成功。布拉吉奥蒂被任命为法国和英国以外的欧洲地区的负责人，拉里被提升为法国的负责人，55岁的马库斯·阿吉乌斯仍然担任英国的负责人，43岁的肯·雅各布斯则被提升为美国的负责人。上述所有人都被任命为拉扎德的副主席，这反映了布鲁斯喜欢给别人冠冕堂皇的头衔。所有人都向布鲁斯汇报工作，并"共同合作经营公司"。布鲁斯表示，他希望68岁的布鲁诺·罗杰能来担任公司顾问，之后他又任命罗杰为巴黎分行的主席。这个头衔使得罗杰避免进一步受到公开羞辱。

据《纽约时报》报道，布鲁斯加入拉扎德时，"拉扎德算出"公司价值38亿美元，正好与"培生价格"一致。布鲁斯宣布，"尽管经济发生了衰退"，但拉扎德打算于2002年上半年在美国招募12位新合伙人；法国和英国也招募"一定"数量的新合伙人，并将由布拉吉奥蒂领导；欧洲大陆的其他地区也将"进行大规模扩张"。布鲁斯有个与众不同的观点，他认为当时公司引进银行家是最佳时机，因为在华尔街严重衰退时期，其他公司都在裁员，银行家的薪酬急剧下降。他是对的。他已与7位前同事谈过，并邀请他们加入拉扎德，包括当时在第一波士顿工作的查克·沃德和当时在DKW工作的杰夫·罗森（Jeff Rosen）。据《华尔街日报》报道，他告诉这些人，拉扎德1%的股份价值为3800万美元，与拉扎德38亿美元的总价值刚好相符，而且据布鲁斯称，也与其他人（包括他自己）购买拉扎德股份时支付的价格一致。布鲁斯告诉《华尔街日报》，诸如花旗集团、摩根大通等新兴金融超市都是在"耍新的胡闹招数"，他还表示，他认为"好的建议才是新的东西"。

新年伊始，布鲁斯不仅宣布成立了"新"管理团队，还向所有人公布了他与米歇尔达成的复杂的协议。这份长达116页的《拟于2002年1月1日的拉扎德有限责任公司第三次修订与重申经营协议》摘要直截了当地说明了变化："布鲁斯将接替米歇尔担任执行委员会主席、拉扎德负责人（初始任期为5年）和CEO，并执掌米歇尔和执行委员会的所有权力。在任职期间，布鲁斯将拥有拉扎德有限责任公司的所有权力，但必须获得下文所述的拉扎德董事会的批准。"而"米歇尔将成为拉扎德非执行主席和董事会主席。米歇尔将担任这些职位直至其身故，或被判定为无能力担任上述职位，或自动退出，或米歇尔集团不再拥有 B-1 级利润分成，以最早出现上述任一情况日期为准。米歇尔不再担任上述职位之后，该职位将不复存在"。

虽然当时没有公开披露，但新的拉扎德董事会由以下成员组成：布鲁斯和直接向他汇报工作的 4 人——阿吉乌斯、布拉吉奥蒂、雅各布斯和拉里，以及米歇尔和他的 5 位亲密盟友——弗朗索瓦·沃斯、迪迪埃·菲佛（Didier Pfeiffer）、布鲁诺·罗杰、安托万·伯恩海姆和生物梅里埃公司（bioMérieux）CEO 阿兰·梅里埃（Alain Mérieux）。通过多数表决（米歇尔当时自信能轻易获得多数票），除其他权力之外，董事会还有权批准对其他投资银行公司进行重大收购、与其他投资银行公司合并或组建合资企业；有权决定对布鲁斯的聘任或续聘以及在一定条件（狭义）下的罢免；有权任免米歇尔以外的董事会主席。

但就公司的日常经营而言，布鲁斯显然拥有全部权力。他可以擅自任免所有的"分行负责人、高级管理人员和全球负责人"；可以随心所欲地"在任何时候、以任何理由"任免任何董事总经理，但巴黎的董事总经理是个例外，这一点十分引人注目且有意思。巴黎"将继续实行现行的董事总经理任免制度"（这无疑反映了布鲁斯与拉里、布拉吉奥蒂达成的交易，以及长期惯例）。布鲁斯享有独立对公司其他所有员工任命的核准权，当然，他也享有独立决定董事总经理的薪酬和各分行其他员工"总薪酬"的权力，他还保留"所有分行任何特定员工个人薪酬"的决定权。除此之外，布鲁斯还有权随时设定和更改在职合伙人 A-1 级利润分成比例，即他们在公司年度损益中所获得的利润比例。对于不在职的有限合伙人，以及所谓的资本家——米歇尔和其他创始家族，以及欧瑞泽基金等等——他们在年度损益中所占的利润比例和商誉比例与在职合伙人的基本一致，但他们的比例是固定的，布鲁斯更改不得。在职合伙人能分到拉扎德大约 58% 的利润，有限合伙人和资本家则能获得 42%。

不过，随着布鲁斯聘用新的合伙人，每个人的利润将随着人员增加而被摊薄。

显而易见，布鲁斯对公司的控制深度和广度，不仅在拉扎德史无前例，而且对于几乎任何一家金融机构来说，都是前所未有的。他只持有公司少数权益却拥有完全的管理控制权，而这正是许多拉扎德专业人士所担心的事情——他从米歇尔手中偷走了拉扎德。米歇尔与布鲁斯的交易似乎违背了收购交易的基本原则之一：在不确定能否获得"控制权溢价"或高于市场价的价格（评估出售管理控制权能得到多少钱）之前绝不出售公司的经营控制权，而米歇尔恰恰这样做了。他做了一个极具讽刺性的决定：将价值约40亿美元的拉扎德的几乎绝对控制权以3000万美元的价格卖给了布鲁斯。在此之前，布鲁斯出售自己的公司获得了6.25亿美元，但他没有在纽约州缴纳国家和地方税款，省下了大约7500万美元，他投资拉扎德的3000万美元可能来自于此。可以这么说，布鲁斯没花一分钱就控制了拉扎德。

事实上，对于许多拉扎德合伙人来说，2002年1月1日颁布的文件让他们想起了之前被迫接受的另一份附加合同。与2000年的情况一样，单方签署的合同和"确认"表开始满世界飞，合伙人们几乎没时间审查，也没有机会谈判。斯科特·霍夫曼让董事总经理们务必在2002年1月31日前在表格上签字，否则"你们将失去分配到的所有A-2级商誉"。更糟糕的是，2002年的文件并未提及2000年兼并文件中重要的日程及附件。例如，拉扎德的董事总经理们不知道董事会都有哪些成员，也不了解其他董事总经理的薪酬情况；公司也不会给他们提供关键的《布鲁斯-米歇尔聘用协议》副本，其中有布鲁斯与米歇尔达成的财务协议细节。有人找霍夫曼要附加合同，他却说："因为无法提供日程和附件，我就没有把它们加进去。"公司聘任布鲁斯后，一位长期合伙人的商誉比例被稀释了5.5%，利润比例也被稀释了10.6%——所有这一切都没有征得该合伙人的认可和同意，他也没有能力来阻止或挑战这个新安排。同样在没有得到事先通知，也没有征求当事人同意的情况下，另一位合伙人的商誉比例被稀释了5.8%，利润比例被稀释了27.2%。

第三次修订协议之后，公司有权力这么做。一位长期合伙人怒不可遏，四处向同事们散布："我认为拉扎德是一家公司，一家特拉华州的公司，即使我们称之为合伙企业。我还记得，公司法是这样规定的：控股股东有义务不以损害少数股东利益的交易方式让自己获利。"尽管霍夫曼曾警告过董事总经理们务必在2002年1月31日之前签署文件，否则将"丧失你们的所有商誉利益"，他还说明，"非常遗憾，无人可以例外"，但其中有许多人与公司的争执至少持续到了3月底。这些合伙人都很聪明，他们想尽办法从布鲁斯的新参谋霍夫曼那儿获取哪怕是一丝一毫的信息，以便能做出明智的决定。大家请求霍夫曼提供更多的消息，但霍夫曼按照指示，坚持自己的立场拒绝了。最终，合伙人们接受了这些变故，拉扎德又蒙上了一层新的神秘面纱。

尽管金姆·范尼布雷斯克忧虑重重，但很显然，布鲁斯以为拉扎德还能招到一些"大师"。上任后不久，他迅速开始招揽人才，而此时其他公司为了减少开支都在疯狂削减多余的银行家。聘用新的银行家肯定会进一步降低拉扎德的盈利能力，但布鲁斯不在意这一点。他决心以公司的短期盈利为代价，打造拉扎德的长期股权价值。米歇尔的如意算盘打错了，他以为给布鲁斯设置短期激励——公司利润越高，布鲁斯获得的利润分成比例就越高——就能促使布鲁斯把精力花在赚钱上，而非以其拥有的8%股份获得公司所有权。结果事与愿违。布鲁斯决心通过找到下一代"大师"，使拉扎德重新获得重要地位。但最终结果表明，他招募到拉扎德的人与他长期合作的银行家们有着异乎寻常的相似之处。

接管拉扎德一个星期后，布鲁斯从DKW招募了6位银行家。然而，其中5位——尼尔·勒纳（Neal Lerner）、迈克尔·戈特沙尔克（Michael Gottschalk）、道格拉斯·泰勒（Douglas Taylor）、史蒂夫·坎贝尔（Steve

Cambell）和贾斯汀·米尔伯格（Justin Milberg）——已经从拉扎德辞职。作为加入拉扎德的条件，布鲁斯为他们提供了丰厚的薪酬保障。在2002年1月，没有哪家公司会这么做，尤其是过去一整年都面临财务危机的公司。据说，布鲁斯还一共花了1000万美元才让他们解除与DKW的合同。据说，坎贝尔加入拉扎德后，每年都能得到300万美元加"几百万美元的额外补偿"，以及0.5%—1%的拉扎德股份。其他银行家每年也可以获得几百万美元薪酬，外加股份。除此之外，他们还享受了一个"带薪假期"，直到4月份才去拉扎德上班。第六位从DKW过来的银行家杰夫·罗森（也是6人中最资深的）仍在和布鲁斯谈判。作为DKW的副主席和欧洲大陆投资银行业务的负责人，罗森在DKW的薪酬方案更为复杂。谈判又持续了几天。1月14日，瓦瑟斯坦－佩雷拉公司创始人之一罗森宣布将加入拉扎德，投身布鲁斯的麾下。同天，布鲁斯宣布重新聘用两个月前被卢米斯解聘的前资本市场部负责人戴夫·塔什健，让他继续担任公司顾问。塔什健也曾任职于瓦瑟斯坦－佩雷拉公司，担任高收益交易员主管。讽刺的是，如果塔什健当时没被卢米斯解雇，如果分配商誉比例时他还在公司，那么他的待遇会比1月中旬与公司谈判后得到的待遇要好很多。阿拉斯代尔·尼比斯特（Alasdair Nisbet）也来自DKW，被聘为伦敦的董事总经理。

2月，布鲁斯成功聘请第一波士顿投资银行业务的联合负责人查克·沃德到拉扎德担任总裁。沃德曾是布鲁斯在第一波士顿的同事，后来加入瓦瑟斯坦－佩雷拉公司，最后又回到了第一波士顿。据说，沃德加入拉扎德后，获得了700万美元年薪。对于这些"新移民"，拉扎德的一位银行家在聊天室里写道："他们在未来几年里都能获得超级丰厚的薪酬和公司股权，（特别是）拉扎德极有可能在未来几年内被出售，他们还有什么动力去做事情呢？只要坐在那里……冻到发抖……花着公司的钱，等着收购企业来收购公司，然后他们手里的保障合同就能履行了。我们现在充其量只能维持目前水平，但不断增加的开支和政治斗争八成会让未来的日子变得更加艰难。"

2月28日上午，作为拉扎德新领导人，布鲁斯遭遇了第一个突如其来的挑战。迈克尔·温斯托克（Michael Weinstock）、安德烈·赫恩斯坦（Andrew Herenstein）和克里斯·桑塔纳（Chris Santana）突然宣布将在几小时后辞职，加入布鲁斯的朋友史蒂夫·拉特纳两年前创办的私募股权公司——四方集团。温斯托克和赫恩斯坦本是拉扎德备受好评的不良债务研究分析师，在2001年10月成为拉扎德新成立的债务追偿基金的重要专家。他们不仅帮助拉扎德招募该基金的外部投资人，还是该基金在不良债券投资方面的主要负责人。桑塔纳则是该基金的交易负责人。3人决定离开拉扎德去四方集团时，该基金已经积聚了约2.8亿美元，其中大部分来自外部投资人；拉扎德只花了800万美元用作基金的启动资金。

温斯托克和赫恩斯坦辞职当天，史蒂夫电话告知拉扎德，3人已与四方集团签署雇佣合同，并将在他的公司创设一只不良债券基金。他还说拉扎德"别无选择，只能将债务追偿基金及其资产转到四方集团，由温斯托克和赫恩斯坦继续管理"。史蒂夫分析，如果拉扎德选择不这样做，那么该基金的"合伙人将遭受重大损失，甚至基金可能会倒闭"。布鲁斯没有理会史蒂夫的威胁。相反，他决定逐步关闭基金。此外，他还决定起诉温斯托克和赫恩斯坦。拉扎德的律师们宣称，两人违背了他们应对该基金履行的"受托及合同责任"，"而且他们没有透露自己可能离开公司的意向，此举构成了欺诈"。2004年8月，特拉华州衡平法院副大法官里昂·斯特林（Leo Strine）拒绝受理这起诉讼（除了有关获取所谓的机密信息的小规模争执之外）。斯特林写道："（温斯托克和赫恩斯坦）被指控密谋离开该基金，去其他地方寻求更好的机会。他们离开的方式使得拉扎德难以继续运营该基金，还使得拉扎德只能接受将该基金转到四方集团的建议。坦白说，我认为这个观点很奇怪。"

斯特林指责拉扎德没有为温斯托克和赫恩斯坦的离职做好"充分"规划，他们没有签合同，当然可以自由地随时离开，无须事先告知，就像拉扎德也可以自由地在任何时候解雇这两人而无须事先通知一样。斯特林允许拉扎德就机密泄露一事继续上诉，不过后来双方达成了和解。布鲁斯还在百慕大起诉了史蒂夫，但依然以拉扎德败诉告终。拉扎德还得赔偿温斯托克和赫恩斯坦的诉讼费。布鲁斯向四方集团支付了一些拉扎德欠的款项，但没有全部付清。米歇尔说，如果他仍掌管拉扎德日常事务，是不会选择起诉的。"我从来没有起诉过任何人。"他说。不过，米歇尔也对那些曾在拉扎德工作的银行家迅速离职的做法十分不满。他说，温斯托克和赫恩斯坦所在的高收益团队每年能为公司创造约3000万美元收益。后来两人极力主张公司关掉高收益部门，设立不良债务基金。公司同意了。然而，该基金成立后，3000万美元的收益变成了1500万美元的亏损。当然，公司十分期望该基金的酬金和利润能弥补3000万美元的损失。米歇尔说："然后，他们刚做这只基金不久就离开了。坦白说，我觉得这至少是很不得体的。我这么说已经是非常严厉的指责，因为在生活中你必须努力让行为保持得体。"

3月，布鲁斯首次从外部招聘了一位之前从未与自己共事过的人来管理拉扎德的公用事业银行部门。这人来自美林公司，叫乔治·比利奇（George Bilicic），时年38岁。比利奇曾在布鲁斯的老东家凯威律所工作多年，又在美林待了16个月。布鲁斯还挖来了第一波士顿的董事总经理珀克·希克森（Perk Hixon），时年43岁。2002年11月，布鲁斯还从美林引进了3位"资深传媒界银行家"担任拉扎德的新合伙人。总之，布鲁斯在11个月里一共聘用了24位新合伙人。"现在招人很便宜。"他告诉《金融时报》。在招聘新人期间，布鲁斯还召开了首次全球大会，拉扎德所有的合伙人都出席了，一共150名。在此之前，许多人彼此都素未谋面。会上，布鲁斯再次宣布："不要再进行政治斗争了。从现在开始，我们要把重点放在客户身上。"当然，布鲁斯通过重新召集自己的同伴，使得拉扎德像以往一样充满政治斗争。拉扎德的长期合伙人们感到非常担忧和沮丧，布鲁斯所采取的种种单边行动以及给新人丰厚的酬金和过高的股权，使得他们感觉自己被边缘化了。

拉扎德内部出现了一种怪异现象：所有的新合伙人都对布鲁斯忠心耿耿，可他们没有自己的"团队"，要做任何事情时，都得想办法调遣拉扎德的老合伙人，才能动用极其有限的资源。但老合伙人都对布鲁斯没有特别的好感。与此同时，老合伙人和新合伙人中的许多人都是多面手，他们不得不弄明白谁会去拜访哪些客户，才不会惹到与专权的布鲁斯关系亲近的新合伙人。

布鲁斯无节制的招聘不仅搅得在职合伙人们心烦意乱，还让米歇尔、伯恩海姆和戈鲁布等资本家很恼火。他们逐渐意识到，布鲁斯与新合伙人达成的大额保障金合同很可能导致拉扎德在2002年难以赚到钱，这将严重威胁到他们正常的年度分红。自二战结束以来，公司还从未发生过这种事情——这也是布鲁斯智胜米歇尔的又一个例证。

正值布鲁斯进行狂热招聘的4月中旬的一天，备受尊敬的、做了拉扎德10年合伙人的艾德里安·埃文斯去世了。在卢米斯辞职之后、布鲁斯接管之前，埃文斯曾短暂地担任过拉扎德的首席运营官。他住在伦敦伊顿广场，那天傍晚，他在家附近慢跑，回来后倒在了楼梯上。他的妻子刚好看到了这一幕，他对妻子说："我要走了。"埃文斯因心脏病突发去世，年仅六十，留下了妻子、两个女儿和两个继子。在伦敦为其举行的追悼会上，拉扎德伦敦分行前负责人维利追忆道，同事们常说埃文斯是"维利的大脑"，他能让每个人都觉得对方是他最好的朋友。但米歇尔没有参加此次追悼会。

不久之后，布鲁斯在巴黎的布里斯托尔酒店召开了一个会议，大约有70名董事总经理参会，一起讨论了如何促进跨境营销和提高交易量等问题。查克·沃德说："过去，人们经常谈论纽约和巴黎的业务，但从来没有真正谈论过电信和传媒业务。"他还说："我们现在拥有专业的行业团队，能真正地进行全球对话。"会议结束后，米歇尔邀请与会的合伙人到他位于圣纪尧姆街的私人豪宅享用晚餐，一边喝喝葡萄酒，一边欣赏宅邸的奢华装饰。"也只有米歇尔能用1961年的柏图斯葡萄酒招待客人。"长期合伙人阿尔·加纳说道。

与此同时,布鲁斯在2002年仍然住在伦敦,但没有结交到很多朋友。7月,他解雇了伦敦分行22名董事总经理中的6名。对此,一名伦敦证券律师对《金融时报》说道:"这样一来,无论是多么资深的企业金融家都没有绝对的安全感。"被解雇的6人必须在一个星期内搬离他们的办公室。此次裁员可能显得十分苛刻,但拉扎德欧洲的一位银行家却大加赞赏。他在博客中写道:"裁掉一些董事总经理是有必要的,这会激励雄心勃勃的年轻副总裁和助理力争上游。艰难的上半年过去之后,交易量有所提升。总的来说,公司仍然很强大,大家非常有信心能重振公司。"伦敦分行的另一位银行家则持相反观点。他写道:"士气相当低落,大家都在等着自己被解雇的那一刻……伦敦的情况没有任何改善。"

2002年夏天,布鲁斯开始迅速行动,租下了一幢位于伦敦西区斯特拉顿街、面积达7万平方英尺的全新现代主义建筑,作为拉扎德驻伦敦的欧洲总部。有人说,布鲁斯的动作太快了,从开始到结束,总共才花了两个星期。这笔房地产交易是伦敦西区10年来最大的一笔。《每日电讯报》将拉扎德位于梅菲尔区的新办公室描述为"伦敦投资银行界最豪华的"办公室。有传闻说,布鲁斯花了2500万美元装修新办公室(但显然无法阻止电话系统在2003年夏天发生故障)。新办公室的租金为每平方英尺76英镑,租期为20年,即每年租金约为530万英镑(超过900万美元),这与安德烈·梅耶在简陋的华尔街44号以及洛克菲勒广场1号设定的狄更斯式的理念相去甚远,也与布鲁斯自己曾许下的拉扎德绝不会为办公空间支付超过每平方英尺7.75美元的誓言相去甚远。拉扎德原本还租着一栋没什么特色、破破烂烂的老写字楼,位于墨菲尔德21号,大约还有5年才到期。布鲁斯的这一举动,导致拉扎德在伦敦拥有的办公场所大大超出了公司所需。(部分旧办公室最终在2005年转租出去了。)布鲁斯还下令对奥斯曼大道上神圣的巴黎分行进行翻修,这项工作其实早该进行了。"现在，这栋建筑的休息室不再灯光昏暗、摆着破旧沙发，而是铺着大理石地板，矗立着高大的白色柱子，装置着嵌入式照明，摆上了米色家具。"彭博社报道，"以前只有上了年纪的男保安隔着玻璃墙迎接访客，如今换成了3位金发女接待员。"

高昂的伦敦办公室租金、激进的招聘举措以及持续下滑的并购业务，导致布鲁斯和米歇尔之间很快发生了冲突。米歇尔开始质疑布鲁斯经营公司的方式。他知道——或者说当然应该知道——布鲁斯打算把钱投资到新合伙人的聘用上，只是他原本可能没有想到的是，布鲁斯会这么激进，而布鲁斯这么做实际上是让老合伙人和资本家买单。在米歇尔看来，完全没有必要在伦敦租新办公室。撇开其他不谈，米歇尔和安德烈一样，一直认为拉扎德的办公室应该是朴素的，至少不能让客户认为他们的钱都被花在昂贵的陈设上。米歇尔还认为，利润应该进入合伙人的口袋，然后他们可以把钱花在自认为适合放在自己家里的珍贵艺术藏品上。米歇尔十分赞同笛卡尔的一句名言："隐藏得很好的人活得很好。"但很显然，布鲁斯认为需要把钱花在优雅的办公室上，特别是当他可以用资本家的钱来支付这些花销时。

果不其然，两人为钱的问题起了争执。一位高级合伙人说：

米歇尔左右为难。一方面，他很清楚，要让拉扎德的美国分部和其他任何分部东山再起，唯一的办法就是招人。事实上，回顾过去，我们应该在欧洲招更多的人。另一方面，他不喜欢把钱花在这件事上……他们两人的讨论几乎从一开始就处在对立状态。不只是米歇尔，所有的老资本家都是这样。他们无法理解重新投资重建公司的必要性……我也认为米歇尔先前与布鲁斯达成交易时聪明过头了。我认为他基本上只是想把布鲁斯纳入他的体系中——即只要公司赚了更多钱，他也能赚到更多钱。他觉得能以此激励布鲁斯。事实显然并非如此。布鲁斯只想让公司获得成功，而非赚取短期利润。

　　为了弥补自己的过度花费，布鲁斯突然想起一个曾在瓦瑟斯坦-佩雷拉公司实施过的好方法：将拉扎德的少数股权出售给外国投资者。2002年9月，在布拉吉奥蒂的引荐下，布鲁斯第一次去往米兰，与意大利联合银行（IntesaBci）洽谈。意大利联合银行是意大利最大的商业银行，布拉吉奥蒂父亲的意大利商业银行（Banca Commerciale Italiana）就是其中的一部分。联合银行决定向拉扎德投资3亿美元，作为回报，拉扎德在意大利与联合银行成立了一家合资投资银行。这家新合资投资银行将把联合银行的资本与拉扎德在意大利的投资银行业务结合起来，由布拉吉奥蒂担任董事长。这笔交易包含两个部分：其一，布鲁斯同意将拉扎德在意大利工作的60名员工转到合资公司，联合银行则同意向拉扎德支付1.5亿美元——1亿美元的股权以及5000万美元的次级债券。拉扎德保留合资公司60%的经营所有权和日常管理权，联合银行则拥有40%的所有权。其二，联合银行同意向拉扎德额外投资1.5亿美元，以换取可转换为拉扎德3%股份的债券。

　　这笔交易标志着拉扎德与米兰投资银行长达50年合作的终结。尽管如此，拉扎德的合伙人们还是对联合银行愿意为如此小额的拉扎德股权支付这么高的价格而感到震惊，同时也心怀感激，因为当时公司的整体业务都很萧条，而布鲁斯还在用高额保证金吸引新银行家加入。联合银行开出的价格——拉扎德每1%的股权价值高达5000万美元——使整个公司的股权估值高达50亿美元，比米歇尔先前嗤之以鼻的安永40亿美元的估值高出25%，比布鲁斯告诉新招募的银行家拉扎德价值38亿美元的估值高出32%（但这个溢价与当时其他可转换优先融资是一致的）。一些合伙人把这笔交易视为意大利人扔给拉扎德的救命稻草。一位合伙人说："布鲁斯在疯狂地花钱，他需要这笔钱。"另一位合伙人补充道："流动性不会永远保持下去。我的意思是，你不可能一直花得比赚得多，你知道，这就是为什么联合银行的交易这么重要，因为从根本上说，它是拉扎德的救命稻草。还有几亿美元能让他们花。这算是布鲁斯做得最好的事情了。"（2005年夏天，拉扎德与联合银行的交易陷入一片混乱；2006年第一季度，合资公司被解散。）

在布鲁斯掌权的第一年年末，联合银行的交易让他收获了意想不到的惊喜。特别是鉴于公司过去两年表现不佳，而他以高昂的价格为拉扎德收割了3亿美元资本。2002年12月，布鲁斯召集7名副手到他在纽约的办公室接受了一场精心策划的《金融时报》的采访。采访过程中，布鲁斯无疑十分高兴，甚至有点儿唠叨。他表示："我们有一种能创造凝聚力的精神气质。"就连一向神秘莫测、外表冷漠的纽约分行CEO肯·雅各布斯也说，尽管并购市场仍在下滑，但拉扎德一直都能拿到业务，他列举了拉扎德在辉瑞以600亿美元收购法玛西亚（Pharmacia）的交易中扮演的角色。这笔交易是当年最大的一笔（辉瑞是已离职的菲利克斯的老客户，也是菲利克斯移交给其他合伙人的少数几个客户之一，他把辉瑞交给了史蒂夫·戈鲁布）。他还提到了在微软的一系列交易中拉扎德为其提供咨询（拉扎德前合伙人理查德·爱默生是微软公司并购业务的负责人）。此外，拉扎德也从激增的公司破产申请案中受益。2002年，公司的财务重组业务收入从上一年的5500万美元激增至1.25亿美元（与并购业务的下滑金额相抵销，当年并购业务收入为3.93亿美元，与2001年的4.92亿美元相比，下降了大约1亿美元）。尽管如此，拉扎德的领导人们还在到处鼓吹他们的成功。"放眼整个华尔街，我们是最热门的投资银行。"雅各布斯吹嘘道。

布鲁斯还接受了《华尔街日报》的年终采访。他为自己的狂热招聘行为进行辩解。他说："一些人认为有才华的人难以相处，但我只是看到了他们的才华。"他还表示近期不会出售公司。他说："出售公司很简单，但目前不在计划之中。我更倾向于实施我的计划，看看我们将如何发展。"

布鲁斯的欢呼喝彩掩盖了2002年末拉扎德的真实财务状况。通过整改薪酬体系，与在职合伙人签订担保合同而非向他们支付利润比例分成，布鲁斯扭转了公司的损益状况。自二战以来，拉扎德从未出现过亏损情况，但在布鲁斯担任CEO的第一年，公司就亏损了1亿美元。当然，"超人"布鲁斯并不承认这是一种亏损。在公司新任CFO迈克尔·卡斯特拉诺（Michael Castellano）向合伙人们发送的一份备忘录中，布鲁斯把这种情况解释为"对我们的未来进行大量再投资"。但亏损无法避免。卡斯特拉诺在备忘录里宣称，2002年"环境艰难"，但公司"过得还不错"，收入与2001年基本持平，达到了11.66亿美元；他还解释说，公司"在支付董事总经理薪酬前的税前营业利润"是3.37亿美元，这个数字还需要再减去其他人在拉扎德的利润中占的少数股权，即4000万美元，因此，公司向董事总经理支付薪酬前的利润约为2.97亿美元。但卡斯特拉诺明显忽略了一个问题：拉扎德在2002年向全球160位董事总经理支付了3.95亿美元薪酬，这导致股东们的损失高达1亿美元左右。不过，对于在职合伙人来说，这并不是什么大问题，他们每年仍能得到数百万美元的薪酬，而且还控制了公司约60%的股权。

然而，这给控制公司40%股权的非在职合伙人，即米歇尔这样的资本家带来了问题。除了布鲁斯带来的亏损，资本家们在2002年一无所获。这也是有史以来第一次米歇尔和他的亲信没有从公司得到任何东西，除了2001年应卢米斯的要求所进行的1亿美元优先股投资而获得的800万美元股息。布鲁斯和卡斯特拉诺都知道，如果将这1亿美元的亏损分摊到合伙人的资本账户上可能会产生问题，尤其是对于那些已经在账户上积累了大量资本的老合伙人来说。为了缓解老合伙人的忧虑，布鲁斯和卡斯特拉诺发明了"备忘录资金延期薪酬"，简称"备忘录资金"。它实际上是一种会计上的花招，是为安抚不满情绪日益高涨的老合伙人而创造出的影子股票。拥有该账户的合伙人，公司每年向其支付6%的固定利润。为了获得这笔利润，合伙人必须与公司签订一份协议。

备忘录资金则在合伙人离开公司后的3年内支付，因此布鲁斯提出了这样一个观点：从税务的角度来看，老合伙人们应该取消他们现有的资本账户，开设一个类似于延期薪酬计划的新账户，这对他们来说会更好。一位合伙人斥之为"狗屁资本"。也有人做出了合乎逻辑的解释，一位合伙人说："米歇尔不会眼睁睁地看着自己账户里的资本耗尽的，于是他们创造了一个优先资本水平。这样的话，一旦资本进入某些合伙人的口袋，就重新创造出了一个资本优先水平，所以分到钱的合伙人也就对此无所谓了。因为如果合伙人对这些钱怎么花没有任何发言权的话，他们会起来闹事。这对不同合伙人的影响也不一样。坦白说，那些分到钱的人实际上在从其他人的资本账户上偷钱。对此，米歇尔十分愤怒。"

戴维·维利把布鲁斯的行为描述为类似于在资本主义的心脏发动了一场共产主义革命。实际上，拉扎德的在职合伙人（即员工）在公司中没有任何资本遭受风险，他们掏空了非在职合伙人（即资本家）的口袋。非在职合伙人的所有资本都处在风险之中，但他们却无能为力。布鲁斯在拉扎德内部领导员工革命的才华令人钦佩（米歇尔最近还与他直接沟通了革命蓝图），但此时他还只是处在热身阶段。

2003年，米歇尔依然很气愤，布鲁斯依然在继续大肆招聘新人。美林上一年的奖金刚刚结算完毕，布鲁斯又开始了新一年度的首次招聘。2月，布鲁斯从美林招募了一支由9位银行家组成的团队（其中5位曾是董事总经理），让他们在火热的私募股权和对冲基金等资本募集领域为拉扎德开拓新业务，赚取酬金。（最终有14位该领域的美林前雇员加入拉扎德。）虽然拉扎德之前从未涉足过这项业务，但并购基金和对冲基金的激增以及资本的大量流入使得资本募集业务对他们来说极具吸引力。

布鲁斯激进的行为产生了后果，使得美林原本在市场份额上领先的资本募集业务大幅减少。起初，美林试图与拉扎德达成友好解决方案。2月14日，也就是9位美林的银行家辞职后的第二天，美林的一位律师用联邦快递给拉扎德新上任的全球资本市场部负责人查尔斯·斯通希尔（Charles Stonehill）寄了一封信函，"为了让美林考虑放弃诉讼"，他要求斯通希尔提供一份书面承诺，保证拉扎德不会再聘用美林银行家，不会再"联系或招揽"美林前雇员在美林时"认识"的任何美林的客户或潜在客户，以及不会进一步阻碍美林在这一领域开展业务。斯通希尔是在戴夫·塔什健的帮助下招募到所有的美林雇员的。他向美林的律师保证，这些美林"前雇员"将会"遵守他们对美林的法律义务"，拉扎德也没有进一步聘用美林员工进入新的"私募股权团队"的打算。但是美林对斯通希尔的答复并不满意，他们认为拉扎德会继续通过聘用更多的美林雇员、在客户面前说美林的坏话以及窃取机密信息来掠夺美林的业务。

3月19日，美林决定起诉拉扎德和9位离职的银行家。根据美国全国证券交易商协会（NASD）对此事的仲裁，美林在修改后的起诉书中陈述道，他们虽然对当时的一切事实均不知情，但"通过已知的事实，我们得出这一结论：这些前雇员违反了对美林证券的信托义务，在拉扎德的援助和唆使下，通过实质上侵占美林几乎所有的资深员工和客户以及美林的机密信息来破坏美林的业务"。美林声称，这些银行家走出美林的大门前往拉扎德时，带走了很多机密的投资人档案。这些档案是美林多年来苦心积累的，其中有很多像有关私募基金和对冲基金领域的主要投资人这样的重要信息，比如他们如何做出投资决策以及他们投资了哪些基金等等。总而言之，全部都是机密信息。

"作为他们反竞争阴谋的一部分，"美林在诉讼中指称，"就在9位美林银行家集体辞职的数天前，也就是2003年1月28日，上午6：28—6：46之间，被告小罗伯特·怀特（Robert White Jr.，美林伦敦公司的一位副总裁）给被告斯科特·A.丘奇（Scott A. Church，美林伦敦公司的董事总经理，在美林工作了16年）发送了8封电子邮件，其中附有一个zip压缩格式的文件夹，内含大量文件。怀特还给自己的一个私人电子邮箱及妻子杰西卡·怀特（Jessica White）发送了这些电子邮件。怀特下载并给自己、妻子和丘奇的私人电子邮箱发送的邮件至少包含了246份做私募基金和对冲基金投资的全球"投资人档案"。美林断言，如果不是为了

"窃取美林团队的业务"，怀特没有理由下载这些文件。之后，这些文件被复制到拉扎德的电脑上。美林甚至声称，布鲁斯曾亲自会见美林的一位潜在客户，这位客户想聘用一位银行家来筹集一只新基金。布鲁斯告诉该客户，美林已经不具备这种能力，但拉扎德可以，因为他最近从美林招募了14位银行家。

4月底，判决出来了。纽约州的一位法官命令拉扎德归还美林前雇员窃取的电子文件，但是该法官并未阻止拉扎德使用其中包含的信息——如果他们能记住的话。据说，为了解决这桩仲裁案件，布鲁斯拜访了美林的CEO斯坦·奥尼尔（Stan O'neal），直接向他道歉，还让拉扎德向美林支付了一笔"7位数"的赔偿金。拉扎德将此次和解视为做生意的代价。一位拉扎德合伙人谈及这起诉讼时表示，"那又怎样呢？只要你招人，就总会有官司"。他还说这个业务对拉扎德来说是有益的，公司早就应该涉足其中。

布鲁斯继续为拉扎德招聘新人。就在法官下令拉扎德归还美林的电子文件的同一天，布鲁斯宣布聘用另一位瓦瑟斯坦–佩雷拉公司的前同事加里·帕尔。帕尔时年46岁，之前供职于摩根士丹利的金融机构部，是一位十分受人尊敬的银行家。对于布鲁斯来说，能让帕尔加入拉扎德是个很大的成功。帕尔在他所在的行业中是个交易高手，他的到来可以弥补肯·威尔逊5年前离职去高盛给拉扎德造成的损失。事实上，多年以来，拉扎德一直在邀请帕尔加入，但都被拒绝了，直到布鲁斯加入，拉扎德才说服了他。

接下来发生的事情立即证明布鲁斯招募帕尔的决定是十分明智的。9月，在恒康金融服务集团（John Hancock Financial Services）以100亿美元价格出售给宏利金融（Manulife Financial）的交易中，帕尔与老东家摩根士丹利一起向恒康提供咨询。这是2003年最大的一笔交易。恒康坚决要求帕尔加入咨询团队，不管他当时在哪里任职。帕尔当时说道："恒康想让我提供咨询，对此我非常感激。"同样是在4月，布鲁斯还聘请了另一位老朋友迈克·比昂迪来拉扎德担任投资银行业务负责人。就像他当初在瓦瑟斯坦－佩雷拉公司时的做法一样，布鲁斯在拉扎德也不吝于授给大家各种头衔。拉扎德还聘用了来自德意志银行的凯文·麦格拉思（Kevin McGrath）担任新设立的私募基金咨询团队的董事总经理。为了确保自己说的话能传播出去，2003年9月，布鲁斯聘请了里奇·西尔弗曼（Rich Silverman）担任公司公关部的全球负责人——这是拉扎德首次设立的一个职位。西尔弗曼直接向布鲁斯报告工作。[2006年8月，布鲁斯用朱迪思·麦基（Judith Mackey）取代了西尔弗曼。]

《彭博杂志》等媒体认为，布鲁斯进行的所有招聘只是出售拉扎德的前奏。2003年2月，《彭博杂志》发表了一篇题为《盛装的拉扎德》的文章，怀疑布鲁斯急于重新召集他在第一波士顿和瓦瑟斯坦－佩雷拉公司以及其他一些公司的忠实拥护者，是为了"最后一笔交易：出售拉扎德"。

自菲利克斯为ITT的哈罗德·吉宁工作开始，拉扎德就主要以其卓越的并购咨询业务而著称。确实，拉扎德在全球大约有65%的董事总经理都是并购银行家；而且不论是之前三家独立的分行还是新近的合并状态，它都由并购银行家执掌。安德烈、菲利克斯、史蒂夫、卢米斯、戴维·维利以及布鲁诺·罗杰都是并购银行家。米歇尔不是，他几乎不做交易，但他自认为是位银行家。布鲁斯和他所有的副主席都是并购银行家。他的关注点在于，能否通过花大价钱聘用一批新的并购银行家来取代尾随菲利克斯离开的那一波人才，从而恢复拉扎德的荣光。对此，媒体也十分关注。

尽管拉扎德的主要业务是并购，但是多年来公司也一直寻求其他商机，其中包括为一些公司和市政部门筹集资金，为公司的合伙人和其他机构的投资人对私有企业进行资本投资，管理个人和机构的公开上市证券的投资组合（即所谓的资产管理业务）。事实上，除了并购业务，资产管理业务也一直是拉扎德最重要的业务。截至2002年底，拉扎德为机构和富有的个人管理的资产高达640亿美元。2001—2002年，尽管并购业务陷入困境，但资产管理业务仍然在持续且稳定地产生利润，其中大部分来源于周期性重复产生的管理费。这两年间，拉扎德的三大业务——并购、资本市场和自有资本投资——的急剧下滑，使得资产管理业务在公司的整体业务中的地位得到显著提升。2001年，资产管理业务的利润约为1.35亿美元，占当年拉扎德1.45亿美元总利润的93%。2002年，资产管理业务继续保持稳定的年金和酬金收入，总共赚了1.3亿美元左右，约占公司总利润的65%。即使是在拉扎德的困难时期来临之前，资产管理业务产生的利润也一直稳定地占据公司总利润的1/3到1/2之间。一位前合伙人说："我真希望能拥有拉扎德的资产管理业务，米歇尔靠它渡过了难关。它运营得非常好，这是拉扎德的秘密。"1982年，赫布·古尔奎斯特和诺姆·艾格从奥本海默刚到拉扎德负责资产管理部时，拉扎德管理的资产规模不大，只有区区20亿美元；但到了2006年11月，管理的资产已高达1000亿美元左右。在《机构投资者》2004年评选的300家最大的资产管理公司中，拉扎德名列第64位。

1997年，米歇尔曾试图合并三家分行的资产管理业务（有人猜测这是2000年三家分行最终合并的前奏）。在艾格和古尔奎斯特的指导下，米歇尔合并了纽约分行和伦敦分行的业务，但在合并巴黎分行的业务时遇到了挫折。他放弃了，默许了这种局面的存在。巴黎分行的资产管理业务团队仍是一个独立的实体，名为拉扎德兄弟管理公司（Lazard Frères Gestion），管理着约170亿美元的资产。作为此次合并的一部分，米歇尔与艾格、古尔奎斯特达成了一项臭名昭著的附带协议，同意给予两人拉扎德资产管理业务30%的特别利润，每人15%。仅在1998年，拉扎德就向两人分别支付了1500万美元，这也解释了为什么艾格和古尔奎斯特在公司中拥有最大的资本账户——各超过1000万美元。

从理论上来讲，合伙人的资本账户显示的是暂时扣留的累计薪酬，占已偿付薪酬的10%。资本账户金额为1000万美元就意味着艾格和古尔奎斯特的总薪酬都超过了1亿美元。1998年，艾格和古尔奎斯特聘用威廉·冯·穆弗林（William von Mueffling）来创办第二只对冲基金，命名为"拉扎德欧洲机遇基金"（Lazard European Opportunities）。（拉扎德于1991年首次向投资者提供对冲基金。）该基金建立的第一年，投资人就得到了182%的回报。2000年8月，该基金的资产达到了10亿美元，之后不再吸纳新投资人。2001年，冯·穆弗林创立了另一只对冲基金"拉扎德全球机遇基金"（Lazard Worldwide Opportunities），虽然在第一年亏损了14.4%（这一年的市场状况对所有人来说都很艰难），但到了2002年，利润就增长了20%。冯·穆弗林的对冲基金在公司总利润中所占的重要性迅速显现出来。2001年夏天，拉扎德内部一片动荡，资产管理业务的一位合伙人约翰·雷因斯伯格（John Reinsberg）提出了一个计划，由他取代艾格和古尔奎斯特担任资产管理部CEO，冯·穆弗林担任首席投资官。据说，卢米斯向米歇尔汇报了这个计划，但米歇尔当时正忙于自己的计划——特别是忙着抛弃卢米斯，聘用布鲁斯——因此，约翰的计划流产了。但在2001年，拉扎德一直面临着资产管理团队对薪酬不满的问题。

2002年1月，布鲁斯一接任拉扎德CEO就不得不立即应对资产管理团队一直以来对获得股权激励计划的要求。多年来，艾格和古尔奎斯特一直在强调制定这样一个计划的重要性——它是用来留住和奖励投资经理人的一种手段，因为已经有许多投资经理人离开公司了。2002年12月，布鲁斯首次向《金融时报》透露想将资产管理业务上市的想法，他对这块业务的估值为20亿美元。他把部分业务IPO视为为拉扎德筹集资金和将公司业务重新聚焦到投资银行业务上的一种途径。布鲁斯和艾格都认为应该在提交上市申请之前给资产经理人发放股权，如此一来，在该业务被出售或IPO后，他们的股权就有了价值。但艾格只发放了少量股票，当时35岁的冯·穆弗林和他的对冲基金团队提出抗议，要求获得更多。艾格拒绝了。冯·穆弗林提出辞职，甚至连布鲁斯亲自恳求他留下来都没用（布鲁斯问："我要做些什么你才肯留下来呢？"）。明星经理人冯·穆弗林和他的大部分团队成员都离开了拉扎德，建立了自己的对冲基金业务。

一位内部人士说："诺曼·艾格误判了整体形势。他太过自满，以为就业市场不景气，就没有人会离开。这是错误的。"另一位观察人士表示："这些人离职将使拉扎德遭受灾难性的损失。这些家伙简直就是摇滚明星，而你找来代替他们的人却只会按按钮。"冯·穆弗林和他的团队离开洛克菲勒广场30号的办公室后，拉扎德想要在近期将资产管理业务进行IPO的计划泡汤了。仅在8个月之内，拉扎德40亿美元对冲基金外流了75%的资产，其中大部分都流向了冯·穆弗林。

2003年10月，古尔奎斯特宣布有意退休，为确定继任人选，拉扎德内部又掀起了一轮政治内斗。在此之前，布鲁斯悄无声息地将自己的老友、DKW驻北美的前任联席CEO阿希什·布塔尼（Ashish Bhutani）邀请来做他的"战略规划"顾问，并迅速地将他安插在了资产管理部，担任"监督"委员会委员。媒体对拉扎德聘用阿希什·布塔尼一事几乎未加报道。有消息称，布塔尼将接替艾格和古尔奎斯特，但几位资深的资产管理人强烈反对。公司承诺将会在11月给出解决方案。最终，2004年3月，布鲁斯宣布，随着LAM新近招聘了大批员工，艾格将升任董事长，布塔尼将成为新任CEO。消息公布后不久，拉扎德又遭受了另一次"严重打击"，LAM英国证券的负责人西蒙·罗伯茨（Simon Roberts）辞职，加入了蓝冠对冲基金（BlueCrest）。"LAM发生的事情表明，一家传统的资本管理公司即使能建立一只成功的对冲基金，文化和薪酬问题也会不断困扰你。"一位对冲基金顾问向《机构投资者》表示。

在大约控制了拉扎德资产管理业务的那段时间，布鲁斯开始在市场上四处打探是否有华尔街公司有兴趣买下拉扎德，尽管他曾多次公开否认。在加里·帕尔的陪同下，他第一个拜访了雷曼兄弟的迪克·富尔德。高盛的肯·威尔逊回忆道：

　　布鲁斯走进来，他们开始聊起来。布鲁斯说："请注意，这次会议的目的是我们想和你们一起坐下来，让你们了解更多关于我们公司的事情。我们已经做好了准备。"富尔德很讨厌布鲁斯，不耐烦地说："少废话，布鲁斯。你来这里就是要卖你的公司。你就说说它值多少钱吧。"他们讨论之后认为协同效应的价值约为5亿美元，把它资本化之后，拉扎德价值60亿—70亿美元。富尔德说："你知道吗？我终于明白为什么你是一个差劲的并购银行家了。为什么你给出的建议这么糟糕？如果这就是你给出的建议，那你肯定是疯了。"事情开始急转直下。

　　据威尔逊说，两个星期后，米歇尔给富尔德打了个电话。他继续回忆道："富尔德对米歇尔说：'你知道布鲁斯的，他很清楚拉扎德的真正价值是40亿美元。情况很可能就是这样。我知道你有很多选项，所以我认为你应该去探索所有的可能。如果最后得不出任何结果，也许我们可以再谈谈，但到时候拉扎德的价值会远低于40亿美元，而且绝大部分的付款将视情况而定。'（富尔德）从未收到回应。"据说，布鲁斯还与花旗集团CEO查克·普林斯（Chuck Prince）、汇丰的庞约翰交谈过。有人说，庞约翰表示他与布鲁斯的会面是"他进行过的最糟糕的商业会晤"。布鲁斯还跟美洲银行（Bank of America）的肯尼斯·刘易斯（Kenneth Lewis）谈过话，刘易斯称他是个"卑鄙小人"。威尔逊说，布鲁斯到处兜售拉扎德，以至于"大家都认为它没人要"。

　　也许，布鲁斯在2003年制造的最大新闻与拉扎德毫无关系，这则新闻再次表明布鲁斯是多么善于获取自己想要的东西。在把瓦瑟斯坦－佩雷拉公司出售给德国人时，布鲁斯为自己留下了瓦瑟斯坦公司，管理着一只价值20亿美元的私募股权基金。通过这个公司，布鲁斯得到了多家关注行业动态的出版物，包括《纽约法律杂志》《美国律师》和专注于报道并购行业动态的刊物《每日交易》。2005年8月，瓦瑟斯坦公司出资3.85亿美元买下了70种行业出版物，包括从在困境中苦苦挣扎的传媒公司普罗媒体公司（Primedia）（为并购大亨亨利·克拉维斯所有）手中买下《牛肉》和《电话学》杂志。[2007年7月，布鲁斯以约6.3亿美元的价格将《美国律师》及其母公司美国律师媒体公司（American Lawyer Media）出售给了英国出版商精锐媒体（Incisive Media）。]

然而，最让媒体惊讶的是，布鲁斯在2003年12月成功拍下克拉维斯的《纽约》杂志。确实，他出的钱比其他人都高——5500万美元。以任何标准来看，对于一家当时年利润约为100万美元的杂志来说，这个价格是相当高的。虽然莫特·祖克曼、哈维·韦恩斯坦、纳尔逊·佩尔茨（Nelson Peltz）[1]、唐尼·多伊奇（Donny Deutsch）[2]和迈克尔·沃尔夫等一帮有权势的新闻界企业家都自认为能赢得竞拍，布鲁斯却利用他与克拉维斯之间长期以来的复杂关系从众人之中脱颖而出，抢走了这家杂志。布鲁斯登上了新闻头条，再次证明了自己高超的交易能力。一位媒体投资银行家对布鲁斯的《每日交易》说道："他很好地掩饰了购买意向，真是太聪明了。他在媒体面前保持低调，然后一下子冲出来。"毫无疑问，虽然布鲁斯与克拉维斯走得很近，但并没有影响他对竞拍资产做出正确的评估。他还说："要是在做事情之前就让别人知道你要做什么，你还能得到什么呢？"布鲁斯列举了能够胜出的两个原因。他说，第一个原因是"如果不出意外，我们应该能做好交易"。接着，他自信地说，他的诚信正直是他获胜的关键。"这笔交易主要是基于信任。也就是说，这桩生意很有意思，大家会信任某些人，因为他们说到做到，这是他们年复一年培养起来的可信度。所以，我认为如果我做了一个承诺，大家就知道它一定会实现。"

《纽约时报》认为，布鲁斯购买该杂志的理由"极其模糊"。时代公

---

[1] 1942年至今，美国商人、投资人、三角基金管理公司的联合创始人。

[2] 1957年至今，美国品牌营销专家、电视名人、多伊奇广告公司前任总裁。

司的编辑主任约翰·休伊（John Huey）谈及这笔交易时表示："当然，如果你从商业的角度来看，这笔交易无足轻重。但它发生在纽约，纽约媒体报道了《纽约》杂志的出售，给它增添了毫无逻辑可言的光环。"奇怪的是，布鲁斯并非通过瓦瑟斯坦公司买下《纽约》杂志，而是通过他为子女设立的一系列的个人信托基金，也许他还把自己手中的大部分拉扎德股票放在了这些信托基金里。

对于布鲁斯花如此高的价格买下《纽约》杂志一事，人们都摸不着头脑，有些人认为该杂志可能随时会倒闭。一位私募股权投资人发表评论说："这事太怪了，我完全不理解他为什么会这样做。这可能只是他的一个有趣的爱好，而不是投资。"专门从事媒体交易的投资银行家马克·埃德米斯顿（Mark Edmiston）认为，布鲁斯购买《纽约》杂志的行为表明他意识到杂志业务有增长迹象。他说："他们中的很多人都在追求个人满足感。你知道的，拥有一本杂志，报道你朋友和邻里间的那些事，你一下子成了你所在宇宙中的王者。这有点像我们说的《纽约》杂志综合征……意思是，我想布鲁斯·瓦瑟斯坦买《纽约》杂志不是为了赚更多钱……显然，他要是想赚钱就不会开出这么高的价格。"

大家普遍认为，虽然亨利·克拉维斯无法让《纽约》杂志像一家金融公司那样挣到很多钱，但布鲁斯认为如果杂志能刊登更多的关于商务与时尚的高端报道，将会从大都市的经济发展中受益。他还打算重建杂志网站，因为它之前毫无用处。他告诉《纽约时报》："《纽约》杂志是纽约这个极具吸引力的城市的化身，你所要做的事情就是做好这个城市的一面镜子。"

除了怀疑布鲁斯在购买《纽约》杂志时出价过高，人们还对一个更重要的问题存在疑惑：为什么一家拥有2500名员工的正规华尔街证券公司的CEO，能用自己的独立并购公司及私人账户进行交易？瓦瑟斯坦公司有3个办事处（纽约、洛杉矶和帕洛阿尔托），共有大约30名员工，除了布鲁斯·瓦瑟斯坦的个人资产，公司还为其他个人和机构管理着"约

20亿美元的私募股权和其他资产"。过去几年里，瓦瑟斯坦公司一直很活跃，收购了两家公司：一家是拥有哈利-大卫（Harry & David）直邮美食业务的公司（计划进行的IPO因此暂停了），一家是桌上足球和乒乓球桌制造商世博体育用品公司（Sportcraft）。此外，瓦瑟斯坦公司还与拉扎德旗下的并购基金"核心合伙人基金"一道收购了美国海鲜公司（American Seafoods），它是美国最大的绿鳕和狗鳕捕捞和海上加工商以及最大的鲶鱼加工商。2006年11月，瓦瑟斯坦公司投资的一家公司宣布以5.30亿美元收购奔腾媒体公司（Penton Media, Inc.），这家公司拥有50家商业类杂志、80家贸易展览会和一系列线上媒体网站。

布鲁斯是瓦瑟斯坦公司的董事长、主要所有人和受益人。他在瓦瑟斯坦公司的网站上发表了一篇精心撰写的传记，但未提及他在拉扎德的角色。米歇尔给布鲁斯的待遇奢侈到华尔街其他CEO想都不敢想的地步；就连自尊心极强的董事会成员也说，他们并不介意布鲁斯是否有自己的并购公司，只要不影响到他经营拉扎德。第三次修订和重申的经营协议规定，除了2001年11月15日之前已经与拉扎德建立的关系，若布鲁斯"希望拉扎德及其任意子公司向瓦瑟斯坦公司提供任何公司的机会"，则必须获得米歇尔的"书面同意"。协议对"任何公司的机会"的定义含糊不清，比如说瓦瑟斯坦公司能否涉足拉扎德或拉扎德旗下的基金正在参与的投资或并购交易？ 当然，这份文件也没有提及为什么他能拥有矛盾的双重身份。2005年2月，旧金山的知名百货公司甘普公司（Gump's）以850万美元被收购，布鲁斯甚至允许拉扎德的董事总经理约翰·查查斯（John Chachas）及其投资的公司沙泉控股公司（Sand Springs Holdings）成为这笔交易的主要投资人之一。2006年2月，保险业巨头瑞士再保险公司（Swiss Re）出售旗下的福克斯-皮特公司（Fox-Pitt，拉扎德在投资银行业务领域的竞争对手），布鲁斯还允许超级明星银行家加里·帕尔成为这笔交易中的一位重要投资人。人们不禁要问：为什么？

其他人对此事也十分疑惑。虽然《纽约》杂志是通过掌控布鲁斯家族信托基金的纽约杂志控股公司（New York Magazine Holdings）收购的，但出于某些原因，瓦瑟斯坦公司副主席阿努普·巴加利亚（Anup Bagaria）协助了该交易的谈判，并担任《纽约》杂志控股公司的CEO。"瓦瑟斯坦先生表示想提升《纽约》杂志的档次，增加商业报道。"《纽约观察家》论述道，"可他还经营着一家投资银行，与数十家公司及投资银行、商业银行有生意往来，若杂志要对各家美国公司和纽约各大知名CEO及投资银行家们进行报道，他要如何避免两者之间的冲突？……如果下一次《纽约》杂志要采访一家公司的CEO，而这家公司正好要付给拉扎德一笔2000万美元的并购酬金，那么又会发生什么？"从《美国律师》《每日交易》和《纽约》都在积极报道并购业务（事实上《每日交易》只报道并购交易）这个角度来看，布鲁斯作为出版商的客观性问题就更有意思了。布鲁斯的一位"朋友"表示，布鲁斯购买《纽约》杂志是为了自我满足和扩大社会影响力。他说："买下《美国律师》和《每日交易》之后，布鲁斯没有获得任何声望，我觉得他肯定非常惊讶。这次买下的《纽约》杂志应该能提高他的声望。"

布鲁斯曾是哥伦比亚大学新闻学院的监事会成员，还做过记者。他是否犯了新闻业的大忌，给他的记者事先施加了太多限制，不让他们报道一些风口上的事情，只有时间才能告诉我们答案。不过，"大师"们的工作环境都很微妙，想要获得寒蝉效应[1]甚至可能没必要采取多么明显的行动。为《每日交易》撰写《媒体策略》专栏的伊维特·坎特罗（Yvette Kantrow）写了一篇布鲁斯智取《纽约》杂志的报道，她写道："要知道，《媒体策略》专栏绝对没有相关交易的任何内幕消息，就算有我们多半也不会说出来。这才是重点。虽然这种交易和媒体之间的碰撞很有意思，

---

[1] 原文为chilling effect，新闻学名词。尤指在讨论言论自由或集会自由时，人民害怕因为言论遭到国家的刑罚或是必须面对高额的赔偿而不敢发表言论，如同蝉在寒冷天气中噤声一般。

但你永远不会在《媒体策略》专栏里看到相关的评论。"事实确实如此。

2005年夏天，布鲁斯购买《纽约》杂志的原因终于露出了一点端倪。有人透露，布鲁斯的儿子本将在劳工节之后成为该杂志的副主编，唯一的副主编。当然，这件事并没有什么特别或不道德的地方，与默多克的子女到新闻集团工作或苏兹伯格的子女到《纽约时报》公司工作没什么不同。《纽约》杂志的母公司是一家私人公司，这家私人公司很有可能被一家受益人为本·瓦瑟斯坦的信托基金所操控（因此该杂志实际上已为本所有）。有意思的是，新任主编亚当·莫斯〔Adam Moss，布鲁斯买下《纽约》杂志后立即解雇了前主编卡罗琳·米勒（Caroline Miller），从《时代周刊》挖来了莫斯〕还向员工们解释了聘用本的缘由。2005年7月14日，莫斯给编辑部发了一封电子邮件，其中有一段写道：

大家好：

我很高兴地宣布，本·瓦瑟斯坦很快就要加入我们了。正如你们很多人知道的那样，本将担任重要的副主编一职，负责编辑/分配所有的文本（数量比你们想象的更多）。

去年，我有幸结识了本。他给我留下了很深的印象，他是个聪明可爱的小伙子，也是一位努力工作、求知欲旺盛、有才华的编辑。我曾对你们中的一些人说过，如果他不是瓦瑟斯坦家族成员的话，他会是我们公司想要招募的最佳人选。但最近似乎出现了这种情况，他的姓成了我们不聘用他的理由，这是相当愚蠢的。

如果过去是未来的序曲，那么布鲁斯·瓦瑟斯坦拥有的《纽约》杂志就不会发布"布鲁斯·瓦瑟斯坦的拉扎德"这种主题报道。（2007年6月，本·瓦瑟斯坦离开《纽约》杂志，加入《新共和国》，担任网络编辑。）

截至2004年1月，在执掌拉扎德的两年内，布鲁斯聘用了55位新合伙人，并和他们签订了共计至少1.80亿美元的担保合同。到2004年4月，新聘用的合伙人达到了59人。布鲁斯向《华尔街日报》解释了他疯狂招聘的合理性："大公司有这样一种说法：你可以随便让某个人穿上西服，出去销售产品。但我认为，西装里的人是谁很重要。"可拉扎德的这些支出有什么值得炫耀的地方呢？的确，公司的并购收入从2002年的3.93亿美元增加到2003年的4.20亿美元，增长7%；公司经手的规模在10亿美元以上的交易的数量，从2002年的21笔增加到2003年的29笔（与2001年持平，低于1999年的47笔）。但公司在2003年真正取得成功的是重组业务，收入从2002年的1.25亿美元增至2.45亿美元。在重组咨询业务的带动下，金融咨询业务的营收在2003年达到了3.11亿美元，比2002年的2.02亿美元增长了54%。但布鲁斯与拉扎德的重组业务没有任何关系，这项业务的合伙人是卢米斯聘用的。据彭博社报道，在备受关注的并购排行榜中，拉扎德在2003年的全球排名是第7，与2002年一样，高于2001年的第12位。这当然值得肯定，但进步不大。

2004年1月，帕尔为拉扎德赢得了头彩。在美国第一银行（Bank One）和摩根大通530亿美元的合并交易中，他向自己的老客户、美国第一银行CEO杰米·达蒙（Jamie Dimon）提供了咨询。2004年7月交易结束后，拉扎德收到了2000万美元咨询费（摩根大通支付了4000万美元的酬金）。凭借巨额酬金和为美国第一银行提供的妙计，帕尔的地位得到了极大提升，成了拉扎德众人的偶像。与菲利克斯和史蒂夫一样，帕尔开始了"大师"的例行活动，为一些口碑良好的刊物撰写"心得"文章，其中一篇《欧洲的银行没有轻松的选择》就发表在2004年6月的《金融时报》上。

有传闻说，布鲁斯掌权后的两年时间里，拉扎德的表现令人喜忧参半。2002年7月，辉瑞公司以600亿美元收购法玛西亚公司，在这笔交易中，拉扎德向辉瑞提供了咨询，不过这与布鲁斯和他聘用的人没有任何关系。而且在过去两年里，规模壮大之后的拉扎德错失了许多大交易，其中包括那些由拉扎德之前的银行家经手的交易：康卡斯特以720亿美元收购AT&T宽带（AT&T Broadband，由史蒂夫经手，菲利克斯当时在康卡斯特董事会任职）；康卡斯特试图以600亿美元收购迪士尼（Disney，由史蒂夫和菲利克斯经手，菲利克斯当时已经离开康卡斯特董事会）；辛格乐（Cingular）以410亿美元收购AT&T无线（AT&T Wireless，由菲利克斯和迈克尔·普赖斯经手）；以及赛诺菲（Sanofi）以650亿美元收购安内特（Aventis），这可能是错失的交易中令拉扎德最痛苦的一笔，由于与辉瑞关系密切，拉扎德被排除在这笔交易之外，可赛诺菲和安内特都是法国公司，而拉扎德长期主导着法国的并购咨询业务。最终，美林为赛诺菲提供了咨询，尽管它也是辉瑞的咨询顾问；甚至就连不可一世的爱德华·斯特恩也在这笔交易中发挥了一定作用。《巴黎精英》杂志揭露了事实：这是拉扎德40年来第一次没参与对法国经济如此重要的并购交易。

2004年1月下旬，大约100位拉扎德合伙人参加了在伦敦克拉里奇酒店举行的会议。会上，布鲁斯表示，过去两年里他都致力于重建公司，而在2004年，他将把工作重点放在大力提高公司的收入上。当时参与会议的人员还记得，米歇尔就坐在布鲁斯旁边，在布鲁斯发言期间，他全程面无表情，沉默不语。当然，部分原因得归于他做了个糟糕的决定："在向整个公司吐了25年的雪茄烟雾后"，他把公司的经营控制权让给了布鲁斯，他只有权力在2007年否决继续聘用布鲁斯，或否决出售或合并公司。

除此之外，米歇尔之所以把矛头对准布鲁斯，是因为两人在这两年的公司财务表现上起了争端。布鲁斯认为，自他上任之后，公司运转良好，甚至可以说是非常不错，他还拿出营业利润增长了54%作为证据；但米歇尔认为，布鲁斯管理公司不善，为了拥有公司64%股份的在职合伙人的利益牺牲了拥有其余36%股份的资本家的利益，而这些资本家包括欧瑞泽基金、米歇尔以及他的法国亲信等。一位拉扎德银行家表示："资本合伙人们十分担忧，因为资本已被侵蚀，发生了亏损。"

对于米歇尔来说，他自己在一些年份里从拉扎德获得了超过1亿美元的收入，但布鲁斯破坏公司短期盈利的做法还是激怒了他，特别是他认为已经给了布鲁斯必要的财务激励，以期他恢复公司过去几年来强劲的盈利能力。一位观察员告诉《财经新闻》："你明白了吧，资本家们对此很不满意。如果你有一大笔非流动性资产，比如拉扎德的股份，但无法从中获得任何收益，你会高兴吗？"另一位观察员补充道："拉扎德给予瓦瑟斯坦这个持股合伙人，尤其是那些新加入的合伙人的待遇都很好，但对外部持股人就并非如此了。"对此，布鲁斯却持有不同看法。"你去参加一次董事会会议就会发现，与会的全是米歇尔的人，"他在2006年11月告诉《商业周刊》，"他们会说'我们不喜欢聘用新人'，我就说'好吧，非常感谢你们的建议'。"

米歇尔和布鲁斯的关系陷入僵局。外界开始猜测，拉扎德是否会成为布鲁斯的滑铁卢。米歇尔会像抛弃其他人那样抛弃布鲁斯吗？现在大家都明白了，几乎没有人能为米歇尔工作，以及与他共事。大家还清楚地看到，米歇尔已经开始用令人难以忍受的酷刑对付布鲁斯，他精心策划的一场针对布鲁斯的媒体攻击就是证据。2004年2月，英国各大报纸开始报道两人之间的分歧越来越大。除了新招了众多合伙人，米歇尔对布鲁斯的不满还在于，他在伦敦租了新总部大楼，以及莫名其妙地买下了历史悠久的伦敦经纪公司——潘缪尔–戈登公司（Panmure Gordon，一年之后卖出，只赚了一小笔钱）；而且当其他华尔街公司纷纷放弃私募股权业务时，他却在伦敦建立了欧洲私募股权业务总部（在招募的所有合伙人都离开之后，这个业务就被解散了）。据说，他们两人的关系是"亲切的"，但"不热情，更说不上亲密"。事实上，他们彼此已不再说话。

几天后，《纽约邮报》也报道了两人的争端。一位拉扎德银行家表示："布鲁斯做得很好，他激励员工，打造公司品牌，还起到了带头作用，但他破坏了资产负债表，花了股东的钱，却没有为公司的未来做出清晰且长远的规划。"彭博社网站的专栏作家马修·林恩（Matthew Lynn）十分疑惑米歇尔本想能从布鲁斯那儿获得什么。他认为他们之间的争论十分"荒谬"，他写道："如果你聘用了一位性格急躁、咄咄逼人的华尔街银行家，那么当他开始表现得性格急躁、咄咄逼人时，你就没必要反应太大。因为他生性如此，他只能提供他一直以来提供的以及承诺的东西……布鲁斯·瓦瑟斯坦在拉扎德走的路很可能会让老银行家们和公司股东十分不安，因为他们过去依赖的红利很可能会枯竭。但公司的基础正在重建。布鲁斯正奋力将公司拉进现代金融世界，在现在金融世界里，银行家们期望自己至少能赚到与股东一样多的钱。这种做法肯定是正确的。"2004年2月，林恩还预测，对于米歇尔和布鲁斯来说，为了顾及颜面，最有可能的解决方案是将公司进行IPO。他总结道："别指望布鲁斯·瓦瑟斯坦或米歇尔·大卫-威尔会静悄悄地离开。他们两人出现任何严重的分歧都会加速拉扎德进行IPO的进程。布鲁斯需要巩固他对公司的控制权，而老股东们希望走一条有尊严的、利润丰厚的退出道路，只有通过IPO才能实现。"

2004年3月，米歇尔否认了关于他与布鲁斯不和的传言。他告诉《金融时报》："合同规定瓦瑟斯坦先生担任拉扎德领导人的任期是5年，我们希望他在这5年内能将拉扎德恢复到盈利状态。他预计今年就能盈利。"然后安慰般地补充道："我们之间没有不和。"他还以自己一贯的风格说，布鲁斯虽然取得了"一些成功，但尚未大获成功"。他说，虽然"公司的地位得到了提升"——特别是在美国和意大利——但"付出的代价太过高昂"，在"扣除开支之后，公司出现了亏损，这当然无法让人满意，而且这种状况也不能持久"。《金融时报》发表社论，称米歇尔和布鲁斯之间"没有绅士风度的争执""引起了大家的质疑：投资银行家到底该做些什么才能证明他们得到的报酬是合理的"。

计划召开董事会会议的前一天，米歇尔直截了当地警告大家，此次会议的目的是批准拉扎德的两家控股公司——欧瑞泽基金和里昂皇家街公司——价值32亿美元的合并。这桩交易早在2003年11月就已宣布，是拉扎德为期4年的整改过程的最后一步，旨在简化拉扎德君主专制的所有制结构。而这主要是瑞银的乔恩·伍德以及拉扎德的一位行动派股东努力的结果。与里昂皇家街公司合并之后，欧瑞泽基金实质上将成为一只公开交易的大型私募股权基金，而米歇尔和曾试图收购拉扎德的法国农业信贷银行将控制欧瑞泽基金54%的投票权。

欧瑞泽基金CEO是47岁的帕特里克·萨耶尔，米歇尔对他有着巨大的影响力。在电信泡沫破裂以及拉特纳离职去组建四方集团之后，萨耶尔接手了拉扎德纽约分行江河日下的媒体和电信业务；2001年，米歇尔更是亲手提拔"精力旺盛的"萨耶尔担任欧瑞泽基金CEO。萨耶尔处境艰难：一方面，他是米歇尔一手提拔上来的，在这个背景下，他能在位多久只能看"太阳王"的意思；另一方面，他是一家上市公司的CEO，即使在法国，这也意味着他必须偶尔向控制了公司61%所有权和46%投票权的公众股东们表达些许敬意。尽管合并交易将瑞银持有的所有流通股从11%稀释至8.9%，但瑞银仍然控制了420万股，依旧是最大的单一公众股东。由于欧瑞泽基金持有的拉扎德的少数股份在其投资组合中占据很大比例，萨耶尔必须代表所有股东考虑缺乏流动性和股息收入的问题。事实上，2003年，欧瑞泽基金从对拉扎德的投资中获得的回报微乎其微——只有1%——已经导致公司股价下跌。一些分析师认为，欧瑞泽基金一直被视为私募股权领域的"重要公司"，它别无选择，只能出售持有的拉扎德股份。

为了迎合公众，萨耶尔说，如有必要，他会在合适的时机出售拉扎德股份。但是几乎没人相信事情会如此简单。米歇尔是欧瑞泽基金的监事会主席，他给股东们写了一份"通知"，其中第一条写道："我很高兴，我和理事会成员之间完全彼此信任，与理事会主席帕特里克·萨耶尔尤其如此。事实上，当简化我司架构的建议（合并欧瑞泽基金与里昂皇家街公司）提交给理事会后，大家立即热情地表示全力支持，还建议应该尽快实施这个计划。"3月8日，萨耶尔接受了《每日电讯报》的采访，对此发表了更多的看法："如果拉扎德继续用过去那种方式赚取利润，那么继续持有股份或许会是个好主意。然而，一旦它的流动性出现问题（欧瑞泽基金对此有发言权），我们就不得不多加关注了。"当被问及他这么说是否意味着他对拉扎德的表现不满意时，他拒绝回答。

拉扎德股东及管理层之间的争端迅速变成了一场内战，尽管这在米歇尔决定把权力让给布鲁斯之前是不可思议的，但也并非没有先例。私人家族企业经常面临代际冲突，上市公司也是如此，这一点从持有大笔养老金的迪士尼股东与董事会之间的尖锐冲突中可见一斑——双方就是否让迈克尔·艾斯纳（Michael Eisner）继续担任CEO这个问题起了争执。米歇尔也面临着这种情况，只不过他做出了一个出人意料的举动：与布鲁斯达成了秘密协议，在此之前不仅没有征求合伙人们的意见，还对他们的警告置之不理。为了弥补布鲁斯公然对大家造成的伤害，3月12日，拉扎德CFO迈克尔·卡斯特拉诺给非在职合伙人股东们写了一份备忘录，暗示他们可能忽视了2003年的一些收益——金额高达4700万美元。这笔收益由货币折算产生，最终入了股东们的非流动资本账户里。除此之外，他还提醒大家，公司还分给他们2200万美元现金，因此，他们总计有6900万美元的现金和非现金收益。他又补充道，股东们可能在2002年也"忽略"了因货币折算而产生的4100万美元非流动性收益，以及2000万美元现金，也就是总计6100万美元的收益。"我们在2002年和2003年没有强调这笔因货币折算而产生的收益，因此（非在职合伙人）可能没有注意到他们获得的总收益和收入。"卡斯特拉诺写道。

迈克尔·卡斯特拉诺的目的没有达成。因为股东们正确地指出，他们的非流动资本账户被冻结了，只有他们在出售拉扎德的股权或者死亡后才能解冻。米歇尔告诉《华尔街日报》："拉扎德管理层目前正在制定一项投资政策，我们将在2006年看到它的实施结果。"可他在另一次采访中表示，卡斯特拉诺写的备忘录就是"弄虚作假"，完全是无稽之谈，因为在2002年、2003年和2004年，他没有从公司分到任何股息，只从他在公司投入的资本中获得了少量合同利息。（基于这些理由，米歇尔打趣地说道，他再也买不起艺术品了，因为他"很穷"。）就在卡斯特拉诺发出备忘录的同一天，罗伯特·格林希尔（Robert Greenhill）于1996年创办的小型咨询公司——格林希尔公司（Greenhill & Co.）向证交会提交了IPO申请书，估值约5亿美元。这件事是个分水岭，对拉扎德的很多人都产生了影响，尤其是布鲁斯·瓦瑟斯坦。在华尔街最近闹出种种丑闻之后，提供公正、独立建议的咨询公司再次赢得了越来越多的企业咨询业务。

布鲁斯和米歇尔之间的争端一直持续到春天。卡斯特拉诺写于3月12日的备忘录内容被泄露给了媒体，4月3日，帕特里克·萨耶尔告诉《金融时报》："我们已被告知，今年在支付完所有在职合伙人的费用之后，本银行将恢复盈利。我们非常高兴，将继续采用过去那种一直非常有吸引力的投资方式。"米歇尔补充道："所有关于诸如续聘布鲁斯·瓦瑟斯坦担任拉扎德领导人或拉扎德业务转型等问题，都必须得到超过半数的拉扎德董事会成员的投票同意。"他指出，布鲁斯已经提名5位董事会成员，欧瑞泽可以提名两位，而"我，米歇尔·大卫-威尔，有权提名4位代表"。

尽管向米歇尔做过承诺，但2004年布鲁斯还是继续招聘新人。毕竟，如果一位传奇"大师"给了你一个千载难逢的机会，让你来改造投资银行史上最有名的一家公司，你不仅能得到一大笔保障薪酬，而且在公司出售时还能分到股权，试问你又怎能拒绝呢？ 4月，布鲁斯招募了47岁的威廉·刘易斯（William Lewis）担任投资银行部的联合主席。刘易斯在《财富》杂志"最有影响力的黑人高管"排行榜上名列第13位（他的新伙伴弗农·乔丹排在第9位），他在摩根士丹利度过了24年的投资银行生涯，是摩根士丹利有史以来第一位黑人合伙人，他仅仅花了短短7年时间就取得了这一里程碑式的成就，在该公司历史上无人能出其右。在来拉扎德之前，刘易斯一直担任摩根士丹利全球银行业务部的联合负责人。

拉扎德聘用刘易斯本该是个爆炸性新闻，可奇怪的是，媒体的报道非常少，《华尔街日报》没有提及，更不用说布鲁斯的《每日交易》了，这是布鲁斯和佩雷拉之间长期以来矛盾激化的产物（佩雷拉刚刚被任命为刘易斯所属部门的负责人）。这件事也反映出，布鲁斯在拉扎德是何等的独裁和专制。合伙人们收到宣布刘易斯加入公司的内部电子邮件时发现，邮件被打上了标记，以防止有人将它打印出来或转发给其他人。

5月5日，萨耶尔在欧瑞泽基金的年度会议上告诉股东们，拉扎德管理层和股东对于布鲁斯在市场衰退的情况下向新合伙人支付大笔合同酬金的做法存在一定的分歧。他对股东说："我们在收回利润的时间点上存在分歧。"他还补充道，他们无法再容忍布鲁斯继续实施他的"投资战略"。一个星期后，米歇尔和布鲁斯再次表现出了敌对状态，尽管米歇尔曾说过"我们之间没有冲突"。两人主要的往来信件被分别装在公司内部的两个信封里，被钉在一起送到了各位合伙人的手里。信件就以这样的方式在星期五下午出现在了大家面前。第二天早上，信中的内容就出现在了《金融时报》上。

这场特殊的争执背景是2004年6月3日在洛克菲勒广场30号召开的"拉扎德有限责任公司成员"年度会议。此次会议唯一的目的是让与会成员批准拉扎德有限责任公司截至2003年12月31日的年度合并财务报表。米歇尔在5月11日写道："根据财务报表，2003年可分配给各成员的净收入下降了13%，只够支付60%的分红。2003年，公司财务亏损约为1.50亿美元，如此巨大的亏损可能会损害拉扎德的商誉价值。然而，提交给成员大会的财务报表没有显示出这些亏损。因此我认为2003年的财务报表不能通过。"米歇尔还向成员大会发出了一则通知。

5月14日，布鲁斯对米歇尔的通知及其信件提出了严厉批评。他写道："关于你们可能已经收到的通知及/或信件，我有几点需要说明。第一，这份通知没什么意义。就像去年一样，没有会可开，因为持有损益比例的在职合伙人一致不出席会议，而将他们的投票权委托给了我。因此这种方法被否决了。第二，这封信是错误的。我们按照业内普遍接受的美国通用会计准则准备了经审计的财务报表，它显示在分红前是存在利润的。不论以何种标准衡量，我们的核心业务都是盈利的。第三，信中没有提及'资本家们'实际上获得了分红，以及在扣除开支之后，我们将增长的利润分配到了他们的资本账户中。"这封信接下来敦促那些还有疑问的人去跟迈克尔·卡斯特拉诺对话，还告诫收到米歇尔信件的人"以优雅、幽默和宽容"的方式处理信件。

一些观察家认为，内战早已开始，这些公开的信件只是最新的证据而已。一位精明的拉扎德资深员工说道："这是米歇尔最大的噩梦。米歇尔自以为是个很有风度和身份的人，可他显然把执掌拉扎德的钥匙交给了一个野蛮人。他被吓坏了。他大受打击，被逼到绝境。一旦交出了钥匙，他就"——此时他用一种法国富翁的腔调说道——"再也不是拉扎德三家神秘分行的负责人与继承人了，而是一个被出生于布鲁克林的家伙愚弄的可怜人。米歇尔在家人和朋友中颇有威望，我认为，对他而言，这是一种深深的伤害、屈辱和羞耻。他的自尊心受到了极大伤害。"

这位观察家继续说道，出于"肌肉记忆"，米歇尔并没有意识到自己最好别与布鲁斯做这笔交易。

人类是会适应习惯、环境和身份的生物。但情况发生变化时，他们的肌肉并不会自动适应新的现实。或者换一种方式思考：如果一个黑暗的房间里突然亮了灯，你的眼睛并不会自动适应灯亮或灯熄的环境。米歇尔之所以能够操纵别人这么长时间，是因为他掌握了结构性权力，并最终让人们屈服于他的意志。我认为，他并不清楚这一切都是来自他的权力，而非源自他的个性和魅力……米歇尔混淆了他的效力与实力，他的效力是一堆与他自身实力无关的因素相互作用的结果，他并没有意识到布鲁斯最终会利用他交出的一切资源。

《经济学人》认为这一切都是"有毒混合物"，并怀疑"瓦瑟斯坦先生是否对为了准备出售拉扎德而提高拉扎德在排行榜上的排名更感兴趣，而不是从忠诚的客户那里获得稳定的长期利润。有些股东可能并不想看到拉扎德被出售，但问题是瓦瑟斯坦先生的合同到2006年底才会到期，他还有许多时间去斗争"。

慢慢地，布鲁斯开始展露身手。2004年5月24日发行的《投资交易商文摘》指出，格林希尔公司5月5日IPO成功募集到8750万美元以后（这是自1999年高盛上市以来，华尔街第一家公司上市如此成功），拉扎德开始为其IPO会见承销商，并已起草申请上市登记表。尽管《金融时报》没有第一时间报道此事，但这件事依然成了好事者们最爱的拳击场。《金融时报》首先在2004年5月公布了拉扎德会计报表相关的简要信函，接着又在6月16日公布了显然是从布鲁斯阵营泄露出来的消息，该消息称拉扎德正被其他华尔街公司的银行家们"围攻"，他们都想争取到为拉扎德进行IPO的生意（拉扎德的估值超过30亿美元）。而他们之所以争取这桩生意，当然是因为格林希尔公司IPO大获成功。这些话中的潜台词反映了布鲁斯的战术，好像他和米歇尔正在进行一场全球性的三维象棋比赛。"战术是通用的。"布鲁斯在1998年对一位采访者说。

布鲁斯知道，拉扎德的股东们都在抱怨他们的资本缺乏流动性、分红过少。他也知道，在众多股东之中，只有欧瑞泽基金对其持有的拉扎德20%的股份负有受托责任，如果他继续"投资"业务而不支付股息，那么欧瑞泽基金承受的痛苦将呈指数级增长。他还知道，那些获得丰厚薪酬的在职合伙人对他越来越忠诚，但这些人现在拥有了公司股权，因此希望能有机会将其售出。布鲁斯当然还知道，如果他和拉扎德不续签合同，那么71岁的米歇尔将越来越没有精力再次思考重建公司。他知道米歇尔对他毫无节制的支出越来越不满,他还知道米歇尔的子女中没有任何一人对经营公司感兴趣。因此,在这种情况下,尽管米歇尔实际拥有对IPO的否决权(此举必须得到拉扎德董事会多数成员的同意,包括米歇尔、布鲁斯及一位欧瑞泽基金在拉扎德董事会的成员在内的董事会成员必须投赞成票),但对米歇尔来说,IPO也开始变得越来越有吸引力。高盛、摩根士丹利、花旗集团、瑞银和雷曼兄弟等公司已经和布鲁斯及其团队开过会,并在如何组织IPO和估值问题上提出了他们的观点。对于布鲁斯来说,除了把这些秘密透露给《金融时报》,还有更好的方法来实现他的目标吗?

拉扎德发言人里奇·西尔弗曼对IPO一事并未发表评论。但拉扎德内部3位不愿透露姓名的人士对外界透露了更多信息。一位"资深成员"称:"我们正在倾听意见和评估。"另一位指出,这些信息"很重要"。第三位则表示:"我们希望公司在未来一两年内的表现会有明显的进步,因此恐怕我们现在不会这么做,但也并非没有可能。"又有一个人补充道:"如果明年他还没有提出解决方案,那么可能会有大批银行家离开公司。这是一个现实的问题。"

第二天,《金融时报》和《华尔街日报》重点报道了银行家们谈论拉扎德公开上市的可能性——实际上,银行家们一直在谈论此事,只是没有被媒体报道出来而已——这充分说明了金融媒体一直都对拉扎德的图谋非常感兴趣。《华尔街日报》写道:"IPO可以……为拉扎德的领导人布鲁斯·瓦瑟斯坦解决一个最大的问题。他能募集到必要的资金,向一批新加入公司的知名银行家支付薪酬,并抚慰一群焦虑不安的退休合伙人……但公开募股也可能会重新挑起公司高层间的恶性斗争,而且还会威胁到拉扎德费心打造的朴素私密的企业特质。"事实上,布鲁斯已经开始与高盛资深合伙人汤姆·塔夫特(Tom Tuft)探讨拉扎德IPO的可能性。为此,汤姆·塔夫特组建了一个团队,开始分析拉扎德公开募股可能引发的各种复杂问题。

在布鲁斯没来拉扎德之前，米歇尔对IPO的想法嗤之以鼻，更不用提以如此明显和公开的方式推动此事了。《纽约时报》曾在1998年问过米歇尔是否会考虑IPO，当时他坚定地回答道："我永远都不会这么做。"——而这是在史蒂夫提出这个想法之后发生的。而现在，米歇尔显然知道布鲁斯在和各家华尔街公司见面商讨此事。对此，《金融时报》发表了真知灼见："哪怕拉扎德真有一天选择了上市，瓦瑟斯坦先生做交易的声誉也可能会是一把双刃剑。如果他和他的高级助理们配合得当，那么拉扎德很有可能会成为外界眼中一笔不错的投资。只不过，之前从他手中买下一家投资银行的一些人仍在舔着自己的伤口。"

《金融时报》的文章发表一周后，备受推崇的法国日报《世界报》也刊登了一篇文章，对拉扎德IPO的想法泼了实质性的一桶冷水。这篇文章——显然是拉扎德法国股东耍的花招——声称，布鲁斯和米歇尔在上个星期进行了一次愉快的谈话，是近两年来从未有过的事情。确实，他们之间存在很深的分歧，除了彼此不说话，米歇尔已经决定在2006年底不再续签布鲁斯。于是，到2004年年中，原本大家以为通过聘用布鲁斯已经解决的继任问题，又重新成了拉扎德最主要的难题。但根据该报的说法，米歇尔与布鲁斯将"长期以来对公司战略的分歧暂时放到了一边"，同意一起研究出一个可行的IPO计划。两人达成的共识是，拉扎德的估值在35亿到41亿美元之间，大大低于欧瑞泽基金根据其账面持有的对拉扎德的投资所计算出的48亿美元的估值。尽管如此，"两人一致认为上市并不紧迫"，而且"在说服拉扎德董事会批准这个计划方面，布鲁斯可能会面临相当棘手的挑战"。布鲁斯还告诉米歇尔，拉扎德的IPO可能是"解决他们的问题的最好方式"。在布鲁斯漫长的职业生涯中，精心策划自己的投资银行IPO，然后担任一家上市公司的CEO，是他仅有的两个一直未能实现的职业成就。布鲁斯不太可能轻易放弃这个目标。他的一位前合伙人说："布鲁斯渴望成为一名企业家，而成为拉扎德唯一的董事长能让他实现这个目标。就现状而言，他还没参与到文化或经济构建中去。"

当然，布鲁斯也意识到了米歇尔随时可以单方面扼杀他的梦想。手段高明的他需要赢得米歇尔的支持。《世界报》的那篇文章发表之后，他还意识到法国人正排着队反对他。布鲁斯决定任命一位特使出面执行外交任务，看看他能否让米歇尔改变想法，接受IPO的计划。不过，布鲁斯的选择很有限，他需要一位在公司工作了很长时间又能赢得米歇尔信任的美国人。他最终选择了史蒂夫·戈鲁布来执行这一任务。布鲁斯这么做，无疑是非常聪明的。戈鲁布是一位长期合伙人，在史蒂夫的短暂统治时期曾担任公司的CFO；在卢米斯从史蒂夫手中接管公司之后，又回去只做交易。20世纪90年代后期，戈鲁布还曾和史蒂夫一起领导拉扎德实施了短暂的"公开化"政策。他还为公司找到了首位全职CFO迈克尔·卡斯特拉诺。

2004年6月，拉扎德在巴黎召开董事会会议的前一天晚上，布鲁斯要求戈鲁布和他一起去巴黎作报告，尽管在此之前戈鲁布没有做过任何会前准备。由此，戈鲁布开始了为期3个月的秘密任务：向米歇尔证明公司能够制定出一个可靠的商业计划，实现IPO。从一开始，承销商们就告诉布鲁斯，拉扎德要尽可能地贴近格林希尔公司的商业模式，因此他和戈鲁布很快得出结论：作为一家上市公司，拉扎德将只做并购和资产管理业务。盈利能力较差的资本市场和私募股权业务将作为独立的实体为在职合伙人们所有，不向公众出售。

因此，戈鲁布必须紧紧围绕并购和资产管理业务制订一个可信、可行的商业计划，这意味着必须计算出要从这些业务中迅速削减多少成本才能提高盈利能力。然后他还需要让米歇尔相信这样做是有效的。戈鲁布解释说："我们刚开始做这个计划时，他认为这件事不可能发生。不过，这个计划的关键就是让他安心，让他相信要执行的商业计划并非不切实际，而是能给资本家们带来价值。"

2004年7月，拉扎德解雇了10位伦敦分行的非合伙人银行家，并声称这只是例行淘汰低效专业人士。但一些观察家认为这一时机不同寻常（大多数华尔街公司都在发放完年终奖金后才解雇银行家），是拉扎德为了提高盈利能力而在努力地削减成本，目的自然是为IPO做准备。但是，进行IPO的另一个先决条件是准备3年经审计的财务报表，鉴于米歇尔和布鲁斯对于财务报表的内容有根本性分歧，这或许会成为最大的障碍。在被问及拉扎德解决其账目问题的前景时，耶鲁大学管理学院副院长杰弗里·索南菲尔德（Jeffrey Sonnenfeld）简短地说："不容乐观。"曾担任证交会会计师的戈鲁布说，账目分歧只不过是为了转移大家的注意力，就像合伙人会计和公司会计之间存在差异一样。他还说，用这两种方法看待拉扎德现状都没错。

2004年8月夏末的低迷期，《华尔街日报》曝出了一则未经证实的消息，称拉扎德已经选择高盛来负责公司的IPO。高盛自然是全世界最为德高望重的投资银行，并且刚刚成功推动了格林希尔的上市，但拉扎德是否上市在当时还是个未知数。《华尔街日报》报道："是否向公众出售股票还没有定论……而拉扎德也可能只是在利用IPO的传闻，来避免自己被一家大型商业银行收购。"报纸还指出，拉扎德的"底价"已确定，为20亿美元。接下来的几个星期里，这个消息迅速扩散。《商业周刊》报道，除非布鲁斯同意以基于37.85亿美元的所谓培生价格来购买米歇尔、欧瑞泽基金和其他股东手中总共36%的股份，否则米歇尔不会同意布鲁斯进行IPO。接着，这篇文章补充道，其他的华尔街银行家对拉扎德的估值为近30亿美元，远低于培生价格，也远低于布鲁斯在2002年秋天把拉扎德3%的股份出售给意大利联合银行的价格。如果拉扎德按照大约30亿美元的估值上市，欧瑞泽基金（以培生价格为基准）和意大利联合银行都将面临大幅减记。而布鲁斯如果按照培生价格购买拉扎德股东手中的36%股份，公司将要花费约14亿美元。考虑到自布鲁斯接任以来公司的净亏损，拉扎德想要在仍然不太稳定的IPO市场中筹集到任何一笔资金，似乎都相当艰巨。

对此，纽约大学教授罗伊·史密斯告诉彭博新闻社："大卫-威尔是世界上最足智多谋、最成功的谈判家和金融阴谋家之一，要么布鲁斯满足他的条件，要么他就阻止IPO。"彭博新闻社又报道，布鲁斯不用购买36%的股份，只需要购买米歇尔手中9%的股份。但即使如此，布鲁斯仍要拿出大约3.75亿美元来。

根据一位合伙人的说法，不论拉扎德的估值在外界传得多么沸沸扬扬，公司的情况确实非常"不可思议"，因为"没有任何恰当的重整计划"能让公司恢复盈利能力，而盈利能力才是衡量企业价值的最终决定性因素。他还指出，除了与新聘合伙人签订了酬金高昂的合同，拉扎德还在全球各地都设有地方办事处——根据最新统计，拉扎德在全世界有29个投资银行业务办事处；还在伦敦租下了一幢昂贵的新大楼。这些花费都高得失控。他说："简直是一团糟。目前我还看不到任何出路。"拉扎德董事会成员弗朗索瓦·沃斯告诉一些拉扎德的银行家，2004年的亏损高于2003年，他完全看不到拉扎德有任何盈利的希望。一位合伙人表示，此次IPO的主承销商高盛坚持要求拉扎德在进行IPO之前至少削减6000万美元的运营成本。

于是，2004年9月底，拉扎德再次开始削减开支。这次是减少全球非专业人员的开支，纽约、伦敦和巴黎的一些后台工作人员因此被解雇。《纽约邮报》报道，布鲁斯已经拟定了专业人员的裁员名单，而仍留在公司的合伙人将减少30%—40%的薪水，以使公司的薪酬支出符合行业标准（薪酬支出占总收入的50%—60%，而拉扎德之前的薪酬支出相当于总收入的70%—80%）。此外，作为IPO的一部分，在职合伙人们坚持要求改变布鲁斯与公司签订的合同里的统治条款，因为很多人认为他掌握了太多权力。"我们本来就有个国王，可不想再来一位独裁者。"一位合伙人在9月底如此告诉《金融时报》。在这场激烈的斗争中，布鲁斯和米歇尔成了对手。

但布鲁斯继续推进他的"远大计划"。9月底，他请求其他没拿到这项业务的各家银行帮助高盛承销拉扎德的IPO，并要求这些银行同意在IPO后的两年内不聘用任何拉扎德的银行家。这些银行都同意了。有趣的是，拉扎德从未认真考虑过聘用雷曼兄弟为其承销，这加深了大家一直以来的猜测：雷曼兄弟还在考虑完全买下拉扎德。但其他人则认为情况恰恰相反：富尔德认为拉扎德30亿美元的估值过高，他无法容忍自己的公司参与承销，那样会让公司的机构客户为此付出的成本远远高于他认为的拉扎德股票的真正价值。

9月20日，《纽约观察家》写道："头发蓬乱、冷酷无情的抬价高手布鲁斯正处于一场投机风暴之中，而这正是他所希望的。"9月24日，星期五，布鲁斯向合伙人们描述了公司将如何进行IPO。拉扎德的并购和资产管理业务将被组合到一家新公司中，新公司名为拉扎德有限公司（Lazard Ltd.），并以32亿美元的企业价值上市，其中包括25亿美元的股权价值和7亿美元的新债。IPO的大部分收益加上总额约为12.5亿美元的债券将用于以固定价格买断非在职合伙人的股票。这个主意是为了摆脱米歇尔和那些遗产所有者，如此布鲁斯"就能创造出一个稳定的环境，让那些做交易的人感到舒适"。讽刺的是，通过这种方式，布鲁斯将掌控拉扎德的绝对权力，而在2002年1月1日之前，这种权力还为米歇尔所享有。

募集的绝大多数资金将被支付给现有股东，而不是投入公司运营，这种"所得款项的使用方式"令投资人们退缩。一位"纽约顶级银行家"表示，虽然机构投资者可能会因布鲁斯此前成功向德累斯顿银行出售了瓦瑟斯坦–佩雷拉公司而购买拉扎德IPO的股票，但最终会是公众出资买下米歇尔和法国合伙人的股份。他说："公众会凑热闹。"一些拉扎德合伙人担心，IPO文件一旦公开，公司大肆吹嘘的并购业务是得到了高利润的重组和资产管理业务补贴一事就会暴露。另一些合伙人则担心，公开募股的收入不会公平地分配给各位老合伙人。

尽管布鲁斯想方设法使IPO看起来不可避免，但米歇尔尚未点头。一位拉扎德的前合伙人告诉《观察家》："目前还存在若干问题，其中一个是米歇尔的自尊和自负问题。他把布鲁斯带进公司，原来是希望得到顺从和尊重，结果什么都没得到。IPO对米歇尔没有任何好处。的确，他的股份值很多钱，但他的兴趣不在钱上。"

然而，布鲁斯还在继续推动IPO计划。布鲁斯忠实的拥护者、公司副主席杰夫·罗森给所有合伙人发送了一份备忘录，要求他们务必在10月4日，也就是星期一中午之前，签署一份修订后长达15页的协议，批准IPO以及由布鲁斯执掌公司，并成立一个新的董事会。布鲁斯则希望拉扎德董事会能在周二批准并签署IPO的文件，如此一来，他就能在周三向证交会提交申请上市登记表。一位长期合伙人说，他认为那些欣然签署协议的合伙人都对自己没有信心，认为自己在其他公司没有能力获得良好的市场反应。另一个合伙人补充道："那些担心会丢了工作的人，以及支持布鲁斯的人都会签字，但那些能带来大量收入的核心人员都没有签字。"

那些持不同意见的人——据说包括加里·帕尔、杰拉多·布拉吉奥蒂以及重组团队的两位负责人——收入占拉扎德总收入的四分之一和顾问业务收入的一半。他们的要求依然是减少布鲁斯的绝对权力，此外他们还担心公司的股权分配不公。还有人认为，拉扎德的合伙人们再次面临这样一个局面（这是4年来的第3次）：公司给了他们一份合同，他们只能认可并签署，对于其中的条款没有任何协商余地。一位合伙人告诉《金融时报》："我们不会在受到胁迫的情况下签字。这些文件非常复杂，我们有些人甚至没时间把它读完。这是一桩需要人参与的生意，这项计划需要有人支持。大家目前还没有达成共识，至少目前没有。"当然，布鲁斯明确表示，不签署文件的人将被迫离开公司。米歇尔则表示，虽然他不支持IPO，但只要能以他想要的估值套现，以及公司的在职合伙人们都对这个计划感到"满意"，他就不会阻止提交登记文件。

越临近布鲁斯规定的最后期限，幕后交易就越激烈。合伙人们对包括布鲁斯的"霸凌手段"在内的诸多事情抱怨连连，资深在职合伙人们认为，布鲁斯带来的许多合伙人都表现不佳，但获得的报酬却远高于他们，此外还获得了更多的股权。没有一位合伙人对禁售条款感到满意，因为条款禁止他们5年内出售自己的股票。签署协议的合伙人们必须同意留在公司3年，并且实实在在地将他们的股份以及制定公司章程的委托权交给布鲁斯管理。如果合伙人不签署协议同意IPO，那么不仅注定了他在拉扎德的职业生涯的必然失败，还意味着8年内不能卖出自己的股票。布鲁斯已经分发完了超过100%的股权，因此职位在合伙人之下的员工什么也没得到，只得到了令人震惊的不公正对待，这大大削弱了公司的士气。

有人担心，如果拉扎德成为一家上市公司，它的企业文化和精神就会永远改变。一位前高级合伙人说："我完全同意。我认为布鲁斯·瓦瑟斯坦做的整件事完全就是胡闹。他大概以为自己能从中获利，我认为这绝对是疯了。"还有人担心独裁者布鲁斯只是年轻版的独裁者米歇尔。一位拉扎德的专业人士指出："我们为了让米歇尔出局付出了过高的价格，却没有得到相当的收益。我们所做的一切都是在挽救布鲁斯的工作。"还有一个严峻的事实也摆在了眼前，如果202位在职合伙人不支持布鲁斯，那么他们可能会认可米歇尔回来执掌公司——很多人认为这种情况甚至更加糟糕。整个夏天，米歇尔一直试图在公司内部寻找接替布鲁斯的人选，这个人必须具备相当的地位和才干，能够经营公司，比方说美国的加里·帕尔和欧洲的杰拉多·布拉吉奥蒂能否联手管理公司呢？或者，布拉吉奥蒂一个人就能胜任？这或许行得通，当然，前提是米歇尔能想出方法让布鲁斯在2006年12月合同到期之前就离开公司。

布拉吉奥蒂经常和米歇尔讨论他取代布鲁斯的可能性。他告诉米歇尔，他可以做到这一点，唯一的要求就是，与米歇尔订立的管理公司的条件必须与布鲁斯的相同：米歇尔不得干预他，能接受5年内得不到分红。5年后，他们将重新评估公司的业绩和未来的发展方向。布拉吉奥蒂没有安抚米歇尔，他没有说米歇尔可以再次在公司中担任重要角色，也没有说米歇尔还能获得分红。和布鲁斯一样，布拉吉奥蒂知道拉扎德需要重新塑造。对米歇尔来说,如果布拉吉奥蒂掌权,唯一的好消息就是拉扎德仍将是一家私人合伙企业。一位对他们的讨论内容十分了解的合伙人说,米歇尔对布拉吉奥蒂的方案"感到震惊,而不是兴奋"。"米歇尔并不需要钱。他继承了拉扎德,并导致了它的毁灭。我想米歇尔应该很高兴看到拉扎德回来做它应该做的事情。"但米歇尔否决了布拉吉奥蒂的计划。

10月5日,在巴黎召开了长达4个小时的董事会会议。此次会议在"宁静的氛围中"举行,一切都没有按照布鲁斯的计划进行。米歇尔在董事会上发言:"让一家像拉扎德这样的公司上市是一件不能掉以轻心的事,需要大量的思考和讨论。"他说现在上市不合时宜,布鲁诺·罗杰却持相反态度,认为已经到了非上市不可的地步。布鲁斯打断了米歇尔的话,花了45分钟为他的计划辩护。他还表示,他知道以布拉吉奥蒂为首的一些欧洲人对他的权力范围、不公平的财务分配以及IPO的税务问题都有疑问。米歇尔十分期待布拉吉奥蒂能站出来发言反击。

但布拉吉奥蒂什么都没说。米歇尔说:"我记得当时自己很惊讶,他居然保持沉默,我记得他曾告诉我'会说点什么'。也许这是他的天性。有些人喜欢正面交锋,有些人竭力回避冲突,还有人喜欢置身事外,从外头放暗箭。可这又不是向某位合同要到2006年到期的人宣布你是继承人。"随着时间一点点流逝,布拉吉奥蒂确信自己的反对意见已经无法改变最后的投票结果。他还担心董事会内部充满分歧,因为其中既有买家也有卖家。午餐后,会议继续,但欧瑞泽基金的两名董事会成员缺席了。

最终,此次会议没有进行投票,但米歇尔达到了他的目的——否决了提交IPO文件,表面上是因为布鲁斯没有赢得公司里业绩最好的合伙人的支持。一位拉扎德银行家谈及米歇尔的联盟时说:"他们都处在一个遵循规范的时代。这儿简直是梵蒂冈[1],而非一家公司。"另一位与那

---

[1] 位于意大利首都罗马西北角高地的一个内陆城邦国家,全世界天主教的中心,以教皇为首的教廷所在地,实行君主专制政体。

些持否定意见的人走得很近的人士告诉《华尔街日报》："米歇尔现在得和团队中最能赚钱的合伙人商量，而不是像布鲁斯那样强迫他们做事。我们已经让他从头开始提出新建议了。"

即使经历了此次挫折，布鲁斯仍然有信心自己最终会赢得"大师"们的支持，IPO也一定能进行下去。但一位反对者说："我们中的很多人现在已经很富有了。真正的问题是，IPO之后，公司将如何发展？"另一位反对者则评价道："对布鲁斯来说，IPO是笔大买卖，因为他不花一分钱就能买下拉扎德的控制权。"

对于布鲁斯坚定的信心，米歇尔表示："布鲁斯似乎胸有成竹。也许他最终能达成目标。"据说，布鲁斯同意重新考虑合伙人保留协议中的一些条款，并考虑放弃他的部分权力。但是，"公司正处于一种全面混乱的状态，"金姆·范尼布雷斯克告诉《纽约时报》，"谁愿意购买一家内部充满争斗的公司的股票呢？"《时代周刊》借鉴了嘉信理财（Charles Schwab）2002年的一则幽默广告，将布鲁斯推进IPO的行为比作"给猪涂口红"。"他成功妆扮了他的瓦瑟斯坦-佩雷拉公司，将它出售给了德国的德累斯顿银行……等到交易完成，口红被擦掉，德累斯顿银行才意识到自己得到的只是一家被高估且业绩不佳的投资银行，而瓦瑟斯坦先生和他的银行家们早已带着出售公司所得的利润离开了。现在，瓦瑟斯坦先生可能又回到了梳妆台旁。"

但布鲁斯的支持者公开反驳了董事会会议上的说法，尤其是他们没有得到董事会的支持就无法推进IPO这一观点。会后，他们将布鲁斯写给合伙人的一封信的内容泄露给了媒体。"我们已经告知资本家们，我们得到了大多数合伙人的支持，"布鲁斯写道，"事实上，副主席能向大家说明几乎所有的在职合伙人都支持IPO。因此，我们此时仍然需要与资本家们达成协议，我们希望接下来的几个星期里事情能有所进展。"但米歇尔的亲信们反驳了布鲁斯的观点，他们声称"给拉扎德赚大钱的高级合伙人都反对这个计划"。弗农·乔丹就是一直以来反对IPO计划的高级合伙人之一，他告诉《商业周刊》："我与历史紧密相连。"

　　事实上，因为对公司盈利能力的核算存在争议，双方一直无法就基本事实达成共识。他们甚至没能一致决定是否要在10月11日，也就是星期一召开董事会后续会议。显而易见，布鲁斯要赢得持反对意见的合伙人的支持十分困难，而且反对者据说多达20人左右。最终，布鲁斯取消了这次会议，花了整个周末时间来拉拢反对者。其中一个反对者说："与其说布鲁斯采用的是魅力攻势，还不如说他采用的是金钱攻势。"潘恩韦伯的前任CEO唐纳德·马龙（Donald Marron）谈及布鲁斯时说："他能从拉扎德的复杂局面和内部斗争中汲取能量。"拉扎德的一个法国客户越来越排斥这种公开争端，他说："当你决定聘用一家投资银行时，希望它像闺中的女人一样安静、低调，而不是像在街头出没的普通妓女。"

　　在不批准提交IPO文件以及董事会后续会议取消之后，米歇尔飞回纽约，想看看少数不愿让步的在职合伙人能否最终与布鲁斯敲定提交上市申请的细节。他已经决定，如果自己的条件能得到满足就不再反对IPO。但冲突仍然存在。一些合伙人说，申请正在"全速前进"，律师和会计师们正在最后润色复杂的文件；而其他人则说整个事件是个"巨大的问号"。被米歇尔在1989年12月解雇的拉扎德伦敦分行前主席约翰·诺特说："在我看来，他们还在窝里斗。"杰拉多·布拉吉奥蒂是提交上市申请的主要反对者，他的一位朋友说他"把它当成一个原则性的问题在反对"。公司领导人之间持续不断的激烈争斗开始损害到普通员工的利益。一位普通合伙人说："遭殃的是合伙人。他们都在争夺这家伟大的公司的控制权，而我们被夹在中间左右为难。"

　　仿佛这一切争吵还不够似的，米歇尔又做出了另一个举动，使情况变得更糟。10月21日，欧瑞泽基金董事会会议在巴黎召开，会议结束后，米歇尔给布鲁斯发了一则消息："与拉扎德董事会的大多数合伙人协商之后，我们决定不再反对你的IPO计划，前提是你得承诺如果IPO无法在2005年6月30日之前完成，你就得从拉扎德辞职。"对于米歇尔来说，这件事变得相当简单。他不想成为上市后的拉扎德的一部分，也不想成为反对布鲁斯让公司上市的一分子，那会使他成为坏人。"如果我直接反对，布鲁斯可能已经失败了，可我无法带着另一个解决方案重新回来，"米歇尔解释说，"到时候他可能会对公司里的每个人说：'瞧，本来有一个完美的解决方案，你们中的大多数人都支持。这个家伙让人无法忍受。我们都知道这一点，可他还是毫不留情地向我们证明了这一点。他正在摧毁这个公司。'这样的话，我的处境又会如何？"

如果布鲁斯想要的是使拉扎德成功上市，那么米歇尔想要的就是他的钱以及优雅地退场。如果IPO失败，他希望清除所有的失败痕迹，尤其是布鲁斯，他已决定不再与布鲁斯续约。米歇尔第一次给出售的股票设定了固定价格，并将达到这个价格作为IPO的必要条件。他告诉布鲁斯，拉扎德必须"严格"以16.16亿美元的"现金总价"购买非在职合伙人们拥有的股票，不容协商。这个价格比之前传闻的12.5亿美元高出大约3.65亿美元。米歇尔和其他资本家拥有拉扎德36%的股份，这意味着，整个公司的估值将近45亿美元，比布鲁斯和承销商之前对拉扎德的估值高出大约10亿美元。这一巨大的差价——一只股票的卖出价远低于买入价——又给布鲁斯的IPO计划增添了新的难度。

让·克洛德·哈斯解释了米歇尔为什么会这么做。他说："米歇尔试图寻找一位接班人，正如你所知，拉特纳失败了，他的女婿失败了，卢米斯也失败了。然后他聘请了布鲁斯，我认为，这之后发生了两件事情。首先，布鲁斯想控制拉扎德。为了实现这一点，他必须以各种方式除掉老合伙人，而唯一的合法途径就是买下他们的股权。这与欧瑞泽基金的遭遇如出一辙。其次，他如何才能筹集到必需的资金从那些并不想出售股权的卖家手中买到股权呢？他唯一可以采取的手段就是拿出一大笔令人无法拒绝的钱。"而布鲁斯也正是这么做的。米歇尔等人获得的溢价应该算是布鲁斯为了获得公司控股权和让米歇尔彻底退出而不得不支付的价钱，而且这笔钱还是公众投资人出的。谁会在乎呢？

在发给布鲁斯的消息里，米歇尔说，如果上市失败，他还是"对拉扎德未来作为一家完全致力于为客户服务的私营公司充满信心"。他写道，届时他不会回来担任CEO，而是把公司的管理工作留给"高级合伙人团队中的那些可靠和有能力的候选人"，再从中找到一位领导人。他补充道，如果拉扎德继续保持私营状态，他就没兴趣出售公司，但也不会反对未来"合伙人们提出变现"。欧瑞泽基金董事会会议结束后，米歇尔在接受《金融时报》的采访时说，他现在"对有足够多的合伙人支持IPO计划感到很满意，这样我就不用站出来反对了。如果我们要上市，我不会反对，但我会离开；或者我们保持私营状态，但需要一个相信这个选择的管理层"。他重申道，如果公司继续保持私营状态，他不会再回来管理公司，因为"我无意回来亲自管理公司。我不认为我还能复出，这通常是短暂的，而且不快乐"。

布鲁斯冷静下来之后——因为米歇尔提出的条件显然无法接受，尤其是公开说出这些条件使情况更糟糕了——给米歇尔回了一封电子邮件。"我很高兴得知，您基于我们之前一致同意的财务条款不再反对IPO，"他写道，接着开始驳斥米歇尔提出的条件，"如您所知，只有在拥有优势的市场条件下才能做出承销决定，而且还得符合公司和合伙人的最佳利益。"对于米歇尔要求他辞职的最后通牒，布鲁斯没有做出回应，而是转而提醒米歇尔他的合同是"铁板一块"。"当然，如您所知，根据您和我大约在3年前一致同意的条款，我将担任拉扎德领导人到2006年12月31日。"他补充道，"正如我们讨论过的，如果不进行IPO或者IPO不可取，那么我们就得判断实施什么计划才能保障公司和所有合伙人的利益。"当时距离2005年6月30日还有8个月的时间，似乎还有足够的时间完成IPO，因为律师已经花了几个月的时间起草了必要的文件，现在只需等待董事会批准后向证交会提交申请，就可以开始走IPO流程了。

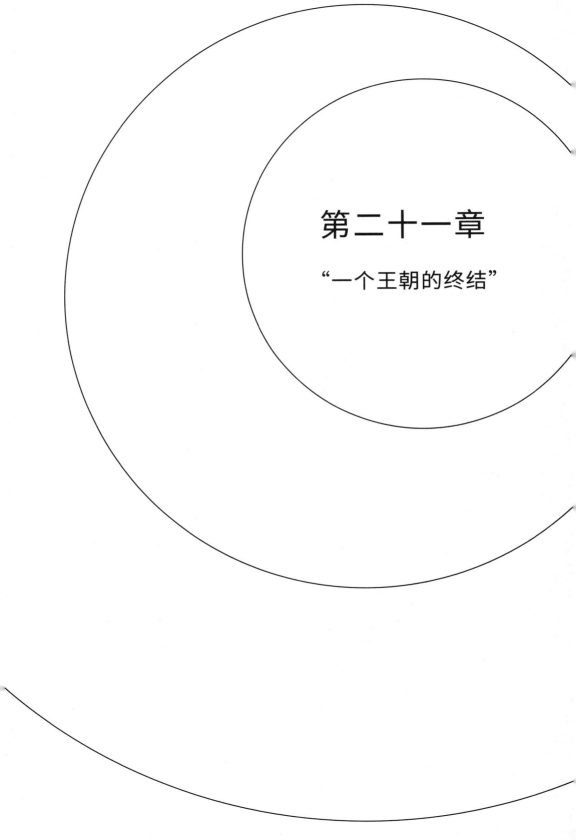

第二十一章

"一个王朝的终结"

　　然而，事情远没有那么简单。以传统方式给IPO定价是发行人、主承销商和他们推销股票的对象机构投资人之间一场错综复杂的博弈。基本的流程是，华尔街承销商按照约定价格从公司发行人手中购买股票，再立即将这些股票转售给预先找好的迫不及待的买家。在IPO的最后一瞬——当发行人出售实际股票、承销商购入股票时——承销商与发行人处于对立关系，他们之间几个月以来的招呼声和欢笑声全都烟消云散。发行人希望以尽可能高的价格出售股票，而承销商则希望以尽可能低的价格购进股票，当然，承销商十分清楚自己转头就可以把股票卖给排着队的机构和散户投资人。随着确定IPO必须完成的确切截止日期，这部神秘大戏明显地朝有利于承销商及其投资客户的方向发展。有些人曾说过，IPO一旦超过固定截止日期，就会像"一杯毒酒"，给发行公司造成巨大的损失。因此，不管之前与发行人关系多么亲密，承销商总会想尽办法来拖延股票发行，直到逼近截止日期。他们知道，一旦过了截止日期，而交易没有发生，发行人就将失去对承销商的一切影响力。"每个人都知道这是一场迫于压力的出售，"一位拉扎德银行家说，"这是有害的。"

　　布鲁斯十分聪明，他不会允许承销商拥有这种影响力。因此当米歇尔将6月30日定为截止日期后，他和戈鲁布开始力劝米歇尔改变主意。一个和布鲁斯关系亲近的人说，布鲁斯怀疑与自己打交道的这位"法国人是否不惜摧毁公司、损失数百万美元，也不肯放弃控制权"，或者说，米歇尔会不会眨眨眼呢？布鲁斯的朋友说："他打赌大卫-威尔最终会眨眼的。"布鲁斯继续与持反对意见的人谈判，并成功收买了他们，持反对意见的人随之日益减少。这是贿赂吗？"当然，"法国合伙人让-克洛德·哈斯回答道，"布鲁斯有的是钱贿赂他们，因为他是这家银行的负责人。米歇尔就做不到了，他没办法贿赂。"布鲁斯的一位盟友说："他在暗中布局。"为了争取反对的人，布鲁斯愿意在一些更有冒犯性的条款上做出让步。持反对意见的合伙人可以与公司签订一份无约束力的声明，表明他们愿意在公司待2年，而非必须承诺待满3年。他们也不用减薪。例如，与拉扎德签订了4年期合同、年薪3600万美元的明星银行家加里·帕尔就表明，只要不损害他的合同利益，就支持上市。

与此同时，戈鲁布也在加班加点地尽力说服米歇尔撤销截止日期。戈鲁布与哈斯密切合作，试图让米歇尔意识到自己的错误。他还让高盛的合伙人塔夫特来和米歇尔谈谈，以期米歇尔慢慢接受高盛的想法，相信这笔交易会成功，尤其是在能撤销错误的截止日期的情况下。在并购和IPO市场状况的改善方面，戈鲁布发挥了很大的作用，使米歇尔相信他提出的这个商业计划可行。极短的时间内，情况开始转变，米歇尔似乎不再坚持自己提出的条件。"那些条件似乎没么重要了，"一位拉扎德的知情人士告诉伦敦《泰晤士报》，"重要的是，大卫-威尔已经在原则上同意IPO，而且已经就资本家的股权价格达成了一致。"欧瑞泽的一些董事，特别是那些代表法国农业信贷银行的人声称，米歇尔有关布鲁斯必须辞职的言论纯属"个人观点"，并没有得到欧瑞泽董事会的认可。欧瑞泽基金发表了一份声明，证实董事会已经"批准进行IPO的谈判"，如果IPO成功，欧瑞泽基金将获得"7.84亿美元现金"。对于以转型为一只活跃、独立的私募基金为目标的欧瑞泽基金来说，这是一次重大的进步。

有一些报道称，在职合伙人们变得越来越不安和愤怒。他们对米歇尔和布鲁斯之间的分歧忍无可忍，因为这已经开始影响到公司的业务。还有报道称，布鲁斯将与法国国有储蓄银行松鼠储蓄银行（Caisse d'Epargne）达成协议，请该银行作为"主要承租人"在此次IPO中买下拉扎德5%—10%的股份。作为交换，松鼠储蓄银行将获得拉扎德的一个董事会席位。此外，该银行与拉扎德的合资企业，即附属的投资银行CDC Ixis还将获得额外支持。布鲁斯再次找到了引诱外国银行的方法；而且他还争取到了一名巴黎分行成员的支持，在与米歇尔的拉锯战中打赢了一场漂亮的公关仗。

上市的势头越来越好。米歇尔告诉《金融时报》，他"只是试图做些对公司最有益的事情：让它在没有我参与的情况下成为一家上市公司，或者按照我的想法继续做一家私人企业"。他带着一丝求和的口吻补充道，他喜欢布鲁斯。他说："事实上，我非常钦佩布鲁斯·瓦瑟斯坦的智慧和活力。我真的很喜欢他，这很有意思。只不过我们对拉扎德的未来有不同的想法。他想让拉扎德成为一家上市公司，按照那些相关的规则和职责进行管理；而我则倾向于使拉扎德保持一家由合伙人组成的服务于客户的私人企业。"他还说两人"无法调和的想法"正在分裂公司。"那些流言蜚语就像每天有人问你'你要离婚了吗？'一样刺耳，"他继续说道，"我很肯定这是不好的。"由于能从成功的IPO中获得数亿美元的收益，米歇尔还借机评论了公司的适应能力。"如果你看看新闻报道，就会发现拉扎德笼罩在巨大的光环下，"他说，"这种光环让我们度过了困难时期，也很有可能帮助我们成功公开上市。"不过，他在私下里承认，出售与生俱来的权力"令他心碎"，还说："45年来，我每天都在思考、担心，以及为公司的成功感到高兴。"接着他告诫布鲁斯："当然，我们可以断然拒绝上市，我们有权这样做。"

最终，米歇尔的实用主义压倒了他对拉扎德尚存的零星感伤。继任者的战争——始于1992年，当时米歇尔单方面将爱德华·斯特恩带进拉扎德，导致公司在接下来的12年里被弄得四分五裂——此时已经达到顶峰。米歇尔实在无法再参加另一场战斗，毕竟他已经72岁了。米歇尔的四个女儿也都非常清楚地意识到，她们不适合在父权制的拉扎德中扮演任何角色。米歇尔也曾尝试过起用一群聪明绝顶又雄心勃勃的人来领导公司，但他不愿放权，于是这些人很快就沮丧地离开了公司，或者彻底垮台。事实证明，布拉吉奥蒂并不是一个理想的继任人选，因为他无法提供米歇尔想要的东西。米歇尔曾试图出售公司，可当他中意的收购方法国农业信贷银行出人意料地退缩后，就搁置了出售计划。他终于将布鲁斯招进公司，结束了对布鲁斯数十年的"迷恋"，结果却发现这只是他的一厢情愿。原来，布鲁斯对米歇尔并无好感。这位年轻人的热情只是为了实现他巨大的野心，米歇尔只不过是他达到目的的一种手段罢了。

绝望的米歇尔已经完全落入布鲁斯的掌控之中。布鲁斯既有谋略，又有以智力胜过米歇尔的欲望。战争结束了。当然，米歇尔可以随时阻止布鲁斯，他只需投上反对票。但他不能这样做，尽管他意识到了自己选择布鲁斯是个错误，尽管他希望公司继续保持私营性质，尽管他能找到新的领导人，尽管他已经足够富有。他没有出路，最终只能妥协。对米歇尔来说，幸运的是他认为"我不后悔"。

12月3日，《华尔街日报》报道，米歇尔与布鲁斯将很快达成和解。戈鲁布和布鲁斯已经成功地让哈斯和米歇尔进行谈判并达成了交易。为了换取布鲁斯"不确定的让步"，米歇尔将放宽6月的截止期限。最终，这两个对手在12月6日签署了具有灵活性的和平协议。在这份同时向巴黎、伦敦和纽约的合伙人们发布的联合声明中，米歇尔批准了布鲁斯的IPO计划，但布鲁斯需要为此付出代价。该声明写道："如果没有在2005年底之前完成IPO或买断老合伙人的股权，那么拉扎德将继续保持私营性质。如果出现这种情况，或者瓦瑟斯坦先生在此之前放弃了该计划，那么在接下来的3个月内，我们将与合伙人以及拉扎德董事会一起评估所有战略和管理选项，使其符合公司和合伙人的最大利益。与此同时，瓦瑟斯坦先生目前的雇佣合同将在3个月后到期。在这3个月期间，如果瓦瑟斯坦先生和大卫－威尔先生有意愿，那么他们可以就新的雇佣合同进行谈判，并最终经由拉扎德董事会批准。我们期待拉扎德能有一个充满活力的未来。无论是上市或是保持私人性质，拉扎德都将继续为客户提供卓越的建议和支持。"

尽管米歇尔与布鲁斯达成了协议，还自称是布鲁斯的崇拜者，但当他们在拉扎德巴黎分行一同接受《华尔街日报》的采访时，两人之间的紧张关系一览无遗。他们坐在公司一间会议室的一张梨木桌旁，就像一对长期不和的夫妻终于提出了离婚申请。米歇尔说："我们必须做到尽可能的无私。"布鲁斯把他在2001年刚进公司时看到的拉扎德比作一座需要大规模翻新的房子，说公司需要"另外的钢梁和水泥支撑"，"一旦拥有坚实的基础，你就为前进做好了准备"。说到此处时，布鲁斯被米歇尔打断了，米歇尔坚称布鲁斯没和他商量"房子要如何重建。我收到了账单，但并不满意。我有权力不高兴"。（米歇尔后来承认，他仅有一个遗憾，就是没能"与布鲁斯建立更融洽、更亲密的关系"。）

当谈到两人在2004年5月的分歧导致他们关于公司盈利能力的争吵信件曝光一事时，米歇尔说他对"我在5月写的那些信感觉良好"。布鲁斯也抢着说道："我也觉得我的信写得很好。"他还补充道，在2002—2003年间，他有意与米歇尔保持极少的往来，是为了表明他不想像以前的合伙人那样被米歇尔迷惑。他试图回避"米歇尔和之前的管理者权力划分不清的历史"，他说"我不想要一个没有凝聚力的体系"。

事实上，布鲁斯为了找机会摆脱米歇尔，已经赌上了他在拉扎德的职业生涯。长期担任拉扎德律师的瓦切尔－李普顿律所资深合伙人马蒂·李普顿认为，此次IPO是一个明智的折中方案。"显然存在两种不同的观点，于是这些聪明人坐下来找出了一个解决方案。"这些聪明人中包括他的合伙人亚当·钦。但是，在与布鲁斯的激烈谈判中担任米歇尔参谋的让－克劳德·哈斯认为，对于潜在投资者而言，投资拉扎德的IPO只是"一种出于信仰的行为"。

2004年12月17日，星期五，下午4时44分，对于成千上万与拉扎德有过关系的人而言，这是一个他们万万没想到能在有生之年见到的时刻。当时，证交会承认收到了名为拉扎德有限公司的投资银行根据《1933年证券法》递交的为进行IPO而填写的S-1注册声明表。无论如何，这都是一份令人震惊的文件——不管是一开始提交的还是在接下来的几个月里做了修改的。根据证交会的要求，成立了156年的拉扎德有史以来第一次公开披露了公司的财务表现，尤其是2002年、2003年和2004年的，甚至还有一些5年前的数据。这些信息证实了许多人对拉扎德的看法：在布鲁斯2002年接手公司之前，拉扎德一直依靠很少的资本实现巨大的收益。即使是在布鲁斯的统治之下，拉扎德的营收和利润也令人羡慕，每年都在30%上下。从这份文件里，我们还能清楚地看到，拉扎德在2001年差点垮台，营收从2000年的6.76亿美元下降到了3.59亿美元，降幅近47%。而2002年的并购业务收入为3.93亿美元，比2000年的7.25亿美元下降了近46%。布鲁斯在2002年和2003年的大手笔支出给公司带来的影响也十分明显。他接手时，拉扎德合伙人的资本已经积累到了7.05亿美元——远超当初安德烈有意坚持的1750万美元；到2004年底，资本暴跌至3.85亿美元，这是承受了布鲁斯累积损失的结果。（那时高盛的总资产，包括债务和股权在内，接近600亿美元。）

除了财务信息被披露（老实说，这些年里，许多关键数据已经泄露出去了），S-1文件还给人这样一种感觉：它是布鲁斯从一开始就设想的某个计划的一部分。布鲁斯一直表明，为了长期股权价值，他愿意牺牲短期盈利能力。他在自己的瓦瑟斯坦-佩雷拉公司就是这样做的。尽管当时该公司的现金几乎耗尽了，但他仍能以将近16亿美元的价格把它出售给德国人，其中包括留任奖金。一直以来，令米歇尔烦恼的是，布鲁斯在拉扎德做了同样的事情。在他的管理下，拉扎德的短期支出飙升，支付给非在职合伙人的现金分红因此被取消。2003年秋季，为了重现自己在瓦瑟斯坦-佩雷拉公司的光荣经历，布鲁斯曾多次试图卖掉拉扎德。他坚持以高价出售，毫无疑问，市场并不买账。但布鲁斯毫不介意，因为他知道公开出售公司的第一个大好时机即将来临。证交会要求,新发行人必须在IPO的招股书中披露3年经审计的财务数据。因此,按照要求,拉扎德最早能在2004年12月提交申请,那时刚好是布鲁斯第三年任期结束的时候。当然,并购市场行情的改善以及格林希尔公司IPO的成功激励了拉扎德,也令承销商们对交易的成交有了信心,尽管资本家们想要的价格与公众会支付的价格之间仍然存在差异。

布鲁斯的一些合伙人曾说,天才布鲁斯甚至预料到了2004年秋季并购市场的周期性反弹。他就是这么聪明。2005年9月,在与耶鲁大学商学院的一群MBA候选人交谈时,布鲁斯差不多也是这么说的。他在演讲中说道:"我们正处于并购活动复苏的开端。自内战以来,并购活动的发展就一直具有周期性,每隔10年左右会大爆发一次。前5年是并购活动的增长期,然后增速逐渐放缓。这有很多因素的影响。我的观点是,我们现在正处于并购活动高涨的初始阶段。并购活动复兴后,批评并购的人自然又会重新露面,我想这包括你们学院中的许多人。"布鲁斯在第一波士顿的合伙人迈克·科内克(Mike Koeneke)曾担任美林并购部门的联合负责人,他认为拉扎德提交上市申请是经过深思熟虑的。"布鲁斯对时机的把握一贯精准,"科内克对彭博社谈及布鲁斯时说道,"越来越多的公司合并消息传出,他果然言中了。我认为,大家最终会认可他的观点。"

其他人更多的是持怀疑态度。拉扎德资本市场业务的前负责人达蒙·梅扎卡帕在得知拉扎德正在进行IPO后,表示难以置信,他说:"如果这家公司上市,我会相当震惊。但奇怪的事情就这样发生了。"他还有预见性地补充道,在他看来,对于布鲁斯来说,这件事情能实现的唯一途径就是展示拉扎德"形式上的"财务状况,不向新合伙人支付他之前做出的巨额薪酬保证。

菲利克斯则更加表示怀疑,至少一开始是如此。"我认为布鲁斯非常聪明,因此不管我现在说什么他都早已知道,所以其中必然还有更多的内幕。"菲利克斯说道。

　　我很难想象你先向公众出售一家公司的股票，紧接着这家公司就用这笔资金以相当于股票价值两三倍的价格买走控股股东手中的所有股票，最后留下一家负债过高、内斗频繁的羸弱公司。我不知道你是如何去说服人们这样做的，除非你以某种方式与一些出于各种理由愿意这样做的机构达成了共识。但这很难。而且即使你做了这些，公司就能存活下去吗？所以我还在等结果，等着某人来买下公司。我认为米歇尔本来能做成，如果他真的想那样做的话，我认为他确实想拿回公司，然后对布鲁斯说："瞧，我会买断你的股权让你出局。我还会保留自己的股份，我会投票支持肯·威尔逊或者加里·帕尔或者随便什么人，你知道的，而且我会作为控股股东留在公司，不过我会支持管理层"……我的意思是，在公司里，他代表的是150年的传统，代表家族所有权，代表私人所有权，代表他所谓珍视的所有东西。如果这笔交易发生了——我仍然不相信会发生——布鲁斯将剥夺公司今后多年的未来。

　　随着IPO的可能性变得越来越大，菲利克斯的想法改变了，开始认为交易将会发生。"我错了。"他说。尽管菲利克斯已经转变想法，但直到2005年1月，米歇尔还在怀疑能否成功进行IPO，因为需要解决的问题实在太多了。他说："我非常不确定能否上市。在我看来，目前还有相当多的问题尚未解决，却很少有人在解决问题。我的意思是，努力工作的人很少很少。"

　　在充斥着法律术语、长达173页的S-1文件的丰富细节中，布鲁斯与他聘请的昂贵的高盛银行家们以及瓦切尔-李普顿律所和科雷弗斯律所的律师们的才华展露无遗。拉扎德的IPO无异于证明了布鲁斯的创造性和大胆做事的魄力。他需要同时解决许多问题，并最终一个个解决了。首先，他得将股票发行专注在拉扎德那些对投资人有吸引力的业务上。

在这方面，他得到了高盛的帮助。高盛告诉他，拉扎德有限公司应尽可能地像格林希尔公司一样只包含拉扎德的并购、重组和资产管理业务。（格林希尔的股票在IPO到拉扎德首次提交上市申请的这段时间里升值超过了50%。）当时并购业务发展势头良好，当并购业务发展放缓之后，重组业务就将发挥作用；与此同时，资产管理业务也能提供稳定的收入流。成为上市公司后，拉扎德在全球将拥有约10亿美元的收入和2339名员工。拉扎德无利可图的资本市场业务和私募股权基金管理业务（但在法国的这些业务将成为上市公司的一部分）被排除在IPO之外。此外，会降低上市公司盈利能力的"特定非经营资产和债务"也被排除在外，这部分包括英国一笔缺乏资金的养老金债务和伦敦分行空置的老办公室的租赁。仍旧独家附属于拉扎德的资本市场业务将由所有在职合伙人共有，而在职合伙人有的会去上市公司，有的会留在资本市场业务部门。为了表彰并购银行家们在达成金融交易中发挥的作用，资本市场业务大约一半的利润将转移到上市公司。至于私募股权业务，拉扎德将保留一笔1000万美元、为期9年的期权，如果在投资偿清之后的几年里业务开始盈利，他们无疑会行使这笔期权。

在解决了哪些业务将被纳入上市公司的问题之后，布鲁斯还必须考虑从哪儿能筹到16.16亿美元来付给欧瑞泽基金、米歇尔及其亲信，而且这笔钱的数目不容协商。事实上，布鲁斯需要的资金远不止16.16亿美元，他必须总共筹集到至少19亿美元，因为他打算给那些"被分割"的业务——资本市场和私募股权业务——留下1.5亿美元的运营资本来偿还某些债务（主要是英国的养老金债务），而且他想还清拉扎德在2001年5月欠下的5000万美元债务。此外，他还得向银行家、律师和会计师们支付8700万美元的酬金。IPO——首次公开出售公司的股权——将总共募集8.55亿美元（含承销商酬金，经过艰难的谈判，酬金从通常的7%压缩到5%，即4270万美元。布鲁斯最终也同意了承销商摩根士丹利、花旗集团和美林的要求,让他们与主承销商高盛更公平地分享酬金），除去付给承销商的酬金，净收入约为8.12亿美元。布鲁斯还需要大约11亿美元。为了筹到这笔钱，他转向了其他筹资渠道。他与松鼠储蓄银行谈判成功，获得了2亿美元的投资，其中5000万美元用于以IPO的价格购买普通股，剩下的1.5亿美元用于购买可转换为普通股的债券。他还通过公开出售无抵押高级债券募集到了5.5亿美元。

布鲁斯继续筹集他所需的剩余资金，为此发挥了一点儿创意。他通过公开出售"股权证券组合"（即为投资者提供有息债券和股权的组合）又筹到了2.875亿美元资金。用华尔街的行话说，布鲁斯在拉扎德做的事情被称为"杠杆资本重组"，这在私募股权领域很常见。布鲁斯给拉扎德的原始资产负债表增加了近9亿美元的新债，再加上8.12亿美元的IPO预期收入，他就能买下现有股东的所有股票，并成为最大的个人股东。虽然这种方法并非布鲁斯首创，但他用别人的钱控制了拉扎德，同时又摆脱了米歇尔，这一出简直太精彩了。

更聪明的是，布鲁斯决定将拉扎德有限公司注册在百慕大的汉密尔顿。对于美国公司来说，那儿是个众所周知且充满争议的避税天堂。在避税方面，布鲁斯也极富创造力。他首先考虑的是卢森堡和美国特拉华州，之后才选择了汉密尔顿，于是拉扎德成了第一家在汉密尔顿注册的大型华尔街投资银行。美国对企业（和个人）的全球收入征税，不管他们的钱是在哪儿挣的。但把公司注册在百慕大，拉扎德不仅不必在当地缴税（该岛不征收所得税和资本利得税），而且美国境外的收入也不需要向国家缴纳税款。境外收入只需按当地的税率缴税。批评人士称，这种避税行为是"不爱国"，是"大规模逃税"。康涅狄格州一家有着163年历史的工具制造商史丹利公司（Stanley Works）在遭受尖锐的批评后，放弃了在汉密尔顿重新注册的计划。

但布鲁斯不在乎。拉扎德表现得就像与百慕大无甚关联。《金融时报》指责布鲁斯："纳税问题当然只是一个次要的考虑因素。谁不想看看瓦瑟斯坦的腿呢？"（意指布鲁斯可能很快就会穿上百慕大的短裤。）

颇具讽刺意味的是，由于布鲁斯本人也是拉扎德股东（他在2001年从米歇尔手中买了一些拉扎德股票），和米歇尔一样，他有权把股票套现。但为了显示自己的慷慨以及向市场发出支持IPO的信号（他也向松鼠储蓄银行承诺过会这么做），布鲁斯把套现的约3290万美元现金按每股25美元的IPO价格转换成了131.7万股拉扎德股票，加之米歇尔还按照最初签订的5年期合同给了他995.8万股拉扎德股票，因此在拉扎德IPO成功之后，布鲁斯将拥有1127.5万股拉扎德股票，成为当时公司最大的单一个人投资者。（在当时看来，肯·雅各布斯将是第二大个人投资者，拥有198万股股票。）

布鲁斯根本无需为这些股票支付一分钱。按每股25美元的IPO价格计算，他所有的股票大约值2.82亿美元，而拉扎德1亿股股票的总价值将达到25亿美元，拉扎德市值（股票加债务减去现金）将达到35亿美元左右，并不比米歇尔、卢米斯和布鲁斯先前试图出售公司的价格低多少，但比拉扎德从米歇尔手中回购股票的估值低了整整10亿美元。不管怎样，布鲁斯不花一分钱就获得了价值接近3亿美元的股票，在资本主义的美国，他完全称得上是个"天才"。

但布鲁斯还没有停止创造奇迹。他仍然需要向市场表明他的拉扎德是一家能赚钱的企业。虽然被并入上市公司的那些业务一直在盈利，但布鲁斯按照合同付给合伙人们的酬金已经耗尽了公司的全部利润以及一笔不小的原始资本。拉扎德的薪酬支出已经达到收入的70%—80%（2002年和2003年的员工薪酬分别占公司净收入的74%和73%），远高于50%左右的行业平均水平。承销商们知道这种情况在市场上行不通，拉扎德的薪酬支出必须与行业规范一致。

为了做到这一点，布鲁斯和戈鲁布决定在IPO之后，将拉扎德的薪酬支出固定为净收入的57.5%。用IPO的术语来说，这个重要的改变就是所谓的"形式调整"。尽管在历史上拉扎德的薪酬开支从未达到收入的57.5%，但布鲁斯还是告诉投资者他会这么做，和梅扎卡帕之前预测的做法完全一样。如此一来，布鲁斯就能向市场表明，拉扎德有限公司这家即将上市的公司在2004年的预估净收益为3200万美元，尽管拉扎德在这一年实际亏损了约1.2亿美元。换句话说，尽管拉扎德在2004年的薪酬支出占净收入的74%（包括向将被"分出去"的业务的员工支付的薪酬），但布鲁斯还是向市场展示了"新"拉扎德在薪酬支出只占57.5%的情况下会是什么样子。现在，拉扎德居然奇迹般地盈利了，甚至还能向新股东派发股息。一派胡言！当让-克洛德·哈斯说投资拉扎德的IPO是"一种出于信仰的行为"时，想表达的一定就是这个意思。

的确，为了将每年的薪酬支出减少大约1.75亿美元（最终只削减了1亿美元），布鲁斯采取了强有力的措施。首先，他承诺IPO是为合伙人们创造财富的。他和卢米斯在2001年底和2002年初分发的拉扎德商誉将会有一个公开的市场和公开的估值——正如他承诺的那样。为了让在职合伙人们同意降低目前的现金薪酬，让他们拥有股票（大部分是既得股权，但不能出售）。这是一种利益诱惑，让他们在降低现金薪酬和提高公司股票价值之间寻求一种平衡。

除此之外，布鲁斯还采取了强硬措施。在提交IPO文件之前，公司内部进行了旷日持久的谈判，布鲁斯几乎让公司所有董事总经理签署了所谓的"保留协议"，协议规定"年度奖金由拉扎德有限公司的首席执行官自行决定"。换句话说，布鲁斯可以单独决定薪酬。布鲁斯已经向市场做出薪酬支出占比为57.5%的承诺，而他也的确拥有实现这一点的独一无二的权力。他只需要让投资者们相信他会这么做。一位在圣诞节前夕工作到很晚的拉扎德银行家警告说："我肯定不愿意成为那些副总裁和董事中的一员，他们拿着高收入，却没做出什么业绩……斧头就要落下来了。"当然，万一布鲁斯无法达成新的薪酬支出目标，IPO招股说明书中的"风险因素"也给了他所需的全部合法的回旋余地。招股说明书中表明，在布鲁斯掌管公司的头3年里，"继聘用新的高级管理人员之后，为了对业务上的智力资本进行再投资，我们又投入了大量资金招聘和留住高级专业人才。2002—2004年，我们支付给董事总经理的薪酬都超过了公司可分配给员工的净收入"。这似乎差不多算是承认，米歇尔的看法是正确的。尽管2004年拉扎德的薪酬支出占净收入74%，但招股说明书上还是写着公司计划实现57.5%的目标，然而"对高级专业人士的争夺激烈化、金融市场的总体变化或其他因素可能会使我们无法达到这一目标，并因此对我们的经营成果和财务状况造成重大的消极影响"。

布鲁斯实际上是在说："瞧，我们会试一试。我有能力做到这一点。如果我们达到了57.5%的目标，那很好；如果没做到，那也只能这样了——我们之前已经警告过你们了。"购者自慎。

布鲁斯和公司另外4位高管——证交会要求披露公司5名级别最高的高管的各种信息——也与拉扎德签署了保留协议。布鲁斯的协议保证了他在接下来的3年里基本年薪不少于480万美元。拉扎德董事会将决定他是否能获得奖金以及奖金数额。如果拉扎德无故或在没有发生"公司控制权变动"的情况下终止聘用布鲁斯，那么他将获得相当于两倍年薪的遣散费，外加他和家人享有终身的医疗保健福利。如果控制权发生变动导致布鲁斯失去工作，那么他将获得相当于三倍年薪的遣散费。这是美国企业CEO酬金过高的典型现象。

如果一个普通的董事总经理被解雇，除了3个月薪水，根本不会得到任何遣散费。根据保留协议中的条款，布鲁斯还被允许继续担任瓦瑟斯坦公司的主席，即使该公司与拉扎德的私募股权基金存在竞争关系。如果IPO成功，布鲁斯将成为唯一一个既是一家并购公司的负责人，也是一家公开上市的华尔街公司CEO的人。在12月17日提交原始文件之后的5个月里，拉扎德向证交会提交了大量披露性文件，但其中并没有布鲁斯与米歇尔最初签署的聘用合同副本。大概，那份文件被视为与新的拉扎德无关。

12月提交的S-1文件仅仅是正式IPO过程的第一步，整个过程还有许多其他的正式步骤。例如，拉扎德要进行为期两周的"路演"，高管们要到全球多个城市与投资者会面，做演示并回答问题。在开始"路演"之前，拉扎德对最初提交的上市申请登记表做了6次修改，每次都像剥洋葱一样披露了更多的情况。然而，除了要向证交会提交文件，布鲁斯和他的助理们还有很多工作要做。布鲁斯遇到的第一个问题来自欧洲，与拉扎德存在竞争关系的各家投资银行正在大力招募那些拒绝在支持IPO信件上签字的欧洲人。据说，汇丰银行、瑞银、雷曼兄弟和德意志银行等公司已经接洽了多位没有签字的银行家。

但对布鲁斯而言，与要消除他与公司内部各种非在职合伙人团队之间日益尖锐的冲突相比——提交IPO申请"地震"后的余震——这只是件小事。合伙人们对此次IPO知之甚少，也不知道自己将会被如何对待，因此在拉扎德提交上市申请文件后，他们迫不及待地开始阅读。许多人对其中的内容并不满意。大家很快就看出，布鲁斯与米歇尔达成的交易只涉及拉扎德买入米歇尔和法国创始合伙人的商誉，根本没有提及如今成为"有限"合伙人的商誉。这群"有限"合伙人大约有10人，1984年拉扎德合伙公司创立时就一直存在，因此也拥有少量的商誉。这些商誉总价值约为2000万美元，在整个交易的大背景下，它几乎可以忽略不计，但对于被卷入其中的合伙人们来说，却极为重要。

他们发现，米歇尔实质上是让他们自生自灭（他们在IPO过程中不能套现），因此他们都对米歇尔和布鲁斯感到气愤不已。他们聘请法律顾问帮他们争取到加入套现行列之中。其中一位愤怒的"有限"合伙人写道："（收购协议中的）条款不合适，除非我们的所有股份也被全部买断。全部买断应该是我们的首要目标，经营协议第7条看起来是我们最佳的谈判武器。"这群人很快引起了史蒂夫·戈鲁布和迈克·比昂迪的关注，并得到了满意的解决方案。布鲁斯同意像对待米歇尔一样对待他们的商誉，他们也将拿到现金。

另一批退休的伦敦合伙人给布鲁斯出了一个更棘手的难题。这群被称为"伦敦组织"的十多位合伙人聘请了法律顾问与布鲁斯抗争，因为他们的养老金计划有9500万美元资金缺口，他们担心在IPO期间，这笔资金无法全部到位，这使他们感到被忽视了，因此十分气愤。一位合伙人写道："他们认为，除了布鲁斯，还要对米歇尔（他违背信义、自利交易、抢先交易等）发起猛烈攻击。"他还补充说，这群人的意图是发出"一封态度强硬的信件来表明他们的立场，并向证交会揭露拉扎德的行为。如有必要的话，他们还会向媒体求助"。这场斗争不会那么轻易得到解决，因此，在IPO前夕，"伦敦组织"果真在媒体上发布了拉扎德大量的负面消息。这个策略奏效了，拉扎德同意从IPO募得的资金中拨出一部分资金以确保英国养老金全部到位。

布鲁斯还必须解决拉扎德与1999年底退休的前资本市场部长期负责人达蒙·梅扎卡帕一直以来的纠纷。米歇尔自行与梅扎卡帕达成的附带交易规定，除了能获得一笔高额年薪，梅扎卡帕还能分到纽约分行2000—2002年利润的3%。但米歇尔和布鲁斯在2001年底分配商誉时，梅扎卡帕并没有分到任何利润，即使他持有利润比例。布鲁斯到来之后不久，利润比例就不再具有任何价值，因为公司没有任何利润可言，对此，梅扎卡帕很不高兴。与其他人一样，他从没想到拉扎德向合伙人支付一定比例利润的老路子会被布鲁斯推翻和废除，于是梅扎卡帕提起了诉讼。这个案子根据华尔街奖金纠纷解决条例进行仲裁。2005年初，在仲裁之前，布鲁斯和梅扎卡帕达成了和解（梅扎卡帕获得了股票，按IPO价格计算至少值500万美元）。接下来，布鲁斯还要跟少数所谓的"行尸走肉"合伙人斗争，这些人在卢米斯和布鲁斯2001年底分配商誉时分得了商誉，但在布鲁斯2004年12月提交S-1文件前离开了拉扎德。颇具讽刺意味的是，卢米斯是在商誉分配之后和提交文件之前离开拉扎德的前合伙人中拥有最多商誉的人，他在2001年9月10日与米歇尔谈判获得的"保障"，使他即使离开公司也能获得商誉（据说他获得了超过1%的公司股权，按照提议的IPO价格计算，价值超过2500万美元）。据说，这群组织松散的人拥有4.5%—5%的商誉，他们也聘请了一名律师。如果这些人还留在公司，那么作为在职合伙人，他们可以在3到5年内将商誉转换成上市公司的股份。但他们已经不在拉扎德了，他们的商誉就会被困在一家控股公司里，直到8年后才能转换为上市公司的股票出售。鉴于米歇尔将从IPO中获得现金，他们中的一员说："不该如此。我们应该跟其他人得到同样的待遇，我们应该跟资本家们获得同等待遇，因为那是我们应得的。"

这群人采取的策略至少分为两个部分。第一，IPO的16.16亿美元预估现金收入存在估值过高的风险，米歇尔和欧瑞泽基金不会让任何事情威胁到这笔资金和IPO，因此他们一定会不惜一切代价避免拥有5%商誉的公司前合伙人们进行负面宣传和提起诉讼。第二，布鲁斯分配给合伙人的商誉实际上已经超过公司100%的商誉，因此他需要收回部分商誉。（布鲁斯以为他会有充足的时间——至少3年——在商誉可以转换为上市股票之前收回过度分配的商誉。）这两点结合起来产生了很好的效果。布鲁斯及其助理与这些人逐一谈判，并与包括卢米斯在内的大多数人达成了和解，按照IPO价格的约50%买回了他们的商誉。

正当布鲁斯越来越成功地解决所有的并发问题时，一则消息震惊了拉扎德。3月2日午餐后不久，拉扎德前合伙人、现为北美罗斯柴尔德CEO的杰瑞·罗森费尔德发出了一封题为"悲惨新闻"的电子邮件："根据'拉扎德内部消息'，爱德华·斯特恩在日内瓦公寓被杀。"这则短短二十来字的消息更像是在惊呼："告诉我更多的消息！"表面上，50岁的斯特恩在1997年遭米歇尔解雇后似乎断绝了与拉扎德的一切联系，但事实如同他的私生活一样，要复杂得多。作为斯特恩离开拉扎德的临别赠礼，米歇尔安排欧瑞泽基金向斯特恩拥有6亿美元的私募股权公司IRR投资了3亿美元，斯特恩和他的朋友们则投资了剩余部分。斯特恩在日内瓦管理着这只基金，并没有使用太多欧瑞泽基金注入的资金，但IRR

的表现并不太好，处境一直十分紧张。斯特恩十分贪婪，总是毫无诚意地试图让拉扎德参与到那些与他有关的重大并购交易中。为了刺激米歇尔，他还常常做出卑劣的行径，即只要一有可能，他就起诉拉扎德（和许多其他公司）。尽管米歇尔已经将斯特恩从拉扎德解雇，但按照法国巴黎分行的合伙人制度，他仍持有巴黎分行的一小部分股份。在2000年三家分行合并时，直至拉扎德向他付清了全部的钱（据说总计约2500万美元）之后，他才投出了那关键的一票。

听闻斯特恩身故的消息后，拉扎德的很多人开始上网搜索新闻，试图了解在他那上锁了的顶层豪华公寓里到底发生了什么。斯特恩的公寓在日内瓦时髦的里弗区，就在阿德里安－拉肯阿尔街17号的一个警察局上面。"星期二下午，有人发现他死于日内瓦的家中，"日内瓦警方发言人在3月2日星期三表示，"这是场谋杀。"这也是官方首次发布的零星消息。

米歇尔是从妻子口中得知斯特恩死亡的消息的。当时他与情人玛格·沃克正在非洲旅行。和妻子海伦妮刚刚通过电话后才10分钟，海伦妮又打来电话，说他们的女儿比阿特丽斯刚刚听闻了斯特恩的死讯。米歇尔说："我打电话给我女儿比阿特丽斯，我不知道他是被杀的，我只知道他死了。我告诉她发生了什么事。最初，我以为他是自杀的。然后她告诉我，'我相信他是被谋杀的'。"那天，《费加罗报》（Le Figaro）报道了斯特恩被刺杀的消息。"他很有钱，得罪了很多人，"报纸写道，"他的敌人们简直找不到足够有力的词语来谴责他强大的野心。"专门报道社会名流的专栏记者塔基·西奥多洛普洛斯（Taki Theodoracopulos）补充道："他不仅是个无情可怕的恶棍，根本几乎是个恶魔，但他仍能在文明社会中自由走动。"

日内瓦警方在新闻发布会上证实斯特恩是被谋杀的（实际上他身中4枪），并且已经展开调查。《日内瓦论坛报》（Tribune de Genève）采访了斯特恩的葡萄牙籍女佣蒂娜（Tina，化名）。她向该报说了事件始末。几个月前，蒂娜带着斯特恩的祝福回葡萄牙看望生病的父亲。在她离开期间，斯特恩也不想请别的佣人。前不久，她刚从葡萄牙回到日内瓦，每天下午都在斯特恩的公寓里工作，但已有一个星期没有见到斯特恩了。"他是个谨慎的人，"她说，"我给他洗亚麻床单，打扫公寓，我知道他喜欢哪种酸奶，但我对他的私人生活一无所知。他从不对我提这些。"星期二下午大约1点15分，她接到了斯特恩在IRR的一位同事的电话。那人说："我们到处找斯特恩先生，你有他公寓的钥匙吗？"

几分钟后，蒂娜赶到了阿德里安-拉肯阿尔街17号，来到位于5层的公寓，遇到了斯特恩的前合伙人桑迪·科伊曼（Sandy Koifman）和他的两位助理。科伊曼对斯特恩十分友善，他的新办公室与斯特恩的办公室只隔一层楼。科伊曼一直在找斯特恩，因为斯特恩错过了两个上午的约会，一个是与一位前高盛合伙人，一个是与静寺基金（Hermitage Fund）——专注于俄罗斯市场投资的最大和最成功的股权基金之一——的创始人威廉·布劳德（William Browder）。尽管斯特恩错过了这两个约会，但科伊曼并不是特别担心，因为那天早上他还在停车场见过斯特恩的宾利新车。科伊曼去了两人经常光顾的桥本寿司餐厅吃午饭。午餐后，斯特恩还是没有出现，于是他赶到了斯特恩的公寓。他还给当地的医院打了电话，确定没有任何叫斯特恩的人或者外貌与之相符的人出现。科伊曼说："我还在想，也许他在浴室里滑倒了，我的一个朋友在45岁时死于心脏病。"

蒂娜把钥匙插进锁眼，警报器没响，她自言自语："太好了，斯特恩先生在家。"一进入公寓，她突然有一种奇怪的感觉。"那是一种直觉，"她说，"我觉得很奇怪。"尤其是当她看到卧室门口有一双斯特恩的网球运动鞋时。科伊曼和他的助理与她擦身而过进入卧室，她还记得"他们脸上都露出了奇怪的表情"。她朝卧室门口走去，想往里看，但被他们制止了。他们说："你最好不要看，去报警吧。"于是她极其焦虑地走下公寓大楼，踏进了警察局。2点30分，大批警察赶到公寓，侦探也来侦查犯罪现场。警察盘问了蒂娜。"但我没有看到尸体或血迹,"她说,"我对这件事知道得越少越好。"

科伊曼在斯特恩卧室里的发现不仅让拉扎德也让整个金融界为之震惊。他告诉《名利场》记者布莱恩·伯勒:

我走到门前,用一根手指推门,门开了。卧室很朴素,只有一张大床——美国人说的特大号床——然后就没别的了,很有禅意。什么东西都没有,所有的东西都放在嵌入式壁橱里。门后面的地板上有一具尸体,脑袋下面有一大摊血。我得承认,乍一看,我认为这是一件现代艺术品。法国人会称之为超现实主义艺术品。我还以为这只不过是件艺术品,可以跨过去。我在别人的公寓里看过更奇怪的东西。过了一会儿,也许是1分钟,也许是30秒,又或许是5秒,我不知道到底多久,我才意识到我在斯特恩的公寓里看着一具死尸。尸体从头到脚盖着肉色衣服——后来我才知道那是乳胶。他脸上没有洞,我不知道这样要怎么呼吸。你路过梅西百货时,看到过没穿衣服的人体模特吗?尸体看起来就是那个样子。他侧身躺着,我看不到脸和头。如果我在曼哈顿的某个地铁站里看到同样的尸体,我绝不会想到这就是爱德华·斯特恩。你什么都看不出来。

根据伯勒对这场谋杀的描述,尸体上裹着一根白色细绳,旁边的椅子上还有更多绳子。科伊曼说:"场面非常淫秽,你知道电影《七宗罪》吗? 就是那种景象。就是那样,你知道,我并不想刻意说得有戏剧性,但情况确实如此……很邪恶。"接下来的6个小时里,科伊曼一直在接受警方的盘问。根据伯勒所说,科伊曼猜测,斯特恩是在进行粗暴的性行为时头部遭受撞击后死亡的。

科伊曼不知道,他的朋友兼前合伙人早已沉迷于性虐待的奇异世界里。直到他发现斯特恩尸体的两天后,瑞士警方召开新闻发布会时,他才意识到斯特恩是被枪杀的。

在大西洋两岸拉扎德的前任和现任合伙人中间，这桩谋杀案很快出现了3个版本的说法。其中一个是俄罗斯-东欧黑手党说，斯特恩曾在该地区做了一些错误投资，因试图收回投资中的部分资金而遭暗杀。还曾有媒体报道了斯特恩与俄罗斯陆军上将亚历山大·列别德（Alexander Lebed，2002年死于西伯利亚的一次直升机事故）的友谊，以及他与一个极漂亮的前"苏联小姐"朱莉娅·莱米戈娃（Julia Lemigova）维系了4年的婚外情。这些报道使得这种说法变得错综复杂，也增强了它的可信度。斯特恩和莱米戈娃曾经谈婚论嫁。他们还很有可能在1999年生了一个名叫马克西米利安（Maximilien）的孩子，但在一个不知名的保加利亚籍保姆可疑的照料下，这个孩子在6个月后突然夭折了。莫非，聘用这位保姆是为了消除婚外情的证据？

当然，还有更离奇的性虐待说法。最后，有人怀疑，斯特恩是因对他投资了8900万美元（这笔钱几乎全亏了）的法国化学公司罗地亚（Rhodia）提起的一系列诉讼而惹怒了很多人，其中包括住在贝尔西区的法国财政部长蒂埃里·布雷顿（Thierry Breton）。布雷顿曾担任罗地亚的董事，也是斯特恩的起诉对象之一。科伊曼还发现，IRR纽约办公室的一部电话遭到窃听。法国的外部情报机构"法国对外安全局"（DGSE）用"塞拉诺行动"作为代号，定期对斯特恩进行电话监听。"他早已意识到有人在监视他的公寓，"一位与斯特恩走得很近的消息人士告诉《星期日邮报》，"他说罗地亚公司一些有权势的大人物试图通过调查他的私生活来损害他的名誉。"死前一个星期，斯特恩告诉一个朋友："你会看到，大家会说我是个同性恋，但我不在乎。"

斯特恩的确非常关心自己的人身安全，他在2003年设法弄到了允许携带枪支用于自卫的许可证。在瑞士，个人不允许携带武器，因此斯特恩设法在法国获得了许可证，相关文件当时还是由2007年4月接替雅克·希拉克成为法国总统的尼古拉斯·萨科齐签署的。

　　然而，最广为流传的版本却是黑手党谋杀版，因为斯特恩通过 IRR 与东欧有着大量联系，还在那里损失了一大笔钱。

　　但是，在谋杀案发生之后和破案之前一直在为《名利场》报道此案的伯勒猜测，真相大白之际，阴谋论者会感到失望。他的直觉是对的。警察查看公寓楼附近的监控录像时发现，一位名叫塞西勒·布罗萨德（Cécile Brossard）的 36 岁法国女子是谋杀案发生当晚唯一进出过斯特恩公寓的人。布罗萨德身材高挑，满头金发，妩媚动人，据说是斯特恩的长期女友，同时也是个二流艺术家。伯勒写道："她是个艺术家。但除了在业余时间里创作雕塑，她的主要工作似乎是应召女郎，专门提供性虐待服务，要价很高。"1996 年，她与年长 20 岁的草药治疗师泽维尔·吉莱（Xavier Gillet）在拉斯维加斯结婚。婚后，他们住在距离日内瓦一个小时车程的郊外。但很显然，她经常以"爱丽丝"（Alice）的身份——一个"身穿皮革的女施虐狂"——频繁地出现在日内瓦，在当地的酒店里等着被人雇佣。据说，她就是在这种情况下与斯特恩大约在 2001 年相识的。据说，她最喜欢的电影是《发条橙》（*A Clockwork Orange*）[1]。

　　奇怪的是，在 2 月 28 日晚上斯特恩被谋杀之前，几乎没人——甚至他最亲密的朋友，包括科伊曼在内——知道他和比阿特丽斯已于 1998 年正式离婚。直系亲属对他们离婚的消息只字未提，甚至就连米歇尔也不知道。当被问及此事时，米歇尔只是说："爱德华和比阿特丽斯已经不再睡在同一张床上了。"但其实当时他们已经离婚好几年了。不过，两人一直保持着密切的联系，而且据说斯特恩对 3 个孩子非常慷慨。米歇尔说："他给了孩子们爱和力量，他和孩子们关系很好。对孩子们来说，他的死显然是个很大的打击，一个极大的打击。而对于我女儿来说，尽管他们已经分开，你知道，也是一个打击，因为她一直爱着他。虽然她

---

[1] 1972 年由斯坦利·库布里克执导的犯罪片，马尔科姆·麦克道威尔领衔主演。改编自英国当代著名作家安东尼·伯吉斯的同名小说，讲述了一位无恶不作的少年阿历克斯因杀人入狱，为了早日出狱，自愿接受了特殊的人格治疗。他在"痊愈"出狱后却遭到了正义的迫害。

无法和他一起生活，但始终爱着他。"米歇尔的助手阿尼克·珀西瓦尔补充说："斯特恩的前妻和3个孩子都很伤心。"

在很多人看来，随着时间推移，斯特恩与布罗萨德的关系超越了一直以来的性交易关系。他似乎被布罗萨德迷住了，而布罗萨德也一样。他鼓励布罗萨德从事艺术工作，聘请她装修他在日内瓦的充满禅意的宅邸。据说，斯特恩还带布罗萨德去印度和非洲度假。他们曾一起去西伯利亚度假，在狩猎时，布罗萨德为斯特恩拍摄了一张古怪的照片：斯特恩手持一柄猎枪，站在一头刚被杀死的大棕熊后面，血从熊的嘴里流出，染红了白雪。他们还曾在坦桑尼亚维多利亚湖附近租下了一个动物保护区，据说有比利时那么大。他们乘坐斯特恩的私人飞机去威尼斯、佛罗伦萨、布鲁日和纽约度周末。斯特恩力劝布罗萨德离开她的丈夫与他一起生活。但布罗萨德拒绝了，因为她担心斯特恩会对自己失去兴趣，自己最终会被遗弃，落得孤身一人的境地。

令斯特恩非常懊恼的是，他与布罗萨德的关系渐渐疏远。2004年夏天，他们一起在非洲度完假后，布罗萨德在秋天消失了一段时间。斯特恩发现她在拉斯维加斯。布罗萨德回来的当天，斯特恩去日内瓦机场接她，这让她大吃一惊。斯特恩的一个朋友告诉《名利场》："当时爱德华十分苦恼，因为布罗萨德不想放弃自己的生活。她认为如果放弃了，自己将会一无所有。"2005年1月初，斯特恩突然想到了一个解决办法，他为布罗萨德在瑞士信贷银行的一家分行开了个账户，并往账户里存了100万美元。他相信这样做就能让布罗萨德离开她的丈夫。但后来有报道说，斯特恩当初给布罗萨德这笔钱是为了让她为自己买些夏加尔的画作，不过她要怎样才能买到就是个谜了。他们也曾讨论过结婚的话题。但无论如何，布罗萨德还是没有给出斯特恩想要的回应。她不再回复斯特恩的电话，并且似乎再次消失了。

2月24日，也就是斯特恩被杀的4天前，他向自己的长期律师克里斯汀·凡·瑞尔（Kristen van Riel）坦承碰到了点儿麻烦。凡·瑞尔曾多次帮他摆脱在其他女性那儿碰到的类似困境。斯特恩第一次将布罗萨德和100万美元银行账户的事情告诉了凡·瑞尔。这位律师给布罗萨德打了几个电话，但他与斯特恩一样运气不佳，没能联系上布罗萨德。于是他们决定冻结布罗萨德对银行账户的访问权。斯特恩告诉凡·瑞尔："我再也见不到她了。"但凡·瑞尔却预言，这能引起她的注意，她会打电话来。斯特恩的一个顾问说："出人意料的是，她果真打来了电话。她是在星期五给爱德华打来电话的。"这是斯特恩被杀的3天前。被"切断"了对银行账户的访问权后，布罗萨德很不高兴。不管怎样，斯特恩说服布罗萨德当天从巴黎飞到日内瓦。在接下来的3天里，他们见了3次，包括2月28日晚上的最后一次见面。那晚，他们约好8点见面。但布罗萨德早到了15分钟，并用斯特恩给她的钥匙开了门。科伊曼告诉《名利场》："只有两个人知道那间卧室里到底发生了什么，而其中一个已经死了。"不过，不用多想也能猜到斯特恩希望那个星期一的晚上能和布罗萨德发生一些不同寻常的性行为。科伊曼说："我认为你不会穿着乳胶衣谈金融交易。"

一家有点像黄色刊物的法国杂志《巴黎竞赛画报》（*Paris Match*）似乎清楚地知道那天晚上斯特恩的公寓里发生了什么。"他按下藏在起居室家具上的一个按钮，两个隐藏的抽屉滑了出来，"该杂志报道，"一个抽屉里装着性玩具，另一个抽屉里有4把上了膛的手枪。塞西勒·布罗萨德不断提问题，但他没有回答，而是在想别的事情。他匆忙穿上布罗萨德送的乳胶衣，开始引诱她。布罗萨德也迎合着他。他的双手被绑住，坐在一个"性玩具"上。那一刻，传闻说，布罗萨德听到斯特恩对她说：'对一个妓女来说，一百万美元已经是高价了。'听到这些话后，布罗萨德抓起一把枪，连射4枪，两枪打在斯特恩的头部，一枪打在胸部，最后一枪打在肚子上。斯特恩倒在了地上。"另一家法国杂志《快报》（*L'Express*）也在报道中证实了斯特恩说的最后一句话的确是"对一个妓女来说，一百万美元已经是高价了"。《快报》称，接着，布罗萨德抓起一把9毫米口径的手枪，在距离斯特恩10—15厘米的地方向他的头部开了一枪。斯特恩当场丧命。布罗萨德接着又补了3枪。

米歇尔认为，对斯特恩谋杀案最简单的解释才是可能性最大的。他说："有些人善于玩弄权谋，他们总觉得事情比他们看到的要复杂得多。我却恰恰相反。我倾向于最愚蠢的解释可能才是对的，而不是最聪明的那个。很显然，他答应过给她钱，但又把钱拿了回来。令我难以置信的是，他居然在那个遭到自己如此对待的女人面前由着自己被绑起来。这只能说明他要么极有信心，要么就是想要冒险，实在难以置信。但事情就是这样发生了，我想他天生就喜欢冒这种风险。因此，像他这样的人以这样的悲剧结束一生也就毫不奇怪了。没那么让人惊讶。"米歇尔还说，他之前不知道斯特恩有不寻常的"性"趣，"但正如我父亲曾说过的，'在性这件事上，任何事情都不足为奇'。"

3月15日，警察来到布罗萨德的公寓，搜查了房间后将她带走了。审问期间，她崩溃了。她的电话录音证明，她最初向警方提供的说辞是讲不通的。于是她交代了一切。她带警察来到莱曼湖边，她把凶器和她从斯特恩公寓带出来的另外两把枪扔进了湖里。一个警察潜到水下找到了所有枪支，以及一把被她扔掉的斯特恩公寓的钥匙。警方还从她那儿搜出了一封斯特恩写给她的求婚信，在她的要求下，警方让她保留了一份副本。起初，布罗萨德被监禁在日内瓦的沙多隆监狱，由于患上严重的抑郁症，她后来被送入一家精神病院。她有多位律师，其中一位说："她很绝望，经常哭泣，因为她杀死了自己所爱的男人。"

虽然斯特恩被谋杀这件事令人震惊，还分散了大家的注意力，但并没有对布鲁斯长期以来寻求的IPO造成明显的影响。斯特恩早在1997年就离开了拉扎德，而他为了挑事而提起的那些诉讼也都无关紧要。多年来，虽然欧瑞泽基金投资了3亿美元的IRR似乎表现得非常糟糕（最初投入 2.64 亿欧元，到 2004 年 12 月底只剩下 1.9 亿欧元），但局面竟然慢慢好转起来。2005 年 10 月，欧瑞泽基金以 3.077 亿欧元将其所持有的 IRR 股份回售给 IRR，如此，这笔投资在 7 年后竟获得了原先看似不可能实现的 4400 万欧元利润。通过 2005 年以现金方式出售 IRR 股份和拉扎德股权，欧瑞泽基金完成了几乎长达 10 年的转型：从米歇尔的个人投资工具转变为一家成熟的公开上市的私募股权公司，如今，它已成为欧洲最大的私募股权公司之一。布鲁斯和米歇尔达成共识之后，欧瑞泽基金的股价也相应上涨，每股达到了 104 欧元历史最高点，涨幅超过 100%。欧瑞泽基金股价上涨，它的大股东们自然也就获利多多，包括米歇尔和他的妹妹，由乔恩·伍德（成功地与米歇尔斗争了近 10 年）领导的瑞银的自营交易员们，以及法国农业信贷银行。1999 年，法国农业信贷银行帮了米歇尔一个忙，买断了企业入侵者文森特·博洛雷持有的欧瑞泽基金所有的股票，因此这次它也挣了钱。

4 月 11 日，拉扎德的 IPO 朝着现实又迈出了重要一步。这天，拉扎德向证交会提交了上市申请登记表的修正书，并首次公开了一些信息，投资者根据这些信息可以评估拉扎德给自己预估的股价是否合理。此次提交的文件显示，拉扎德和承销商们的目标是让股价达到每股 25—27 美元，也就是说，拉扎德的总估值将在 25 亿到 27 亿美元之间。再加上大约 14 亿美元的净债务，公司的企业价值将在 39 亿到 41 亿美元之间。取中间值就是 40 亿美元，是拉扎德在 2005 年扣除 EBITDA（预估利息、税项、折旧和摊销前利润）后的估值 3.39 亿美元的 11.8 倍，市盈率为 2005 年预估收益的 17 倍。

拉扎德的这两种估值方式都比其他全球投资银行，如高盛、摩根士丹利和美林的倍数指标更高，这些被拉扎德的高管们称为"对冲基金"的投资银行，其市盈率通常是 12 倍。不过，拉扎德提出的估值仍不及格林希尔公司，自上市那年以来，格林希尔公司就成了投资银行的黄金标准，至少从上市估值来看，情况确实如此。很多人都很好奇，谁会购买拉扎德的股票，因为拉扎德主要依靠的具有周期性发展规律的并购业务，公开发行后募集到的资金只有一小部分会被用来发展业务，这将会给拉扎德留下大量债务。实际上，募集到资金后，拉扎德将以大大高于市场价的价格从老股东手中回购公司股票。此外，布鲁斯拥有拉扎德3000万美元初期投资资本，以及米歇尔给他的拉扎德股权，这个估值区间首次表明，拉扎德IPO后，布鲁斯手中的股票估值将达约2.9亿美元。

修改后的上市申请登记声明里，拉扎德终于承认，如果将董事总经理的薪酬列入经营费用的话，"过去3年间，公司每年都在亏损"，与米歇尔之前所说的情况完全一致。对于一些现任和前任合伙人来说，这实际上是证实了S-1文件中的财务报表具有欺骗性，因为该财务报表没有显示公司亏损状况，而是呈现了公司的预估盈利能力。一位拉扎德合伙人说，他不敢相信证交会竟然会允许以这种方式提交财务报表。更令他感到震惊的是，史蒂夫·戈鲁布曾担任过证交会的副总会计师，他居然让这种事情发生了。他说："我不得不说，我的确大吃一惊。"如今在高盛——拉扎德IPO的主承销商——供职的拉扎德FIG团队前合伙人肯·威尔逊也认为，华尔街的一些顶级银行家对拉扎德的财务报表议论纷纷，因为它显然透露出了拉扎德的"贪婪和欺骗"。威尔逊说："企业文化中的某种东西使这种情况成为可能。"

媒体也开始听到一些说法。《经济学人》报道："所有的一切都提出了这样一个问题：为什么外部股东想参与进来？ 瓦瑟斯坦先生除了完成IPO，几乎别无选择。但是关于这次奇怪的股票发行，还有一些不确定因素，一些观察家已经开始猜测这究竟是开始还是结束。"《商业周刊》认为："考虑到所有因素，投资者们最好还是先适应一下瓦瑟斯坦先生的管理风格，再参与到以他为CEO的这家公司的IPO中去。最终，市场会整理招股书中种种令人困惑的细节，再据此对拉扎德进行估值。虽然瓦瑟斯坦先生之前通过逆势而行成功建立了自己的职业生涯，但他这次的起飞可能会困难重重。"

经过4个月辛苦地提交法律文件和数次修改之后，布鲁斯和他的高级管理人员们终于要面临最后的考验了——试着说服市场潜在投资者买下拉扎德股票。雷曼兄弟的首席税务和会计分析师罗伯特·威伦斯（Robert Willens）称之为"我见过的最复杂的事物之一"。S-1及其修改文件是证交会要求试图上市的私有企业必须提交的正式文件，而另一份关键性的文件——招股说明书，则是公司用于向潜在投资者进行宣传的营销材料。本质上，招股说明书就是对最终修订版的S-1文件稍加润色，再添加点彩色图片，通常用于路演。（拉扎德IPO的招股说明书是有史以来最冗长的招股说明书之一。）如果有充足的投资者需求，路演的高潮将是股票定价和承销商购买股票。

证交会在S-1文件最终修订版上签署同意之后，拉扎德就可以印刷招股说明书，并开始路演。他们先在西欧的主要城市进行了一个星期左右的路演，差不多占了路演进程的一半。接下来轮到纽约了，4月27日，他们在纽约皇宫酒店举办午宴，进行路演。此外，他们已与高盛商量好，在5月4日股市收盘之后协商IPO的定价问题，如此一来，股票代码为"LAZ"的拉扎德新股就可以在5月5日上午9:30首次开始上市交易。

一如所料，此次午宴，以高盛合伙人汤姆·塔夫特大肆赞扬他的客户布鲁斯·瓦瑟斯坦拉开了序幕。他说："3年前，布鲁斯·瓦瑟斯坦加入拉扎德，接受了带领一家拥有辉煌历史但发展不足的老牌特许经营企业转型的挑战，这个挑战是独一无二的。"令大约250名听众惊讶的是（其中一些是拉扎德合伙人，他们也是第一次参加路演），48分钟的路演，几乎都是布鲁斯在讲话。

尽管此次路演备受瞩目，但投资银行家毕竟不是演员。布鲁斯自然也不是在圣克里斯平节[1]率领人马参加阿金库尔战役的亨利五

---

[1] 每年的10月25日，为纪念基督教圣徒克里斯平和克里斯平尼恩兄弟在这天殉道。

世[1]。相反，他用一种乏味单调的方式来讲述这些严肃的营销材料。他的演说毫无条理，完全没按任何特定脚本来，而事实上，参加这种会议的大多数高管都会明智地避免即兴发挥。即使如此，布鲁斯传递的讯息依然清晰。他说："当你考虑是否投资拉扎德时，你首先想到的应该是并购市场是否有吸引力。如果并购业务很有吸引力，那么拉扎德就是一项有吸引力的投资。"接着，他又开始讲述他最喜欢的历史内容之一，即从1861年开始到现在的并购市场的周期性变化。他的演说沉着冷静、不带任何情绪。也许是高盛建议他这么做的。然而，在这个拉扎德157年历史上最重大的事件前夕，他丝毫没有阐述公司丰富且与众不同的历史。通过买断米歇尔及其盟友的全部股权，他想一举消除拉扎德贵族血统的所有痕迹，就像引爆一颗中子弹一样。但对于一位似乎对拉扎德有多年感情，还试图仿效拉扎德打造自己公司的人来说，他缺乏激情的演说显然令人痛心。米歇尔把公司形容为"面对世界的心态"，他对公司的爱显而易见，而布鲁斯只是单调地发表了一番关于投资银行业务的高谈阔论。

"拉扎德是个非常特别的地方，"布鲁斯用低沉的语调说道，"我们专注于业务的增值部分。我们在复杂交易、跨国交易以及那些需要高度受托责任的交易中，表现尤为突出。我们觉得那是并购市场中的增长点。"事实上，他提到公司能产生多少现金时，看起来最像是在表达自己对拉扎德的感情——至少这群人是这样认为的，因为公司的并购和资产管理这两项业务的运作几乎不需要任何资本。"事实上，这家公司在源源不断地产出现金，"他说，"而它能源源不断地产出现金是因为它不像我们的朋友，比如说雷曼兄弟那样，需要资本来支撑衍生品投资组合或其他业务，我们不需要。我们只需要在脑子里花钱，现金则用于回购

---

[1] 阿金库尔战役是英法百年战争中著名的以少胜多的战役，发生于1415年。英军由国王亨利五世率领，以步兵、弓箭手为主力的军队击溃了法国由大批贵族组成的精锐部队，为随后在1419年夺取整个诺曼底奠定了基础。

股票、股息，在有机会时用于收购，以及可能用于偿还债务。但偿还债务并非公司的优先事项。这就是我们的情况。"

布鲁斯还抢先回答了一些投资者对于此次发行最关注的几个特别的问题。如，对于如何减少2亿美元的薪酬支出从而达到招股说明书中承诺的薪酬支出占净收入的57.5%的目标，他解释说，公司将不再向艾格和古尔奎斯特支付巨额款项，这将节省下1亿美元。他说："那些都结束了，已经成为过去，了结了，不会再发生。"他又接着说道，如果公司收入没有增长，那么另外1亿美元将从银行家们的薪酬中削减。但他指出，如果2005年总收入增长13%，那么公司就不需要通过减薪来达到目标。"我们认为今年不会减薪，我们能达到57.5%的目标。"他没有谈及在百慕大注册这一充满争议的决定，却解释了公司的税率为什么会是低于大多数美国公司的28%。他说："税率为28%是因为，我们虽然是美国纳税人，但我们有一半业务在海外，两者结合起来，我们的税率就是28%。"至于如何让有才华的银行家长时间留在公司，帮助公司达到他向投资者承诺的结果这个问题，布鲁斯也早有准备。"我们拥有宝贵的员工，要如何留住他们呢？"他自问自答，"每个人都与公司签署了一份协议，一旦他们离开，那么8年内都无法出售所持有的公司股票，也不能将股票用于抵押借款。这是一个非常苛刻的条件。如果他们留在公司，平均4年后就能出售或兑换股票。此外，还有90天的通知期和90天的竞业禁止期。每个人都签署了。因此，我们认为这是很有用的。"

午宴落幕，布鲁斯的演讲也结束了。令人惊讶的是，观众很少提问，也没人提出这个富有争议性的问题：157年来，拉扎德一直是家私密性很强的企业，为何现在突然要上市。

不论以何种标准来衡量，拉扎德的IPO都是个历史性事件。这不仅意味着公司的神秘状态将随之结束，也是自高盛1999年IPO到当时为止华尔街公司中规模最大的一次IPO。然而，这次的拉扎德交易只有机构投资人参与，并没有太多个人，更没有狂热的氛围。在纽约皇宫酒店的路演上就能感受到，大家对此反应并不热烈。投资者们认为，只有达到一定的价格，拉扎德的交易才会开始变得有趣。可问题在于，布鲁斯不得不一次性解决许多问题，这就使交易变得极其复杂。因此，他似乎吓跑了很多散户投资人，投资机构也由此获得了比通常情况下更多的筹码。"结构越复杂，获得的价格就越低。"一位机构投资人对路透社谈及拉扎德的 IPO 时说道。

除了内部问题，拉扎德还有许多外部问题。2005 年 4 月，6 个 IPO 定价中的 5 个都只达到招股说明书封面上展示的价格区间中的最低水平，甚至低于该区间的最低价格，这说明投资者的需求在衰减。与此同时，拉扎德 IPO 还因债券市场的动荡而遭受了不良影响。最近风向标 GM 的债券评级被下调，导致收益率上升——而拉扎德当时正好需要对其 IPO 中的部分债券定价。评级机构穆迪（Moody's）将拉扎德即将发行的债券评级定为 Ba1，低于投资级别，它这样做对拉扎德毫无帮助。然后，另一家评级机构道衡（Duff & Phelps）自发且出人意料地也给拉扎德债券的评级定为低于投资级别，这使得拉扎德此次发行的债券有点像垃圾债券——鉴于菲利克斯一直都在指责垃圾债券市场，这件事看起来就十分讽刺。债券面临的定价压力也给股票定价带来了压力。

交易定价的前两天，喜欢夸夸其谈的知名选股专家吉姆·克拉默（Jim Cramer）敦促投资者不要碰拉扎德的股票。"这次拉扎德 IPO 会有多糟糕呢？"他在个人网站上（与他在布鲁斯的《纽约》杂志的金融专栏里所写的内容截然不同）写道：

我的意思是，有人研究过吗？……他们太自大了，尤其是考虑到今天券商还下调了评级。有时，我认为华尔街一定觉得我们是群白痴。我对这笔交易了解得越多，就越相信这只是在用高价收买持反对意见的合伙人，仅此而已……而且，他们的招股说明书是我认识的所有人见过的最混乱的文件。完全缺少透明度。有时候这种生意需要一个裁判出来说："不，你们这些家伙不能这样做。"但没有这样的人，只有像我这样的人在说："请远离它。"但与华尔街相比，我们没有任何影响力，几乎任何东西都能在华尔街上市。这简直是犯罪。

在这样的背景下，拉扎德管理层与高盛的银行家于5月4日晚开会讨论IPO定价。根据肯·威尔逊的说法，当晚主承销商和发行商产生了争执，完全是意料之中的事儿。他在几个星期后说道："这笔交易很复杂，极难达成，有人反对布鲁斯。他有很多包袱。"威尔逊还说，拉扎德IPO的"投资人很少"，需求"也不多"，这要归咎于"那些对冲基金集体卖空股票"造成的"大量"销售压力。需求方的最终出价是每股23美元，低于价格区间的最低值，即25美元。威尔逊说："但布鲁斯非常坚决，说即使拿枪顶着他的脑袋，也要将价格定到每股25美元。"根据《纽约时报》的说法，由于"需求疲软"，一些高盛银行家甚至想将此次IPO的价格定到每股22美元，但高盛最终还是向布鲁斯妥协了，把此次IPO的价格定于每股25美元。

此外，为了多筹集9300万美元，拉扎德和高盛还以每股25美元的价格增发了370万股。拉扎德需要从股票市场中筹集到这笔额外的资金，因为花旗集团无法在起伏越来越大的债券市场中售出那么多的次级债券。"鉴于债券市场的变动，我们认为减少债券是明智的。考虑到这些股票的市场需求，这是有可能实现的。"拉扎德的发言人里奇·西尔弗曼说。肯·雅各布斯补充道："经过一番争执，高盛给出了正确的定价。我们做到了。坦率地说，在这笔交易中，高盛表现得非常出色，要知道，我们通常是不会把太多的功劳归于竞争对手的。"5月4日晚协商好定价之后，拉扎德发布新闻稿，宣布了这桩交易。"拉扎德是全球领先的独立顾问和首屈一指的全球资产管理公司，"布鲁斯在新闻稿中写道，"150多年来，拉扎德在变幻莫测的经济环境下为客户提供服务，现在，我们十分期待振奋人心的新时代的到来。经过深思熟虑，我们做出上市的决定，这也符合我们的客户、员工和投资人的最大利益。"此次股票发行募集的资金总额为8.546亿美元，扣除承销费用后为8.119亿美元。

拉扎德在5月4日晚上总计募集到了19.64亿美元，除了6100万美元，其余资金都流出了拉扎德的大门。当然，大部分资金——16.16亿美元——都给了米歇尔、欧瑞泽基金和其他资本家。史蒂夫·拉特纳赞扬了布鲁斯的成就。他对《纽约时报》说："布鲁斯掌控了整个局势。他处处都以谋略胜过了米歇尔。"在当天的欧瑞泽基金股东大会上，米歇尔对大家说："我和拉扎德有45年的渊源，非常荣幸地担当了25年负责人。今天是一个重要的转折点。"定价当晚，高盛和拉扎德的交易团队在纽约市最高级最昂贵的餐厅之一"本来餐厅"（Per Se）举办了庆功晚宴。

遵循悠久的历史传统，第二天上午9点30分，布鲁斯和一个大约由17位新加入拉扎德的员工组成的团队出现在了交易所交易大厅高出地面的平台上，他们身后悬挂着一条很大的横幅，上面写着"拉扎德"三个大字。这群人聚集在这儿，是为了等着敲响证券交易所的开盘钟，并亲眼查看拉扎德股票上市当天的交易情况。钟声响起之后，布鲁斯和史蒂夫·戈鲁布走下敲钟台，特意来到拉扎德挑选的专业公司美国银行专家（Banc of America Specialist）的交易席位，观看股票的首次交易情况。但他们看到的情况并不乐观。

从理论上讲，IPO的定价是经过精心设计的，因此新上市的股票交易需求会略微超过供给。如果一切正常，结果会比较理想。如果股票价格走高，投资者会很高兴。承销商也会很高兴，因为他们不必拿自己的资本去冒险支撑股价——这就是承销的意思——此外还可以行使一种名为"绿鞋机制"[1]的选择权，即他们被允许以每股25美元的价格额外配售拉扎德15%的股票（在这个交易中相当于510万股），然后以"稳定市场"为幌子以更高的价格将这些股票卖给强劲的市场，从而增加他们的利润。如果IPO的价格低于发行价，那么就被称为"破发"。如果IPO破发，几乎没人会高兴。最初购入股票的人眼睁睁地看着股价下跌，尽管他们在购买之前已经尽了最大努力来确定适当的价格。此外，如果IPO破发，承销商显然不会行使"绿鞋机制"，而且他们有义务老老实实地认购发行的股票，用自己的资本在市场上为股票提供支持。如果有人在股票上市初期想要出售股票，承销商必须购买，这会使他们很快损失大量资金，这也是华尔街公司想极力避免的情况。在IPO破发的情况下，只有那些卖空股票的投资人——他们正确地预测到股价会下跌——以及像米歇尔这样已经把股票以远高于市场价的价格卖给拉扎德的人会高兴。

在一开始的大约20分钟里，拉扎德的股价走势平稳——每股25美元，接着股价开始上升，快到上午10点时，达到了25.24美元的高位，但到了上午11点45分左右，又跌回到每股25美元，然后开始一路下跌。当天收盘时，拉扎德的股价为每股24美元，下跌了1美元，跌幅为4%，成交量略低于3500万股。当天，史蒂夫·拉特纳告诉彭博社："你看到它的交易价格接近发行价时，就意味着是承销商在支撑股价。你通常希望股价上涨10%。"一位交易员针对24美元的收盘价补充道："市场需求就是这样。"彭博社指出，拉扎德是那段时间IPO第一天股价就下跌的投资银行——在交易首日，格林希尔股价上涨了17%，高盛上涨了33%。在自1987年以来的大型IPO中，这种情况只出现过十几次，而拉扎德就是其中之一。一些IPO市场观察人士指出，高盛承担不起让拉扎德交易失败的代价。"这场交易太引人注目了，"坎托·菲茨杰拉德公司（Cantor Fitzgerald）的一位交易员评论说，"但它太令人失望了。

---

[1] 也叫绿鞋期权，即在承销IPO的同时，承销商可以低于IPO的价格买入发行公司的股票，然后将股票以IPO的价格重新卖回给发行公司进行套利，从而人为创造买盘，拉高股价。

我确信他们不曾预料到股价会下跌。"5月5日,专门对新上市公司进行独立研究的文艺复兴资本公司(Renaissance Capital)发表了一份关于拉扎德IPO的报告,其中写道,此次IPO"似乎榨干了原始投资人的最后一毛钱","我们认为(此次IPO)反响不佳的主要原因是该公司的架构太过复杂和对最初交易的估值过高。我们仍然认为目前的估值过高,在投资银行类股票的混合交易中尤其如此"。《红鲱鱼》(Red Herring)杂志称,拉扎德的IPO是"腹部先落水"[1],并补充道:"归根结底,这个故事告诉我们华尔街到底是干什么的:关注顶尖公司。"伦敦的《财经新闻报》(Financial News)称赞布鲁斯说,虽然不得不面对米歇尔在他前进道路上设置的诸多障碍,但他还是不屈不挠地完成了交易。该报最后写道:"然而,这桩交易显然是为了从董事长米歇尔·大卫-威尔手中抢夺公司的控制权,以充实布鲁斯自己及其主要追随者的个人财富,为此他们不惜牺牲股东的利益。这样的交易在公开交易的股票市场上完全没有立足之地。"

IPO后的第一个周末,华尔街权威杂志《巴伦周刊》以《拉扎德的巨额赎金》为标题毫不留情地批评了这笔交易,文中还配了一幅讽刺漫画,画的是布鲁斯故意摆出拿破仑的姿势。"拉扎德的这次交易有太多负面因素,"该杂志写道,"该公司的状况十分可疑。作为一家挂牌上市的金融公司,它的账面价值存在高额负值,而且两家主要的信用评级机构都将其债券评定为垃圾债券,这种情况实属罕见。其他不利因素还包括,拉扎德的公司注册地在百慕大,当地的法律对公众股东的保护程度低于美国。"接着,文章又列举了这笔交易的缺点,并指出定价过高。文章最后写道:"拉扎德的IPO对布鲁斯·瓦瑟斯坦、拉扎德的前任合伙人和现任董事总经理们来说,是笔极好的交易,但其他投资者可能还是别碰为好。市场上能买到更好的华尔街投行的股票,而且价格更优惠,比如

---

[1] 英文为belly flop,意为跳水时姿势狼狈,腹部先落到水面上。

高盛、雷曼兄弟、贝尔斯登的股票，甚至危机四伏的摩根士丹利也是个更好的选择。"高盛的塔夫特表示，事实证明拉扎德的IPO销售十分艰难，至少一开始是这样：有太多的对冲基金想要卖空股票，或者购入股票以等待股价在短期内大涨，如果这种情况没有发生，他们就会在市场上抛售股票。

根据华尔街的结算规则，虽然拉扎德在5月4日晚收到了近20亿美元，但只需在5月10日之前向米歇尔和欧瑞泽基金等资本家付款。5月10日，资金汇出，米歇尔收到了略高于3.28亿美元的款项。他设立的两家信托公司——路易斯安娜公司（Louisiana Corp.）和雷科维亚公司（Sociedad Recovia）总共获得了7000万美元，而他在这两家中占有少量股权。一家以他的4个女儿名字首字母命名的信托公司B.C.N.A.则获得了110万美元。米歇尔的妹妹伊莱恩得到了9940万美元。欧瑞泽基金（米歇尔和伊莱恩都担任大股东）获得了7.84亿美元，也是此次交易中最大的一笔。拉扎德提交最初的S-1文件之后的一年里，欧瑞泽基金股价上涨了约37%，市值接近55亿欧元。时年80岁的拉扎德巴黎分行法律顾问兼法国交易的幕后掌权人安东尼·伯恩海姆（其父母死在奥斯维辛集中营）获得了6430万美元。比伯恩海姆年长几岁的让·居约是让·莫内的前同事，还是汽车制造商标致与雪铁龙合并案的幕后策划人，在此次交易中，他获得了6120万美元。

安德烈·梅耶的一些后代也获得了意外之财。安德烈的儿子菲利普·梅耶是巴黎的一位物理学教授，最近刚刚退休。他从未出售过父亲留给他的拉扎德股票，因此直接获得了1800万美元。此外，他还从PM信托基金那儿获得了5740万美元。而他的儿子文森特则获得了约4360万美元。安德烈的其他孙辈，如杰尔斯凯尔一家则什么都没得到。

IPO之后，从巴黎到纽约，人们到处都能听到香槟酒瓶塞弹出的声音，布鲁斯在巴黎的四季酒店为合伙人们举办了一场大型私人庆祝派对，但位于百老汇街55号高盛总部的拉扎德银行家们面临的却是可怕的后遗症。拉扎德股票上市首日就下跌，因此高盛尽力履行为投资人做市的义务，最终手中累积了超过10%的拉扎德股票，这简直前所未闻。哥伦比亚大学知名的证券法教授约翰·科菲（John Coffee）评论道："很少会有承销商持有发行商10%的股票，高盛显然是在冒险保护拉扎德的股票发行。"拉扎德IPO之后的大约10天里，高盛一直在为拉扎德股票做市，但是徒劳无功，拉扎德股价持续下跌，高盛因此预计亏损超1500万美元。不过，高盛因担任主承销商也赚取了2500万美元酬金。高盛的合伙人肯·威尔逊表示，他现在任职的公司（高盛）对他前公司（拉扎德）的财务支持"让我们有点名声扫地"。路易斯·里纳尔迪尼认为高盛还遭受了另一重损失。他在5月23日表示："布鲁斯拿到了他想要的25美元，高盛为了支撑这只实际股价仅为21美元的股票只好大出血。高盛流的血比拉扎德还多一点。"但高盛的一位发言人反驳道："作为做市商，我们有义务为客户承担责任。"《纽约时报》财经专栏作家安德鲁·罗斯·索尔金（Andrew Ross Sorkin）将高盛为自己支撑拉扎德股价的辩护比喻为"医生弄砸了脑部手术，还要吹嘘自己的缝合技术高超"。塔夫特显然希望会有更好的结果，但他仍然坚称高盛为自己的客户拉扎德所做的事情是正确的，而且这样做也维护了高盛作为IPO主承销商的名誉。"如果拉扎德没有上市，那么情况会变得更加艰难和糟糕，我非常高兴我们能处理这一情况；因为我们让它上市了，让它变成了一家更好的公司，"他说，"我认为它现在成了一家更好的公司。"关于在市场上支撑此次IPO的决定，塔夫特说："我们想要站出来支撑这只股票，因此做出了这一决定。现在回想起来，我们支撑的时间或许有点儿太长了。不断有人出售股票，我们本来预计会越来越少，结果却没有。回想起来，你看到卖空的人越来越多，基本上就是有一大群人想卖空它。"

此次IPO的破发以及高盛的交易损失对布鲁斯没有造成任何不良影响，反而进一步巩固了他作为一位聪明过头、自私自利、工于心计的交易者的名声。坏消息还在不断涌现。在IPO开始交易的第一天就有消息传来，称拉扎德的资本市场业务——现在是独立公司的一部分，完全为拉扎德的在职合伙人所有——已经成为马萨诸塞州美国检察官办公室的调查对象，调查的目的是确认负责该业务的高管是否向大型共同基金公司富达投资（Fondity Investments）的交易员赠送大量不当的礼物和酬金。当时证交会也在调查此事。波士顿的美国检察官迈克尔·沙利文（Michael Sullivan）是大陪审团中的一名成员，负责调查与此案有关的媒体报道。这些报道称，为了赢得富达投资利润丰厚的交易业务，包括拉扎德在内的诸多华尔街公司曾向该公司的交易员们提供"性服务和毒品"。其中有一则报道描述了一场在迈阿密南海滩为一位富达投资交易员举办的单身汉派对，此次派对上，有脱衣舞娘和投掷侏儒[1]等必不可少的荒唐节目，交通工具是私人飞机和私人游艇，所有花费都由华尔街公司付账。拉扎德披露，沙利文办公室已经向拉扎德询问过相关信息，资本市场业务部的几名员工也已经辞职，其中包括负责公司股权交易的合伙人格雷格·赖斯（Greg Rice）。

具有讽刺意味的是，拉扎德成为联邦调查的目标的消息传出后没过几天，富达投资就向证交会提交了一份报告，宣称它拥有550万股拉扎德股票，占该公司股票总数的5.5%。几个星期后，摩根大通宣布它是580万股拉扎德股票的实益拥有人，成了拉扎德最大的单一外部股东。其他机构也蜂拥而至，纷纷买入拉扎德股票，包括普信集团（T. Rowe Price）、摩根士丹利、英国保诚集团和杰尼桑合伙公司（Jennison Associates）。

尽管此次联邦调查的性质十分严重，但这对拉扎德这家新上市公司似乎没有造成太大影响。然而，5月30日，又出现了一个更大的问题。

---

[1] 英文为dwarf tossing，起源于20世纪80年代的澳大利亚，是小酒吧中一项娱乐活动。侏儒身穿特殊的防护衣，被人扔到垫子或者有防护措施的墙上。参与者比拼谁能将侏儒扔得更远。

拉扎德巴黎分行慢慢传出消息，时年53岁的"大师"杰拉多·布拉吉奥蒂已经递交辞呈，原因是布鲁斯没有履行书面承诺，即为了让布拉吉奥蒂转变立场支持IPO，布鲁斯同意扩大布拉吉奥蒂的权力，包括让他负责拉扎德在欧洲的所有业务。但众多法国银行家（据说包括布鲁诺·罗杰和乔治·拉里）反对布拉吉奥蒂担任新职务，于是布拉吉奥蒂提交了辞呈。欧洲的一位拉扎德银行家认为，任命布拉吉奥蒂负责欧洲业务"会让他在欧洲几乎拥有无限的权力，从而削弱布鲁斯的地位"。布鲁斯说："虽然杰拉多非常有才华，但我显然不会让他去管那帮法国人。"

几乎是布拉吉奥蒂一手将拉扎德打造成意大利的头号并购顾问，他目前的领地——除法国和英国之外的其他欧洲地区——在2004年为拉扎德创造了20%的并购收益。《金融时报》报道："上个月才IPO的拉扎德，这么快又失去布拉吉奥蒂先生，公司的处境将会变得十分艰难。"对布鲁斯来说，比失去公司的一位顶级银行家更糟糕的是，他当初不仅向布拉吉奥蒂承诺了职位晋升，还同意用现金购买他的股票（与几乎其他所有的拉扎德董事总经理待遇完全不同），以及允许他不签署竞业禁止协议。如果布拉吉奥蒂从拉扎德辞职，那么他不仅能带走所有现金，还能在6个星期的"通知"期过后成立或加入一家竞争对手公司。以5月30日开始计算，通知期将于7月11日结束。与此同时，布鲁斯于2002年初从DKW挖来的合伙人之一迈克尔·戈特沙尔克也宣布即将离开拉扎德，加入竞争对手公司纽约的罗斯柴尔德银行。紧接着，合伙人乔治·布罗考（George Brokaw）也宣布离职，他将加入纽约的对冲基金佩里资本（Perry Capital）。在提交S-1文件过程中承担了最繁重的内部工作的合伙人埃坦·迪迦（Eytan Tigay）也离职加入了罗恩集团（Rhone Group），与罗伯特·阿戈斯蒂内利成为同事。很快，有人猜测，布拉吉奥蒂会回到他之前供职的米兰投资银行，米兰投资银行的股价因此上涨了4%。

6月8日，布拉吉奥蒂第一次公开评论他与布鲁斯之间最近发生的争执，他告诉米兰的彭博社，昨天才在纽约与布鲁斯见了面。他说："我提交了辞呈，他们还在讨论。我接下来要去度假，而不是去米兰投资银行。"布拉吉奥蒂补充说，新的拉扎德董事会将在6月14日召开第一次会议，届时他们会讨论此事。他说："就等着他们随便发表什么声明吧。"纽约的一个猎头在接受《克莱恩纽约商业杂志》（Crain's New York Business）的采访时如此评价拉扎德："这家公司是由透明胶带和口香糖粘成的。"

6月14日的董事会会议结束之后，拉扎德宣布将对欧洲业务进行一次重大的重组。布鲁斯在新闻稿中说，欧洲重组之后"将诞生新一代有才干的领导人，他们和美国同行将共同打造拉扎德的未来"。但布鲁斯并没有透露这一事实，即那一年是拉扎德巴黎分行10多年来表现最糟糕的一年，公司在法国并购顾问排行榜上跌至第16名。而在2000年，拉扎德在法国还拥有40%的市场份额。

显而易见，公司的新架构中已没有布拉吉奥蒂的位置。拉扎德不仅宣布布拉吉奥蒂辞职自7月15日起生效，还宣称他的离职不会对公司"2005年的整体财务业绩"造成"重大不良影响"。公司还神秘地补充道："拉扎德已向布拉吉奥蒂先生重申，公司一直遵守并将继续遵守与他签署的协议，同时，公司正在与他讨论双方的关系。"在IPO中出售了拉扎德的股份并辞职之后，布拉吉奥蒂在米兰创办了自己的咨询公司G. B. 合伙人公司（G. B. Partners）。11月底，他宣布出资1亿欧元买下一家成立于1999年的米兰小型银行莱昂纳多银行（Banca Leonardo）。

布拉吉奥蒂表示，他打算以这家银行为平台，建立一个泛欧咨询、私募股权及资金管理公司。莱昂纳多银行转型后，布拉吉奥蒂将成为拉扎德和米兰投资银行的强劲对手。他计划在意大利、法国和德国开展并购咨询业务。为了实现这个目标，他打算在整个欧洲大陆招募大约20位并购银行家。

布拉吉奥蒂开始为新的莱昂纳多银行集团（Gruppo Banca

Leonardo）募集5亿欧元资本。不久，他就宣布了第一位投资者正是欧瑞泽基金，该基金承诺出资1亿欧元以换取莱昂纳多银行集团20%的股权。欧瑞泽基金的CEO帕特里克·萨耶尔解释道："布拉吉奥蒂在米兰投资银行时就非常擅长做交易。后来他离开了米兰投资银行，成为拉扎德在意大利的交易负责人。我认为他定能在莱昂纳多再创辉煌。"巴黎的一位分析师告诉彭博社："这将有效重建米歇尔·大卫－威尔与布拉吉奥蒂之间的联系。"欧洲的许多股权投资者竞相参与布拉吉奥蒂的交易。就连菲利克斯也认为布拉吉奥蒂会大有作为，他对彭博社说："他在装配一台强大的机器。"2006年夏天，莱昂纳多银行收购了一家法国资产管理公司的大量少数股权，还买下了法国的图卢兹合伙人公司（Toulouse Partners），并在拉扎德的眼皮底下启动了咨询业务。同时，他们还计划在伦敦开设办事处。就连米歇尔的长期顾问让－克劳德·哈斯也宣布将与布拉吉奥蒂合作。

对米歇尔而言，他非常清楚自己涉入布拉吉奥蒂的公司会十分讽刺，他也很清楚自己与拉扎德的竞业禁止协议要到2007年底才会到期，而且欧瑞泽基金对莱昂纳多集团的投资已经令拉扎德的一些人十分不满。《金融时报》甚至称欧瑞泽基金对莱昂纳多集团的投资是米歇尔对布拉吉奥蒂的银行的投资。"瞧，我很肯定他们不太高兴，"米歇尔谈到他在拉扎德的前合伙人时说道，"他们打来电话，不是给我，而是打给其他人，他们在电话里说：'你确定米歇尔知道他在干什么吗？他还记得他签过竞业禁止条款吗？'"米歇尔停下来，深深吸了一口古巴雪茄。烟从他嘴巴里呼出，笼罩了他全身，然后慢慢消散在拉扎德温暖的办公室里。他的脸上现出了一丝苦笑。"我当然记得，"他继续说道，"但我不是欧瑞泽基金的管理人员，而是董事会主席。我不会成为布拉吉奥蒂公司的员工，也不会在他公司的董事会任职。我都尽量避开这些。"

6月14日的董事会会议之后，拉扎德发布了截至2005年3月31日的第一季度财务业绩：净收入为2.45亿美元，净利润为3130万美元，合每股31美分。与2004年一季度相比，净收入增长了21%，净利润几乎增长了两倍。最初报道拉扎德并发布其相关报告的华尔街分析师曾一致认为，拉扎德在2005年第一季度，每股大概能赚25美分。拉扎德的表现比华尔街一致预期的高出大约24%，但并不足以抵消布拉吉蒂离职产生的负面消息。6月14日，在众人对拉扎德公布收入的期待中，该股上涨了95美分，达到每股23.10美元，但之后又下跌了20美分，收盘于每股22.90美元，收盘价仍然没有超过25美元的IPO价格。

对于布鲁斯来说，从公司的历史来看，IPO并不反常，而是不可避免的。"对我来说，IPO符合拉扎德历史的连续性，"他说，"我们实际上做了什么呢？我们只是强化了拉扎德的传统。这150年来，拉扎德依靠行业专家和本土专业技能，一直在为客户提供最佳的可行性建议。"他表示，欧瑞泽基金持有拉扎德的股份使拉扎德成为一个类似于上市公司的实体，尽管这也给公司带来了长期巨大的混乱。"我对目前的状态更为满意，"他说，"并且我丝毫不怀疑拉扎德有能力履行其对市场和投资者的义务。"当被问及是否即将出售拉扎德时，布鲁斯表示反对："不，我们是一家独立的银行，没理由要改变。"

8月10日，拉扎德公布了2005年第二季度的财务业绩。作为重要衡量指标的并购业务净收入为1.82亿美元，比2004年第二季度增长了35%。2005年的前6个月，并购业务净收入为3.043亿美元，较去年同期增长了46%。正如布鲁斯所承诺的，拉扎德的收入随着全球并购市场的繁荣而高涨。然而，拉扎德第二季度的每股净收益仍然比华尔街一致预期的33美分低了1美分。公司公布的净利润为3200万美元，合每股32美分。在布鲁斯宣称的每年召开两次投资者电话会议的会上，他表示自己对公司的业绩感到满意。至于为何拉扎德在全球并购排行榜上的排名从2004年的第4位下跌至第12位，布鲁斯解释道，拉扎德有很多最重要的交易都是非公开的，而且很多时候拉扎德会建议客户不要做某笔交易，这些都未体现在排行榜上。但桑福德·伯恩斯坦公司（Sanford C. Bernstein）的证券行业分析师布拉德·欣茨（Brad Hintz）评价道："他们面临的真正挑战在于，自2001年以来，以市场份额作为参照，他们披露的并购酬金实际上一直在下降……我们看看市场份额就能发现，他们的数字并不可观。"撇开这些批评不谈，布鲁斯还是说话算话的。拉扎德的股价一直在25美元的IPO价格上下浮动，8月底，他抓住了第一个合法机会，在市场上额外购买了11.95万股拉扎德股票，花费了近300万美元。其中的大部分股票——10.6万股——正好是以每股25美元的价格购买的。至此，布鲁斯拥有11394534股拉扎德股票，成了拉扎德两位最大的个人股东之一。

反思这个结局，安德烈的外孙女玛丽安·杰尔斯凯尔（Marianne Gerschel）说，"拉扎德历史上的某个阶段"现在已经过去了，这让她想到了"黑格尔的名言'密涅瓦的猫头鹰在黄昏中起飞'[1]"——黑格尔认为，只有事后反思才能获得智慧。

2005年8月的最后一天，在拉扎德伦敦和巴黎分行工作了32年的员工伯纳德·圣-马利（Bernard Sainte-Marie）给全公司所有人发了一封言辞尖锐、充满讽刺的电子邮件，宣布自己将辞职，之后还立即将这封邮件泄露给了媒体。"在集团的全球各家公司工作超过32年之后，我决定在明天离开拉扎德。"他写道。

辞职后，我将继续追求自己的职业生涯，因为我还没那么老，也没那么有钱，所以还不能退休。我希望自己未来诸事顺遂。我在拉扎德

---

[1] 密涅瓦为罗马神话中的智慧女神，栖落在她身边的猫头鹰则是思想和理性的象征。黑格尔用密涅瓦的猫头鹰在黄昏中起飞来比喻哲学，意在说明哲学是一种深沉、寂寞的理性反思活动。

IPO的高峰离开公司，我知道：（ⅰ）拉扎德声明每年要总共削减超过1.8亿美元的员工薪酬，我的离开将促成公司实现这一目标；（ⅱ）我不必遵守拉扎德和"老合伙人"之间签订的协议中的非贬低条款。我要祝贺拉扎德领导人把拉扎德股票成功卖给了投资大众和拉扎德大部分的（！）"在职员工"。未来，人们或许会认为这一举措不仅是比出售瓦瑟斯坦-佩雷拉公司更为大胆的"金融巫术"，还体现了非凡的利他主义，因为从本质上看来——从钱的角度——这是为了老合伙人的利益。我祝愿拉扎德的在职员工成功减少公司堆积如山的债务，但愿他们（间接）持有的拉扎德有限公司的股票能收获有形账面价值。最后，我要说，作为唯一一个目前还在集团工作的拉扎德创始人兄弟的直系后裔，能与我的远房叔叔，也就是执掌公司的最后一位家族成员（尽管他并非创始人兄弟的直系后裔）米歇尔·大卫-威尔差不多同时和拉扎德断绝关系，我感到十分高兴。

拉扎德的其他长期员工同样对公司在21世纪最初几年中的转型感到愤愤不平。米歇尔在纽约的长期助理阿尼克·珀西瓦尔说："这里发生的事情令人厌恶。这个结局非常可悲，而且可以预料到。我可以进行人身攻击，但我猜其他人已经这样做了。"珀西瓦尔也一直担任安德烈的助理，直到他去世。她继续说："安德烈·梅耶去世时，对我而言，一个时代结束了。这是一个王朝的终结。我想，现在这里上演的也是同样的一幕。"

后　记

　　2005年11月9日上午，拉扎德公布收入实现了井喷式增长，达到5170万美元，合每股52美分，高于华尔街一致预估的每股37美分。2005年前9个月的收入比2004年同期增长了57%。不论如何，拉扎德的商业模式运转出色，正如布鲁斯当初预测的那样。在发布收益报告的新闻稿中，布鲁斯将之描述为完全应得的胜利。"现在大家都能清晰地看到我们正在有效地执行计划，"他说，"拉扎德充满活力，我们的专业人士热情高涨，我们的业务前景仍然乐观。我们的客户依然重视独立咨询，我们的全球战略使得我们能够继续利用强劲的并购环境。"得益于这一好消息，拉扎德的股价也顺势上涨，当天上涨了近15%，以每股29.60美元收盘。

　　最终，在布鲁斯因对股票错误定价以及进行复杂的过度设计而被严厉谴责了6个月之后，拉扎德股价比IPO时高出了大约20%。随着并购市场的持续繁荣，拉扎德的股价在2006年12月6日涨到了历史最高点，即每股49.28美元，拉扎德的市值因此达到了大约60亿美元。那天单单布鲁斯一人持有的拉扎德股票就值大约5.6亿美元。不到一个星期前，拉扎德刚进行了普通股的二次发行，总价值为6.38亿美元，合每股45.42美元，其中大约2.60亿美元直接进了拉扎德合伙人们的口袋，但布鲁斯不在此列，因为他选择了不出售自己的股票。2005年，布鲁斯还从拉扎德获得了总计1420万美元的薪酬，与他2004年的300万美元薪酬相比涨了3倍多，他也因此成为——按照市场价值计算——华尔街薪酬最高的CEO。

　　他还在努力寻求同事们的尊敬。他最臭名昭著的称号——抬价高手布鲁斯——源于20世纪80年代后期，因为他建议他的客户为获得想要的公司付出比竞标者更多的钱。据说，在最终竞标截止之前，他会向客户灌输"敢于伟大"的理念，与罗伯特·杜瓦（Robert Duvall）[1]在《现代启示录》（*Apocalypse Now*）[2]中扮演的角色在奔赴战场前先演奏一曲瓦格纳（Wagner）的《女武神的骑行》（*Ride of the Valkyries*）[3]类似。布鲁斯讨厌这个绰号。公平地讲，不管它在20年前是否贴切，现在已经不再恰当了。如今，人们把布鲁斯当成"巫师"，就像《绿野仙踪》（*The Wizard of Oz*）里的巫师那样，而且他并不羞于将自己塑造成一个难以亲近的权威的天才。

讽刺的是，在布鲁斯的掌管下，拉扎德比"太阳王"米歇尔统治时期更加神秘莫测。虽然拉扎德现在是家上市公司，公开披露了财务状况，但这也只是加剧了这种讽刺，因为布鲁斯现在可以打着遵循《萨班斯－奥克斯利法案》的幌子更为自由地在幕后操纵一切。相比之下，米歇尔的大门始终对他的合伙人们以及几乎其他所有人开放，而且还很乐意与他们谈论艺术、女性和雪茄等话题消磨时间。米歇尔认为自己与合伙人们之间不应该有任何秘密，毕竟，合伙协议每年都会修改，每年都会沟通新的合伙人利润分配比例。诚然，在史蒂夫·拉特纳强行实施透明化行动之前，并不是所有的附带交易都会公之于众，但即使披露之后，许多合伙人也表示附带交易的细节并没有那么令人惊讶。尽管米歇尔为自己塑造了一种神秘的光环，但他还是会定期接受记者长时间的采访，而且这些采访都有记录可查（当然，菲利克斯和史蒂夫也是这样做的）。

---

[1] 1931年至今，美国演员、导演、编剧。代表作品有《教父》《现代启示录》《来自天上的声音》等。

[2] 一部以越战为背景的影片，于1979年8月15日在美国上映。由弗朗西斯·福特·科波拉导演，马丁·辛、马龙·白兰度、罗伯特·杜瓦尔主演。讲述了越战期间，美军情报官员威尔德上尉奉命除掉脱离了美军的库尔兹上校，在执行任务的过程中穿越越南战场，目睹了种种暴行、恐怖、杀戮与死亡的场景，最终厌恶这一切而离去的故事。

[3] 选自瓦格纳的歌剧《尼伯龙根的指环》中的《女武神》。瓦格纳，1813—1883年，德国作曲家、剧作家、指挥家，代表作包括歌剧《尼伯龙根的指环》《漂泊的荷兰人》等。

米歇尔还以自己能回答别人向他提出的所有疑问而自豪，不论提问的人是合伙人还是员工或记者。

布鲁斯却刻意并有策略地疏远媒体。丝毫不令人惊讶的是，自从他来到拉扎德之后，他接受的寥寥几个采访都是经过精心设计的，如此他就能几乎完全掌控当时的局面，或者能满足自己的某种特定需求。大家不再关注他后，他就能残忍无情地行事了。例如，布鲁斯在2005年末拒绝出版法国作家盖伊·鲁杰蒙（Guy Rougemont）已经完成的一部手稿，甚至没有提前通知该作家。这部手稿叙述了第二次世界大战之前拉扎德和大卫－威尔家族的历史，是米歇尔委托撰写的，拉扎德已经支付了相关费用。为撰写这本书，米歇尔甚至还准许鲁杰蒙查阅拉扎德的档案。此外，拉扎德还聘请了犹他州的一位女士将这本书翻译成英文，以便在美国和英国出版，并支付了翻译费。米歇尔认为布鲁斯在这件事上的做法很小气，特别是这段历史结束时他还是个孩子。他说："这有点儿让我不太高兴，这表明他想否认公司的过去，我认为他完全没有任何理由这样做。"当然，自从布鲁斯买下《纽约》杂志之后，该杂志中一次都没有出现过"布鲁斯·瓦瑟斯坦"或"拉扎德"的字眼。

布鲁斯现在坐拥权势和财富。由于拉扎德股价上涨，他成了名副其实的亿万富豪，财富远超菲利克斯和史蒂夫，和米歇尔不相上下。过去10年间，华尔街没有人在投资银行业务上赚的钱比布鲁斯·瓦瑟斯坦多。他的财富除了保证他能享有令人羡慕的独立个性以及增添了他身上的神秘光环，还使得他能为自己和克劳德以及两个孩子买下位于第五大道927号第10层和第11层的一套宫殿般的复式公寓。这套公寓总面积达1.1万平方英尺，是第五大道上最时髦最高级的石灰岩外墙公寓之一。第五大道927号建于1917年，小巧但极为优雅，由纽约中央车站的总设计师沃伦－韦特莫尔建筑事务所（Warren & Wetmore）设计。这栋12层的建筑只有10套公寓［著名的红尾鹰"小白"（Pale Male）[1]和它的家人也住在其中］，物业管理委员会的名声很差，因为他们对允许何人入住没有一个统一的标准。1997年，布鲁斯以1050万美元买下了这栋楼的第10层，又于2001年花了1500万美元从理查德·吉尔德（Richard Gilder）手中买下了第11层。就在此时，他在安联－德累斯顿交易中获得了6.25亿美元现金，为了避免向纽约市和纽约州政府纳税，他"搬"到了伦敦。

布鲁斯还在伦敦和巴黎各拥有一套公寓。不过，他在伦敦的公寓只是暂时的落脚地，只住到贝尔格雷夫广场38号的新家重新装修好。距离白金汉宫仅仅几个街区的贝尔格雷夫广场相当于伦敦的使馆区，德国、葡萄牙和土耳其等国的大使馆都在那儿，四周环绕着1826年由乔治·巴塞维（George Basevi）设计的占地4.5英亩的私人花园。

此外，布鲁斯还拥有多处地产，比如他在加利福尼亚州的圣巴巴拉拥有一大片土地，在大西洋沿岸拥有一个占地26英亩的庄园——蔓越莓沙丘（Cranberry Dune），还在东汉普顿房价昂贵的福泽巷（Further Lane）拥有一栋1.4万平方英尺的住宅。据说，他曾在1984年花了大约400万美元买了栋房子，然后把旧房子拆了，又花了400万美元盖了栋新房，而现在那栋房子加上地皮价值超过7500万美元。布鲁斯及家人居住的隐蔽的房子总共有7间卧室、5个壁炉、1个网球场和1个游泳池，那里是他"最喜欢的避难所"，据说为了寻找灵感，他会花很多时间在海滩上散步。夏天，克劳德和邻居杰里的妻子杰西卡·辛菲尔德（Jessica Seinfeld）在海滩上为他们的孩子以及这个高档社区里的其他孩子设立了海马夏令营，为此还聘请了夏令营顾问。此外，她们还在海滩上搭起了一个梦幻世界，提供茶点、大的遮阳伞以及一大袋沙滩玩具，让孩子们有事可做。自然，布鲁斯乘坐拉扎德为他提供的私人湾流喷气式飞机在

---

[1] 1990年出生，是一只红尾鹰，自从20世纪90年代开始就定居在纽约中央公园附近。因为头部颜色较浅，观鸟者、作家玛丽·温给它起了这个名字。它是人们已知的首批在建筑物上，而非在树上筑巢的红尾鹰之一，现已建立起了一个在城市中生活的红尾鹰王朝。

他各处昂贵的房产和全球29个拉扎德办事处之间穿梭往返。他向公司支付了私人使用这架飞机的费用，但这笔款项的金额并未公开。

2006年春天，全球并购市场一片繁荣，拉扎德股价达到了历史最高点，大家一致认为，布鲁斯终于在58岁时赢得了人们的尊重，而这也是他一直以来的追求。布鲁斯的一位密友说："他相信自己有能力在相处的过程中修复与大家的关系，他的个人力量也给了他动力。你知道的，嫉妒能给人动力，不安全感也能。他相信自己的能力和神话。我认为他相信自己具有超人性格，而这种超人性格给了他动力。"然而，人们认为全能的布鲁斯已经埋下了自我毁灭的种子。除了会做出一些存在争议的商业判断，布鲁斯的致命弱点可能在于他似乎不愿管理自己的健康。他努力督促自己工作，频繁出差，却很少锻炼身体。尽管他在20世纪90年代初曾经瘦过，但到2006年初，他的体重已经长期超重。据说，他患有心脏病，几年前曾做过4次心脏搭桥手术。在2005年12月接受的两次采访中，他说自己刚从一次肺炎和几次流感中恢复过来。据说，从2月到5月，他一直病着，没去公司上班。

2006年夏天，许多纽约的员工注意到布鲁斯看起来脸色很不好，大家开始空前地关注他的健康问题。2006年7月，有个在纽约的一家餐厅与布鲁斯聊了会儿天的人说，布鲁斯看起来"很虚弱"，"颤颤巍巍的"，"瘦了很多"，身上的西装像是"大了好几个尺码"。同一天晚上见到布鲁斯的另一个人说，布鲁斯看上去就像个"病快快的70岁老头"，曾经那个不可战胜的征服者形象荡然无存，这人还补充道："他的身体状况很糟糕。"菲利克斯和妻子曾在纽约东区的一家小酒馆里碰到过布鲁斯，也认为布鲁斯的状态看起来很糟糕。而菲利克斯早已听闻，2006年春天，布鲁斯有好几个月没去上班，他当时还纳闷为什么拉扎德没向市场披露此事。拉扎德公布了第二季度的收益之后，《金融时报》在2006年8月2日采访了史蒂夫·戈鲁布，采访过程中，该报记者直截了当地向戈鲁布问起他对布鲁斯健康问题的看法，戈鲁布回答："他很好。"

11月6日，《商业周刊》在"独家"封面故事中报道了布鲁斯如何成功地"夺取了拉扎德的控制权"，并忙着"恢复公司在并购行业中的领先地位"。该杂志还刊登了一张布鲁斯的近照，他看起来更瘦了，化了很重的妆，穿着在伦敦萨维尔街（Savile Row）定制的套装。记者安东尼·比安科（Anthony Bianco）向布鲁斯询问了有关他"病重"的传闻，他回答说"太愚蠢了"，并补充道："我的体重和10年前一模一样。这是个周期循环。我正在努力保持健康。"比安科在文中写道，过了片刻，布鲁斯开始享受"一种由咖啡和冰淇淋混合而成的精致甜点"，据说他需要这种东西来"支撑"自己"接受第一次媒体专访"。几个星期后，有媒体报道布鲁斯在布鲁克林的彼得·鲁格牛排馆（Peter Luger）享用了一块巨大的牛排。可悲的是，命运对布鲁斯这一代的瓦瑟斯坦家族成员并不友好，他的姐姐桑德拉在与乳腺癌做了长期斗争之后，于1997年去世，终年60岁。同样悲惨的是，他的妹妹、著名的剧作家温迪暗中与淋巴癌进行了英勇斗争之后，于2006年1月30日去世，年仅55岁。温迪经过生育治疗才最终在1999年生下了小女儿露西·简（Lucy Jane），露西出生后一直由温迪独自抚养，现在与布鲁斯一家一起住在第五大道927号。

尽管媒体上不断涌现出对布鲁斯不情不愿的褒奖，但布鲁斯在一些圈子里依然遭到了批评，而且有理有据。2005年11月下旬，布鲁斯同意担任企业掠夺者、亿万富翁卡尔·伊坎和一群与时代华纳持有异见的股东的代理人，这群人总共持有时代华纳大约3.3%的股权。他们要与时代华纳打一场公开仗，要么撵走时代华纳的CEO迪克·帕森斯（Dick Parsons），要么拆分公司，或者两者兼而有之。他们希望通过这种方式提高时代华纳长期低迷的股票价格。拉扎德受雇分析各种战略方案，寻找一批候选人来代替时代华纳的董事会成员，并向伊坎及其团队提出建议。不同寻常的是，作为这次行动的一部分，拉扎德的建议将会被公之于众。拉扎德最初从这项业务中获得了500万美元酬金，随着时代华纳的股价在接下来的18个月里每股涨到了18美元以上，拉扎德又额外获得了650万美元。

这项委任充满了讽刺意味，因为布鲁斯在瓦瑟斯坦-佩雷拉公司时就代表时代公司策划了一笔富有争议的交易，于1989年创建了高杠杆的时代华纳公司；此外他曾大肆宣传自己参与了2000年美国在线对时代华纳的具有里程碑意义的收购交易，尽管他在该交易中并未扮演任何角色。每当时机合适，能提升瓦瑟斯坦-佩雷拉公司在并购排行榜上的排名——例如在将他的公司出售给德国人的前夕——时，他就会把这笔有史以来最大规模的美国并购交易归功于自己。当情况对他不利时——例如当该交易最后成了一场令人难堪的灾难，他就会像一阵风似的跑开。

事实上，许多人指责最初的时代-华纳并购以及后来的美国在线-时代华纳结局悲惨的并购，因而，众多对这两项合并案持反对意见的股东，以及现在的布鲁斯和拉扎德，开始努力改善两次并购给公司造成的困境。一些人认为，布鲁斯之所以接受伊坎的聘任，是因为自美国在线的交易以来，时代华纳就再也没有委托他做过任何一笔交易，这让他感到十分沮丧。帕森斯说："布鲁斯只是想成为剧中主角。"难道布鲁斯真的会不知羞耻地认为他能凭良心代表伊坎，拆分那家据说他曾深怀自豪之情创立的公司吗？他真的会为了酬金而无所不为吗？一个非常了解他的人说："他这一生都没有什么道德意识。在时代华纳的交易中以及在与女人及其他人的关系中，他一点儿都不诚实。他说谎比讲真话更让人信服。他就是这样行事的。我已经见识过了，他确实曾这么做过。他将所有的智慧和精力都投入在这件事上，对此他游刃有余。"

2005年底，布鲁斯忙于代表伊坎开展一场于己有利的宣传活动，而他的拉扎德银行家团队差不多马不停蹄地工作了两个月——就连圣诞节和新年假期都在工作——处理时代华纳的数字，分析该公司的业务线，以及起草一份符合委托人要求的声明，即时代华纳的股价被大大低估了，为了使股价上涨，公司需要进行拆分。伊坎提出的策略核心是，在2006

年5月的年度会议上发起代理权之争,并选出一批以他为中心的新董事。如果新董事成功当选,他们就能实施拉扎德建议的变革。为此,他们聘请了一家猎头公司来寻找候选人参加时代华纳董事的选举,还要寻找一人来担任该公司的董事长兼CEO,以实施伊坎和布鲁斯建议的变革。他们还创办了网站EnhanceTimeWarner.com来宣传持异见的股东的一举一动。但寻找董事候选人和CEO人选的进程非常缓慢。维亚康姆及时代华纳旗下的HBO前CEO弗兰克·比昂迪(布鲁斯的合伙人迈克·比昂迪的哥哥)最终同意担任这一职位。无论代理权之争是否成功,弗兰克·比昂迪都能获得600万美元酬金(如果成功的话酬金会更多),而且不管他的决策如何,这笔钱都不受影响。尽管如此,这场赌局仍对伊坎一方不利。因为如果伊坎想要成功组建一个足够大的时代华纳股东阵营,从而使得帕森斯别无选择只能同意他们的要求的话,他需要众多赚快钱的对冲基金加入进来,但他没有得到多少对冲基金的额外支持。对于广大的投资者而言,时代华纳只是一个增长缓慢、守旧的"老媒体"巨头,不太可能为他们提供期望的回报。

现在到了人们期待已久的《拉扎德报告》揭开面纱的时候了。这份长达343页的大部头分析和建议报告的内容展示了如果时代华纳想要提高股价,应该采取何种措施。2月7日,新闻发布会在豪华的圣瑞吉酒店顶层公寓举行,如果他们往西几个街区在百老汇举行新闻发布会,那么这一幕就更有戏剧性了。他们还为这场发布会安排了互联网直播。房间前方的演讲台旁放置了巨大的投影屏,布鲁斯、伊坎和比昂迪当着把房间挤得满满当当的大约500位银行家、分析师、投资者和记者展示了报告的结论。这份报告标注的日期为2月1日,直到会议开始后,布鲁斯才让人在房间里分发报告的副本,如此在展示开始之前,大家就没有机会对这份报告做出实质性评论。这份备受期待的文件制作水准很高,白色封面上以大字号黑色字体印刷着"时代华纳公司"和"拉扎德报告"几个字,简单明了。

报告的结论也只不过是对时代华纳公司日积月累的罪行的尖锐控诉，却常常没什么理由。"TWX（时代华纳的股票代码）正处于一场震动美国产业的风暴中心，而这场风暴将继续下去。"报告陈述道，"这就是时代华纳的故事。要讲述这个故事不容易，因为该公司的历史和业绩已被巧妙地隐藏在美国产业界最大的公共关系迷雾之中。几十个不同部门的人、超过30位企业形象管理人员和一系列外部公关公司共同制造出了这种假象。成功被宣扬为胜利，失败被鼓吹为成功。就这样，一个公司神话被编造出来为大家所广泛接受，丝毫没有受到媒体的质疑。有些真相变得模糊不清……现在是拨开迷雾的时候了。"为了引起大家的注意，布鲁斯指责时代华纳管理层建立了一个"公司地狱"，通过"过度支出"[将新总部搬到哥伦布圆环（Columbus Circle）[1]以及购买公司飞机证明了这一点]和"无效交易"（例如在AT&T宽带收购案中败给康卡斯特，以及以远低于其真正价值的价格将华纳音乐出售给一家私募股权财团）等一系列措施，使得竞争对手得以"利用TWX"给股东造成了至少400亿美元的损失。此外，《拉扎德报告》还泄露了布鲁斯一直对他在灾难性的美国在线-时代华纳合并案中所扮演的角色（或没扮演角色）十分敏感，他指导拉扎德团队在脚注中加了一个与报告完全不相干的声明，即瓦瑟斯坦-佩雷拉公司并非唯一一家没有实际性参与美国在线-时代华纳合并案交易却将该交易归功于自己的华尔街公司。

在圣瑞吉酒店的这场发布会上，布鲁斯第一个发言阐述了拉扎德的解决方案。他说："过去3年里，时代华纳的日子不好过，实施变革迫在眉睫。"除了启动200亿美元的股票回购计划和削减成本，布鲁斯还建议将时代华纳公司拆分为4家分别上市交易的独立公司。他照着讲稿说道："现在，已经没有充分的理由将这些业务捆绑在一起了。"虽然这些业务都在同一个屋檐下，却没有产生大家期待的协同效应，而是取得了

---

[1] 纽约曼哈顿的一个环岛和交通枢纽，建成于1905年，以克里斯托弗·哥伦布命名。坐落在百老汇大街、中央公园西大道、59街和第八大道的交叉口。

反效果，"基础资产的价值"现在在市场上"打了大幅折扣"。《拉扎德报告》中称，如果实施布鲁斯的计划，时代华纳的股价将从每股18美元左右上涨到23.3—26.6美元。如果真能做到这一点，那么取中间值——每股25美元左右计算，时代华纳的股价将上涨近40%，拉扎德的总酬金将达到5500万美元左右，接近史上最高单笔并购酬金（花旗集团因在美国在线－时代华纳交易中提供咨询而获得了6000万美元酬金）。为了表现出一点儿幽默感，布鲁斯在最后说道："如果迪克·帕森斯确实有秘密武器并能创造价值，那我们都得说'哈利路亚'和'上帝保佑'。"

出席新闻发布会的拉扎德员工深受布鲁斯演讲的鼓舞。"你觉得新拉扎德怎么样？"肯·雅各布斯挤到一位拉扎德前银行家面前问道。

外界对这份报告及其戏剧性的展示迅速做出了反应。《时代周刊》的媒体专栏作家大卫·卡尔（David Carr）认为它如同"一出震耳欲聋且注定会失败的百老汇话剧"。德意志银行的一位分析师补充道："他们的陈述和报告毫无新意，我们很失望。"甚至有人认为，拉扎德的分析存在一个根本上的缺陷，即忽略了将公司一分为四后的税务后果，"它还没机会到达商店货架上就落到了相当于残余物垃圾桶的地方"。布鲁斯自然否认了他或拉扎德有任何分析方面的错误。他在给《纽约客》的肯·奥莱塔发送的一封电子邮件中写道："我们充分了解税务方面的问题。"

不管怎样，时代华纳的股价在该报告发布后下跌了1.1%。帕森斯感觉到伊坎大势将去，于是表示会花时间去研究拉扎德的建议，还宣布将聘用高盛和贝尔斯登为他提供战略建议，以应对伊坎的攻击。媒体开始紧锣密鼓地准备报道"可能是史上最大的代理权之争"和"纳贝斯克风格的酬金盛宴"。（在1989年的纳贝斯克公司争夺战中，亨利·克拉维斯向包括瓦瑟斯坦－佩雷拉公司和拉扎德在内的银行家们支付了数亿美元酬金。）

10天后，一切都结束了。2月7日之后，为了顾全面子，伊坎和帕森斯达成妥协。伊坎知道自己失败了，至少在这个关头。时代华纳将继续作为一家综合企业集团，由帕森斯领导。公司同意了伊坎的要求，即及时进行200亿美元的股票回购计划并削减5亿美元开支。伊坎也可以任命两位新的独立董事，但必须事先与帕森斯商议，不得自行做主。和解消息一放出来，时代华纳的股票就涨到了每股18美元以上，不过之后又下跌到不到16美元。2006年5月，时代华纳年度会议前夕，帕森斯对一位记者说："只要是在这个地方待过一段时间的人都认为，伊坎没有任何新点子能让股票上涨。"（到2007年7月，TWX的股价接近每股21美元。）

布鲁斯代表伊坎所做的简短且令人尴尬的高调开场白揭示出"新拉扎德"已经脱离了狡诈而强大的神秘操纵者的控制。妥协达成之后，财经专栏作家安德鲁·罗斯·索尔金在《时代周刊》的一篇文章中写道："由于一些现在还无法解释的原因，瓦瑟斯坦先生扮演了一位积极的投资者。"随后，索尔金调查了华尔街人士对布鲁斯和拉扎德的看法，试图弄清楚他们的名誉受损程度，尤其是布鲁斯一个月前才告诉索尔金他认为自己是拉扎德"未来的受托人"。索尔金写道："如果瓦瑟斯坦先生赢了，那就是另外一个故事了，他将再次证明他是房间里最聪明的人，并获得了出乎意料的成功。但在以展示良好的判断力为基础的咨询业务中，这个案例表明他并不具备多么良好的判断力。"

致　谢

　　我在纽约的拉扎德待了将近6年时间，首先是以助理的身份在银行业务团队（史蒂夫·拉特纳在1989年4月进入公司后创办的部门）工作，后来，我获得晋升，成为一位副总裁。从一开始，我就知道我所在的企业很特别，因为当时公司可能正处于鼎盛时期。就像金姆·范尼布雷斯克会骄傲地告诉别人他是拉扎德的合伙人一样，即使你只是个普通员工，赚的钱没那么多，你也会自豪地告诉别人你在这儿工作。

　　但我从不曾想过自己有朝一日会写这本书。毕竟，我现在是个投资银行家，我的新闻工作生涯早已成为过去。因此我从未记录过我对拉扎德的印象，原因很简单，我每天都很忙，无法停下来思考周围发生的一切。尽管如此，就像许多前人一样，拉扎德的气质还是不知不觉地渗入了我的骨髓。

　　在许多善良和慷慨的人的帮助下，我才有可能完成这本书。一开始，我还心存疑虑，不知道我的前同事们——他们之中级别最高的人成了这本书中的主角——会对我撰写本书作何反应。但我非常惊讶也非常高兴地发现，他们基本上都愿意帮助我。因此我要向他们表示感谢——特别是米歇尔·大卫-威尔、菲利克斯·罗哈廷、史蒂夫·拉特纳、比尔·卢米斯、戴维·维利、布鲁诺·罗杰、史蒂夫·戈鲁布、肯·威尔逊、达蒙·梅扎卡帕、杰里·罗森费尔德、纳特·格雷戈里、肯·雅各布斯和金姆·范尼布雷斯克。我也非常感谢帕特里克·杰尔斯凯尔、弗农·乔丹、小阿瑟·苏兹伯格、皮特·彼得森和拉尔夫·纳德——他们丝毫不吝于分享自己的回忆、见解和观点。当然，英国、法国和美国还有至少另外100个人在过去两年里愿意接受我的采访，他们的贡献同样十分重要。基于各种原因，我不便在此列出他们的名字。你们知道我说的是谁，我非常感谢你们的帮助。能与一群如此聪明和充满智慧的人一起度过这些时日是我在写作本书时一个特别的乐趣。布鲁斯·瓦瑟斯坦拒绝了我多次提出的采访请求。

　　一直以来都流传着一个关于拉扎德的神话，它十分神秘，不为外人所知。虽然在安德烈·梅耶时代这可能是事实，但当菲利克斯成为一位杰出的银行家和公众人物之后，关于他和公司的报道数量呈指数级增长，为我们提供了宝贵的信息来源。时至今日，至少已经出版了5本关于拉扎德的书，从1983年出版的第一本卡里·莱西所著的《金融家》，到2006年出版的马丁尼·奥林奇（Martine Orange）所著的《拉扎德的先生们》（Ces Messieurs de Lazard）。此外，还有盖伊·鲁杰蒙尚未发表的拉扎德发展史，我们只能希望该书能尽快面世。我很幸运，能够接触到有关拉扎德及其顶级银行家的大量信息，在此之前，无论基于何原因，这些信息并不为人所知，其中包括艾德里安·埃文斯保留的他在拉扎德执行委员会任职期间撰写的富有洞察力且极具启发性的日记。之所以能获得埃文斯在这个关键时期的思考材料，我要感谢戴维·维利以及埃文斯的遗孀英厄拉（Ingela）的帮助。我还要感谢哥伦比亚大学珍本手稿图书馆赫伯特·H.雷曼文件中心（Herbert H. Lehman Suite and Papers）的负责人塔玛·E. 多尔蒂（Tamar E. Dougherty），在她的帮助下，我才能饱览弗兰克·阿特休尔在第二次世界大战前后定期写给全球合伙人的数百封信件。哥伦比亚大学的阿瑟·W.戴蒙德法律图书馆（Arthur W. Diamond Law Library）的公共服务负责人西蒙·卡尼克（Simon Canick）为我提供了关键指导，在他的帮助下，我才找到了大量公共记录和国会证词。事实证明，这些资料对于我理解拉扎德在ITT-哈特福德丑闻中的角色以及菲利克斯一直以来在影响公共政策方面的角色非常有帮助。多亏了《信息自由法》，美国证券交易委员会允许我参阅34箱未经整理、未加索引的文件，这些珍贵的资料对于我理解拉扎德、米兰投资银行和ITT之间真正发生了什么十分有用。我非常感激华盛顿的证交会，它展示出了非凡的灵活性和判断力,同意在我付费的条件下将有关文件运到纽约,这样我就可以在曼哈顿下城伍尔沃斯大厦(Woolworth)的证交会办公室里无拘无束、没有压力地研读这些文件达数月之久。

英国贸工部的公司副督察约翰·加德纳(John Gardner)帮助我了解了爱德华·斯特恩在投资密诺科–联合金矿交易时的诸多内情。在我的询问下,英格兰银行的温迪·高尔文(Wendy Galvin)首次公开了他保存的关于英格兰银行在20世纪30年代如何救援拉扎德伦敦分行和巴黎分行的秘密文件。《布朗每日先驱报》的劳里–安·帕里奥提(Laurie-Ann Paliotti)为我提供了宝贵的研究帮助,《密歇根日报》的布里施纳·贾韦德(Breeshna Javed)和乔纳森·多伯斯坦因(Jonathan Dobberstein)也是如此。此外,尼斯·吉尔德嘉德(Nis Kildegaard)也为我提供了宝贵的研究帮助。

在出版这本书的过程中,双日出版社(Doubleday)的许多人都贡献了力量。正如拉扎德的合伙人史蒂夫·戈鲁布常说的那样,如果没有他们,这本书就不可能出版。我必须将我的朋友、双日出版社的出版商史蒂夫·鲁宾(Steve Rubin)放在这张致谢名单的第一位,他从一开始就不遗余力地支持我写这本书,还支持我从专业的自我重塑中寻求满足感。然后,按照姓氏的字母顺序,我要一一感谢贝特·亚历山大(Bette Alexander)、巴布·伯格(Barb Burg)、玛丽亚·卡雷拉(Maria Carella)、戴安娜·乔(Dianne Choie)、查理·康拉德(Charlie Conrad)、斯泰西·克里默(Stacy Creamer)、梅利莎·安·达纳茨科(Melissa Ann Danaczko)、戴维·德雷克(David Drake)、杰基·艾弗里(Jackie Everly)、约翰·丰塔纳(John Fontana)、路易莎·弗兰卡维拉(Luisa Francavilla)、菲利斯·格兰(Phyllis Grann)、肯德拉·哈普斯特(Kendra Harpster)、苏珊娜·赫兹(Suzanne Herz)、梅雷迪思·麦金尼斯(Meredith McGinnis)、克里斯汀·普莱德(Christine Pride)、路易丝·奎尔(Louise Quayle)、理查德·萨尔诺夫（Richard Sarnoff）、英格丽德·史特纳（Ingrid Sterner）和凯西·特拉格（Kathy Trager）。当然，如果没有我的编辑比尔·托马斯（Bill Thomas），本书不会面世。他不仅从一开始就对全书的叙述有清晰的认识，而且在长时间孜孜不倦的编辑过程中依然维持着这种洞察力，甚至他在英吉利海峡隧道和伦敦的一家酒店房间里还在继续工作。据我所知，他只有在看着他心爱的洋基队输给我心爱的红袜队时才获得了片刻喘息。

就我个人而言，在这个修道般的写作过程中我得到了众多亲朋好友无与伦比的支持，他们为我提供了前所未有的帮助。在此，我大概按照姓氏字母顺序将他们的名字一一列出：库尔特·安德森（Kurt Anderson）和安妮·克雷默（Anne Kreamer）、简·巴内特（Jane Barnet）和保罗·戈特根（Paul Gottsegen）、查理·贝尔（Charlie Bell）和苏·贝尔（Sue Bell）、克拉拉·宾汉姆（Clara Bingham）、布莱斯·伯索尔（Bryce Birdsall）和马尔科姆·柯克（Malcolm Kirk）、布拉德·伯纳姆（Brad Burnham）和玛丽·伯纳姆（Mary Burnham）、布莱恩·布劳尔（Bryan Burrough）、杰罗姆·布特里克（Jerome Buttrick）和M. D.布特里克（M. D. Buttrick）、约翰·布特里克（John Buttrick）、BVD、迈尔斯·卡恩（Miles Cahn）和莉莲·卡恩（Lillian Cahn）、迈克·康奈尔（Mike Cannell）和伊丽莎白·康奈尔（Elisabeth Cannell）、阿兰·坎托（Alan Cantor）和帕特·坎托（Pat Cantor）、理查德·卡萨维奇亚（Richard Casavechia）、彼得·戴维森（Peter Davidson）和德鲁·麦吉（Drew McGhee）、汤姆·迪亚（Tom Dyja）和苏珊·格鲁克（Suzanne Gluck）、唐·爱德华兹（Don Edwards）和安妮·爱德华兹（Anne Edwards）、斯图尔特·爱泼斯坦（Stuart Epstein）和兰迪·爱泼斯坦（Randi Epstein）、埃丝特·B.费因（Esther B. Fein）、约翰·弗兰纳里（John Flannery）和特雷西·弗兰纳里（Tracy Flannery）、JDFe、鲍勃·弗莱（Bob Frye）和黛安·洛夫（Diane Love）、安·戈多夫（Ann Godoff）和安妮克·拉法基（Annik LaFarge）、拉里·赫斯霍恩（Larry Hirschhorn）和梅利莎·波森（Melissa Posen）、特德·古普（Ted Gup）、

托德·雅各布斯（Tod Jacobs）、斯图·琼斯（Stu Jones）和巴布·琼斯（Barb Jones）、迈克尔·凯茨（Michael Kates）和弗兰·凯茨（Fran Kates）、杰米·肯普纳（Jamie Kempner）和辛西亚·肯普纳（Cynthia Kempner）、杰弗瑞·利兹（Jeffrey Leeds）、杰弗瑞·利德尔（Jeffrey Liddle）、汤姆·利斯特（Tom Lister）和阿曼达·利斯特（Amanda Lister）、弗兰克·马尔图奇（Frank Martucci）和凯瑟琳·马尔图奇（Katherine Martucci）、帕蒂·马克思（Patty Marx）、史蒂夫·梅凯尼克（Steve Mechanic）和利奥拉·梅凯尼克（Leora Mechanic）、汉密尔顿·梅尔曼（Hamilton Mehlman）和凯瑟琳·梅尔曼（Catherine Mehlman）、戴维·米凯利斯（David Michaelis）、杰玛·尼亚克（Gemma Nyack）、丹·普朗茨（Dan Plants）和莎莉·普朗茨（Sally Plants）、达德利·普赖斯（Dudley Price）、戴维·雷斯尼克（David Resnick）和凯茜·克莱玛（Cathy Klema）、安迪·萨文（Andy Savin）和考特尼·萨文（Courtney Savin）、鲍勃·珊菲尔德（Bob Shanfield）和弗朗辛·珊菲尔德（Francine Shanfield）、吉姆·辛普森（Jim Simpson）和苏·辛普森（Sue Simpson）、杰夫·斯特朗（Jeff Strong）和凯里·斯特朗（Kerry Strong）、戴维·苏普诺和琳达·珀斯、基特·怀特（Kit White）和安德里亚·巴尼特（Andrea Barnet）、杰伊·温斯罗普（Jay Winthrop）和路易莎·温斯罗普（Louisa Winthrop）、迈克·怀斯（Mike Wise）和雪莉·怀斯（Shirley Wise）、蒂姆·查格特（Tim Zagat）和尼娜·查格特（Nina Zagat）、里克·凡·吉尔（Rick Van Zijl），此外还有远在他乡、与我同为红袜队粉丝的埃斯特·纽伯格（Esther Newberg）。我还要感谢富特（Futter）家的姻亲们，尤其是我最近逝世的岳父维克多·富特（Victor Futter），他是一位道德高尚的人，十分热爱文字，我相信如果他能读到这本书一定会开心不已。我的父母保罗（Paul）和苏珊娜（Suzanne）、我的兄弟彼得（Peter）和杰米（Jamie），以及他们的妻子和家人都在这个时而充满危险的旅程中对我提供了极大支持，我永远感激他们。我还必须提到我那充满传奇性、富有智慧的新闻学教授梅尔·曼切尔（Mel Mencher）。他在大约25年前曾教导我："你不能写文章，你只能写报道。"我还要对我多年来的导师吉尔·休厄尔（Gil Sewall）致以特别的感谢和感激，在过去的30年里他滋养了我的智慧，他还在宝贵的夏季抽出时间阅读和思考这本书的手稿。

事实证明，我的文学经纪人乔伊·哈里斯（Joy Harris）不仅是我最亲爱的朋友，也是我在专业上最亲密的支持者。就像比尔·托马斯一样，她很早就清晰地预见了这本书的面貌，并不知疲倦地朝着这个方向努力。在此我要向她致以无尽的感激和爱意。

最后，我要着重强调，如果没有我的妻子和缪斯女神黛布·富特（Deb Futter）纯粹、坚定、坦率的爱与支持，这本大部头的书和我的生活都将失去意义。这些年里，她一直以各种方式支持着我。她也是我生命中所爱的另外两人——我那近乎完美的儿子泰迪和昆廷（除了是洋基队忠实粉丝这个缺点）——最有奉献精神、最了不起的母亲。

不用说，如果本书中有任何事实错误或遗漏，都是我的责任。

图书在版编目（CIP）数据

拉扎德秘史/（美）威廉·D.科汉著；周挺，孙世选
译. —上海：上海三联书店，2022.9
ISBN 978-7-5426-7615-3

Ⅰ.①拉…　Ⅱ.①威…②周…③孙…　Ⅲ.①投资银行—
银行史—美国　Ⅳ.①F837.123

中国版本图书馆CIP数据核字（2021）第243960号

版权合同登记号　图字：09-2021-0649号

拉扎德秘史

著　　者 / [美]威廉·D.科汉
译　　者 / 周　挺　孙世选

责任编辑 / 匡志宏　李　英
封面设计 / One→One
装帧设计 / 千橡文化
监　　制 / 姚　军
责任校对 / 张大伟　王凌霄

出版发行 / 上海三联书店
　　　　　（200030）中国上海市漕溪北路331号A座6楼
邮购电话 / 021-22895540
印　　刷 / 固安兰星球彩色印刷有限公司

版　　次 / 2022年9月第1版
印　　次 / 2022年9月第1次印刷
开　　本 / 787×1092　1/16
字　　数 / 730千字
印　　张 / 52
书　　号 / ISBN 978-7-5426-7615-3/F·851
定　　价 / 168.00元

敬启读者，如发现本书有印装质量问题，请与印刷厂联系 010-62189683